Cornelsen
English
Lexicon

Cornelsen

Cornelsen English Lexicon

Erarbeitet von
Prof. Franz Vettel, Heppenheim

unter Mitarbeit von
Matthias Vettel, Heidelberg

in Zusammenarbeit mit der Englischredaktion

Grafik
Susanne Ulmar, Heidelberg
Gabriele Heinisch, Berlin (Umschlag sowie Seiten 12, 15, 20, 36, 53, 60, 74, 80, 98, 105, 107, 109, 136, 154, 156, 162, 176 und 281)

✳

Für meine Frau Christa und meine Tochter Barbara

✳

1. Auflage ✔   Druck 4 3 2   Jahr 99 98 97

Alle Drucke dieser Auflage können im Unterricht nebeneinander benutzt werden.

© 1996 Cornelsen Verlag, Berlin
Das Werk und seine Teile sind urheberrechtlich geschützt.
Jede Verwertung in anderen als den gesetzlich zugelassenen Fällen bedarf deshalb der vorherigen schriftlichen Einwilligung des Verlages.

Druck: Cornelsen Druck, Berlin

ISBN 3-464-05148-X

Bestellnummer 51480

gedruckt auf säurefreiem Papier, umweltschonend hergestellt aus chlorfrei gebleichten Faserstoffen

Vorwort

Liebe Schülerinnen, liebe Schüler,

nach vier Jahren Unterricht habt ihr mehr als zweitausend englische Wörter gelernt. Im 5. und 6. Lernjahr kommen noch einmal über tausend hinzu. Die meisten gehören zu den häufigsten der englischen Sprache. Mit ihnen könnt ihr euch sehr gut ausdrücken, wenn ihr sie mit ihren Gebrauchsbedingungen beherrscht. Für dieses Ziel wurde das *Cornelsen English Lexicon (CEL)* entwickelt. Es besteht aus drei Teilen:

- **Field dictionary**
- **Englischer Index**
- **Deutsch-englisches Wörterverzeichnis**

Das *CEL* ist ein Nachschlage-, Lern- und Arbeitswörterbuch. Es soll euch bis zum Schulabschluss begleiten und bei den vielfältigen schulischen Aufgaben und Prüfungsvorbereitungen ein zuverlässiger Ratgeber sein. Mit dem *CEL* könnt ihr euch ein solides Fundament für die systematische Wortschatzerweiterung schaffen.

Field dictionary (S. 5-302)

Das *Field dictionary* ist das Kernstück des *CEL*. In seinen Feldern sind rund 5000 Wörter nach inhaltlichen, sprachlichen und psychologischen Gesichtspunkten so geordnet, dass sie langfristig behalten werden ohne das Gedächtnis unnötig zu belasten.

Ein Wort im *Field dictionary* findet ihr schnell und bequem über den Englischen Index oder das Deutsch-englische Wörterverzeichnis. In beiden Teilen ist jedes englische Stichwort mit einer Feldnummer versehen, die auf den Kopf eines Feldes verweist, in dem die Wörter alphabetisch geordnet und nummeriert sind. Innerhalb eines Feldes sind enger zusammengehörige Stichwörter in Wortbündeln zusammengefasst.

Was findet ihr unter den Stichwörtern im *Field dictionary*?

- die Lautschrift
- deutsche Entsprechungen
- typische Wortverbindungen (Kollokationen)
- Satzbeispiele
- vom Stichwort abgeleitete Wörter
- unregelmäßige Verbformen
- Hinweise auf *non-progressive verbs*
- Hinweise auf Verwendung der Artikel und Pronomen
- Hinweise auf die Verwendung der *-ing form*
- Amerikanismen
- Verweise auf Illustrationen

Mit diesen Elementen, den Lernhilfe-Boxen (siehe S. 4) und den zahlreichen Warnungen vor *false friends*, typischen Fehlern in der Rechtschreibung und Aussprache, beim Gebrauch der Präpositionen sowie Warnungen vor leicht verwechselbaren Wörtern usw. wird das *Field dictionary* zu einer *Grammar of words*.

Nicht alle Wörter des *CEL* sind für euch gleich wichtig. Deswegen wurde der Gesamtwortschatz in sechs Gruppen eingeteilt und jedem Wort aufgrund seiner Häufigkeit und Wichtigkeit eine Wertigkeitsziffer zugewiesen. So könnt ihr bei Wiederholungen und Prüfungsvorbereitungen die Wörter auswählen, mit denen ihr euch intensiver beschäftigen solltet (siehe Lernhilfe 9, S. 93).

Die Liste der Lernhilfen auf der nächsten Seite zeigt, dass das *CEL* neben Lerntechniken zur Wiederholung auch Hilfen zum Einprägen neuer Wörter, beim Briefeschreiben und bei der Text- und Grammatikarbeit enthält.

Vielfältige Übungen zum Wortschatz des *CEL* finden sich in der Cornelsen *Wordmaster*-Reihe.

Englischer Index (S. 303-316)

Der Englische Index enthält alle Stichwörter des *CEL* mit einem Feldverweis. Bei mehreren Verweisen könnt ihr mithilfe der Feldübersicht auf der vorderen Innenseite des Umschlags zum gewünschten Feld gelangen.

Deutsch-englisches Wörterverzeichnis (S. 317-351)

Beim Abfassen eigener Texte werdet ihr immer wieder die englische Entsprechung eines Wortes benötigen. In vielen Fällen wird euch das Wort nur entfallen sein. Wenn ihr jedoch unsicher in seinem Gebrauch seid, schlagt es unbedingt im *Field dictionary* nach um mögliche Fehler zu vermeiden.

Ich hoffe, dass ich euch auf das Buch neugierig gemacht habe und ihr mehr darüber wissen wollt. Blättert es einmal durch und freut euch an dem einen oder anderen der vielen lustigen *Lexifanten**. Bevor ihr jedoch wirklich mit dem Buch arbeitet, solltet ihr euch mit dem Aufbau und mit der Nutzung des *Field dictionary* auf der folgenden Seite befassen.

Nun wünsche ich euch viel Freude und Erfolg bei der Arbeit mit dem *CEL. Remember: Practice makes perfect.*

Franz Vettel

*Die Idee zu den Zeichnungen und den Namen *Lexifant* verdanke ich Herrn OSTR Gustav Gregor, Heidelberg.

Benutzerhinweise zum Field dictionary

Einen Überblick über den Inhalt des *Field dictionary* findet ihr auf der vorderen Innenseite des Umschlags. Wie ihr es ergänzen und euren Bedürfnissen anpassen könnt, erfahrt ihr in Lernhilfe 7 (S. 76).

Der Zugriff auf das *Field dictionary* ist sowohl vom Englischen Index wie vom Deutsch-englischen Wörterverzeichnis aus möglich.

Die Wörter, die zu einem Feld gehören, stehen jeweils in einem grauen Kasten am Kopf eines Feldes. Sie sind alphabetisch geordnet und nummeriert.

An diese Übersicht schließt das eigentliche Feld an. Jeder Eintrag enthält sechs Spalten.

1 Die erste Spalte dient der Feldgliederung. Mit ihrer Hilfe findet man sofort ein gesuchtes Wort innerhalb des Feldes. Die grau-weiße Markierung bündelt enger zusammengehörige Wörter. Schaut euch das Feld 110 einmal an und überlegt, warum das erste Wort *body* und das letzte *toe* ist. Ihr werdet auch leicht erkennen, warum z.B. *mouth, lip, tongue* und *tooth* gebündelt sind.

2 Die zweite Spalte enthält Kontrollkästchen. Mehr hierzu steht in Lernhilfe 9 (S. 93).

3 Die dritte Spalte gibt das Stichwort und seine Lautschrift an.

4 In der vierte Spalte stehen die deutschen Entsprechungen des Stichworts. Weitere Entsprechungen oder Übersetzungshilfen werden in der Wortkombinationsspalte gegeben.

5 Die Wortkombinationsspalte enthält typische Wortkombinationen des Stichworts, Wendungen, Beispielsätze und Bildverweise. Das Stichwort und andere wichtige Erscheinungen sind durch Fettdruck hervorgehoben.

Wörter in einer Gruppe von Kombinationen stehen im Kursivdruck, z.B. a *strong / weak / broken* **heart**. Her **heart** filled *with joy / was beating faster / stopped*.

Durch diese Anordnung lassen sich die Kombinationen leicht als Textbausteine in eigene Texte einfügen, z.B.

He had		*strong*	
The baby was born with	a	*weak*	**heart**.
His wife died of		*broken*	

	filled with joy	when she heard ...
Her **heart**	*was beating faster*	after ...
	stopped	before ...

6 In der letzten Spalte steht die Wertigkeitsziffer des Stichworts. Mehr hierzu könnt ihr in Lernhilfe 9 (S. 93) nachlesen.

Die unten stehende Lernhilfenübersicht gibt weitere Hinweise auf die Nutzung des *CEL*. Wer nach zusätzlichen Übungsmöglichkeiten und Lerntechniken sucht, sollte auf S. 352 nachschauen.

Lernhilfenübersicht

1	Bestimmter Artikel oder Possessivpronomen bei Körperteilen	Seite 8
2	Simple form bei Verben der Wahrnehmung und Zustandsverben	Seite 11
3	Partnerarbeit bei der Wortschatzwiederholung	Seite 19
4	Bündelung und Vernetzung von Wörtern	Seite 37
5	Das treffende Wort	Seite 52
6	Partnerarbeit bei der Wortschatzwiederholung	Seite 52
7	Hinzufügen neuer Wörter und Anlegen eigener Sachfelder	Seite 76
8	Das *Field dictionary* als Beispielsammlung für die Grammatikarbeit	Seite 79
9	Worthäufigkeit und Kontrollkästen bei Wiederholung und Prüfungsvorbereitung	Seite 93
10	Useful expressions for letter writing	Seite 97
11	Hilfen beim Schreiben eigener Texte	Seite 151
12	Wortschatzerweiterung mithilfe von Bildkarten	Seite 158
13	Useful phrases for talking about texts	Seite 197

Field dictionary

110 Der menschliche Körper

ankle 47	brain 11	eyelid 16	head 10	mouth 26	shoulder 32	tongue 28
arm 35	cheek 21	face 13	heart 5	muscle 8	skeleton 3	tooth 29
back 42	chest 33	finger 38	heel 48	neck 30	skin 7	wrist 40
beard 24	chin 20	fist 41	jaw 22	nerve 9	sole 49	
behind 43	ear 18	foot 46	knee 45	nose 19	stomach 34	
blood 6	elbow 36	forehead 12	leg 44	part of the	throat 31	
body 1	eye 14	hair 23	lip 27	body 2	thumb 39	
bone 4	eyebrow 15	hand 37	moustache 25	pupil 17	toe 50	

1	☐	**body** ['bɒdɪ]	Körper Leib	the human **body** ○ *a healthy / an athletic* **body** ○ *healthy for* **body** *and soul* ○ **body-building** ○ **bodyguard**	1
2	☐	**part of the body** [ˌpɑːt əv ðə 'bɒdɪ]	Körperteil	He could hardly think of a **part of his body** he hadn't injured.	2
3	☐	**skeleton** ['skelɪtn]	Skelett	the human **skeleton** ○ The poor old man was just a **skeleton**. ○ We have no **skeletons** in the cupboards [Leiche im Keller] here.	6
4	☐	**bone** [bəʊn]	Knochen	break a **bone** ○ He fell over and broke a **bone** in his foot. ○ In the evening every **bone** in her body ached. ○ We've got to do something about the old man, he's all **skin and bone**.	3
5	☐	**heart** [hɑːt]	Herz	a *strong / weak / healthy / broken* **heart** ○ a *cold / hard / cruel / good / warm / kind* **heart** ○ an artificial **heart** ○ Her **heart** *filled with joy / fluttered a few times before she died / was beating faster than usual / stood still / failed / stopped*. ○ Marlene conquered the **hearts** of many men. ○ Strong coffee affects the **heart**. ○ I lost my **heart** in Heidelberg. ○ She had a **heart attack**. ○ **heartless** ○ **heartlessness**	2
6	☐	**blood** [blʌd]	Blut	He lost a lot of **blood** in the accident. ○ **Blood** flows through the body. ○ high **blood pressure** ○ Nurses checked her **blood pressure** at regular intervals [Abstand]. ○ Hospital **blood banks** have saved many lives. ○ The **blood groups** didn't match. ○ The way he treats his children **makes my blood boil**. **blood-red** ○ **bloodless** ○ **blood-poisoning** ○ **bloodthirsty**	3
7	☐	**skin** [skɪn]	Haut	have *soft / rough / dry / oily / leathery / sensitive / dark / fair / red / white / brown / beautiful* **skin** ○ *burn / protect* your **skin** ○ That sort of music always **gets under my skin**. ○ She was all **skin and bone** after the illness. ○ I think she lied to **save her skin**. ○ develop **skin cancer**	2
8	☐	**muscle** ['mʌsl]	Muskel	*arm / leg / face* **muscles** ○ *move / pull / relax* a **muscle** ○ If you do a lot of exercises you develop strong **muscles**.	4
9	☐	**nerve** [nɜːv]	Nerv	get on sb's **nerves** ○ lose one's **nerve** ○ Some people smoke or drink to calm their **nerves**. ○ We touched a raw **nerve** [wunder Punkt] when we mentioned her boyfriend.	5
10	☐	**head** [hed]	Kopf	a *cool / bald* **head** ○ *nod / shake / turn / raise / lift / hang / stand on / use* your **head** ○ from **head** to foot ○ keep a cool **head** in a crisis ○ a nod of the **head** ○ The idea never entered my **head**. ○ She's a **head** taller than Tom. ○ My **head** is aching. ○ The *wine / success* went to his **head**.	1
11	☐	**brain** [breɪn]	Gehirn Hirn Verstand	▷ *PIC. 11* a computer-like **brain** ○ Use your **brain**. ○ She has a very quick **brain** and learns fast. ○ He hasn't got the **brains** to be a doctor. ○ **brain injury** ○ **brain-damaged**	3
12	☐	**forehead** ['fɒrɪd, 'fɔːhed]	Stirn	▷ *PIC. 12* a man with a high **forehead**	5
13	☐	**face** [feɪs]	Gesicht Gesichts-	a *pretty / handsome / funny / familiar / strange / round / long / sad / happy / serious* **face** ○ an *ugly / unknown / honest / angry* **face** ○ look sb in the **face** ○ She covered her **face** with her hands. ○ How well can you connect names with **faces**? ○ I could tell by the expression on her **face** what was wrong. ○ His **face** was badly burnt by the hot sun. ○ **face-cream**	1

14	☐ eye [aɪ]	Auge Augen-	*an artificial / a glass* **eye** ○ have *blue / clear / curious / good / strong / weak* **eyes** ○ blind **in** one **eye** ○ *open / shut / close* your **eyes** ○ keep your **eyes** open ○ Cover your **eyes** from the sun. ○ Reading by artificial light is bad for your **eyes**. ○ There were tears in her **eyes**. ○ She washed the sleep out of her **eyes**. ○ an **eye specialist** ○ **an eye for an eye** [Auge um Auge]	1
15	☐ (eye)brow ['aɪbraʊ]	(Augen-)Braue	▷ PIC. 15 He raised his **eyebrows**.	5
16	☐ eyelid ['aɪlɪd]	Augenlid	▷ PIC. 16 put a wet cloth over your closed **eyelids**	5
17	☐ pupil ['pjuːpl]	Pupille	▷ PIC. 17	6
18	☐ ear [ɪə]	Ohr Ohren- Gehör	*long / red* **ears** ○ play music **by ear** ○ I couldn't believe my **ears**. ○ The noise was so loud that she covered her **ears**. ○ Our advice fell on deaf **ears**. ○ He turned a deaf **ear** to our requests. ○ Not a sound reached my **ears**. ○ I'm all **ears** [ganz Ohr]. ○ Jenny has got a terrible **earache**.	1
19	☐ nose [nəʊz]	Nase Riecher Gespür	a *flat / red / wet / running* **nose** ○ *breathe / speak* through the **nose** ○ The reporter had a good **nose** for an exciting news story. ○ He has a sensitive **nose** for business opportunity.	1
20	☐ chin [tʃɪn]	Kinn	▷ PIC. 20 She hit him on the **chin**.	3
21	☐ cheek [tʃiːk]	Backe Wange	▷ PIC. 21 Their **cheeks** were red when they came in out of the cold. ○ Tears rolled down her **cheeks**.	4
22	☐ jaw [dʒɔː]	Kiefer	▷ PIC. 22 Your teeth are fixed in your **jaw**. ○ He broke his **jaw**.	5
23	☐ hair [heə]	Haar(e)	*brush / comb / wash / dry / lose* your **hair** ○ He's got *dark / light / brown / white / red* **hair**. ○ She's got *long / short / thick / thin* **hair**. ○ He looks different, I think he's had his **hair** cut. ○ Her black **hair** *contrasts beautifully with her white skin / fell over her shoulders / was blowing in the wind*. ○ **hairy** legs	1
			hairbrush ○ **hair-drier** [Fön] ○ **hair-net** ○ **hair-oil** ○ **hairpin** [Haarnadel] ○ **haircut** ○ **loss of hair** [Haarausfall]	
24	☐ beard [bɪəd]	Bart	He has a *black / thin / thick / bushy / rough* **beard**. ○ Father Christmas has a long white **beard**. ○ He's growing [wachsen lassen] a **beard**. ○ He's had his **beard** shaved off [abnehmen, abrasieren].	3
25	☐ moustache [məˈstɑːʃ]	Schnurrbart	▷ PIC. 25 He's got a big black **moustache**.	3
26	☐ mouth [maʊθ]	Mund Maul	*close / shut / open* your **mouth** ○ The soup is very hot. Don't burn your **mouth**. ○ All these years I've had to keep my **mouth** shut. ○ She was sleeping with her **mouth** open. ○ It's rude to talk with your **mouth** full. ○ She has five **mouths** to feed.	1
27	☐ lip [lɪp]	Lippe	*thick / thin / red* **lips** ○ **lower lip** [Unterlippe] ○ **upper lip** [Oberlippe] ○ hang on sb's **lips** ○ He put the bottle to his **lips** and drank deeply.	3
28	☐ tongue [tʌŋ]	Zunge Sprache	▷ PIC. 28 put out your **tongue** ○ I have the word on the tip of my **tongue** [auf der Zunge liegen]. ○ Her **mother tongue** is French.	3
29	☐ tooth, pl. teeth [tuːθ, tiːθ]	Zahn	get **teeth** ○ *clean / brush* your **teeth** ○ wear false **teeth** ○ sensitive roots of the **teeth** ○ She has particularly sensitive **teeth**. ○ The baby's **front teeth** are just coming through. ○ He still has his own **teeth**. ○ My **tooth** hurts, I must see the dentist [Zahnarzt]. ○ have a **tooth** out [ziehen lassen]	1
30	☐ neck [nek]	Hals Genick	break one's **neck** ○ risk one's **neck** [Kopf und Kragen] ○ She put her arms around his **neck** and kissed him. ○ She's up to her **neck** in work.	2
31	☐ throat [θrəʊt]	Hals Kehle	a *red / sore / dry* **throat** ○ *hold / take* sb by the **throat** ○ The victim's **throat** had been cut. ○ She's suffering from a **sore throat**. ○ When she hears the national anthem she still gets a lump [Kloß] in her **throat**. ○ He died as a result of **throat cancer** [Kehlkopfkrebs].	4
32	☐ shoulder [ˈʃəʊldə]	Schulter	*broad / narrow* **shoulders** ○ She looked back over her **shoulders**. ○ She has a painful **shoulder**. ○ He's recovering from a damaged **shoulder**. ○ If you want to tell me your troubles, I have broad **shoulders**. ○ **give sb the cold shoulder** ○ **shoulder-length** hair ○ at **shoulder** height	
33	☐ chest [tʃest]	Brust	▷ PIC. 33 He's got a hairy **chest**.	5

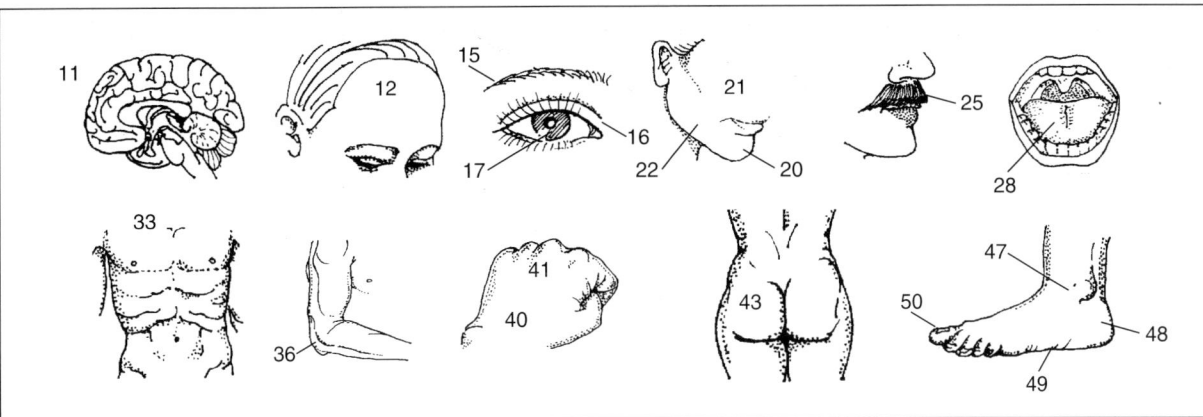

34	☐ **stomach** ['stʌmək]	Magen Bauch	a *full / weak / strong / fat* **stomach** ○ She doesn't like going to work **on** an empty **stomach**. ○ It's unwise to swim **on** a full **stomach**. ○ He feels all right after the operation but his **stomach** is still sore.	3
35	☐ **arm** [ɑːm]	Arm	*lower* [Unter-] */ upper* **arm** ○ *raise / lift / cross your* **arms** ○ *receive friends / welcome guests* with open **arms** ○ She held the baby in her **arms**. ○ She put her **arms** around him. ○ He *gave / offered* her his **arm**. ○ He took me by the **arm**. ○ He was carrying a magazine under his **arm**.	1
36	☐ **elbow** ['elbəʊ]	Ellbogen	▷ *PIC. 36* He pushed me with his **elbow**. ○ Don't put your **elbows** on the table.	5
37	☐ **hand** [hænd]	Hand	*big / cold / warm / gentle* **hands** ○ shake **hands** ○ hold **hands** with sb ○ walk along **hand** in **hand** ○ lead sb **by the hand** ○ I've burnt my **hand**. ○ My **hands** were *full / blue with cold*. ○ He took the boy **by the hand**. ○ She hit him with her flat **hand**. ○ The children are **in good hands**. ○ **Hands up!** ○ **Hands off** my chocolate!	1
			handbag ○ handball ○ handbook ○ handbrake ○ handsaw ○ a handful of ... ○ handmade ○ empty-handed	
38	☐ **finger** ['fɪŋə]	Finger	the *little / middle / ring* **finger** ○ She *cut / burnt / broke / hurt* her **finger**. ○ She wears a ring on her little **finger**. ○ **fingerprint** [Fingerabdruck] ○ She painted her **fingernails** red.	1
39	☐ **thumb** [θʌm]	Daumen	a *broken / sore* **thumb** ○ He hit his **thumb** with a hammer. ○ Joanna had given us **rules of thumb** [Faustregel] by which to make baskets.	3
			■ Do not pronounce the **b** in **thumb**.	
40	☐ **wrist** [rɪst]	Handgelenk	▷ *PIC. 40* hold a child by the **wrist** ○ **wrist** watch [Armbanduhr]	5
41	☐ **fist** [fɪst]	Faust	▷ *PIC. 41* She shook her **fist** angrily.	5
42	☐ **back** [bæk]	Rücken	a *round / broad* **back** ○ *lie / sleep / swim / carry sth* on your **back** ○ *say / do* sth behind sb's **back** ○ stand with your **back** to the wall ○ He lay on his **back** and looked up at the sky. ○ My **back** is aching. ○ He turned his **back** on his family when he became famous.	1
43	☐ **behind** [bɪ'haɪnd]	Hintern	▷ *PIC. 43* She kicked him in the **behind**.	6
44	☐ **leg** [leg]	Bein	*long / short / straight / fat / thin* **legs** ○ a wooden **leg** ○ an artificial **leg** [Prothese] ○ *cross / spread* [spreizen] */ lift / raise your* **legs** ○ stand on **your own legs** ○ He'd lost all feeling in his left **leg**. ○ She crossed her **legs**. ○ The doctor put a bandage round her broken **leg**. ○ He has a strong body but thin **legs**. ○ It hurts when I move my **leg**.	1
45	☐ **knee** [niː]	Knie	*cut / hurt / injure* your **knee** ○ He was on his **knees** looking for something under the bed. ○ The baby can go fast on his hands and **knees**. ○ She hit her **knee** on the corner of the table. ○ She cut her **knee** badly.	3
			■ Do not pronounce the **k** in **knee**.	

110–110F

46	☐ **foot**, pl. **feet** [fʊt, fiːt]	Fuß	from head to **foot** ○ get sore **feet** from walking ○ He has *small / big / broad / flat* **feet**. ○ I can't walk any further; my **feet** *hurt / are hurting / ache / are aching*. ○ Don't wait for the bus – it's quicker to go **on foot**. ○ Even the government's supporters were **getting cold feet**.	1
47	☐ **ankle** [ˈæŋkl]	Knöchel Fußgelenk	▷ *PIC. 47* She sprained [verstauchen] her **ankle**. ○ The water only came up to her **ankles**.	4
48	☐ **heel** [hiːl]	Ferse Absatz	▷ *PIC. 48* You have got a hole in the **heel** of your sock. ○ She wore shoes with very high **heels**. ○ Woody Allen's **Achilles' heel** remains his affair with Soon-Yi.	5
49	☐ **sole** [səʊl]	Sohle	▷ *PIC. 49* He suffered from a high fever [Fieber] and had blisters [Blase] on the **soles** of his feet. ○ These shoes have leather **soles**.	6
50	☐ **toe** [təʊ]	Zeh(e)	▷ *PIC. 50* the *big / little* **toe**	3

Lernhilfe 1: Bestimmter Artikel oder Possessivpronomen bei Körperteilen

He has broken his leg.   Er hat sich **das Bein** gebrochen.

Im Gegensatz zum Deutschen muss im Englischen bei Körperteilen das Possessivpronomen verwendet werden, wenn es sich auf das **Subjekt des Aktivsatzes** bezieht. Beachte daher:

The policeman took her by **the arm**. (*the arm* bezieht sich auf das Objekt *her*.)
She was taken by **the arm**. (Passivsatz)

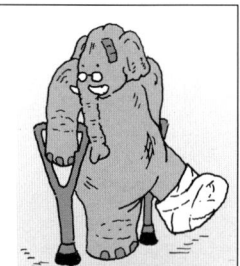

110F Körperfunktionen, Wahrnehmen, Erkennen

be asleep 8	fall asleep 7	listen 24	recognize 21	smell *v* 35	taste *n* 41
be aware 19	feel 14	look *n* 37	see 25	sound *n* 39	taste *v* 32
breath 2	gaze 28	look *v* 26	sense 22	sound *v* 33	taste *v* 36
breathe 1	get up 10	look *v* 34	sleep *n* 6	stare 30	tell 20
digest 4	glance *n* 38	note 18	sleep *v* 5	stay up 11	touch 42
eat 3	glance *v* 29	notice 17	smell *n* 40	sweat *n* 13	wake (up) 9
experience 15	hear 23	realize 16	smell *v* 31	sweat *v* 12	watch 27

1	☐ **breathe** [briːð]	atmen	**breathe** *deeply / freely / hard / heavily / with difficulty / through your nose* ○ He **breathed in** the smoke from the fire, and it made him cough. ○ The doctor told me to **breathe in and out** again slowly.	3
2	☐ **breath** [breθ]	Atem	hold your **breath** ○ His **breath** smelt of alcohol. ○ She was **out of breath**. ○ He was **breathless** after running up the stairs.	3
3	☐ **eat** [iːt]	essen	**eat** *bread / soup / meat / fish / an apple / your dinner / at seven o'clock* ○ **eat up** [aufessen] ○ She doesn't **eat** properly. No wonder that she's so thin. ○ I'll burst if I **eat** any more. ○ They continued **eating** as if nothing had happened. ○ I haven't **eaten** anything since breakfast. ▲ EATS – ATE – EATEN	1
4	☐ **digest** [dɪˈdʒest]	verdauen	**digest** food ○ Some foods are **digested** more easily than others. ○ It takes two hours for a meal to **digest**. ○ Fish is easy to **digest**.	5
5	☐ **sleep** [sliːp]	schlafen	**sleep** *well / badly / deeply / peacefully* ○ go to **sleep** ○ I didn't **sleep** very well last night. ○ During the exam week she **slept** badly because she was so nervous. ○ She was **sleeping** and we didn't want to wake her up. ▲ SLEEPS – SLEPT – SLEPT	2
6	☐ **sleep** [sliːp]	Schlaf	a *short / deep / heavy / light* **sleep** ○ *have / get* enough **sleep** ○ How many hours' **sleep** do you need? ○ She talks and walks **in her sleep**.	2
7	☐ **fall asleep** [ˌfɔːl əˈsliːp]	einschlafen	She **fell asleep** *in front of the TV set / during the lesson*.	3

8	☐ **be asleep** [bi: əˈsli:p]	schlafen, einge- schlafen sein	half **asleep** ○ The baby is fast [fest] **asleep**. ○ We found her **asleep** on a sofa. ○ My *foot / leg / hand* is **asleep**. ■ **Asleep** is not used before nouns. Use **sleeping**.	2
9	☐ **wake (up)** [ˌweɪk ˈʌp]	aufwachen (auf)wecken	**Wake up**! It's nearly 8 o'clock ○ I **woke** early in the morning and got straight out of bed. ○ Could you **wake** me **up** at 7.30 tomorrow morning? ▲ WAKES – WAKING – WOKE – WOKEN	2
10	☐ **get up** [ˌget ˈʌp]	aufstehen	**get up** late ○ What time do you have to **get up** in the morning? ▲ GETS – GETTING – GOT – GOT	2
11	☐ **stay up** [ˌsteɪ ˈʌp]	aufbleiben	I'm going to **stay up** to watch the film on BBC 1. ○ We went to bed, but Jane and Tom **stayed up** talking and playing cards.	3
12	☐ **sweat** [swet]	schwitzen	You're **sweating**. Why don't you take your coat off? ○ She has a fever and she's **sweating** a lot. ○ He **sweated** like a pig. ○ I **sweated blood** for a while thinking I'd broken the computer.	5
13	☐ **sweat** [swet]	Schweiß	*be in / break out in / break into* **a sweat** ○ He broke into **a** cold **sweat** when he realized that he'd lost all his money.	5
14	☐ **feel** [fi:l]	(sich) fühlen sein gehen	**feel** *hungry / thirsty / cold / warm / hot / sick / tired / happy / sad* ○ Suddenly he **felt** weak and had to sit down. ○ You'll **feel** better after a good night's sleep. ○ Are you **feeling** better? ○ He's been **feeling** depressed for several weeks. ▲ FEELS – FELT – FELT	2
15	☐ **experience** [ɪkˈspɪəriəns]	erfahren, erle- ben, empfinden, haben	**experience** *pain / pleasure / great changes / great difficulty in getting a visa* ○ The earthquake was the greatest disaster the country had ever **experienced**.	6
16	☐ **realize, -ise** [ˈrɪəlaɪz]	erkennen bewusst sein einsehen (be)merken	**realize** *your mistake / a danger / the damage* ○ She *hardly / quite / fully* **realized** the difference. ○ She quite **realized** *that she was in danger / that she had been cheated / that he'd been lying / what was going on / how lucky she was.* ■ Not usually used in the progressive	3
17	☐ **notice** [ˈnəʊtɪs]	(be)merken beachten	**notice** *the difference / sb in the crowd* ○ Did you **notice** which direction she went in? ○ We **noticed** *him leaving the house / him leave the house / that he'd left.* ○ I never **noticed** that … ■ Not usually used in the progressive	3
18	☐ **note** [nəʊt]	bemerken sich merken beachten	You may have **noted** that I was late. ○ He **noted** a change in her behaviour. ○ **Note** what you did, how you did it and leave the program. ○ Please **note** that the film starts at 8 o'clock. ○ **Note** how I answer this question. ■ Not used in the progressive	4
19	☐ **be aware** [bi: əˈweə]	sich bewusst sein, sich klar sein, merken	I'm *very much / painfully* **aware** what the death of her mother means to her. ○ Is he **aware of** the *problem / danger / time / risk*? ○ I'm **aware of** the difficulties you're facing. ○ Are they **aware that** we're coming? ○ She **became aware that** something was burning.	4
20	☐ **tell** [tel]	sagen erkennen wissen unterscheiden	It may rain or not. It's hard to **tell**. ○ Can you **tell** who that is over there? ○ I can't **tell** which coat is mine. ○ Some people who are colour-blind cannot **tell** the difference between red and green. ○ She can't **tell** red from green. ○ I can't **tell** the twins apart. ■ Not used in the progressive	5
21	☐ **recognize, -ise** [ˈrekəgnaɪz]	(wieder) erken- nen	**recognize** *sb's voice / sb's handwriting / a danger / a difference* ○ He **recognized** her **by** the hat she was wearing. ○ Did you **recognize** the man in the photo? ○ The police **recognized** the writing on the letter. ○ She'd had her hair cut – I hardly **recognized** her. ■ Not usually used in the progressive	2

110F

| 22 | ☐ **sense** [sens] | Sinn | the five **senses** ○ the **sense** of *hearing / sight / smell / taste / touch* ○ A **sixth sense** told her that he would be waiting when she got home. | 3 |

| 23 | ☐ **hear** [hɪə] | hören | **hear** a *noise / shout / voice* ○ He **heard** *a clock strike midnight / the front door shut.* ○ He **heard** *a bell ringing / Mary singing in the bathroom.* ○ I **can't hear** you. Could you speak a little louder? ○ I **can't hear** what you're saying. ○ **Did you hear** what I said? ○ Have you **heard about** the earthquake? ○ Have you **heard from** Susan recently? ○ I've never **heard of** him. So he can't be as famous as he says he is. ○ We've **heard that** ... | 1 |

■ Not used in the progressive

▲ CAN HEAR – HEARD – HEARD

| 24 | ☐ **listen** ['lɪsn] | hören zuhören anhören achten | **listen** *carefully / patiently / willingly / breathlessly / with half an ear* ○ **listen to** *a speaker / advice / a sound / the radio / a speech / an explanation* ○ **listen to** *a new cassette of Irish music / a choir singing* ○ He used a headset to **listen to** a language programme. ○ Be quiet – I'm **listening to** the news. ○ **listen for** *a signal / certain sound / knock on the door* ○ Will you **listen for** the phone while I'm in the garden? | 1 |

| 25 | ☐ **see** [siː] | sehen erkennen | **see** a *play / film / football match* ○ **see** the *difficulty / problem / danger / risk* ○ **see** the *reasons for a decision / importance of a proposal* ○ She **can't see** very well without glasses. ○ I **can't see** much difference between these *pictures / the sky from my room.* ○ Could you **see** what happened? ○ Did you **see** *how it happened / what was happening*? ○ Have you ever **seen** Ava Gardner on TV? ○ Jeff was **seen** holding hands with a girl. ○ We **saw** him *enter / entering* the building. | 1 |

▲ CAN SEE – SAW – SEEN

| 26 | ☐ **look (at)** [lʊk] | (an)schauen nachschauen (an)sehen | **look at** *a picture / the sky* ○ **look** *under the sofa / up the chimney / through the binoculars* ○ **look** *carefully / closely / coldly / curiously / in surprise / with fire in your eyes* ○ **Look** who is here! ○ We **looked** but couldn't see anything. ○ Does anyone else want to **look at** the map? ○ He was **looking** out of the window when we arrived. ○ **Look out** [aufpassen]! There's a car coming. | 1 |

| 27 | ☐ **watch** [wɒtʃ] | (an)sehen beobachten aufpassen (auf) zuschauen | **watch** *TV / a game / a play / a parade / the fireworks / a video / a student's progress / sb's reaction / what's going on / sb playing tennis* ○ **watch** *carefully / helplessly* ○ They **watched** the *runners go past / children crossing the street.* ○ He had the feeling that he was being **watched**. ○ Stay here and **watch** the bags. ○ **Watch** what I do and how I do it. ○ Are you going to play or just **watch**? | 1 |

| 28 | ☐ **gaze** [geɪz] | blicken starren (an)starren | **gaze** *for a long time / in wonder* ○ Tina **gazed** steadily [unverwandt] **at** the singer, unable to believe that she was so close to him. ○ She sat at the window **gazing into** space. ○ They lay down and **gazed at** the clouds passing overhead. ○ Full of enthusiasm, he **gazed at** the beautiful night. | 5 |

| 29 | ☐ **glance** [glɑːns] | blicken, einen Blick werfen, überfliegen | **glance** *in a hurry / knowingly* ○ He was in a hurry. So he just **glanced at** the headlines [Überschrift] of the newspaper. ○ Marlowe **glanced** nervously **at** his watch. ○ She **glanced round** the room to see if they were there. | 2 |

| 30 | ☐ **stare** [steə] | (an)starren (an)gaffen | **stare** *with wide-open eyes / in amazement* [Erstaunen] ○ He didn't reply, he just **stared** into the distance. ○ Everybody **stared at** his hat. ○ Children should be taught not to **stare at** disabled people. ○ Don't **stare**, it's rude. | 4 |

| 31 | ☐ **smell** [smel] | riechen riechen an | I can't **smell** properly because I've got a cold. ○ They **smelled** sth burning. ○ I **can smell** *smoke / gas.* ○ I **could smell** that he'd been smoking. ○ **Smell** these lovely flowers! ○ She picked up the soap and **smelled** it. ○ Why are you **smelling** the fish? Do you think it's bad? | 4 |

■ Note: I can smell gas. Es riecht nach Gas.

▲ CAN SMELL – SMELLED/SMELT – SMELLED/SMELT

| 32 | ☐ **taste** [teɪst] | schmecken probieren | I can't **taste** anything, I've got a bad cold. ○ She **tasted** the soup to see if she'd put enough salt in it. ○ It's the best jam I've ever **tasted**. ○ He offered the soup to Helen to **taste**. ○ She's **tasting** a piece of cheese to see what it **tastes like**. ○ **wine tasting** | 3 |

33	☐ sound [saʊnd]	klingen sich anhören	**sound** *silly / reasonable / like a rifle shot / like a child crying* ○ That music **sounds** beautiful. ○ His explanation **sounds** perfectly reasonable. ○ He **sounds** like a very nice person from the letter. ○ She **sounds** like the person we need for the job.	3
			■ Not used in the progressive	
34	☐ look [lʊk]	aussehen	**look** *good / bad / old / happy / sad / angry / nervous / tired / ill / rather depressed / quite familiar / different* ○ What does *it / she* **look like**? ○ The future **looks** *hopeless / bright.* ○ You **look as if** you've been in a fight. ○ The patient [Patient] **looks** much better. ○ He **looks** honest, but ...	3
			■ Not usually used in the progressive	
35	☐ smell [smel]	riechen stinken	**smell** *good / nice / lovely / delicious / bad / awful* ○ The meat has begun to **smell**. ○ The milk **smells**. I think it has gone bad. ○ The old man **smells of** whisky. ○ It **smells like** bad eggs.	4
36	☐ taste [teɪst]	schmecken	**taste** *good / nice / delicious / sweet / sour / bitter / bad / awful* ○ What is it? It **tastes like** jam. ○ The gravy **tastes** strongly **of** garlic [Knoblauch].	3
37	☐ look [lʊk]	Aussehen Blick	The place has a European **look**. ○ The shop has a new **look** to appeal to younger customers. ○ Have a **look at** this *picture / article.* ○ Since we are so close you really ought to take a **look at** the castle. ○ He gave her a cool **look**.	3
38	☐ glance [glɑːns]	Blick	A **glance at** my watch told me that it was 5 o'clock. ○ She could tell **at a glance** that something was wrong.	2
39	☐ sound [saʊnd]	Geräusch Ton Schall Laut	a *loud / strange* **sound** ○ the **sound** of *the wind / the sea / a train / music / voices* ○ *make / produce* a **sound** ○ *turn up / turn down* the **sound** [Lautstärke] ○ **Sound** travels much slower than light. ○ She opened the window without a **sound**.	2
40	☐ smell [smel]	Geruch Duft Gestank	a *strong / light / sweet / bad / sour / bitter* **smell** ○ Taste and **smell** are closely related. ○ Dogs have a very good **sense of smell**. ○ There's a bit of a **smell** in here. ○ There's a **smell of** *gas here / cooking in the hall / salt in the air.* ○ Have a **smell** [riechen] of the milk and tell me if it's all right.	3
41	☐ taste [teɪst]	Geschmack	I've got a cold so I have no **sense of taste**. ○ The juice has *very little / not much* **taste**. ○ The soup leaves a bad **taste** in the mouth. ○ I don't like the **taste** of the cheese. ○ She questioned his **taste**. ○ Helen and Tom have almost the same **taste** in music.	4
			■ False friend: The English word for German **Taste** is *key*.	
42	☐ touch [tʌtʃ]	berühren anfassen	**touch** the *ball / ground* ○ Don't **touch** the dish – it's very hot. ○ We were warned not to **touch** anything.	4

Lernhilfe 2: Simple form bei Verben der Wahrnehmung und Zustandsverben

Als Verben der **Sinneswahrnehmung** [*verbs of perception*] werden *hear, see, smell* und *taste* nur in der *simple form* benutzt (23, 25, 35, 36). Statt der *progressive form* wird oft *can* verwendet, z.B. *can hear*. Auch die Verben der **Wahrnehmung** *note, notice, realize* und *recognize* (18, 17, 16, 21) werden gewöhnlich nur in der *simple form* verwendet.

Die Verben *look, smell, sound* und *taste* werden als **Zustandsverben** [*state verbs*] nur in der *simple form* benutzt (26, 27, 28, 29). Mit den Zustandsverben geben wir Eigenschaften an, die wir an Personen oder Dingen wahrnehmen.

Die Verben *look, see, smell* und *taste* können auch **Tätigkeitsverben** [*activity verbs*] sein (18, 19, 24, 25). Als Tätigkeitsverben werden sie auch in der *progressive form* benutzt. Vergleiche die folgenden Verwendungen und ordne dann weitere Beispiele aus der Kollokationsspalte in 3 Gruppen (Verben der Sinneswahrnehmung, Zustandsverben, Tätigkeitsverben).

1. I can't **see** the number of the bus without my glasses.
2. I'm **seeing** Jane at the club tomorrow.
3. He was **looking** everywhere for his money.
4. It **looks** like rain.

5. Can you **smell** gas?
6. I can't **smell** properly because I've got a cold.
7. Your cake **smells** wonderful.
8. She's **smelling** the meat to see if it's eatable.

110G Wie Menschen sein oder aussehen können

active 17	blind 13	handsome 24	old 4	small 2	weak 11
athletic 8	easygoing 26	little 1	quiet 16	strong 7	young 3
bald 14	elderly 5	lively 18	restless 19	tall 9	
beautiful 23	emotional 20	lovely 22	short 10	ugly 25	
big 6	fat 12	nice 21	shy 15	understanding 27	

1	☐ **little** ['lɪtl]	klein jung	They have two children – a boy and a **little** girl. ○ The poor **little** boy was crying for his mother.		1
2	☐ **small** [smɔ:l]	klein jung	a **small** boy / girl ○ The girl is **small** for her age. ○ When she was **small** she lived in a big old house. ○ They bullied him because he was so **small** and weak. ■ False friend: The English word for German **schmal** is **narrow**.		1
3	☐ **young** [jʌŋ]	jung	She's a year **younger** than me. ○ Her mother was the **youngest** of five children. ○ You're only **young** once.		1
4	☐ **old** [əʊld]	alt	get / grow / become **old** ○ a 12-year-**old** child ○ an **old** man ○ He's only forty but he looks **older**. ○ She was four and a half years **old** when her mother died.		1
5	☐ **elderly** ['eldəlɪ]	alt ältere(r, s)	an **elderly** lady / relative ○ He's very active for an **elderly** man. ○ We should provide better care for **the elderly**.		5
6	☐ **big** [bɪg]	groß	a **big** boy / brother / sister ○ What do you want to be when you're **big**? ○ I'm not afraid of him – I'm **bigger** than he is.		1
7	☐ **strong** [strɒŋ]	stark kräftig	a **strong** boy / man / leader ○ She's **strong** for a ten-year-old girl. ○ Jeff was so **strong** he could lift a table with one hand. ○ They had three children, all **strong** and healthy.		1
8	☐ **athletic** [æθ'letɪk]	athletisch sportlich	She looks very **athletic**. ○ He's a very **athletic** young man. ○ He was in his forties, tall, **athletic**, not bad-looking.		5
9	☐ **tall** [tɔ:l]	groß	He's not very **tall**, about five foot three inches, I'd say. ○ She's the **tallest** girl in her class. ○ The photographer asked the **taller** people to stand at the back of the group.		1
10	☐ **short** [ʃɔ:t]	klein	Balzac was **short** and fat. ○ He was too **short** to become a police officer. ○ She was talking to a **short** dark-haired young man who wore glasses. ○ She's a lot **shorter** than she looks in the movies.		1
11	☐ **weak** [wi:k]	schwach		a **weak** boy / leader / team ○ She's too **weak** to carry this box upstairs on her own. ○ After his illness he was very **weak**.	2
12	☐ **fat** [fæt]	dick		a **fat** child ○ You ought to eat less – you're getting too **fat**. ○ That kind of food will make you even **fatter**.	1
13	☐ **blind** [blaɪnd]	blind		He's **blind** from birth / in one eye. ○ **Blind** people often have a much better sense of smell than other people. ○ **the blind** [die Blinden]	3
14	☐ **bald** [bɔ:ld]	kahl(köpfig) glatzköpfig		be / go **bald** ○ He went / was already **bald** at the age of 25.	5
15	☐ **shy** [ʃaɪ]	scheu zurückhaltend schüchtern	**shy with** girls / boys / adults / teachers / strangers ○ He was too **shy** to speak to her. ○ The main characters are a pair of **shy** lovers. ○ He's always been **camera-shy**. ○ She was **shy** and quiet except among her family and friends.		3
16	☐ **quiet** ['kwaɪət]	still, ruhig, leise	She was a very **quiet**, thoughtful woman. ○ The children are very **quiet**. What are they doing in there? ■ Don't mix up **quiet** (ruhig) with **quite** (ganz).		1

17	☐ **active** ['æktɪv]	rege aktiv	At the age of 70, she's still very **active**. ○ She's very **active** in the church's work with homeless people.		3
18	☐ **lively** ['laɪvlɪ]	lebhaft	a **lively**, attractive child with a lot of friends ○ You must invite some **lively** young people to the party to cheer us all up.		4
19	☐ **restless** ['restləs]	rastlos, ruhelos; unruhig	a **restless** audience / man ○ be / get / become **restless** ○ She's been **restless** all her life. ○ Young people are naturally **restless** and curious.		5
20	☐ **emotional** [ɪ'məʊʃnəl]	emotional gefühlvoll	I know it's a cliché, but Italians are more **emotional** than we are. ○ He always gets **emotional** when he talks about the war. ○ One of his problems is that he reacts too **emotionally** to things.		5
21	☐ **nice** [naɪs]	nett; gut, schön, hübsch	a **nice** person ○ He's one of the **nicest** people I've ever met. ○ You look very **nice** today. ○ What a **nice** little girl!		1
22	☐ **lovely** ['lʌvlɪ]	reizend hübsch	You look **lovely** with your hair short. ○ They married and had three **lovely** children. ○ What a **lovely** woman I sat next to. ○ She looked **lovelier** than ever before.		3
23	☐ **beautiful** ['bjuːtɪfl]	(wunder)schön	a **beautiful** woman / girl / princess ○ She was even more **beautiful** than he had remembered.		1
			■ Use **beautiful** or pretty to describe girls or women. Use **handsome** or good-looking to describe boys or men.		
24	☐ **handsome** ['hænsəm]	schön, gut aussehend	a **handsome** man / boy / prince ○ He's the most **handsome** boy in the class. ○ Helen wants to marry a young **handsome** doctor.		4
			■ Do not pronounce the d in **handsome**.		
25	☐ **ugly** ['ʌglɪ]	hässlich	an **ugly** child ○ They hated their uncle because he was fat, **ugly**, and laughed like a pig.		3
26	☐ **easygoing** [ˌiːzɪ'gəʊɪŋ]	gelassen unbekümmert	Her parents are very **easygoing**. They let her do what she wants. ○ The new teacher is so **easygoing** that the children are becoming quite noisy.		4
27	☐ **understanding** [ˌʌndə'stændɪŋ]	verständnisvoll	an **understanding** teacher / mother / boss / friend / policeman ○ Thank you for being so **understanding**. ○ Irene often has to take time off work. Fortunately she has an **understanding** boss.		5

110I Wozu Menschen fähig sind

achieve 73	force 12	make 3	persuade 11	run 79	take a chance 86
act 1	give away 43	make a fool of 87	pick up 36	run (rennen) 24	think up 54
annoy 94	go 22	make ends	plan 57	rush 25	touch 34
arrange 65	hold 32	meet 77	practise 81	set 39	try 68
be going to 58	ignore 88	make it 74	predict 71	shake 46	turn (round) 29
break up 42	influence 8	make up 55	pretend 83	sigh 52	upset 95
climb 28	intend 60	manage 75	proceed 69	sit 17	used to 7
concentrate 89	intention 61	march 26	produce 63	sit down 20	volunteer 5
confuse 91	invent 56	mark 70	pull 31	smile 49	walk 23
convince 10	jump 27	master 78	push 30	sob 53	wave 44
create 62	keep 33	mean to do 59	put 37	solve 76	willing 6
cry 51	kick 47	mix up 92	put down 38	split 41	
develop 64	laugh 50	move 19	reach (for) 35	stand 18	
disturb 93	learn 80	nod 45	react 82	stand up 21	
divide 40	lie 16	offer 4	refuse 14	struggle 67	
do 2	lie 84	organize 66	reject 15	succeed 72	
encourage 9	make 13	pay attention 90	risk 85	swim 48	

1	☐ **act** [ækt]	handeln fungieren	**act** from fear / love ○ **act** at once / (un)fairly / wisely / foolishly ○ **act on** sb's advice / orders / suggestion ○ It's time to **act**. ○ Unless we **act** quickly it'll be too late. ○ He **acted like** a fool. ○ The police refused to **act** until they had more evidence. ○ She **acted as** our interpreter.		2

2	☐ **do** [duː]	machen tun treiben	**do** *homework / the housework / sports / a test* ○ *What are you* **doing**? ○ *We didn't* **do** *much yesterday.* ○ *Please* **do** *as you're told.* ○ *It's not fair but what can we* **do** *about it?* ○ *What is the government* **doing** *about pollution?* ○ *What do you* **do** *for a living* [beruflich]?	1
			▲ DOES − DID − DONE	
3	☐ **make** [meɪk]	machen	**make** *a cake / cup of tea / film / mistake / suggestion / noise like neon light* ○ **make** *progress / an offer / your own clothes*	1
			▲ MAKES − MAKING − MADE − MADE	
4	☐ **offer** [ˈɒfə]	anbieten	**offer** *a guest a cup of tea / two alternative possibilities / advice / a good salary* ○ **offer** *sb a job / a job to sb* ○ *She* **offered** *to help / lend us some money.* ○ *It was nice of her to* **offer** [sich anbieten], *but we couldn't let her pay.*	3
5	☐ **volunteer** [ˌvɒlənˈtɪə]	(sich) anbieten	*She* **volunteered** *to help out / take the dog for a walk / act as driver.* ○ *He* **volunteered for** [sich freiwillig melden] *extra work / military service.*	5
6	☐ **willing** [ˈwɪlɪŋ]	bereit gewillt willig	*He's* **willing** *to tell everything he knows to the police.* ○ *They're not* **willing** *to release these sensitive documents.* ○ *They are not* **willing** *to accept extra responsibility unless they get more money.* ○ *The spirit is* **willing** *but the flesh* [Fleisch] *is weak.* (the Bible)	3
7	☐ **be used to** **get used to** [biː ˈjuːst tʊ]	gewöhnt sein	**be used to** *cold winters / hard work / working hard / waiting* ○ *We're* **used to** *the smells from the factory.* ○ *Their car breaks down so often that they must* **be used to** *it by now.* ○ *She wasn't happy in her new office, but after some time she* **got used to** *it.*	4
			■ No infinitive after **used to**. Use **ing**-form.	
8	☐ **influence** [ˈɪnflʊəns]	beeinflussen	**influence** *deeply / strongly* ○ **influence** *a politician / voters* ○ *Don't let what I say* **influence** *your decision.* ○ *Who* **influenced** *her to do that?*	4
9	☐ **encourage** [ɪnˈkʌrɪdʒ]	ermuntern ermutigen	**encourage** *sb to take more responsibility* ○ *He* **encouraged** *his pupils to ask more questions / to work harder / in their work / with a smile to try again.* ○ *He felt* **encouraged** *by the progress he'd made.*	3
10	☐ **convince** [kənˈvɪns]	überzeugen	*She managed to* **convince** *her that she needed the money.* ○ *You've* **convinced** *me that you can do it.*	4
11	☐ **persuade** [pəˈsweɪd]	überreden überzeugen	*He* **persuaded** *us to stay / not to leave / that it would be best to wait.* ○ *I'm not fully* **persuaded by** *the evidence.* ○ *I'm almost* **persuaded of** *the need to buy a new computer.*	3
12	☐ **force** [fɔːs]	zwingen erzwingen	*He* **forced** *her to give him the money / lie on the floor.* ○ *You needn't come if you don't want to. Nobody is* **forcing** *you.* ○ *They were* **forced** *to hand over their passports.* ○ *The police* **forced** *a confession* **from** *him.*	4
13	☐ **make** [meɪk]	veranlassen lassen zwingen	*What* **makes** *you say that?* ○ *They* **made** *him wait at the police station all day.* ○ *I really didn't want to go but they* **made** *me.* ○ *I wanted to go to the disco but my parents* **made** *me do my homework.*	4
			■ Don't mix up **make** (veranlassen) with **let** (zulassen).	
14	☐ **refuse** [rɪˈfjuːz]	verweigern ablehnen sich weigern	**refuse** *help / permission / an invitation / to go into details about the plan* ○ **refuse** *completely* ○ *No reasonable person would* **refuse** *such an attractive offer.* ○ *The police* **refused** *to act without more evidence.* ○ *Reporters often* **refuse** *to reveal their source of information.*	2
15	☐ **reject** [rɪˈdʒekt]	ablehnen zurückweisen ausschlagen	**reject** *an offer / invitation / opportunity* ○ **reject** *a possibility / view / suggestion / proposal / claim* ○ **reject** *violence* ○ **reject** *totally / completely* ○ *He* **rejected** *the chance of playing football for Scotland.*	4
16	☐ **lie** [laɪ]	liegen sich legen	**lie** *on the ground / your back / your side* ○ *He* **lay** *on the ground and went to sleep.*	1
			▲ LIES − LYING − LAY − LAIN	
17	☐ **sit** [sɪt]	sitzen	**sit** *on a chair / in an armchair / on the floor / at the table* ○ *Are you* **sitting** *comfortably?* ○ *She was* **sitting** *on the sofa, silent / talking to her mother.* ○ *We* **sat** *close together in the garden all afternoon.*	1
			▲ SITS − SITTING − SAT − SAT	

18	☐ **stand (up)** [ˌstænd (ˈʌp)]	(aufrecht) stehen	There are no seats left so I'll have to **stand**. ○ She was too weak to **stand**. ○ She was **standing** near the window. ○ I can't **stand up** any longer, I really have to sit down.	1
			▲ STANDS – STOOD – STOOD	
19	☐ **move** [muːv]	(sich) bewegen rücken schieben	**move** *the chairs from the table / the furniture to the middle of the room* ○ **move** *quickly* ○ *She couldn't* **move** *her arm.* ○ *Don't* **move**.	1
20	☐ **sit down** [ˌsɪt ˈdaʊn]	sich hinsetzen sich setzen	**sit down** *on a chair / in your seat / in a wheelchair / on the edge of a bed* ○ **sit down** *to work / read* ○ *I'm so tired – can I just* **sit down** *for a few minutes?* ○ *He refused to* **sit down** *when asked.* ○ *Before you* **sit down** *to write you should know some basic rules.* ○ *Father came in and* **sat down**.	1
21	☐ **stand up** [ˌstænd ˈʌp]	aufstehen	Please don't **stand up**. ○ We **stood up** to see better.	2
22	☐ **go** [gəʊ]	gehen fahren	**go** *home* ○ **go** *to London / along a road / across a street / up a hill / down the stairs / past a building / into a room* ○ **go** *away / back / out* ○ **go** *camping / shopping* ○ **go to** *school / church / hospital / bed* ○ **go by** *car / bus* ○ **go for** *a walk* ○ **go on** *a business trip* ○ **go on foot**	1
			▲ GOES – WENT – GONE	
23	☐ **walk** [wɔːk]	gehen laufen zu Fuß gehen	**walk** *home / to the bus station / along a river / across a field / down a road / out of a garden / into a trap* ○ **walk** *up and down / 5 miles every day* ○ **walk** *fast / slowly* ○ *Can you* **walk** *to school, or do you have to take the bus?* ○ **walk up to sb** [zu jm hingehen]	1
24	☐ **run** [rʌn]	rennen, laufen eilen	**run** *fast* ○ **run** *around in circles / to catch a bus / after a bus / to sb's aid / a mile under 4 minutes* ○ *He cannot* **run** *because he has a weak heart.*	1
			▲ RUNS – RUNNING – RAN – RUN	
25	☐ **rush** [rʌʃ]	eilen hetzen	**rush** *to school / to the office / along the corridor* ○ *Don't* **rush** [mach langsam] *– I want to talk to you.* ○ *She* **rushed** *back home when she got the news.* ○ *There's no need to* **rush**.	2
26	☐ **march** [mɑːtʃ]	marschieren, auf die Straße gehen	**march** *against the enemy / to the parade ground / for human rights* ○ *They* **marched in** *and took over the town.* ○ *The officer* **marched in** [kam hereinmarschiert] *and demanded an explanation.*	2
27	☐ **jump** [dʒʌmp]	springen	**jump** *over a fence / down from a roof / onto a bus / out of a window / out of your chair / for joy* ○ **jump the queue** [sich vordrängeln]	1
28	☐ **climb** [klaɪm]	klettern (be)steigen	He **climbed** *up a tree / over a wall / through a window / the stairs / up a ladder / down a ladder / Mount Everest.*	2
			■ Do not pronounce the **b** in **climb**.	
29	☐ **turn (round)** [ˌtɜːn ˈraʊnd]	(sich) (um)drehen	She **turned round** *to look at the camera / see who was following her.* ○ **Turn** *the steering wheel* [Lenkrad] *to the right.*	4
30	☐ **push** [pʊʃ]	schieben (sich) drängen stoßen	**push** *the bike up King's Road / the table a bit nearer the wall / your way through the crowd / a door open / sb for a quick decision* ○ *The car had run out of petrol so they* **pushed** *it into a side street.*	1
31	☐ **pull** [pʊl]	ziehen	**pull** *a waggon / trailer / caravan / tooth / chair to the table / boat out of the water* ○ **pull** *hard* ○ **pull** *sb's hair* [am Haar] */ sb by the hair* ○ *You push and I'll* **pull**. ○ **Pull** *the plug* [Stecker] *out.*	1
32	☐ **hold** [həʊld]	halten festhalten	**hold** *your head straight / sth in your hands / sb by the hand* ○ **Hold** *the camera still* [ruhig]. ○ *She* **held** *a baby in her arms.* ○ *The police are* **holding** *two robbers in connection with a robbery.* ○ *They had been* **held** *prisoner* [gefangen halten] *for over 14 years.*	1
			▲ HOLDS – HELD – HELD	

33	☐ keep [kiːp]	aufbewahren behalten halten	**keep** the bottle in a cool place ○ You can **keep** that book – I don't need it any more. ○ He's **kept** my watch and won't give it back. ○ They **keep** cows and sheep on their farm. ○ Can you **keep** a promise? ○ The baby is being **kept** alive by machines.	1
			▲ KEEPS – KEPT – KEPT	
34	☐ touch [tʌtʃ]	berühren anfassen anrühren	**touch** *sth with your finger / sb on the shoulder / sth with a stick / wet paint* ○ She hardly **touched** her *food / dinner / meal / dessert*. ○ He never **touches** *alcohol / coffee*.	4
35	☐ reach ['riːtʃ]	erreichen reichen	**reach** sb *by phone / on the phone / at home* ○ **reach** Cape Town on Sunday or Monday. ○ **reach** a decision ○ Tell me when you've **reached** the end of the book. ○ My keys have fallen down this hole and I can't **reach** them. ○ Can you **reach** me the sugar? ○ She **reached for** [greifen nach] her mother.	3
36	☐ pick up [ˌpɪk 'ʌp]	aufheben	**pick up** a stone ○ She **picked up** the books which had fallen on the floor.	5
37	☐ put [pʊt]	stellen, legen, setzen, (an einen Platz) tun	**put** *the book on the shelf / your hands in your pockets / coal on the fire / pressure on sb / an end to war / a tax on beer / his last penny on a horse / a machine in action / names in alphabetical order*	1
			■ **Put** combines with many nouns in English where we have a special verb in German. Example: **put** *pressure on sb* Druck auf jn **ausüben**	
			▲ PUTS – PUTTING – PUT – PUT	
38	☐ put down [ˌpʊt 'daʊn]	weglegen, stellen auf, niederlegen	**Put** that knife **down**! ○ **Put** the plates **down** on the table. ○ The policewoman persuaded him to **put** his gun **down**.	1
39	☐ set [set]	stellen einstellen	**set** *a bowl of soup in front of the traveller / the fallen chair the right way up* ○ **Set** the tray [Tablett] on the table. ○ He **set** *his watch to the correct time / the bomb to go off at 10*.	3
			▲ SETS – SETTING – SET – SET	
40	☐ divide [dɪ'vaɪd]	(auf)teilen	**divide** *81 by 9 / a novel into chapters / the cake in half / the prize among the winners* ○ She **divided** the class **into** four groups.	3
41	☐ split [splɪt]	(sich) teilen spalten	**split** *the cost of a meal / the taxi fare / the town into four areas* ○ Let's **split** the cost **between** the four of us. ○ The team **split into** two groups. ○ He's **split up with** [sich trennen von] his girlfriend. ○ **split hairs**	4
			▲ SPLITS – SPLITTING – SPLIT – SPLIT	
42	☐ break up [ˌbreɪk 'ʌp]	(auf)teilen auflösen zerhacken	**break up** a company **into** different branches ○ **break up** the school day **into** 8 lessons ○ The police were called to **break up** the meeting. ○ He **broke** the old furniture **up** and burned the parts.	4
43	☐ give away [ˌɡɪv ə'weɪ]	verraten	He **gave away** state secrets to the enemy / our hiding-place. ○ He smiled politely and didn't **give** himself / his real feelings **away**. ○ They were afraid that the secret would be **given away**.	5
44	☐ wave [weɪv]	winken	He **waved to** the waiter to bring the bill. ○ She **waved** goodbye to her parents / to him through the car window. ○ Who are you **waving at**?	3
45	☐ nod [nɒd]	nicken	He **nodded** *in agreement / to me as I passed him in the street*. ○ When she asked the children if they wanted an ice-cream they all **nodded**. ○ **Nod** your head if you understand what I'm saying and shake it if you don't.	1
46	☐ shake [ʃeɪk]	schütteln	**shake** *apples from a tree / a bottle before use* ○ **shake** *your head / hands with sb / sb by the shoulder* ○ **shake** [ausschütteln] a carpet ○ Let's **shake hands** and be friends again.	3
			▲ SHAKES – SHAKING – SHOOK – SHAKEN	
47	☐ kick [kɪk]	treten schießen	One of the other boys pushed him on the floor and began **kicking** him. ○ Police think the victim was **kicked** in the head. ○ He **kicked** the ball *into the goal / over the top of the net*.	4
48	☐ swim [swɪm]	schwimmen	**swim** *on your back / under the water / across the river* ○ She's never learnt to **swim**. ○ She **swam** 10 lengths of the pool.	1
			▲ SWIMS – SWIMMING – SWAM – SWUM	

49	☐	**smile** [smaɪl]	lächeln strahlen	**smile** *happily / with pleasure / from ear to ear* ○ Her father *rarely / never* **smiled**. ○ She **smiled at** the camera. ○ **Keep smiling** [Kopf hoch!].	1
50	☐	**laugh (at)** [ˈlɑːf (æt)]	(aus)lachen	**laugh** *happily* ○ When he fell off his bike everybody **laughed**. ○ Don't **laugh at** her, she's very sensitive.	2
51	☐	**cry** [kraɪ]	schreien	**cry** *loudly / with pain / with hunger / for help* ○ The boy was **crying for** his mother. ○ She **cried out** [aufschreien] when the man jumped from behind.	1
52	☐	**sigh** [saɪ]	seufzen	**sigh** *deeply* ○ She **sighed with** *disappointment at the news / pleasure after an excellent meal*.	4
53	☐	**sob, -bb-** [sɒb]	schluchzen	**sob** *bitterly / uncontrollably / yourself to sleep* [in den Schlaf weinen] ○ He often **sobbed** like a child. ○ She **sobbed** into her handkerchief [Taschentuch]. ○ We could hear the child **sobbing** in the other room.	5
54	☐	**think up** [ˌθɪŋk ˈʌp]	sich ausdenken	**think up** *a plan for making money / a new slogan* ○ Can't you **think up** a better excuse?	5
55	☐	**make up** [ˌmeɪk ˈʌp]	sich ausdenken erfinden	**make up** *a story / an excuse* ○ He told the police that he'd seen a man stealing a car but in fact he'd **made** the whole story **up**.	4
56	☐	**invent** [ɪnˈvent]	erfinden sich ausdenken	**invent** *a new type of floppy disk / machine / new method / story / reason* ○ **invent** an excuse ○ He **invented** a new method of keeping food fresh at room temperature.	4
57	☐	**plan, -nn-** [plæn]	planen vorhaben beabsichtigen	**plan** *carefully / thoroughly / badly* ○ We had **planned for** [sich einstellen auf] 20 guests, but only 15 arrived. ○ They hadn't **planned on** [rechnen mit] twins. ○ Are you **planning** anything **for** the weekend? ○ We're **planning** to visit Spain this summer. ○ When does he **plan** to take his holiday? ○ **family planning**	5
58	☐	**be going to** [biː ˌɡəʊɪŋ tə]	wollen, vorhaben, die Absicht haben	She's **going to** *be a politician / work in the garden / play tennis this afternoon*. ○ I'm not **going to** tell him what happened. ○ He **was going to** leave for Paris the following day.	2
59	☐	**mean to do** [ˌmiːn tə ˈduː]	absichtlich tun tun wollen	I didn't **mean to** *frighten / upset / interrupt / hurt* you. ○ I didn't **mean to** interrupt your meal. ○ I **meant to** ask you to buy some bread on your way home but I forgot. ○ I've been **meaning to** ring you up all week.	3
				▲ MEANS – MEANT – MEANT	
60	☐	**intend** [ɪnˈtend]	beabsichtigen (fest) vorhaben	They **intend** *to marry / marrying / to report you to the police*. ○ I **intended to** do that, but I'm afraid I forgot. ○ She **intends going back** to work after she has had her baby.	3
61	☐	**intention** [ɪnˈtenʃn]	Absicht Vorsatz	I had no **intention of changing** my mind. ○ It wasn't my **intention to hurt** you. ○ We persuaded them of our serious **intention**. ○ The road to hell [Hölle] is paved [pflastern] with good **intentions**. (proverb)	4
62	☐	**create** [kriːˈeɪt]	(er)schaffen machen	**create** *more jobs / a situation where ...* ○ **create** a good impression ○ Dickens **created** many wonderful characters in his novels.	3
63	☐	**produce** [prəˈdjuːs]	produzieren herstellen erzeugen	**produce** *furniture / films / cars / electricity / steam / chemicals / bananas / as much food as necessary / good crops from poor soil* ○ work harder to **produce** and earn more ○ **produce** more leather goods than expected	3
64	☐	**develop** [dɪˈveləp]	entwickeln erschließen	**develop** *a film / a new product / land near the railway station* ○ They're **developing** a new programme to increase exports.	3
				■ Mind the spelling: develo**p**ing, develo**p**ed	
65	☐	**arrange** [əˈreɪndʒ]	(an)ordnen arrangieren vereinbaren	**arrange** *books on a shelf / a dinner / a meeting for next month / a timetable / where to meet* ○ We've **arranged** that Peter will meet you at the airport. ○ I've **arranged with** the lawyer to see you tomorrow.	3
66	☐	**organize, -ise** [ˈɔːɡənaɪz]	organisieren veranstalten	**organize** *your work / courses and seminars / conferences / a competition / games / the first free election* ○ The political parties needed a long time to **organise** themselves.	3
67	☐	**struggle** [ˈstrʌɡl]	kämpfen sich abmühen	**struggle for** *freedom / power* ○ **struggle** to stay alive ○ **struggle against** *prejudice / poverty* ○ She **struggled with** her attacker to get away. ○ She's been **struggling with** this problem for a long time.	3

68	☐ **try** [traɪ]	sich anstrengen sich bemühen versuchen	**try** hard ○ You can do better than that. You're not **trying**. ○ She's not really up to standard, but she **tries**. ○ Don't **try and** swim across the river. ○ I'll **try and** get there by 7. ○ If you can't relax **try taking** deep, slow breaths. ○ If at first you don't succeed, **try**, try, try again. (proverb)	2
69	☐ **proceed** [prə'siːd]	vorgehen verfahren	**proceed** against sb in court / in a sensible way ○ What's the best way of **proceeding**?	5
70	☐ **mark** [mɑːk]	markieren versehen	**mark** the route ○ **mark** [mit Aufschrift versehen] a document top secret / a tin dangerous / a bottle poison ○ Every pupil's coat must be **marked** with his/her name. ○ Why did you **mark** [anstreichen] that answer wrong?	4
71	☐ **predict** [prɪ'dɪkt]	vorhersagen	**predict** the weather / rain and cold / an earthquake / a trend / the election results ○ **predict** what might happen / that it may rain ○ **predictable** ○ **unpredictable** ○ The exact time of the change is **unpredictable**.	5
72	☐ **succeed** [sək'siːd]	Erfolg haben gelingen erfolgreich sein	**succeed in** business ○ He's likely / unlikely to **succeed**. ○ She **succeeded in** creating the right climate for free and democratic elections. ○ Nothing **succeeds** like success. (proverb) ■ No infinitive after **succeed**. Use in + ing-form.	3
73	☐ **achieve** [ə'tʃiːv]	erzielen erreichen vollbringen	He **achieved** good results / a great success / a lot / only half of what he'd hoped to do. ○ I've tried to persuade her, but I haven't **achieved** anything. ○ We cannot **achieve** the great goal of unity [Einheit] without a price. ○ **achievement**	4
74	☐ **make it** (infml.) ['meɪk ɪt]	es schaffen Erfolg haben	The bus leaves in a minute — we'll never **make it**. ○ I never thought I would pass my exam, but somehow I **made it**. ○ She'll never **make it as** a singer.	4
75	☐ **manage** ['mænɪdʒ]	es schaffen	How do you **manage** to stay so fit? ○ She **managed** to escape from the burning building / finish the job without any difficulty / keep her car under control on the ice. ○ How did he **manage** to get free? ○ With an effort she **managed** not to laugh.	4
76	☐ **solve** [sɒlv]	lösen bewältigen aufklären	**solve** a puzzle ○ **solve** traffic problems / financial troubles / the housing crisis / the shortage of teachers in East London ○ **solve** an economic problem **by** raising taxes ○ **solve** a crime ○ The problem of Europe in the past was that the German question was not **solved**.	3
77	☐ **make ends meet** [meɪk ˌendz 'miːt]	über die Runden kommen	The widow and the three children found it difficult to **make ends meet**.	5
78	☐ **master** ['mɑːstə]	beherrschen	**master** an instrument / the piano / a situation ○ **master** sth completely / thoroughly ○ It takes time to **master** a foreign language.	5
79	☐ **run** [rʌn]	leiten betreiben	**run** a school / theatre / factory / meeting ○ **run** [fahren lassen] extra trains during the rush hour	3
80	☐ **learn** [lɜːn]	lernen	**learn** sth new / a language / words / from experience / by experience / by example / how to write a good essay ○ **learn** easily ○ I'm **learning** to drive. ○ **learning** by doing	1
81	☐ **practise** (BE) ['præktɪs]	üben trainieren ausüben	**practise** alone / with friends / hard ○ the right to **practise** a profession / your religion ○ **practise** throwing a ball into the net / writing with your left hand ○ If you want to master a musical instrument, you must **practise** every day.	2
82	☐ **react** [rɪ'ækt]	reagieren	**react to** a drug / a plan / an idea / changing needs ○ **react with** shock / anger ○ **react** angrily / emotionally / quickly / positively / negatively / strongly ○ People can **react** badly **to** certain food additives. ○ He would be the first to **react** angrily. ○ They failed to **react** quickly enough.	5
83	☐ **pretend** [prɪ'tend]	so tun, als ob; vortäuschen	**pretend** to be busy / to be asleep / to know the answer / to be a doctor / not to notice ○ **pretend** ignorance ○ Are these people mad or are they only **pretending** to be? ○ She **pretended** to have forgotten the letter.	3
84	☐ **lie** [laɪ]	lügen	I think she **lied** to save her skin. ○ He was **lying** when he said he hadn't touched the money. ○ He **lied to** [belügen] the police **about** the accident / his age. ○ **lying** propaganda	4

85	☐ **risk** [rɪsk]	riskieren wagen	**risk** your *health / neck / life* ○ **risk losing** everything ○ The man had **risked** his life to save the little boy. ○ If she doesn't work harder, she'll **risk failing** her exam. ○ **run a risk** [ein Risiko eingehen]	4
			■ No infinitive after **risk**. – Use **ing**-form.	
86	☐ **take a chance** [ˌteɪk ə ˈtʃɑːns]	es riskieren, ein Risiko eingehen	The rope might break, but we'll have to **take a chance**. ○ He **took a chance** to set up his own company, which has been very successful. ○ I don't want to **take the chance** of getting a **fine**.	4
87	☐ **make a fool of** [ˌmeɪk ə ˈfuːl əv]	blamieren, lächerlich machen	They published his letters to **make a fool of** him before the world. ○ Suddenly I realized that I was being **made a fool of**. ○ Don't **make a fool of** yourself.	5
88	☐ **ignore** [ɪgˈnɔː]	ignorieren nicht beachten übersehen	He **ignored** *all my warnings / me at school this morning*. ○ She acted wisely by **ignoring** such bad advice. ○ It was impolite to **ignore** our invitation. ○ I'm really sorry about today, John, I didn't mean to **ignore** you.	5
89	☐ **concentrate** [ˈkɒnsntreɪt]	sich konzentrieren	You must **concentrate**. ○ I can hardly **concentrate on** *my work / the problem / my studies*. ○ It's difficult to **concentrate** with so much noise going on. ○ We will achieve more if we **concentrate on** preventive [Vorsorge-] medicine.	4
90	☐ **pay attention** [ˌpeɪ əˈtenʃn]	aufpassen beachten	You'd better **pay attention**. ○ Please **pay attention to** what I'm going to say.	3
91	☐ **confuse** [kənˈfjuːz]	verwechseln verwirren	I always **confuse** her **with** her twin sister. ○ Don't **confuse** "expect" with "except". ○ He **confused** everybody **with** his pages of facts and figures. ○ The instructions on the box are very **confusing**.	4
92	☐ **mix up** [ˌmɪks ˈʌp]	verwechseln	I think you've got us **mixed up**. ○ Children learning to write often get 'b' **mixed up** with 'd'. ○ The teenage girl has been rather **mixed up** [durcheinander] after her mother died. ○ There was a **mix-up** [Durcheinander] about the train times and I arrived two hours late.	5
93	☐ **disturb** [dɪˈstɜːb]	stören	Don't **disturb** her when she's working. ○ I dislike being **disturbed**. ○ Sorry to **disturb** you, but could you lend me your pen?	3
94	☐ **annoy** [əˈnɔɪ]	belästigen ärgern	Please go away and stop **annoying** me. ○ It **annoys** me that you act so selfishly. ○ It **annoyed** me to think how much time we had wasted.	3
95	☐ **upset** [ʌpˈset]	aufregen ärgern wehtun	We are all so shocked and **upset at** what has happened. ○ Don't **upset** yourself – no harm has been done. ○ Don't cry, I didn't mean to **upset** you.	4

Lernhilfe 3: Partnerarbeit bei der Wortschatzwiederholung

Wörter müssen wiederholt werden, wenn sie verfügbar bleiben sollen. Das heißt aber nicht, dass man deutsch-englische Vokabelgleichungen pauken muss. Viel interessanter ist es, wenn ihr euch mit einem Partner wechselseitig **Wortverbindungen** abhört. Wählt dazu ein Feld aus. Partner A übersetzt Wortverbindungen oder Sätze ins Deutsche, Partner B übersetzt sie zurück ins Englische. Nach 5 Minuten wechselt ihr. Beispiele:

sofort **handeln** (1)
Sport **treiben** (2)
Wir haben gestern nicht viel **gemacht** (2)
Fortschritte **machen** (3)

einem Gast eine Tasse Tee **anbieten** (4)
Er meldete sich **freiwillig** zum Militärdienst. (5)
stark **beeinflussen** (8)
Er **überredete** uns zu bleiben. (11)

110M Fähigkeiten, Begabung, Haltungen

ability 1	concentration 6	humour 12	intolerance 22	politeness 16	skill 2
attention 14	control 7	imagination 11	loyalty 18	prejudice 23	tolerance 21
attitude 13	discipline 9	impatience 20	memory 5	responsibility 10	understanding 17
cleverness 3	friendliness 15	intelligence 4	patience 19	self-confidence 8	

1	☐ **ability** [əˈbɪlətɪ]	Begabung Talent Fähigkeit	do sth to the best of one's **ability** [so gut man kann] ○ A person of his **ability** will have no difficulty getting a job. ○ Gerd has the **ability** to *score a goal / make decisions*. ○ Her **ability** has never been in doubt.	5
2	☐ **skill** [skɪl]	Geschick Fertigkeit Fähigkeit	a *natural / technical / professional / practical / mathematical* **skill** ○ a mixed **ability** group ○ *acquire / develop / master / have* a **skill** ○ play the piano with great **skill**	3
3	☐ **cleverness** [ˈklevənəs]	Klugheit	It's her **cleverness** that got her where she is today.	5
4	☐ **intelligence** [ɪnˈtelɪdʒəns]	Intelligenz	*human / natural / artificial* **intelligence** ○ *great / high / limited / low* **intelligence** ○ a person of normal **intelligence** ○ show **intelligence** ○ Examinations are not necessarily the best way to measure **intelligence**. ○ an **intelligence** test	4
5	☐ **memory** [ˈmemərɪ]	Gedächtnis Erinnerung	a *good / bad* **memory** ○ happy **memories** from *her early childhood / Coventry* ○ childhood **memories** ○ A teacher needs to have a good **memory for** names. ○ His **memory** is not very reliable these days. ○ She played the music **from memory**. ○ I have no **memories of** that time at all.	3
6	☐ **concentration** [ˌkɒnsnˈtreɪʃn]	Konzentration	in deep **concentration** ○ a lack of **concentration** ○ lose a moment's **concentration** ○ This book needs **concentration**. ○ She lost her **concentration** when she heard a door bang [zuschlagen]. ○ **concentration** exercises	5
7	☐ **control** [kənˈtrəʊl]	Beherrschung Kontrolle	*take / have / keep* **control of** sth ○ lose **self-control** ○ The teacher had no **control** over his class. ○ There's nothing I can do about the problem, it's beyond my **control**.	4
8	☐ **self-confidence** [ˌself ˈkɒnfɪdəns]	Selbstvertrauen, Selbstbewusstsein	*have / be full of / acquire / increase / lose / lack* **self-confidence** ○ *shake / restore* sb's **self-confidence** ○ teach pupils **self-confidence** ○ It takes **self-confidence** for a man to stay at home and look after the children.	5
9	☐ **discipline** [ˈdɪsɪplɪn]	Disziplin	*strict / iron* **discipline** ○ *keep / need / maintain / show* **discipline** ○ teach sb **discipline** ○ Military **discipline** *was largely absent / broke down*. ○ The lack of **discipline** could not be discussed openly.	4
10	☐ **responsibility** [rɪˌspɒnsəˈbɪlətɪ]	Verantwortung, Verantwortlichkeit	*personal / individual / extra* **responsibility** ○ *have / take / accept / give* sb **responsibility for** sth ○ share the full **responsibility** ○ MPs should be prepared to accept more **responsibility**.	3
11	☐ **imagination** [ɪˌmædʒɪˈneɪʃn]	Fantasie Einbildung	a *lively / fertile / creative / wild* **imagination** ○ *not much / a lot of / a poor* **imagination** ○ It's just your **imagination**. ○ If we really use our **imagination** we should find a solution to this problem.	4
12	☐ **humour** [ˈhjuːmə]	Humor	*black / dry* **humour** ○ She has a great **sense of humour**. ○ He doesn't have a **sense of humour**. ■ Note: *Er hat Humor.* He has **a sense of humour**.	4
13	☐ **attitude** [ˈætɪtjuːd]	Haltung Einstellung	I don't like his *unhelpful / critical* **attitude**. ○ She shows a very positive **attitude to** her work. ○ What's their **attitude towards** this invention?	3
14	☐ **attention** [əˈtenʃn]	Zuwendung Aufmerksamkeit	give *special / individual* **attention** ○ attract sb's **attention** ○ I want to have your undivided **attention**. ○ She likes to be the centre of **attention**. ○ Children need individual **attention** when they're beginning to read.	3

15	☐	**friendliness** ['frendlınəs]	Freundlichkeit	warmth and **friendliness** *to / towards* foreigners ○ The **friendliness** of these people is wonderful.	5
16	☐	**politeness** [pə'laɪtnəs]	Höflichkeit	*accept / ask / invite sb* out of **politeness** ○ **Politeness** is sadly lacking in business today. ○ He was treated with great **politeness**.	5
17	☐	**understanding** [ˌʌndə'stændɪŋ]	Verständnis	show great patience and **understanding** ○ His friends showed sympathy and **understanding** when he failed the exam.	4
18	☐	**loyalty** ['lɔɪəltɪ]	Loyalität Treue	*great / deep* **loyalty** ○ **loyalty** *to / towards* the Queen ○ *receive / demand / count on sb's* **loyalty** ○ I'd like to thank you all for your **loyalty**. ○ A friendship has got to be based on trust [Vertrauen] and **loyalty**.	5
19	☐	**patience** ['peɪʃns]	Geduld	*show / possess / have little / lose* **patience** ○ Her **patience with** the children is endless. ○ She's lost all **patience with** him and his excuses. ○ He's running out of [verlieren] **patience**.	5
20	☐	**impatience** [ɪm'peɪʃns]	Ungeduld	She showed her **impatience** by walking up and down. ○ There is a growing **impatience at** the government's inability to solve the problem.	5
21	☐	**tolerance** ['tɒlərəns]	Toleranz Verständnis	*religious / racial* **tolerance** ○ **tolerance towards** religious minorities ○ *show / have* **tolerance** ○ There's a limit to their **tolerance**. ○ We live in a society with greater **tolerance towards** crime.	5
22	☐	**intolerance** [ɪn'tɒlərəns]	Intoleranz	*experience / face* **intolerance** ○ Religious **intolerance** has often been a major cause of war.	5
23	☐	**prejudice** ['predʒʊdɪs]	Vorurteil(e), Voreingenommenheit	*colour / racial / race / religious / anti-American* **prejudice** ○ **Prejudice against** black people is still common in many parts of America. ○ Unfortunately there's still a lot of **prejudice against** unmarried mothers.	4

111 Eigenschaften und Fähigkeiten

aggressive 60	easygoing 5	honest 48	legendary 15	reasonable 26	successful 23
bad 37	efficient 22	human 38	mean 57	reliable 49	sympathetic 43
boring 4	fair 52	humorous 8	nice 39	responsible 50	talented 20
brave 63	false 54	ignorant 33	patient 45	rich 1	terrible 58
civilized 40	famous 14	impatient 59	polite 42	rude 55	tolerant 44
clever 18	foolish 34	important 11	poor 2	selfish 56	violent 61
crazy 35	generous 47	intelligent 25	popular 9	silly 31	well-known 10
creative 21	good 36	interesting 3	powerful 13	simple 30	wise 27
critical 28	great 12	just 53	proud 24	skilled 19	
cruel 62	hard-working 16	kind 41	punctual 51	strict 6	
curious 29	helpful 46	lazy 17	puritan 7	stupid 32	

1	☐	**rich** [rɪtʃ]	reich	a **rich** *film star / tennis player* ○ *very / particularly* **rich** ○ He's so **rich** that he doesn't have to work. ○ the gap [Kluft] between the poor and the **rich**	1
2	☐	**poor** [pʊə, pɔː]	arm	rich or **poor** *households / people / families* ○ the **poorest of the poor** ○ The new tax would make the rich richer and the **poor poorer**.	1
3	☐	**interesting** ['ɪntrəstɪŋ]	interessant	an **interesting** person ○ The party was full of actors, artists and other **interesting** people. ○ **uninteresting**	2
4	☐	**boring** ['bɔːrɪŋ]	langweilig	a **boring** *speaker / politician* ○ He's so **boring** – all he ever thinks about is football. ○ We've got a really **boring** French teacher.	3
5	☐	**easygoing** [ˌiːzɪ'gəʊɪŋ]	gelassen unbeschwert	an **easygoing** *attitude / character* ○ His **easygoing** nature made him popular. ○ "How are you feeling?" he asked in his **easygoing** manner.	4
6	☐	**strict** [strɪkt]	streng	a **strict** *teacher / mother / tennis instructor* ○ His parents were **strict with** him, they never let him go out on his own.	4
7	☐	**puritan** ['pjʊərɪtən]	puritanisch	a **puritan** attitude to life ○ He's too much of **a puritan** to go to a disco.	6
8	☐	**humorous** ['hjuːmərəs]	humorvoll lustig	a **humorous** speaker ○ The contrast between the **humorous** Alec and the **humourless** Simon could hardly have been greater.	4

111

9	☐ **popular** ['pɒpjʊlə]	beliebt	a **popular** *actor / teacher* ○ *be / become / prove* **popular** ○ *very / more / most / particularly / hugely* **popular** ○ She's most **popular** *as a pop singer / with teenagers / with her pupils*.	3
10	☐ **well-known** [ˌwel'nəʊn]	bekannt	a **well-known** personality ○ He was **well-known** some years ago. ○ She is **well-known for** her music.	3
11	☐ **important** [ɪm'pɔːtnt]	wichtig bedeutend	He was one of the most **important** writers of his time. ○ a very **important** person ○ **unimportant**	1
12	☐ **great** [greɪt]	bedeutend, berühmt, groß	a **great** *writer / poet / woman* ○ Picasso was perhaps the **greatest** painter of the 20th century. ○ *Alexander / Frederick* **the Great**	6
13	☐ **powerful** ['paʊəfl]	mächtig stark kräftig	a **powerful** *man / woman / swimmer / enemy / nation / president* ○ There was a meeting of the most **powerful** people in the country. ○ He's **powerfully** built. ○ **powerless** to help	3
14	☐ **famous** ['feɪməs]	berühmt	a **famous** *author / painter / singer / actor* ○ one of the the world's most **famous** clowns ○ He's **famous for** his strength.	2
15	☐ **legendary** ['ledʒəndrɪ]	berühmt legendär	a **legendary** *tennis player / figure* ○ The party was attended by Samuel Goldwyn, Hollywood's **legendary** film producer.	5
16	☐ **hard-working** [ˌhɑːd 'wɜːkɪŋ]	fleißig	a **hard-working** woman ○ Unfortunately, the school has just lost two of its most **hard-working** teachers.	4
17	☐ **lazy** ['leɪzɪ]	faul träge	He's the **laziest** boy in the class. ○ **Lazy** people tend [dazu neigen] to become fat.	2
18	☐ **clever** ['klevə]	klug schlau geschickt raffiniert	a **clever** *student / carpenter* ○ Susan was always the **cleverest** pupil in her class. ○ It was **clever of** you to guess where I was going. ○ She's very **clever** with her hands. ○ He was a cool and **clever** politician.	2
19	☐ **skilled** [skɪld]	qualifiziert, Fach-, geschickt	**Skilled** workers are difficult to find. ○ He's highly **skilled at** dealing with the public.	4
20	☐ **talented** ['tæləntɪd]	talentiert begabt	a **talented** *musician / family / young scientist* ○ There's a shortage of **talented** players today. ○ She's so **talented** that her success can only be a question of time. ○ a **multi-talented** individual	5
21	☐ **creative** [kriː'eɪtɪv]	kreativ	a **creative** *writer / designer / musician* ○ She's very **creative** and likes working with her hands. ○ The author uses language **creatively**.	4
22	☐ **efficient** [ɪ'fɪʃnt]	tüchtig fähig	an **efficient** *doctor / teacher / secretary / worker* ○ He's a very **efficient** assistant. ○ As Prime Minister, he was arrogant and **inefficient**.	4
23	☐ **successful** [sək'sesfl]	erfolgreich	a **successful** *actor / businesswoman / candidate* ○ highly **successful** ○ be **successful as** a *singer / doctor* ○ Was she **successful in** her career?	3
24	☐ **proud** [praʊd]	stolz	a **proud** *nation / owner of a new computer* ○ *justly / particularly* **proud** ○ be **proud of** *your exam results / what you have achieved* ○ make sb **proud** ○ I'm **proud** to know her.	3
25	☐ **intelligent** [ɪn'telɪdʒənt]	klug intelligent	**intelligent** *students / children* ○ the most **intelligent** girl ○ Her son was a sensitive and highly **intelligent** young man.	3
26	☐ **reasonable** ['riːznəbl]	vernünftig	She's perfectly **reasonable in** her demands. ○ It's not **reasonable** to demand so much of them. ○ Let's be **reasonable about** it.	3
27	☐ **wise** [waɪz]	weise klug	a **wise** old man ○ It was *hardly / not very* **wise** to sell your house. ○ It would be **wise** to *see a doctor / ask a lawyer for advice*.	3
28	☐ **critical** ['krɪtɪkl]	kritisch	a **critical** person ○ Why are you so **critical of** everything?	5
29	☐ **curious** ['kjʊərɪəs]	neugierig gespannt	**curious** *neighbours / spectators / readers* ○ She's **curious** to know who sent the flowers. ○ We're **curious about** his next film. ■ False friend: The English word for German **kurios** is **strange, odd**.	3
30	☐ **simple** ['sɪmpl]	naiv einfältig	She's too **simple** to see through his lies. ○ I'm afraid he's a bit **simple**, but he's good with animals.	3

31	☐ silly ['sɪli]	albern dumm	You're all *very / extremely* **silly**. ○ make sb **look silly** ○ You're behaving like a **silly** little boy. ○ It was **silly of** her to say that.	2
32	☐ stupid ['stjuːpɪd]	dumm blöd	The public aren't **stupid**. ○ Isn't it a bit **stupid** to pay for car repairs when you can do them yourself?	3
33	☐ ignorant ['ɪgnərənt]	unwissend ungebildet unkultiviert	**ignorant** people ○ **ignorant** behaviour ○ Many people are **ignorant of** [nicht kennen] their rights. ○ Police will look kindly on **ignorant** foreigners. ○ He's very **ignorant** [keine Ahnung haben] **about** modern technology.	5
34	☐ foolish ['fuːlɪʃ]	töricht dumm	a **foolish** young man ○ It's **foolish** to *run away from home / take a test without preparation / drive so fast*. ○ He looked very **foolish**.	4
35	☐ crazy ['kreɪzi]	verrückt wahnsinnig	a **crazy** person ○ He's **crazy**, he ought to be locked in. ○ When he saw the police he ran like **crazy**. ○ She's **crazy about** dancing. ○ You must be **crazy** to reject such an attractive offer. ○ She goes **crazy** when people criticize her.	3
36	☐ good [gʊd]	gut brav artig	She's a **good** *doctor / artist / mother*. ○ She's **good at** athletics. ○ He's very **good with** children. ○ She was very **good to** him when he was in hospital. ○ Were the children **good** while we were out?	1
37	☐ bad [bæd]	schlecht	a **bad** *man / driver / poet / listener / loser* ○ She was not a **bad** woman, just rather weak. ○ Tim has always been **bad at** sport, but his brother is even **worse** than him.	1
38	☐ human ['hjuːmən]	menschlich	It's only **human** to be *jealous / upset in a situation like that*. ○ It was **inhuman** to refuse him permission to see his wife.	3
39	☐ nice [naɪs]	nett sympathisch	a **nice** *person / guy* ○ That's **nice of** you. ○ Try and be **nice to** Ben. ○ Charlie is one of the **nicest** people you could meet.	1
40	☐ civilized, -sed ['sɪvəlaɪzd]	zivilisiert	a **civilized** person ○ It was their aim to create a just and **civilized** society. ○ He did what any **civilized** person would do in that situation.	5
41	☐ kind [kaɪnd]	nett, gut, freundlich	He's a **kind** and thoughtful man. ○ It was awfully **kind of** him to help us. ○ She's **kind to** children and animals. ○ Thanks. That was very **kind of** you.	1
42	☐ polite [pə'laɪt]	höflich	a **polite** *shop assistant / child* ○ She was too **polite** to complain. ○ It was not **polite** to say that. ○ She has a reputation for being **polite**. ○ He became more and more **impolite**.	2
43	☐ sympathetic [ˌsɪmpə'θetɪk]	mitfühlend verständnisvoll wohlwollend	My friends were extremely **sympathetic** when they heard that I had failed my exam. ○ We felt very **sympathetic towards** the new pupil. ○ He's very **sympathetic towards** our aims. ■ False friend: The English word for German **sympathisch** is **nice**.	5
44	☐ tolerant ['tɒlərənt]	tolerant	a **tolerant** *boss / manager* ○ His own mistakes made him **tolerant towards** the faults of others. ○ Success has made him less **tolerant**. ○ **intolerant**	4
45	☐ patient ['peɪʃnt]	geduldig	a **patient** *woman / person* ○ Just sit here and be **patient** [Geduld haben]. ○ It's hard to be **patient with** a screaming child. ○ Fortunately, they're very **patient about** these things. ○ It's no good getting **impatient with** slow learners.	4
46	☐ helpful ['helpfl]	hilfsbereit hilfreich	a **helpful** person ○ He's always been very **helpful to** us. ○ It was very **helpful of** you to give me that advice.	3
47	☐ generous ['dʒenərəs]	großzügig	a rich and **generous** man ○ Be **generous to** people in need. ○ It was very **generous of** you to pay for the drinks. ○ give **generously**	3
48	☐ honest ['ɒnɪst]	ehrlich	"Just be **honest** – do you like this picture or not?" – "To be perfectly **honest**, I don't like it at all." ○ She was **dishonest about** her qualifications when she applied for the job. ○ **Honestly**, that was a stupid thing to do.	2
49	☐ reliable [rɪ'laɪəbl]	zuverlässig	a **reliable** *friend / assistant / partner* ○ We've received this information from a **reliable** government official. ○ **unreliable**	5
50	☐ responsible [rɪ'spɒnsəbl]	verantwortungsbewusst, verantworlich	a **responsible** *citizen / adult* ○ be **responsible for** *your actions / the passengers' safety / the accident* ○ *partly / highly / directly / indirectly* **responsible** ○ Politicians are **responsible to** their voters.	3

51	☐ **punctual** ['pʌŋktʃʊəl]	pünktlich	**punctual in** paying the rent ○ She's a very **punctual** person. ○ Please be **punctual**. ○ It is important to be **punctual for** your classes.	3
52	☐ **fair** [feə]	gerecht fair	a **fair** judge [Richter] ○ You must be **fair to** both sides. ○ He's always tried to be **fair to** all his children. ○ He's **unfair to** his employees.	2
53	☐ **just** [dʒʌst]	gerecht	The teacher was not being **just** when he punished only one boy. ○ I don't think that was a very **just** decision. ○ **unjust**	5
54	☐ **false** [fɔːls]	falsch untreu	true or **false** ○ His wife has never been **false to** him. ○ Better an open enemy than a **false friend**. (proverb)	3
55	☐ **rude** [ruːd]	unhöflich unanständig	a **rude** man ○ He's often **rude to** his teachers. ○ He had no reason to be **rude to** her. ○ It was very **rude of** them not to call and say that they were not coming.	5
56	☐ **selfish** ['selfɪʃ]	egoistisch	a **selfish** old man ○ He's too **selfish** to think of lending me his car. ○ It was **selfish of** them to do that.	4
57	☐ **mean** [miːn]	geizig gemein	It's no good asking him for money – he's much too **mean**. ○ It was so **mean of** you to *let your friends down / disturb her when she was having a rest*.	5
58	☐ **terrible** ['terəbl]	schrecklich	a **terrible** man ○ At the prison camp they called one guard Ivan the **Terrible**.	3
59	☐ **impatient** [ɪm'peɪʃnt]	ungeduldig	*become / grow* **impatient** ○ It's no good being impatient with *small children / slow learners*. ○ Don't be so **impatient** – it'll soon be your turn. ○ wait **impatiently**	4
60	☐ **aggressive** [ə'gresɪv]	aggressiv	He's not **aggressive** enough to succeed in business. ○ Some people get **aggressive** after drinking alcohol.	5
61	☐ **violent** ['vaɪələnt]	gewalttätig	a **violent** *criminal / man / skinhead* ○ There were a lot of **violent** teenagers in Manchester schools.	4
62	☐ **cruel** ['kruːəl]	grausam	a **cruel** *dictator / master / boss* ○ He was a **cruel** man who beat his wife. ○ It's **cruel** to *keep animals in cages / kill animals for sport*.	2
63	☐ **brave** [breɪv]	tapfer mutig	a **brave** soldier ○ This may hurt a little, so try and be **brave**. ○ It was **brave of** her to go into the burning house.	2

■ False friend: The English word for German **brav** is **good, well-behaved**.

120B Vom Baby zum Erwachsenen

adopt 13	couple 41	girl 11	married 38	senior citizen 24	wedding 40
adult 20	day care 6	grow 15	marry 36	separate 45	widow(er) 48
baby 2	divorce 46	grow up 16	Miss 26	single 29	widowed 49
babysitter 4	divorced 47	grown-up 21	Mr 25	sir 30	woman 23
birth 1	fall in love 34	have a child 44	Mrs 27	start a family 43	youth 19
boy 10	family 42	lady 33	Ms 28	take care of 5	
bring up 14	gentleman 32	madam 31	name 3	teenage 18	
child 8	get engaged 35	man 22	orphan 50	teenager 17	
childhood 9	get married 37	marriage 39	send to sleep 7	twin 12	

| 1 | ☐ **birth** [bɜːθ] | Geburt | Very soon after **birth** a baby can recognize its mother's voice. ○ date of **birth** ○ She weighed only four pounds at **birth**. ○ The father was present at the **birth** of his daughter. ○ There were three **births** at the hospital last night. ○ **birth control** ○ **birthplace** ○ a *falling / rising* **birthrate** | 3 |
| 2 | ☐ **baby** ['beɪbɪ] | Baby | a test-tube **baby** [Retortenbaby] ○ The **baby** *was born / arrived* just before midnight. ○ She's *expecting / going to have* a **baby**. ○ a **baby** *boy / girl* ○ throw the **baby** out with the bath water | 1 |

3	☐ **name** [neɪm]	nennen	They **named** the boy John. ○ The child was **named after** her mother.	3	
4	☐ **babysitter** [ˈbeɪbɪˌsɪtə]	Babysitter	*Are you still looking for / Have you found* a **babysitter**? ○ When she has a late-night sitting [Sitzung], he does the **babysitting**.	4	
5	☐ **take care of** [ˌteɪk ˈkeə əv]	sich kümmern um	She'll **take care of** the baby while we're away. ○ I'm old enough to **take care of** myself [für sich selbst sorgen].	3	
6	☐ **day care** [ˈdeɪ keə]	Kinder(tages)betreuung	**Day care** is provided by the company she works for. ○ Private **day care** can be very expensive. ○ a **day-care centre**	5	
7	☐ **send to sleep** [ˌsend tə ˈsliːp]	zum Einschlafen bringen	The babysitter couldn't **send** the baby **to sleep**. ○ Certain types of music sometimes **send** her **to sleep**.	5	
8	☐ **child**, pl. **children** [tʃaɪld, ˈtʃɪldrən]	Kind	*expect / have / give birth to / feed / bring up / adopt / encourage / spoil* a **child** ○ *young / talented / intelligent / slow / disabled / sensitive / sensible* **children** ○ She was **an only child**. ○ By the age of two the average **child** can speak about 300 words. ○ When she was a **child** TV didn't exist.	1	
9	☐ **childhood** [ˈtʃaɪldhʊd]	Kindheit	the joys of **childhood** ○ He spent his **childhood** in France. ○ She had a happy **childhood** in the country. ○ **childhood** memories	4	
10	☐ **boy** [bɔɪ]	Junge Knabe	a *tall / big / small* **boy** with big eyes ○ The new baby is a **boy**. ○ She has three children, one **boy** and two girls.	1	
11	☐ **girl** [gɜːl]	Mädchen Dienstmädchen	a *sweet / attractive / beautiful / sensitive / clever / intelligent / sensible / talented / silly / stupid* **girl** ○ She employs a **girl** to look after the children. ○ a **girls' school**	1	
12	☐ **twin** [twɪn]	Zwilling	a **twin** *brother / sister* ○ They have **twin** daughters. ○ Mrs Jones has just had **twins**.	5	
13	☐ **adopt** [əˈdɒpt]	adoptieren annehmen	**adopt** a child ○ He's not her real father, she's **adopted**. ○ Since they had no children of their own, they **adopted** a little girl.	4	
14	☐ **bring up** (BE) [ˌbrɪŋ ˈʌp]	großziehen erziehen	She **brought up** her children / her family quite alone. ○ He was **brought up** to believe that money was the most important thing in life.	3	

■ The American word for German **großziehen** is **raise**.

15	☐ **grow** [grəʊ]	wachsen groß werden	He's **grown** a lot since I last saw him. ○ How tall you've **grown**. ○ A **growing** child needs a lot of sleep.	1	

▲ GROWS – GREW – GROWN

16	☐ **grow up** [ˌgrəʊ ˈʌp]	(auf)wachsen groß werden	**grow up** in *the country / a poor neighbourhood* ○ She's **growing up** fast. ○ What do want to be when you are **grown up** [erwachsen]?	2	
17	☐ **teenager** [ˈtiːneɪdʒə]	Teenager Jugendliche(r)	As a **teenager** he was always quarrelling with his parents. ○ Most **teenagers** can't wait to leave home. ○ 80 000 jobless **teenagers** said they were living at home or waiting to go on to some form of further education.	5	
18	☐ **teenage** [ˈtiːneɪdʒ]	Jugend-, im Teenageralter	**Teenage** poverty is a serious problem in Britain in the 1990s. ○ He lives in Spain with his wife and three **teenage** children.	5	
19	☐ **youth** [juːθ]	Jugend Jugendliche junger Mann	The **youth** of today have much more money than we had 50 years ago. ○ The fight was started by some **youths** who had been drinking. ○ He was attacked and robbed by a gang of **youths**.	4	
20	☐ **adult** [ˈædʌlt]	Erwachsene(r)	These films are suitable for **adults** only. ○ Since she left school her parents have started to treat her like an **adult**. ○ Children are admitted free, **adults** have to pay $1.	4	
21	☐ **grown-up** [ˈgrəʊnʌp]	Erwachsene(r) erwachsen	A **grown-up** helped the child to cross the road. ○ At home there was always a **grown-up** to turn to when you were in trouble. ○ a **grown-up** *son / daughter*	5	
22	☐ **man**, pl. **men** [mæn, men]	Mann Mensch	a *thin / fat / tall / short* **man** ○ a *young / middle-aged* **man** ○ a *talented / wise / silly* **man** ○ an *average / ugly / intelligent* **man** ○ a *single / married / divorced* **man** ○ an old **man** with a weak constitution ○ modern **man** ○ **man's** struggle against nature ○ He's the best **man** for the job. ○ What can a **man** do in a time like that? ○ All **men** are *created / born* equal.	1	

23	☐ **woman**, pl. **women** ['wʊmən, 'wɪmɪn]	Frau weiblich	a *young / short / tall / fat / thin* **woman** ○ an *attractive / average / old / ugly* **woman** ○ a *single / married / divorced* **woman** ○ She wasn't very pretty when she was a girl but she grew into [werden] a beautiful **woman**. ○ She looks like a **woman** who has sleepless nights. ○ a **woman** *doctor / lawyer / mayor / prime minister*	1
24	☐ **senior citizen** [ˌsiːnjə 'sɪtɪzn]	Senior(in)	**Senior citizens** can enjoy an active, healthy life well into their 80s. ○ Ask for discount [Ermäßigung] as a **senior citizen**.	4
25	☐ **Mr** ['mɪstə]	Herr	Our new English teacher is called **Mr** Seaton. ○ Dear **Mr** Smith, I'm writing to you to remind you that ...	1
			■ Titles like **Mr, Mrs, Ms** are written with a full stop in American English.	
26	☐ **Miss** [mɪs]	Fräulein Frau	a certain **Miss** Black ○ Is there a **Miss** Wilder living here? ○ Dear **Miss** Harris, I haven't heard from you for a long time.	2
27	☐ **Mrs** ['mɪsɪz]	Frau	I'm going to ask **Mrs** Evans if she wants me to help her with the shopping. ○ Dear **Mrs** Jones, I'm writing in reply to your letter ...	1
28	☐ **Ms** [mɪz, məz]	Frau	**Ms** (Mary) Jenkins ○ Would you like a drink, **Ms** White?	3
			■ **Ms** is used to speak or write to a woman when it is not important whether she's married or single.	
29	☐ **single** ['sɪŋgl]	Single ledig allein stehend	a club for **singles** ○ Please fill in the section on the form that asks you if you're **single**, married or divorced. ○ Many children at the school come from **single-parent** families.	4
30	☐ **sir** [sɜː]	mein Herr; sehr geehrter Herr; Sir	I'm sorry **sir**, we're not serving chicken tonight. ○ **Sir**, it is my duty to inform you that ... ○ Dear **Sir**, I'm writing to apply for the position of ... ○ Dear **Sir** or Madam, ... ○ I remain, **Sir**, yours sincerely, Susan Watkin ○ **Sir** *Winston Churchill / Winston / George*	2
31	☐ **madam** ['mædəm]	gnädige Frau	After you, **madam**. ○ Good afternoon, **madam**, how can I help you? ○ Dear **Madam**, Your letter was a lovely surprise.	5
32	☐ **gentleman** ['dʒentlmən]	Gentleman, Herr, Mann	the *complete / perfect / real / true* **gentleman** ○ a **gentleman** of the old school ○ There's a **gentleman** to see you.	3
33	☐ **lady** ['leɪdɪ]	Dame	*a young / an old* **lady** ○ The old **lady** next door lives alone. ○ Except for one **lady**, the bus was empty. ○ She's every inch a **lady**. ○ Open the door for the **lady**, Bill. ○ The old **lady** had to rely on other people to do the shopping for her. ○ **Ladies and gentlemen**, I'm delighted [sehr erfreut] to welcome you tonight.	2
34	☐ **fall in love** [ˌfɔːl ɪn 'lʌv]	sich verlieben	She **fell in love with** him. ○ The two **fell in love with** each other. ○ **be in love** [verliebt sein] ○ **make love to** sb [mit jm schlafen]	4
35	☐ **get engaged** [ˌget ɪn'geɪdʒd]	sich verloben	They **got engaged** when they were 25. ○ Cora **got engaged to** Sonny just before he went to work in Japan. ○ How long have they been **engaged**? ○ Their **engagement** lasted only six months. ○ an **engagement ring**	4
36	☐ **marry** ['mærɪ]	heiraten verheiraten	**marry into** a good family ○ **marry** in church [kirchlich getraut werden] ○ a promise to **marry** ○ He wants to **marry** her, but his parents are creating difficulties. ○ She was **married** against her will. ○ They exchanged rings when they promised to **marry** each other. ○ They were **married** [trauen] by a ship's captain. ○ The only reason why Marita **married** Henry was that she was pregnant [schwanger]. ○ **remarry**	2
37	☐ **get married** [get 'mærɪd]	heiraten	Helen and Tim are going to **get married**. ○ My parents **got married** in 1984.	3
38	☐ **married** ['mærɪd]	verheiratet Ehe-	She's **married to** a student. ○ She's **married with** three children. ○ They're **married**, but living apart. ○ Is Johnson her **married name**? ○ **Unmarried** mothers can usually receive help from the State.	3
			■ Don't mix up **married to** with **married with**.	
39	☐ **marriage** ['mærɪdʒ]	Ehe Heirat	a *happy / successful / childless / good / bad / broken* **marriage** ○ children from a previous **marriage** ○ Their **marriage** broke up. ○ Over a third of all **marriages** end in divorce. ○ She's English by birth but German **by marriage**. ○ She refused his **proposal of marriage**.	3

40	☐ **wedding** ['wedɪŋ]	Hochzeit Ehe-	a *silver / golden* **wedding** ○ name the date of the **wedding** ○ She doesn't want a normal **wedding**, she wants something special. ○ After the **wedding** the bride [Braut] and the groom [Bräutigam] went straight to the airport. ○ a **wedding** *day / dress / guest / party / cake / photo / present* ○ a **wedding ring**	4
41	☐ **couple** ['kʌpl]	Paar Ehepaar	a *married / childless* **couple** ○ an *old / elderly / unmarried* **couple** ○ a young married **couple** with two small children ○ The young **couple** will have a happy future together.	4
42	☐ **family** ['fæməlɪ]	Familie	a distant [entfernt] relative of our **family** ○ *start / found / bring up / raise / feed / support* a **family** ○ He comes from a *poor / broken / healthy / famous* **family**. ○ The Jones **family** have gone on holiday to Spain. ○ That **family** is not very popular in the district. ○ She broke off all relations with her **family**. ○ He's the black sheep of the **family**. ○ I don't think we should enter into a **family quarrel**. ○ **family planning**	1
43	☐ **start a family** [ˌstɑːt ə 'fæməlɪ]	eine Familie gründen	Two years later they decided to get married and **start a family**. ○ A childless couple who tried for eight years to **start a family** have become the parents of test-tube [Retorten-] twins.	4
44	☐ **have a child** [ˌhæv ə 'tʃaɪld]	ein Kind bekommen	She was 25 when she **had** her first **child**. ○ She was forced to choose between **having a child** and having a job.	3
45	☐ **separate** ['sepəreɪt]	(sich) trennen	His parents **separated** when he was still a baby. ○ Did you know that Linda and Jason have **separated**? ○ Several years ago they **separated**, but they're not divorced. ○ She was **separated from** her parents. ■ Mind the spelling: sep**a**rate	3
46	☐ **divorce** [dɪ'vɔːs]	Scheidung	apply for [einreichen] a **divorce** ○ She / *got / received* a **divorce** [sich scheiden lassen] **from** her husband. ○ There have been several **divorces** in her family. ○ She felt bitter about her **divorce**. ○ **Divorce** is becoming more and more common. ○ reform **divorce laws**	4
47	☐ **divorced** [dɪ'vɔːst]	geschieden	Are you single, married or **divorced**? ○ They're going to **get divorced** [sich scheiden lassen].	4
48	☐ **widow(er)** ['wɪdəʊ, 'wɪdəʊə]	Witwe(r)	an old woman in **widow's black** [Trauerkleidung] ○ Mr Harris died last night, leaving a **widow** and four children. ○ Mr Burns was left [werden] a **widower** at the age of 30.	4
49	☐ **widowed** ['wɪdəʊd]	verwitwet	She was **widowed** twice. ○ He lived with his **widowed** mother and unmarried sister.	4
50	☐ **orphan** ['ɔːfn]	Waise Waisenkind	a *10-year-old / war* **orphan** ○ a home for **orphans** ○ adopt an **orphan** ○ He was an **orphan** who was *brought up by an uncle / put into a home for backward* [zurückgeblieben] *children*. ○ When she was eleven she was left an **orphan** [Waise werden]. ○ **orphanage** [Waisenhaus]	5

120D Auskünfte über Personen, Identifizierung

age 11	character 18	hobby 24	individual 1	passport 6	sex 9	visa 8
aged 12	Christian	identify 5	interest 23	profile 2	sign 16	
be born 10	name 14	identity 4	membership 7	profile 3	signature 17	
be called 15	habit 20	image 22	name 13	reputation 21	trait 19	

1	☐ **individual** [ˌɪndɪˈvɪdʒʊəl]	Individuum Einzelne(r)	a strange **individual** ○ protect the rights of the **individual** ○ the basic rights of the **individual** in society	3
			an **individual** style ○ an **individualist** ○ **individualism** ○ **individuality**	
2	☐ **profile** [ˈprəʊfaɪl]	Kurzbiografie Porträt	the **profile** of a well-known sports personality [Persönlichkeit] ○ *write / publish / present* a **profile** of ... ○ There's a **profile** of the Labour leader in a Sunday colour magazine.	6
3	☐ **profile** [ˈprəʊfaɪl]	Profil	**In profile** he's very much like his father. ○ The Queen's head appears **in profile** on British stamps. ○ a **profile** drawing	5
4	☐ **identity** [aɪˈdentətɪ]	Identität	experience a loss of **identity** ○ have a separate cultural and religious **identity** ○ The only clue to the **identity** of the murderer was a half-smoked cigarette. ○ an **identity** card [Personalausweis] ○ an **identity** crisis	5
			identikit picture [Phantombild] ○ **identification** [Identifizierung] ○ **identical** twins [eineiige Zwillinge]	
5	☐ **identify** [aɪˈdentɪfaɪ]	identifizieren	They **identified** Dorian **by** a ring. ○ The articles in the car helped the police to **identify** the body. ○ She **identified** the attacker **to** the police.	5
6	☐ **passport** [ˈpɑːspɔːt]	(Reise-)Pass	*apply for / renew / check* a **passport** ○ a **passport** expires [ablaufen] ○ try to get a false **passport** ○ He had to show his **passport**. ○ **passport** office	3
7	☐ **membership** [ˈmembəʃɪp]	Mitgliedschaft Mitglieds-	a *full / active / permanent* **membership** ○ **Membership** costs £ 18 a year. ○ a **membership** fee ○ *need / lose* a **membership** card [Mitgliedsausweis]	4
8	☐ **visa** [ˈviːzə]	Visum	an entry [Einreise-] **visa** ○ *need / apply in person for / give sb / refuse sb / get / receive / renew / present* a **visa** ○ Visitor **visas** are available free. ○ She arrived here with a tourist **visa** but no work-permit. ○ He came to Germany as a visitor on a six-month **visa**. ○ He hopes to get a **visa** for Israel soon. ○ a **visa** fee ○ tougher **visa** controls	5
9	☐ **sex** [seks]	Geschlecht	When filling in this form remember to put down your name, age and **sex**.	3
10	☐ **be born** [biː ˈbɔːn]	geboren werden geboren sein	He **was born** in 1990 / on July 4 / in Spain / of poor parents. ○ When were you **born**?	2
			■ Note: *Wann bist du geboren?* When **were** you born?	
11	☐ **age** [eɪdʒ]	Alter	guess sb's **age** ○ What's your **age**? ○ The two boys are the same **age**. ○ He's big and strong **for** his **age**. ○ **At** the **age** of 70 she's still very active. ○ He's twice her **age**. ○ **At** what **age** did they get married?	1
12	☐ **aged** [eɪdʒd]	alt -jährig im Alter von	a youth **aged** twenty-two ○ At that time the girl was **aged** ten. ○ The woman, **aged** 25, was last seen near the airport. ○ James Stirling died yesterday **aged** 66.	3
13	☐ **name** [neɪm]	Name	adopt a **name** ○ What's your **name**? ○ We were asked our **names**. ○ He apologized for the confusion of their **names**. ○ He's so ignorant that he cannot write his own **name**. ○ Write down your full **name** and address.	1
			There are several words for **Nachname, Zuname** in English: **last name** ○ **family name** ○ **surname**	

14	☐ **Christian name, first name** ['krɪstʃən neɪm]	Vorname Rufname	call sb by their **Christian/first name** [duzen] ○ They're on **first name terms** [sich duzen]. ○ I know his name is Miller, but what's his **Christian name**?	3	
15	☐ **be called** [biː 'kɔːld]	heißen nennen	What's the baby **called**? ○ He was always eating hamburgers, so his friends **called** him Big Mac. ○ My name is Andrew, but my friends **call** me Andy.	1	
16	☐ **sign** [saɪn]	unterschreiben	**sign** a *letter / form / confession / cheque* ○ **sign** a document under pressure ○ There is more than one reason why we should **sign** the contract.	4	
17	☐ **signature** ['sɪgnətʃə]	Unterschrift	a *contract ready for / document needing* your **signature** ○ Put your **signature** here. ○ They hoped to return with the player's **signature**. ○ They asked him for his driver's licence with name, address and **signature**.	4	
18	☐ **character** ['kærəktə]	Charakter	He has a *fine / good / bad / strong / weak* **character**. ○ Her husband was a man of good **character**, well-liked and respected by his colleagues. ○ He has many sides to his **character**.	4	
19	☐ **trait** [treɪt]	Eigenschaft Charakterzug	a *good / bad / positive / negative* **trait** ○ a *character / family* **trait** ○ Patience is one of his good **traits**. ○ There's a **trait** in his personality which encourages people to trust [vertrauen] him.	5	
20	☐ **habit** ['hæbɪt]	Angewohnheit Gewohnheit	a *good / bad* **habit** ○ an annoying **habit** ○ *acquire / get into / break / conquer* a bad **habit** ○ *wake up at six / speak* from force of **habit**. ○ From **habit** she turned round. ○ Many people go to church **out of habit**. ○ She got / fell into the **habit** of interrupting people / swimming every day / watching TV as soon as she came home. ○ She has *a / the* **habit** of leaving the lights on when she goes out. ■ Don't mix up **habit** (An-)Gewohnheit with **custom** Gewohnheit, Sitte.	3	
21	☐ **reputation** [ˌrepjʊ'teɪʃn]	Ruf Ansehen	a *good / bad / poor / fine / national / worldwide* **reputation** ○ an *international / excellent* **reputation** ○ *have / acquire / enjoy / maintain* a **reputation** ○ *improve / damage / ruin* your **reputation** ○ He has a good **reputation as** a *teacher / good public speaker*. ○ She has the **reputation of** being a rich woman. ○ She has a **reputation for** being *polite / reliable*.	5	
22	☐ **image** ['ɪmɪdʒ]	Image, Ruf, Ansehen	*develop / get rid of* an **image** ○ How can the president improve his public **image**? ○ We mustn't do anything that would do harm to our **image**.	4	
23	☐ **interest** ['ɪntrəst]	Interesse; Interessengebiet	have a *lively / warm / deep* **interest** ○ be of great **interest** ○ lose **interest in** collecting stamps ○ She takes a lively **interest in** school activities. ○ It's **in your own interest**. ○ Does he have any special **interests** apart from his work? ○ Music is one of his **interests**.	2	
24	☐ **hobby** ['hɒbɪ]	Hobby	What are your **hobbies**? ○ His main **hobby** is building model ships. ○ Collecting stamps has been a **hobby** of hers since she was a child.	5	

140B Wie sich Menschen fühlen können

afraid 38	cry 54	fit 6	lonely 45	sad 26	tired 10
all right 3	depressed 27	frightened 39	miserable 28	satisfied 13	troubled 34
amazed 47	enthusiastic 18	frustrated 24	moan 56	shake 57	unhappy 25
angry 51	excited 17	glad 15	nervous 30	shocked 42	upset 37
annoyed 50	fed up 23	happy 16	okay 2	smile 52	well 4
bitter 49	feel cold 8	healthy 7	panic 43	sob 55	worried 32
bored 22	feel hot 9	homesick 29	pleased 12	sure of oneself 20	worry 33
concern 36	feel sick 11	horrified 41	proud 21	surprised 46	
concerned 35	feel sorry 44	How are you? 1	puzzled 48	tense 31	
confident 19	fine 5	laugh 53	relaxed 14	terrified 40	

1	☐ **How are you?** [haʊ 'ɑː jə]	Wie geht es dir?	**How are you?** — I'm fine, thanks. ■ **thanks** is placed at the end of a sentence.	1	
2	☐ **be OK = okay** [biː əʊ'keɪ]	gut gehen	I'll be **okay** by tomorrow.	1	

140B

3	☐ **be/feel all right** [biː/fiːl ˌɔːl ˈraɪt]	gut gehen	You look ill. Are you **all right**? ○ She was sick yesterday. But she's **all right** now. ○ Do you feel **all right**?	1
4	☐ **well** [wel]	gut gesund	*be / feel / look / get* **well** ○ I'm very **well**, thank you. ○ If you get **well** quickly, we can go somewhere for a few days. ○ I'm feeling **better** now. ○ Since the operation, she's been much **better**. ○ **Get well soon** [Gute Besserung].	1
5	☐ **fine** [faɪn]	gut	"How are you?" – "**Fine**, thanks. And you?" ○ You'll feel **fine** after a rest.	3
6	☐ **fit** [fɪt]	fit gut in Form	*be / feel / keep / stay* **fit** ○ He isn't **fit** enough to work. ○ Many women feel **fitter** and healthier during pregnancy [Schwangerschaft] than at any other time.	2
7	☐ **healthy** [ˈhelθɪ]	gesund	a **healthy** *baby / body* ○ *look / stay* **healthy** ○ How do you manage to keep so **healthy**? ○ He's astonishingly [erstaunlich] **healthy** for a man of his age.	3
8	☐ **be/feel cold** [biː/fiːl ˈkəʊld]	kalt sein frieren	Tell me if you **are/feel cold**, and I'll turn the heating up.	4
9	☐ **be/feel hot** [biː/fiːl ˈhɒt]	heiß sein schwitzen	I'm really **hot**, would you open the window, please? ○ Can I take my coat off? – I'm starting to **feel** rather **hot**.	4
10	☐ **tired** [biː ˈtaɪəd]	müde	I was going to watch the late-night movie, but I was just too **tired**. ○ She usually feels too **tired** to cook after a day at the office. ○ I'm **tired of** listening to the same thing again and again.	1
11	☐ **feel sick** [fiːl ˈsɪk]	übel sein schlecht werden	If you suddenly **feel sick**, here's a *bowl / sick bag*.	2
12	☐ **be pleased** [biː pliːzd]	sich freuen zufrieden sein	She was **pleased that** her proposal was accepted. ○ I'm **pleased** to meet you. ○ They are **pleased with** their new house.	4
13	☐ **satisfied** [ˈsætɪsfaɪd]	zufrieden	*completely / perfectly / greatly / thoroughly* **satisfied** ○ be **satisfied with** the *design / progress* ○ Both sides are **satisfied**. ○ She's not **satisfied with** anything but the best. ○ I'm not really **satisfied with** the way he cut my hair. ○ **self-satisfied** ○ **dissatisfied**	3
14	☐ **relaxed** [rɪˈlækst]	entspannt gelöst	look very **relaxed** ○ By the end of the exams most students were quite **relaxed**. ○ How can you be so **relaxed** when you have an interview in five minutes?	4
15	☐ **be glad** [biː ˈglæd]	sich freuen froh sein	I'm **glad about** your new job. ○ I'd be **glad** to help you. ○ She was **glad (that)** her birthday party was a success.	3
16	☐ **happy** [ˈhæpɪ]	glücklich froh	Her main aim in life is simply to be **happy**. ○ We're so **happy** to hear that you're better. ○ I'm not **happy with** your plans. ○ Her parents were **happy about** her good exam results. ○ **unhappy**	1
17	☐ **excited** [ɪkˈsaɪtɪd]	aufgeregt begeistert	She felt really **excited about** getting married. ○ She was **excited about** the news. ○ Don't get too **excited** [sich freuen] – you may not win the prize. ○ The new book is nothing to get **excited about** [nichts Aufregendes].	3
18	☐ **enthusiastic** [ɪnˌθjuːzɪˈæstɪk]	begeistert	An **enthusiastic** crowd burst into cheers when … ○ He was **enthusiastic about** our plans / the new teaching methods. ○ "That's a brilliant idea!" Tom said **enthusiastically**.	5
19	☐ **confident** [ˈkɒnfɪdənt]	zuversichtlich (selbst)sicher selbstbewusst	He's **confident** *that he'll win / that he can pass the exam / he made the right choice / of winning*. ○ She seems so **confident** that it's hard to believe that she's never worked in an office before.	4
20	☐ **sure of oneself** [ˌʃʊə əv wʌnˈself]	selbstsicher	Many kids nowadays *are / seem* very **sure of themselves**. ○ He sounded so **sure of himself** that I didn't argue any longer.	4
21	☐ **proud** [praʊd]	stolz	He was penniless, but he was too **proud** to ask for help. ○ They are very **proud of** their children. ■ stolz auf proud of	3
22	☐ **bored** [bɔːd]	gelangweilt	gangs of **bored** teenagers ○ I'm **bored to** death. ○ I played all the games so much that I just got **bored with** them. ○ I hope you aren't getting **bored**.	4
23	☐ **be fed up** [biː ˌfed ˈʌp]	satt haben, die Nase voll haben	As a female moviegoer, I just got **fed up with** the passive role of women. ○ I'm **fed up with** waiting for the telephone to ring. ○ He waited for an hour, then he got **fed up** and left.	2

24	☐ **frustrated** [frʌ'streɪtɪd]	enttäuscht frustriert	He was **frustrated** to find no support among his friends. ○ He's a very unhappy and **frustrated** politician. ○ Anne feels **frustrated** because, in spite of her qualifications, she can't get a job.	5
25	☐ **unhappy** [ʌn'hæpɪ]	unglücklich	She was very **unhappy** at school and left as soon as she could. ○ She's terribly **unhappy about** *being so fat / losing her job*.	3
26	☐ **sad** [sæd]	traurig	It always makes her feel **sad** when she thinks of homeless people. ○ He felt very **sad** as he said goodbye to her for the last time. ○ He felt very **sad about** the latest deaths.	1
27	☐ **depressed** [dɪ'prest]	deprimiert, niedergeschlagen	He was **depressed** *at the bad news / by the rainy weather / when he lost his job*. ○ He's been feeling **depressed** for several weeks. ○ He gets **depressed** when he hasn't got anything to do. ○ She quarrelled with her boyfriend and was **depressed about** it for weeks afterwards.	4
28	☐ **miserable** ['mɪzrəbl]	unglücklich elend traurig	He sat alone in his room, thoroughly **miserable**. ○ You look **miserable**. What's wrong? ○ It's **miserable** [deprimierend] working in such an unfriendly atmosphere. ■ False friend: The English word for German **miserabel** is **very bad**.	3
29	☐ **be homesick** [bi: 'həʊm,sɪk]	Heimweh haben	She was very **homesick** during her year in France. ○ He was **homesick for** Spain. ○ The footballer was lonely and **homesick** in Italy.	5
30	☐ **nervous** ['nɜːvəs]	aufgeregt nervös	There's no need to be so **nervous**, it's only an interview. ○ On his wedding day he was so **nervous** that he forgot the name of the church.	4
31	☐ **tense** [tens]	(an)gespannt nervös	He looked **tense** and under pressure. ○ She grew **tense with** the sudden fear that something had happened to her baby. ○ After a long day's driving he always feels very **tense** ○ She looked pale [blass] and **tense**.	4
32	☐ **worried** ['wʌrɪd]	besorgt beunruhigt ängstlich	He's **worried about** his exams. ○ We were extremely **worried that** you might have had an accident. ○ Don't look so **worried**. No one is going to hurt you.	3
33	☐ **worry** ['wʌrɪ]	sich Sorgen machen; beunruhigen	Don't **worry**, there's plenty of time to get to the airport. ○ There's nothing to **worry about**. ○ I don't want to **worry** you, but ... ○ The changes in the Earth's climate are beginning to **worry** scientists.	3
34	☐ **troubled** ['trʌbld]	beunruhigt bekümmert	**troubled** *parents / politicians / doctors* ○ He looked **troubled** when he heard the news. ○ We were **troubled** to learn of her problems.	5
35	☐ **be concerned** [bi: kən'sɜːnd]	sich Sorgen machen, sich Gedanken machen	We're all deeply **concerned about** *her safety / the security of our country / the future*. ○ I'm **concerned that** he may got lost.	4
36	☐ **concern** [kən'sɜːn]	beunruhigen, Sorge(n) bereiten	Our losses are beginning to **concern** me. ○ What **concerns** the experts most is the level [Ausmaß] of pollution in our cities. ○ **Concerned** parents held a meeting.	4
37	☐ **upset** [ˌʌp'set]	durcheinander aufgeregt unglücklich	She was quite **upset** *by all that criticism / that she had been lied to*. ○ Leave Tom alone for a while: he's still too **upset** to talk to anyone. ○ Bill is still **upset about** the accident, even though it wasn't his fault.	4
38	☐ **be afraid** [bi: ə'freɪd]	Angst haben sich fürchten	He's **afraid of** *the dark / going out in the dark / snakes / flying*. ○ He was **afraid** *to answer the door / to go near the dog / of going near the cage*. ○ He should really go for an Aids test but he's terribly **afraid**.	2
39	☐ **be frightened** [bi: 'fraɪtnd]	Angst haben sich fürchten	He's **frightened of** *snakes / the dark / a nuclear war*. ○ A fire broke out at school but the teachers were able to lead the **frightened** [verängstigt] children to safety. ○ He was **frightened at** the thought of being alone.	3
40	☐ **be terrified** ['terɪfaɪd]	entsetzt sein, schreckliche Angst haben	They ran out of the house, too **terrified** to look back. ○ Susan is **terrified of** *spiders / flying*. ○ Mary didn't tell her parents that she was pregnant [schwanger] because she was **terrified that** they would throw her out of the house.	5

140B

41	☐ **horrified** ['hɒrɪfaɪd]	entsetzt	We were **horrified** *by what we heard / that she had been elected.* ○ He was **horrified at** the news. ○ They were **horrified** *to see two youths attacking each other with knives.*	5
42	☐ **shocked** [ʃɒkt]	schockiert	He was **shocked at** the *news of her death / results.* ○ I'm not easily **shocked**, but … ○ We were deeply **shocked** *to hear of the driver's death / learn that she'd been fired.*	4
43	☐ **panic, -ck-** ['pænɪk]	in Panik geraten	Stay calm and don't **panic**. ○ He **panicked at** the outbreak of fire. ○ He **panicked** under pressure. ○ When a ship gets into difficulty it is essential that the captain does not **panic**.	6
44	☐ **feel sorry** [ˌfiːl 'sɒrɪ]	bedauern bereuen	We really **feel sorry for** *that poor woman / the families of the victims.* ○ I'm **sorry** to have kept you waiting. ○ There's nothing to be **sorry about** – you haven't done anything wrong.	3
45	☐ **lonely** ['ləʊnlɪ]	einsam	feel sad and **lonely** ○ When they moved to London he felt very **lonely**. ○ In spite of all his money he's a **lonely** man.	3
46	☐ **surprised** [sə'praɪzd]	überrascht	We were very **surprised** to see Susan, we thought she was still abroad. ○ Kate looked **surprised** when I told her that I was leaving.	3
47	☐ **amazed** [ə'meɪzd]	erstaunt	She was **amazed** that I was only 17. ○ She was **amazed** to discover the truth about her husband. ○ I was **amazed at** her foolishness. ○ We were **amazed by** the change in his attitude. ○ There was an **amazed** expression on her face.	5
48	☐ **puzzled** ['pʌzld]	verwirrt verblüfft ratlos	We were **puzzled by** *her behaviour / this report.* She was **puzzled** to learn of his decision. ○ They were **puzzled at** the appearance of a horse in the street. ○ The doctor was **puzzled by** marks [Flecken] on the boy's face. ○ Terry had a **puzzled** look on his face.	5
49	☐ **bitter** ['bɪtə]	verbittert bitter	He feels **bitter**. ○ She's still **bitter about** the way he treated her. ○ She felt **bitterly** disappointed.	3
50	☐ **be annoyed** [bi: ə'nɔɪd]	verärgert sein sich ärgern	She'll be **annoyed with** me if I don't put things back in the right place. ○ I was **annoyed** *by the laughter of the children / that nobody believed me / to see that she'd left the lights burning.* ○ The policeman got very **annoyed** [böse] and asked me to show my ID card [Ausweis].	3
51	☐ **angry** ['æŋgrɪ]	wütend, böse, zornig	He was too **angry** to speak. ○ He gets **angry over** nothing. ○ I was **angry with** myself for making such a stupid mistake.	1
52	☐ **smile** [smaɪl]	lächeln	**smile** *happily / with pleasure / from ear to ear* ○ Her father *rarely / seldom / never* **smiled**. ○ She **smiled at** the camera. ○ **Keep smiling**.	1
53	☐ **laugh** [lɑːf]	lachen	**laugh** out loud ○ **laugh** happily ○ When he fell off his bike everybody **laughed**. ○ Don't **laugh at** him, he's very sensitive. ○ What do you think you're **laughing at**? ■ lachen über laugh at	2
54	☐ **cry** [kraɪ]	weinen	He **cries** every time he sees that film. ○ Her eyes were red with **crying**. ○ Big boys don't **cry**. ○ Stop **crying** and don't be such a baby.	1
55	☐ **sob, -bb-** [sɒb]	schluchzen	**sob** *bitterly / uncontrollably* ○ He often **sobs** like a child. ○ She **sobbed** into her handkerchief [Taschentuch]. ○ We could hear the child **sobbing** in the other room.	5
56	☐ **moan** [məʊn]	stöhnen, klagen, jammern	The sick child **moaned** a little and then fell asleep. ○ He's always **moaning about** *how poor he is / people not helping him.*	5
57	☐ **shake** [ʃeɪk]	zittern beben	**shake with** *fear / cold / rage* ○ **shake** [sich schütteln] **with** laughter ○ He was so nervous that he was **shaking**. ▲ SHAKES – SHAKING – SHOOK – SHAKEN	3

140C Gefühle und Gefühlsausdruck

affection 4	dislike 5	hate 6	loneliness 27	sadness 17
anger 9	emotion 2	hatred 7	love 3	satisfaction 11
anxiety 21	expectation 13	hope 12	nervousness 18	shock 23
bitterness 8	fear 22	horror 24	pain 28	sob 30
boredom 26	feeling 1	hysteria 25	pleasure 15	stress 19
concern 20	happiness 16	joy 14	rage 10	tear 29

1	☐	**feeling** ['fiːlɪŋ]	Gefühl, Empfindung	a *warm / deep* **feeling** ○ a **feeling** of *hunger / weakness* ○ An uncomfortable **feeling** came over her. ○ *speak / sing / play the piano* with much **feeling** ○ **feelings** of *anger / happiness / love* ○ We must consider the **feelings** of other people. ○ I've a **feeling** that we've met before. ○ I'm sorry if I hurt your **feelings**.	3
2	☐	**emotion** [ɪ'məʊʃn]	Gefühl, Erregung	*show no sign of / express / speak with / shake with* **emotion** ○ He has no control of his **emotions**. ○ She answered in a voice filled with **emotion**.	4
3	☐	**love** [lʌv]	Liebe	a mother's **love** *for* her child ○ What these kids need is **love** and support. ○ be *madly / very much* **in love** [verliebt] ○ He cannot exist without **love**.	2
4	☐	**affection** [ə'fekʃn]	Zuneigung	a *deep / warm / strong* **affection** ○ She *feels / has / shows* a deep **affection** *for* her old friends.	5
5	☐	**dislike** [dɪs'laɪk]	Abneigung	She *has / shows* a strong **dislike** *of/for* cats. ○ She couldn't hide her **dislike** *of* him. ○ She took an immediate [spontan] **dislike** *to* him.	3
6	☐	**hate** [heɪt]	Hass	have **hate** *for* sb ○ see the **hate** in sb's eyes ○ There's too much **hate** and not enough love in the world. ○ **hate-filled** ○ a **hate-free** community	3
7	☐	**hatred** ['heɪtrɪd]	Hass	*blind / violent* **hatred** ○ *express / feel / show / be filled with* **hatred** ○ There was a look of **hatred** in her eyes. ○ **Hatred** is foreign to his nature.	3
8	☐	**bitterness** ['bɪtənɪs]	Bitterkeit	I understand the **bitterness** his decision will cause. ○ They rejected *the suggestion / the offer* with unusual **bitterness**.	5
9	☐	**anger** ['æŋgə]	Ärger, Unwille, Zorn	*feel / show / express* **anger** ○ She could hardly control her **anger**. ○ He was filled with **anger** *at* the way he had been treated. ○ It was said in a moment of **anger**. ○ She screamed at me **in anger**.	4
10	☐	**rage** [reɪdʒ]	Wut(anfall), Zorn	a feeling of total helplessness and **rage** ○ hardly controlled **rage** ○ *be in / burst into / fly into / get into / feel / be white with / be blind with / shake with* **rage** ○ He threw his hat on the floor **in rage** *at* what was being said. ○ Her **rage** didn't last long.	5
11	☐	**satisfaction** [ˌsætɪs'fækʃn]	Genugtuung, Befriedigung, Zufriedenheit	*deep / quiet* **satisfaction** ○ *give / find / express / feel* **satisfaction** ○ get **satisfaction** *out of* sth ○ the **satisfaction** *of* doing a job you enjoy ○ We made a decision that was *to* everyone's **satisfaction**.	4
12	☐	**hope** [həʊp]	Hoffnung	*offer / give up / abandon / lose* **hope** ○ Not many people were full of **hope** *for* the future. ○ There's not much **hope** *for progress / of them being still alive / of ever seeing them again*.	3
13	☐	**expectation** [ˌekspek'teɪʃn]	Erwartung	a reasonable **expectation** ○ **In expectation** *of* a wage increase, he bought a new car. ○ **Against all expectations** she won a place in the university of her choice. ○ His teachers have great **expectations** *for* him.	5
14	☐	**joy** [dʒɔɪ]	Freude	*dance / jump up and down* **for joy** ○ Working with her is a real **joy**. ○ **To** his **joy** he saw ... ○ He felt as if his heart would burst **with joy**.	4
15	☐	**pleasure** ['pleʒə]	Freude, Vergnügen, Vergnügungs-	a **pleasure** *for* music-lovers ○ His poems give me **pleasure**. ○ "Thank you for your help." – "It's been a **pleasure**." ○ It's been a **pleasure** meeting you. ○ What a **pleasure** it is to see you all again. ○ a **pleasure** *boat / ship / trip*	3

16	☐ **happiness** ['hæpɪnəs]	Glück	*human / personal / lasting / complete* **happiness** ○ *enjoy* **happiness** ○ You can't buy **happiness.** ○ He contributed greatly to human **happiness**. ○ He caused a lot of **unhappiness**.	4
17	☐ **sadness** ['sædnəs]	Traurigkeit	*feel / be filled with* **sadness** *over* sth ○ She expressed *deep / extreme* **sadness** *at* his decision. ○ The loss of her mother was a cause of great **sadness** to her. ○ He felt deep **sadness** that she had not lived long enough to see it. ○ **Sadness** followed the news of his death.	5
18	☐ **nervousness** ['nɜːvəsnəs]	Nervosität Besorgnis	Her father's health caused some **nervousness**. ○ His **nervousness** *is understandable / showed in his voice.*	5
19	☐ **stress** [stres]	Stress	*work-related* **stress** ○ **stress** *related to poor living conditions* ○ *reduce the risks of* **stress** ○ Voices change a lot **under stress**.	4
20	☐ **concern** [kən'sɜːn]	Sorge Besorgnis	*out of* **concern** *for other people / animal welfare* ○ *There's a lot of / deep / not much / no* **concern** *about* ... ○ Scotland Yard expressed **concern** *for public safety / that the conflict could spread.* ○ There's now a lot of **concern** **about** the environment.	4
21	☐ **anxiety** [æŋ'zaɪəti]	Angst Sorge	*the* **anxiety** *of parents* ○ We waited with great **anxiety** for more news about the disaster. ○ Politicians ought to be sensitive to security **anxieties**.	5
22	☐ **fear** [fɪə]	Furcht Angst	*express / feel / show / cause / shake with* **fear** ○ They had a terrible **fear of** the dark. ○ She conquered her **fear** and picked up the spider. ○ She saw **fear** in her eyes. ○ He shares our **fears about** a possible war. ○ **For fear of** their neighbours they turned the music down.	3
23	☐ **shock** [ʃɒk]	Schreck Schock	*a terrible / slight* [leicht] **shock** ○ *be in / go into / receive / feel / have / suffer from a* **shock** ○ It came as a **shock** and it took me some time to recover. ○ She was treated in hospital for **shock**. ○ The news gave us a great **shock** [einen Schrecken einjagen].	3
24	☐ **horror** ['hɒrə]	Schreck Entsetzen Horror-	*the* **horrors** *of war* ○ *express* **horror** *over sex tourism* ○ *feel / cry with* **horror** ○ The sight of the dead man filled her with **horror**. ○ **To my horror** the bus caught fire. ○ a **horror** *film / story*	5
25	☐ **hysteria** [hɪ'stɪərɪə]	Hysterie	*produce / create / cause* **hysteria** ○ Mass **hysteria** broke out among the passengers as the ship began to fill with water. ○ Her pain and terror were caused by **hysteria**.	6
26	☐ **boredom** ['bɔːdəm]	Langeweile	The child stole **out of boredom** ○ The party was ruined by the **boredom** of football conversations. ○ The worst aspect of his ten-day confinement was **boredom**.	5
27	☐ **loneliness** ['ləʊnlɪnəs]	Einsamkeit Vereinsamung	*the* **loneliness** *of a motherless child* ○ There are a lot of people who suffer from extreme **loneliness**. ○ Working at home can easily lead to **loneliness**.	5
28	☐ **pain** [peɪn]	Schmerz Schmerzen	*great / extreme / temporary / horrible* **pain** ○ *an elderly man with back / stomach* **pain(s)** ○ *cause / suffer / feel / experience / scream with / kill* **pain** ○ She couldn't sleep **for pain**. ○ I have a **pain** in my left side. ○ *a* **pain-killing** *gas / drug*	2
29	☐ **tear** [tɪə]	Träne	**tears** *of joy / happiness* ○ *burst into / break down in / fight back* [unterdrücken] **tears** ○ He was close to **tears**. ○ **Tears** ran down her face.	3
30	☐ **sob** [sɒb]	Schluchzer	*a bitter loud* **sob** ○ *give a* **sob** ○ She could hear the child's **sobs** from the next room. ○ *a* **sob** *story* [rührselige Geschichte, Schnulze]	6

140E Körperpflege, Hygiene

bath 13	cream 27	have a shower 9	shaver 36	toilet 17	WC 18
bathroom 11	dirty 3	have a wash 7	shaving-brush 35	toilet paper 20
brush n 31	flannel 22	lipstick 28	shower 12	toiletries 24
brush v 39	flush the toilet 19	mirror 33	smelly 4	toothbrush 32
clean adj 2	hair spray 29	personal hygiene 1	soap 25	toothpaste 26
clean v 5	hair-drier 37	plug 16	sponge 21	towel 23
comb n 30	hairstyle 40	razor 34	suntan 41	wash 6
comb v 38	have a bath 8	shave 10	tap 15	washbasin 14

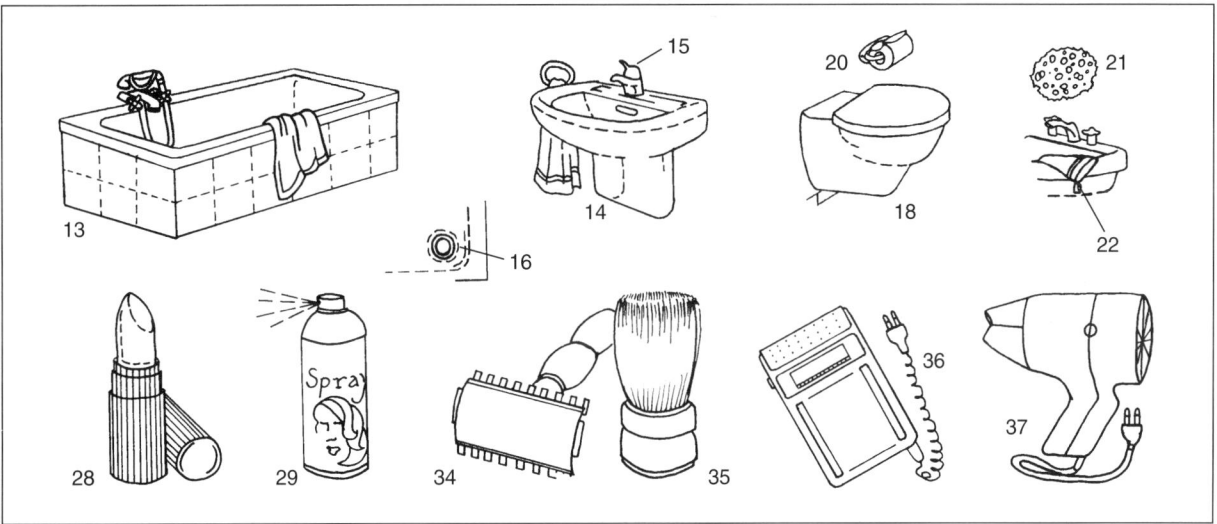

1		**personal hygiene** [ˌpɜːsənl ˈhaɪdʒiːn]	Körperpflege	He only has a shower once a week. He doesn't care about **personal hygiene**. ○ Most girls are scrupulous [genau nehmen] about their **personal hygiene**. Almost 30% brush their teeth more than three times a day.	6
2	☐	**clean** [kliːn]	sauber	Are your hands **clean**? ○ I'll change into **clean** clothes.	1
3	☐	**dirty** [ˈdɜːtɪ]	schmutzig dreckig	**dirty** hands / feet / clothes ○ Put your **dirty** shirt in the washing machine. ○ Don't wash your **dirty** linen [Wäsche] in public.	1
4	☐	**smelly** [ˈsmelɪ]	stinkend	**smelly** feet ○ Helen pushed her way through a mass of **smelly** bodies to the showers at the back of the changing rooms.	6
5	☐	**clean** [kliːn]	putzen reinigen	**clean** your teeth / shoes / clothes ○ She was **cleaning** the bathroom when the phone rang.	1
6	☐	**wash** [wɒʃ]	(sich) waschen	Go and **wash**. ○ Your hair needs **washing**. ○ **Wash** your hands before dinner. ○ I had to **wash** and dress in a hurry.	3
7	☐	**have a wash** [ˌhæv ə ˈwɒʃ]	sich waschen	I'm sure you'll feel better after you've **had a wash** and changed into new clothes.	3
8	☐	**have a bath** [ˌhæv ə ˈbɑːθ]	baden, ein Bad nehmen	Are you going to **have a bath**? ○ I feel like **having a** hot **bath** and going to the theatre. ○ throw the baby out with the **bath water**	3
9	☐	**have a shower** [ˌhæv ə ˈʃaʊə]	(sich) duschen	She was **having a shower** when the telephone rang. ○ I'll just **have a** quick **shower** and get changed. ○ If I were you I'd go home, **have a shower** and forget about everything.	5
10	☐	**shave** [ʃeɪv]	(sich) rasieren Rasier-	He **shaves** every morning. ○ The nurse washed and **shaved** the patient. ○ She **shaved** his head bald. ○ **shaving** cream / soap ○ wet **shaving** [Nassrasur] ○ a **shaving** mirror	3
11	☐	**bathroom** [ˈbɑːθrʊm, -ruːm]	Bad(ezimmer)	There's a shower and a bath in the **bathroom**. ○ Can I use the **bathroom** please?	2

12	☐ shower ['ʃaʊə]	Dusche	He had a shabby one-room flat without bath or **shower**. ○ The **shower** doesn't work. ○ I'd like a room with a **shower**, please. ○ a **shower** cap	4
13	☐ bath [bɑːθ]	Bad Badewanne	▷ PIC. 13 share **bath** and shower facilities ○ *sit / lie* in a **bath** ○ All rooms have a private **bath**. ○ A hot **bath** will relax you after a hard day's work. ○ **bath** *salt / oil*	3
14	☐ washbasin ['wɒʃˌbeɪsn]	Waschbecken	▷ PIC. 14 install child-high **washbasins** ○ There can be queues at peak times [Stoßzeiten] for showers and **washbasins**.	5
15	☐ tap [tæp]	Wasserhahn	▷ PIC. 15 Turn the *cold / hot* **tap** on. ○ Don't leave the **taps** running!	3
16	☐ plug [plʌg]	Stöpsel	▷ PIC. 16 pull the **plug** ○ Put the **plug** in the bath after the water had run out.	6
17	☐ toilet ['tɔɪlət]	Toilette	*clean / dirty / public* **toilets** ○ Can you tell me where the **toilets** are? ○ Can I use your **toilet**? ○ Every room in the hotel has its own separate bathroom and **toilet**. ○ The room had a bed and a blanket and a pot for a **toilet**. ○ share **toilet facilities**	2
18	☐ WC [ˌdʌbljuː ˈsiː]	WC Klo(sett)	▷ PIC. 18 All their holiday apartments have a double bedroom, small kitchen, bathroom, and **WC**.	2
19	☐ flush the toilet [ˌflʌʃ ðə ˈtɔɪlət]	(die Toilette) spülen	Please **flush the toilet** after you've used it. ○ Be sure to **flush the toilet** when you're finished.	6
20	☐ toilet paper ['tɔɪlət ˌpeɪpə]	Klopapier Toilettenpapier	▷ PIC. 20 **toilet roll** ○ a roll of **toilet paper** ○ a child sitting on the loo [Klo] calling for **toilet paper**	5
21	☐ sponge [spʌndʒ]	Schwamm	▷ PIC. 21 wipe [wischen] sth away with a **sponge**	5
22	☐ flannel ['flænl]	Waschlappen	▷ PIC. 22 rub your face with a **flannel**	5
23	☐ towel ['taʊəl]	(Hand-)Tuch	a *bath / hand / guest* **towel** ○ a paper **towel** ○ a *wet / dry / clean / dirty* **towel** ○ use a **towel** to ... ○ **throw in the towel** [das Handtuch werfen]	3
24	☐ toiletries ['tɔɪlɪtrɪz]	Toilettenartikel	a *choice / selection* of **toiletries** ○ **Toiletries** are things like soap, toothpaste, etc.	3
25	☐ soap [səʊp]	Seife	*face / toilet* **soap** ○ shaving **soap** [Rasierseife] ○ There's no **soap** in the bathroom. ○ Use plenty of **soap** and water. ○ Some cheap hotels do not supply toilet paper, **soap** or towels. ○ **soap-powder** [Seifenpulver]	2
26	☐ toothpaste ['tuːθpeɪst]	Zahnpasta Zahncreme	a tube of **toothpaste** ○ He bought a new toothbrush that carries its own supply of **toothpaste** in its handle [Griff].	4
27	☐ cream [kriːm]	Creme	*hand / face / skin* **cream** ○ apply [auftragen] **cream** ○ cover your face with shaving **cream** ○ Rub the **cream** on your skin and let it sink in.	2
28	☐ lipstick ['lɪpˌstɪk]	Lippenstift	▷ PIC. 28 put on some **lipstick** ○ Are you using a new **lipstick**?	5
29	☐ hairspray ['heə spreɪ]	Haarspray	▷ PIC. 29 ozone-unfriendly **hairspray** ○ empty cans of **hairspray** ○ Using **hairspray** can damage the ozone layer.	5
30	☐ comb [kəʊm]	Kamm	The Spanish lady wore a **comb** in her hair.	2
			■ Do not pronounce the **b** in **comb**.	
31	☐ brush, pl. brushes [brʌʃ, ˈbrʌʃɪz]	Bürste	a **hairbrush** ○ a **nailbrush** ○ a **loobrush** [Klobürste]	2
32	☐ toothbrush ['tuːθbrʌʃ]	Zahnbürste	use an electric **toothbrush** to clean your teeth	4
33	☐ mirror ['mɪrə]	Spiegel	She was brushing her hair in front of the bathroom **mirror**. ○ That dress looks lovely on you. Have a look in the **mirror**.	2
34	☐ razor ['reɪzə]	Rasierapparat	▷ PIC. 34 a **razor blade** [Rasierklinge]	3
35	☐ shaving-brush ['ʃeɪvɪŋ ˌbrʌʃ]	Rasierpinsel	▷ PIC. 35	3

36	☐ **shaver** ['ʃeɪvə]	Elektrorasier- apparat	▷ PIC. 36 My new electric **shaver** is adjustable [einstellbar].	3
37	☐ **hair-drier** ['heə ˌdraɪə]	Haartrockner Fön	▷ PIC. 37 sit under the **hair-drier** at the hair-dresser's [Friseur]	5
38	☐ **comb** [kəʊm]	(sich) kämmen	Don't forget to **comb** your hair before you go out. ■ Do not pronounce the **b** in **comb**.	2
39	☐ **brush** [brʌʃ]	bürsten, putzen	**brush** your hair ○ Don't forget to **brush** your teeth after meals.	3
40	☐ **hairstyle** ['heəstaɪl]	Frisur	Do you like my new **hairstyle**? ○ Where did you have your **hairstyle** done? ○ The rain may spoil her **hairstyle**.	6
41	☐ **suntan** ['sʌntæn]	Sonnenbräune	a deep **suntan** ○ get a good **suntan** [braun werden] ○ **suntan** [Sonnen-] *oil / cream / lotion*	5

Lernhilfe 4: Bündelung und Vernetzung von Wörtern

Eine das Behalten und den Abruf fördernde Beschäftigung mit Wörtern ist ihre Verknüpfung in Wortbündeln und die Anordnung der Bündel in Wortnetzen. Auf diese Weise kannst du Wörter wiederholen und Texte vorstrukturieren. Hier ist ein Beispiel, bei dem der Ausgangspunkt das Bild eines Lexifanten ist, der schwer verletzt nach einem Unfall ans Krankenbett gefesselt ist.

Tipp: Wähle für die Anlage eines eigenen Netzes einen Begriff aus der alphabetischen Übersicht eines Feldes als Ausgangspunkt und versuche möglichst viele Wörter zu bündeln und zu vernetzen. Vielleicht willst du die Wörter ganz anders organisieren. Vergleiche deine Bündelung des Feldes mit der Bündelung der Wörter im *Field dictionary*, die du an der weiß-grauen Bündelungsleiste ablesen kannst.

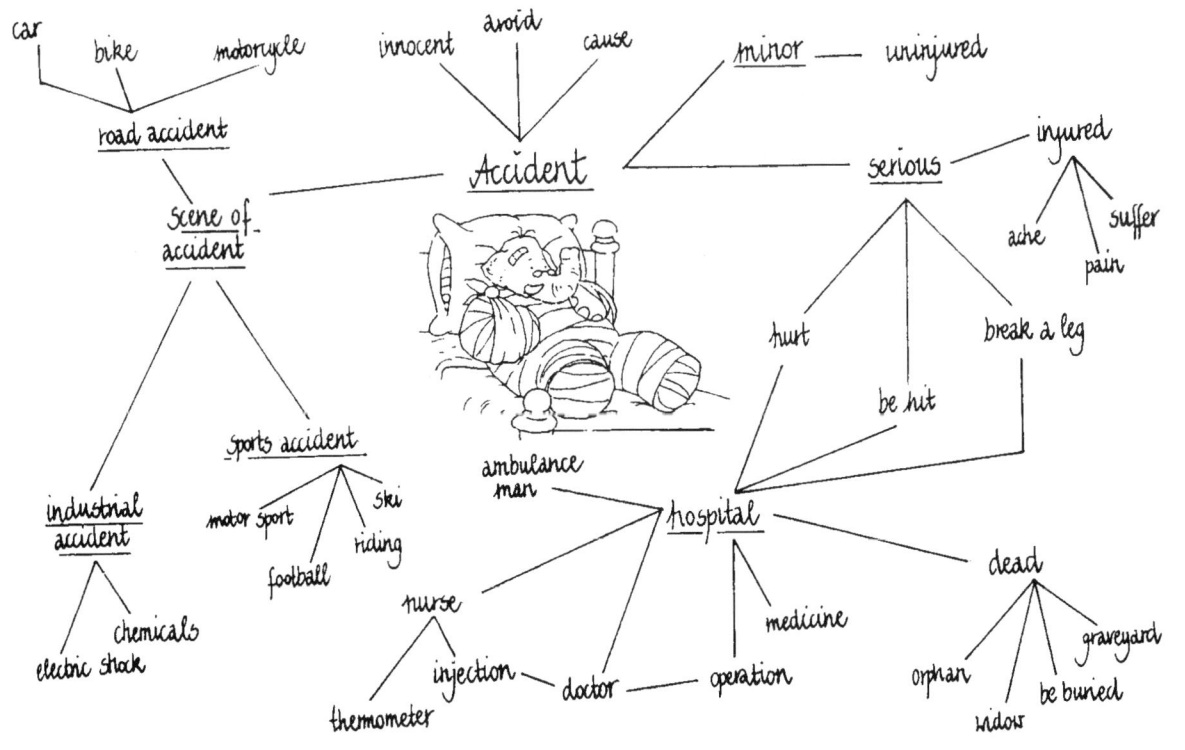

Dieses Netz wurde von Anne Frauenfeld, Hölderlin-Gymnasium Heidelberg, angefertigt.

150 Leben, Gesundheit, Krankheit

ache *n* 29	cough 20	(un)healthy 7	patient 54	suffer 33
ache *v* 30	cream 74	hospital 63	physiotherapist 49	sunburn 26
alcoholic 55	damage 40	hurt 34	pill 71	survival 5
alcoholism 56	deaf 46	ill 10	polio 43	survive 4
alive 3	dentist 52	illness 11	prescription 59	tablet 72
ambulance 64	disabled 44	injured 37	recover 83	temperature 22
ambulance man/	doctor 48	injury 38	relax 82	test 58
woman 51	drug 70	life 1	relief 81	thermometer 23
aspirin 73	examine 57	live 2	rub 75	transplant 67
bandage 77	feel 9	magnifying glass 79	save 80	treat 60
be sick 13	feel sick 14	medical 69	seasick 15	treatment 61
blind 45	flu 21	medicine 68	sick 12	upset stomach 24
break 35	glasses 78	nurse 50	sickness 16	virus 27
calm down 62	good for 76	operate 65	sore 41	wheelchair 47
cancer 42	headache 17	operation 66	sore throat 18	wound *n* 39
chemist 53	heal 84	pain 31	spread 28	wound *v* 36
cold 19	health 6	painful 32	stomach ache 25	wrong 8

1 ☐ **life,** pl. **lives**   Leben   **life** *in different cultures / under communism* ○ *the quality of* **life** *in our* 1
[laɪf, laɪvz]   *cities* ○ *the colourful* **life** *of London* ○ *believe in* **life** *after death* ○ *fight for*
your **life** ○ *Take* **life** *just as it comes.* ○ *Such is* **life**. ○ *Dangerous driving*
could cost you your **life**. ○ *Their* **lives** *were in real danger.* ○ *This isn't* *the*
life *I want to lead.* ○ **Life expectancy** [die Lebenserwartung] *is greater for*
women than for men. ○ **lifeless**

■ Don't use **the** before **life** when it is used in a general sense. Compare:
Das Leben ist lebenswert. **Life** is worth living.

2 ☐ **live**   leben, am Le-   *He hasn't got long to* **live**. ○ *She* **lived** *for another 10 years after the* 1
[lɪv]   ben bleiben   *operation.* ○ *The doctor says she's very ill, but he thinks she'll* **live**. ○ *The*
baby was born two months early and is not expected to **live**.

3 ☐ **alive**   lebend   *the best painter* **alive** ○ *keep patients* **alive** ○ *She was still* **alive** *when they* 2
[əˈlaɪv]   am Leben   *reached the hospital.* ○ *She was ill and weak, but still* **alive**. ○ *You're very*
lucky to be still **alive** *after such a bad air crash.* ○ *She's staying* **alive** *only by*
willpower.

■ **Alive** is not used before nouns. Use **living**.

4 ☐ **survive**   überleben   **survive** *an earthquake / a war / a crash /* 5
[səˈvaɪv]   durchkommen   *the winter* ○ **survive on** *a small income /*
£75 a week ○ *The plane crashed and caught*
fire, and only 10 of the 120 passengers
survived. ○ *The old man* **survived** *all his*
children. ○ *Life is hard for them at the*
moment, but they're **surviving**. ○ *When I*
look at how much we spend on food I
wonder how poor people are able to
survive.

5 ☐ **survival**   Überleben   *struggle for* **survival** ○ *the* **survival** *of the* 5
[səˈvaɪvl]   *fittest* ○ *The sooner we get him to hospital, the more chance he has of*
survival.

6 ☐ **health**   Gesundheit,   *ruin your* **health** ○ *He's in* *good / bad / weak / poor* **health**. ○ *His* **health** *is* 2
[helθ]   Gesundheitszu-   *cause for concern.* ○ *A drier climate would be better for her* **health**. ○ *Her*
stand   **health** *was good, yet she was old.* ○ *His mother was filled with great*
anxiety about his **health**. ○ *There has been a change for the* *better / worse*
in her **health**. ○ *Let's drink to your* **health**. ○ *He's always enjoyed good*
health. ○ **health insurance** [Krankenversicherung] ○ *ignore* **health risks**

7 ☐ **(un)healthy**   (un)gesund   *a* **healthy** *child / appetite* ○ **unhealthy** *food habits* ○ *He was always an* 3
[ˈhelθɪ, ʌnˈhelθɪ]   **unhealthy** [krank] *person, so it's not surprising he died so young.*

8 ☐ **be wrong**   fehlen   *Is anything* **wrong** *(with you)? You look ill.* ○ *What's* **wrong with** *you?* ○ 3
[biː ˈrɒŋ]   nicht stimmen   *There's something* **wrong with** *my ears – I can't hear properly.*

9	☐ **feel** [fiːl]	(sich) fühlen spüren empfinden	**feel** *fine / well / bad / ill* ○ He's been **feeling** depressed for several weeks. ○ You'll **feel** better after a good night's sleep. ○ There's something wrong there — I **feel** it in my bones. ○ She **felt** great concern when her husband fell ill. ▲ CAN FEEL/FEELS — FELT — FELT	2
10	☐ **ill** [ɪl]	krank	*look / feel / fall / be* **ill** ○ He's *seriously / critically / dangerously* **ill**, and his condition is getting **worse**. ○ Certain plants can make you **ill** if you eat them. ○ She's **ill** in bed. ○ He's been **ill** and isn't completely fit yet. ○ She was **ill** on Monday and **worse** on Tuesday. ■ **ill** is not used before nouns. Use **sick**.	1
11	☐ **illness** ['ɪlnəs]	Krankheit	a *long / short / serious / children's* **illness** ○ pretend **illness** ○ She *has / is suffering from / is recovering from* an **illness**. ○ After her **illness** she became blind. ○ She was so weak after her **illness** that she couldn't even walk. ○ His **illness** left him without the power of speech.	2
12	☐ **sick** [sɪk]	krank	a **sick** person ○ fall **sick** ○ He's **sick** in bed. ○ She's been **sick** for weeks. ○ Even when the doctor told him he was too **sick** to work, he went on working, anyway. ○ His father is a very **sick** man — he may have only a few days to live. ○ The **sick** and wounded prisoners of war were released. ○ care for **the sick** ○ Winter is especially hard for the old and **the sick**. ○ on her **sick bed** ○ a **sick note** [Attest]	2
13	☐ **be sick** (meist BE) [biː 'sɪk]	sich übergeben	She ran into the bathroom to **be sick**. ○ The cat **has been sick** on the carpet. ■ The American word for German **sich übergeben** is **throw up**.	4
14	☐ **feel sick** [fiːl 'sɪk]	übel sein schlecht sein	If you suddenly **feel sick**, there's a bowl. ○ We hadn't been in the bus two minutes when Helen said she **felt sick**.	4
15	☐ **seasick** ['siːˌsɪk]	seekrank	*feel / get / be* **seasick** ○ I'm fond of this boat, even though it makes me **seasick**. ○ She didn't like boats, as she was always **seasick**, but she loved trains.	4
16	☐ **sickness** ['sɪknəs]	Krankheit	suffer from a *common / stress-related* **sickness** ○ There's a lot of **sickness** during the winter. ○ They were absent because of **sickness**. ○ Unfortunately the **sickness** has been discovered too late. ○ If any of the signs of the **sickness** reappear, see your doctor at once. seasickness ○ airsickness ○ carsickness ○ travel-sickness	5
17	☐ **headache** ['hedeɪk]	Kopfschmerzen Kopfweh	a *bad / terrible / splitting* [schrecklich] **headache** ○ a *slight* [leicht] **headache** ○ have got a **headache** ○ *have / suffer from* **headaches** ○ He had a **headache** after working so hard.	4
18	☐ **sore throat** [ˌsɔː 'θrəʊt]	Halsschmerzen Halsweh	She *has got / is suffering from* a **sore throat**. ○ A **sore throat** has interrupted his training.	4
19	☐ **cold** [kəʊld]	Schnupfen	*have got / suffer from / get rid of* a **cold** ○ She caught a bad **cold** *from / by* standing in the rain. ○ Don't come near me — I've got a **cold**. ○ He's in bed with a **cold**. ○ It sounds as though you're catching a **cold**.	2
20	☐ **cough** [kɒf]	Husten husten	That **cough** sounds as if it's getting worse. ○ I've got a bad **cough**. ○ She was **coughing** all night. ○ The old man **coughed** [hüsteln], a sign that he was going to speak. ○ **cough medicine**	3
21	☐ **flu** [fluː]	Grippe	*be treated for / recover from / die from* **flu** ○ He's got (the) **flu**. ○ She had an attack of **flu**. ○ She's in bed with **flu**. ○ She **caught flu** and had to stay at home.	5
22	☐ **temperature** ['temprətʃə]	Fieber Temperatur	He's *got / in bed with* a **temperature**. ○ Put the thermometer in your mouth — I want to take your **temperature**. ○ She has a raised **temperature**.	5
23	☐ **thermometer** [θə'mɒmɪtə]	Thermometer	a sensitive **thermometer** ○ The doctor put the **thermometer** in her mouth. ○ The nurse took his temperature with a **thermometer**. ○ I can't read what the **thermometer** says.	5

24	☐ upset stomach [ˌʌpset ˈstʌmək]	Magenverstimmung	I've got an **upset stomach**. ○ After he'd eaten a meal of chicken and spaghetti he was suffering from an **upset stomach** the next day.	4
25	☐ (a) stomach ache [ˈstʌmək eɪk]	Magen-, Bauchschmerzen	*cause / complain of* **(a) stomach ache** ○ Derek has got **(a)** terrible **stomach ache**. ○ The nurse has treated the boy for **stomach aches**.	4
26	☐ sunburn [ˈsʌnbɜːn]	Sonnenbrand	a bad **sunburn** ○ *avoid / prevent* **sunburns** ○ *get / suffer from* **sunburn** ○ There's a risk of **sunburn** and skin cancer.	5
27	☐ virus [ˈvaɪərəs]	Virus, Krankheitserreger	a *flu / rare* **virus** ○ an *unidentified / AIDS* **virus** ○ HIV is the name of the **virus** which causes AIDS. ○ He was *suffering from / attacked by* a **virus** infection. ○ Some **virus** is going round the school. ○ So far I've managed to escape the **virus**. ○ Once this **virus** gets into a large section of the population there's no stopping it. ○ a **computer virus**	5
28	☐ spread [spred]	sich ausbreiten verbreiten	The disease [Krankheit] is **spreading** fast. ○ Since AIDS has **spread** into the heterosexual population, public concern has become even greater. ○ When she had flu she had to stay at home to avoid **spreading** the infection.	3
			▲ SPREADS – SPREAD – SPREAD	
29	☐ ache [eɪk]	Schmerz Schmerzen	There's an **ache** in my neck. ○ After two days the **ache** in his shoulder had almost disappeared.	3
30	☐ ache [eɪk]	wehtun schmerzen	Sweets make my teeth **ache**. ○ Their hands were sore and their shoulders **ached**, but they had to go on unloading the sacks of corn. ○ I can't walk any further, my feet are **aching**.	3
31	☐ pain [peɪn]	Schmerzen Schmerz	*great / extreme / horrible / huge* **pain** ○ *cause / suffer / feel / experience / scream with / kill* [stillen] **pain** ○ an elderly man with **back pains** ○ The **pain** is *only temporary / still there*. ○ She couldn't sleep **for pain**. ○ I have a **pain** in my left side. ○ None of these **pain-killers** [schmerzstillendes Mittel] seems to help me to get rid of the **pain** in my back.	2
32	☐ painful [ˈpeɪnfl]	schmerzhaft schmerzlich	a **painful** injury [Verletzung] ○ a **painful** experience ○ Is your finger still **painful** [wehtun]? ○ Is it **painful** when I touch it? ○ **painless** childbirth ○ a quick and **painless** death	2
33	☐ suffer [ˈsʌfə]	leiden	**suffer** *pain / in silence* ○ Do you **suffer from** headaches? ○ Survivors of the air crash **suffered** horribly **from** burns [Verbrennungen].	3
34	☐ hurt [hɜːt]	wehtun verletzen	My feet **hurt/are hurting**. ○ He put on sun-glasses to stop the sun from **hurting** his eyes. ○ Ouch [au]! Stop it – you're **hurting** me. ○ She fell over and **hurt** herself. ○ Put that stick down, you might **hurt** somebody with it. ○ He **hurt** his *neck / back / leg* in a car accident. ○ She was *seriously / badly* **hurt** when her car hit a wall. ○ He was only slightly [leicht] **hurt** and was released from hospital after a few hours. ○ It's amazing that all of us escaped **unhurt**.	2
			▲ HURTS – HURT – HURT	
35	☐ break [breɪk]	sich brechen	He **broke** his *leg / foot / right arm* in a car accident. ○ a **broken** *leg / nose* ○ He had an operation on his **broken** *arm / bone* [Knochen]	3
36	☐ wound [wuːnd]	verwunden verletzen	The soldier was **wounded in** the leg. ○ A bullet **wounded** the general **in** the shoulder. ○ He **wounded** himself [sich eine Verletzung beibringen] to make the crime look like robbery. ○ In the corridor lay hundreds of **wounded** soldiers. ○ In a war there are many more **wounded** than killed. ○ Many of **the wounded** died on their way to hospital.	5
37	☐ injured [ˈɪndʒəd]	verletzt	an **injured** *driver / passenger / pilot* ○ 1000 people were killed or seriously **injured**. ○ Two people were badly **injured** *in an accident / when a car hit a bus*. ○ He was found critically **injured** near the scene of the accident. ○ Her fingers were **injured** when they got caught in a machine.	4
38	☐ injury [ˈɪndʒəri]	Verletzung	a frequent ski **injury** ○ recover from a shoulder **injury** ○ escape from the accident with only minor [leicht] **injuries** ○ **Injury to** the head can be very dangerous.	4
39	☐ wound [wuːnd]	Verletzung Wunde	a *head / gunshot / war* **wound** ○ an open **wound** ○ The robber died from a **bullet wound** [Schussverletzung] he received during a battle with the police. ○ rub salt into a rival's **wound**	5

40	☐ **damage** ['dæmɪdʒ]	sich verletzen verletzen	Jones **damaged** his knee in the training and will not appear in the game. ○ When carrying out [durchführen] an operation, doctors have to take great care not to **damage** the nerves.	3
41	☐ **sore** [sɔː]	entzündet wund	a **sore** *knee / finger / thumb / eye* ○ His eyes look red and **sore**, as though he'd been rubbing them. ○ His legs were **sore** [wehtun] after the race. ○ We walked along the stones till my feet were **sore**.	4
42	☐ **cancer** ['kænsə]	Krebs Krebsgeschwür	A relative of Jane's has died of **lung cancer** [Lungenkrebs] after working in a smoky atmosphere. ○ The **cancer** has spread to her stomach. ○ Is there a connection between smoking and **cancer**? ○ Doctors found **a cancer** on his stomach. ○ **Cancer drugs** often have unpleasant [unangenehme] side-effects, such as loss of hair. ○ an **anti-cancer** drug	3
43	☐ **polio** ['pəʊliəʊ]	Kinderlähmung Polio	get **polio** ○ Since his childhood he has suffered from **polio** and can walk only with the aid of crutches [Krücken]. ○ **polio** victims in wheelchairs ○ A **polio virus** can survive in sea water for more than 17 months. ○ She had a **polio attack** from which she never recovered.	6
44	☐ **disabled** [dɪsˈeɪbld]	behindert	a **disabled** child in a wheelchair ○ I would have helped him if I'd realized that he was **disabled**. ○ He was **disabled** in a car crash. ○ treat **the disabled** with respect ○ The theatre has very good access for **the disabled**. ○ special facilities for **the disabled**	4
45	☐ **blind** [blaɪnd]	blind	He's **blind** *from birth / in one eye*. ○ She's completely **blind**. ○ **Blind people** often have a much better sense of smell than other people. ○ She's completely **blind to** her own faults. ○ ways for making homes safer for **the blind** ○ He drove down the motorway in **blind** panic. ○ **blindness**	3
46	☐ **deaf** [def]	taub schwerhörig	a **deaf** child ○ *become / go* **deaf** ○ She's been **deaf** since birth. ○ The advice fell on **deaf** ears. ○ He was **deaf to** all *arguments / excuses / advice / requests*. ○ **deafness** ○ You have to shout when you speak to her because she's getting **deafer**.	3
47	☐ **wheelchair** ['wiːltʃeə]	Rollstuhl	*push sb in / learn to use / afford to buy* a **wheelchair** ○ She had polio in her childhood and spent the rest of her life in a **wheelchair**. ○ One of the victims ended up in a **wheelchair**. ○ Many medical students spend a day in their hospitals in a **wheelchair** to get experience of what **wheelchair** life is about.	4
48	☐ **doctor** ['dɒktə]	Arzt Ärztin	A **doctor** *examines / treats / operates on* his/her patients. ○ If you have a pain in your leg, you should see a **doctor**. ○ The **doctor** has to see five more cases today. ○ She's in a **doctor's** care. ○ The **doctors** are working round the clock to save her life. ○ They changed their **family doctor** [Hausarzt]. ○ What time is the **doctor's surgery** [Sprechstunde] today?	1
49	☐ **physiotherapist** (BE) [ˌfɪziəʊˈθerəpɪst]	Physiotherapeut(in), Krankengymnast(in)	a trained **physiotherapist** ○ You may go to a private **physiotherapist** directly without a doctor's referral [Überweisung]. ○ She received regular treatment from a **physiotherapist**.	6
50	☐ **nurse** [nɜːs]	Krankenschwester, Krankenpfleger(in)	a trained **nurse** ○ a male **nurse** ○ A **community nurse** visits sick people in their homes to give them the care they need. ○ The child screamed when the **nurse** came near. ○ The **nurse** shortage is serious.	3
51	☐ **ambulance man/woman** ['æmbjʊlənsˌmæn/ˌwʊmən]	Sanitäter(in)	Two **ambulance men** carried the woman to the ambulance. ○ An **ambulance woman** rescued [retten] the girl from the burning hotel. ○ She called an **ambulance woman** to revive [wieder beleben] her dead husband.	4
52	☐ **dentist** ['dentɪst]	Zahnarzt Zahnärztin	The **dentist** examined my teeth. ○ I must go to the **dentist's** – I've got a toothache. ○ I had to wait two hours at the **dentist's** to have a tooth out [sich einen Zahn ziehen lassen]. ○ I hate going to the **dentist**. ○ Our **dentist** is very slow but careful.	4
53	☐ **chemist** (BE) ['kemɪst]	Apotheker(in) Drogist(in)	The doctor gave me a prescription to take to the **chemist**. ○ The **chemist** will tell you what to take for your headache. ○ Go to the **chemist's** to get some *aspirins / cough medicine*. ○ I got my tablets from the **chemist**.	3

150

54	☐ **patient** ['peɪʃnt]	Patient(in)	a *private / hospital* **patient** ○ a **patient** with heart problems ○ Treating 1000 **patients** with this drug saved 20 heart attacks. ○ a **patient** ○ The hospital didn't have enough doctors and too many **patients**.	3
55	☐ **alcoholic** [ˌælkəˈhɒlɪk]	Alkoholiker(in)	He drinks a lot but he isn't actually an **alcoholic**. ○ He spent his childhood defending his mother and sisters against an **alcoholic** father who beat his family.	4
56	☐ **alcoholism** [ˈælkəhɒlɪzm]	Alkoholismus	Walter was treated a number of times for **alcoholism**. ○ **Alcoholism** is more common than drug addiction [Drogensucht].	6
57	☐ **examine** [ɪgˈzæmɪn]	untersuchen	**examine** *carefully / closely* ○ The doctor **examined** the woman and said she was healthy. ○ I'm going to have my eyes **examined** next week.	3
58	☐ **test** [test]	testen untersuchen	**test** urine [Urin] **for** sugar ○ You should have your eyes **tested**. ○ All female patients are offered pregnancy [Schwangerschaft] **tests** before operations.	3
59	☐ **prescription** [prɪˈskrɪpʃn]	Rezept	*get / give* a **prescription** ○ The drug is available **on prescription**. ○ The chemist made a mistake when making up the **prescription** [Medizin zubereiten]. ○ **by prescription only** ○ **non-prescription drugs** ○ I'll **prescribe** [verschreiben] something **for** you. ■ Don't mix up **prescription** (ärztliches Rezept) with **recipe** (Kochrezept).	5
60	☐ **treat** [triːt]	behandeln	a new drug to **treat** cancer ○ The boy was **treated for** burns [Verbrennungen] at the hospital. ○ Last year the hospital **treated** over 1000 cases of flu. ○ Some American hospitals refuse to **treat** people who have no medical insurance. ○ Doctors began **treating** AIDS patients with AZT in the '80s.	5
61	☐ **treatment** [ˈtriːtmənt]	Behandlung Versorgung	special **treatment** ○ receive further **treatment** ○ undergo [sich unterziehen] medical **treatment** ○ In Britain medical **treatment** is free of charge [kostenlos].	5
62	☐ **calm down** [ˌkɑːm ˈdaʊn]	beruhigen sich beruhigen	Have one of these pills — it'll help to **calm** you **down**. ○ Take a few deep breaths — that'll **calm** you **down**. ○ The doctor gave her an injection to **calm** her **down**. ○ Once he had **calmed down** he proceeded to tell us what had happened. ■ Non-reflexive in English. Compare: *Beruhige dich.* **Calm down**.	4
63	☐ **hospital** [ˈhɒspɪtl]	Krankenhaus Klinik	a *private / community / military / non-profit* **hospital** ○ a 40-bed **hospital** ○ *go to / be in* **hospital** ○ She *was taken to / was sent to / is lying in / has to stay a week in / can leave / will get out of* **hospital**. ○ He is in **hospital** for a small operation. ○ I'm *visiting / going to see* a friend in **hospital**. ○ **The hospital** has no decent equipment. ○ She parked her car in front of **the hospital**. ○ a **hospital** nurse ○ **hospital** [stationär] treatment ■ Use **the** before **hospital** only when it refers to the building.	2
64	☐ **ambulance** [ˈæmbjʊləns]	Krankenwagen	The *injured / sick / wounded* people were taken by an **ambulance** to the nearest hospital.	4
65	☐ **operate** [ˈɒpəreɪt]	operieren	I'm afraid they'll have to **operate**. ○ She was **operated on** yesterday. ○ The doctor said the cancer could be **operated on** with a fair chance of success.	5
66	☐ **operation** [ˌɒpəˈreɪʃn]	Operation	*have / recover from* an **operation** ○ She's had an **operation** *on her foot / for cancer*. ○ The **operation** was successful. ○ She felt all right after the **operation**.	4
67	☐ **transplant** [trænsˈplɑːnt]	verpflanzen transplantieren	Doctors are able to **transplant** kidneys [Nieren]. ○ The heart of a young man who committed suicide was **transplanted into** a 47-year-old man. ○ wait a year for a **transplant** [Transplantat] ○ After the **transplant** [Verpflanzung] his body rejected [abstoßen] the new heart.	6
68	☐ **medicine** [ˈmedsn]	Medizin Arznei Medikament	*alternative / traditional / sports* **medicine** ○ a cough **medicine** [Mittel] ○ study **medicine** ○ Take your **medicine** *regularly / twice a day / before meals / with a glass of water*. ○ Drop the **medicine** in your eyes. ○ Did the **medicine** have *any / a good / a bad* effect? ○ The **medicine** should be taken on an empty stomach. ○ Some **medicines** are harmful if you take too much of them. ○ The words on the **medicine** bottle are not very clear.	2

69	☐ **medical** ['medɪkl]	medizinisch Medizin- Kranken- ärztlich	**medical** *care / research* ○ a **medical** student ○ **medical** insurance ○ a **medical accident** [Kunstfehler] ○ provide **medical** equipment ○ receive **medical treatment** [Behandlung] for flu ○ She had to go into hospital for **medical treatment**. ○ **Medical help** was provided by the Red Cross.	3
70	☐ **drug** [drʌg]	Medikament Droge Rauschgift Doping	a *powerful / strong / weak / pain-killing* **drug** ○ an anti-cancer **drug** ○ The doctor has put me on this **drug**. ○ a growing market for hard and soft **drugs** ○ *take / use / be on / sell* **drugs** ○ Tobacco and alcohol can be dangerous **drugs**. ○ Dogs can find **drugs** by smell. ○ illegal **drug** activities ○ **drug-related** crimes ○ a positive **drug test** ○ There will be no quick and dramatic solutions to the **drug problem**.	3
71	☐ **pill** [pɪl]	Pille Tablette	a bitter **pill** ○ a **pill** to control your blood pressure ○ Take a **pill**, three times a day after meals. ○ These *seasickness / sleeping* **pills** will relax you and make you sleep. ○ *get on / take / be on / get off / prescribe* **the pill**	5
72	☐ **tablet** ['tæblɪt]	Tablette	a sleeping **tablet** ○ Take two of the **tablets** *three times daily before meals / during the day / each night / every four hours*. ○ Take half a **tablet** of aspirin after supper. ■ False friend: The English word for German **Tablett** is **tray**.	5
73	☐ **aspirin** ['æsprɪn]	Aspirin Aspirintablette	Take an **aspirin** for your headache. ○ He took the bottle and shook two **aspirins** into his hand. ○ Doris has a fever – give her *an / some* **aspirin**. ○ An **aspirin** will reduce the pain.	5
74	☐ **cream** [kri:m]	Creme	Rub the **cream** on your skin and let it sink in. ○ **face-cream**	2
75	☐ **rub, -bb-** [rʌb]	reiben	**rub** *oil into your skin / cream on your leg* ○ She spread some sun cream onto the baby's back and began to **rub** it in. ○ Have you hurt your elbow [Ellbogen]? Come here and let me **rub** it.	4
76	☐ **good for** ['gʊd fə]	gut gegen	Do you have anything that's **good for** *cough / headaches*?	4
77	☐ **bandage** ['bændɪdʒ]	Verband Binde	You'd better put on a **bandage around** your knee. ○ She had a **bandage on** her broken finger. ○ The doctor **bandaged** [verbinden] the girl's injured foot.	5
78	☐ **glasses** ['glɑːsɪz]	(eine) Brille	*strong / dark / sun / reading* **glasses** ○ I need **glasses** when I watch TV. ○ I can't read without **glasses**. ○ I need *some / a pair of* new **glasses**. ○ The film star was wearing dark **glasses**. ■ **Glasses** is always used with a plural verb. Compare: *Wo ist meine Brille?* Where **are** my glasses?	2
79	☐ **magnifying glass** ['mægnɪfaɪɪŋ ˌglɑːs]	Vergrößerungs- glas, Lupe	The print is so small that I need a **magnifying glass** to read it. ○ He examined the picture in good light with a **magnifying glass** and told me it was a forgery [Fälschung].	6
80	☐ **save** [seɪv]	retten	She **saved** the *sick man / woman from drowning*. ○ The doctors are working round the clock to **save** the girl's life. ○ Their quick action **saved** the injured driver. ○ Hospital blood banks have **saved** many lives. ○ Some people will *say / do / promise* anything to **save** their own lives.	2
81	☐ **relief** [rɪ'liːf]	Erleichterung Linderung	*permanent / temporary / great* **relief** ○ *bring / give / find* **relief** ○ The drugs brought him some **relief from** the pain. ○ **relieve** [lindern] pain	4
82	☐ **relax** [rɪ'læks]	sich entspannen entspannen	Lie down and **relax** for a while. ○ The drink **relaxed** him so much that he fell asleep. ○ He's usually so **relaxed** but at the moment he's under a lot of stress.	4
83	☐ **recover** [rɪ'kʌvə]	sich erholen genesen	**recover from** *a serious illness / an operation / an attack of flu* ○ **recover** *quickly / slowly / fully / properly* ○ Is there any hope that she'll **recover**? ○ It took him five months to **recover from** the operation. ○ I wish you a speedy **recovery** [baldige Genesung].	3
84	☐ **heal** [hiːl]	heilen	**heal** *slowly / well / badly* ○ Luckily, my foot seems to **heal** well after several months. ○ The wound is not yet **healed**. ○ It will **heal** in a few days if you keep it dry and clean. ○ She was **healed of** her sickness.	4

150A Tod, Sterben, Bestattung

(dead) body 5	dead 3	die 7	funeral 12	kill 9	widow(er) 15
bury 11	deadly 4	drown 8	grave 14	orphan 16	
coffin 10	death 1	fatal 6	graveyard 13	suicide 2	

1	☐	**death** [deθ]	Tod	a *sudden / violent / cruel* **death** ○ an unexpected **death** ○ *face / escape / fear / fight with* **death** ○ drug-related **deaths** ○ He believed in **death** and new life. ○ Her sudden **death** shocked her friends. ○ Ten people burnt to **death** in the hotel fire. ○ She was deeply affected by her mother's **death**. ○ A bad driver was responsible for their **deaths**. ○ Did he **die a natural death**, or was he murdered? ○ The **cause of death** was not made public.	3
2	☐	**suicide** ['suːɪsaɪd]	Selbstmord	I knew he was depressed, but I never thought he'd commit **suicide**. ○ There is great concern about the number of teenage **suicides** last year. ○ John was taken to hospital after his **suicide attempt** [Versuch].	4
3	☐	**dead** [ded]	tot	a **dead** *man / cat / tree* ○ The man *dropped / fell / was shot* **dead**. ○ Is the girl **dead** or alive? ○ She's been **dead** for a long time. ○ He was found **dead**. ○ the living and **the dead** ○ rise again from **the dead**	2
4	☐	**deadly** ['dedlɪ]	tödlich lebensgefährlich Tod-	a **deadly** *poison / form of skin cancer / enemy / weapon / insult* ○ These plants are **deadly** poisonous, they contain a **deadly** poison. ○ The murdered man had many **deadly** enemies.	5
				■ Note: **Deadly** can be adjective or adverb.	
5	☐	**(dead) body** [(ˌded) 'bɒdɪ]	Leiche	The day-long search for the **body** wasn't successful. ○ The dead man's **body** was found in a canal several days later. ○ The streets were covered with **dead bodies**. ○ only **over my dead body**	2
6	☐	**fatal** ['feɪtl]	tödlich	a **fatal** *accident / illness* ○ A sudden shock could be **fatal to** anybody with a weak heart. ○ So far AIDS always seems to be **fatal**. ○ He had a **fatal** accident with a gun.	5
7	☐	**die** [daɪ]	sterben	**die** *suddenly / during the night / after a long illness / in an air crash / in an accident* ○ **die of** *hunger / an illness / a heart attack* ○ **die** *peacefully in your sleep / a violent death* ○ He knew he was **dying of** cancer. ○ The old lady lay **dying** in the back room. ○ He **died from** an HIV-related illness.	1
8	☐	**drown** [draʊn]	ertrinken ertränken	She **drowned** in *a river / a lake / the sea*. ○ All the passengers on board **drowned** when the boat sank. ○ Somebody **drowned** her in her bath.	2
9	☐	**kill** [kɪl]	töten umbringen	He was **killed** *in an accident / in a car crash / in self-defence / by a single bullet in the heart*. ○ The bombs were dropped at night, **killing** thousands of women and children. ○ She tried to **kill** herself when her husband died.	2
10	☐	**coffin** ['kɒfɪn]	Sarg	The **coffin** was *covered with wreaths* [Kranz] *of flowers / carried to the graveyard / put in the grave*.	5
11	☐	**bury** ['berɪ]	begraben beisetzen	She died on Friday and was **buried** on Sunday. ○ Many people are still **buried** alive after the earthquake. ○ She was **buried** with her husband. ○ His ashes were **buried** next to those of his wife. ○ Her body was found rolled up in a carpet and **buried** [vergraben] in a garden.	3
12	☐	**funeral** ['fjuːnərəl]	Beerdigung Begräbnis Trauer-	a *military / state* **funeral** ○ *go to / attend* a **funeral** ○ The **funeral** will *be held / take place* next Wednesday. ○ She was dressed in **funeral** black [Trauerkleidung]. ○ a **funeral** *ceremony / march* ○ **funeral** clothes	4
13	☐	**graveyard** ['greɪvjɑːd]	Friedhof Kirchhof	The dead passengers were taken to the **graveyard**. ○ The area had become a **graveyard** for old cars.	5
14	☐	**grave** [greɪv]	Grab	*dig* a **grave** ○ *have one foot in the* **grave** ○ *from the cradle to the* **grave** ○ If he saw you like that, he would **turn in his grave**.	4
15	☐	**widow(er)** ['wɪdəʊ, 'wɪdəʊə]	Witwe(r)	She remained a **widow** for the rest of her life. ○ He's been a **widower** for eight years and he really wants to remarry.	4
16	☐	**orphan** ['ɔːfn]	Waise Waisenkind	a war **orphan** ○ adopt an **orphan** ○ When his father died he was sent to an **orphans' home** in Halifax.	5

151 Unfälle, Katastrophen: Ursachen, Verhütung usw.

accident 12	damage n 32	explode 25	happen 9	poison 7	security 53
avoid 47	damage v 33	explosion 24	harm 4	poisonous 8	serious 3
break 34	danger 1	fall 27	harmful 5	prevent 46	siren 40
break down 35	dangerous 2	fall off 28	harmless 6	protect 41	tragedy 15
burn 20	destroy 36	fire 17	helmet 43	protection 42	victim 37
burst 26	disaster 16	fire brigade 18	hit 30	puncture 11	warn 38
careful 45	drop 29	flame 19	keep away 48	safe 51	warning 39
crash n 13	earthquake 23	flood n 21	keep out 49	safety 52	What is it? 10
crash v 31	emergency 14	flood v 22	mask 44	save 50	

1	☐	**danger** ['deɪndʒə]	Gefahr	a *deadly / great* **danger** ○ a **danger to** national security ○ *avoid / create / face* a **danger** ○ She's **in danger of** dying. ○ He'll soon be **out of danger** after the operation. ○ There was **a danger that** a fire would break out.	2
2	☐	**dangerous** ['deɪndʒərəs]	gefährlich	a **dangerous** *drug / illness / street / flight / adventure* ○ *very / highly* **dangerous** ○ It's becoming more **dangerous** to go out alone at night. ○ It's **dangerous** that so many people have guns. ○ Alcohol can be a **dangerous** drug. ○ **dangerously** explosive	2
3	☐	**serious** ['sɪərɪəs]	schwer ernst(haft) schlimm	a **serious** *accident / illness / mistake* ○ *a very / an extremely / a more* **serious** situation ○ He was **seriously** *injured / hurt / wounded / ill*.	2
4	☐	**harm** [hɑːm]	Schaden	*do / cause / suffer* **harm** ○ protect the public from serious **harm** ○ Was any **harm** done to the children? ○ Walking to school won't **do you any harm** [schaden]. ○ There's no **harm** in *doing it / trying / phoning her*.	5
5	☐	**harmful** ['hɑːmfl]	schädlich	**harmful** *medicines / drugs / effects of smoking* ○ Smoking is **harmful to** your health. ○ Bright light can be **harmful to** your eyes.	5
6	☐	**harmless** ['hɑːmləs]	harmlos unschädlich	a **harmless** *pleasure / drink* ○ **harmless** *old people / animals* ○ Don't be afraid of that snake – it's **harmless**. ○ It has ended **harmlessly** [ohne Schaden anzurichten], but the consequences could have been very serious.	5
7	☐	**poison** ['pɔɪzn]	Gift vergiften	strong **poison** ○ rat **poison** ○ *take / give* **poison** ○ **poison** *mice / food* ○ *blood / food / gas* **poisoning** [Vergiftung]	4
8	☐	**poisonous** ['pɔɪznəs]	giftig	**poisonous** *plants / fruits / chemicals / minerals / gases / insects / snakes* ○ highly **poisonous**	3
9	☐	**happen** ['hæpən]	passieren geschehen	An *accident / A strange thing / Not much / Something unexpected* **happened**. ○ She's late – something must have **happened**. ○ How did the accident **happen**? ○ What **happened to** *the injured girl / your leg / the victims of the earthquake*?	2
10	☐	**What is it?** [ˌwɒt 'ɪz ɪt]	Was ist los?	"**What is it?**" – "Something must be wrong with the brakes." ○ **What is it?** – Don't tell me it's a flat tyre.	2
11	☐	**puncture** (BE) ['pʌŋktʃə]	Reifenpanne Loch	*have / get / suffer / repair* a **puncture** ○ park a car with a **puncture** ○ A **puncture** cost him 20 minutes. ○ His front tyre was going soft with a **puncture**. ○ If you put the tyre in water you should be able to see where the **puncture** is.	5
12	☐	**accident** ['æksɪdənt]	Unfall Unglück	a *bad / serious / terrible / nuclear / train* **accident** ○ a minor [leicht] **accident** ○ *a train / a bus / an air* **accident** ○ *have / report / cause / avoid / prevent* [verhindern] an **accident** ○ An **accident** happened *at a crossroads / on a wet street / on a narrow bend / when a van turned off the main road / when a lorry was overtaking*. ○ He had an **accident at work**. ○ Her foot was injured **in** a **road accident**.	3
13	☐	**crash** [kræʃ]	Unfall, Unglück, Absturz	There was a serious *car / air / plane / train* **crash** last night. ○ None of the passengers was hurt **in** the **crash**.	3

151

14	☐ **emergency** [ɪˈmɜːdʒənsɪ]	Notfall Not-	a serious **emergency** ○ *cause / create* an **emergency** ○ **In an emergency**, dial 999 for police, the fire brigade or an ambulance. ○ an **emergency** *call / number / telephone / doctor / operation*	4
15	☐ **tragedy** [ˈtrædʒədɪ]	Unglück Tragödie Katastrophe	a *true / real / terrible / human / national* **tragedy** ○ the scene of the **tragedy** ○ When did they find out the cause of the **tragedy**? ○ The conflict ended in a **tragedy**. ○ It was a **tragedy** that the ambulance had an accident.	4
16	☐ **disaster** [dɪˈzɑːstə]	Katastrophe Notstands-	a *natural / national* **disaster** ○ the Chernobyl **disaster** ○ *cause / suffer / experience / recover from* a **disaster** ○ They *were killed / became homeless* **in** that **disaster**. ○ The region was declared a **disaster area**.	5
17	☐ **fire** [ˈfaɪə]	Feuer Brand	The **fire** *broke out last night / spread fast / destroyed a forest / damaged several houses / was soon under control*. ○ Look, **it's a fire**. ○ *A petrol tank / Her dress* **caught fire**. ○ A chemical factory was **on fire** [brennen]. ○ They found her ring in the ashes of the **fire**. ○ **Firemen** *fought the fire / put out the fire / rescued the girl from the burning room*. ○ a **fire engine** [Feuerwehrauto] ○ a **fire extinguisher** [Feuerlöscher]	1
18	☐ **fire brigade** (BE) [ˈfaɪə brɪˌɡeɪd]	Feuerwehr	Let's phone the **fire brigade**. ○ In case of fire dial 999 to call the **fire brigade**. ○ By the time the **fire brigade** arrived the hotel was in flames. ○ **Firemen** *fought the fire / put out the fire / rescued the girl from the burning room*.	5
			▪ The American word for German **Feuerwehr** is **fire department**.	
19	☐ **flame** [fleɪm]	Flamme	The car *was in / burst into* **flames**. ○ The whole hotel **went up in flames**. ○ The firemen were driven back by the **flames**.	4
20	☐ **burn** [bɜːn]	brennen verbrennen	The house **burnt** to ashes [völlig abbrennen]. ○ The school had **burnt down** before the firemen arrived. ○ Most of the furniture was badly **burned** [Brandschäden haben]. ○ Look, you've **burnt** the toast.	2
			▲ BURNS – BURNT/BURNED – BURNT/BURNED	
21	☐ **flood(s)** [flʌd(z)]	Hochwasser, Überschwemmung	There was a **flood** in Cologne in 1993. ○ Some villages were *cut off / destroyed* by the **flood**. ○ Streets and houses were drowned by the **floods**. ○ Many people were forced to leave their homes because of the **floods**. ○ prevent **flood damage**	3
22	☐ **flood** [flʌd]	überschwemmen	**flood** *fields / land with water* ○ The cellar always **floods** [überschwemmt werden] when it rains heavily. ○ The rivers were **flooded** [über die Ufer treten] with heavy rains.	4
23	☐ **(earth)quake** [(ˈɜːθ)kweɪk]	(Erd-)Beben	a *small / violent* **earthquake** ○ recover from the effects of an **earthquake** ○ The **earthquake** *lasted two minutes / shook the ground / caused heavy damage / destroyed a village / laid the town flat*. ○ Thousands of people were killed and many more were left homeless by the **earthquake**.	2
24	☐ **explosion** [ɪkˈspləʊʒn]	Explosion	a loud **explosion** ○ The **explosion** *happened at 2.00 am / was caused by an escape* [Austreten] *of gas / broke thousands of windows / could be heard for miles*. ○ 50 people were killed by the force of the **explosion**. ○ As the news of the **explosion** spread, more and more people went to the scene [Unfallort] to see if they could help.	3
25	☐ **explode** [ɪkˈspləʊd]	hochgehen explodieren	The bomb **exploded** without warning. ○ Be careful with the fireworks, they might **explode**.	3
26	☐ **burst** [bɜːst]	platzen zerspringen bersten	A *front tyre / bag / suitcase / bulb / window* can **burst**. ○ The heat-damaged walls **burst** open in the fire. ○ Water-pipes [Wasserleitungen] **burst** in cold weather. ○ The dam [Damm] **burst** under the weight of water.	3
			▲ BURSTS – BURST – BURST	
27	☐ **fall** [fɔːl]	fallen	Don't let the parcel **fall**; it contains a mirror. ○ Don't look behind or you may **fall**. ○ Tom has **fallen into** a river.	2
			▲ FALLS – FELL – FALLEN	
28	☐ **fall off** [ˌfɔːl ˈɒf]	herunterfallen (von)	Be careful and don't **fall off**. ○ Don't **fall off** the *ladder / wall / chair*. ○ He **fell off** his *bike / moped*. ○ He's **fallen off** a horse.	3
29	☐ **drop, -pp-** [drɒp]	fallen lassen fallen	Don't **drop** the *glass / cup / plate*. ○ He **dropped** the bottle and broke it. ○ She **dropped** the book on the floor. ○ The screw **dropped from** her hand.	4

30	☐ **hit** [hɪt]	treffen schlagen	He was **hit** by *a bullet / falling rocks / unemployment*. ○ She was **hit** *on the head / in the stomach*. ○ Higher prices of food will **hit** the poor hard. ▲ HITS – HITTING – HIT – HIT	2
31	☐ **crash** [kræʃ]	zusammensto- ßen, abstürzen	A van **crashed into** a lorry. ○ A helicopter **crashed** and burst into flames. ○ A plane **crashed into** [zerschellen] a mountain. ○ Look, the plane is going to **crash into** [fliegen gegen] a tree.	3
32	☐ **damage** ['dæmɪdʒ]	Schaden Schäden Beschädigung	*suffer / cause / do / repair* **damage** ○ *great / serious / permanent / lasting* **damage** ○ *a lot of / not much* **damage** ○ A storm may *cause / do* **a lot of damage** to the bridge. ■ **Damage** can only be used in the singular. Compare: *Die Schäden waren* größer als erwartet. The damage **was** greater than expected.	3
33	☐ **damage** ['dæmɪdʒ]	beschädigen	**damage** *a car / furniture* ○ The carpet was slightly [leicht] **damaged** by fire. ○ The car was badly **damaged** in the accident. ○ The disc can easily be **damaged**.	3
34	☐ **break** [breɪk]	zerbrechen kaputtmachen kaputtgehen	**break** *a glass / plate* ○ Be careful with my camera – I don't want you to **break** it. ○ The photocopier has **broken**.	1
35	☐ **break down** [,breɪk 'daʊn]	zusammenbre- chen; eine Pan- ne haben	The old bridge **broke down**. The washing machine has **broken down** [nicht mehr funktionieren]. ○ His car **broke down** and we had to push it. ○ The train **broke down** for no apparent [ersichtlich] reason.	3
36	☐ **destroy** [dɪ'strɔɪ]	zerstören vernichten	**destroy** *a building / village* ○ **destroy** *all the evidence / hopes* ○ A bomb **destroyed** their house and damaged several others. ○ His house was **destroyed** by *fire / a bomb*.	2
37	☐ **victim** ['vɪktɪm]	Opfer	an innocent **victim** ○ *accident / earthquake* **victims** ○ a **victim** of *an attack / a crime / public ignorance and prejudice* ○ **fall victim to** computer crime ○ The police are trying to reconstruct the **victim's** movements on the day of the murder.	4
38	☐ **warn** [wɔːn]	warnen ermahnen	**warn** *the captain of a storm / your neigh-bours of thieves / a criminal of the consequences of his actions* ○ Visitors are **warned not to** go near the cages. ○ People are being **warned not to** travel because there are huge cracks [Riss] in the road. ○ The farmers **warned** the tourists **to** be careful. ■ Don't mix up **warn not to** (warnen) with **warn to** (ermahnen). Look at the examples above.	3
39	☐ **warning** ['wɔːnɪŋ]	(Vor-)Warnung Warn-	*give / shout* a **warning** ○ Let this be a **warning** to you. ○ He shot her **without a warning**. ○ a **warning** *sign / light / shot* ○ an **early-warning system**	2
40	☐ **siren** ['saɪərən]	Sirene	*a police / an ambulance* **siren** ○ *sound / turn off* a **siren** ○ We heard a **siren** in the distance. ○ An **air-raid siren** [Luftschutzsirene] warned people about an air attack.	5
41	☐ **protect** [prə'tekt]	schützen beschützen	**protect** yourself **from** *the cold / rain / floods / criminals* ○ You ought to wear a helmet to **protect** your head. ○ What are policemen for if not to **protect** you **against** what you watch all day on TV.	3
42	☐ **protection** [prə'tekʃn]	Schutz	*little / special / full / additional / extra* **protection** ○ **protection against** *poison gas / frost / flooding* ○ *consumer / data* **protection** ○ *need / want / ask for / give / provide / take* **protection** ○ He is now **under the protection** of the CIA. ○ After the attack she was given **police protection**.	3
43	☐ **helmet** ['helmɪt]	Helm	a *steel / leather / plastic* **helmet** ○ *wear / put on / take off* a **helmet** ○ He was glad to get rid of his heavy **helmet**.	4
44	☐ **mask** [mɑːsk]	(Schutz-)Maske	a **gas mask** ○ a tightly-fitting **mask** ○ *wear / put on / take off* a **mask**	6

151–170A

45	☐ **careful** ['keəfl]	vorsichtig sorgfältig	Be **careful** *of what you say / with the glasses / with your money / in crossing the street.* ○ *There could be an accident if you are not* **careful**. ○ *This ladder is not safe. Be* **careful** *you don't fall.* ○ *Drive* **carefully** *– the roads are icy.* ○ *The policeman wrote down all the details* **carefully**. ○ *The accident was caused by* **careless** [leichtsinnig] *driving.*	1
46	☐ **prevent** [prɪ'vent]	verhindern hindern vermeiden vorbeugen	**prevent** *an accident / a disaster* ○ *The fog* **prevented** *the plane* **from** *taking off.* ○ *Her parents tried to* **prevent** *her* **from** *living with her boyfriend.* ○ *The glass must be packed carefully to* **prevent** *it* **from** *breaking.* ○ *These rules are intended to* **prevent** *accidents.* ■ No infinitive after **prevent**. Use **from** + ing-form.	3
47	☐ **avoid** [ə'vɔɪd]	meiden vermeiden verhüten	**avoid** *motorway traffic spots / traffic jams / the rush hour / sb's company* ○ *Try to* **avoid** *a disaster / an accident / a heart attack* ○ **avoid** *losses / mistakes* ○ **Avoid** *seeing them / making any promises / being punished / getting into trouble.* ■ No infinitive after **avoid**. Use ing-form.	3
48	☐ **keep away** [ˌkiːp ə'weɪ]	sich fern halten fern halten	**Keep away from** *the town centre this weekend.* ○ *An apple a day* **keeps** *the doctor* **away**. (proverb)	4
49	☐ **keep out** [ˌkiːp 'aʊt]	draußen bleiben draußen lassen	*Danger –* **Keep out!** ○ *People are advised to* **keep out** *of the river.* ○ **Keep** *the dog* **out**. ○ *The dog was* **kept out**.	3
50	☐ **save** [seɪv]	retten bewahren	**save** *one's neck* [Kopf] ○ *She* **saved** *the sick man / boy's life.* ○ *She* **saved** *the boy from drowning.*	2
51	☐ **safe** [seɪf]	sicher gefahrlos	*a* **safe** *bridge / road / port* ○ **safe** *sex* ○ *Keep the medicine in a* **safe** *place.* ○ *It is not* **safe** *to walk through the village because of the amount of traffic.* ○ *This way you're* **on the safe side** [Nummer sicher]. ○ *They got home* **safely**.	2
52	☐ **safety** ['seɪftɪ]	Sicherheit	*road* **safety** ○ *After Chernobyl people began to question the* **safety** *of nuclear power stations.* ○ **Safety first!** ○ *a* **safety** *belt* ○ **safety** *checks / standards*	3
53	☐ **security** [sɪ'kjʊərətɪ]	Sicherheit; Sicherheitsvor- kehrungen	*personal / collective / national* **security** ○ **For the security of** *passengers all suitcases are carefully checked.* ○ **Security** *has to be strict at airports.* ○ *a* **security** *van* ○ *a* **security** *risk* ○ **security** *police / forces / guards* ■ **Security** can only be used in the singular. Compare: *Die Sicherheits- maßnahmen sind streng.* Security **is** strict.	4

170A Denken, Wissen, Meinen

associate 14	expect 29	imagine 11	opinion 47	think of 2
association 15	feel 23	judge 26	point of view 48	think of 3
belief 25	forget 38	know 7	remember 39	think of 4
believe 24	guess 28	knowledge 8	remind 42	think up 6
change your mind 37	have in mind 35	make sense 22	ring a bell 40	thought 45
come to mind 34	hope *n* 21	make sure 31	suppose 30	understand 43
consider 16	hope *v* 20	make up your mind 36	take into considera- tion 18	
consider 17	idea 46	mean 13	take seriously 19	
doubt *n* 33	ignorance 10	memory 41	think 1	
doubt *v* 32	ignore 9	misunderstand 44	think about 5	
estimate 27	imagination 12			

1	☐ **think** [θɪŋk]	denken nachdenken glauben meinen	**think** *clearly / hard* ○ **Think** *carefully / twice before you answer.* ○ *I'm* **thinking** *aloud.* ○ *Most governments would* **think** *twice before starting a new war.* ○ *I* **think** *this is their house but I'm not sure.* ○ *Who do you* **think** *you are?* ○ *Has Tim left yet? – I don't* **think** *so.* ■ Not used in the progressive if **think** means meinen, glauben. ▲ THINKS – THOUGHT – THOUGHT	1

170A

2	☐ **think of** ['θɪŋk ɒv]	bedenken denken an gedenken	There are a lot of things to **think of** before we decide. ○ You can't expect me to **think of** everything. ○ They are **thinking of** *moving to France / buying a smaller house / writing their own songs*.	3
3	☐ **think of** ['θɪŋk ɒv]	halten von	**think** *highly / a lot / much / not much* **of** sb ○ What do you **think of** *the film / her suggestion / their proposal / their plan?* ○ They don't **think** much **of** *their new coach / our work*.	3
			■ Not used in the progressive	
4	☐ **think of** ['θɪŋk ɒv]	sich ausdenken	Who first **thought of** the plan? ○ We must **think of** a way out of this.	3
5	☐ **think about** ['θɪŋk əbaʊt]	halten von, nachdenken über	Tell me what you **think about** *this design / the situation*. ○ What are you **thinking about**? ○ I've made you a very good offer, go and **think about** it. ○ She can't stop **thinking about** the accident.	2
6	☐ **think up** [,θɪŋk 'ʌp]	sich ausdenken	**think up** *a plan for making money / a new slogan* ○ Can't you **think up** a better excuse? ○ There's no telling what he'll **think up** next. ○ What a brilliant idea – I wonder who **thought** that **up**.	5
7	☐ **know** [nəʊ]	kennen wissen	I **know** her **by name**. ○ I **know** him only **by sight** [vom Sehen]. ○ Do you **know** Paul's phone number? ○ We've **known** each other for years. ○ How long have you **known** her? ○ I didn't **know** that he was your friend. ○ I **know** *what to do / where to go / how to drive a lorry / who to ask*. ○ You're old enough to **know** better. ○ You **know** *better / best*. ○ I **know** the poem **by heart** [auswendig können].	1
			■ Do not pronounce the **k** in **know** or **knowledge**.	
			■ Not used in the progressive	
			▲ KNOWS – KNEW – KNOWN	
8	☐ **knowledge** ['nɒlɪdʒ]	Wissen Kenntnis Kenntnisse	*useful / useless* **knowledge** ○ His **general knowledge** is good. ○ He has no **knowledge** of what is going on. ○ It's public **knowledge** [allgemein bekannt] that he stole the money. ○ It came to our **knowledge** that [zu Ohren kommen] … ○ This job demands special **knowledge**. ○ His **knowledge** of chemistry is pretty basic. ○ Everybody should have **some knowledge** of first aid. ○ **Knowledge** is power. (proverb)	3
			■ **Knowledge** can only be used in the singular. Compare: *Ihre Englischkenntnisse sind sehr gut.* Her knowledge of English **is** very good.	
9	☐ **ignore** [ɪg'nɔː]	ignorieren übersehen	He **ignored** all their warnings / me at school this morning. ○ He **ignored** his doctor's advice about drinking and smoking less. ○ It was rude to **ignore** our invitation. ○ I said hello to Mary but she totally **ignored** me.	5
10	☐ **ignorance** ['ɪgnərəns]	Unwissenheit Ignoranz Unkenntnis	**out of** total **ignorance** ○ *show / fight* **ignorance** ○ That kind of reaction shows your **ignorance**. ○ We are in complete **ignorance** [keine Ahnung haben] **of** their plans. ○ If he did wrong it was only **through ignorance**. ○ **Ignorance of** the law is no defence. (proverb)	5
11	☐ **imagine** [ɪ'mædʒɪn]	sich vorstellen	It's not easy to **imagine** your brother as a lawyer. ○ I can **imagine** how you felt. ○ Just **imagine** you're lying on the beach.	3
12	☐ **imagination** [ɪ,mædʒɪ'neɪʃn]	Fantasie Einbildung	have *not much / a lively / a fertile / a wild* **imagination** ○ If we really use our **imagination** we should find a solution to this problem. ○ **In** my **imagination** I thought I heard her crying.	4
13	☐ **mean** [miːn]	meinen verstehen	I don't understand what you **mean**. ○ What do you **mean by** *progress / pretty old / saying that*? ○ What exactly does he **mean by** this?	3
			■ Not used in the progressive	
			▲ MEANS – MEANT – MEANT	
14	☐ **associate** [ə'səʊʃieɪt]	assoziieren verbinden	**associate** *summer with holidays / whisky with Scotland / winter with snow / cancer with smoking* ○ She always **associated** warm weather **with** holidays by the sea.	4
15	☐ **association** [ə,səʊsɪ'eɪʃn]	Assoziation	free **association** ○ The house had too many **associations with** [Erinnerung an] her dead husband for her to be happy in it.	5

49

170A

16	☐ consider [kənˈsɪdə]	sich überlegen, gedenken, in Betracht ziehen	Have you **considered** complaining to the headmistress? ○ We had to **consider** the question of *when to leave / where to sleep*. ○ She's **considering** *going to Australia / changing her job*.	4
			■ No infinitive after **consider**. Use **ing-form**.	
17	☐ consider [kənˈsɪdə]	halten für	**consider** sth *clever / wise / important / silly* ○ He's **considered** unfit for the job. ○ They **considered** the risk (to be) too great. ○ They **consider** [preisen] themselves to be very lucky.	4
			■ Not used in the progressive	
18	☐ take into consideration [kənˌsɪdəˈreɪʃn]	berücksichtigen bedenken	Skin types must be **taken into consideration** when applying cosmetics. ○ She will **take into consideration** every serious proposal.	4
19	☐ take seriously [ˌteɪk ˈsɪərɪəslɪ]	ernst nehmen	You mustn't **take** *his jokes / her promises* **seriously**. ○ I wish you would **take** things more **seriously**. ○ He refused to **take** anything **seriously**. ○ You'd better **take** her **seriously**.	5
20	☐ hope [həʊp]	hoffen	She **hopes** to go to university next year. ○ I **hope** *you're right / you haven't been waiting long*. ○ We **hope** you *pass / will pass* your exam. ○ Is Pete coming to her party? – I **hope** *so / not*.	2
21	☐ hope [həʊp]	Hoffnung	**hope for** progress ○ *give up / abandon* **hope** ○ You're my *last / only* **hope**. ○ All **hopes of** a peaceful solution were destroyed by his speech. ○ There's not much **hope of** *finding anyone still alive / them being still alive*.	3
22	☐ make sense [ˌmeɪk ˈsens]	Sinn ergeben Sinn machen	What you say **makes** no **sense**. ○ It seemed to **make** a lot of **sense** at the time. ○ It would **make sense** [vernünftig sein] to leave early. ○ Can you **make** any **sense** [schlau werden] of this?	4
23	☐ feel [fiːl]	denken glauben	I **feel** that you're right. ○ I **felt** [den Eindruck haben] it was a mistake not to ask her advice.	2
			■ Not used in the progressive	
24	☐ believe [bɪˈliːv]	glauben	Do you **believe** *his report / what he says / in flying saucers / in ghosts*? ○ It's hard to **believe**, but ... ○ Almost no one **believed** him.	3
			■ Not used in the progressive	
25	☐ belief [bɪˈliːf]	Glaube Überzeugung	a strong **belief** in the need of low inflation ○ She's lost her **belief in** *God / her doctor*. ○ There's a general **belief** that things will soon get better. ○ I don't share your **belief**.	4
26	☐ judge [dʒʌdʒ]	beurteilen einschätzen abschätzen	Don't **judge** the *case / situation* before you know the *circumstances / facts*. ○ Don't **judge** people **by** their appearance. ○ **Judging from** [nach dem] what he said, his work must be going well. ○ It's difficult to **judge** how long the project will take.	3
27	☐ estimate [ˈestɪmeɪt]	schätzen abschätzen	**estimate** the *price / size / number / distance / length / width* ○ We **estimate** that we'll arrive at about one o'clock. ○ She **estimated** that the work would take an hour. ○ I **estimate** her income *at / to* be about £9000.	4
28	☐ guess [ges]	(er)raten denken vermuten	**guess** *right / wrong* ○ **Guess** who I met at the club? ○ Do you know? Or are you **guessing**? ○ You've **guessed** my secret. ○ It's difficult to **guess** what James is going to do next. ○ Well, I'm short and bald, I **guess** I'll have to accept that. ○ I **guess** you're right.	3
29	☐ expect [ɪkˈspekt]	erwarten annehmen denken	**expect** a student **to** pass an exam ○ **expect** that the weather will be fine ○ When do you **expect** them **to** arrive? ○ You don't really **expect** me **to** believe you, do you? ○ Do you think it's going to snow? – I **expect** *so / not*.	3
30	☐ suppose [səˈpəʊz]	annehmen vermuten denken	I don't **suppose** he will be home till after eight. ○ **Suppose** you had a million pounds – how would you spend it? ○ I **suppose** Jeff will be late, as usual. ○ I didn't **suppose** [zweifeln] for a minute that she'd agree. ○ Will he come? – Yes, I **suppose** so.	3
31	☐ make sure [meɪk ˈʃʊə]	sich vergewissern; darauf achten	I think the door is locked, but you'd better **make sure**. ○ I phoned the hotel to **make sure** that they had reserved rooms for us. ○ Look in your mirror to **make sure** there are no vehicles behind you. ○ **Make sure** you get that right.	4

170A

32	☐ doubt [daʊt]	bezweifeln zweifeln an	I **doubt** *if he can do it / if she'll get the job / whether he can come.* ○ Nobody **doubts that** he's an honourable sportsman. ○ She might have a computer, but I **doubt** it. ○ Sometimes I **doubt** his intelligence.	3
33	☐ doubt [daʊt]	Zweifel	religious **doubts** ○ **without a doubt** ○ have *serious / strong* **doubts** *if* ... ○ There is *no / hardly any / some* **doubt about** it. ○ **No doubt** she'll write when she has time. ○ There's no **doubt** that she'll finish the job by tomorrow.	3
34	☐ come to mind [ˌkʌm tə ˈmaɪnd]	einfallen	Susan asked the first question that **came to mind**. ○ As she read the letter again, a lot of thoughts **came to her mind** [in den Sinn kommen].	3
35	☐ have in mind [hæv ɪn ˈmaɪnd]	denken an sich vorstellen im Sinn haben	What do you **have in mind**? ○ That was not quite what I **had in mind**. ○ He **had** something different **in mind**. ○ The BBC already **had** him **in mind** for the programme.	3
36	☐ make up your mind [ˌmeɪk ʌp jɔː ˈmaɪnd]	sich entschließen, sich entscheiden	I haven't **made up my mind** yet. ○ I can't **make up my mind** *what to do next / which pullover to wear*. ○ Don't try to argue with her – her **mind is made up** [ihr Entschluss steht fest].	3
37	☐ change your mind [ˌtʃeɪndʒ jɔː ˈmaɪnd]	es sich anders überlegen, seine Meinung ändern	He took out his bike, but he **changed his mind** and went by bus. ○ It was bad of him to **change his mind** after he'd given his promise. ○ Nothing will make me **change my mind**. ○ It was difficult to persuade Tim to **change his mind**. ○ A wise man **changes his mind**, a fool never. (proverb)	3
38	☐ forget [fəˈget]	vergessen	He never **forgets** a name or face. ○ I **forgot** to bring the salt. ○ I completely **forgot (about)** her birthday. ○ I'm sorry I broke your teapot. – **Forget it**. ○ I shall never **forget meeting** her. ○ Don't **forget to bring** a blanket.	1
			■ Don't mix up **forget to do sth** *(vergessen etw zu tun)* with **forget doing sth** *(vergessen etw getan zu haben)*.	
			▲ FORGETS – FORGETTING – FORGOT – FORGOTTEN	
39	☐ remember [rɪˈmembə]	sich erinnern an daran denken	It's strange that she can't **remember**. ○ He **remembers** *the Second World War / going to his party two years ago / what he said*. ○ I **remember meeting** her at a party once. ○ **Remember to post** *the letter* ○ **Remember to** *book tickets / lock the door*. ○ I just **remembered** [einfallen] that's your birthday. ○ I must try to **remember** – it's very important.	1
			■ Not usually used in the progressive	
			■ Don't mix up **remember to do sth** *(daran denken etw zu tun)* with **remember doing sth** *(sich erinnern etw getan zu haben)*.	
40	☐ ring a bell (infml.) [ˌrɪŋ ə ˈbel]	bekannt vorkommen	Does this **ring a bell**? ○ He looked at the man in the photo. It certainly **rang a bell** but he couldn't remember where he'd seen him before.	5
41	☐ memory [ˈmeməri]	Gedächtnis	have a *good / bad / powerful / short* **memory** ○ A teacher needs to have a good **memory for** names. ○ That day remained in her **memory** for the rest of her life. ○ Her **memory** is not very reliable these days. ○ She lost her **memory**. ○ She played the music **from memory**.	3
42	☐ remind [rɪˈmaɪnd]	erinnern	**Remind** *her of her promise / me to buy the paper / him to return the book he borrowed*. ○ **Remind** him that our next meeting will be held on Friday. ○ Janet **reminds** me **of** her mother. ○ **That reminds me** [Da fällt mir ein], did you remember to ring up John?	3
			■ Don't mix up **remember sb** *(sich an jn erinnern)* with **remind sb** *(jn erinnern)*.	
43	☐ understand [ˌʌndəˈstænd]	verstehen begreifen	I **understand** *how you feel / why he did that*. ○ You must try to **understand** other people's point of view. ○ Her skill lies in **understanding** the nature of the plants she grows. ○ Whether he really **understands** the situation is another question. ○ **understandable**	1
			■ **Understand** and **misunderstand** are not used in the progressive.	
44	☐ misunderstand [ˌmɪsʌndəˈstænd]	missverstehen	I **misunderstood** the instructions and answered four questions instead of three. ○ She **misunderstood** what I said and took it as an insult.	4
45	☐ thought [θɔːt]	Denken Gedanke	*modern / scientific* **thought** ○ an interesting **thought** ○ *have / express / present / give up / abandon* a **thought** ○ be **deep in thought** [in Gedanken versunken] ○ She kept her **thoughts** *to herself / a secret*. ○ She seemed to be able to read his **thoughts**. ○ **thoughtful** ○ **thoughtlessness**	3

170A

46	☐ **idea** [aɪˈdɪə]	Idee Einfall Meinung Begriff Vorstellung Ahnung	a *bright / clever / good / brilliant / fantastic* **idea** ○ a *crazy / mad / silly / stupid / strange* **idea** ○ a *fresh / new* **idea** ○ *have / discuss / reject* **ideas** ○ Good **idea**! ○ Where did you get the **idea** that I was going to pay for the meal? ○ The whole **idea** [Plan] *leaves me cold / fell flat*. ○ The book gives you *some / a good / an excellent* **idea** of life in ancient Rome. ○ How are these **ideas** connected? ○ He had a clear **idea** of what needed to be done. ○ How much longer is he going to stay here? — I have no **idea**.	2
47	☐ **opinion** [əˈpɪnjən]	Meinung	an honest **opinion** ○ a *personal / political / sensible / specialist* **opinion** ○ *ask for / express / give / offer / have / consider* an **opinion** ○ have a *high / low* **opinion** of sb ○ He has a high **opinion** of her work. ○ **In my opinion** there's no difference. ○ Public **opinion** is in favour of a change in this law. ○ We are **of the opinion** that you did the right thing.	3
48	☐ **point of view** [ˌpɔɪnt əv ˈvjuː]	Sicht Gesichtspunkt Standpunkt	**from** a *practical / an environmental* **point of view** ○ consider sth from a *different / new* **point of view** ○ *respect / be able to see* sb's **point of view** ○ This is unacceptable **from** my **point of view**. ○ What is your **point of view on** nuclear power? ○ You should try to understand their **point of view**. ○ They interviewed a lot of people to get several **points of view**.	4

Lernhilfe 5: Das treffende Wort

Viele englische Wörter haben mehrere Entsprechungen im Deutschen. Es hängt vom Textzusammenhang ab, welche die richtige und übliche ist. In vielen Prüfungen werden **Übersetzungen ins Deutsche** gefordert. Ohne Übung wirst du nicht gut übersetzen können. Das Lexikon bietet dir viele Übungsmöglichkeiten, z.B das Wort *knowledge* (8), dem im Deutschen Wissen, Kenntnis, Kenntnisse entsprechen. Welche der Übersetzungen ist in den folgenden Beispielen a) richtig, b) falsch, c) zweifelhaft?

1. Diese Arbeit erfordert **Spezialkenntnisse**. a) b) c)
2. Jeder sollte einiges **Wissen** über erste Hilfe haben. a) b) c)
3. Seine **Allgemeinkenntnis** ist gut. a) b) c)
4. Er hat kein **Wissen** von dem, was sich abspielt. a) b) c)
5. **Kenntnis** ist Macht. a) b) c)

Das Wort *idea* hat ebenfalls mehrere Entsprechungen im Deutschen: Idee, Einfall, Begriff, Vorstellung, Meinung, Ahnung. Wie übersetzt du *a brillant idea*? Was ist richtig? Eine glänzende Idee, ein großartiger Einfall, eine großartige Vorstellung, eine glänzende Meinung, eine großartige Ahnung? Und was ist eine *clear idea*?

Lernhilfe 6: Partnerarbeit bei der Wortschatzwiederholung

Wörter müssen wiederholt werden, wenn sie verfügbar bleiben sollen. Das heißt aber nicht, dass man deutsch-englische Vokabelgleichungen pauken muss. Viel interessanter ist es, wenn ihr euch mit einem Partner wechselseitig **Wortverbindungen** abhört. Wählt dazu ein Feld aus. Partner A übersetzt Wortverbindungen oder Sätze ins Deutsche, Partner B übersetzt sie zurück ins Englische. Nach 5 Minuten wechselt ihr. Beispiele:

aus völliger **Unwissenheit** (10)
eine lebhafte **Fantasie** haben (12)
Was **meinst du mit** "ziemlich alt"? (13)
Krebs mit Rauchen **verbinden** (14)
Sie **gedenkt** die Stelle **zu wechseln**. (16)

etwas **für wichtig halten** (17)
Denk dran den Brief aufzugeben. (39)
Da fällt mir ein. (42)
Erinnere sie daran, das Buch zurückzugeben. (42)
das moderne **Denken** (45)

170B Übernatürliches, Glück, Zauber, Magie

bad luck 14	dragon 21	giant 20	magician 6	strange 15	witch 18
be lucky 13	dream *n* 1	luck 11	monster 19	superstition 8	
come true 3	dream *v* 2	lucky 12	mysterious 16	superstitious 9	
do magic 5	ghost 17	magic 4	mystery 7	trick 10	

1	☐ **dream** [driːm]	Traum Traum-	a *bad / wild / strange / funny* **dream** ○ a **dream** *of* a lonely island ○ *have / interpret* a **dream** ○ She believes in **dreams**. ○ She had a strange **dream** *about* her boss. ○ It has always been his **dream** to become a politician. ○ Her childhood **dream** came true. ○ a **dream** *house / car*	2
2	☐ **dream** [driːm]	träumen	He **dreamed** *he was King Kong / he'd turned into a monkey*. ○ Was it real or did I **dream**? ○ I never **dreamt** [sich träumen lassen] that I'd see you again. ○ When you are young you **dream** *about* all kinds of things. ○ I seem to have **dreamt** it. ○ He **dreamt** *of* having a room of his own.	2
			▲ DREAMS – DREAMT/DREAMED – DREAMT/DREAMED	
3	☐ **come true** [ˌkʌm ˈtruː]	wahr werden	Her dream has **come true**. ○ Good luck to you, Tom, and may all your wishes **come true**. ○ If scientists' predictions **come true** [sich bewahrheiten] ...	4
4	☐ **magic** [ˈmædʒɪk]	Magie Zauberei Zauberkunst	believe in **magic** ○ as if *by* **magic** ○ The film is a mixture of black **magic** and biotechnology. ○ The witch used her **magic** to turn the children into frogs. ○ We don't expect the new invention to *work* **magic** [Wunder wirken]. ○ **magic** *power*	3
5	☐ **do magic** [ˌduː ˈmædʒɪk]	zaubern	Her uncle claims he can **do magic**. They're trying to find someone who can **do** some **magic** at the children's party.	5
6	☐ **magician** [məˈdʒɪʃn]	Zauberer Zauberin	The **magician** drank the mixture to make himself invisible. ○ They hired a **magician** to entertain the children.	6
7	☐ **mystery** [ˈmɪstrɪ]	Geheimnis Rätsel	*The cause of the accident / The scientist's suicide* is a complete **mystery**. ○ It's one of the great **mysteries** of the natural world. ○ Her death was surrounded by **mystery**. ○ No one has ever been able to solve the **mystery** of the Bermuda Triangle [Dreieck].	4
8	☐ **superstition** [ˌsuːpəˈstɪʃn]	Aberglaube	It's an old **superstition** that *black cats are lucky / walking under a ladder is unlucky*. ○ Some people think that religion is just a form of **superstition**.	5
9	☐ **superstitious** [ˌsuːpəˈstɪʃəs]	abergläubisch	**superstitious** beliefs ○ She's always been very **superstitious**. ○ Surely you don't believe all that **superstitious** nonsense about Friday 13th.	5
10	☐ **trick** [trɪk]	Trick	a propaganda **trick** ○ He was willing to use any dirty **trick** to get what he wanted. ○ She pretended to be ill, but it was just a **trick** to make him go to see her. ○ The thieves got into the house *by a* **trick**. ○ a **trick** *question* [Fangfrage] ○ a **trick** *photography* ○ a **trick** *mirror* [Zerrspiegel]	4
11	☐ **luck** [lʌk]	Glück Schicksal	As good **luck** would have it ... ○ Whether you win or lose is just **luck** [reine Glückssache]. ○ With **luck** and skill this problem can be solved. ○ **Luck** smiled on it that night. ○ You're *in* **luck**, there are still a few tickets left. ○ Goodbye and *good* **luck**! *Best of* **luck** *for* your sister with her exam. ○ We wish you *good* **luck** *with* your new career.	3
12	☐ **lucky** [ˈlʌkɪ]	Glücks- glücklich	a **lucky** *day / number / winner* ○ be born under a **lucky** *star* ○ He was one of *the* **lucky** *ones* who found his home had been spared [verschonen] in the fire. ○ Their losses were very **unlucky** [Pech].	3
13	☐ **be lucky** [biː ˈlʌkɪ]	Glück haben	be **lucky** *at* cards ○ You're **lucky** *to be here / get away alive / have passed your test*. ○ She was **lucky** she wasn't killed. ○ I was very **lucky** to get it so cheap. ○ We realized how **lucky** we were not to have suffered greater problems. ○ He was one of the **unlucky** *ones* [Pechvogel] that got caught.	3

170B–170C

14	☐ **bad luck** [ˌbæd ˈlʌk]	Pech	Why do we always have such **bad luck** when it comes to going on holiday? ○ Their kids have always had **bad luck with** their teachers. ○ **Bad luck**. I know you tried hard. ○ As **bad luck** [Schicksal] would have it ...	3
15	☐ **strange** [streɪndʒ]	seltsam sonderbar	A very **strange** thing happened on her way home. ○ The streets were **strangely** quiet.	2
16	☐ **mysterious** [mɪˈstɪərɪəs]	mysteriös geheimnisvoll rätselhaft	She disappeared in **mysterious** circumstances. ○ Some people reported seeing **mysterious** lights in the sky. ○ They're being very **mysterious about** where they're going tonight.	3
17	☐ **ghost** [gəʊst]	Geist Gespenst Geister- Gespenster-	believe in **ghosts** ○ The tree took the shape of a **ghost** in the fog. ○ He looked as if he'd seen a **ghost**. ○ The old car has given up the **ghost**. ○ a **ghost** town / story	6
18	☐ **witch** [wɪtʃ]	Hexe	They accused her of being a **witch** because she seemed to have the ability to predict the future. ○ The harmless old woman was burnt as a **witch** because people thought that she had killed the cows.	5
19	☐ **monster** [ˈmɒnstə]	Ungeheuer	a horrible **monster** such as Dracula ○ Do you believe in the Loch Ness **monster**? ○ The **monsters** in the film were very realistic.	5
20	☐ **giant** [ˈdʒaɪənt]	Riese	one-eyed [einäugig] **giants** in Greek legends	4
21	☐ **dragon** [ˈdrægən]	Drache	The entertainment included a **dragon** all aflame [ganz in Flammen] which flew through the air.	6

170C Kirche, religiöses Leben

abbey 31	Catholic 14	confession 27	hell 8	Muslim 16	Protestant 15	spirit 4
almighty 3	ceremony 19	devil 6	holiday 18	praise 24	religion 9	
belief 12	Christian 13	forgive 28	holy 17	pray 22	religious 10	
believe 11	church 29	God, god 1	lord 2	prayer 23	sin 25	
cathedral 30	confess 26	heaven 7	minister 20	priest 21	soul 5	

1	☐ **God, god** [gɒd]	Gott	for fear of **God** ○ believe in **God** ○ **God** created the world / alone understands it / is the cause of all things. ○ Praise be to **God**.	2
2	☐ **Lord** [lɔːd]	Herrgott Herr	pray to the **Lord** ○ the **Lord's Prayer** [das Vaterunser] ○ Oh **Lord** [Mein Gott], you don't know what you're talking about.	4
3	☐ **almighty** [ɔːlˈmaɪtɪ]	allmächtig	**Almighty God** appeared to Jacob in the land of Canaan.	5
4	☐ **spirit** [ˈspɪrɪt]	Geist	the **spirits** of the dead ○ He's dead but his **spirit** lives on. ○ the **Holy Spirit** ○ The **spirit** is willing but the flesh [Fleisch] is weak. (the Bible)	4
5	☐ **soul** [səʊl]	Seele	sell your **soul** for political power ○ Christians believe that a person's **soul** survives his body. ○ There was not a **soul** [Menschenseele] in sight. ○ He's the heart and **soul** of the team. ○ John Brown's **soul** [Geist] goes marching on.	5
6	☐ **devil** [ˈdevl]	Teufel	He believes in **devils** and witches. ○ It's one o'clock in the morning. Where **the devil** [zum Teufel] have you been?	4
7	☐ **heaven** [ˈhevn]	Himmel	go to / be in **heaven** ○ for **heaven's sake** [um Himmels willen] ○ move [in Bewegung setzen] **heaven** and earth ○ She's in the **seventh heaven**.	3

8	☐ **hell** [hel]	Hölle	*go to / be in* **hell** ○ They were afraid of going to **hell** when they died. ○ He went through **hell** when he tried to give up drugs. ○ Who **the hell** [zum Teufel] is at the front door?	3
9	☐ **religion** [rɪˈlɪdʒn]	Religion Konfession	the *Christian / Catholic / Protestant / Jewish / Hindu / Islamic* **religion** ○ *a tolerant attitude towards* **religion** ○ *conflicts of* **religion** ○ *the influence of* **religion** *on life* ○ *a* **religion** *of peace* ○ *practice your* **religion** *in your own way* ○ Is **religion** dead? ○ He never discusses politics or **religion** with her.	3
10	☐ **religious** [rɪˈlɪdʒəs]	religiös fromm Religions- Glaubens-	**religious** *traditions / duties / values / belief / hatred* ○ *a* **religious** *life / old man* ○ *a* **religious** *community* ○ **religious** *freedom / history* ○ **religious** *quarrels / conflicts* ○ *a* **religious** *building* [Gotteshaus] ○ *hurt people's* **religious** *feelings* ○ *an* **anti-religious** *campaign* ○ Throughout history **religious** *minorities* have been persecuted for their beliefs.	4
11	☐ **believe** [bɪˈliːv]	glauben	Do you **believe in** *God / Father Christmas?* ○ It's amazing to see the number of people who **believe in** *ghosts.* ■ Not used in the progressive	3
12	☐ **belief** [bɪˈliːf]	Glaube(n) Überzeugung	There are countless different forms of religious **belief**. ○ She lost her **belief in** God when her baby died. ○ Many people go to church out of habit, not because of any deep religious **beliefs**.	4
13	☐ **Christian** [ˈkrɪstʃən]	christlich Christ(in)	**Christian** *ideas* ○ *the* **Christian** *religion / church / sector of the city* ○ It wasn't very **Christian of** you to laugh at the disabled child. ○ He's a true **Christian**. ○ **Christianity** [das Christentum]	4
14	☐ **Catholic** [ˈkæθlɪk]	katholisch Katholik(in)	He lives in a district of North Belfast which is now almost completely **Catholic**. ○ He's a member of the **Roman Catholic Church**. ○ She's a **Catholic**. ○ German **Catholics** are leaving their church at a rate of 180 000 a year.	4
15	☐ **Protestant** [ˈprɒtɪstənt]	protestantisch Protestant(in)	*a* **Protestant** *church / area of Belfast* ○ The majority of the population is **Protestant**. ○ Catholics and **Protestants** united across the peace lines.	4
16	☐ **Muslim** [ˈmʊzlɪm, ˈmʌzlɪm]	moslemisch Moslem	**Muslim** *traditions / beliefs / culture / countries / extremists* ○ *a* **Muslim** *on his way to Mecca*	5
17	☐ **holy** [ˈhəʊli]	heilig geweiht	*a* **holy** *life* ○ **holy** *ground* ○ *Mecca / Rome is a* **holy** *city.* ○ He was a **holy** man who gave up his life for others. the **Holy Bible** [die Heilige Schrift] ○ the **Holy Ghost** ○ the **Holy Land** ○ the **Holy Roman Empire**	3
18	☐ **holiday** [ˈhɒlədeɪ]	Feiertag	*a religious* [kirchlich] **holiday** ○ *observe* [einhalten] *a* **holiday** ○ *abolish a* **holiday** ○ Next Friday is a **holiday**.	2
19	☐ **ceremony** [ˈserɪməni]	Zeremonie Feier(lichkeiten)	*a religious* **ceremony** ○ *a wedding* **ceremony** [Trauung] ○ The **ceremony** *will be held / take place* in front of the church. ○ We watched the **ceremony** on TV.	4
20	☐ **minister** [ˈmɪnɪstə]	Geistliche(r) Pfarrer(in) Pastor(in)	He's a **minister** of the local Protestant church. ○ He's studying to be a **minister**. ○ Are women allowed as **ministers**? ○ He was no longer allowed to practise as a **minister** because he was not setting a good Christian example.	5
21	☐ **priest** [priːst]	Priester	*a Roman Catholic / an Anglican / a Muslim / the local / a village / a woman* **priest** ○ For the first time in the 460-year history of the Church of England, services [Gottesdienst] were being held by **women priests**. ○ It's a **priest's** job to spread God's word.	4
22	☐ **pray** [preɪ]	beten	**pray to** *God / the gods* ○ In her time of distress [Bedrängnis] she **prayed to** Allah to help her. ○ We **pray for** the sick and **for** their families. ○ To save their crops, people **prayed for** rain. ○ Before every plane trip she **prays** that everything will be all right.	2
23	☐ **prayer** [preə]	Gebet	*Christian / Easter / Thanksgiving* **prayers** ○ *say a* **prayer** ○ There were **prayers** [gebetet werden] **for** *prisoners / those who cannot pray / a safe return*. ○ They rely on **prayer** to heal the sick. ○ Our **prayer** is that God will guide us. ○ the **Lord's Prayer** [das Vaterunser]	3
24	☐ **praise** [preɪz]	loben, preisen	**praise** *God / Allah*	3

170C – 170E

25	☐ **sin** [sɪn]	Sünde	an unforgivable **sin** ○ commit a **sin** ○ She confesses her **sins** to a priest every week. ○ a **sinner** [Sünder(in)] ○ **sin** [sündigen] against	5
26	☐ **confess** [kənˈfes]	beichten	**confess** a sin to a priest ○ **confess** honestly ○ Let us now **confess** our sins to Almighty God.	6
27	☐ **confession** [kənˈfeʃn]	Beichte	She always goes to **confession** on Fridays. ○ Father Brown **heard** [abnehmen] **her confession**. ■ False friend: The English word for German **Konfession** is **religion**.	6
28	☐ **forgive** [fəˈgɪv]	vergeben verzeihen	The priest **forgave** her *her sins / on her deathbed*. ○ God has **forgiven** us and forgotten and so should we. ○ **unforgivable** ■ Not used in the progressive ▲ FORGIVES – FORGIVING – FORGAVE – FORGIVEN	3
29	☐ **church** [tʃɜːtʃ]	Kirche	the Catholic **Church** ○ The **Church** of England ○ This is **St Mary's Church**. ○ She **goes to church** on Sundays. ○ **Church** begins at 8 o'clock. ○ We'll meet after **church**. ○ I go by **the church** on my way to school. ○ **The church** was empty. ○ a regular **churchgoer** ■ Use **the** before **church** only when it refers to the building or to a particular institution such as **The Church of England**. But: **St Peter's Church**, **St John's Church**, etc.	1
30	☐ **cathedral** [kəˈθiːdrəl]	Kathedrale Dom	St Paul's **Cathedral** ○ Cologne **Cathedral** ○ a memorial service [Gedächtnisgottesdienst] in the **cathedral**	6
31	☐ **abbey** [ˈæbɪ]	Abtei	The town is dominated by a huge **abbey**. ○ It's an old Roman town with a 12th-century **abbey**. ○ Westminster **Abbey**	5

170E Brauchen, Mögen, Hassen

admire 11	be fond of 12	dislike 26	like 7	need *v* 1	would like 8
appeal 16	choice 24	enjoy 9	look forward to 19	prefer 20	would love 18
appreciate 10	choose 22	fancy 14	love 17	want 4	your likes and dislikes 27
be crazy about 15	choose 23	feel like sth 13	mind 25	wish *n* 6	
be dying for 3	decide 21	hate 28	need *n* 2	wish *v* 5	

1	☐ **need** [niːd]	brauchen benötigen	I **need** a new film for my camera. ○ Can I borrow your dictionary or do you **need** it? ○ You look as if you **need** cheering up. ○ You'll **need** the following things. ○ Do you **need** any help? ○ You **needn't** come to the meeting if you don't want to.	1
2	☐ **need** [niːd]	Bedürfnis Not	special **needs** ○ a **need for** social housing ○ This magzine fills a **need** [Lücke]. ○ He's **in need of** [brauchen] *some friendly advice / help because he has nowhere to live*. ○ A friend **in need** is a friend indeed. (proverb)	4
3	☐ **be dying for** [biː ˈdaɪɪŋ fɔː]	unbedingt brauchen	I'm **dying for** *a cup of coffee / something to eat*. ○ I'm **dying to** [unbedingt müssen] go to the toilet – can't we walk a bit faster? ○ She's **dying to** [darauf brennen] find out what happened!	5
4	☐ **want** [wɒnt]	wollen mögen	Do you **want** *a drink / some more soup*? ○ What do you **want** for breakfast? ○ Henry particularly **wanted** to see that film and was annoyed that he'd missed it. ○ Do you **want me to** ring up when I get there? ■ Note: *wollen, dass jemand etwas tut* **want somebody to** do something ■ Not used in the progressive	1
5	☐ **wish** [wɪʃ]	wünschen	I **wish** you *good / the very best of* luck. ○ We **wished** her all the best. ○ I **wish** *you hadn't told me all that / I knew what's going to happen / I could help you*. ○ I **wish** I were rich. ○ It's no use **wishing for** [sich wün-schen] things you can't have. ■ Note: *Ich wünschte, ich wäre reich.* I **wish** I **were** rich. ■ Not used in the progressive	4

170E

1

6	☐ **wish** [wɪʃ]	Wunsch	*a strong / an unfulfilled* **wish** ○ *a* **wish** *for* peace ○ Doctors should respect the patients' **wishes**. ○ Her **wish** came true. ○ Her parents sent her their best **wishes**. ○ Our best **wishes** for the New Year. ○ **wishful thinking** [Wunschdenken] ○ The **wish** is the father to the thought. (proverb)	4
7	☐ **like** [laɪk]	mögen gern haben gern (tun) gefallen	**like** *apples / short stories* ○ like *reading / sailing* ○ **like** *swimming a lot / very much* ○ A strike is going to take place whether we **like** it or not. ○ I **like** *my friends to be honest / people who tell me the truth.* ○ He doesn't **like** being photographed. ○ Many students don't **like** the way universities are run. ○ How do you **like** it here? ○ **like better** ○ **like best**	1
			■ Not usually used in the progressive	
8	☐ **would like** [wəd 'laɪk]	mögen wollen	**Would** you **like** some tea? – No, thank you. ○ **Would** you **like to** come with us? ○ **I'd like** *a pound of sugar / piece of cake.* ○ **Would** you **like me to** get something for you?	2
			■ No ing-form after **would like**. Use **to** + infinitive.	
			■ Note: *wollen, dass jemand etwas tut* **would like** somebody **to** do something	
9	☐ **enjoy** [ɪn'dʒɔɪ]	genießen, sich erfreuen an, Spaß haben an, gern haben, gern (tun)	**enjoy** *a trip / your holidays / the beauties of nature* ○ **enjoy** *equal rights / privileges / political freedom* ○ **enjoy** *lying in the sun / playing computer games* ○ Did you **enjoy** the film? ○ Thanks for the *lovely evening / meal.* I really **enjoyed** it. ○ The park was full of people **enjoying** themselves [sich amüsieren]. ○ **Enjoy yourself.** [Viel Spaß!]	2
			■ Not used in the progressive	
10	☐ **appreciate** [ə'priːʃɪeɪt]	schätzen würdigen	He **appreciated** good music and was a regular visitor to the Mozart festival. ○ Her talents were not fully **appreciated** by her boss. ○ I **appreciate** [zu schätzen wissen] your help very much.	4
11	☐ **admire** [əd'maɪə]	bewundern verehren	**admire** *a picture / new car* ○ We **admire** her **for** her *tolerance / enterprise in starting up a new business.* ○ What I really **admire about** her is that she always stays calm. ○ She's one of the most **admired** figures in public life today.	3
12	☐ **be fond of** [bi: 'fɒnd ɒv]	gern haben, mögen, gern (tun)	He's **fond of** *dogs / music / cooking / collecting stamps / going to parties.* ○ Janet is very **fond of** that ring. Her boyfriend has given it to her.	2
13	☐ **feel like** ['fiːl laɪk]	Lust haben (auf)	Do you **feel like** *an ice-cream / dancing?* ○ Bob didn't **feel like** going to work today, so he decided to stay at home. ○ I **felt like** saying to him: "Tom, you're the biggest idiot I ever met."	2
14	☐ **fancy** (BE) ['fænsɪ]	Lust haben (auf)	Do you **fancy** *a cold drink / cup of tea?* ○ I really **fancy** going for a swim. ○ I really don't **fancy** *going out in this rain / doing the dishes / waiting for them any longer.* ○ What do you **fancy** [hättest du gern] **for** supper?	6
			■ Not used in the progressive	
15	☐ **be crazy about** [bi: 'kreɪzɪ əbaʊt]	ganz verrückt sein auf	She's always been **crazy about** *horses / dancing.* ○ Derek is **crazy about** football. He never talks about anything else.	3
16	☐ **appeal to** [ə'piːl tuː]	gefallen zusagen	Does *this painting / the idea of going abroad* **appeal to** you? ○ The idea of living in a big city doesn't **appeal to** me at all.	4
17	☐ **love** [lʌv]	lieben sehr mögen sehr gern (tun)	**love** *a story / jazz* ○ **love** [gern trinken] a nice cup of tea ○ be separated from people you **love** ○ They both **loved** *dancing / going out on a boat / swimming in the lake.*	1
			■ Not usually used in the progressive	
18	☐ **would love** [wəd 'lʌv]	hätte gern würde gern	**I'd** really **love** a more powerful computer, but I can't afford one. ○ How would you like to come to my party? – **I'd love to** [Gern]. ○ Sally **would love** to visit us this weekend. What do you think?	2
			■ No ing-form after **would love**. Use **to** + infinitive.	
19	☐ **look forward to** [ˌlʊk 'fɔːwəd tuː]	sich darauf freuen	She **looks forward to** being alone in the house. ○ I **look forward to** *seeing you next month / hearing from you soon.*	4
			■ No infinitive after **look forward to**. Use **ing**-form.	

170E – 180

20	☐ **prefer, -rr-** [prɪˈfɜː]	vorziehen lieber haben lieber (tun) lieber sein	**prefer** *coffee to tea / walking to cycling* ○ **prefer** *to stay overnight / not to go by car / walking* ○ I **prefer** *my coffee black.* ○ *Shall we go by car or by bus? Which do you* **prefer**? ○ *Serena* **prefers** *not to walk home on her own at night.* ○ *Helen* **prefers** *to go by train* **rather than** *to fly.* ○ *Their father* **preferred them to** [war es lieber, wenn] *be home early.*	3
			■ Not used in the progressive	
21	☐ **decide** [dɪˈsaɪd]	beschließen entscheiden	*She* **decided** *to stay at home / not to go alone / what to buy.* ○ *She's* **decided** *to let her hair grow.* ○ *With so many choices it's hard to* **decide** *what to order / where to go / what to get for her birthday.*	2
22	☐ **choose** [tʃuːz]	aussuchen wählen auswählen	**choose** *a dress / carpet* ○ **choose** *a career* ○ **choose** *carefully* ○ **choose** *among / from several alternatives* ○ *Have you* **chosen** *your meal / what you want to eat?* ○ *There are quite a few tours to* **choose from**.	2
			▲ CHOOSES – CHOOSING – CHOSE – CHOSEN	
23	☐ **choose** [ˌtʃuːz]	beschließen vorziehen	*We* **chose** *to go by train / ignore her warning.* ○ *They* **chose not to** *go home till later.* ○ *More and more young people today are* **choosing not to** *marry.*	4
24	☐ **choice** [tʃɔɪs]	Wahl Auswahl	*a good / bad / wise / sensible / difficult* **choice** ○ *the right / first / second* **choice** ○ *have / make a* **choice** ○ *There's* **a choice between** *two possibilities.* ○ *Her* **choice** *makes sense.*	3
25	☐ **mind** [maɪnd]	dagegen haben ausmachen	*Do you* **mind** *if I wait?* ○ *Would you* **mind** *waiting a moment outside / shutting the door?* ○ *Do you* **mind** *driving? I'm feeling rather tired.*	5
			■ No infinitive after **mind**. Use **ing-form**.	
			■ Not used in the progressive	
26	☐ **dislike** [dɪsˈlaɪk]	nicht mögen, nicht leiden können	**dislike** *deeply / very much* ○ *She* **dislikes** *intolerance / big cities / having to get up early / seeing us together.* ○ *What is it that you* **dislike about** *Peter / living here?* ○ *Chris and Simon* **dislike** *each other.*	3
			■ Not used in the progressive	
27	☐ **your likes and dislikes** [jɔː ˌlaɪks ənd ˈdɪslaɪks]	was man mag und was man nicht mag	*Ask guests about* **their likes or dislikes** *when they arrive.* ○ *He has* **his likes and dislikes** [Vorlieben und Abneigungen] *as we all have.* ○ *It's difficult to decide what to buy for her if you don't know* **her likes and dislikes**. ○ *She has no particular* **likes or dislikes** *when it comes to food.*	5
28	☐ **hate** [heɪt]	hassen gar nicht mögen ungern (tun)	**hate** *violence / crowded buses / cold eggs / getting up early* ○ *He* **hates** *people watching him when he practices.* ○ *They* **hated** *them for what they'd done to their parents.* ○ *I* **hate** *to tell you, but I've damaged your computer.*	3

180 Ernährung, Mahlzeiten, Kochen

additive 3	breakfast 24	(un)eatable 5	have tea 33	poisonous 6	sour 43	thirst 18
appetite 9	cook 35	(in)edible 4	help yourself 49	portion 48	starve 11	try 37
be full (up) 17	delicious 41	feed 15	hunger 8	pour 20	suck 22	What's for
be hungry 10	dessert 29	food 1	live on 16	prepare 34	swallow 14	(tea)? 30
be thirsty 19	dinner 27	frozen 2	lunch 25	rich 47	sweet 42	
bite 13	dish 28	have break-	meal 23	ripe 7	taste 38	
bitter 44	drink 21	fast 31	mild 46	salty 45	tasteless 40	
boil 36	eat 12	have lunch 32	pass 50	smell 39	tea 26	

1	☐ **food** [fuːd]	Essen Lebensmittel Nahrungsmittel	*fine / delicious / heavy / light / rich / simple / healthy / (un)eatable / well-cooked* **food** ○ *frozen* **food** ○ **health food** [Vollwertkost] ○ **junk food** [minderwertige Nahrungsmittel] ○ *cook / prepare / heat / reheat / serve / eat* **food** ○ *This* **food** *tastes good / delicious / lovely / funny.* ○ **food and drink** ○ *The* **food** *was badly cooked; either it was cold or burnt.* ○ *It's a crime to throw away all that good* **food**. ○ **food** *shop / poisoning*	1
2	☐ **frozen** [ˌfrəʊzn]	Tiefkühl- tief gekühlt	**frozen** *food* ○ **deep-frozen** *fish* ○ *We had* **frozen** *peas to eat with the roast beef.*	4

3	☐ **additive** ['ædɪtɪv]	Zusatz Zusatzstoff	*chemical / food* **additives** ○ Certain **additives** are harmful. ○ **Additives** are often used in food to keep it fresh or add colour.	5	**1**
4	☐ **(in)edible** [(ɪn)'edɪbl]	(nicht) essbar (un)genießbar	These plants are **edible** but those are poisonous. ○ The food was so awful that it was completely **inedible**.	5	
5	☐ **(un)eatable** [(ʌn)'iːtəbl]	(un)genießbar	The fish smells funny. Do you think it's still **eatable**? ○ The food at that new restaurant is hardly **eatable**. ○ I'm afraid the meat is **uneatable**.	4	
6	☐ **poisonous** ['pɔɪznəs]	giftig	**poisonous** fruits ○ highly **poisonous** plants ○ Don't drink that — it's **poisonous**!	3	
7	☐ **ripe** [raɪp]	reif	**ripe** *fruit / apples / cheese* ○ Bananas can't stay on the trees till they're fully **ripe**. ○ **over-ripe** bananas	3	
8	☐ **hunger** ['hʌŋgə]	Hunger	*feel / suffer from / die of* **hunger** ○ weak with **hunger** ○ a feeling of **hunger** ○ fight against **hunger** in the Third World ○ *go / be* on **hunger strike**	1	
9	☐ **appetite** ['æpətaɪt]	Appetit	How is her **appetite**? ○ She's certainly got a *good / healthy* **appetite**. ○ Don't eat those cakes now. They'll spoil your **appetite**.	5	
10	☐ **be hungry** [biː 'hʌŋgri]	Hunger haben	We were really **hungry** after our long walk. ○ I'm getting **hungry**, I haven't eaten anything since breakfast. ○ I'd rather **go hungry** [hungern] than eat that. ○ If crops [Ernte] fail again this year thousands of people will **go hungry** there.	1	
11	☐ **starve** [stɑːv]	(ver)hungern	The prisoners were left to **starve**. ○ Millions of people are **starving** in the poorer countries of the world. ○ The people in Ethiopia are **starving** and they need all the food and medical supply we can give them. ○ What's for dinner? I'm **starving**.	4	
12	☐ **eat** [iːt]	essen	**eat** *bread / soup / meat / fish / an apple / your dinner / at seven o'clock* ○ She doesn't **eat** properly. No wonder that she's so thin. ○ I'll burst if I **eat** any more. ○ I haven't **eaten** anything since lunch. ▲ EATS — ATE — EATEN	1	
13	☐ **bite** [baɪt]	beißen	He picked up the bread and **bit into** it hungrily. ○ Terry **bit** the corner of the packet to open it. ○ Just **bite it off** if you can't cut it. ▲ BITES — BITING — BIT — BITTEN	1	
14	☐ **swallow** ['swɒləʊ]	schlucken	After the operation he found it difficult to **swallow**. ○ His throat was so painful that he could hardly **swallow**.	4	
15	☐ **feed** [fiːd]	füttern ernähren	**feed** *the baby with a spoon / a big family* ○ She **fed** [geben] the baby some milk. ○ I think it's very bad to **feed** your children **on** tins. ▲ FEEDS — FED — FED	2	
16	☐ **live on** ['lɪv ɒn]	sich ernähren von, leben von	**live on** bread and water ○ She doesn't have enough to **live on**. ○ How do you expect me to **live on** £1000 a year?	3	
17	☐ **be full (up)** [biː 'fʊl/ˌfʊl ('ʌp)]	satt sein	Helen says she doesn't want any dessert — she says she's **full**. ○ I'll burst if I eat any more, I'm **full (up)**.	4	
18	☐ **thirst** [θɜːst]	Durst	Quick, let me have some of that lemonade. I'm dying of **thirst** [verdursten]. ○ That walk has given me quite a **thirst** [durstig machen]. ○ Here, have some orange juice to quench [stillen] your **thirst**.	3	
19	☐ **be thirsty** [biː 'θɜːsti]	Durst haben	I'm **thirsty**. Let's have a drink. ○ The salty nuts [Nüsse] made them very **thirsty**. ○ For somebody who is **thirsty**, clean drinking water is good news.	1	
20	☐ **pour** [pɔː]	einschenken	Shall I **pour**? ○ Shall I **pour** *the tea / you some tea*? ○ Let me **pour** you a *glass of wine / a glass of wine for you*. ○ I've **poured** two cups of coffee. ○ She **poured** herself another cup of tea.	2	
21	☐ **drink** [drɪŋk]	trinken	**drink** *water / milk / wine / beer / poison* ○ **drink** *like a fish / far too much* ○ **drink from** a glass / bottle ○ What would you like to **drink**? ○ Someone has **drunk** my beer. ○ Don't **drink** and drive. ○ You're **drunk** [betrunken]. ○ He'll **drink** himself to death. ▲ DRINKS — DRANK — DRUNK	1	

22	☐ **suck** [sʌk]	saugen lutschen	The children cut the oranges in pieces and **sucked** the juice **out** noisily. ○ Please don't **suck** sweets during my lessons.	5
23	☐ **meal** [miːl]	Mahlzeit Essen	a *simple / hot / cold / light* **meal** ○ the main **meal** ○ a ready-to-eat Indian **meal** [Fertiggericht] ○ **meals on wheels** [Essen auf Rädern] ○ *make / prepare* a **meal** ○ Most people eat three **meals** a day. ○ Don't forget to brush your teeth after **meals**. ○ You shouldn't eat between **meals**. ○ Janet cooked us a delicious **meal** last night. ○ I enjoyed the **meal** very much. ○ **Enjoy your meal.** [Guten Appetit!]	1
24	☐ **breakfast** ['brekfəst]	Frühstück	*a substantial / light* **breakfast** ○ have **breakfast** in bed ○ **Breakfast** is ready. ○ We had **breakfast** at 8. ○ A Continental **breakfast** means bread and jam with coffee. ○ An English **breakfast** means cornflakes, eggs, bacon, sausages, tomatoes, etc.	1
25	☐ **lunch** [lʌntʃ]	Mittagessen	*What would you like / What's / What did you have* for **lunch**? ○ I'm going out **to lunch**. ○ Pull up a chair and have some **lunch**. ○ He quietly ate his **lunch**. ○ Next day, after **lunch**, he went to see his doctor. ○ Hot and cold **lunches** are served between 12 and 2.	1
26	☐ **tea** [tiː]	Abendbrot Tee	**Tea** that evening was a big meal of bacon, eggs and sausages. ○ When he comes home from work he finds the **tea** ready. ○ **At tea** they sat round the table and talked about the events of the day. ○ They arrived at **tea-time**.	1
27	☐ **dinner** ['dɪnə]	Essen Essens- Mittagessen Abendessen	a working **dinner** ○ *have / eat / serve* **dinner** ○ It's **dinner** time. ○ Have you had **dinner**? ○ What will we have for **dinner**? ○ **Dinner** is almost ready. ○ That was a lovely **dinner** you cooked. ○ Shall we ask him **to dinner**? ○ Can we talk about this **after dinner**? — I'm starving. ○ The **dinner** smells good. ○ It's the best **dinner** I've ever had.	1
			■ Don't use **the** before **dinner**, **breakfast**, **lunch** or **tea**.	
28	☐ **dish** [dɪʃ]	Gericht Speise	What's his favourite **dish**? ○ It's a special **dish** of her invention. ○ The main **dish** was curry. ○ She *prepared / served us* an interesting **dish** containing chicken and oranges.	2
29	☐ **dessert** [dɪ'zɜːt]	Nachtisch Dessert	What would you like **for dessert** — ice-cream or fresh fruit? ○ **For dessert** there was fruit.	5
			■ Don't mix up **dessert** (Nachtisch) with **desert** (Wüste).	
30	☐ **What's for (tea)?** [ˌwɒts fə ('tiː)]	Was gibt's zum (Abendbrot)?	**What's for** breakfast / lunch / tea / dinner?	3
31	☐ **have breakfast** [ˌhæv 'brekfəst]	frühstücken	They were **having breakfast** when we arrived. ○ What did you have **for breakfast** [zum Frühstück haben]?	2
32	☐ **have lunch** [ˌhæv 'lʌntʃ]	(zu) Mittag essen	They **had** an early **lunch** and spent the afternoon shopping.	1
33	☐ **have tea** (BE) [ˌhæv 'tiː]	zu Abend essen	What time do the kids **have** their **tea**?	2
34	☐ **prepare** [prɪ'peə]	zubereiten	**prepare** a meal ○ One cooks a chicken, but makes or **prepares** a salad. ○ She was still **preparing** lunch when the guests arrived.	3
35	☐ **cook** [kʊk]	kochen zubereiten	How long does this meat take to **cook**? ○ While the potatoes are **cooking** you can prepare the salad. ○ He lived by himself and **cooked** his own meals. ○ What are you going to **cook** for tomorrow's lunch? ○ **Cooked** food should be left to cool [abkühlen lassen] before putting it in the fridge.	1
			■ False friend: The English word for German **kochen** (sieden) is **boil**.	
36	☐ **boil** [bɔɪl]	kochen sieden abkochen	The *water / milk* is beginning to **boil**. ○ Switch off the gas, the milk is **boiling over**. ○ Shall I **boil** you an egg? ○ The potatoes have been **boiled**. ○ Fill the teapot with **boiling** water. ○ Would you please **boil** some drinking water?	3
37	☐ **try** [traɪ]	versuchen probieren	**Try** one of my cakes. ○ I've just made a carrot cake. Would you like to **try** a piece? ○ Have you **tried** raw fish?	2

38	☐ **taste** [teɪst]	schmecken kosten probieren	**taste** *good / nice / delicious / bad / awful / sweet / sour / bitter* ○ The gravy **tastes** strongly **of** garlic [Knoblauch]. ○ I can't **taste** anything, I've got a bad cold. ○ He **tasted** the soup to see if he had put enough salt in it. ○ It's the best jam I've ever **tasted**.	3
39	☐ **smell** [smel]	riechen riechen an stinken	**smell** *good / delicious / lovely / nice / bad* ○ Why are you **smelling** the fish? Do you think it's bad? ○ The meat has begun to **smell**. ○ The milk **smells**. I think it has gone bad. ○ It **smells like** bad [faul] eggs.	4
40	☐ **tasteless** [ˈteɪstləs]	fade	**tasteless** food ○ The cafeteria serves cold, **tasteless** pizzas. ○ Why is airplane food often so **tasteless**? ○ We had some **tasteless** cheese sandwiches for lunch. ○ spaghetti with a **tasty** [schmackhaft] tomato sauce	5
41	☐ **delicious** [dɪˈlɪʃəs]	köstlich herrlich	a **delicious** *meal / cake* ○ What a **delicious** smell. What are you cooking? ○ Your gravy *smells / tastes* **delicious**.	5
42	☐ **sweet** [swiːt]	süß	**sweet** *tea / biscuits / drinks / desserts / sauces* ○ a **sweet** smell ○ The cake is much too **sweet**. ○ The apples were ripe and **sweet**. ○ She likes **sweet** things. ○ I don't like this wine, it's too **sweet** for me.	1
43	☐ **sour** [ˈsaʊə]	sauer	**sour** *apples / wine / cream* ○ **sweet and sour** [süßsauer] sauce ○ *turn / smell / taste* **sour** ○ Wine in an open bottle will quickly go **sour**. ○ The wine was so **sour** that I couldn't drink it.	4
44	☐ **bitter** [ˈbɪtə]	bitter	**bitter** coffee ○ *taste / smell* **bitter** ○ **take the bitter with the sweet**	3
45	☐ **salty** [ˈsɔːltɪ]	versalzen salzig	The soup tastes **salty**, I think you've put too much salt in it. ○ I didn't like the meat, it was too **salty**.	4
46	☐ **mild** [maɪld]	mild	**mild** cheese ○ I like strong mustard [scharfer Senf], this sort is too **mild**.	3
47	☐ **rich** [rɪtʃ]	üppig, nahrhaft, schwer	a **rich** *cake / gravy / sauce* ○ **rich** meat soups ○ He felt sick after a **rich** restaurant meal.	6
48	☐ **portion** [ˈpɔːʃn]	Portion	a *huge / large / small / tiny* **portion** ○ a **portion of** chips ○ She cut the cake into several pieces to make sure that everyone got an equal **portion**.	5
49	☐ **help yourself** [ˌhelp jɔːˈself]	sich bedienen	Can I have some more soup? — Yes, certainly. **Help yourself**. ○ He **helped himself** [sich nehmen] **to** coffee and cake. ○ **Help yourself to** a drink.	3
50	☐ **pass** [pɑːs]	reichen geben	Please **pass** *me the sugar / the sugar to me*. ○ Could you **pass** me the salt, please? ○ She **passed** the bottle **to** her father.	2

180A Lebensmittel und Speisen

bacon 34	chicken 38	ham 33	omelette 12	roll 4	spaghetti 14	yoghurt 10
bean 19	chips 21	herb 25	pea 18	salad 23	steak 32	
beef 27	cornflakes 7	ketchup 42	pie 36	salt 43	toast 3	
bread 1	crisps 22	lamb 29	pizza 13	sandwich 6	tomato 24	
bun 5	egg 11	loaf 2	pork 28	sauce 41	veal 30	
butter 8	fish 39	meat 26	potato 20	sausage 37	vegetables 17	
cheese 9	gravy 40	mutton 31	roast beef 35	soup 16	waffle 15	

1	☐ **bread** [bred]	Brot	*brown / white* **bread** ○ *a piece of* **bread** ○ *Would you like some* **bread** *and* **butter**?		1
			■ **Bread** is an uncountable singular noun. Compare: *ein Brot, zwei Brote* **one loaf** (of bread), **two loaves** (of bread)		
2	☐ **loaf**, pl. **loaves** [ləʊf, ləʊvz]	Laib (Brot) Brot	*a* **loaf** *of brown bread* ○ *three* **loaves** *of white bread* ○ *Half a* **loaf** *is better than none.* (proverb)		2
3	☐ **toast** [təʊst]	Toast	**toast** *and marmalade* ○ *fried egg on* **toast** ○ *make some* **toast** *for breakfast*		5
4	☐ **roll** [rəʊl]	Brötchen Semmel	*cheese / sausage / hamburger* **rolls** ○ *Ten brown* **rolls**, *please.* ○ *We had ham* **rolls** *for breakfast.*		3
5	☐ **bun** [bʌn]	süßes Brötchen	*Would you like another* **bun**? ○ *Get some* **buns** *when you're at the baker's.*		5
6	☐ **sandwich** [ˈsænwɪdʒ]	belegtes Butterbrot	*a cheese / toasted-cheese / ham / chicken / sausage* **sandwich** ○ *make / prepare a* **sandwich**		2
			■ Do not pronounce the **d** in **sandwich**.		
7	☐ **cornflakes** [ˈkɔːnfleɪks]	Cornflakes	*a spoonful / bowl of* **cornflakes** ○ *have* **cornflakes** *with milk and sugar for breakfast* ○ *A 500g pack of* **cornflakes** *costs 79p.*		4
8	☐ **butter** [ˈbʌtə]	Butter	*fresh / sweet / salted* **butter** ○ *a piece of / a pound of / some* **butter** ○ *Would you like some more* **bread** *and* **butter**? ○ *Shall I use oil or* **butter**?		1
9	☐ **cheese** [tʃiːz]	Käse	*hard / soft* **cheese** ○ *cream* **cheese** [Rahmkäse] ○ *a* **cheese** *sandwich* ○ *Can I have some more* **cheesecake**?		1
10	☐ **yoghurt** [ˈjɒɡət]	Joghurt	*fresh* **yoghurt** ○ *unsweetened* [ungesüßt] **yoghurt** ○ *fruit* **yoghurt** ○ *muesli and* **yoghurt** *for breakfast* ○ **yoghurt** *ice-cream*		5
11	☐ **egg** [eg]	Ei	*a fresh / hard-boiled / soft-boiled* **egg** ○ *beat an* **egg** ○ *break* [aufschlagen] *an* **egg** ○ *You've got some* **egg** *on your tie.* ○ *an* **eggcup** [Eierbecher]		1
12	☐ **omelette** [ˈɒmlɪt]	Omelett	*a ham and cheese* **omelette** ○ *A plain* [einfach] **omelette** *and a salad, please.*		5
13	☐ **pizza** [ˈpiːtsə]	Pizza	*cheese* **pizza** ○ *a piece of freshly-baked* [backen] **pizza** ○ *He heated up a frozen* **pizza** *in his microwave.*		4
			■ Mind the pronunciation of **pizza**.		
14	☐ **spaghetti** [spəˈɡetɪ]	Spaghetti	*a tin of* **spaghetti** ○ *I'll cook some* **spaghetti** *for lunch.* ○ *He ate* **spaghetti** *with meat sauce.*		5
15	☐ **waffle** [ˈwɒfl]	Waffel	*I like* **waffles** *with jam.* ○ *a* **waffle** *iron*		6
16	☐ **soup** [suːp]	Suppe	*chicken / tomato / vegetable / fish / potato / pea / bean* **soup** ○ *hot / warm / cold / thick / clear* **soup** ○ *a tin / plate / bowl / pot / cup of* **soup** ○ *make / serve / eat* **soup** ○ *Have your* **soup** *before it gets cold.* ○ *The home-made vegetable* **soup** *was simply delicious.*		1
17	☐ **vegetables** [ˈvedʒtəblz]	Gemüse	*green / fresh / garden-fresh / home-grown / raw / uncooked* **vegetables** ○ *a salad of raw* **vegetables** ○ *How often do you have fresh fruit,* **vegetables** *or salads?*		2
18	☐ **pea** [piː]	Erbse	*a packet of frozen* **peas** ○ *We had chicken, potatoes and* **peas** *for dinner.*		5
19	☐ **bean** [biːn]	Bohne	*green / dried / white* **beans** ○ *a tin / kilo of* **beans**		5

180A

20	☐ **potato**, pl. **potatoes** [pəˈteɪtəʊ(z)]	Kartoffel	boiled **potatoes** ○ roast **potatoes** [Bratkartoffeln] ○ We had new **potatoes** that had been boiled and turned [schwenken] in butter. ○ Martin peeled [schälen] the **potatoes** for supper. ○ **potato** soup / salad	1
21	☐ **chips** (BE) [tʃɪps]	Pommes frites	a plate of **chips** ○ fish and **chips** ○ Would you like boiled potatoes or **chips**?	4
			■ The American word for German **Pommes frites** is **French fries**.	
22	☐ **crisps** (BE) [krɪsps]	Kartoffelchips	a packet of **crisps** ○ Do you like **crisps** which taste of bacon, or just with salt?	5
23	☐ **salad** [ˈsæləd]	(angemachter) Salat	green / mixed / tomato / potato / fruit / chicken / roast beef / ham **salad** ○ make / prepare a **salad** ○ I don't feel like a heavy meal, I think I'll have a mixed **salad**. ○ **salad** oil ○ **salad** dressing [Salatsoße]	5
			■ False friend: The English word for German **Salat(pflanze)** is **lettuce**.	
24	☐ **tomato**, pl. **tomatoes** [təˈmɑːtəʊ(z)]	Tomate	fresh / juicy / ripe **tomatoes** ○ **tomato** juice / ketchup ○ nice thick **tomato** sauce ○ home-made **tomato** soup ○ enjoy home-grown **tomatoes** of good flavour [Aroma] ○ Twice a week I have **tomatoes** on toast.	5
25	☐ **herb** [hɜːb]	(Küchen-)Kraut Heilkraut	fresh / dried **herbs** ○ Add some **herbs** to the salad. ○ He drinks some kind of **herb** tea. ○ **herb** garden	6
			■ False friend: The English word for German **herb** is **bitter**.	
26	☐ **meat** [miːt]	Fleisch	tough / tender / fatty **meat** ○ raw / cooked **meat** ○ I'll have cold **meat** and salad. ○ She doesn't eat **meat** – she's a vegetarian. ○ **meat** balls	1
27	☐ **beef** [biːf]	Rindfleisch	low fat **beef** ○ We had vegetables, potatoes and roast **beef** for lunch.	5
28	☐ **pork** [pɔːk]	Schweinefleisch	cooked / roast **pork** ○ a leg of **pork** [Schweinshaxe] ○ **pork** sausages	5
29	☐ **lamb** [læm]	Lammfleisch	**lamb** chops [Lammkotelett] ○ a frozen leg of **lamb** [Lammkeule]	5
30	☐ **veal** [viːl]	Kalbfleisch	Although he's not a vegetarian, he never eats **veal**.	5
31	☐ **mutton** [ˈmʌtn]	Hammelfleisch	I prefer lamb to **mutton**.	5
32	☐ **steak** [steɪk]	Steak	a T-bone **steak** ○ a piece of **steak** ○ I'd like my **steak** rare [englisch] / medium / well-done. ○ a **steak** house	5
33	☐ **ham** [hæm]	Schinken	cooked / uncooked / smoked **ham** ○ some / a slice [Scheibe] of **ham** ○ Let's have **ham** and eggs for breakfast.	5
34	☐ **bacon** [ˈbeɪkən]	Speck (vom Schwein)	We had **bacon** and eggs for breakfast. ○ Don't forget to get some **bacon** when you're at the butcher's.	5
35	☐ **roast beef** [ˌrəʊst ˈbiːf]	Rinderbraten Roastbeef	**roast beef** and boiled potatoes ○ Would you like another piece of **roast beef**?	5
36	☐ **pie** [paɪ]	Pastete Fleischpastete	meat / cold chicken **pie** ○ a traditional fish **pie** ○ cook / make a **pie** ○ Have some more **pie**. ○ Her **pies** are full of meat.	5
37	☐ **sausage** [ˈsɒsɪdʒ]	Wurst Würstchen	a wiener / frankfurter (**sausage**) ○ We had **sausages** and chips for lunch. ○ She's not allowed to eat anything fried like **sausage**. ○ a **sausage** sandwich	3
			■ **Sausage** is spelt with one **s** in the middle.	
38	☐ **chicken** [ˈtʃɪkɪn]	Huhn Brathähnchen	The **chicken** isn't cooked enough. ○ I'll have cold **chicken** and salad. ○ **chicken** soup ○ Can I have another **chicken** sandwich?	3
39	☐ **fish**, pl. **fish** [fɪʃ]	Fisch	fresh / frozen / dried **fish** ○ **fish** and chips ○ We're having fresh **fish** for supper. ○ The **fish** will go bad if you don't put it in the fridge.	1
40	☐ **gravy** [ˈgreɪvɪ]	Soße Bratensoße	thin / thick / watery **gravy** ○ **Gravy** is made from the juices which come out of meat while it is cooking.	6
41	☐ **sauce** [sɔːs]	Soße	tomato / barbecue / red wine / cream [Rahm] **sauce** ○ vanilla ice-cream with chocolate **sauce** ○ What **sauce** goes [passen] best with fish?	5
42	☐ **ketchup** [ˈketʃəp]	Ketschup	a bottle of tomato **ketchup** ○ Do you want **ketchup** on your hamburger?	5
43	☐ **salt** [sɔːlt]	Salz	pepper [Pfeffer] and **salt** ○ table [Tafel-] **salt** ○ sea **salt** ○ add some more **salt** ○ a spoonful of **salt** ○ Pass the **salt**, please. ○ There's too much **salt** in the soup.	2

180C – 180E

180C Getränke

alcohol 12	cocoa 7	cream 5	juicy 9	milk shake 6	wine 14
alcoholic 13	coffee 3	drink 1	lemonade 10	tea 2	
beer 15	coke 11	juice 8	milk 4	whisky 16	

1	☐ **drink** [drɪŋk]	Getränk Alkohol	a *hot / cold* **drink** ○ Is there any **drink** in the house? ○ How about a quick **drink** [schnell was trinken]? ○ The **drink** had an unusual smell, but it tasted delicious. ○ He's had one **drink** too many [einen über den Durst trinken].	1
2	☐ **tea** [tiː]	(schwarzer) Tee	*strong / weak* **tea** ○ *herb* **tea** ○ I'll make some **tea**. ○ I had three cups of **tea** this morning. ○ A packet of Earl Grey **tea**, please. ○ Two **teas** and one coffee, please. ○ a **tea** *pot / bag* ○ a **teacup**	1
3	☐ **coffee** [ˈkɒfɪ]	Kaffee	*weak / strong / black / white* **coffee** ○ a *cup / pot* of **coffee** ○ make some **coffee** ○ I'll have my **coffee** *black / with cream / with milk*, please. ○ I like the smell of fresh **coffee**. ○ My **coffee** has gone cold.	1
4	☐ **milk** [mɪlk]	Milch	*low-fat* **milk** ○ a *glass / bottle* of **milk** ○ I don't take **milk** in my coffee, thank you. ○ Don't use that **milk** – it's gone sour. ○ **buttermilk** ○ a **milk bottle** ○ a **milkman**	1
5	☐ **cream** [kriːm]	Sahne	**whipped cream** [Schlagsahne] ○ coffee with **cream** ○ Have some **cream** in your coffee.	2
6	☐ **(milk) shake** [ˌmɪlk ˈʃeɪk]	(Milch-)Shake Mixgetränk	a *chocolate / strawberry* [Erdbeer-] **milk shake** ○ The doctor advised him to drink a **shake** four times a day. ○ A banana **milk shake** with ice-cream is one of my favourite drinks.	6
7	☐ **cocoa** [ˈkəʊkəʊ]	Kakao	a cup of **cocoa** ○ Would you like some **cocoa**? ○ Two **cocoas**, please.	4
8	☐ **juice** [dʒuːs]	Saft	*fruit / apple / vegetable / tomato* **juice** ○ fresh orange **juice**	3
9	☐ **juicy** [ˈdʒuːsɪ]	saftig	fresh **juicy** oranges	2
10	☐ **lemonade** [ˌleməˈneɪd]	Limonade	*cold / cooled / alcoholic* **lemonade** ○ a *glass / bottle* of **lemonade**	4
11	☐ **coke** [kəʊk]	Cola	a bottle of **coke** ○ A large **coke** with ice, please.	4
12	☐ **alcohol** [ˈælkəhɒl]	Alkohol	He doesn't drink **alcohol**. ○ She's suffering from the effects of too much **alcohol**. ○ **alcohol-free** beer	3
13	☐ **alcoholic** [ˌælkəˈhɒlɪk]	alkoholisch	**alcoholic** drinks ○ Home-made wine can be very **alcoholic** [hochprozentig]. ○ **non-alcoholic**	4
14	☐ **wine** [waɪn]	Wein	*white / red* **wine** ○ *dry / sweet* **wine** ○ German **wines** ○ *make / produce* **wine** ○ open a bottle of **wine** ○ a **wineglass**	4
15	☐ **beer** [bɪə]	Bier	non-alcoholic **beer** ○ a *bottle / glass* of **beer** ○ Would you like another glass of **beer**? ○ They stopped for a couple of **beers** on the way home.	3
16	☐ **whisky** [ˈwɪskɪ]	Whisky	a *large / little / strong* **whisky** ○ Scotch **whisky** ○ **whisky** and soda ○ He toasted [anstoßen auf] his success with a glass of **whisky**.	5

180E Süßwaren und Genussmittel

biscuit 8	chewing	chocolate 3	ice-cream 9	pie 7	smoke 13	sweets 2
cake 6	gum 4	cigarette 11	jam 5	pipe 12	sugar 1	tobacco 10

1	☐ **sugar** [ˈʃʊgə]	Zucker	a *spoonful / lump* of **sugar** ○ Do you take **sugar** in your tea? ○ How many **sugars** [Stück/Löffel Zucker] do you take in your coffee?	1
2	☐ **sweets** (BE) [swiːts]	Süßigkeiten Bonbons	Don't eat **sweets** between meals. ○ Eating **sweets** is bad for your teeth. ○ a **sweetshop** [Süßwarengeschäft]	3

3	☐ **chocolate** ['tʃɒklət]	Schokolade Praline	milk **chocolate** ○ a box of **chocolates** ○ a **chocolate** *cake / ice-cream* ○ **chocolate** biscuits	2
4	☐ **chewing gum** ['tʃuːɪŋ gʌm]	Kaugummi	You shouldn't swallow [verschlucken] **chewing gum**. ○ They **chew gum** [Kaugummi kauen] instead of smoking and drinking.	4
5	☐ **jam** [dʒæm]	Marmelade	Let's have bread and **jam** for tea. ○ He spread [schmieren] some strawberry [Erdbeer-] **jam** on his toast.	5
			■ **Jam** made from oranges or lemons [Zitrone] is called **marmalade**.	
6	☐ **cake** [keɪk]	Kuchen Torte	a *birthday / wedding / Christmas* **cake** ○ Who would like *another piece / the last bit of* **cake**? ○ My **cake** didn't rise enough and is still rather flat. ○ You cannot have your **cake** and eat it. (proverb)	1
7	☐ **pie** [paɪ]	(Obst-)Kuchen	a piece of **pie** ○ a nice light apple **pie** ○ make a **pie** ○ Have some more **pie**.	5
8	☐ **biscuit** (BE) ['bɪskɪt]	Keks Gebäck	*chocolate / butter* **biscuits** ○ cheese and **biscuits** ○ tea and **biscuits** ○ a *packet / plate* of **biscuits** ○ a **biscuit** tin	2
			■ The American word for German **Keks** is **cookie**.	
9	☐ **ice-cream** [ˌaɪs 'kriːm]	Eis	chocolate / banana **ice-cream** ○ my favourite **ice-cream** ○ What sort of **ice-cream** do you want? ○ Can you help me? I can't carry six **ice-creams**.	2
10	☐ **tobacco** [təˈbækəʊ]	Tabak	*pipe / cigarette* **tobacco** ○ strong **tobacco** ○ **Tobacco** has been the ruin of many of the great names of this century.	3
11	☐ **cigarette** [ˌsɪgəˈret]	Zigarette	a packet of **cigarettes** ○ light [anzünden] a **cigarette** ○ put out a **cigarette**. ○ How many **cigarettes** do you smoke a day? ○ His **cigarette** burnt a large hole in my trousers.	1
12	☐ **pipe** [paɪp]	Pfeife	Didn't Jeff use to smoke a **pipe**? ○ He filled his **pipe**. ○ a **peace pipe**	2
13	☐ **smoke** [sməʊk]	rauchen	*stop / quit / give up* **smoking** ○ He **smokes** like a chimney / 20 cigarettes a day. ○ Tina doesn't like people **smoking** in her house. ○ He first started **smoking** when he was 14. ○ "Cigarette?" – "No, thanks, I don't **smoke**."	3

180G Geschirr

bowl 4	dishes 1	knife 9	plate 7	saucer 6
cup 5	fork 10	lid 3	pot 2	spoon 8

1	☐ **dishes** ['dɪʃɪz]	Geschirr	plastic **dishes** ○ dirty **dishes** ○ It's your turn to *wash / do* the **dishes**. ○ I'll cook and you can wash the **dishes**.	3
2	☐ **pot** [pɒt]	Topf Kanne	a cooking **pot** ○ a coffee **pot** ○ a teapot ○ a **pot** of *coffee / tea / milk* ○ I'll go and make a fresh **pot** of tea.	1
3	☐ **lid** [lɪd]	Deckel	*put on / take off* a **lid** ○ cover a pot with a **lid** ○ He had to use force to get the **lid** off the tin.	4
4	☐ **bowl** [bəʊl]	Schüssel Schale	a *soup / salad / fruit* **bowl** ○ a *plastic / glass* **bowl** ○ a washing-up **bowl** ○ a **bowl** of milk	4
5	☐ **cup** [kʌp]	Tasse	a *tea / coffee* **cup** ○ a paper **cup** ○ **cup** and saucer ○ a **cup** of *cocoa / coffee* ○ She drank the whole **cup**. ○ Come and have a **cup** of coffee.	1
6	☐ **saucer** ['sɔːsə]	Untertasse	wash the cups and **saucers** ○ Where's my cup and **saucer**?	3
7	☐ **plate** [pleɪt]	Teller	a *soup / salad / cake* **plate** ○ a *plastic / paper / silver* **plate** ○ a clean **plate** ○ a large **plate** of *salad / carrots / chips* ○ She pushed her **plate** of boiled fish away.	1
8	☐ **spoon** [spuːn]	Löffel	a *silver / plastic* **spoon** ○ a *coffee / dessert* **spoon** ○ a teaspoon ○ two **spoons** of sugar ○ Have you got a big **spoon** to serve the peas? ○ a **teaspoonful** of salt	1

180G–185

9	☐ **knife**, pl. **knives** [naɪf, naɪvʒ]	Messer	Put the **knives** and forks on the table. ○ The **knife** doesn't cut very well. ○ Be careful. That **bread-knife** is very sharp [scharf].	1
10	☐ **fork** [fɔːk]	Gabel	eat with **a knife and fork** ○ Get a knife, **fork** and spoon for each person. ○ Don't eat with your fingers, use **a knife and fork**.	1

185 Restaurants und Gaststätten

cafeteria 15	fast food place 13	order 9	restaurant 4	snack bar 12
café 14	inn 11	pub 10	seat 3	waiter 5
eat out 1	menu 8	reserve 2	serve 7	waitress 6

1	☐ **eat out** [ˌiːt ˈaʊt]	essen gehen	We're **eating out** tonight. ○ I'm too tired to cook; shall we **eat out**?	4
2	☐ **reserve** [rɪˈzɜːv]	reservieren (lassen)	**reserve** a *table / window seat* ○ We phoned to **reserve** a table for four in the name of Steppatt. ○ These seats are **reserved** for the handicapped [Behinderte(r)].	3
3	☐ **seat** [siːt]	Platz	an empty **seat** ○ a window **seat** ○ reserve **seats** ○ Take your **seats**. ○ Please have a **seat**. ○ Is this **seat** taken?	1
4	☐ **restaurant** [ˈrestrɒnt]	Restaurant Gaststätte	a *French / fast-food* **restaurant** ○ a *clean / nice / popular / first-class / little / crowded* **restaurant** ○ an *expensive / exclusive* **restaurant** ○ Let's go to that new **restaurant** that opened last week.	2
5	☐ **waiter** [ˈweɪtə]	Kellner Ober	*call / leave a tip for* the **waiter** ○ She tried to catch the **waiter's** attention. ○ He ordered coffee from a young **waiter**.	3
6	☐ **waitress** [ˈweɪtrəs]	Kellnerin Serviererin Bedienung	a part-time **waitress** ○ She used to be a **waitress** in a *Chinese / pizza* restaurant. ○ The **waitress** came to take the drink orders. ○ He complained to the **waitress** about the fish. ○ Ask the **waitress** for the bill.	4
7	☐ **serve** [sɜːv]	servieren auftragen	Breakfast is **served** from 7 am – 2:30 pm Mon – Fri. ○ Two waiters **served** *lunch to us / us the lunch*. ○ Do you **serve** children's portions? ○ Fish was **served** after the soup.	3
8	☐ **menu** [ˈmenjuː]	Speisekarte	Could we have the **menu**, please? ○ I don't like fish. Is there an alternative on the **menu**? ○ There was so much on the **menu**, I didn't know what to choose. ■ False friend: The English word for German **Menu** is **set meal**.	4
9	☐ **order** [ˈɔːdə]	bestellen	Have you **ordered** your meal yet? ○ We **ordered** steak, but the waiter brought chicken. ○ Can I take your **order** [Bestellung] now, sir?	3
10	☐ **pub** (BE) [pʌb]	Kneipe Lokal	an ancient village **pub** ○ a well-kept **pub** ○ *stop at / go to / meet sb at* a **pub** for a pint of beer ○ They sat down to lunch in a Suffolk **pub**.	5
11	☐ **inn** [ɪn]	Gasthaus kleines Hotel	an old country **inn** ○ *stay / have a drink* at an **inn** ○ There was *no / plenty of* room at the **inn**.	5
12	☐ **snack bar** [ˈsnæk bɑː]	Snackbar Imbissstube	Let's go to a **snack bar** and have something to eat. ○ A **snack bar** at the beach will cook-to-order [auf Bestellung zubereiten] hamburgers, hot dogs, etc.	5
13	☐ **fast food place** [ˌfɑːst ˈfuːd pleɪs]	Schnellimbiss, Schnellrestaurant	*go to / eat at* a **fast food place** ○ There's a **fast food restaurant** not far from here. ○ a **fast-food** *meal / breakfast / lunch*	5
14	☐ **café** [ˈkæfeɪ]	Café; kleines Restaurant	an attractive **café** ○ We had coffee and sandwiches in a little corner **café**. ○ Alcohol is not usually sold in British **cafés**.	2
15	☐ **cafeteria** [ˌkæfəˈtɪərɪə]	Cafeteria	a school **cafeteria** ○ This *factory / department store* has a **cafeteria**.	5

190 Bekleidung

anorak 29	dress n 21	match 16	shoe 42	take off 6
blouse 22	dress v 3	pair 34	shorts 35	tie 24
boot 43	fashion 14	pocket 32	size 10	tight 12
button 33	fit 11	pullover 28	skirt 25	trousers 36
cap 20	get dressed 4	put on 5	sock 41	try on 9
change 7	hat 19	pyjamas 38	style 15	uniform 2
clothes 1	jacket 30	sari 27	suit 17	wear 8
coat 31	jeans 37	shade 18	swimming costume 40	
comfortable 13	kilt 26	shirt 23	swimming trunks 39	

1	☐ **clothes** [kləʊðz]	Kleider	*shabby / old* **clothes** ○ *put on / take off / change* your **clothes** ○ *wear summer / warm* **clothes** ○ *wash / clean / iron* **clothes**	2
			■ Don't mix up **clothes** (Kleider) with **cloths** (Tücher).	
2	☐ **uniform** ['juːnɪfɔːm]	Uniform	*a school / military* **uniform** ○ *an English officer's* **uniform** ○ *prisoners in dirty shabby* **uniforms**	4
3	☐ **dress** [dres]	sich anziehen sich kleiden	**dress** *for work / dinner / the ball* ○ *half* **dressed** ○ *a male passenger* **dressed** *as* [verkleidet als] *a woman* ○ **dressed** [gekleidet] *all in black / in the latest fashion* ○ *Hurry up, Bob! Aren't you* **dressed** *yet?* ○ *Don't come in, I'm not* **dressed**.	1
			■ False friend: The English word for German **dressieren** is **train**.	
4	☐ **get dressed** [ˌget 'drest]	sich anziehen	*If you don't* **get dressed** *soon, we'll be late.* ○ *He* **got dressed** *quickly and then had breakfast.*	2
5	☐ **put on** [ˌpʊt 'ɒn]	anziehen aufsetzen	*She* **put on** *her new dress / winter clothes / hat.* ○ *Why don't you* **put** *your glasses* **on**?	2
6	☐ **take off** [ˌteɪk 'ɒf]	ausziehen abnehmen	**take off** *your hat / coat / jacket / shoes / glasses* ○ *I* **took off** *my glasses and dropped them and broke them.*	2
7	☐ **change** [tʃeɪndʒ]	sich umziehen wechseln	*He's going straight to the party from work, so he'll* **change** *when he gets there.* ○ *He's* **changed** *his shirt.* ○ *I'm going to* **change into** [sich anziehen] *something more comfortable.* ○ *She* **changed out of** *her gardening clothes and* **into** *a clean dress.*	3
8	☐ **wear** [weə]	tragen	*She* **wore** *a simple black dress.* ○ *He was* **wearing** *a suit and tie.* ○ *She* **wears** *glasses for reading.* ○ *Would you like to* **wear** *my jeans / earrings?*	1
			▲ WEARS – WORE – WORN	
9	☐ **try on** [ˌtraɪ 'ɒn]	anprobieren	*Can I* **try** *these jeans* **on***, please?* ○ **Try** *this pullover* **on** *for size.* ○ **Try** *the shoes* **on** *before you buy them.*	3
10	☐ **size** [saɪz]	Größe	*shoe* **size** *41* ○ *a large / small* **size** ○ *children's / boys' / women's* **size** ○ *What* **size** *do you take?* ○ *What* **size** *shoes / hat do you take?* ○ *Have you got this coat in a bigger* **size**?	3
11	☐ **fit, -tt-** [fɪt]	passen	*These shoes don't* **fit** *me – they're too tight.* ○ *He never can get clothes that* **fit** *him.* ○ *The jacket* **fitted** *me very well but the trousers were too small.*	2
12	☐ **tight** [taɪt]	eng (anliegend) stramm	*a* **tight** *pullover* ○ **tight** *jeans* ○ **skin-tight** *trousers* ○ *The jacket was too* **tight** *for him.* ○ **tightly-fitting**	2
13	☐ **comfortable** ['kʌmftəbl]	bequem	*a* **comfortable** *well-fitting pair of shoes* ○ *Trousers are more practical and more* **comfortable** *than skirts.*	2
14	☐ **fashion** ['fæʃn]	Mode	*Long skirts came into / got out of / were in* **fashion** *last year.* ○ *He was dressed in the latest* **fashion**. ○ *a* **fashion** *show / model / designer / magazine* ○ **old-fashioned** [altmodisch]	4
15	☐ **style** [staɪl]	Stil Mode	*a dress with* **style** ○ *keep up with the latest* **styles** ○ *Various* **styles** *and sizes are available.*	4

16	☐ **match** [mætʃ]	dazu passen, zusammen passen	a T-shirt and shorts to **match** ○ a light cotton shirt with **matching** trousers ○ That blouse doesn't **match** your skirt. ○ The blue skirt, the black shoes and bag **match** perfectly.	4
17	☐ **suit** [suːt]	stehen	**suit** perfectly ○ Blue **suits** her very well. ○ That dress really **suits** you.	4
18	☐ **shade** [ʃeɪd]	Ton Farbton	material in several **shades** of blue ○ Do you like the blouse in this **shade**? ○ I'd prefer a *darker / lighter* **shade** if you have one.	2
19	☐ **hat** [hæt]	Hut	*put on / raise / take off* your **hat** ○ Women used to wear **hats** in church. ○ The wind blew my **hat** off. ○ He drew his **hat** over his *face / eyes*. ○ That's an *old* **hat**; I've known it for years. ○ a **woolly hat** [Wollmütze]	1
20	☐ **cap** [kæp]	Mütze, Kappe, Haube	a *schoolboy's / swimming / shower / nurse's* **cap** ○ He was wearing an old black **cap**.	3
21	☐ **dress** [dres]	Kleid	a *summer / wool / cotton* **dress** ○ a simple blue **dress** ○ The **dress** *suits her / fits her / is too tight*. ○ You can hardly walk or sit down in this **dress**.	1
22	☐ **blouse** [blaʊz]	Bluse	a machine-washable **blouse** ○ She was wearing a black skirt and a white **blouse**. ○ She was dressed in a simple pullover, pink **blouse** and a short jeans skirt. ○ Take your dirty hands off my white **blouse**.	3
23	☐ **shirt** [ʃɜːt]	Hemd	a *white / striped* **shirt** ○ a *clean / soft* **shirt** ○ a *bush / sports / tennis* **shirt** ○ He exchanged his uniform for shorts and a T-**shirt**.	1
24	☐ **tie** [taɪ]	Krawatte Schlips	a silk [Seiden-] **tie** ○ *have on / wear* a black suit [Anzug] and wine red **tie** ○ He was formally dressed in shirt, **tie** and jacket.	2
25	☐ **skirt** [skɜːt]	Rock	a *short / long* **skirt** ○ a *knee-length / bell-shaped* **skirt** ○ *shorten / lengthen* a **skirt** ○ a **miniskirt** ○ a skating **skirt** ○ a **skirt** created by Karl Lagerfeld	1
26	☐ **kilt** [kɪlt]	Schottenrock	He wears his **kilt** for church.	6
27	☐ **sari** [ˈsɑːriː]	Sari	women in brightly-coloured **saris** ○ *wear / be dressed in* a **sari**	6
28	☐ **pullover** [ˈpʊlˌəʊvə]	Pullover	a *red / nice* **pullover** ○ a *tight / comfortable / thick / warm* **pullover** ○ He wore a brown **pullover** over a green shirt. ○ The president was photographed in jeans and a **pullover**.	4
29	☐ **anorak** [ˈænəræk]	Anorak	Don't forget to pack your **anorak**. ○ The **anorak** will keep out wind and rain.	5
30	☐ **jacket** [ˈdʒækɪt]	Jacke, Jackett	a leather **jacket** ○ a tweed sports **jacket** ○ an ill-fitting **jacket**	3
31	☐ **coat** [kəʊt]	Mantel	a *warm winter / light summer* **coat** ○ a leather **coat** ○ The **coat** sits badly across the shoulders. ○ You'll need to put on a **coat**, it's snowing.	1
32	☐ **pocket** [ˈpɒkɪt]	Tasche	a *coat / jacket* **pocket** ○ He picked up his car keys and put them in his **pocket**. ○ He always walks with his hands in his trouser **pockets**. ○ She had some Spanish money in the back **pocket** of her holiday trousers.	1
33	☐ **button** [ˈbʌtn]	Knopf	a *coat / shirt / trouser* **button**. ○ undo [aufmachen] the **buttons** ○ This blouse is too tight, I can't fasten [zumachen] the **buttons**.	2
34	☐ **pair** [peə]	Paar	a **pair** of *leather shoes / boots / socks / blue jeans / earrings* ○ Her glasses broke, but fortunately she had her other **pair** with her.	2
35	☐ **shorts** [ʃɔːts]	Shorts kurze Hose(n)	*wear / be dressed in* **shorts** ○ a pair of *boxer / tennis / cycling* **shorts** ○ **shorts** made in Italy ○ knee-length **shorts**	2
			■ **Shorts** is an uncountable pair word. It can only be used with a plural verb. Compare: *Wo ist meine Hose?* Where **are** my shorts? Other pair words: **trousers, jeans, pyjamas, swimming trunks, glasses, scissors**.	
36	☐ **trousers** [ˈtraʊzəz]	(lange) Hose(n)	The **trousers** are 3 sizes too large. ○ If you get fatter, your **trousers** will split [platzen]. ○ I need *some new / a new pair of* **trousers**. ○ a **trouser leg**	1
			■ The American word for German **Hose** is **pants**.	
37	☐ **jeans** [dʒiːnz]	Jeans	a pair of blue **jeans** ○ These **jeans** are a bit too tight. ○ He looks sexiest in his **jeans** and leather jacket.	5
38	☐ **pyjamas** [pəˈdʒɑːməz]	Schlafanzug Pyjama	a *pair / two pairs* of **pyjamas** ○ *put on / take off* your **pyjamas** ○ He doesn't wear **pyjamas**. ○ He was wearing striped **pyjamas**. ○ It was so cold that they wore their **pyjamas** underneath [darunter]. ○ **pyjama trousers**	3

39	☐ **swimming trunks** [ˈswɪmɪŋ trʌŋks]	Badehose	pack your **swimming trunks** ○ Where **are** my **swimming trunks**? ○ He was wearing only **swimming trunks**.	4
40	☐ **swimming costume** (BE) [ˈswɪmɪŋ ˌkɒstjuːm]	Badeanzug	a one-piece [einteilig] **swimming costume** ○ hot weather sales of **swimming costumes** ○ She needs a new **swimming costume**. ○ Can I borrow your **swimming costume**?	4
41	☐ **sock** [sɒk]	Socke Strumpf	*thick / warm / white / striped* **socks** ○ knee **socks** ○ six pairs of *wool / cotton* **socks** ○ *wear / put on / take off / wash* your **socks**	2
42	☐ **shoe** [ʃuː]	Schuh	*tight / well-fitting* **shoes** ○ *walking / tennis* **shoes** ○ These **shoes** don't fit properly. ○ I can feel a nail in my **shoe**. ○ If the **shoes** aren't the right size, I can take them back. ○ a **shoe** *brush / box / cupboard / shop*	1
43	☐ **boot** [buːt]	Stiefel	*leather / rubber* **boots** ○ sensible walking **boots** ○ a pair of *ski / football* **boots** ○ *put on / take off / pull off* your long black **boots**	4

■ False friend: The English word for German **Boot** is **boat, ship**.

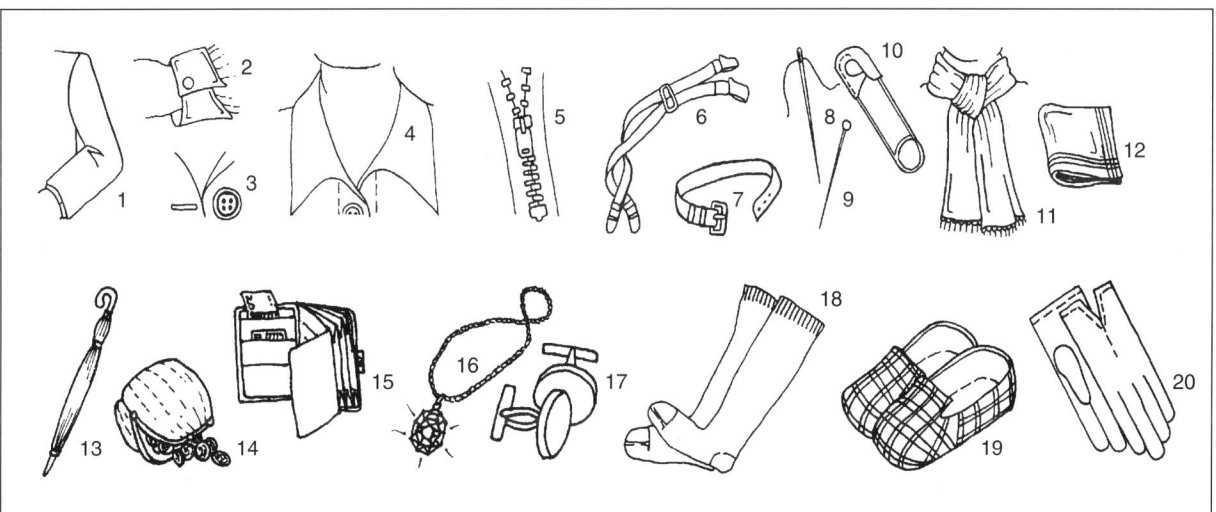

190 Words and pictures

1	**sleeve** [sliːv]	Ärmel	8	**needle** [ˈniːdl]	Nadel	15	**wallet** [ˈwɒlɪt]	Brieftasche
2	**cuff** [kʌf]	Manschette	9	**pin** [pɪn]	Stecknadel	16	**necklace** [ˈneklɪs]	Halskette
3	**button** [ˈbʌtn]	Knopf	10	**safety-pin** [ˈseɪfti pɪn]	Sicherheits-nad	17	**cuff-links** [ˈkʌf lɪŋks]	Manschettenknöpfe
4	**collar** [ˈkɒlə]	Kragen	11	**scarf, . scarves** [skɑːf, skɑːvz]	Schal	18	**stocking** [ˈstɒkɪŋ]	Strumpf
5	**zip** [zɪp]	Reißverschluss	12	**handkerchief** [ˈhæŋkətʃɪf]	Taschentuch	19	**slipper** [ˈslɪpə]	Pantoffel Hausschuh
6	**braces** [ˈbreɪsɪz]	Hosenträger	13	**umbrella** [ʌmˈbrelə]	Schirm	20	**glove** [glʌv]	Handschuh
7	**belt** [belt]	Gürtel	14	**purse** [pɜːs]	Geldbeutel Börse			

195 Haus, Garten, Wohnung

access 12	corner 46	garage 56	landlord/landlady 67	roof 28
air-conditioning 32	cottage 9	garden 49	lawn 53	semi-detached
apartment 62	curtain 45	gate 13	letter-box 15	house 7
backyard 54	detached house 6	hall 35	live 64	shut 20
balcony 57	dining-room 37	heat 31	living-room 36	stairs 27
bedroom 38	door 16	heating 30	lock 21	storey 25
block of flats 63	downstairs 33	home 58	move 69	terraced house 8
build 3	entrance 14	homeless 59	notice 68	tree 52
building 2	face 11	house 1	open 18	upstairs 26
bush 50	fence 55	housing 60	outdoors 47	wall 43
carpet 41	flat 61	hut 10	path 48	window 44
ceiling 42	floor 24	indoors 23	reconstruct 4	
cellar 34	floor 40	key 22	removal van 70	
chimney 29	flower 51	kitchen 39	rent *n* 66	
close 19	found 5	knock 17	rent *v* 65	

1	☐ **house** [haʊs]	Haus	a *large / big / huge / small / pretty little* **house** ○ *build / put up / rent / move into / live in / repair / paint / pull down* a **house** ○ They've got a **house** *of their own / with a garden behind.* ○ The **house** *stands among trees / consists of six rooms / was built for two families.*	1
2	☐ **building** ['bɪldɪŋ]	Gebäude	a *tall / low / run-down / shabby* **building** ○ a public **building** ○ an *old / ugly* **building** ○ *plan / pull down / reconstruct* a **building** ○ The office is on the top floor of the **building**.	2
3	☐ **build** [bɪld]	bauen erbauen	**build** a *house / road / railway / bridge* ○ The house was **built** *in 1900 / of stone / of bad material and fell apart after a short time.* ○ They're thinking of **building** a new home on the site of the old house.	2
			▲ BUILDS – BUILT – BUILT	
4	☐ **reconstruct** [ˌriːkən'strʌkt]	wieder aufbauen	The cathedral was **reconstructed** after the *fire / war*.	5
5	☐ **found** [faʊnd]	errichten gründen	They **founded** a *castle / city on the banks of a river*. ○ Oxford has Britain's oldest public museum (**founded** 1683).	1
6	☐ **detached house** (BE) [dɪˌtætʃt 'haʊs]	frei stehendes Haus	a **detached house** with parking space ○ a row of expensive **detached houses** ○ She found a four-bedroom **detached house** and paid £800 000 for it in cash.	5
7	☐ **semi-detached house** (BE) [ˌsemɪdɪtætʃt 'haʊs]	Doppelhaushälfte	**semi-detached houses** in good repair [Zustand] ○ a three-bed **semi-detached house** with double garage ○ They moved into a **semi-detached house** last month.	4
8	☐ **terraced house** (BE) [ˌterəst 'haʊs]	Reihenhaus	a row of Victorian **terraced houses** without electricity ○ two-storey **terraced houses** ○ She bought a two-bedroom **terraced house** near Amersham.	6
			■ The American word for German **Reihenhaus** is **row house**.	
9	☐ **cottage** ['kɒtɪdʒ]	Landhaus Häuschen	Friends of mine have a holiday **cottage** in Devon.	3
10	☐ **hut** [hʌt]	Hütte	a *wooden / mountain* **hut** ○ a mud [Lehm-] **hut** ○ a **hut** constructed (out) of branches	3
11	☐ **face** [feɪs]	gehen nach liegen zu	The front of the house **faces** east. ○ The theatre **faces** the river.	6
12	☐ **access** ['ækses]	Zugang	a new stadium with easy **access for** private and public transport ○ **Access to** the garden is through the kitchen.	6
13	☐ **gate** [geɪt]	Tor	a *wooden / an iron* **gate** ○ *open / shut* the **gate** ○ Don't leave the **gate** open. ○ Please keep the garden **gate** closed.	2

14	☐ **entrance** ['entrəns]	Eingang	the **entrance to** the *theatre / museum* ○ This is the main **entrance**. ○ I'll meet you **at** the **entrance to** the cinema.	3
15	☐ **letter-box** (meist BE) ['letə bɒks]	Briefkasten	drop a *letter / package / note* **into** a **letter-box** ○ The boy was too small to reach the **letter-boxes**. ○ He hung up his coat, changed his shoes, went to the **letter-box** in the hall. ■ The American word for German **Briefkasten** is **mailbox**.	4
16	☐ **door** [dɔː]	Tür	the *front / back* **door** ○ *open / close / shut / (un)lock / knock at* a **door** ○ The **door** leads into the garden. ○ Don't forget to check if the **doors** are locked. ○ Where one **door** shuts another opens. (proverb)	1
17	☐ **knock** [nɒk]	anklopfen klopfen	**Knock** before you enter the room. ○ Someone is **knocking at** the door. ○ Someone **knocked at** the front door in the middle of the night. ○ I thought I heard **a knock at** the door.	2
18	☐ **open** ['əʊpən]	öffnen aufmachen eröffnen	**open** a *door / window* ○ **open** a *shop / branch in the USA / school* ○ A French company will **open** five new hotels by the end of the year.	1
19	☐ **close** [kləʊz]	schließen zumachen zuziehen	**close** a *door / a window / the curtains* ○ What time does the *bank / shop* **close**? ○ They had to **close** the local hospital. ○ The museum is **closed** on Mondays.	2
20	☐ **shut** [ʃʌt]	schließen zumachen	**shut** a *window / door / gate / room / shop* ○ Come in and **shut** the door behind you. ○ The supermarket doors **shut** automatically. ▲ SHUTS – SHUTTING – SHUT – SHUT	1
21	☐ **lock** [lɒk]	abschließen zuschließen	Take care to **lock** the door. ○ Don't forget to **lock** the door behind you when you leave. ○ He was annoyed to find his door **unlocked**.	2
22	☐ **key** [kiː]	Schlüssel	a bunch [Bund] of **keys** ○ turn the **key** twice in the lock ○ The **key** doesn't fit the lock. ○ Have you seen my car **keys** anywhere? ○ We need a **spare key to** [Ersatzschlüssel] the front door.	2
23	☐ **indoors** [ˌɪn'dɔːz]	drin, ins Haus, im Haus	*stay / go / play* **indoors** ○ We were kept **indoors** all week by bad weather. ○ You ought to stay **indoors** until your cold is better.	5
24	☐ **floor** [flɔː]	Stock(werk)	Her office is **on** the *first / ground / second / top* **floor**. ○ He walked up the stairs to the **top floor**.	4
25	☐ **storey** (BE) ['stɔːri]	Stock(werk)	The building will be five **storeys** high. ○ live in a **two-storey** [zweistöckig] house ○ a **multi-storey** car park ■ The American spelling is **story**.	4
26	☐ **upstairs** [ˌʌp'steəz]	oben nach oben	She's sleeping **upstairs**. ○ Are you going **upstairs**? ○ He was trying to run **upstairs** to get to the children, but the way was blocked.	2
27	☐ **stairs** [steəz]	Treppe	at the *bottom / top* of the **stairs** ○ *take / climb / use / run up* the **stairs** ○ I heard somebody coming down the **stairs**. ○ The lift wasn't working so I had to use the **stairs**.	1
28	☐ **roof** [ruːf]	Dach	a flat **roof** ○ have a **roof** over your head ○ The **roof** fell in after the earthquake. ○ They're living under the same **roof**. ○ Rain starts to pour in through the **roof**. ○ Officially there are more than 100 000 people without permanent **roof** [fester Wohnsitz].	2
29	☐ **chimney** ['tʃɪmni]	Schornstein Kamin	a factory **chimney** pouring smoke into the air ○ The **chimney** needs sweeping [fegen]. ○ Black smoke *went up / came out of* the **chimney**. ○ a **chimney-sweep** [Kaminfeger, Schornsteinfeger]	3
30	☐ **heating** ['hiːtɪŋ]	Heizung	central **heating** ○ switch *on / off* the **heating** ○ We don't normally have the **heating** on during the night. ○ a computer-controlled **heating** system ○ **heating costs**	4
31	☐ **heat** [hiːt]	heizen	live in a centrally **heated** home ○ The room is **heated** by *oil / gas / coal / electricity*. ○ **Heating** these offices is expensive.	4

195

32	☐ **air-conditioning** [ˈeə kənˌdɪʃnɪŋ]	Klimaanlage	The offices had no **air-conditioning**. ○ Our **air-conditioning** *has broken down / is out of order / needs repairing*.	6
33	☐ **downstairs** [ˌdaʊnˈsteəz]	unten nach unten	He *lives / left his book* **downstairs**. ○ She *came / walked* **downstairs**. ○ **downstairs** [untere] rooms	2
34	☐ **cellar** [ˈselə]	Keller	a wine **cellar** ○ a **cellar** under the house ○ We have our washing machine in the **cellar**. ○ She followed him down to the **cellar**.	5
35	☐ **hall** [hɔːl]	Flur, Diele; Halle, Saal, Aula	*wait / stand / leave your coat* in the **hall** ○ Don't stand in the **hall**. Come into the dining room. ○ The piano competition takes place in the new concert **hall**. ○ The end-of-the-year party will be held in the school **hall**.	3
36	☐ **living-room** [ˈlɪvɪŋ rʊm]	Wohnzimmer	This is the **living-room**. We eat here, come and stay in here, and we have lots of parties. ○ The **living-room** was *furnished in a modern way / comfortably furnished*.	2
37	☐ **dining-room** [ˈdaɪnɪŋ rʊm]	Esszimmer	The **dining-room** was painted in various shades of green. ○ They were sitting in the **dining-room** having supper. ○ a **dining-room** table	3
38	☐ **bedroom** [ˈbedrʊm]	Schlafzimmer	a hotel with 200 **bedrooms** ○ The **bedroom** is on the ground floor. ○ For most teenagers, their **bedroom** is a very personal and private place. ○ Shut the **bedroom** door if you want to relax.	2
39	☐ **kitchen** [ˈkɪtʃɪn]	Küche	smells from the **kitchen** ○ share the **kitchen** and bathroom facilities ○ They usually eat in the **kitchen**. ○ a **kitchen** *table / cupboard / knife* ○ paint the **kitchen** chairs white	1
40	☐ **floor** [flɔː]	Fußboden	*lie on / sit on / get up from* the **floor** ○ clean the **floor** ○ You should cover the **floor** with newspapers before you start painting the ceiling. ○ Don't walk on the wet **floor**.	1
			■ False friend: The English word for German **Flur** is **corridor, hall**.	
41	☐ **carpet** [ˈkɑːpɪt]	Teppich	*lay / clean* a **carpet** ○ We need a new bedroom **carpet**. ○ The size of the **carpet** is about 10 square metres. ○ The cigarette burnt a hole in the **carpet**. ○ He was beating [klopfen] the **carpet**. ○ a **carpet**-cleaning service	2
42	☐ **ceiling** [ˈsiːlɪŋ]	Decke	a *high / low* **ceiling** ○ a *white / yellow-painted* **ceiling** ○ Can you help me to paint the bathroom **ceiling**?	1
43	☐ **wall** [wɔːl]	Mauer Wand	a stone **wall** ○ There is a high **wall** around a pretty garden with a sundial [Sonnenuhr]. ○ You could hear the people in the next room talking because the **wall** was so thin. ○ He put the poster up on the **wall**.	1
44	☐ **window** [ˈwɪndəʊ]	Fenster	The **window** won't shut properly. ○ She opened the **window** to try and get rid of the bad smell of beer and cigarettes. ○ a **window** cleaner	1
45	☐ **curtain** [ˈkɜːtn]	Vorhang Gardine	*open / put up / take down / wash / clean* the **curtains** ○ It's getting dark. I'd better draw the **curtains**. ○ Behind the **curtain** she found a door.	3
46	☐ **corner** [ˈkɔːnə]	Ecke Eck-	put a huge pot plant in the **corner** of a room ○ *live round the / wait at the street / look for a quiet* **corner** ○ a **corner** *cupboard / house*	1
47	☐ **outdoors** [ˌaʊtˈdɔːz]	(nach) draußen im Freien	*go / sit / stand / live* **outdoors** ○ It's a warm evening so why don't we sit **outdoors**? ○ The children spent most of our holiday **outdoors**.	5
48	☐ **path** [pɑːθ]	Pfad Fußweg	a *narrow / rocky / garden* **path** ○ Keep to the **path**. ○ *Continue along / Follow / Take* this **path**.	2
49	☐ **garden** [ˈɡɑːdn]	Garten	a *vegetable / herb / rose / flower* **garden** ○ *have / plant / water / maintain* a **garden** ○ Her **garden** has a lot of flowers but no vegetables. ○ **garden** work ○ a **garden** *flower / plant / path / party*	1
50	☐ **bush**, pl. **bushes** [bʊʃ, ˈbʊʃɪz]	Busch	a rose **bush** ○ *plant / cut off some flowers from / hide behind* a **bush** ○ A bird in the hand is worth two in the **bush**. (proverb)	2
51	☐ **flower** [ˈflaʊə]	Blume Blüte	*bright / summer / fresh / artificial* **flowers** ○ *grow / plant / cut / pick / send* **flowers** ○ She arranged the **flowers** with great care. ○ There's a lovely smell in the garden when the roses are **in flower**. ○ a **flowerpot**	1
52	☐ **tree** [triː]	Baum	an *apple / a fruit / a forest / a Christmas* **tree** ○ a *young / large / tall / beautiful* **tree** ○ *plant / transplant / cut down / water / climb / sit in / fall off* a **tree** ○ They have six **cherry trees** [Kirschbaum] in the garden.	1

53	☐ **lawn** [lɔːn]	Rasen	*cut / camp on* a **lawn** ○ The **lawn** needs cutting. ○ I'm going to mow [mähen] the **lawn** this afternoon.	5	
54	☐ **backyard** (AE) [ˌbækˈjɑːd]	Garten hinter dem Haus	a beautiful **backyard** ○ The children are playing in the **backyard**.	5	
55	☐ **fence** [fens]	Zaun	a *wooden / strong* **fence** ○ an ordinary garden **fence** ○ a barbed-wire [Stacheldraht-] **fence** ○ *climb over / talk across / cut a hole in* a **fence** ○ take down a **fence**	3	
56	☐ **garage** [ˈɡærɑːʒ]	Garage	a private **garage** ○ a large double **garage** ○ Put the car into the **garage**. ○ He drove the car out of the **garage**. ○ Don't forget to lock the **garage door**.	3	
57	☐ **balcony** [ˈbælkənɪ]	Balkon	a **balcony** with a sea view ○ a double room with **balcony** ○ You can see the Alps from our **balcony**. ○ The hotel room had a **balcony** where we could sit and look at the lake.	5	
58	☐ **home** [həʊm]	Heim Zuhause Wohnung nach Hause zu Hause	a *happy / quiet / peaceful / joyless* **home** ○ *a children's / an old people's* **home** ○ a **home** for the blind ○ find a *new / temporary / permanent* **home** ○ offer rent-free **homes** ○ *go / arrive / return / get / leave* **home** ○ He finally got **home**. ○ Is Jenny **at home**? ○ She's the product of a broken **home**. ○ a **home** [Heimat-] *town / address*	5	
59	☐ **homeless** [ˈhəʊmləs]	obdachlos	**homeless** *families / people* ○ He was found **homeless** near the border. ○ They're trying to find homes for **the homeless**. ○ **homelessness**	5	
60	☐ **housing** [ˈhaʊzɪŋ]	Wohnungen Wohnung Unterkunft	*low-cost / low-income / student* **housing** ○ provide **housing** for immigrants ○ More low-cost **housing** is needed for old people. ○ **housing shortage**	5	
61	☐ **flat** (BE) [flæt]	Wohnung	*rent / move into / live in* a **flat** ○ a one-room **flat** ○ Who lives in the *first floor / top / downstairs* **flat**?	3	
62	☐ **apartment** (meist AE) [əˈpɑːtmənt]	Wohnung	*rent / live in* an **apartment** ○ wait years for your own **apartment** ○ You've found an **apartment**? Super! ○ He pays 900 dollars a month for his **apartment**. ■ **Apartment** is spelt with one **p**.	4	
63	☐ **block of flats** (BE) [ˌblɒk əv ˈflæts]	Mietshaus Wohnblock	They're building a **block of flats** near the station. ○ The **block of flats** was built for twenty families. ■ The American word for German **Wohnblock** is **apartment house**.	3	
64	☐ **live** [lɪv]	wohnen leben	They **live** in *the country / a small house / a flat*. ○ I've been **living** in this house since I was a child.	1	
65	☐ **rent** [rent]	mieten	**rent** *an empty house / a holiday cottage* ○ Do you own this apartment or is it **rented**? ○ a **rented flat** ■ In BE you **rent** things for a long period of time, and you **hire** things for a short period of time.	3	
66	☐ **rent** [rent]	Miete	increase the *weekly / monthly / yearly* **rent** ○ *pay / demand / accept* **rent** ○ live in a house free of **rent** ○ She's 2 months behind with the **rent**. ○ The student could hardly afford his **rent**. ○ She's punctual in paying the **rent**. ○ a 400% **rent increase** ○ a **low-rent** *area / office* ■ False friend: The English word for German **Rente** is **pension**.	3	
67	☐ **landlord/landlady** [ˈlændlɔːd, ˈlændˌleɪdɪ]	Vermieter(in)	a quarrel between the **landlord** and tenant [Mieter] ○ The **landlord** refused to rent to an unmarried couple. ○ The **landlady** demanded a large rent increase / doubled the rent.	4	
68	☐ **notice** [ˈnəʊtɪs]	Kündigung	We've been given a month's **notice** to leave the flat. ○ She's given **notice** that she's leaving her flat.	5	
69	☐ **move** [muːv]	umziehen Umzug	Our neighbours have sold their house and are **moving** next week. ○ Do you know the family who **moved in** [einziehen] next door? ○ a **move to/into** a bigger house	5	
70	☐ **removal van** (BE) [rɪˈmuːvl væn]	Möbelwagen	a *small / huge* furniture **removal van** ○ *organise / hire* a **removal van** for the weekend ○ Has the **removal van** arrived yet? ○ a **removal firm** ■ The American word for German **Möbelwagen** is **moving van**.	6	

195B Möbel, Einrichtung, Geräte, Hausarbeit

armchair 4	current 31	furniture 1	microwave 17	standard lamp 27
barbecue 24	dishes 43	fuse 35	mixer 22	stove 15
be on/off 37	dishwasher 18	heater 14	oven 16	switch on/off 36
bed 7	dry 44	household 40	plug 32	table 5
blanket 9	electricity 30	housework 41	radiator 25	tidy up 42
chair 3	flashlight 29	iron *n* 21	scissors 38	toaster 23
cooker 13	flex 33	iron *v* 45	socket 34	vacuum cleaner 19
cradle 8	fridge 12	lamp 26	sofa 6	wardrobe 10
cupboard 11	furnish 2	match 39	spotlight 28	washing machine 20

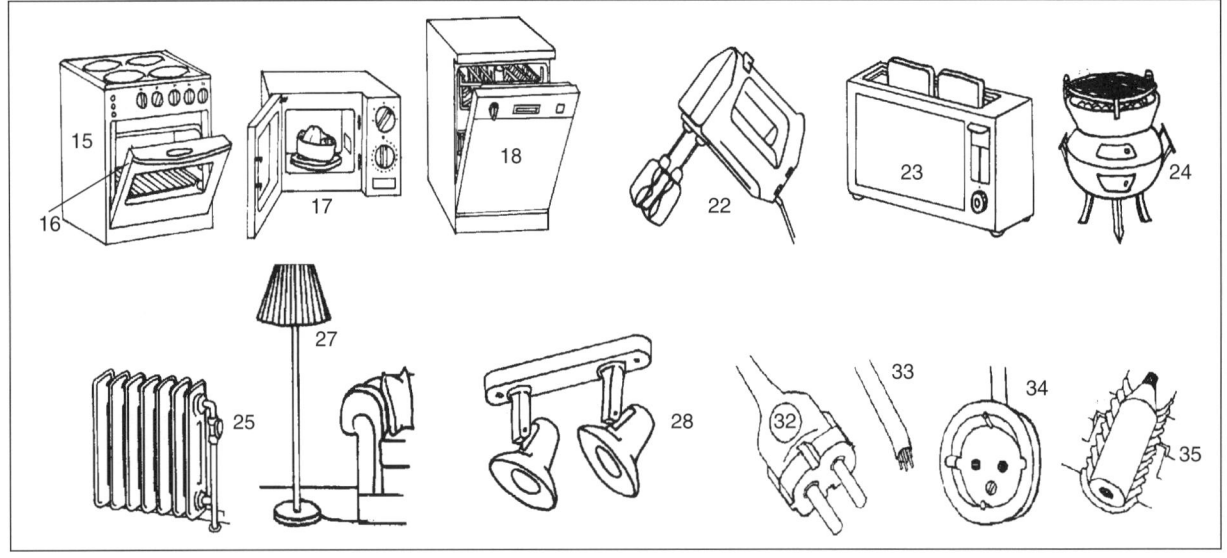

1	☐ **furniture** ['fɜːnɪtʃə]	Möbel	*some / much / a lot of* **furniture** ○ *modern / old / new / used* **furniture** ○ *garden / office / outdoor* **furniture** ○ *a piece / an article* of **furniture** ○ This **furniture** belongs to my mother. ○ **furniture van**	3
			■ **Furniture** can only be used in the singular. Compare: *Viele ihrer Möbel wurden beschädigt.* Much of her furniture **was** damaged.	
2	☐ **furnish** ['fɜːnɪʃ]	einrichten möblieren	How long will it take to **furnish** the room? ○ She has a small **furnished** flat.	4
3	☐ **chair** [tʃeə]	Stuhl	a *very hard / comfortable / plastic / garden* **chair** ○ Take a **chair** and sit down. ○ You're sitting on my **chair**.	1
4	☐ **armchair** ['ɑːmtʃeə]	Sessel	He was sitting in an **armchair**, listening to music.	4
5	☐ **table** ['teɪbl]	Tisch	a *round / square* **table** ○ a *kitchen / dining room / dining / coffee* **table** ○ sit *at / around* a **table** ○ Let me help you to lay [decken] and clear [abräumen] the **table**. ○ a **table leg** ○ a **tablecloth**	1
6	☐ **sofa** ['səʊfə]	Sofa	*lie / sit / sleep* on a **sofa** ○ try to get rid of an old **sofa** ○ This is no ordinary **sofa**. It's a special one that turns into a bed. ○ a **sofa bed** [Schlafcouch]	5
7	☐ **bed** [bed]	Bett	a *single / double* **bed** ○ a *comfortable / hard* **bed** ○ *be / lie / stay* **in bed** ○ *go to / get into / get out of / fall out of* **bed** ○ We went to **bed** soon after midnight. ○ Get out of **bed** – it's time for breakfast. ○ We help him to **make the beds** in the morning. ○ As you make your **bed**, so you must lie in it. (proverb)	1

195B

8	☐ cradle ['kreɪdl]	Wiege	His mother taught him arithmetic [Rechnen] in the **cradle**. ○ Greece is the **cradle** of democracy. ○ from the **cradle** to the grave [Bahre]	6
9	☐ blanket ['blæŋkɪt]	(Woll-)Decke	She woke up when the **blankets** fell off. ○ She left the electric **blanket** on overnight.	3
10	☐ wardrobe ['wɔːdrəʊb]	Kleiderschrank	an 18th-century French **wardrobe** ○ *Hang your coat / Put your shirts* in the **wardrobe**. ○ The **wardrobe** is full of her old dresses.	3
11	☐ cupboard ['kʌbəd]	Schrank	a *kitchen / built-in* **cupboard** ○ The **cupboard** is built into the wall. ○ The plates are on the top shelf of the kitchen **cupboard**.	1
			■ Do not pronounce the **p** in **cupboard**.	
12	☐ fridge [frɪdʒ]	Kühlschrank	Butter and milk should be kept in a **fridge**. ○ Put the cheese in the **fridge**. ○ Shut the **fridge** door.	2
13	☐ cooker (BE) ['kʊkə]	Herd	*an electric / a gas* **cooker** ○ She has an electric **cooker** but would prefer a gas one.	3
14	☐ heater ['hiːtə]	Ofen, Boiler; Campingkocher	an electric **heater** ○ a *gas / warm-water* **heater** ○ The **heater** in our caravan doesn't work properly.	4
15	☐ stove [stəʊv]	Herd Ofen	▷ PIC. 15 They have an electric **stove** in the kitchen. ○ Remember to put the soup on the **stove**.	5
16	☐ oven ['ʌvn]	Backofen Backröhre	▷ PIC. 16 *an electric / a gas* **oven** ○ a meat pie hot from the **oven** ○ turn *on / off* the **oven** ○ Cook in the **oven** for 50 minutes. ○ I've put the cake in the **oven**.	4
17	☐ microwave ['maɪkrəweɪv]	Mikrowellenherd	▷ PIC. 17 He buys frozen loaves and heats them in a **microwave** every morning. ○ **microwave** cooking	6
18	☐ dishwasher ['dɪʃˌwɒʃə]	Geschirrspülmaschine	▷ PIC. 18 Put all the dirty plates in the **dishwasher**.	4
19	☐ vacuum cleaner ['vækjʊəm ˌkliːnə]	Staubsauger	The **vacuum cleaner** isn't working properly. ○ Using an ordinary **vacuum cleaner** in a home with a cat can be dangerous to a person with asthma.	5
20	☐ washing machine ['wɒʃɪŋ məˌʃiːn]	Waschmaschine	He has an *electric / automatic* **washing machine**. ○ Put the washing [Wäsche] in the **washing machine**.	3
21	☐ iron ['aɪən]	Bügeleisen	a steam **iron** ○ Don't leave the **iron** on when you're not using it. ○ Use a hot **iron** on cotton and a cool **iron** on polyester.	2
			■ Do not pronounce the **r** in **iron**.	
22	☐ mixer ['mɪksə]	Mixer	▷ PIC. 22 an electric **food-mixer**	5
23	☐ toaster ['təʊstə]	Toaster	▷ PIC. 23 We don't have a **toaster** – we toast bread under the grill.	5
24	☐ barbecue ['bɑːbɪkjuː]	Grill (im Freien)	▷ PIC. 24 Put the meat on the **barbecue**, please.	5
25	☐ radiator ['reɪdɪeɪtə]	Heizkörper	▷ PIC. 25 Turn the **radiator** *up / down* a bit.	5
26	☐ lamp [læmp]	Lampe	an electric **lamp** ○ a *table / wall* **lamp** ○ Don't forget to switch *on / off* the **lamp**. ○ He switched on his **reading lamp**, got into bed and started to read.	4
27	☐ standard lamp ['stændəd læmp]	Stehlampe	▷ PIC. 27	5
28	☐ spotlight ['spɒtlaɪt]	Strahler	▷ PIC. 28 *switch on / switch off* the **spotlights**	6
29	☐ flashlight ['flæʃlaɪt]	Taschenlampe	switch *on / off* a **flashlight** ○ Could you fetch a **flashlight**? ○ He took a small **flashlight** out of his pocket.	5
30	☐ electricity [ɪˌlekˈtrɪsɪti]	Strom	The **electricity** was cut off for two hours yesterday. ○ Remember to switch that light off. – We don't want to waste **electricity**. ○ Connect the fridge to the **electricity** supply. ○ **electricity** cables ○ household **electricity** bills	2
31	☐ current ['kʌrənt]	Strom	electric **current** ○ *high-tension / low-tension* **current** [Stark-/Schwachstrom] ○ *switch on / switch off* the **current** ○ I think the **current** is too weak to make the machine work.	3

195B

32	☐ **plug** [plʌg]	Stecker	▷ *PIC. 32* The fridge has stopped working. I think that a wire [Draht] has broken in the **plug**. ○ Everybody should learn how to change a **plug**.	6
33	☐ **flex** [fleks]	Kabel	▷ *PIC. 33* I need a longer **flex** for that lamp.	6
34	☐ **socket** ['sɒkɪt]	Steckdose Anschluss	▷ *PIC. 34* We'll need to have a new electric **socket** fitted [setzen] into the wall for the television plug.	6
35	☐ **fuse** [fjuːz]	Sicherung	▷ *PIC. 35* Do you know how to *change / repair* a **fuse**? ○ Has the **fuse** blown [durchbrennen]?	5
36	☐ **switch on/off** [ˌswɪtʃ 'ɒn/'ɒf]	einschalten ausschalten	Don't forget to **switch off** the *lights / cooker* when you leave. ○ **Switch** the radio **on** — it's time for the news. ○ **Switch** *on the TV / the TV on / it on*.	4
37	☐ **be on/off** [biː 'ɒn/'ɒf]	an sein, laufen; aus sein	The *gas / TV / printer / computer* is **on**. ○ You've left the lights **on**. ○ Please make sure the lights are **off**.	2
38	☐ **scissors** ['sɪzəz]	(eine) Schere	*a pair / two pairs* of **scissors** ○ You'll need a **pair of scissors** to cut out the pictures. ○ **nail scissors**	3
			■ **Scissors** is an uncountable pair word. It can only be used with a plural verb. Compare: *Wo ist die Schere?* Where **are** the scissors?	
39	☐ **match** [mætʃ]	Streichholz	a box of **matches** ○ a burning **match** ○ light [anzünden] a **match** ○ Keep the **matches** in a safe place. ○ a **matchbox** ○ a **matchstick** [Streichholz]	1
40	☐ **household** ['haʊshəʊld]	Haushalt	*set up* [gründen] / *run* a **household** ○ Almost all **households** have a television. ○ **household** *duties / goods / chemicals* ○ re-use **household water** [aus dem Haushalt] in the garden	5
41	☐ **housework** ['haʊswɜːk]	Hausarbeit	help with the **housework** ○ She spent all morning **doing the housework**. ○ Is it true that only one man in five is prepared to **do any housework**? ○ **housewife** [Hausfrau] ○ **house husband** [Hausmann]	3
			■ Don't mix up **housework** (Hausarbeit) with **homework** (Hausaufgaben).	
42	☐ **tidy up** [ˌtaɪdɪ 'ʌp]	aufräumen	**tidy up** *a room / the house / the garden* ○ She **tidied up** the cellar for her mother. ○ We must **tidy** this room **up** before the visitors arrive.	4
43	☐ **dishes** ['dɪʃɪz]	Geschirr	*wash / put away* the **dishes** ○ Whose turn is it to **wash the dishes**? ○ She usually has to **do the dishes** [abwaschen] after meals because her brother is too young. ○ The best **dishes are** actually not Chinese but Japanese.	4
44	☐ **dry** [draɪ]	(ab)trocknen	Can you help me to **dry** the dishes? ○ Would you mind **drying up** the supper things? ○ **Dry** your hands **on** this towel.	3
45	☐ **iron** ['aɪən]	bügeln	Have you **ironed** my shirt? ○ Could you **iron** this blouse for me? ○ That skirt needs **ironing**. ○ He usually **does the ironing** [bügeln] at the weekend.	4

Lernhilfe 7: Hinzufügen neuer Wörter und Anlegen eigener Sachfelder

Von den mehreren Millionen Wörtern der englischen Sprache sind die rund 5000 häufigsten im *Field dictionary* enthalten und in Sachfeldern geordnet. Kein Sachfeld kann vollständig sein.

Wenn du neue Wörter hinzufügen willst, schreibe sie am besten auf Karteikarten und suche ein geeignetes Feld. Notiere die Feldnummer am Kopf der Karte. So hast du Lernkarten, die dein Lexikon ganz persönlich ergänzen und erweitern können. Die Aussparung von Feldnummern im *Field dictionary* erlaubt das Anlegen eigener Felder an sehr vielen Stellen. Vergeben sind z.B. die Felder 195 und 195B. Du kannst also ein eigenes Feld 195A selbst dazwischenschieben. Hier sind einige Wörter, die das Feld 195 ergänzen oder einem neuen Feld 195A zugewiesen werden könnten:

| Gartenarbeit **gardening** | umgraben **dig** | Spaten **spade** | Hacke **hoe** |
| Gewächshaus **greenhouse** | pflücken **pick** | Rechen **rake** | gießen **water** |

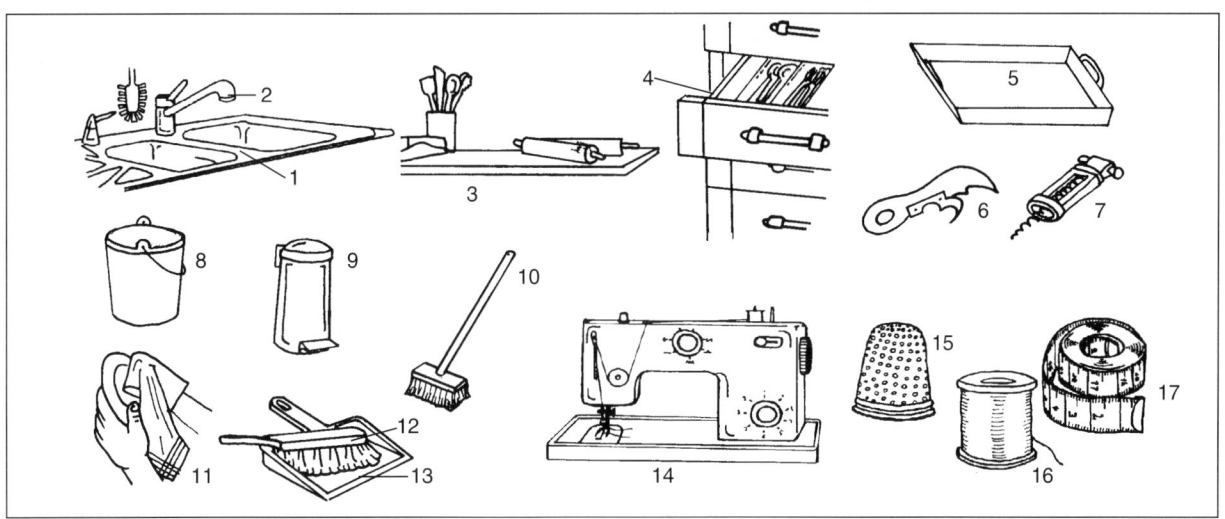

196A Arbeitsplatz und Arbeitsgeräte

1	**sink** [sɪŋk]	Spüle, Spülbecken	10	**broom** [bruːm]	Besen
2	**tap** [tæp]	Wasserhahn	11	**tea-towel** (BE) ['tiː ˌtaʊəl]	Geschirrtuch
3	**work top** [tɒp]	Arbeitsplatte	12	**brush** [brʌʃ]	Handfeger, Handbesen
4	**drawer** [drɔː]	Schublade, Schubfach	13	**dustpan** ['dʌstpæn]	Kehrschaufel
5	**tray** [treɪ]	Tablett	14	**sewing-machine** ['səʊɪŋ məˌʃiːn]	Nähmaschine
6	**tin-opener** ['tɪn ˌəʊpnə]	Büchsenöffner	15	**thimble** ['θɪmbl]	Fingerhut
7	**bottle-opener** ['bɒtl ˌəʊpnə]	Korkenzieher	16	**yarn** [jɑːn]	Garn
8	**bucket** ['bʌkɪt]	Eimer	17	**tape measure** ['teɪp ˌmeʒə]	Bandmaß
9	**dustbin** ['dʌstbɪn]	Mülleimer			

210 Gruppenbezeichnungen

army	28	club	13	firm	10	group	15	organization	8	public	6
association	9	company	11	form	23	majority	20	parliament	18	society	3
band	25	crew	14	gang	26	mankind	1	people	4	team	12
choir	24	crowd	16	generation	2	mass	17	police	27		
class	22	family	7	government	19	minority	21	population	5		

1	☐ **mankind** [ˌmænˈkaɪnd]	(die) Menschheit	We're curious about the origin of **mankind**. ○ A nuclear war would be a threat [Bedrohung] to all **mankind**. ○ **Mankind's** ability to absorb changes is limited. ○ He thought that some day his inventions would be of use to all **mankind**.	5
			■ Don't use **the** before **mankind**. Compare: *eine Bedrohung für die Menschheit* a threat to **mankind**	
2	☐ **generation** [ˌdʒenəˈreɪʃn]	Generation	the *present / past / younger / older / coming / next / previous* **generation** ○ a *new / lost* **generation** ○ unborn **generations** ○ People of his **generation** all think the same about it. ○ **third-generation** immigrants	5

210

3	☐ **society** [səˈsaɪətɪ]	Gesellschaft	a *peaceful / democratic / classless / male-dominated / selfish* **society** ○ a *historical / literary / medical / secret* **society** ○ a danger to **society** ○ **society's** attitude to women ○ the role of computer in modern industrial **societies** ○ *found / build / set up* a **society** ○ protect **society** from crime ○ **Society** has a right to see law-breakers punished.	3
			■ Don't use **the** before **society**. if it means 'the society we live in'. Compare: *die englische Gesellschaft* British **society**. But: The Society for the Protection of Ancient Buildings.	
4	☐ **people** [ˈpiːpl]	Menschen Leute	*young / older / working / retired / unemployed / ordinary / nice / good / sensitive* **people** ○ **people** of all shapes and sizes ○ streets crowded with **people** ○ About 800 **people** were arrested in the troubles. ○ Don't believe what **people** [man] say. ○ I don't think MPs really represent **the people** [Volk] as such.	1
			■ Don't mix up **people** (die Menschen) with **the people, the peoples** (das Volk, die Völker).	
5	☐ **population** [ˌpɒpjʊˈleɪʃn]	Einwohner Bewohner Bevölkerung Bevölkerungs-	the **population** of *a country / Italy* ○ 10% of the adult **population** ○ the **working population** ○ **over-population** ○ more than half the **population** ○ The government did not have the support of the **population**. ○ **population growth** ○ **population explosion**	3
6	☐ **public** [ˈpʌblɪk]	Öffentlichkeit Allgemeinheit	in **public** ○ mislead the **public** ○ The **public is/are** generally in favour of the new law. ○ The castle is open to the **public** [Publikumsverkehr]. ○ The police have asked for help from members of the **public** [Bürger].	3
7	☐ **family** [ˈfæməlɪ]	Familie	The Smith **family have** gone on holiday to Italy. ○ Her **family are** perfectly normal. ○ That **family is** not very popular in the district. ○ She broke off all relations with her **family**. ○ He's the black sheep of the **family**.	1
8	☐ **organization** [ˌɔːgənaɪˈzeɪʃn]	Organisation Vereinigung	a *voluntary / non-profit / consumers'* **organization** ○ a *human rights / women's / youth / terrorist* **organization** ○ an *efficient / anti-socialist / international* **organization** ○ *form / found / quit* an **organization** ○ We wanted an **organization** that represented our interests.	3
9	☐ **association** [əˌsəʊsɪˈeɪʃn]	Bund Verband Vereinigung	the German Football **Association** ○ the **Association for** the Conservation of Energy ○ parent-teacher **associations** [Eltern-Lehrer-Vertretung] ○ Dr Jones is a member of the British Medical **Association**.	5
10	☐ **firm** [fɜːm]	Firma	*manage / operate / run* a **firm** ○ The **firm** *is going through a bad time / is closing down / employs more women than men*. ○ They broke off all connections with this **firm**. ○ Our **firm has** made a contract to buy 150 computers. ○ They're a decent **firm** to work for.	4
11	☐ **company** [ˈkʌmpənɪ]	Gesellschaft Firma	form a *new / private / state-owned* **company** ○ She painted a black picture of the **company's** future. ○ When he left the **company**, his colleagues bought him a present. ○ The **company makes** a new generation of laser disk drives.	2
12	☐ **team** [tiːm]	Team Mannschaft Gruppe	a **team** of experts ○ a *research / medical / football / basketball* **team** ○ a player **on** the school **team** ○ I'd like to be in a winning **team**. ○ play for / work as part of a **team** ○ He's proud of being chosen for the **team**. ○ **teamwork** ○ have **team spirit**	3
13	☐ **club** [klʌb]	Verein Klub	a *sports / football / tennis / swimming* **club** ○ an athletic [Leichtathletik] **club** ○ *enter / be a member of* a book **club**	4
14	☐ **crew** [kruː]	Team Mannschaft Besatzung	a *camera / 12-men* **crew** ○ The captain ordered his **crew** to abandon ship. ○ Five members of the **crew** were killed when the plane crashed. ○ The captain and his **crew** hope you had a pleasant [angenehm] flight. ○ a **crew** member	2
15	☐ **group** [gruːp]	Gruppe	a *pop / interest* **group** ○ an ethnic **group** ○ pupils of the same **age group** [Stufe] ○ A **group** of policemen waited at the corner. ○ We were warned not to walk in the mountains except **in groups of** three.	1
16	☐ **crowd** [kraʊd]	Menge Clique	a *big / huge* **crowd** ○ *attract / break up* a large **crowd** of people ○ push your way through a large **crowd** ○ *move with / follow* the **crowd** ○ I like David but I hate the **crowd** he hangs around with. ○ Two's company three is **crowd**. (proverb)	1

210

17	☐ **mass** [mæs]	Menge Masse Massen-	a large **mass** of young people ○ There were **masses** of people at the market today. ○ **Masses** of people marched in the streets. ○ the causes of **mass** unemployment and possible solutions ○ **mass** protests against the war	4
18	☐ **parliament** ['pɑːləmənt]	Parlament	be elected to **Parliament** ○ The German **parliament** is called the Bundestag. ○ A bill is to be brought [einbringen] to **Parliament**.	4
			■ Don't use **the** before **parliament**. But: the French, German **parliament**.	
19	☐ **government** ['gʌvnmənt]	Regierung Regierungs-	a *strong / weak* **government** ○ a *democratic / communist / liberal / central / minority* **government** ○ *form / run* a **government** ○ The **government is** dealing with the problem of crime. ○ The **government have** made up their minds that **they're** going to win. ○ a **government** *crisis / spokesman* [Regierungssprecher]	2
20	☐ **majority** [mə'dʒɒrətɪ]	Mehrheit Mehrheits-	the silent **majority** ○ He was elected **by** a **majority** of 500 votes. ○ They won **by** a clear **majority**. ○ The **majority** of the students in my class **come** from France. ○ We had no choice but accept the **majority** decision.	4
21	☐ **minority** [maɪ'nɒrətɪ]	Minderheit Minderheits-	a *large / small / tiny* **minority** ○ Ireland's Catholic **minority** ○ respect the rights of **minorities** ○ Schools in Germany need to do more to help pupils of ethnic **minorities**. ○ Most women continue to work when they are married. Only a **minority** *stays / stay* at home.	5
22	☐ **class** [klɑːs]	Klasse	the **working-class** ○ *be in / go to* the same **class** ○ What **class** are you in? ○ **Class** 7F *is / are* a difficult **class** to teach.	1
23	☐ **form** (BE) [fɔːm]	Klasse	What **form** is James in? ○ Helen is in the the sixth **form**.	6
24	☐ **choir** ['kwaɪə]	Chor	a children's **choir** ○ She *sings / participates* in the school **choir**. ○ The church **choir is/are** singing tonight. ○ We heard the school **choir** sing the Beatles' Let It Be.	5
25	☐ **band** [bænd]	Band Kapelle Gruppe	a *jazz / dance / military / rock* **band** ○ A **band was** playing the national anthem when the Queen arrived. ○ When Susan left, the **band were** putting **their** instruments away.	3
			■ False friend: The English word for German **Bande** is **gang**.	
26	☐ **gang** [gæŋ]	Bande	the leader of a **gang** of youths ○ *form / join / hunt / fight* a **gang** ○ A **gang** robbed the bank and got away with $30 000. ○ The police were called because a fight broke out between two rival **gangs**.	5
27	☐ **police** [pə'liːs]	Polizei Polizeibeamte	the *local / border / secret / national / security* **police** ○ Dial 999 if you need to call the **police**. ○ Any relevant information should be given to the **police**. ○ There **were police** everywhere – obviously **they** were expecting trouble. ○ The **police were** questioning two men last night.	2
			■ **Police** is always used with a plural verb. Compare: *Die Polizei hat niemanden verhaftet.* The police **have** not made any arrests.	
28	☐ **army** ['ɑːmɪ]	Armee Heer	*lead / train / supply / surprise / defeat* an **army** ○ He *went into / joined / was in / left* the **army**. ○ The **army** says more than twenty rebels were killed.	3

Lernhilfe 8: Das *Field dictionary* als Beispielsammlung für die Grammatikarbeit

Oft kann man eine Grammatikregel erst verstehen und anwenden, wenn man genügend Beispiele gesehen hat, die den Gebrauch einer Regel zeigen. Im Feld 210 findest du z.B. **Sammelnamen**, die entweder mit Singular oder Plural oder auch mit beiden verwendet werden. Schau dir einmal die Wörter *band, choir, family, government* und *police* an und schlage dazu den entsprechenden Abschnitt in einer Grammatik nach. Übrigens wirst du an vielen Stellen im *Field dictionary* durch **Fettdruck** auf grammatische Besonderheiten aufmerksam gemacht.

Tipp: Wenn du bei der Grammatikarbeit Schwierigkeiten hast, schlage fehlerträchtige Wörter wie z.B. *furniture* oder *hospital* im *Field dictionary* nach. Auch die mit ■ gekennzeichneten *language notes* wirst du hilfreich finden.

220 Verwandtschafts- und Geschlechtsbeziehungen

ancestor 1	daughter 15	grandmother 28	husband 19	relative 3	wife 20
aunt 22	descendant 2	grandparents 26	mother 12	sex 5	
birth 8	family 9	grandson 30	nephew 23	sister 17	
brother 16	father 11	great-grandparents 31	niece 24	son 14	
child 13	granddaughter 29	have a baby 7	parents 10	twin 18	
cousin 25	grandfather 27	have sex 6	related 4	uncle 21	

1	☐ **ancestor** ['ænsestə]	Vorfahre Vorfahrin	His **ancestors** settled in the USA 100 years ago. ○ Her **ancestors** came from Germany in 1938. ○ She comes from an old family founded by a Spanish **ancestor**. ○ The Indians prayed to the spirits of their **ancestors** to protect them from disaster.	5
2	☐ **descendant** [dɪ'sendənt]	Nachkomme	Her family are **descendants of** one of the first convicts [Sträfling] who were sent to Australia. ○ She claims to be a direct **descendant of** Benjamin Franklin.	5
3	☐ **relative** ['relətɪv]	Verwandte(r)	*a close / a near / an elderly* **relative** ○ She's a distant [entfernt] **relative of** mine. ○ Jenny is looking after an older **relative** who needs time at home to recover. ○ He's just come back from the funeral [Begräbnis] of an elderly **relative**. ○ She remained silent to protect her **relatives** still in China.	4
4	☐ **related** [rɪ'leɪtɪd]	verwandt	*closely / directly* **related** ○ He's **related to** her by marriage.	4
5	☐ **sex** [seks]	Geschlecht Geschlechter- Geschlechts- Sex Sexual-	the *female / male* **sex** ○ **sex** *discrimination / life / education / shops / on television* ○ *a member of / relations with* the opposite **sex** ○ There have always been conflicts between the **sexes**. ○ Is this behaviour typical of the male **sex**? ○ Anyone thinking about unprotected **sex** should think twice. ○ **sexual** behaviour ○ **sexual** intercourse [Geschlechtsverkehr]	3
6	☐ **have sex** [hæv 'seks]	Geschlechtsverkehr haben	There's a greater danger of getting AIDS if you **have sex** with different partners.	3
7	☐ **have a baby** [hæv ə 'beɪbɪ]	ein Kind haben/ bekommen	She **has a** perfectly healthy and beautiful **baby**. ○ More and more women want to **have babies** by natural childbirth. ○ Helen **has** just had **twins**. ○ I've got wonderful news: I'm **going to have a baby** [schwanger sein]. ○ He didn't come to work because his wife was **having a baby**. ■ Note: She **is having** a baby is not the same as She **has** a baby.	1
8	☐ **birth** [bɜːθ]	Geburt Geburts- Geburten-	date of **birth** ○ She had a difficult **birth**. ○ The baby weighed 8 pounds **at birth**. ○ The father was present **at the birth**. ○ She **gave birth to** her third child at home. ○ She's German **by birth**. ○ **birthplace** ○ The **birth rate** is *rising / falling*.	3
9	☐ **family** ['fæməlɪ]	Familie	*start / found / bring up / raise / support* a **family**. ○ Susan comes from a *poor / wealthy / famous* **family**. ○ The average **family** spends $200 on food. ○ a **one-parent family**	1
10	☐ **parents** ['peərənts]	Eltern	*natural / loving* **parents** ○ single **parents** [allein Erziehende] ○ live with your **parents** ○ She was born in Cambridge of Italian **parents**. ○ Some of the many Yugoslavian children who lost their **parents** in the recent fightings are to be adopted by foreign couples. ○ **Parents** in India fear the future when a daughter is born.	2
11	☐ **father** ['fɑːðə]	Vater	He looks exactly like his **father**. ○ He became **a father** last week. ○ He was like a **father** to them. ○ a **father-son** relationship	1
12	☐ **mother** ['mʌðə]	Mutter	*modern / unmarried* **mothers** ○ Liz was the **mother** of three young sons. ○ Working **mothers** need good child-care arrangements.	1
13	☐ **child**, pl. **children** [tʃaɪld, 'tʃɪldrən]	Kind	a *seven-year-old / teenage / married* **child** ○ an *unborn / adult* **child** ○ *expect / give birth to / have* a **child** ○ Mary, their youngest **child** is four years old. ○ He's married with three **children**. ○ She has two **children** but both are married and have moved away.	1

14	☐ **son** [sʌn]	Sohn	*a grown-up / an adult / their eldest / their fourth and youngest* **son** ○ They have four **sons** and one daughter. ○ She has three **sons** and adopted one besides. ○ He's a **son** of his father's first marriage. ○ He is survived by his wife and one **son**. ○ He was born in 1910, **the son** of a railway official.	1
15	☐ **daughter** ['dɔːtə]	Tochter	*a 10-year-old / teenage / grown-up / married* **daughter** ○ She has a **daughter** who is an engineer. ○ They're giving a *party / dance* on their **daughter's** birthday. ○ Janet was the only **daughter** of a baker.	1
16	☐ **brother** ['brʌðə]	Bruder	my *younger / older / elder / little / big / twin / only* **brother** ○ The two **brothers** look very similar. ○ Does she have any **brothers** or sisters?	1
17	☐ **sister** ['sɪstə]	Schwester	his *big / little / younger / twin* **sister** ○ a **half-sister** ○ Are Susan, Jenny and Kate **sisters**? ○ She's been like a **sister** to me.	1
18	☐ **twin** [twɪn]	Zwilling Zwillings-	Mrs Jones has just had **twins**. ○ identical [eineiig] **twins** ○ a **twin** *brother / sister*	5
19	☐ **husband** ['hʌzbənd]	Mann Ehemann	*a jealous / an ideal* **husband** ○ her *second / former / ex-* **husband** ○ She left her **husband**. ○ They lived together as **husband and wife** for years. ○ How many **husbands** stay at home and take care of the children while their wife goes out to work? ○ She had two children **by** her new **husband**. ○ After her **husband** died, she dressed in black for a year.	1
20	☐ **wife**, pl. **wives** [waɪf, waɪvz]	Frau Ehefrau	a quarrel between husband and **wife** ○ She was a good **wife** and mother. ○ He's looking for a **wife**. ○ He took his **wife** out to dinner. ○ The victim is survived by a **wife** and one son.	1
21	☐ **uncle** ['ʌŋkl]	Onkel	I'm staying with my aunt and **uncle** in Bradford. They're awfully nice. You must meet them some day.	3
22	☐ **aunt** [ɑːnt]	Tante	My sister had a baby last week, so I'm now an **aunt**. ○ My **Aunt Mary** died last night. ○ My sister went to the opera with her favourite **aunt**.	3
23	☐ **nephew** ['nefjuː, 'nevjuː]	Neffe	Diana's 15-year-old **nephew** was to play an important role in politics.	3
24	☐ **niece** [niːs]	Nichte	My sister is married now, the mother of my **niece** and nephew.	3
25	☐ **cousin** ['kʌzn]	Vetter Cousine	She went to stay with her **cousin**. ○ I had a letter from **a cousin of mine** this morning.	2
26	☐ **grandparents** ['græn,peərənts]	Großeltern	Both her **grandparents** are buried there. ○ Our **grandparents** are staying with us.	3
27	☐ **grandfather** ['græn,fɑːðə]	Großvater	Both my **grandfathers** are still alive.	1
28	☐ **grandmother** ['græn,mʌðə]	Großmutter	This is a photo of my **grandmother** with all her descendants.	1
29	☐ **granddaughter** ['græn,dɔːtə]	Enkelin	Helen is the only **granddaughter** they have. ○ She got this pullover from her **granddaughter**.	3
30	☐ **grandson** ['grænsʌn]	Enkel	They hope that their **grandson** will be following in the family footsteps [Fußstapfen] as a lawyer.	3
31	☐ **great-grandparents** [,greɪt'græn,peərənts]	Urgroßeltern	Her **great-grandparents** left Germany in 1938. ○ The war destroyed everything his parents, grandparents and **great-grandparents** ever fought for.	5

240 Menschen begegnen sich

appointment 26	conference 28	get to know 6	join in 16	outgoing 3	welcome *n* 8
boyfriend 20	contact 1	girlfriend 21	make friends 19	participant 24	welcome *v* 7
bring along 11	date 25	Hi. 10	meet 4	pen-friend 22	youth club 13
club 12	friend 18	introduce 5	meeting 27	say hello 9	
company 2	gather 14	join 15	member 23	take part 17	

1	☐ **contact** ['kɒntækt]	Kontakt Verbindung	*first / close* **contacts** ○ *get into / come into / stay in / lose* **contact** ○ get work through personal **contacts** ○ I've lost **contact with** all my old friends.	4
2	☐ **company** ['kʌmpənɪ]	Gesellschaft Gegenwart	I enjoy his **company**. ○ His sister Pauline arrived to keep [leisten] him **company**. ○ She was shy **in company of** strangers.	3
3	☐ **outgoing** [ˌaʊt'gəʊɪŋ]	kontaktfreudig gesellig	an **outgoing** *character / person / personality* ○ She's become more **outgoing** since she left home and went to college. ○ She was not **outgoing** and stayed within the family circle.	5
4	☐ **meet** [miːt]	(sich) begegnen treffen kennen lernen	Have you two **met** before? ○ When did you **first meet** her? ○ We arranged to **meet** again the following day. ○ What time shall we **meet** for lunch? ○ You'll never guess who I **met** yesterday. ○ I'd like you to **meet** [bekanntmachen mit] my brother. ○ Come and **meet** my sister. ○ Nice to **meet** you. ○ I enjoyed **meeting** you. ○ She forgot to **meet** [abholen] him at the station.	2
5	☐ **introduce** [ˌɪntrə'djuːs]	vorstellen bekannt machen	Can I **introduce** myself? My name is Bond, James Bond. ○ I don't think we've been **introduced**. ○ John, I'd like to **introduce** you **to** Helen. ○ If you want to be **introduced to** the singer, I think I can arrange it.	3
6	☐ **get to know** [ˌget tə 'nəʊ]	kennen lernen	Dr Harding seems very interesting. I'd like to **get to know** him better. ○ She's the sort of person you'd want to **get to know**.	3
7	☐ **welcome** ['welkəm]	begrüßen, willkommen heißen	We were warmly **welcomed** by our friends. ○ The children rushed [stürzen] to the door to **welcome** their father. ○ Visitors **are welcome** [willkommen]. ○ Children **are welcome** to participate in the children's programme.	4
8	☐ **welcome** ['welkəm]	Empfang Aufnahme Begrüßung	You will receive *a friendly / a warm / a hearty / an enthusiastic* **welcome** when you come to England. ○ The guests were given a very warm **welcome** on arrival.	3
9	☐ **say hello** [ˌseɪ hə'ləʊ]	grüßen	He never **said hello** to me. ○ I saw Jane in the village, and she didn't even **say hello** to me. ○ I'd better go now. **Say hello** to your parents, will you? ○ Do come over to the table and **say hello** [begrüßen] to our guests.	3
10	☐ **Hi.** [haɪ]	Hallo!	**Hi**. How are you? ○ **Hi** Ben – did you have a nice weekend? ○ **Hi** there Mark! I'm glad you're here. There's a problem with the computer again.	2
11	☐ **bring along** [ˌbrɪŋ ə'lɒŋ]	mitbringen	He **brought** some friends **along** to the party. ○ He **brought along** his colleagues Peter and Ian.	5
12	☐ **club** [klʌb]	Verein Klub	a *sports / football / tennis / swimming / book* **club** ○ *enter / join / become a member of / be a member of / go to* a **club**	4
13	☐ **youth club** ['juːθ klʌb]	Jugendklub Jugendzentrum	*visit / run* a **youth club** ○ He goes to the local **youth club** every Wednesday. ○ He enjoys helping out **at the youth club** twice a week.	3
14	☐ **gather** ['gæðə]	sich versammeln, sich scharen	**gather** in large groups ○ They **gathered around** the *speaker / teacher's desk*. ○ A crowd of people **gathered** near the scene of the accident. ○ Thousands of protesters began to **gather**.	3
15	☐ **join** [dʒɔɪn]	eintreten sich anschließen	**join** *a club / an organization / a party* ○ Come and **join** us. ○ We'd better **join the queue** [sich anstellen] if we want to see the film.	2
16	☐ **join in** [ˌdʒɔɪn 'ɪn]	mitmachen sich beteiligen	We're playing a game – do **join in**. ○ Janet wanted to **join in** that dancing but she didn't have a partner. ○ He **joined in** a silent one-hour protest. ○ He didn't **join in** the conversation.	4
17	☐ **take part** [ˌteɪk 'pɑːt]	teilnehmen mitmachen	She wanted to **take part** but she was too ill. ○ She **takes part in** many student activities. ○ Everybody **took part in** the *game / discussion / argument / race*.	3

18	☐ **friend** [frend]	Freund(in)	a *close / good / new / loyal / true / reliable / false / lifelong / personal / special* **friend** ○ a **friend** to *everyone / people in need* ○ She's a good **friend** of mine. ○ The two became **friends**. ○ I'm speaking as your **friend**. ○ He tried to cheer his sad **friend**. ○ It's time to bury old differences and be **friends** again. ○ He has a large circle of **friends**. ○ I count him among my best **friends**.	1
19	☐ **make friends** [ˌmeɪk ˈfrendz]	Freunde finden sich anfreunden	Tony is rather shy and finds it difficult to **make friends**. ○ Janet has always found it easy to **make friends** at school. ○ Try to **make friends with** her.	3
20	☐ **boyfriend** [ˈbɔɪfrend]	Freund (eines Mädchens)	She had lots of **boyfriends** before she got married. ○ Tim is her latest **boyfriend**.	3
21	☐ **girlfriend** [ˈgɜːlfrend]	Freundin (eines Jungen)	They look like boyfriend and **girlfriend**. ○ He's taking his **girlfriend** to the cinema tonight. ○ He still fancies his **ex-girlfriend**.	3
22	☐ **pen-friend** (BE) [ˈpen frend]	Brieffreund(in)	*find / choose / write to* a **pen-friend** ○ Peter has **pen-friends** in England and France. ○ I'm 16 years of age and I would like a **pen-friend** who … ■ The American word for German **Brieffreund(in)** is **pen pal**.	4
23	☐ **member** [ˈmembə]	Mitglied	*an active / a reliable* **member** of NATO ○ a **member** of a *fan club / political party* ○ If you'd like to become a **member** of our club, please fill in this form.	3
24	☐ **participant** [pɑːˈtɪsɪpənt]	Teilnehmer(in)	*active / leading / conference* **participants** ○ **participants** *of the meeting / in the project / in the cultural life of a nation* ○ Give the **participants** the opportunity to involve themselves in lots of outdoor adventures.	5
25	☐ **date** [deɪt]	Verabredung Rendezvous	Tim had his first **date** with Jill yesterday. ○ He asked her out [einladen] for a **date**. ○ He wasn't allowed to **go out on a date**.	6
26	☐ **appointment** [əˈpɔɪntmənt]	Termin Verabredung	*make / have / keep / break* an **appointment** ○ cancel [absagen] an **appointment** ○ have an **appointment with** the doctor ○ a *doctor's / hair dresser's / dentist's* **appointment** ○ I'm afraid I can't keep the **appointment** on Friday. ○ I'd like an **appointment** to see the manager. ○ You can only see the doctor **by appointment** [nach Vereinbarung].	4
27	☐ **meeting** [ˈmiːtɪŋ]	Treffen Versammlung Veranstaltung	a regular **meeting** ○ *plan / arrange / begin / hold* a **meeting** ○ Could you arrange a **meeting with** Mrs Richardson for Monday? ○ The **meeting** started late. ○ Please organize the sandwiches for Friday's **meeting**. ○ We must plan the **meeting** properly. ○ It's too bad he wasn't able to attend the **meeting**. ○ The **meeting** will be held at a later date. ○ There were no fewer than 500 people **at the meeting**.	2
28	☐ **conference** [ˈkɒnfrəns]	Konferenz Besprechung	*at an international / a press / a news* **conference** *attend / open / hold* a **conference** ○ The **conference** of heart specialists was held in New York. ○ Representatives of over 100 countries attended the International Peace **Conference** in Geneva. ○ You can't speak to Miss Brown, she's **in conference**. ○ a **conference** room	4

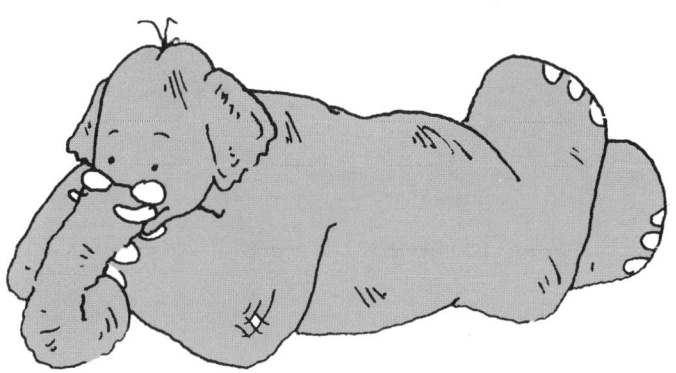

241 Zwischenmenschliche Beziehungen

accept 57	depend 6	impolite 51	obey 28	send/give my love to 32
affection 33	disappoint 61	in favour 22	offend 67	share 46
aid 13	disappointment 62	insist 60	partner 40	support *n* 17
annoy 64	drive sb mad 66	insult 68	prejudice 54	support *v* 16
arrogant 50	fascinate 37	intolerance 56	prejudiced 53	supporter 44
be prepared 19	favour 21	intolerant 55	prestige 9	sympathetic 23
behave 1	feel sorry for 27	jealous 52	quarrel *n* 12	understanding 24
behaviour 2	fellow 41	let down 63	quarrel *v* 11	understanding 25
blame 38	friendship 48	like 34	refuse 59	voluntary 20
brotherhood 49	get along/on 3	love *n* 31	reject 58	welfare 18
bully 69	get on sb's nerves 65	love *v* 30	rely 7	
co-operate 5	go along 4	miss 35	reputation 8	
compliment 36	have in common 47	misunderstanding 26	respect 10	
consultant 43	help *n* 15	mix 45	scapegoat 39	
counsellor 42	help *v* 14	obedience 29		

---

1 ☐ **behave** [bɪˈheɪv] — sich verhalten, sich benehmen

behave *well / badly / properly / very strangely / like a friend / like a fool* ○ If you come, you must **behave** (yourself). ○ He always **behaves** like a *gentleman / responsible citizen*. ○ How did they **behave towards** you? ○ Don't you think that Diana has been **behaving** very strangely recently [in der letzten Zeit]? — 3

2 ☐ **behaviour** [bɪˈheɪvjə] — Verhalten, Benehmen

his *arrogant / bad / strange / anti-social / decent* **behaviour towards** other people ○ I apologized for my bad **behaviour** and the matter was never referred to again. ○ Her foolish **behaviour** cost us many sleepless nights. — 4

■ The American spelling is behav**ior**.

3 ☐ **get along/on** [ˌget əˈlɒŋ/ˈɒn] — auskommen, zurechtkommen

get along *very well / badly* ○ **get along with** your *parents / teachers / friends* ○ The children can't **get along** together. ○ How did you **get on** at your interview? ○ I can't **get along** without some help. — 3

4 ☐ **go along with** [ˌgəʊ əˈlɒŋ wɪð] — sich anschließen, mitmachen bei; einverstanden sein mit

go along with *a suggestion / decision* ○ Convincing others to **go along with** new ideas is always difficult. ○ Michael's plan wasn't great but nobody could think of a better one, so we all **went along with** it. ○ They all refused to **go along with** his proposal. ○ I'm happy you're willing to **go along with** whatever I suggest. — 5

5 ☐ **co-operate** [kəʊˈɒpəreɪt] — zusammenarbeiten, kooperieren

co-operate with *the police / the government / terrorists* ○ The two schools are **co-operating on** the project. ○ Several countries **co-operated** to *build / in building* the new plane. ○ UN forces are **co-operating** to get food supplies to the people who need them. — 5

6 ☐ **depend** [dɪˈpend] — abhängen, angewiesen sein, sich verlassen

We **depend on** the good will of ... ○ Many prisoners' families **depend on** income support [Sozialhilfe]. ○ We **depend** on him *for advice / to finish the job by Friday*. ○ He **depends on** his wife **to look** after the house. ○ You can always **depend on** Helen **to be** there when she's needed. — 3

7 ☐ **rely** [rɪˈlaɪ] — sich verlassen, abhängig sein, abhängen

rely on *a friend / lawyer's advice* ○ Can I **rely on** you **to keep** a secret? ○ He can be **relied on**. ○ Many students do not like having to **rely on** their parents **for** money. — 5

8 ☐ **reputation** [ˌrepjʊˈteɪʃn] — Ansehen, Ruf

a *good / bad / poor / fine / national / worldwide / growing* **reputation** ○ an *international / excellent* **reputation** ○ *acquire / build up / achieve / have / enjoy / maintain* a **reputation** ○ *improve / damage / ruin* your **reputation** ○ Her **reputation** is in danger. ○ The orchestra has **an** international **reputation**. ○ He has a good **reputation as** a *doctor / good public speaker*. ○ She has the **reputation of** being a rich woman. ○ She has **a reputation for** being *polite / reliable / lazy*. — 5

9 ☐ **prestige** [preˈstiːʒ] — Ansehen, Prestige

personal / great / high / low / little / rising **prestige** ○ *win / have / enjoy / lose* **prestige** ○ suffer a loss of **prestige** ○ damage sb's **prestige** ○ The teaching profession has lost the **prestige** it had in former times. — 5

#		Word	German	Examples	
10	☐	**respect** [rɪˈspekt]	Achtung Respekt	have *no / some / great / the greatest / deep* **respect** ○ *show / win / lose* **respect** ○ have little **respect for** *other people / sb's feelings / human rights / a viewpoint / private and family life* ○ treat sb with more **respect**	4
11	☐	**quarrel, -ll-** [ˈkwɒrəl]	(sich) streiten (sich) zanken	**quarrel** *bitterly / violently* ○ **quarrel with** *each other / a neighbour about the noise* ○ I don't want to **quarrel with** you **about** it. ○ Stop **quarrelling**. ○ Bob **quarrelled with** his girlfriend **over** who to invite to the party.	2
12	☐	**quarrel** [ˈkwɒrəl]	Streit, Auseinandersetzung	a *bitter / serious / violent / growing / never-ending* **quarrel** ○ *cause / start / begin / have / stop* a **quarrel** ○ a **quarrel about** oil prices ○ a **quarrel** *breaks out / ends* ○ It takes two to make a **quarrel**. (proverb)	2
13	☐	**aid** [eɪd]	Hilfe Unterstützung	*legal / medical / first / foreign* **aid** ○ Rich countries ought to give **aid** to developing countries. ○ She came quickly **to my aid**. ○ I achieved it **with the aid** of a friend.	4
14	☐	**help** [help]	helfen	I can't do my homework, will you **help** me? ○ All the money that has been collected will be used to **help** starving children around the world. ○ She **helped** me *with the garden work / to find a job / to clean up the house after a party*. ○ You alone can **help** me.	1
15	☐	**help** [help]	Hilfe	*need / offer / give / provide / get / accept* **help** ○ If you need any **help with** your homework, just ask. ○ She hates asking anybody for **help**. ○ Can I count on your **help**? ○ She *called / shouted* **for help**. ○ Thank you for all your kind **help**.	2
16	☐	**support** [səˈpɔːt]	unterstützen	**support** a *bill / political party* ○ I'll **support** you as much as I can. ○ His (work) colleagues refused to **support** him. ○ The rebels were **supported** by foreign governments.	3
17	☐	**support** [səˈpɔːt]	Unterstützung Beistand	She received *no / little / a lot of* **support from** all the other parties represented in parliament. ○ They gave me a promise of their complete **support**. ○ Tim was a great **support to** Mary when her parents died in an air crash. ○ People coming off drugs [auf Entzug] need a lot of love and **support**.	5
18	☐	**welfare** (AE) [ˈwelfeə]	Sozialhilfe Fürsorge	The amount of money the government spends on **welfare** has halved [sich halbieren] in the past ten years. ○ In some inner city areas 90% of the population is **on welfare**. ○ **welfare services** ■ The English word for German **Sozialhilfe** is **income support**.	5
19	☐	**be prepared** [biː prɪˈpeəd]	vorbereitetet sein, bereit sein, willens sein	**be prepared for** *a problem / the worst* ○ They **are prepared** to *apologize / take the risk / sell their souls*. ○ I'm not **prepared** to *pay more / be insulted / stay and listen to your insults*. ○ I'm **prepared** to lend you the money if you promise to pay it back.	5
20	☐	**voluntary** [ˈvɒləntri]	freiwillig	a **voluntary** decision ○ **voluntary** *social work / work at the local hospital / service* ○ **voluntary** *helpers / organizations / activities* ○ The hospital relies greatly on **voluntary** help.	5
21	☐	**favour** [ˈfeɪvə]	Gefallen	do yourself a **favour** ○ Could I **ask you a favour**? ○ *Will you / Would you* **do me a favour** and lend me some money?	4
22	☐	**in favour** [ɪn ˈfeɪvə]	zugunsten	There's little evidence **in our favour**. ○ The world championship has already been decided **in favour of** … ○ The court decided **in favour of** [für] the accused. ○ I'm not **in favour of** what Debbie is doing, but … ■ The American spelling is favor.	5
23	☐	**sympathetic** [ˌsɪmpəˈθetɪk]	verständnisvoll mitfühlend wohlwollend	a **sympathetic** *reporter / writer / mother* ○ My friends were very **sympathetic** when *my father died / they heard that I had failed my exam*. ○ They were not very **sympathetic to** *our point of view / the plan / the suggestion*. ■ False friend: The English word for German **sympathisch** is **nice**.	5
24	☐	**understanding** [ˌʌndəˈstændɪŋ]	verständnisvoll	an **understanding** *husband / partner* ○ Agatha was a loving and **understand** mother, always gentle and kind. ○ Julian was *a very / the most* **understanding** critic [Kritiker].	5
25	☐	**understanding** [ˌʌndəˈstændɪŋ]	Verständnis Verständigung	Tom's parents showed sympathy and **understanding** when he failed the exam. ○ The two men reached an **understanding** at last. ○ Jane and her husband came to an **understanding** that she would go out to work and her husband would look after the baby.	5

#		Word	German	Examples	
26	☐	**misunderstanding** [ˌmɪsʌndə-ˈstændɪŋ]	Missverständnis	There must be some **misunderstanding**. I meant 10 in the morning, not at night. ○ Jane was angry because she thought that Susan was after her job, but it was a **misunderstanding** and now she's apologized.	4
27	☐	**feel sorry for** [ˌfiːl ˈsɒri fɔː]	bedauern Leid tun	We really **feel sorry for** *that poor woman / the families of the victims*. ○ I know he's behaved badly, but I still **feel sorry for** him.	3
28	☐	**obey** [əˈbeɪ]	gehorchen (be)folgen	They told me to go home and I **obeyed**. ○ Soldiers are trained to **obey** orders. ○ Nazi war criminals tried to justify [rechtfertigen] their actions by saying that they were **obeying** orders.	5
29	☐	**obedience** [əˈbiːdiəns]	Gehorsam Befolgung	*blind / unquestioning* [bedingungslos] **obedience** ○ demand **obedience** from a soldier ○ strict **obedience to** the rules	5
30	☐	**love** [lʌv]	lieben sehr mögen	Do you **love** her? ○ She **loves** him and she's going to marry him. ○ It's wonderful to be **loved**. ○ Here's a ring to show you how much I **love** you. ○ She's been divorced for a year but I'm sure she still **loves** her ex-husband.	1
31	☐	**love** [lʌv]	Liebe Liebes-	He cannot exist without **love**. ○ It was **love** at first sight [Blick]. ○ She *is / fell* **in love with** a classmate. ○ a **love** *letter / affair* ○ He reads **love** stories as an escape from reality.	2
32	☐	**send/give my love to ...** [ˌsend maɪ ˈlʌv tuː]	grüße ... von mir	Please **send my love to** Anne. ○ Bye. **Give my love to** Sarah. ○ Aunt Helen **sends us her love** [grüßen lassen].	5
33	☐	**affection** [əˈfekʃn]	Zuneigung	a *deep / warm / strong* **affection** ○ She *feels / has / shows* a deep **affection for** her old friends. ○ Mark felt a great **affection for** his sister. ○ I remember my grandparents with deep **affection**.	5
34	☐	**like** [laɪk]	mögen gern haben	He's nice, I **like** him *a lot / very much*. ○ I **like** *my friends to be honest / people who tell me the truth*. ○ **like better** ○ **like best**	1
35	☐	**miss** [mɪs]	vermissen	I'll **miss** *you terribly when you go away / all my friends when I go to live abroad*. ○ This little boy keeps crying, I think he's **missing** his mother.	5
36	☐	**compliment** [ˈkɒmplɪmənt]	beglückwünschen, ein Kompliment machen	**compliment** a *writer on a new book / friend on a new dress* ○ After **complimenting** her **on** her work, Sarah's boss offered her a higher salary.	6
37	☐	**fascinate** [ˈfæsɪneɪt]	faszinieren begeistern	He **fascinated** the children **with** his magic tricks. ○ She was **fascinated by** his ideas.	5
38	☐	**blame** [bleɪm]	Vorwürfe machen, die Schuld geben	**blame** sb *unfairly / unjustly* ○ Don't **blame** me. ○ The children were not to **blame for** *the accident / the mistake / what had happened*. ○ The goalkeeper **blamed** himself **for** two of the goals. ○ The government was **blamed for** the economic chaos. ■ False friend: The English word for German **blamieren** is **make a fool** of.	3
39	☐	**scapegoat** [ˈskeɪpɡəʊt]	Sündenbock	the traditional **scapegoat** ○ *look for / search for / be used as / become / turn into* a **scapegoat** ○ make a **scapegoat** out of sb ○ He was made the **scapegoat**, but it was the others who started the fire.	6
40	☐	**partner** [ˈpɑːtnə]	Partner(in)	a *coalition / trading / business* **partner** ○ a *junior / senior* **partner** ○ You need a little help in finding a reliable **partner**. ○ She wanted to dance but could not find a **partner**. ○ They were **partners** [Komplize] in crime.	4
41	☐	**fellow** [ˈfeləʊ]	Mit-	a **fellow** *pupil / traveller / passenger / prisoner* ○ Most of her **fellow students** [Kommilitone] are *older than her / looking for a job*.	6
42	☐	**counsellor** (BE) [ˈkaʊnslə]	Berater(in) Ratgeber(in)	a guidance **counsellor** ○ a marriage guidance **counsellor** [Eheberater] ○ He's a wise **counsellor** in times of need. ○ Each child in the summer camp can see a trained **counsellor** if they have problems. ■ The American spelling is counse**lor**.	5
43	☐	**consultant** [kənˈsʌltənt]	Berater(in)	He's a **consultant to** a *firm of engineers / software firm*. ○ She works with a firm of management **consultants** [Unternehmensberater].	5
44	☐	**supporter** [səˈpɔːtə]	Befürworter(in) Anhänger(in)	a *strong / an enthusiastic* **supporter** of the project ○ a **supporter** of *a political party / a team / Arsenal* ○ a crowd of football **supporters** ○ His **supporters** were mainly young people.	4

45	☐ mix [mɪks]	verkehren	He **mixes** with all types of people at work. ○ He doesn't **mix with** people like that. ○ People from different classes used to **mix** very little. ○ She's very shy and doesn't **mix** well [unter die Leute gehen].	4
46	☐ share [ʃeə]	(sich) teilen, gemeinsam benutzen	**share** *a room / the cost of a bill / toilet facilities* ○ **share** sb's *joy / hope / opinion / beliefs / fears* ○ We do not **share** your fear of them. ○ Who will **share** [mittragen] responsibility for the consequences? ○ There's only one bedroom, so we'll have to **share**.	3
47	☐ have in common [ˈkɒmən]	miteinander gemein haben	**have** *nothing / certain characteristics / a lot of interests* **in common** ○ You two **have got** a lot **in common**. You'll get along fine.	4
48	☐ friendship [ˈfrendʃɪp]	Freundschaft	a *close / strong / warm / long / lifelong* **friendship** ○ a **friendship among/ between** people ○ *develop / form / break up / destroy* a **friendship** ○ live together **in friendship** ○ We knew our **friendship** would survive the quarrel.	3
49	☐ brotherhood [ˈbrʌðəhʊd]	Brüderlichkeit	the socialist ideas of **brotherhood** and equality ○ They want to live in peace and **brotherhood** [brüderliches Einvernehmen].	6
50	☐ arrogant [ˈærəgənt]	arrogant überheblich	an **arrogant** *official / officer / boss* ○ I didn't like the **arrogant** tone in her voice. ○ Her **arrogant** behaviour towards her employees shocked everybody.	4
51	☐ impolite [ˌɪmpəˈlaɪt]	unhöflich	*be / become / grow* **impolite** ○ She became more and more **impolite**. ○ It was very **Impolite** not to answer and thank them for the invitation. ○ It was **impolite of** them to *ignore our invitation / interrupt our conversation / ask you to leave*.	2
52	☐ jealous [ˈdʒeləs]	eifersüchtig neidisch	a **jealous** husband ○ David seems to be very **jealous** whenever Susan talks to another boy. ○ He's always been very **jealous of** his older brother. ○ Cases of an older child getting **jealous of** a new baby are very common. ○ I'm very **jealous of** your new computer – how much did it cost?	3
53	☐ prejudiced [ˈpredʒʊdɪst]	voreingenommen	a **prejudiced** politician ○ a **prejudiced** [vorgefasst] opinion ○ Try not to be **prejudiced**. ○ They are **prejudiced against** *women / East German products*. ○ People around there are **prejudiced against** Catholics. ○ **unprejudiced**	5
54	☐ prejudice [ˈpredʒʊdɪs]	Vorurteil(e)	*colour / racial / religious / anti-British* **prejudice** ○ *have / hold* a **prejudice** ○ She has a **prejudice against** modern art. ○ We listened to her arguments **without prejudice** [unvoreingenommen]. ○ In order to succeed here you'll need to overcome [überwinden] your **prejudices**.	4
55	☐ intolerant [ɪnˈtɒlərənt]	intolerant unduldsam	People in this area are very **intolerant of** anyone who follows a different religion. ○ He's always **intolerant of** new ideas.	4
56	☐ intolerance [ɪnˈtɒlərəns]	Intoleranz	the causes of **intolerance** ○ *be against / fight* **intolerance** ○ She accused him of **intolerance**. ○ Freedom of expression was threatened by religious **intolerance**.	4
57	☐ accept [əkˈsept]	akzeptieren annehmen	**accept** sb's reasons for being late ○ **accept** *full / personal* responsibility for the accident ○ She was too proud to **accept** help. ○ She **accepted** *the offer blindly / his kind invitation*.	2
58	☐ reject [rɪˈdʒekt]	ablehnen zurückweisen	**reject** an *offer / invitation* ○ **reject** a *view / suggestion / proposal / plan* ○ **reject** [verwerfen] a possibility ○ **reject** [auslassen] an opportunity ○ **reject** *claims / violence* ○ They have **rejected** all candidates except one.	4
59	☐ refuse [rɪˈfjuːz]	verweigern ablehnen sich weigern	**refuse** *permission / an invitation* ○ **refuse** to *give up / go into details about the plan* ○ He has **refused** all outside help from … ○ No reasonable person would **refuse** such an attractive offer. ○ The police **refused** to act without more evidence. ○ Reporters often **refuse** to reveal their source of information. ○ She **refused** completely to co-operate with the media.	2
60	☐ insist [ɪnˈsɪst]	(darauf) bestehen	She **insisted on** *her rights / paying / driving him home*. ○ He **insisted** that he wasn't there at the time. ○ She kept on **insisting** that *she was innocent / the accident wasn't her fault*.	3
61	☐ disappoint [ˌdɪsəˈpɔɪnt]	enttäuschen	I hate to **disappoint** you, but … ○ I was very **disappointed at/about** losing the race. ○ She was *very / bitterly / deeply* **disappointed**. ○ She was **disappointed** to hear that … ○ My parents will be **disappointed in/with** me if I fail the exam. ○ I'm **disappointed** that you aren't coming.	3

241–260

62	☐ disappointment [ˌdɪsəˈpɔɪntmənt]	Enttäuschung	a *bitter / deep / great* **disappointment** ○ express **disappointment** ○ feel **disappointment** *at/about/over* … ○ *To my great* **disappointment** *it started to rain / she failed to get the job.* ○ He's been a **disappointment** *to* his father; he wanted him to be a doctor.	4
63	☐ let down [ˌlet ˈdaʊn]	im Stich lassen enttäuschen	She had been badly **let down** by her last husband. ○ He promised to be here by eight o'clock but it looks like he's **let** us **down** [versetzen] again.	5
64	☐ annoy [əˈnɔɪ]	ärgern aufregen	Please go away and stop **annoying** me. ○ It **annoys** me that you act so selfishly. ○ It **annoyed** me to think how much time we had wasted.	3
65	☐ get on sb's nerves [ˌget ɒn (sbˈs) ˈnɜːvz]	jm auf die Nerven gehen	Turn that music down – it's **getting on my nerves**. ○ Her behaviour really **gets on my nerves**. ○ His calm voice was really starting to **get on her nerves**.	5
66	☐ drive sb mad [ˌdraɪv (sb) ˈmæd]	jn verrückt machen	Working here is enough to **drive** anybody **mad**. ○ Stop that noise – it's **driving** me **mad**.	5
67	☐ offend [əˈfend]	kränken beleidigen	She was deeply **offended by/at** his rudeness. ○ I hope they won't be **offended** if I don't come to their party. ○ He felt **offended** that she hadn't written for so long.	4
68	☐ insult [ɪnˈsʌlt]	beleidigen	He **insulted** her by saying that she was ugly and stupid. ○ She *was / felt* deeply **insulted**. ○ **insulting** *behaviour / words*	4
69	☐ bully [ˈbʊli]	drangsalieren schikanieren	He **bullies** all the little boys in the playground. ○ Teachers and parents joined forces to stop **bullying** in schools. ○ She was a wonderful boss. She never **bullied** or threatened but she always got the best from her workers.	6

260 Auskünfte, Fragen

answer *n* 38	how 25	interviewer 11	questionnaire 6	What/How about 30	Why not 37
answer *v* 39	how many 26	learn 22	reply *n* 40	when 31	wonder 15
ask 14	how much 27	message 5	reply *v* 41	where 32	
complete 10	inform 23	messenger 13	report 24	which 33	
fill in 9	information 1	notice 3	survey 7	who 34	
find out 21	informer 12	poster 4	turn to 20	whose 35	
form 8	interview *n* 18	question *n* 16	what 28	why 36	
handbook 2	interview *v* 19	question *v* 17	what for 29		

1	☐ information [ˌɪnfəˈmeɪʃn]	Information(en) Auskunft Auskünfte	*much / little / no* **information** ○ a useful *bit / piece* of **information** ○ *background / inside / secret / reliable / relevant* **information** ○ ask for / offer / give / provide / receive / pass on / hold back **information** *on* … ○ reveal a source of **information** ○ *For your* **information**, the museum is closed on Mondays. ○ *For further* **information** please write to … ○ Much of the **information** is *fed into / kept on* computers. ○ I'm afraid there isn't *much / any* **information** available. ■ **Information** can only be used in the singular. Compare: *Diese Auskünfte* **waren** *hilfreich.* **This** information **was** helpful.	3
2	☐ handbook [ˈhændbʊk]	Handbuch	a **handbook** *for beginners / to the British Isles / of European birds* ○ Is there a **handbook** that tells me how to repair my car? ○ The **handbook** will not be available until late March.	5
3	☐ notice [ˈnəʊtɪs]	Anschlag Anzeige Mitteilung	There was a **notice** on the board [schwarzes Brett] saying that *they'd gone home / the meeting had been cancelled* [absagen]. ○ They put a **notice** in the paper announcing [bekannt geben] the birth of their daughter. ○ We read the **notice** that the water would be turned off for two hours.	3
4	☐ poster [ˈpəʊstə]	Poster Plakat	a movie **poster** ○ a **poster** of a smiling child with a flower in his mouth ○ *an election campaign / a protest* **poster** ○ *paint / make / put up / hang / take down* a **poster** ○ The **poster's** slogan was "WELL DONE BOB."	5

#		Word	German	Examples	
5	☐	**message** ['mesɪdʒ]	Nachricht Botschaft	a simple **message** ○ a new year **message** ○ *give / receive* a **message** ○ leave a short **message** *with sb* ○ As you weren't there I left a **message**. ○ I hope you got my **message** that I was going to be late. ○ Can I take a **message**? [Kann ich etwas bestellen?]	2
6	☐	**questionnaire** [ˌkwestʃəˈneə]	Fragebogen	a *medical / multi-choice* **questionnaire** ○ *answer / fill in / distribute / send out / send back / return* a **questionnaire** ○ Please complete and return [zurückgeben] the enclosed [beigefügt] **questionnaire**. ○ Customers were asked to complete a **questionnaire** on their financial needs.	5
7	☐	**survey** ['sɜːveɪ]	Umfrage Untersuchung	**in** *a recent / an annual / a monthly / a national / a nationwide* **survey** ○ *carry out / take part in* a **survey** ○ publish the results of a **survey** ○ according to the latest **survey** *by …* ○ a **survey** *shows / reveals / finds / says that …* ○ A recent **survey** found that 36% of the women asked didn't feel safe walking alone at night.	5
8	☐	**form** [fɔːm]	Formular Vordruck	*a booking / an order* **form** ○ an application **form** [Bewerbungsbogen] ○ an entry **form** [Anmeldeformular] *for a competition* ○ *complete / send back / return* a **form** ○ Make sure you sign and date the **form** before you send it back. ○ Just fill in the **form** and take it along to your local bank.	2
9	☐	**fill in** [ˌfɪl ˈɪn]	ausfüllen einsetzen eintragen	**fill in** *a form / the tax form / a cheque* ○ **fill in** *your name on this cheque / your sex / your date of birth / the smaller details later* ○ Could you **fill in** this application form, please?	3
10	☐	**complete** [kəmˈpliːt]	ausfüllen	**complete** *a form / questionnaire* ○ **Completed** application forms should be received [eingehen] by July 31st.	4
11	☐	**interviewer** ['ɪntəvjuːə]	Interviewer(in)	an experienced television **interviewer** ○ Obviously the **interviewer** hadn't read her book very thoroughly. ○ On television or radio, **interviewers** want intelligent debates.	5
12	☐	**informer** [ɪnˈfɔːmə]	Spitzel Informant(in)	a *police / government* **informer** ○ *work with / use* **informers** ○ An **informer** had warned the police about the bombing. ○ The reporter refused to name his **informer**. ○ They paid $5000 to a government **informer** for information about …	5
13	☐	**messenger** ['mesɪndʒə]	Bote Botin	In the afternoon a **messenger** arrived to inform us that the president had been assassinated. ○ Mr Jones didn't come himself, but sent a **messenger** instead. ○ When he was sixteen Tom got a job as a bike **messenger** in a newspaper agency [Agentur].	5
14	☐	**ask** [ɑːsk]	fragen (nach)	**ask** *the time / the way / sb's opinion / sb about his work* ○ I'm afraid I must **ask** you a few personal questions. ○ May I **ask** your name? ○ She **asked** whether I wanted tea or coffee. ○ We need to **ask about** the price.	2
15	☐	**wonder** ['wʌndə]	sich fragen	She **wondered** *if he would come / whether he was all right / what time it was / when to leave / where to go / who to ask for information / why he had left / how long the meeting would last*. ○ His behaviour made me **wonder** if he knew more than he told me.	4
16	☐	**question** ['kwestʃən]	Frage	a *simple / direct / relevant / reasonable / difficult / tricky / burning / silly* **question** ○ an *academic / open* **question** ○ a *scientific / political / social* **question** ○ **questions on** *the text* ○ *ask / raise / put / answer / reply to* a **question** ○ Who knows the answer to this **question**? ○ A new car is **out of the question**. ○ There are two sides to every **question**. ○ I could answer all the **questions** except for the last. ○ The woman **in question** [betreffend] is sitting over there.	1
17	☐	**question** ['kwestʃən]	befragen vernehmen	**question** *sb closely* ○ She was **questioned** *on her past experiences / about her activities / about the use of computers in school*. ○ The police **questioned** him for several hours. ○ He refused to be **questioned**.	3
18	☐	**interview** ['ɪntəvjuː]	Interview	*a television / an exclusive* **interview** ○ a live **interview** with a famous nuclear scientist ○ *have / give / refuse* an **interview** ○ Tim acted as an interpreter **in** the **interview**. ○ If you're late for the **interview** [Vorstellungsgespräch] they'll take it as a sign that you're not interested in the job.	4
19	☐	**interview** ['ɪntəvjuː]	befragen interviewen	**interview** *hundreds of people* ○ She was **interviewed** by reporters **about** her policies. ○ Fifty applicants [Bewerber] were **interviewed** for the job.	4
20	☐	**turn to** ['tɜːn tuː]	sich wenden an	**turn to** *a friend for help / lawyer for advice* ○ She has nobody she can **turn to**. ○ After his wife died he didn't know who to **turn to**.	3

21	☐ **find out** [ˌfaɪnd ˈaʊt]	herausfinden erfahren	**find out** *the facts / the truth / John's new address / about the trains / when she left / who committed the crime* ○ It would be awful if they **found out**.	2
22	☐ **learn** [lɜːn]	wissen lernen erfahren	We should have **learned** by now that we can rely on her. ○ With this book, you can **learn** all **about** the history of Scotland. ○ You still have a lot to **learn about** women. ○ I was sorry to **learn of** your father's death.	4
23	☐ **inform** [ɪnˈfɔːm]	benachrichtigen mitteilen informieren	**inform** the police *that your bike has been stolen / of the accident / where the money was hidden* ○ I must **inform** you that you will be arrested. ○ She demanded to be **informed about** everything. ○ I wasn't **informed of** the decision until too late. ○ Do keep me **informed** [auf dem Laufenden halten] **of** all changes. ○ a **well-informed** reporter	3
24	☐ **report** [rɪˈpɔːt]	anzeigen (sich) melden berichten über	**report** a *crime / robbery / raid* **to** the police ○ The girl was **reported** missing. ○ The boys were ordered to **report to** the police every Saturday afternoon. ○ The royal wedding was reported in the **press**.	3
25	☐ **how** [haʊ]	wie	**How** is your meal / long did it take / do I get there? ○ Do you know **how** to pronounce the name Abraham Lincoln?	1
26	☐ **how many** [ˌhaʊ ˈmænɪ]	wie viele	**How many** mistakes did you make? ○ **How many** came to the meeting? ○ How **many times** have I told you not to lie in the sun for hours.	1
27	☐ **how much** [ˌhaʊ ˈmʌtʃ]	wie viel	**How much** time have we got? ○ **How much** (sugar) do you want?	2
28	☐ **what** [wɒt]	was für ein(e) welche(r, s) was	**What** colour is her new dress? ○ **What** street is it? ○ **What** kind of music do you like? ○ **What** car would you choose if you could have any? ○ **What** are you doing here? ○ She asked **what** we were doing.	1
29	☐ **what for** [ˌwɒt ˈfɔː]	wozu weswegen	**What's** that little switch [Schalter] **for**? ○ **What** did you say that **for**? ○ I wonder **what** she did that **for**.	1
30	☐ **What about, How about** [ˈwɒt/ˈhaʊ əbaʊt]	Wie steht's mit Wie wär's mit	**What about** *a glass of milk / going to the cinema?* ○ I'm going to have chicken. **What about** you? ○ **How about** [was ist mit] Ruth? Have you heard from her recently [in der letzten Zeit]?	3
31	☐ **when** [wen]	wann	**When** *will you see them again / are you leaving for England / did you last have something to eat?* ○ Do you know **when** she arrived? ○ I don't know **when** he left.	1
32	☐ **where** [weə]	wo wohin	**Where** *do you live / can I get a paper / did you get those shoes?* ○ We asked **where** to find a good restaurant. ○ **Where** did they move to? ○ **Where** are you going?	1
33	☐ **which** [wɪtʃ]	welche(r, s) wer	**Which** *colour do you prefer / book is yours / hand do you write with?* ○ **Which** station should we change trains at? ○ I can't decide **which** pullover to choose. The green one or the red one. ○ **Which** of you can tell me what happened?	1
34	☐ **who** [huː]	wer wem wen	**Who** *are the men in the white coats / did this / broke the window / phoned this morning / got the job / passed the exam?* ○ **Who** did you / shall I give the money to? ○ **Who** did you *see / meet at the party?* ○ **Who** shall I ask for advice / is the money for? ○ She asked me **who** I had met at the party.	1
35	☐ **whose** [huːz]	wessen	**Whose** *bike is this / shoes are these?* ○ **Whose** turn is it? [Wer ist der Nächste?] ○ I wonder **whose** coat *this is / it is*. ○ **Whose** car did you come back in?	2
36	☐ **why** [waɪ]	warum weshalb	**Why** *haven't you finished / were you so late?* ○ Tell me **why** you did it. ○ Do you know **why** the door is locked? ○ **Why** get upset just because you got a bad mark? ○ the reason **why** ...	1
37	☐ **Why not** [ˌwaɪ ˈnɒt]	Wie wär's mit	**Why not** get fish and chips tonight? ○ All alone? No-one to turn to? **Why not** try [doch versuchen mit] coming to our friendly self-help group?	2
38	☐ **answer** [ˈɑːnsə]	Antwort	the *only / correct / right / wrong / written / spoken / official / unofficial* **answer** ○ She *gave / received / had* no **answer to** their questions. ○ I've had no **answer to** my letter yet. ○ The **answer to** your question is I don't know.	2
39	☐ **answer** [ˈɑːnsə]	antworten (auf) beantworten	**answer** a letter ○ **Answer** all the questions on the form. ○ I've asked you a question, now please **answer**. ○ When he asked her how much she earned, she **answered** that it was none of his business.	1

| 40 | ☐ reply [rɪˈplaɪ] | Antwort Erwiderung Entgegnung | a *short / standard / logical* **reply** ○ an *official / unprintable / icy* **reply** ○ a **reply to** a *question / letter / request* ○ He made no direct **reply**. ○ **In reply to** [In Beantwortung] your letter I suggest ... ○ *give / send / publish / get / receive / wait for / expect* a **reply** ○ Please phone your **reply**. ○ a **reply**-paid envelope [Freiumschlag] | 3 |
| 41 | ☐ reply [rɪˈplaɪ] | beantworten antworten erwidern | **reply to** a *question / a letter / an ad* ○ I wrote to her when I heard she was ill, but she never **replied**. ○ She **replied** with a *nod / short note*. ○ He **replied** that he'd never seen that woman before. ○ I wrote to the mayor, but he hasn't **replied** yet. | 2 |

262 Presse, Zeitungen, Zeitschriften

advertise 18	deliver 8	journalism 2	(news)paper 3	reader 16
advertisement 17	entry 20	magazine 4	press 1	report 12
advertising 19	headline 14	newsboy 9	print 7	reporter 15
article 10	item 11	number 5	publish 6	story 13

1	☐ press [pres]	Presse	the national [überregional] **press** ○ She never gives interviews to the **press**. ○ The local **press were** there to hear the mayor's speech. ○ a **press** *conference / photographer*	4
2	☐ journalism [ˈdʒɜːnəlɪzəm]	Journalismus	Writing for a women's magazine or a daily newspaper are two very different types of **journalism**. ○ Fred is interested in **journalism** as a career.	5
3	☐ (news)paper [ˈnjuːspeɪpə]	Zeitung	a *local / national / daily / weekly / morning* **paper** ○ an evening **paper** ○ *print / publish / deliver / read* a **newspaper** ○ The **paper** comes out twice a week. ○ Where's today's **paper**?	2
4	☐ magazine [ˌmæɡəˈziːn]	Zeitschrift Magazin Illustrierte	a *woman's / computer / gardening* **magazine** ○ a *weekly / monthly* **magazine** ○ The **magazine** comes out on Fridays. ○ The solution to this puzzle will be published in next week's **magazine**. ○ a **magazine** article	3
5	☐ number [ˈnʌmbə]	Ausgabe Nummer	the *summer / winter / July* **number** of the magazine ○ the latest **number** of the magazine ○ Back [frühere] **numbers** of this magazine are still available.	3
6	☐ publish [ˈpʌblɪʃ]	veröffentlichen	**publish** *an article / a report* ○ **publish** figures on the country's population / the election results / the results of a survey	4
7	☐ print [prɪnt]	drucken veröffentlichen	**print** *a newspaper / an article* ○ The magazine should not have **printed** the photographs of the princess in her bikini.	3
8	☐ deliver [dɪˈlɪvə]	austragen zustellen	**deliver** *newspapers / magazines* ○ If **undelivered** [unzustellbar] please return to sender [Absender].	2
9	☐ newsboy [ˈnjuːzbɔɪ]	Zeitungsjunge	Julian Day was the Post and Mail's **Newsboy** of the Year in 1967.	4
10	☐ article [ˈɑːtɪkl]	Artikel	a sensational [reißerisch] **article** ○ a **leading article** [Leitartikel] ○ a series of **articles** in the Times ○ according to a *newspaper / magazine* **article** ○ *write / read / like / appreciate* an **article** ○ an **article on/about** Shakespeare ○ She has written an **article on** Hemingway for a literary magazine.	3
11	☐ item [ˈaɪtəm]	Meldung, Notiz, Bericht	a short (news) **item** ○ There's an **item on** the robbery on page ten. ○ Did you read the **item on** dogs in yesterday's paper?	5
12	☐ report [rɪˈpɔːt]	Bericht Gutachten	a *special / reliable / secret* **report** ○ a *weekly / monthly* **report** ○ the front-page **report** of the Times ○ a **report on** air pollution ○ an unpublished **report** ○ the latest *weather / traffic / central bank* **report** ○ *make / present* a **report**	2
13	☐ story [ˈstɔːri]	Geschichte Bericht Story	a love **story** ○ a **story** *of a disaster / of the earthquake in Japan / about the elections in Chile* ○ The plane crash was the front-page **story** of most newspapers. ○ That'll make a good **story**.	1

14	☐ **headline** ['hedlaɪn]	Schlagzeile	the main **headline** ○ She never reads a paper in detail — she just has a look at the **headlines**. ○ She made **headlines** at 13, when she acted in a Richard Gere movie.		4
15	☐ **reporter** [rɪ'pɔːtə]	Reporter(in), Berichterstatter(in)	a *newspaper / news / sports* **reporter** ○ a war **reporter** ○ a *responsible / local* **reporter** ○ a crime [Gerichts-] **reporter** ○ **reporters** *interview victims of a crime / phone their reports to the papers* ○ Several **reporters** and photographers rushed [eilen] to the scene of the fire. ○ The **reporter** had an exclusive interview with Senator Goldwater.		4
16	☐ **reader** ['riːdə]	Leser(in)	a *slow / fast* **reader** ○ an *average / educated* newspaper **reader** ○ a Times **reader** ○ the *common / general / ordinary* **reader** ○ supply the **reader** with useful information ○ **reader-friendly**		2
17	☐ **advertisement** [əd'vɜːtɪsmənt]	Inserat Anzeige Reklame Werbung	If you want to sell your car, why don't you put an **advertisement** in the local newspaper? ○ At this time of year, the papers are full of **advertisements** for skiing holidays. ○ Tobacco **advertisements** have been banned [verbieten] for years now.		3
18	☐ **advertise** ['ædvətaɪz]	annoncieren werben (für)	**advertise** in a *magazine / newspaper* ○ **advertise** *a new drink* ○ **advertise for** [suchen] sb to do the garden work ○ You must have seen those computer games — they have been **advertised** a lot on TV and in all Sunday papers. ○ Are lawyers allowed to **advertise for** their services? ○ All posters **advertising** cigarettes must carry a government health warning.		5
19	☐ **advertising** ['ædvətaɪzɪŋ]	Werbung Reklame Werbebranche Werbe-	The magazine gets a lot of money from **advertising**. ○ Big cigarette firms spend billions of dollars a year on **advertising**. ○ Jane is looking for a job in **advertising**. ○ The company got into a lot of trouble over its last **advertising campaign**.		5
20	☐ **entry** ['entrɪ]	Einsendung	How many **entries** did they receive? ○ The winning **entry** is number 53. ○ The closing date for **entries** [Einsendeschluss] is November 11th.		4

263 Telekommunikation

answer the phone 14	fax *n* 5	(tele)phone *n* 8	satellite 2
call 12	fax *v* 6	(tele)phone *v* 9	speaking 15
communications 1	hang up 16	ring 10	telegram 4
dial 13	line 7	ring up 11	telegraph 3

1	☐ **communications** [kə,mjuːnɪ'keɪʃnz]	Kommunikation Nachrichten-	The new satellite has improved **communications** between Europe and the US. ○ **communications** *centres / satellites / systems / networks / technology / software* ○ a **telecommunications** *market / satellite*		4
2	☐ **satellite** ['sætəlaɪt]	Satellit	a *weather / communications* **satellite** ○ launch a **satellite** ○ communicate **by satellite** ○ send a communications **satellite** to Mars ○ **satellite** *television / stations / channels* ○ receive **satellite** TV programmes ○ Houses with **satellite dishes**, a sign of wealth, are often broken into.		4
3	☐ **telegraph** ['telɪgrɑːf]	Telegraf	She sent her reply **by telegraph**. ○ The news came **by telegraph** shortly before midnight.		5
4	☐ **telegram** ['telɪgræm]	Telegramm	*send / receive* a **telegram** ○ We informed them **by telegram** that we would be arriving early. ○ She sent a **telegram** saying she'd arrived safely. ○ Jenny doesn't have a telephone, so Bob sent her a **telegram**.		2
5	☐ **fax** [fæks]	Fax	I need an answer today. Send us a **fax** please. ○ What's your **fax** number? ○ They contacted us **by fax**. ○ It's easy to send messages **by fax**, but there comes a time when people need to talk face to face. ○ Have you got a **fax machine**?		3
6	☐ **fax** [fæks]	faxen	We'll **fax** our order to you tomorrow. ○ I've **faxed** her a copy of the letter.		4
7	☐ **line** [laɪn]	Leitung	a free (telephone) **line** ○ I'm sorry — all the **lines** are *busy / engaged* [besetzt]. Can you try again later? ○ Hold the **line** [warten], please. — I'm trying to connect you.		4

8	☐ **(tele)phone** [fəʊn, ˈtelɪfəʊn]	Telefon Fernsprecher	a *private / public* **telephone** ○ *use / answer* the **phone** ○ You can book the tickets **by phone**. ○ The **phone** hasn't stopped ringing all day. ○ You can't talk to her at the moment, she's **on the phone** [telefonieren]. ○ a **phone** *book / call / number / caller* ○ a **phonecard** ○ **telephone** service ○ make a **phone** call [telefonieren] ○ the emergency **phone** [Notruf-] number	2
9	☐ **(tele)phone** [fəʊn, ˈtelɪfəʊn]	anrufen	Did anybody **phone** while I was out? ○ A woman **phoned** the police and told them about the threat. ○ He **phoned round** [herumtelefonieren] for a computer expert. ○ For *details / more information* **phone** 06252 – 4201. ○ Could you **phone** the restaurant and book a table? ○ Can you **telephone** Washington from here?	1
10	☐ **ring** [rɪŋ]	klingeln, läuten	Will you answer the phone if it **rings**. ○ Is that the phone **ringing**? ▲ RINGS – RANG – RUNG	2
11	☐ **ring (up)** (BE) [rɪŋ/ˌrɪŋ ˈʌp]	anrufen	**Ring** the airport and find out when the plane leaves. ○ I'll **ring** you tonight. ○ If you're busy at the moment, I can **ring** you **back** later. ○ What time did she **ring up**? ○ If you find it difficult to get through, I suggest trying to **ring up** after lunch. ○ Your uncle **rang up** an hour ago. He wanted to speak to you.	2
12	☐ **call** [kɔːl]	anrufen	My sister **called** me from Hull last night. ○ I'll **call** you *at 7 pm / if there's any news*. ○ We're just in the middle of the dinner. Can I **call back** later?	1
13	☐ **dial, -ll-** [ˈdaɪəl]	wählen	**dial** *999 / a special number* ○ How do I **dial** London? ○ The **dialling codes** for inner London are 0171 and 0181. ○ I **dialled** 06252 – 4201. ■ The American spelling is **dialing, dialed**.	5
14	☐ **answer the phone** [ˌɑːnsə ðə ˈfəʊn]	ans Telefon gehen	Would you **answer the telephone**? ○ Mr Robinson never **answers the phone** after 10 pm.	3
15	☐ **speaking** [ˈspiːkɪŋ]	am Apparat	Who is **speaking**? ○ Amy Connor **speaking** [(Hier ist) Amy Connor]. I'd like to speak to Mrs Delmas, please. – **Speaking**.	3
16	☐ **hang up** [ˌhæŋ ˈʌp]	auflegen einhängen	Please don't **hang up on** me. I must talk to you. ○ She **hung up** the phone, took the car keys and left. ▲ HANGS – HUNG – HUNG	2

Lernhilfe 9: Worthäufigkeit und Kontrollkästen bei Wiederholung und Prüfungsvorbereitung

Für viele von euch endet das 6. Lernjahr mit einer Abschlussprüfung in Englisch. Zur Vorbereitung gehört eine solide, über das Jahr verteilte Wortschatzwiederholung. Etwa 100 Wörter pro Woche sind sicher nicht zu viel. Damit du die häufigsten Wörter auswählen kannst, ist jedes Wort im *Field dictionary* mit einer Ziffer versehen, die seine Häufigkeit angibt. Stufe 1 gehört zu den 600, 2 zu den 1200, 3 zu den 2200, 4 zu den 3200, 5 zu den 4500 häufigsten Wörtern. Ein Wort mit der Häufigkeit 6 gehört nicht zum Grundwortschatz. Markiere in den Kontrollkästchen ☐ die Wörter, die du wiederholt hast. So hast du einen Überblick über den Stand deiner Wiederholung.

Tipp: Arbeitet mit einem Partner zusammen und hört euch gegenseitig ab.

264 Rundfunk und Fernsehen

aerial 10	documentary 16	media 1	series 17	turn up/down 27
audience 22	episode 18	news 14	show 15	viewer 24
broadcast *n* 7	goggle-box 4	programme 13	station 6	watch (TV) 21
broadcast *v* 8	listen 20	radio 2	switch on/off 25	
channel 12	listener 23	satellite dish 11	television/TV 3	
commercial 19	live 9	screen 5	tune 26	

1	☐ **the media** [ðə ˈmiːdɪə]	die Medien	The facts were correctly reported by **the media**. ○ **The media** always **take/takes** a great interest in the Royal family. ○ Much of what children learn comes from **the mass media**. ○ a **multi-media** giant	5
2	☐ **radio** [ˈreɪdɪəʊ]	Rundfunk Radio	*state-run [staatlich]* **radio** ○ *a car* **radio** ○ *a play specially written / adapted for* **radio** ○ *switch on / off the* **radio** ○ *listen to the* **radio** ○ *I heard it* **on the radio**. ○ **radio** *signals / waves / programmes* ○ a **radio** *station / message / broadcast / programme* ○ a **radio** *interviewer / reporter*	1
3	☐ **television/TV** [ˈtelɪvɪʒn, ˌtelɪˈvɪʒn/ˌtiː ˈviː]	Fernsehen Fernseher Fernseh-	*state-run / private / cable / satellite* **television** ○ *colour / black and white* **television** ○ *a portable* **TV** ○ *How has* **television** *affected community and family life?* ○ *There have been complaints that there aren't enough serious programmes* **on television**. ○ *The Prime Minister went* **on television** *to explain his decision.* ○ a **television** *report / series / camera*	1
4	☐ **goggle-box** [ˈgɒgl bɒks]	Glotze	They're all **goggle-box** mad there.	5
5	☐ **screen** [skriːn]	Bildschirm	a *big / large / huge / bright* **screen** ○ There was no picture on the TV **screen**. ○ The television **screen** was not visible from where she was sitting.	5
6	☐ **station** [ˈsteɪʃn]	Sender	A reporter from a local radio **station** asked me what I thought about the latest economic crisis. ○ The radio was permanently tuned [einstellen] to his favourite **station**.	3
7	☐ **broadcast** [ˈbrɔːdkɑːst]	Übertragung	a live **broadcast** ○ a news **broadcast** ○ The government has banned [verbieten] all **broadcasts** [Sendung] by opposition groups.	4
8	☐ **broadcast** [ˈbrɔːdkɑːst]	senden ausstrahlen übertragen	The BBC World Service **broadcasts to** most countries in the world. ○ The Olympics are **broadcast** live by satellite. ○ The President **broadcasts** [sich wenden] to the nation in times of crisis.	4
			▲ BROADCASTS — BROADCAST — BROADCAST	
9	☐ **live** [laɪv]	live direkt	go out [ausstrahlen] **live** on TV ○ This programme is coming **live** from Wembley Stadium. ○ The concert will be broadcast **live** on Radio 3.	5
10	☐ **aerial** [ˈeərɪəl]	Antenne	*put up / take down* an **aerial** ○ a *radio / TV* **aerial** ○ The **aerial** receives information on traffic conditions from a traffic control centre.	6
11	☐ **satellite dish** [ˈsætəlaɪt ˌdɪʃ]	Satellitenschüssel	*install / put up* a **satellite dish** ○ He receives CNN via a **satellite dish**. ○ **Satellite dishes** are not allowed in parts of some historic cities on the Continent.	5
12	☐ **channel** [ˈtʃænl]	Programm (Fernseh-)Kanal	How many **channels** does BBC Television have? ○ Can I switch over to the other **channel**? ○ There's an interesting programme on **Channel** 4 tonight.	5
13	☐ **programme** (BE) [ˈprəʊgræm]	Sendung Programm	a *TV / radio / news / documentary* **programme** ○ a balanced [ausgewogen] **programme** ○ an entertainment **programme** ○ a **programme on** educational reforms ○ *make / watch / enjoy / like / appreciate / miss* a **programme** ○ What's on tonight's **programme**? ○ He presents a **programme** called Tonight at Five.	3

■ The American spelling is prog**am**.

14	☐ **news** [njuːz]	Nachricht(en)	the *national / local / 8 o'clock / evening / TV* **news** ○ The only good **piece of news** was that ... ○ This was a bad **piece of news**. ○ Jeff always tries to catch the 6 o'clock **news** or read the evening paper. ○ We'll give you more **news about** the elections results as soon as we receive it. ○ What's the latest **news on** the floods? ○ No **news** is good **news**.	2
			■ **News** can only be used in the singular. Compare: *Das sind die neuesten Nachrichten aus dem Olympiastadion.* **This is** the latest news from the Olympic stadium.	
15	☐ **show** [ʃəʊ]	Show Sendung	a one-man **show** ○ a *talk / quiz* **show** ○ *do / produce / watch* a **show** ○ It's a game **show** where people win prizes by guessing someone's occupation [Beruf].	3
16	☐ **documentary** [ˌdɒkjʊˈmentərɪ]	Dokumentarfilm Filmbericht	We watched a **documentary on** the political situation in China. ○ Chris made several television **documentaries** and a series of commercials.	5
17	☐ **series**, pl. **series** [ˈsɪəriːz]	Sendereihe Serie	a *popular / regular / long* **series** ○ a *radio / German television / children's* **series** ○ a sensationally successful **series**	4
18	☐ **episode** [ˈepɪsəʊd]	Folge	You can see the next **episode** on Sunday. ○ In the final **episode** we'll find out who committed the murder. ○ I saw all fourteen **episodes** of 'The Last Three Minutes'. ○ Today's **episode** will be repeated at 5.30.	5
19	☐ **commercial** [kəˈmɜːʃl]	Werbespot	a *radio / TV / film* **commercial** ○ spend a lot of money on **commercials** ○ I enjoyed the play but the **commercials** got on my nerves.	5
20	☐ **listen (to)** [ˈlɪsn]	zuhören hören anhören	**listen** *carefully / patiently / breathlessly / with half an ear* ○ **listen to** *the radio / a concert / a new cassette of Irish music / a choir singing* ○ What station are you **listening to**? ○ Be quiet – I'm **listening to** the news. ○ He used a headset to **listen to** a language programme. ○ When Helen was interviewed on the radio we all **listened to** the broadcast.	1
21	☐ **watch (TV)** [wɒtʃ/ˌwɒtʃ tiːˈviː]	(fern)sehen	spend the evening **watching TV** ○ Do you **watch** football on **TV**? ○ Did you **watch** that documentary on illegal immigration last night? ○ When I rang her up she was **watching** a video. ○ The parliamentary debate was **watched** by over ten million people.	1
22	☐ **audience** [ˈɔːdɪəns]	Publikum	*attract / move* a large **audience** ○ The **audience** consisted mainly of young girls under sixteen. ○ The **audience was/were** wild with excitement. ○ Some members of the **audience** were shocked by the scenes of violence. ○ An **audience** of millions of people watched the Royal Wedding on TV.	3
23	☐ **listener** [ˈlɪsnə]	Zuhörer(in)	The programme has more than two million **listeners** across the country. ○ We have received a number of complaints from **listeners** about the bad language on last week's show.	3
24	☐ **viewer** [ˈvjuːə]	Zuschauer(in)	Countless **viewers** complained about a particularly violent episode of Miami Vice. ○ Most **viewers** watch TV to be informed as well as entertained.	4
25	☐ **switch on/off** [ˌswɪtʃ ˈɒn/ˈɒf]	einschalten ausschalten	**Switch** the radio **on** – it's time for the news. ○ **Switch on** the TV. ○ **Switch** it **on**. ○ Don't forget to **switch off** the *radio / TV* when you leave.	4
26	☐ **tune in** [tjuːn]	einstellen einschalten	He was **tuned in to** the BBC. ○ Be sure to **tune in** next week at the same time for another exciting episode of 'The Golden Girls'.	5
27	☐ **turn up/down** [ˌtɜːn ˈʌp/ˈdaʊn]	lauter stellen leiser stellen	**Turn up** the radio, please. ○ **Turn** the television **down**. ○ **Turn** it **up/down**, please.	3

265 Postwesen, Postsendungen

address 17	delivery 14	mail *n* 3	post office 2	postman
airmail 11	envelope 16	mail *v* 10	postage 20	postwoman 12
best wishes 22	letter 4	parcel 6	postcard 5	receive 8
dear 21	letter-box 15	post *n* 1	postcode 18	send 7
deliver 13	Love 23	post *v* 9		stamp 19

1	☐ **post** (BE) [pəʊst]	Post	send plants **by post** ○ A letter has just arrived **by post**. ○ The package was opened **in the post**. ○ The letter may have got lost **in the post**. ○ Hasn't the **post** arrived yet? ○ **PO box** [Postfach]	1
2	☐ **post office** [ˈpəʊst ˌɒfɪs]	Post(amt)	collect post from the **post office** ○ I can easily post the letter for you. I'll be passing the **post office** on my way home anyway.	2
3	☐ **mail** (meist AE) [meɪl]	Post	*first-class / second-class / third-class* **mail** ○ E-**mail** ○ *send out / deliver / receive* **mail** ○ Has the **mail** arrived yet? ○ He picked up [herausnehmen] the **mail** – no letter, only bills today. ○ **by return of mail** [postwendend]	3
4	☐ **letter** [ˈletə]	Brief	a *personal / love / fan / business* **letter** ○ an *open / airmail* **letter** ○ an express **letter** [Eilbrief] ○ a **letter** of *application / complaint* ○ the content of a **letter** ○ in *answer / reply* to your **letter** ○ *write / send / post / mail / receive / get / open / read* a **letter** ○ Our **letters** crossed in the post. ○ This **letter** reached me today.	1
5	☐ **postcard** [ˈpəʊstkɑːd]	Postkarte	*write / send / receive* a **postcard** ○ He sent a **postcard** to his parents saying that he had arrived safely. ○ a **picture-postcard** of a castle	2
6	☐ **parcel** [ˈpɑːsl]	Paket Päckchen	*send / post / mail / deliver / receive / get* a **parcel** ○ wrap [einpacken] a **parcel** ○ The **parcel** contains several tools. ○ Why don't you unpack the **parcel**? ○ A **parcel bomb** was found at Madrid's main post office.	2
7	☐ **send** [send]	schicken	**send** a *postcard / parcel / telegram / message* ○ **send** a letter **back** ○ **send** a letter by air mail ○ We **sent him** a letter. ○ We **sent** a letter **to him**. ○ If he **sent** the letter **off** on Monday, it should have arrived by now. ▲ SENDS – SENT – SENT	1
8	☐ **receive** [rɪˈsiːv]	erhalten bekommen	I **received** a letter **from** an old friend last week. ○ Have you **received** the parcel I sent you? ○ No reply to our question has been **received**.	2
9	**post** (BE) [pəʊst]	aufgeben einwerfen (ab)schicken einwerfen aufgeben	When did you **post** the *letter / parcel*? ○ Will you **post** this letter for me please? ○ The letter was **posted** in Berlin yesterday. ○ Many letters **posted** in London **for** Europe are delivered the following day. ○ I'll be glad to **post** you details.	2
10	☐ **mail** (meist AE) [meɪl]	(ab)schicken	**mail** a *letter / postcard / parcel* ○ The letter was **mailed** from Oregon to Pennsylvania. ○ The company promised to **mail** a reply the same day but we've never received it.	3
11	☐ **airmail** [ˈeəmeɪl]	Luftpost	Let's send this parcel **by air mail**. ○ If I were you, I'd send it **by airmail**. ○ How much would it cost **airmail**? ○ an **airmail** *letter / envelope*	4
12	☐ **postman, postwoman** [ˈpəʊstmən, ˈpəʊstˌwʊmən]	Briefträger(in) Postzusteller(in)	The **postman** came early, bringing her a letter from her boyfriend. ○ Two years ago, after knee trouble, she worked as a **postwoman** delivering mail on a bicycle as rehabilitation.	2
13	☐ **deliver** [dɪˈlɪvə]	austragen zustellen	**deliver** *letters / parcels / newspapers / magazines* ○ If **undelivered** [Falls unzustellbar] please return to sender [Absender].	2
14	☐ **delivery** [dɪˈlɪvərɪ]	Lieferung Zustellung	free **delivery to** your home or office ○ **Delivery** of your order might be a bit difficult. ○ All goods must be paid before **delivery**. ○ There are two parcel **deliveries** a week.	5

15	☐ **letter-box** (meist BE) ['letə bɒks]	Briefkasten	The front door was locked so he put the card through the **letter-box**. ○ When no one came to the door, he peered [schauen] through the **letter-box** and saw somebody lying on the floor.	4
16	☐ **envelope** ['envələʊp]	Briefumschlag Umschlag	Don't forget to *put / stick* a stamp on the **envelope**. ○ The letter arrived in a long, brown **envelope**. ○ She opened the **envelope** and took out the contents.	3
17	☐ **address** [ə'dres]	Adresse Anschrift	my *home / business / permanent / temporary / holiday* **address** ○ My **address** is 10 Garden St, Blackfield. ○ Did you change your **address**? ○ He took out his pen and wrote down his name and **address**. ○ **addressee** [Empfänger] ■ **Address** is spelt with double **d**.	1
18	☐ **postcode** (BE) ['pəʊstkəʊd]	Postleitzahl	The letter I sent with a first-class stamp, correctly addressed [adressiert] with the correct **postcode**, took eight days.	4
19	☐ **stamp** [stæmp]	(Brief-)Marke	an 18p **stamp** ○ a *first-class / second-class* **stamp** ○ I'd like three first-class **stamps**. ○ No **stamp** required [Porto zahlt Empfänger].	1
20	☐ **postage** ['pəʊstɪdʒ]	Porto	Send 25p extra for **postage** and packing. ○ The parcel will cost 50p **postage**. ○ a first-class **postage** stamp [Briefmarke]	4
21	☐ **dear** [dɪə]	liebe(r, s)	**Dear** *Sandra / Fred / Mrs Jones / Mr Bush*	1
22	☐ **best wishes** [,best 'wɪʃɪz]	mit den besten Wünschen	**Best wishes**, John ○ Tim sends his **best wishes**.	4
23	☐ **Love** [lʌv]	Viele liebe Grüße von	**Love**, Tina ○ **With love** from Jim	4

2

Lernhilfe 10: Useful expressions for letter writing

Dear *Mr Black, / Mrs Black, / Ms Black, / Sir, / Madam, / Sir or Madam, / Kate* ...
It was nice to hear from you again.
I received your letter of July 2nd ...
Your letter was a lovely surprise.
Your letter made me *smile / laugh so much* ...
Thank you / Thanks a lot for your *kind letter / lovely present.*
This is just a quick note to say ...
Just a line to thank you for ...
I just wanted to say thank you for everything you've done for me.
This is just a short note to thank you for a lovely *party / evening* ...
I'm sorry I haven't written for so long.
Please excuse me for not replying to your kind letter earlier.
I hope you received my last letter.
Only a few lines to let you know that ...
I really must apologize for ...
It was so nice *to meet so many interesting people* ...
I reached home safely *at 10 o'clock last night / after* ...
I enjoyed my stay with you very much.
Thank you again for the wonderful time you gave me. I enjoyed every minute of it.
I hope you are well.
I hope everything is going well with you.

I hope things are fine with you.
I hope you had a lovely *birthday / Christmas / Easter* ...
Not having heard from you for a long time, I ...
We'd like to invite you to ...
I wonder if you are free *next weekend / on April 22nd,* and if so, whether you would like to ...
I wonder if you could do me a big favour.
I'm writing to find out ...
Would you mind ...?
Let me know what you think about ...
Now I'd like your opinion on ...
Well, I'm afraid I'll have *to finish this letter now / to end here.*
I'll write more when I've got time.
Write soon and let me know *if / whether* ...
See you soon.
Are you still in contact with ...?
Tell me more about ... next time you write.
Tell ... that I miss *her / him / them.*
Best of luck with *your exam* ...
I hope very much to be able to ... soon.
Say hello to *Mrs Jones / Tom* ...
My parents send their best wishes.
I'm looking forward to *my holidays / hearing from you soon.*

Sincerely yours, / Yours sincerely, / Yours faithfully, / Yours, / Yours ever, / Best wishes, / With much love from / Love, ...

270 Transport und Verkehr

auto(mobile) 14	commuter 32	miles per hour 44	petrol station 72	taxi 15
bend 48	crossroads 49	miss 37	ride 7	tractor 25
bicycle 10	crowded 61	moped 11	rider 29	traffic 3
bike 9	cycle 6	motorbike 12	road 45	traffic jam 57
bus 17	drive 5	motorway 47	route 38	traffic lights 67
bus stop 27	driver 28	noisy 64	run 34	tram 20
busy 58	garage 74	overcrowded 62	rush hour 56	transport *n* 1
by (bus) 4	gas station 73	parking lot 70	side 51	transport *v* 2
cab 16	get off 42	parking space 71	sidewalk 53	tube 23
cable-car 21	get on/in 36	pass through 39	sign 65	Underground 22
car 13	heavy 59	passenger 31	signal 66	van 19
car park 69	hectic 60	pavement 52	speed 43	vehicle 8
catch 35	highway 46	pedestrian 30	stop 26	via 40
change 41	intersection 50	pedestrian crossing 54	subway 24	whistle 68
clear 63	lorry 18	pedestrian precinct 55	take 33	

1 ☐ **transport** (BE) ['trænspɔːt] — Verkehr, Beförderung, Transport, Verkehrsmittel, Verkehrs- — *road / rail / air / bus* **transport** ○ the **transport** of goods by air ○ *take / use* public **transport** ○ *provide / organize* **transport** from the airport to the hotel ○ We can get there by **public transport**. ○ Do you have your own **transport** [ein eigenes Fahrzeug]? ○ Her car is being repaired so she's without **transport** at the moment. ○ **transport** *routes / systems* — 3

2 ☐ **transport** [træn'spɔːt] — befördern, transportieren — A bus **transported** us **from** the city **to** the airport. ○ Fruit grown in Florida can now be easily **transported to** Europe. — 3

3 ☐ **traffic** ['træfɪk] — Verkehr, Verkehrs- — *heavy / light / slow-moving* [schleichend] **traffic** ○ *international / local / sea / air* **traffic** ○ There's usually a lot of **traffic** at this time of day. ○ solve **traffic** problems ○ **traffic** accidents ○ **traffic** control ○ air **traffic** control systems — 4

4 ☐ **by (bus)** [baɪ ('bʌs)] — mit (dem Bus) — They *went home / came* **by bus**. ○ It's so difficult to park your car in town. It's better to go **by bus**. ○ Do you prefer going on holiday **by coach** or **by car**? ○ Did you come **by train**? ○ I don't like driving tonight, I'd rather go **by train**. ○ She travels to work **by underground**. — 1

5 ☐ **drive** [draɪv] — (selbst) fahren — **drive** *a car / 50 miles a day* ○ **drive** *well / carefully badly / carelessly / like mad / at high speed* ○ **drive** *into a street / round a bend / on a country road / through a town* ○ **drive** a friend **to** the airport ○ John can **drive** anything. He's even **driven** a ten-ton lorry. ○ Careless **driving** may cost you your life. ○ Tim is taking **driving lessons**. ○ Jane has just *passed / failed* her **driving test**. — 4

▲ DRIVES – DRIVING – DROVE – DRIVEN

6 ☐ **cycle** ['saɪkl] — mit dem Rad fahren — He **cycles to** school every day. ○ It's hard **cycling against** the wind. ○ The accident happened when he was **cycling down** a hill. — 3

7 ☐ **ride** [raɪd] — fahren, fahren mit — **ride** *a bike / a motorbike / in a bus / on a train* ○ Can John **ride** a bicycle yet? ○ She jumped onto her motorbike and **rode off** [wegfahren]. ○ It's safer to **ride** a motorbike than a scooter [Roller]. ○ She **rides** a bicycle to work every day. — 1

8 ☐ **vehicle** ['viːɪkl] — Fahrzeug — *an underwater / a motor* **vehicle** ○ The stolen **vehicle** crashed into a wall, injuring two children and three adults. ○ the motor **vehicle** industry — 3

■ Do not pronounce the **h** in **vehicle**.

9 ☐ **bike** [baɪk] — Fahrrad, Rad — *come / go to* school **by bike** ○ Mary has just learned to ride a **bike**. ○ He can drive but he can't ride a **bike**. — 1

10 ☐ **bicycle** ['baɪsɪkl] — Fahrrad, Rad — *go by / ride a / get on your / get off your* **bicycle** ○ I think it would be quicker to go **by bicycle**. — 1

11	☐ **moped** ['məʊped]	Moped	The accident happened when she rode home from work on her **moped**. ○ I don't want a **moped**. My old bike has been good enough so far.	5
12	☐ **motorbike** ['məʊtəbaɪk]	Motorrad	He fell off his **motorbike**. ○ Riding a **motorbike** at top speed on wet roads can cause a disaster.	5
13	☐ **car** [kɑː]	Auto Wagen	a *fast / light blue / new / used* **car** ○ *start / drive / brake / stop / overtake / repair* a **car** ○ She sat in the back of the **car**. ○ Electric **cars** are becoming more and more attractive. ○ After the **car** came a bus. ○ The **car** came off the road. ○ The old **car** is in good condition [Zustand]. ○ a **car** crash	1
14	☐ **auto(mobile)** (AE) ['ɔːtəʊ, 'ɔːtəməbiːl]	Auto Wagen	Expensive **automobiles** were parked in front of the hotel. ○ an **automobile** battery ○ the **automobile** industry	5
15	☐ **taxi** ['tæksi]	Taxi	*call / hire / take / go by / park* a **taxi** ○ I hope you manage to find a **taxi**. ○ A **taxi** took him safely to his front door. ○ For a party of four it's cheaper to go **by taxi** than by train. ○ a **taxi** rank [Taxistand] ○ The IRA killed a **taxi driver** and injured his 16-year-old daughter yesterday morning.	1
16	☐ **cab** [kæb]	Taxi	go **by cab** ○ Let's take a **cab**. ○ Could you call a **cab** for me? ○ We were picked up by a man claiming to be a **cab driver**.	5
17	☐ **bus**, pl. **buses** [bʌs, 'bʌsɪz]	Bus	a *city / local / school / long-distance* **bus** ○ *take / get / catch / miss / get on / get off / drive* a **bus** ○ The **number 6 bus** goes to Dover Street. ○ The **bus** has sixty seats. ○ Push the red button [Knopf] if you want the **bus** to stop.	1
18	☐ **lorry** (BE) ['lɒri]	Lastwagen	a heavily loaded **lorry** ○ *drive / load / unload* a **lorry** ○ deliver coal **by lorry** ○ He has a licence to drive a **lorry**. ○ a **lorry-driver**	1
			■ The American word for German **Lastwagen** is **truck**.	
19	☐ **van** [væn]	Lieferwagen Kleinlastwagen Transporter	a *furniture / moving* [Möbelwagen] / *baker's* **van** ○ a **van** of coal ○ They delivered two tons of medical supplies **by van** to the victims of the earthquake. ○ a **van driver**	4
20	☐ **tram** (BE) [træm]	Straßenbahn	Why don't you take a **tram**? ○ The conductor [Schaffner] blew his whistle and the **tram** stopped.	5
			■ The American word for German **Straßenbahn** is **streetcar**.	
21	☐ **cable-car** ['keɪbl kɑː]	(Draht-)Seilbahn	A **cable-car** took them to the top of the mountain. ○ The **cable-car** fares were very high.	5
22	☐ **underground** (BE) ['ʌndəgraʊnd]	U-Bahn	travel **by underground** ○ fares on the London **Underground** ○ We went **by Underground** to Trafalgar Square. ○ Everything was chaotic in the **underground** because new stations were being opened. ○ She walked towards the **underground** station.	4
23	☐ **tube** (BE infml.) [tjuːb]	U-Bahn	take the **tube** to Victoria ○ She travels to work *on the / by* **tube**. ○ When I come **on tube** it takes about an hour. ○ She lost her way on the **The Tube**. ○ **tube** *trains / tickets* ○ a rail and **tube** strike	4
24	☐ **subway** (AE) ['sʌbweɪ]	U-Bahn	Don't wait for the bus – go **by subway**. ○ The 'Frankfurt Card' costs under $10 and allows [bieten] two days of unlimited travel on **subways**, buses and streetcars.	5
25	☐ **tractor** ['træktə]	Traktor	learn to drive a **tractor** ○ He drove his **tractor** across the field. ○ a **tractor** factory	3
26	☐ **stop** [stɒp]	Station Haltestelle	Which **stop** do I get off? ○ We wondered where the next **stop** would be. ○ Is this a request **stop** [Bedarfshaltestelle]?	3
27	☐ **bus stop** ['bʌs stɒp]	Bushaltestelle	turn left at the **bus stop** ○ Where's the nearest **bus stop**? ○ Can you pick me up at the **bus stop**? ○ *Wait / Look* for me at the **bus stop**. ○ There were long queues at all **bus stops**.	3
28	☐ **driver** ['draɪvə]	Fahrer(in) (Lok-)Führer(in)	a **driver** of a *car / lorry / taxi* ○ a *bus / taxi / lorry / van* **driver** ○ a train **driver** ○ She identified herself to the police as the **driver** of the car.	4
29	☐ **rider** ['raɪdə]	(Rad-/Motor-rad-)Fahrer(in)	a *poor / an excellent / an average / an experienced* **rider** ○ a *cycle / bike / motorbike* **rider**	4

30	☐ **pedestrian** [pɪˈdestrɪən]	Fußgänger(in)	The city centre is to be for **pedestrians**. ○ A car hit three **pedestrians** on a zebra crossing. ○ **pedestrian** *areas / zones / crossings* ○ Vehicles are not permitted to use the **pedestrian precinct** [Fußgängerzone].	5
31	☐ **passenger** [ˈpæsɪndʒə]	Reisende(r) Passagier Fahrgast Personen-	first-class **passengers** ○ Several bus **passengers** were injured. ○ **Passengers** for the next flight should go to the last gate [Flugsteig]. ○ North West Flight 51 from Paris to Detroit flew with only 17 **passengers**. ○ a modern **passenger** *plane / train* ○ a **passenger** seat [Beifahrersitz]	2
32	☐ **commuter** [kəˈmjuːtə]	Pendler(in) Pendler-	The six o'clock train is usually crowded with **commuters**. ○ He looked around the train at the other **commuters**, all as bored with their jobs as he was. ○ a **commuter** train ○ **commuter** traffic	5
33	☐ **take** [teɪk]	fahren mit nehmen reisen mit	**take** the *train / coach / plane* ○ **take** a taxi ○ She **takes** the bus to get to work. ○ **Take** [abbiegen] the second turning [Abzweigung] on the right. ○ She usually **takes** the M6 when she goes to Scotland. ○ What route does the 39 bus **take** [fahren]?	2
34	☐ **run** [rʌn]	verkehren fahren	**run** on time [planmäßig] ○ Buses to Oxford **run** every 20 minutes. ○ All the trains are **running** late this morning.	4
35	☐ **catch** [kætʃ]	nehmen erreichen	Why didn't you **catch** the bus as I told you to? ○ You'd have more chance of **catching** the train if you took a taxi. ○ Janet was usually able to **catch** the six thirty-train from Waterloo.	3
36	☐ **get on/in** [ˌget ˈɒn/ˈɪn]	einsteigen (in)	**get on** the *train* / bus ○ She couldn't **get on** the bus because it was full. ○ We all **got in** and Tim drove off.	2
37	☐ **miss** [mɪs]	verpassen	Hurry up or you'll **miss** the bus! ○ They **missed** the *last bus / 8 o'clock train* and had to walk home.	3
38	☐ **route** [ruːt]	Route Strecke Weg Linie	the *main / regular / normal* **route** ○ the *only / shortest / best* **route** ○ an air **route** ○ a sea **route** [Seeweg] ○ a trade **route** [Handelsstraße] ○ *plan / find / take* a **route** ○ His **route** went through the thickest forests in Europe. ○ The new bus **route** follows the valley of the Rhine.	4
39	☐ **pass through** [ˌpɑːs ˈθruː]	fahren durch passieren	They **passed through** a small village. ○ Which towns do we **pass through** on the way to Dover?	4
40	☐ **via** [ˈvaɪə]	über	They flew from Berlin to New York **via** London.	6
41	☐ **change** [tʃeɪndʒ]	umsteigen	Does this bus go directly to the airport or do we have to **change**? ○ You'll have to **change trains** at Heidelberg. ○ In Mannheim you'll have to **change for** Bonn.	3
42	☐ **get off** [ˌget ˈɒf]	aussteigen (aus)	Where do we **get off**? ○ When the train stopped, he **got off**. ○ Tell the driver I want to **get off** at the next stop. ○ He **got off** the plane at Heathrow.	2
43	☐ **speed** [spiːd]	Geschwindigkeit	at *high / very low* **speed** ○ The car was travelling **at a speed** of 35 miles an hour when the accident happened. ○ Riding a motorbike **at top speed** on wet roads is very dangerous. ○ a **speed limit** on motorways	3
44	☐ **miles per hour = mph** [ˌmaɪlz pər ˈaʊə]	Meilen pro Stunde	The TGV travels **at 215 miles per hour**, making Paris only one hour from Lille. ○ The car was travelling at **40 miles an hour**. ○ When he overtook her, he was doing at least 100 **mph**. ○ The policeman said Susan had been speeding [zu schnell fahren] in a **30-mile-per-hour** area.	4
45	☐ **road** [rəʊd]	Straße Weg Landstraße	a **road** *sign / map* ○ a *straight / quiet / busy / dusty / icy / rocky* **road** ○ a rough [holprig] **road** ○ a *main / major* **road** ○ the **road** *broadens / widens / narrows / makes a bend* ○ a restaurant **on the road to** Eton ○ take the wrong **road** ○ This **road** *goes / leads* to Oxford. ○ The **road** is closed to all vehicles. ○ They found an injured man lying **in the road**. ○ All **roads** [Weg] lead to Rome. (proverb)	1
46	☐ **highway** (AE) [ˈhaɪweɪ]	Fernstraße	interstate **highways** ○ He drove fifty miles down the **highway** before he parked. ○ The town is near a main **highway**.	5
47	☐ **motorway** (BE) [ˈməʊtəweɪ]	Autobahn	*enter / leave* the **motorway** ○ If we take the **motorway** we'll get there more quickly. ○ We drove south along the new **motorway**. ○ Accidents are common on this part of the **motorway**. ○ We came by country roads, not **by** the **motorway**. ○ No stopping on the **motorway**. ○ **motorway** *access / exit*	3

■ The American word for German **Autobahn** is **freeway**.

48	☐	**bend** [bend]	Kurve Biegung	a *narrow / slight / sudden* **bend** ○ a sharp [scharf] **bend** ○ The road is full of **bends**. ○ He drove too fast round the **bend**. ○ The car crash happened **at** the **bend** in the road.	4
49	☐	**crossroads**, pl. **crossroads** ['krɒsrəʊdz]	Kreuzung	We *came to / stopped / had an accident at* a **crossroads**. ○ When you come to the next **crossroads**, turn right. ○ **At** the **crossroads** we'll have to decide which road to take.	3
50	☐	**intersection** (meist AE) [ˌɪntəˈsekʃn]	Kreuzung	a *busy / dangerous* **intersection** ○ The accident happened **at** the **intersection** of the three roads.	3
51	☐	**side** [saɪd]	(Straßen-)Rand (Straßen-)Seite	the *left / right / sunny* **side** of the street ○ They were standing **at** the **side** of the road. ○ There's a grocery store **on** the right **side** of the street.	1
52	☐	**pavement** (BE) ['peɪvmənt]	Bürgersteig Gehsteig Trottoir	Don't ride your bike on the **pavement**. ○ A Land-Rover drove onto the **pavement**. ○ A large, excited crowd covered the **pavement** of Taylor Street. ○ She drove **onto** the **pavement** is, of course, different from she drove **on** the **pavement**.	4
53	☐	**sidewalk** (AE) ['saɪdwɔːk]	Gehweg	*cycle / walk / hurry* along the **sidewalk** ○ Cyclists can be dangerous to pedestrians when they use the **sidewalk** instead of the road.	4
54	☐	**pedestrian crossing** [pɪˌdestrɪən ˈkrɒsɪŋ]	Fußgängerüberweg	Engineers have designed a new **pedestrian crossing** to reduce the risks to pedestrians. ○ There's a **pedestrian crossing** that uses infra-red beams [Strahl] to halt [anhalten] traffic until people have crossed the road.	5
55	☐	**pedestrian precinct** (BE) [pɪˌdestrɪən ˈpriːsɪŋkt]	Fußgängerzone	At that time she was shopping in the **pedestrian precinct** in the centre of Hertford. ○ The two main shopping streets have been made **pedestrian precincts**. ○ The bomb, believed to be the work of the ETA, exploded without warning in a **pedestrian precinct** at 9 am.	4
56	☐	**rush hour** ['rʌʃ aʊə]	Hauptverkehrszeit, Stoßzeit	*get caught in / avoid* the **rush hour** ○ a fast passenger service for commuters in the **rush hours** ○ The *morning / evening* **rush hour** has begun. ○ One day it might be necessary to close the gates to traffic in **rush hours**. ○ **rush-hour** traffic [Berufsverkehr]	5
57	☐	**traffic jam** ['træfɪk ˌdʒæm]	Stau Verkehrsstau	Some people spend hours each day in **traffic jams**. ○ The accident caused a big **traffic jam**. ○ He got caught in a 15-mile **traffic jam**.	3
58	☐	**busy** ['bɪzɪ]	stark befahren belebt	a **busy** *road / highway* ○ a **busy** crossing ○ Oxford Street was so **busy** we could hardly move. ○ People living near **busy** roads are more likely to experience ill health.	2
59	☐	**heavy** ['hevɪ]	dicht	Headaches, sore throats, breathlessness and aching eyes are more common among people who live close to **heavy** traffic. ○ Winnie Mandela's driver was shot in **heavy** traffic in the centre of Johannesburg.	4
60	☐	**hectic** ['hektɪk]	hektisch	Manhattan's **hectic** street life ○ Monday morning is a **hectic** time.	5
61	☐	**crowded** ['kraʊdɪd]	überfüllt voll	**crowded** buses ○ The train is very **crowded** this evening. ○ The town was **crowded with** Christmas shoppers.	3
62	☐	**overcrowded** [ˌəʊvəˈkraʊdɪd]	überfüllt	**overcrowded** *trains / buses / motorways / airports* ○ **overcrowded with** passengers ○ **Overcrowded** trains are becoming even more **overcrowded**.	3
63	☐	**clear** [klɪə]	frei	Wait till the street is **clear** before crossing. ○ The police say that most roads are **clear of** *snow / ice* now.	4
64	☐	**noisy** ['nɔɪzɪ]	laut lärmend	a **noisy** *place / street / car / motorbike / jet* ○ **noisy** traffic ○ I can't work here, it's far too **noisy**.	4
65	☐	**sign** [saɪn]	Schild	a *traffic / road* **sign** ○ a danger **sign** [Gefahrenzeichen] ○ Look out for a **sign to** the motorway. ○ Follow the **signs to** Banbury. ○ The police put up a **sign** that the road was closed. ○ What does the **sign** say? ○ Road **signs** shaped like a triangle [Dreieck] usually warn you about something.	2
66	☐	**signal** ['sɪgnl]	Signal Zeichen	a clear **signal** ○ a traffic **signal** ○ *give / send / receive* a **signal** ○ A red flag is usually a **signal of/for** danger.	3
67	☐	**traffic lights** ['træfɪk ˌlaɪts]	Ampel Verkehrsampel	*stop / wait / turn left* **at** the **traffic lights** ○ He went across the crossroads when the **traffic lights were** red.	4

270 – 270F

68	☐ whistle ['wɪsl]	(Triller-)Pfeife	The policeman blew his **whistle** as a pedestrian ran across the road. ○ The policewoman **whistled** [pfeifen] us to stop.	4
			■ Do not pronounce the **t** in **whistle**.	
69	☐ car park (BE) ['kɑː pɑːk]	Parkhaus Parkplatz	a multi-storey **car park** ○ You can park your car **in** our office **car park**. ○ We need greater security **in** our **car parks**. ○ He parked his car **in** the hotel's underground **car park**.	3
70	☐ parking lot (AE) ['pɑːkɪŋ lɒt]	Parkplatz	a *school / supermarket* **parking lot** ○ There's a **parking lot** close to her apartment. ○ Cars will be banned [verbieten] as soon as the new **parking lots** are completed.	3
71	☐ parking space ['pɑːkɪŋ speɪs]	Parklücke Parkplatz	She drove along slowly, looking for a **parking space**. ○ These **parking spaces** are reserved for customers.	4
72	☐ petrol station (BE) ['petrəl ˌsteɪʃn]	Tankstelle	Stop at the next **petrol station** – we've got hardly any petrol left. ○ This **petrol station** is open 24 hours and sells both petrol and diesel. ○ The fuel shortage is already causing long queues **at petrol stations**.	3
73	☐ gas station (AE) ['gæs ˌsteɪʃn]	Tankstelle	an all-night **gas station** ○ What time does the **gas station** open? ○ You get free oil change for the car **at** some **gas stations**.	3
74	☐ garage ['gærɑːʒ, 'gærɪdʒ]	Reparaturwerkstatt	The car has to go to the **garage** for a thorough check [Inspektion]. ○ The car is **at** the **garage**, being repaired. ○ He's taken his car to the **garage** to have the brakes checked. ○ a **garage mechanic** [Kfz-Mechaniker]	4

270F Landverkehr

arrival 3	collect 24	leave 6	pass 12	ride 1	unload 26
arrive 8	cross 13	load 25	pick up 23	ring 14	
blow your horn 15	departure 2	meet 22	reach 7	start 10	
brake 16	fetch 21	overtake 11	release 9	stop 17	
carry 19	go away 5	park 18	return 4	take 20	

1	☐ ride [raɪd]	Fahrt	It's only a short **bus-ride** into Oxford. ○ Would you like to **have a ride** [fahren] in my new car? ○ Can you **give me a ride** [mitnehmen] to the station?	2
2	☐ departure [dɪ'pɑːtʃə]	Abfahrt Abreise	*a sudden / an unexpected* **departure** ○ Arrivals and **departures** are shown on the board in the main hall of the station. ○ She packed her suitcase ready for **departure**.	4
3	☐ arrival [ə'raɪvl]	Ankunft	British Rail apologizes for the late **arrival** of the train. ○ I'll look on the **arrivals** board to see when the train gets in. ○ **On arrival** we were told that our rooms had not been reserved.	3
4	☐ return [rɪ'tɜːn]	Rückkehr Rück-	**on** his **return** home from *the trip / the tour / abroad* ○ a **return trip** ○ Keep some food to eat on the **return journey**.	2
5	☐ go away [ˌgəʊ ə'weɪ]	verreisen	I'm **going away** tomorrow. Will you look after the house for me, please? ○ We're **going away** this weekend and we'll be back on Sunday evening.	3
6	☐ leave [liːv]	abfahren fahren	When does the train for Cambridge **leave**? ○ We arrived at the station when the train was **leaving**. ○ The train **left** at 10:00. ○ When should we **leave for** the *station / airport*? ○ Their plan was to **leave for** [aufbrechen] the seaside the next day.	1
7	☐ reach [riːtʃ]	ankommen in erreichen	At about ten at night they **reached** Berlin. ○ We won't **reach** the border until 12. ○ We'll never **reach** Munich before dark.	3
8	☐ arrive [ə'raɪv]	ankommen eintreffen	When does your *train / bus / coach* **arrive**? ○ We **arrived home** at 7 pm. ○ She **arrived at** *the station in time / the theatre 10 minutes later*.	2
9	☐ release [rɪ'liːs]	loslassen lösen	**release** the brake ○ He **released** the handbrake and drove off.	5

270F

10	☐ **start** [stɑːt]	(ab)fahren losfahren aufbrechen	**start** *early in the morning / before noon / at night* ○ **start** *for the airport / from the hotel / on a journey* ○ We have to **start** now if we want to be there by 10. ○ It's a long trip, we'll have to **start out** [aufbrechen] early.	2
11	☐ **overtake** (BE) [ˌəʊvəˈteɪk]	überholen	Don't **overtake** *before a corner / on a narrow bend*. ○ The white line in the middle of the road means that you should not **overtake**.	5
			■ The American word for German **überholen** is **pass**.	
12	☐ **pass** [pɑːs]	vorbeifahren an überholen	On the way to the bank you **pass** the church on your left. ○ When you're **passing** the post office, can you put this letter in the letter box? ○ Thousands of Soviet Jews **passed through** [durchqueren] Austria on the way to Israel. ○ Nigel drove well, **passing** cars only when it was safe.	2
13	☐ **cross** [krɒs]	überqueren durchqueren	**cross** *a river / bridge / desert* ○ Take care when you **cross** the road. ○ Where did you **cross** the border? ○ You can't **cross** [rübergehen] here, there's too much traffic.	2
14	☐ **ring** [rɪŋ]	klingeln	The cyclist **rang** his bell loudly.	2
15	☐ **blow your horn** [ˌbləʊ jɔː ˈhɔːn]	hupen	When she noticed the children, she **blew her horn**. ○ Don't **blow your horn** at night. ○ A car passed them, **sounding its horn** [hupen].	5
16	☐ **brake** [breɪk]	bremsen	**brake** suddenly ○ If the driver hadn't **braked** in time, the car would have hit [anfahren] her. ○ He **braked** hard when a child ran onto the road in front of him.	4
17	☐ **stop**, -pp- [stɒp]	anhalten halten stehen bleiben stoppen	The *bike / motorbike / car / bus / train* **stopped**. ○ **Stop** the car. I want to get out. ○ The car **stopped** outside the garage in the main street. ○ Does this train **stop** at Oxford? ○ **Stop**! Don't cross the road by yourself. ○ The driver **stopped** the train just before the station.	1
18	☐ **park** [pɑːk]	parken	You can't **park** here. ○ Somebody has **parked** in front of our garage. ○ Wait a minute while I **park** the car. ○ There is no **parking** between 9 am and 6 pm. ○ The sign says **No parking**. ○ a **parking ticket** [Parkschein]	3
19	☐ **carry** [ˈkærɪ]	befördern transportieren	a coach **carries** tourists ○ a train **carries** goods to the station ○ How many passengers does this bus **carry**?	2
20	☐ **take** [teɪk]	bringen	Helen usually **takes** her children **to** school. ○ Could you **take** my car **to** the garage? ○ John got into a taxi and asked the driver to **take** him **back to** his hotel.	2
21	☐ **fetch** [fetʃ]	(ab)holen	**fetch** *the children from the youth club / your parents from the theatre* ○ Her father **fetched** her **from** the airport in his car.	2
22	☐ **meet** [miːt]	abholen	We'll **meet** you **at** the airport and take you to your hotel. ○ I'll come and **meet** you **at** the *station / bus stop / church*.	3
23	☐ **pick up** [ˌpɪk ˈʌp]	abholen mitnehmen	He **picked** me **up** at the club and drove me home. ○ Let's order a taxi to **pick** us **up** at nine. ○ A bus stopped at the end of the street to **pick up** a few passengers.	5
24	☐ **collect** [kəˈlekt]	abholen	Will you go and **collect** Tom **at** the station? ○ The mechanic said the car would be ready for me to **collect** on Saturday. ○ Jane is at a party and I'll have to **collect** her in half an hour.	2
25	☐ **load** [ləʊd]	(be)laden aufladen	He **loaded** the van and drove off. ○ The plane was **loaded** with supplies for the victims of the earthquake. ○ Have you finished **loading** yet?	3
26	☐ **unload** [ʌnˈləʊd]	ausladen entladen abladen	**unload** *a vehicle / lorry / truck / van* ○ **unload** coal **from** a truck ○ She **unloaded** the car when she came home from the shops. ○ Lorries may only park here when loading and **unloading**.	5

270I Zugverkehr

carriage 6	departure 18	get out 21	railway 1	single (ticket) 15	train 4
connect 13	engine 5	guard 7	return (ticket) 16	station 8
connection 12	fare 17	platform 9	schedule 11	ticket 14
depart 19	get on 20	rail 2	service 3	timetable 10

1	☐	**railway** ['reɪlweɪ]	Bahn Eisenbahn (Bahn-)Strecke	work on [bei] the **railway** ○ a net of **railways** run by the state ○ In Canada there is a **railway** which goes right across the Rocky Mountains. ○ a **railway** *worker / passenger / traveller / company / carriage / station / bridge* ○ a **railway** strike ○ a disused [stilllegen] **railway** line [Bahnlinie] ■ The American word for German **Eisenbahn** is **railroad**.	3
2	☐	**rail** [reɪl]	Bahn Schiene	go to work **by rail** ○ a **rail** *journey / line / connection* ○ *improved / direct / fast* **rail** *links* ○ a high-speed **rail** link between London and the Channel ○ **British Rail** ○ The little boy ran across the **rails** in front of the train.	3
3	☐	**service** ['sɜːvɪs]	Verbindung	*train / bus / Underground* **service** ○ a regular train **service** between Frankfurt and Munich ○ There's an hourly train **service**. ○ In London there was no **service** [verkehren] **on** the Underground or buses on Christmas Day.	3
4	☐	**train** [treɪn]	Zug	*an electric / a steam / a diesel* **train** ○ *go / travel* **by train** ○ *get into / get out of / wait for / miss* a **train** ○ wait on a platform for a late, overcrowded **train** ○ He normally *takes / catches / gets* the 7.15 **train** to London. ○ When does your **train** *leave / arrive*? ○ Which platform does the Brighton **train** leave from? ○ He stood there waiting to catch his **train** to Newark. ○ If you miss your **train** there's another one 20 minutes later. ○ Travelling **by train** is more relaxing than driving.	1
5	☐	**engine** ['endʒɪn]	Lok Lokomotive	*an electric / a diesel* **engine** ○ British Rail's latest high-speed **engine** ○ The **engine** has broken down. ○ This **engine** runs on diesel. ○ The train is driven by an electric **engine**. ○ He likes to sit in a seat facing the **engine** [in Fahrtrichtung]. ○ The **engine driver** ignored a signal.	4
6	☐	**carriage** ['kærɪdʒ]	Wagen	a *railway / first-class / second-class* **carriage** ○ They got into a non-smoking **carriage**. ○ Anyone found sitting in a first-class **carriage** without a first-class ticket will be made to pay a supplement [Zuschlag].	4
7	☐	**guard** [gɑːd]	Schaffner(in)	a train **guard** ○ The **guard** blew the whistle when it was time to go / woke the passenger when the train reached Wolverhampton.	4
8	☐	**station** ['steɪʃn]	Bahnhof	Which **station** are you *going to / getting off at*? ○ The coach leaves **Victoria Station** at 9.00 am. ○ Trains run to and from **Zurich Airport Station** to many parts of Switzerland.	2
9	☐	**platform** ['plætfɔːm]	Bahnsteig	wait **on** the **platform** for the train ○ Your train is waiting **at platform** 10A. ○ Which **platform** does the Brighton train leave from? ○ He went down the stairs leading to **platform** 16. ○ The 07.01 from Tonbridge should have stopped **at platform** 4B. ○ He came running along the **platform** just as the train was leaving. ○ a **platform** ticket ■ **Platform** is spelt with one **t**.	4
10	☐	**timetable** (BE) ['taɪmˌteɪbl]	Fahrplan Kursbuch	a *train / bus / ferry* **timetable** ○ look up the trains to Colchester in the **timetable** ○ Could I have a **timetable** for trains to London, please?	5
11	☐	**schedule** (AE) ['skedʒʊl]	Fahrplan	a train **schedule** ○ changes in the **schedule** ○ They will raise the fares by up to 40% for the summer **schedule**.	5
12	☐	**connection** [kə'nekʃn]	Verbindung Anschluss	There's a direct rail **connection between** the two towns. ○ This town has very good road and railway **connections with** the coast. ○ The bus was late so we missed our **connection**. ○ This train has **a connection with/to** Munich.	3
13	☐	**connect** [kə'nekt]	verbinden Anschluss haben	The two towns are **connected by** railway. ○ This train **connects with** the *ferry to Le Havre / 6 o'clock ferry from Calais*.	3

270I–270K

14	☐ **ticket** ['tɪkɪt]	Fahrkarte Fahrschein	a *train / bus* **ticket** ○ a season **ticket** [Zeitkarte] ○ a weekly season **ticket** [Wochenkarte] ○ There are **ticket machines** [Automat] on some platforms.	2
15	☐ **single (ticket)** [,sɪŋgl 'tɪkɪt]	einfache Fahrkarte	Two second-class **singles** to Leeds, please. ○ I asked for a return but I was given a **single** by mistake [aus Versehen].	3
16	☐ **return (ticket)** [rɪ,tɜːn 'tɪkɪt]	Rückfahrkarte	How much is a **return** from Dover? ○ A **day return** to Oxford, please. ○ Cheaper **return tickets** are available.	3
17	☐ **fare** [feə]	Fahrgeld Fahrpreis	pay your *bus / train* **fare** ○ They travelled **at** *half / full / reduced* **fare**. ○ What's the train **fare** [Fahrt] to Hull? ○ Train **fares** have *increased / gone up* again. ○ The return **fare** is twice the ordinary **fare**.	4
18	☐ **departure** (= dep) [dɪ'pɑːtʃə]	Abfahrt	**dep** Berlin 22:05 hrs ○ Please let me know your **departure** time. ○ Arrivals and **departures** are shown on boards in the main hall of the station.	4
19	☐ **depart** [dɪ'pɑːt]	abfahren	We **departed for** London at 15:10. ○ The next train to the airport **departs from** platform 2. ○ The 10:30 to Leeds will **depart from** platform 8 F in five minutes.	5
20	☐ **get on** [,get 'ɒn]	einsteigen (in)	**get on** the *train / bus* ○ I **got on** the train when it was about to leave. ○ Some new passengers were **getting on**.	2
21	☐ **get out** [,get 'aʊt]	aussteigen	The train stopped and he **got out**. ○ Everyone else **got out** at St James's and I was the only person left on the train.	2

270K Fahrzeugteile

bell 4	catalytic	handlebars 1	mirror 5	seatbelt 14	(steering)
boot 15	converter 11	horn 13	pedal 3	trunk 16	wheel 12
brake 2	engine 10	light 9	saddle 6	tyre 8	wheel 7

1	☐ **handlebars** ['hændlbɑːz]	Lenkstange	Hold on to the **handlebars**. ○ The cyclist was thrown over the **handlebars** when the bike crashed.	7
2	☐ **brake** [breɪk]	Bremse	a *foot / hand* **brake** ○ I asked the garage to check the **brakes**. ○ His **brakes** failed. ○ You should use the **brakes** when you go down a hill. ○ He drove the car with the **brake** on [mit angezogener Bremse].	4
3	☐ **pedal** ['pedl]	Pedal	the *brake / gas / bicycle* **pedal** ○ Automatic cars will only start when the **brake pedal** is pressed [herunterdrücken] by the driver. ○ Sally had her foot flat on the **brake pedal**. ○ The girl's feet hardly reached the **pedals**.	5
4	☐ **bell** [bel]	Klingel	a bicycle **bell** ○ She rang her **bell** to warn the children. ○ Didn't you hear the **bell**?	1
5	☐ **mirror** ['mɪrə]	Spiegel	a quick look in the rear-view **mirror** [Rückspiegel] ○ Look in / Use your rear-view **mirror** before you overtake. ○ A lorry appeared in the rear-view mirror.	2
6	☐ **saddle** ['sædl]	Sattel	a *leather / plastic* **saddle** ○ He lowered [niedriger stellen] the **saddle** because the bike was too big for him.	4
7	☐ **wheel** [wiːl]	Rad Lenkrad	a *car / bicycle* **wheel** ○ a front **wheel** ○ a rear [Hinter-] **wheel** ○ Plenty of people sit at the **wheel** [Steuer] of a car believing they drive well.	3
8	☐ **tyre** ['taɪə]	Reifen	a *bad / flat / burst / low-profile* **tyre** ○ a spare [Reserve-] **tyre** ○ You should put on a new **tyre**. ○ The air was thick with the smoke of burning **tyres**. ○ Remember to check your **tyre pressure**. ■ The American spelling is **tire**.	3
9	☐ **light** [laɪt]	Lampe Licht	*car / brake* **lights** ○ **head lights** [Scheinwerfer] ○ Your car hasn't got its **lights** on.	2

270K–272

10	☐ **engine** ['endʒɪn]	Motor Maschine	a *diesel / petrol / steam* **engine** ○ *an electric* **engine** ○ *start / operate / run* an **engine** ○ *oil / put oil in* an **engine** ○ The **engine** in my car is still cold. ○ The **engine** works best when it's warm. ○ New petrol **engines** should have catalytic converters.	2
11	☐ **catalytic converter** [ˌkætəlɪtɪk kənˈvɜːtə]	Katalysator Kat	*introduce / make / produce* **catalytic converters** ○ This car *comes / is available* with a **catalytic converter** as standard. ○ We must have a **catalytic converter** built in. ○ A **catalytic converter** reduces the amount of poisonous exhaust fumes released from a car.	6
12	☐ **(steering) wheel** [(ˈstɪərɪŋ) wiːl]	Steuer(rad) Lenkrad	He was sitting there with his hands on the **steering wheel**. ○ Who was at the **wheel** *when the car crashed / the accident happened?*	5
13	☐ **horn** [hɔːn]	Hupe	*blow / sound* your **horn** [hupen] ○ She **blew her horn** *to warn the children / when a child ran in front of her car.* ○ Don't **sound your horn** late at night. ○ a **fog-horn** [Nebelhorn]	5
14	☐ **seatbelt** [ˈsiːtbelt]	Sicherheitsgurt	wear a **seatbelt** ○ You should always put on a seatbelt, even for a short trip. ○ Fasten your **seatbelts** [sich anschnallen], please.	5
15	☐ **boot** (BE) [buːt]	Kofferraum	lock the car **boot** ○ Is the **boot** open? ○ Put the boxes in the **boot**, please. ○ He loaded his car **boot** with a lot of newly bought clothes	4
			■ False friend: The English word for German **Boot** is **boat, ship**.	
16	☐ **trunk** (AE) [trʌŋk]	Kofferraum	*open / lock* the **trunk** ○ Do you want to put your suitcases in the **trunk**? ○ When he came back the **trunk** and the car doors were wide open.	5

---

272 Schifffahrt

anchor 15	crossing 12	fleet 23	lifeline 25	sail 11	water 1
Atlantic 8	deck 28	go fishing 19	ocean 7	sailor 30	wave 3
boat 22	dock 16	harbour 14	Pacific 9	sea 6	wreck 32
captain 29	ferry 26	hovercraft 27	pier 17	ship 21	
(the English) Channel 10	fish 20	lake 5	port 13	sink 31	
	fishing 18	lifeboat 24	river 4	underwater 2	

1	☐ **water** [ˈwɔːtə]	Wasser	salt **water** ○ the quiet **waters** of a lake ○ She fell into the **water** and drowned. ○ They managed to pull the child out of the **water**. ○ *natural / inland* **waterways** [Wasserstraße]	1
2	☐ **underwater** [ˌʌndəˈwɔːtə]	unter Wasser Unterwasser-	Can you swim **underwater**? ○ an **underwater** *vehicle / camera*	5
3	☐ **wave** [weɪv]	Welle Woge	house-high **waves** ○ **waves** reaching sixty feet high in some places ○ The storm whipped up [aufpeitschen] high **waves**.	3
4	☐ **river** [ˈrɪvə]	Fluss	a *wide / narrow / main* **river** ○ the **Mississippi River** ○ *cross / fall into / swim in* a **river** ○ The **river** *makes a bend not far from here / flows into the sea.* ○ go for a walk along the **riverside**	1
5	☐ **lake** [leɪk]	(der) See	They've gone *fishing / sailing* on the **lake**. ○ The police found a body at the bottom of the **lake**. ○ They live near **Lake Michigan**.	2
6	☐ **sea** [siː]	Meer (die) See See-	a *calm / heavy / stormy / wild* **sea** ○ fly over land and **sea** ○ travel *by* **sea** [mit dem Schiff] ○ The Elbe flows into the **sea** near Hamburg. ○ He was buried **at sea**. ○ Brighton is **on the sea**. ○ 2000 feet above **sea level** [Meeresspiegel] ○ a **sea** *animal / fish / bird / lion* ○ **seawater** ○ **seasick**	1
			■ False friend: The English word for German **(der) See** is **lake**.	
7	☐ **ocean** [ˈəʊʃn]	Ozean	the *Pacific / Atlantic / Indian* **Ocean** ○ They crossed the **ocean** in fifteen days. ○ The hurricane came with very powerful winds and **ocean** waves.	4
8	☐ **Atlantic** [ətˈlæntɪk]	Atlantik atlantisch	on *this side / both sides* of the **Atlantic** ○ Warm air from the **Atlantic** met cold air from the east. ○ the **Atlantic Ocean**	2
9	☐ **Pacific** [pəˈsɪfɪk]	Pazifik pazifisch	the *north / south* **Pacific** ○ nuclear testing in the **Pacific** ○ beach resorts on the **Pacific** coast ○ a **Pacific** island ○ the **Pacific Ocean**	2

10	☐ (the English) Channel [ðə ˈtʃænl]	der Ärmelkanal	the tunnel across the **Channel** between England and France ○ cross the **English Channel** by *ferry / hovercraft* ○ **Channel** ports ○ The **Channel** separates France and England.	5
11	☐ sail [seɪl]	segeln fahren	**sail** *along the coast / before the wind / against the wind / down the river / non-stop around the world* ○ In the winter they **sail** in the Pacific. ○ The Titanic hit an iceberg while **sailing** from Southampton to New York.	2
12	☐ crossing [ˈkrɒsɪŋ]	Überfahrt	a car-ferry **crossing** ○ How long is the **crossing** from England to France? ○ I was seasick as it was a rough **crossing**.	3
13	☐ port [pɔːt]	Hafen(-stadt)	a *free / home / fishing* **port** ○ *reach / arrive at / lie in / leave* a **port** ○ travel via the **port** of Calais ○ The ship was lying in a **port** in southern Spain.	2
14	☐ harbour [ˈhɑːbə]	Hafen	a *natural / modern / safe* **harbour** ○ an ice-free **harbour** ○ *enter / lie in / leave* a **harbour** ○ They reached the **harbour** before the storm. ■ The American spelling is harb**or**.	3
15	☐ anchor [ˈæŋkə]	Anker	*drop / lie safely at* **anchor** ○ Make sure that the **anchor** is secure.	5
16	☐ dock [dɒk]	Dock	dry **dock** ○ His father works down at the **docks**. ○ The ship is **in dock** for three weeks. ○ Her father is a **docker** [Hafenarbeiter].	5
17	☐ pier [pɪə]	Landungssteg	a postcard showing a view of the **pier** at Worthing ○ We walked along the long wooden **pier**. ○ There's a small restaurant and a theatre at the end of the **pier**.	5
18	☐ fishing [ˈfɪʃɪŋ]	Fischen Fischerei- Fischer-	deep-sea **fishing** ○ The place has developed from a **fishing village** into a tourist centre. ○ The search for the missing **fishing boat** was unsuccessful. ○ a **fishing net** [Fangnetz] ○ a **fishing line** [Angelschnur] ○ a **fishing port**	2
19	☐ go fishing [ˌgəʊ ˈfɪʃɪŋ]	fischen gehen angeln gehen	He's going to buy himself a big fine boat and **go fishing**. ○ She must be crazy to **go fishing** in such awful weather.	2
20	☐ fish, pl. fish [fɪʃ]	Fisch(e)	a saltwater **fish** ○ Can **fish** breathe under water? ○ He caught six little **fish**. ○ **Fish are** no longer found in this lake. ○ There **are** plenty of **fish** around the coast of Britain. ○ drink like a **fish**	1
21	☐ ship [ʃɪp]	Schiff	a *passenger / container / supply / hospital / research* **ship** ○ *build / launch / sail / load / unload* a **ship** ○ When the fire got out of control, the captain told the sailors to **abandon ship**. ○ The **ship** carried 20 containers.	1
22	☐ boat [bəʊt]	Boot Schiff	a *fishing / sailing / motor* **boat** ○ blow up a rubber **boat** ○ We took the **boat** across to England. ○ When's the next **boat** to Dover? ○ When does the next **boat** to France sail? ○ We're all in the same **boat**.	1
23	☐ fleet [fliːt]	Flotte	a **fleet** of *illegal fishing boats / nuclear-powered ships* ○ the Seventh American **Fleet** ○ an international **fleet** of research ships	5
24	☐ lifeboat [ˈlaɪfbəʊt]	Rettungsboot	They climbed into a **lifeboat**. ○ The **lifeboat** rescued [retten] the passengers from the sinking ship. ○ The **lifeboat** was called out during the night.	5
25	☐ lifeline [ˈlaɪflaɪn]	Rettungsleine	throw **lifelines** to the people in danger of drowning ○ For many old people the telephone is a **lifeline** [lebenswichtig].	6
26	☐ ferry [ˈferɪ]	Fähre Fähr-	a car **ferry** ○ Let's *go / travel* by **ferry**. ○ The local train was late. That's why I missed my connection to the **ferry**. ○ The **ferry** *leaves for France / arrives from Calais* at 10 am. ○ Let's take the 6 o'clock **ferry** to the island. ○ regular **ferry service**	5
27	☐ hovercraft, pl. hovercraft [ˈhɒvəkrɑːft]	Luftkissenfahrzeug(e)	*go / travel / cross the Channel* by **hovercraft** ○ There were three **hovercraft** on the tanker's deck. ○ **Hovercraft** complete the journey in less than 50 minutes.	4

272–273

28	☐ **deck** [dek]	Deck	go **on** [an] **deck** and sit in the sunshine ○ Let's go out **on deck** for some fresh air. ○ The restaurant is on the *top / upper / lower / bottom* **deck**.	2
29	☐ **captain** ['kæptɪn]	Kapitän	*ask / complain to / go to see* the **captain** ○ **Captain** Jones ○ The **captain** was the last to *leave / abandon* the sinking ship.	2
30	☐ **sailor** ['seɪlə]	Seemann Matrose	*a professional / an experienced* **sailor** ○ *be / become* a **sailor** ○ Helicopters searched for the missing **sailors**. ○ The **sailors'** lives were at risk.	2
31	☐ **sink** [sɪŋk]	sinken untergehen versenken	The ship **sank to** the bottom of the ocean. ○ The ship had **sunk** without a *trace / sound*. ○ Thousands of passengers tried to escape from the boat as it **sank**. ○ The ship was **sunk** in World War II. ▲ SINKS – SANK – SUNK	3
32	☐ **wreck** [rek]	Wrack	the **wreck** of the Titanic ○ The divers found a **wreck** on the sea-bed. ○ Two **wrecks** are blocking the entrance to the harbour.	5

273 Luft- und Raumfahrt

aircraft 8	captain 5	flight 2	jet 9	pilot 4	space 19
airline 3	check in 13	fly 1	land 15	plane 7	take off 14
airport 11	crash *n* 17	helicopter 10	landing 16	rocket 20	terminal 12
astronaut 22	crew 6	heliport 18	launching pad 23	satellite 21	

1	☐ **fly** [flaɪ]	fliegen	**fly** *non-stop / blind / high / low / by night / across the Atlantic / over France to Italy* ○ The plane **flies** between Berlin and London. ○ He **has flown** a private plane for years. ○ He's very nervous because he's never **flown** before. ▲ FLIES – FLYING – FLEW – FLOWN	1
2	☐ **flight** [flaɪt]	Flug	a *direct / regular / non-stop / connecting / rough* **flight** ○ *book / take / be on* a **flight to** Tokyo ○ recover from an eight-hour **flight** ○ What's the departure time of your **flight**? ○ The **flight to** New York leaves in 15 minutes. ○ How long is the **flight from** London **to** Madrid? ○ He is travelling **on a charter flight** to Mexico. ○ a **flight** attendant [Begleiter]	3
3	☐ **airline** ['eəlaɪn]	Fluggesellschaft	a big international **airline** ○ Which **airline** does she travel by? ○ There were no other **airlines** doing a direct flight to London.	2
4	☐ **pilot** ['paɪlət]	Pilot(in)	an airline **pilot** ○ The **pilot** didn't survive the air crash. ○ The plane was flown by an American **pilot**. ○ They forced the **pilot** to fly to Rome.	3
5	☐ **captain** ['kæptɪn]	Kapitän	I've got a message for **Captain** Clerk and his crew. ○ The **captain** and his crew welcome you on board this plane. ○ This is your **captain** speaking.	2
6	☐ **crew** [kruː]	Besatzung	Two members of the **crew** were injured when the plane crashed. ○ The captain and his **crew** hope you had a pleasant [angenehm] flight.	2
7	☐ **plane, aeroplane** (BE) [pleɪn, 'eərəpleɪn]	Flugzeug	a *passenger / transport / charter / private / military* **plane** ○ a British Airways **plane** ○ a *small private / low flying* **aeroplane** ○ *go / travel* **by plane** ○ *catch / be on* a **plane** ○ The **plane** *left / took off / arrived / landed* at ten. ○ Berlin is only 50 minutes **by plane**. ○ She could fly an **aeroplane** when she was eighteen. ○ a **plane** crash ○ a **plane** ticket [Flugschein]	1

8	☐ **aircraft** pl. **aircraft** ['eəkrɑːft]	Flugzeug(e) Maschine(n)	a *civil / military* **aircraft** ○ The pilot got into the **aircraft**. ○ **One of the aircraft** will fly to London and Washington.	2
9	☐ **jet** [dʒet]	Düsenflugzeug Jet	a *commercial / passenger / private* **jet** ○ They flew **by jet** to Mexico. ○ A **jumbo jet** can carry over 400 people. ○ In 1988 a terrorist bomb destroyed a Pan Am **jumbo jet** over Lockerbie, killing 270 people.	3
10	☐ **helicopter** ['helɪkɒptə]	Hubschrauber	*fly / send* a **helicopter** ○ A **helicopter** *flew over the scene / landed on a bridge / was sent to pick up the injured man from the sea.* ○ The soldiers were flown to a military hospital **by helicopter**.	4
11	☐ **airport** ['eəpɔːt]	Flughafen	*arrive at / leave* an **airport** ○ We landed **at** a small **airport**. ○ Our plane took off from Heathrow **Airport**. ○ strict **airport** security	2
12	☐ **terminal** ['tɜːmɪnl]	Terminal	A bus took him from the airport to the **terminal**. ○ British Airways flights depart from **terminal** 1 at Heathrow. ○ the *Lufthansa / departure* **terminal**	5
13	☐ **check in** [ˌtʃek 'ɪn]	(sich) einchecken	Passengers should **check in** 50 minutes before their departure time. ○ When is your **check-in** time? ○ a **check-in desk** [Schalter]	3
14	☐ **take off** [ˌteɪk 'ɒf]	starten abheben	The plane **took off** two hours late because of the security checks. ○ The plane **took off** *in spite of the fog / from Gatwick Airport at 10:35.* ○ Before **take-off** [Start] the captain thanked the passengers for travelling on this flight. ○ The plane crashed on **take-off**.	2
15	☐ **land** [lænd]	landen	The pilot **landed** the plane safely. ○ They **landed** *just after midnight / in Munich instead of Frankfurt.*	2
16	☐ **landing** ['lændɪŋ]	Landung	a safe **landing** ○ The plane made a perfect **landing**. ○ It made an emergency **landing** [Notlandung] in a field. ○ a **crash landing** [Bruchlandung]	4
17	☐ **crash** [kræʃ]	Absturz	There was a serious plane **crash** last night. ○ None of the passengers survived the **crash**. ○ The **plane crash** resulted in 520 deaths.	3
18	☐ **heliport** ['helɪpɔːt]	Hubschrauberlandeplatz	land **at** a **heliport** ○ A **heliport** is a small airport for helicopters. ○ Belfast in Northern Ireland has a busy army **heliport**.	6
19	☐ **space** [speɪs]	(Welt-)Raum Raum-	travel through **space** to other planets ○ launch a rocket into **space** ○ **space** *travel / flights / communications* ○ a **space** *station / suit* ○ *cross / enter / fly deep into* British **airspace**	3
20	☐ **rocket** ['rɒkɪt]	Rakete	the *development / speed / explosion* of a **rocket** ○ a powerful **rocket** ready to fire ○ launch [zünden] a **rocket** ○ send a **rocket** into space ○ be *hit / destroyed* by a **rocket**	3
21	☐ **satellite** ['sætəlaɪt]	Satellit Satelliten-	a *weather / communications* **satellite** ○ communicate **by satellite** ○ **satellite** *television / stations / channels / dishes* ○ receive **satellite** TV *programmes / pictures*	4
22	☐ **astronaut** ['æstrənɔːt]	Astronaut(in)	When did the first **astronauts** land on the moon? ○ Apollo **astronauts** brought the first Moon rocks back to Earth. ○ The seven **astronauts** on board the Endeavour landed at Cape Canaveral yesterday after five space walks.	4
23	☐ **launching pad** ['lɔːntʃɪŋ pæd]	Abschussrampe	The rocket took off from the **launching pad**. ○ the **launching** [Abschuss] of a research satellite into space	6

280 Besitzen, Erwerben, Verlieren usw.

abandon 30	borrow 19	exchange *v* 12	have got 1	loss 35	poverty 55	run out 41
acquire 17	bring 16	find 15	hide 33	maintain 51	poverty line 56	scarce 38
afford 52	buy 18	get 13	hire 20	own *adj* 7	privilege 50	sell 25
available 3	collect 22	get rid of 23	lack 43	own *v* 5	privileged 49	shortage 44
be broke 53	distribute 28	give 26	leave 31	owner 6	property 10	throw away 36
be left 40	do without 42	give up 29	leave behind 32	poor 54	receive 14	wealth 47
be short 39	enough 37	hand 27	lend 24	possess 8	rent 21	wealthy 46
belong 4	exchange *n* 11	have 2	lose 34	possession 9	rich 48	well off 45

1	☐ **have got** [həv ˈgɒt]	haben besitzen	**have got** *a new camera / your own room / a room of your own / enough to eat* ○ *I think you've **got** my tickets.* ○ *What kind of car **has** she **got**?* ○ *They **had** a lovely house when she was a child.*	1
			■ Remember that the past tense of **have got** is **had**.	
2	☐ **have** [hæv]	haben besitzen	**have** *a house / a computer / money to burn* ○ *Most families in England **have** a car, and over 25% of them **have** two cars.* ○ *It's dangerous to **have** a gun around [im] the house.* ○ ***Do** you **have** a phone here / any change?* — *Yes, we **do**.*	1
			■ Not used in the progressive	
			■ Note that **have** breakfast / a bath, etc are also used in the progressive.	
			▲ HAS — HAVING — HAD — HAD	
3	☐ **available** [əˈveɪləbl]	zu haben erhältlich zugänglich	*This is the only **available** room.* ○ *Do you know if there are any flats **available** in this area?* ○ *We want to **make** our products **available to** a wider market.* ○ *Information is easily **available to** everyone at the local library.*	4
4	☐ **belong to** [bɪˈlɒŋ tuː]	gehören	*That dictionary **belongs to** me.* ○ *Who does this bike **belong to**?* ○ *You can't just take things that don't **belong to** you* — *that's stealing.*	2
			■ Not used in the progressive	
5	☐ **own** [əʊn]	besitzen haben gehören	*70% of the population now **own** their own homes.* ○ *They do not **own** the house. They rent it.* ○ *"Who **owns** this car", demanded the policeman.* ○ *Who is this land **owned** by [ist der Eigentümer]?*	3
			■ Not used in the progressive	
6	☐ **owner** [ˈəʊnə]	Besitzer(in) Eigentümer(in) Inhaber(in)	*the original / its present / the lawful **owner*** ○ *home / car / dog **owners*** ○ *the **owner** of a detached house / the rights / the ship / a small business* ○ *Mark is the **owner** and publisher of two national newspapers.*	3
7	☐ **own** [əʊn]	eigene(r, s)	*Use your **own** pen. I need mine.* ○ *She uses her **own** car for work.* ○ *He wants to have his **own** room.* ○ *Each of the girls has a room **of her own**.*	2
			■ Remember that **own** can only be used after after a possessive adjective. Compare: *Die Wohnung hat **einen eigenen** Eingang.* The apartment has **its own** entrance.	
8	☐ **possess** [pəˈzes]	besitzen	***possess** property / a document / nuclear and chemical weapons / certain rights* ○ *It's illegal to **possess** a gun without a licence.* ○ *They lost everything they **possessed** in a fire.*	3
			■ Not used in the progressive	
9	☐ **possession** [pəˈzeʃn]	Besitz	*be **in possession of** secret messages / letters* ○ *He lost all his **possessions** [Besitz, Besitztümer].* ○ *How did the documents / books / stolen articles come into their **possession**?* ○ *They may be arrested for illegal **possession** of drugs / firearms.* ○ *We have reason to believe that the stolen vehicle is **in your possession**.*	3
10	☐ **property** [ˈprɒpəti]	Eigentum Besitz	*private / public / school **property*** ○ *stolen **property** [Diebesgut]* ○ *This book is my personal **property**.* ○ *When she died she left [hinterlassen] all her **property** to a nephew in America.* ○ *a **lost property office** [Fundbüro]*	3

11	☐ **exchange** [ɪksˈtʃeɪndʒ]	Austausch	a useful **exchange** of information ○ The **exchange** of the prisoners took place on a bridge over the Mekong River. ○ He gave me a book **in exchange for** [für] a watch. ○ What will you give me **in exchange** [dafür]?	4
12	☐ **exchange** [ɪksˈtʃeɪndʒ]	tauschen umtauschen austauschen	**exchange** rings at the wedding / dollars for German marks ○ I'd like to **exchange** this skirt **for** a bigger one. ○ Mary and Susan **exchanged** addresses **with** the boys. ○ At the end of the game, players traditionally **exchange** shirts **with** each other.	4
13	☐ **get** [get]	bekommen kriegen	**get** a letter / an answer / a TV station / $10 for cutting the grass / a present for your birthday ○ You won't **get** another chance. ○ I **haven't got** your reply yet. ○ I didn't pay anything – I **got** it free.	3
			▲ GETS — GETTING — GOT — GOT	
14	☐ **receive** [rɪˈsiːv]	erhalten bekommen	**receive** a telegram / present / phone call / warning ○ **receive** advice / information / instructions / support ○ **receive** a second chance / poor education ○ **receive** £1000 / a pay increase / a reward / a prize / ○ They did not **receive** a penny for their efforts. ○ No reply to our question has been **received**.	2
15	☐ **find** [faɪnd]	finden	**find** the key / missing girl ○ **find** an empty seat ○ **find** work / a job ○ She **found** a gold watch in the street, but no one has come to claim [abholen] it yet. ○ I've looked everywhere but I can't **find** my passport.	1
			▲ FINDS — FOUND — FOUND	
16	☐ **bring** [brɪŋ]	bringen mitbringen	Please **bring** me a glass of water / the menu. ○ Take this empty box away and **bring** me a full one. ○ He **brought** his father with him / some friends to the party. ○ **Bring back** the book I lent you last month, please.	1
			■ Don't mix up **bring** (her)bringen with **take** (hin)bringen.	
			▲ BRINGS — BROUGHT — BROUGHT	
17	☐ **acquire** [əˈkwaɪə]	erwerben sich aneignen	**acquire** a painting by Klee / reputation as an artist / good knowledge of English ○ Our company has **acquired** new offices in central London. ○ She **acquired** an American accent while living in America.	5
18	☐ **buy** [baɪ]	kaufen	**buy** sth for $50 / at a reasonable price ○ Where did you **buy** the record? – I **bought** it in a shop / from a friend. ○ I must **buy** myself a new shirt / a present for my father.	1
			▲ BUYS — BOUGHT — BOUGHT	
19	☐ **borrow** [ˈbɒrəʊ]	sich leihen sich ausleihen entleihen	She **borrowed** $20 from a friend / a ladder from a neighbour / a book from the library. ○ I had to **borrow from** [Kredit aufnehmen] a bank to pay for my car. ○ Could I **borrow** your pen for a minute? ○ Better buy than **borrow**. (proverb)	2
			■ Don't mix up **borrow** (aus)leihen with **lend** (ver)leihen.	
20	☐ **hire** [ˈhaɪə]	mieten	**hire** a boat / bicycle / car / hall for a meeting ○ boats **for hire** ○ Let's **hire** a car for the weekend and visit Mary and Jane.	3
21	☐ **rent** [rent]	mieten	**rent** a house / holiday cottage / television ○ Do you own this apartment or is it **rented**? ○ You can **rent** a fax machine **from** a telephone company. ○ He **rented** an apartment until he had saved enough money to buy a house.	3
			■ In British English you **rent** things for a long period of time, and you **hire** things for a short period of time.	
22	☐ **collect** [kəˈlekt]	sammeln	**collect** old books / rare stamps / works of art ○ They're **collecting for** the old people's home. ○ Anyone who **collects** jazz records should buy this book – it's full of information on old recordings.	3
23	☐ **get rid of** [ˌget ˈrɪd ɒv]	loswerden wegwerfen	**get rid of** waste / an old bike ○ Let's **get rid of** that old carpet and buy a new one. ○ Sooner or later this old piano will have to be **got rid of**.	2
24	☐ **lend** [lend]	leihen	Can you **lend** me your bike / a couple of dollars / £25 till Friday? ○ Under no circumstances should you **lend** him any money. ○ She must be crazy to **lend** him money. ○ Bring back the record you **lent** last month. ○ US banks have **lent** billions of dollars **to** Third World countries.	2
			▲ LENDS — LENT — LENT	

280

25	☐ **sell** [sel]	verkaufen	**sell** *goods / rights* ○ **sell** *at a high price / at a loss / back for £15* ○ **sell** *your soul* **for** *political power* ○ He **sold us** his house. ○ He **sold** his car **to us.** ○ Shopkeepers are not allowed to **sell** cigarettes **to** children under 16.	1
			▲ SELLS – SOLD – SOLD	
26	☐ **give** [gɪv]	geben schenken	**give** sb *instructions / information / advice* ○ **give** sb *a chance / a present for Christmas / your phone number* ○ She **gave** *her mother the tickets / the tickets to her mother* to look after. ○ He **gave** me a watch for my birthday. ○ My sister **was given** a ring.	1
			▲ GIVES – GIVING – GAVE – GIVEN	
27	☐ **hand** [hænd]	reichen (über)geben	Please, **hand** me *the paper / my hat / the salt*. ○ He was **handed** a letter before he left.	3
28	☐ **distribute** [dɪˈstrɪbjuːt]	verteilen austeilen	**distribute** leaflets [Flugblatt] **to** the students ○ **distribute** food **among** the poor ○ **distribute** the prizes **to** the winners ○ Clothes, blankets and medicine have been **distributed among** the refugees [Flüchtling]. ○ the **distribution** of aid supplies	4
29	☐ **give up** [ˌgɪvˈʌp]	aufgeben	**give up** *all hope / a habit* ○ **give up** a game **for** lost [verloren geben] ○ He's **given up** smoking – but he still drinks a lot. ○ She **gave up** her job because there was no future in it. ○ Our car has **given up** the ghost.	4
30	☐ **abandon** [əˈbændən]	verlassen im Stich lassen aufgeben	**abandon** *the sinking ship / your wife / the family* ○ **abandon** [aufgeben] all hope ○ **abandon** a baby [aussetzen] ○ The search for survivors had to be **abandoned**. ○ The driver **abandoned** [stehen lassen] his car in the snow. ○ an **abandoned** village	5
31	☐ **leave** [liːv]	lassen liegen lassen stehen lassen	**Leave** your hat and coat in the hall. ○ I've **left** my keys on the kitchen table. GL95 I can't find my glasses. Where could I have **left** them? ○ What has become of the letter I **left** on my desk? ○ He **left** his umbrella [Schirm] *in / on* the bus.	3
			▲ LEAVES – LEAVING – LEFT – LEFT	
32	☐ **leave behind** [ˌliːv bɪˈhaɪnd]	zurücklassen, hinter sich lassen	He had to **leave** all his books **behind** when he left Russia. ○ That's from a period in the 1960s, and I've certainly **left** that far **behind**.	3
33	☐ **hide** [haɪd]	verstecken sich verstecken	She **hid** the broken plate in a drawer. ○ He saw the woman take something off the shelf in the store and **hide** it under her coat. ○ **Hide** the documents where curious eyes won't see them. ○ The robber was **hiding** behind the curtains. ○ a **hidden** *fault / meaning / entrance* ○ a **hiding-place** [Versteck]	2
			▲ HIDES – HIDING – HID – HIDDEN	
34	☐ **lose** [luːz]	verlieren	**lose** all your money ○ lose half the profit [einbüßen] ○ I **lost** my keys between the car and the house. ○ Have you found the bag you **lost**?	1
			■ Mind the spelling: **Lose** is spelt with only one **o**.	
			▲ LOSES – LOSING – LOST – LOST	
35	☐ **loss** [lɒs]	Verlust	*have / make / suffer / reduce* heavy **losses** ○ He made a **loss** of $500. ○ They sold the house **at a loss**. ○ The building company has made big **losses** this year. ○ If she leaves, it will be a big **loss to** the school.	4
36	☐ **throw away** [ˌθrəʊ əˈweɪ]	wegwerfen	There's nothing interesting in today's paper. You can **throw** it **away**. ○ She **threw** her old clothes **away**. ○ You must not **throw away** [rauswerfen] your money like that.	2
			▲ THROWS – THREW – THROWN	
37	☐ **enough** [ɪˈnʌf]	genug	have **enough** *seats for our guests / money to pay for the drinks / food to feed everybody* ○ Have you got **enough** money to pay the bill?	2
38	☐ **scarce** [skeəs]	knapp	**scarce** *water resources / medical supplies / electrical goods / consumer goods* ○ During the war food, shoes and furniture were **scarce** and often of poor quality. ○ Resources in Israel are **scarce**. ○ Oil will become **scarce** during the lifetime [zu Lebzeiten] of people alive today.	5
39	☐ **be short** [biː ˈʃɔːt]	zu wenig haben knapp sein an	be **short of** *time / money / petrol* ○ We can't lend you any sugar because we're a bit **short** (**of** it) ourselves. ○ I'm a bit **short of** money this week.	3

40	☐ **(be) left** [left]	da (sein) übrig (sein)	There isn't any sugar **left**. ○ Take as much as you like and I'll take whatever is **left**. ○ How much money do you have **left**? ○ We've only a few eggs **left**.	3
41	☐ **run out (of)** [ˌrʌn ˈaʊt (ɒv)]	ausgehen	She had **run out of** *petrol / sugar / cigarettes*. ○ I hope we see a petrol station soon — We're **running out of** petrol. ○ You'd better take plenty of water — we don't want to **run out**.	4
42	☐ **do without** [ˌduː wɪðˈaʊt]	verzichten auf, auskommen ohne	Things like butter and milk were scarce during the war. Most of the time people simply had to **do without**. ○ If there isn't any coffee left, we'll just have to **do without**.	3
43	☐ **lack** [læk]	Mangel	a **lack of** preparation ○ His **lack of** success discouraged him. ○ Last week, they released the robber **for lack of** evidence.	3
44	☐ **shortage** [ˈʃɔːtɪdʒ]	Mangel Knappheit	a *huge / serious* **shortage** ○ *food / housing / paper* **shortage** ○ a **shortage of** *labour / jobs / nurses / money / consumer goods* ○ There's a **shortage of** skilled workers in the electronics industry. ○ The present water **shortage** was caused by lack of rain.	5
45	☐ **well off** [ˌwel ˈɒf]	wohlhabend gut situiert	They were not exactly rich, but they were fairly **well off**. ○ The government claim that people are now **better off** than they've ever been. ○ She was quite **badly off** [arm] when her husband died.	4
46	☐ **wealthy** [ˈwelθɪ]	wohlhabend reich	She comes from a **wealthy** family, who own houses in London and Paris. ○ Private health care is not only for **the wealthy** [die Reichen]. ○ The new taxes are aimed at **the wealthiest**.	3
47	☐ **wealth** [welθ]	Reichtum Wohlstand	Nobody knew how she had acquired her **wealth**. ○ **Wealth** had not brought them happiness. ○ They were a family of great **wealth**. ○ The discovery of oil brought great **wealth** to this area.	3
48	☐ **rich** [rɪtʃ]	reich	a **rich** film star ○ *very / particularly* **rich** ○ You have to be **rich** to afford anything in this shop. ○ The **rich** countries of the world have promised more aid for developing countries. ○ Under this government **the rich** [die Reichen] seem to have got **richer** and the poor poorer.	1
49	☐ **privileged** [ˈprɪvɪlɪdʒd]	privilegiert bevorzugt	a **privileged** position ○ **privileged** classes ○ She came from a **privileged** background. ○ In many countries today only a **privileged** minority get the chance of going to university. ○ **under-privileged** children [benachteiligt]	5
50	☐ **privilege** [ˈprɪvɪlɪdʒ]	Privileg(ien) Sonderrecht	a *great / rare / special* **privilege** ○ *enjoy / have / lose* a **privilege** ○ an ancient **privilege** ○ The wealth and **privilege** of the upper classes ○ I think it's a right, not a **privilege** to be well educated. ○ There are no **privileges** or exceptions for anyone. ○ It was a great **privilege** [Ehre] for me *to work with them / knowing her*.	5
51	☐ **maintain** [meɪnˈteɪn]	für den Unterhalt sorgen	**maintain** a *daughter at the university / family on $300 a week* ○ He has to **maintain** two children from his previous marriage. ○ They were paid just enough to **maintain** themselves [sich über Wasser halten], no more and no less.	4
52	☐ **afford** [əˈfɔːd]	sich leisten	We can't **afford** £30 / *a new TV set / a house of that size*. ○ She makes all her clothes because she can't **afford** to buy them. ○ Flying lessons were very expensive and she could not **afford** them. ○ It isn't a question of whether we can **afford** a holiday or not — my father is just too busy at the moment.	3
53	☐ **broke** (infml.) [brəʊk]	pleite	I can't go out tonight, I'm **broke** you know. ○ The school is **broke** and will have to stop giving music lessons. ○ Can you lend me some money? — I'm sorry I'm **broke**.	5
54	☐ **poor** [pʊə, pɔː]	arm	**poor** *people / families / farmers* ○ They are so **poor** that they can't afford more than one meal a day. ○ **The poor** [die Armen] usually suffer the most in a recession.	1
55	☐ **poverty** [ˈpɒvətɪ]	Armut	extreme **poverty** ○ *fall into / live in / experience* **poverty** ○ drive sb into **poverty** ○ There are millions of people in this country who are living in **poverty**. ○ **Poverty** is no crime. (proverb)	5
56	☐ **poverty line** [ˈpɒvətɪ laɪn]	Armutsgrenze	*near / above / below* the **poverty line** ○ His income brings him just above the **poverty line**. ○ More than 20% of American families now live below the **poverty line**.	5

280A Geld und Umgang mit Geld

account 11	cheque 43	fare 30	pay (for) 52	rent 29
amount 62	coin 44	fee 31	pay n 20	reward 26
bank 10	compensation 25	finance 4	pay off 70	rise 66
banking 9	cost n 61	financial 5	payment 21	salary 22
bill 33	cost v 59	fine 32	pence 35	sale 49
bill 42	cost(s) n 58	free 69	penny 36	save 55
borrow 12	credit 15	income 19	pension 24	spend 54
buck 38	currency 6	increase n 64	pocket-money 2	tax 28
buy 51	debt 18	increase v 65	pound 34	tip 27
capital 3	dime 40	interest 16	price 60	value 56
cash 45	dollar 37	lend 14	profit n 71	wage 23
cent 39	earn 53	loan 13	profit v 72	wallet 48
change 46	exchange 8	money 1	profitable 73	worth 57
charge 50	exchange rate 7	note 41	purse 47	
cheap 68	expensive 67	owe 17	raise 63	

1	☐ **money** ['mʌnɪ]	Geld	*hard-earned / easily earned* **money** ○ *a lot of / not much* **money** ○ *make / earn / borrow / lend / spend / lose / save* **money** ○ demand your **money** back ○ Have your **money** ready [griffbereit] before you get on the bus.	1
2	☐ **pocket-money** ['pɒkɪt ˌmʌnɪ]	Taschengeld	How much **pocket-money** do you get? ○ He had to pay for the window he broke **out of** his **pocket-money**.	3
3	☐ **capital** ['kæpɪtl]	Kapital	The company has a **capital** of 1 million pounds. ○ They set up a business with a **starting capital** of £100 000.	4
4	☐ **finance** ['faɪnæns]	finanzieren	Her trip will be **financed** by the company. ○ The government uses money from taxes to **finance** higher education. ○ She gave swimming lessons to **finance** her stay in Australia.	5
5	☐ **financial** [faɪ'nænʃl]	Finanz-, finanziell	a **financial** *crisis / expert* ○ the **financial** situation of the country ○ receive **financial** support ○ The business got into **financial** difficulties. ○ Tokyo and Frankfurt are major **financial** centres.	4
6	☐ **currency** ['kʌrənsɪ]	Währung, Währungs-	a *strong / weak* **currency** ○ All EU **currencies** should be part of a European exchange-rate mechanism. ○ She was paid £15 in *foreign / local* **currency**. ○ A lot of the food grown in Mexico is exported to earn hard **currency**. ○ a **currency** *crisis / reform / system*	3
7	☐ **exchange rate** [ɪks'tʃeɪndʒ reɪt]	Wechselkurs	They bought their car **at an exchange rate** of 3.4 francs **to** the D-mark. ○ What is the **exchange rate** between the dollar and the mark?	5
8	☐ **exchange** [ɪks'tʃeɪndʒ]	umtauschen, wechseln	**exchange** francs **for** pounds ○ Their money was **exchanged** at the official exchange rate.	4
9	☐ **banking** ['bæŋkɪŋ]	Bankfach	electronic **banking** [Geldverkehr] ○ Jane is going to choose **banking** as a career. ○ **banking secrecy** [Bankgeheimnis]	5
10	☐ **bank** [bæŋk]	Bank	*save / borrow* money at a **bank** ○ Is there a **bank** near here where I can change some traveller's cheques? ○ a **savings bank** [Sparkasse]	2
11	☐ **account** [ə'kaʊnt]	Konto	a special **account** ○ a bank **account** ○ *open / close* an **account** ○ Your **account** is overdrawn [überzogen] by $100. ○ How much money have I got left **in** my **account**? ○ I'd like to withdraw [abheben] $200 from my **account**. ○ Her salary is paid **into** her bank **account**.	3
12	☐ **borrow** ['bɒrəʊ]	sich leihen, sich ausleihen	She **borrowed** *£100 from a neighbour / money from the bank*. ○ He **borrowed** $50, and he never paid back.	2
13	☐ **loan** [ləʊn]	Darlehen, Kredit	take out [aufnehmen] a bank **loan** ○ pay off [zurückzahlen] a **loan** ○ She'll have to ask for a large **loan**. ○ If you can't afford it, I could **give you a loan** [etwas leihen].	4
14	☐ **lend** [lend]	(ver)leihen	**lend** money at an interest rate of 9.5% ○ Can you **lend** me £20 till pay day? ○ She **lent her** the money. ○ She **lent** the money **to her**. ○ The bank **lent** them £6000 to repair the roof.	2

▲ LENDS – LENT – LENT

15	☐ **credit** ['kredɪt]	Kredit Darlehen	*interest-free / long-term* [langfristig] **credits** ○ He had unlimited **credit**. ○ No **credit** is given in this shop. ○ He buys all his food **on credit**. ○ a **credit card** ○ exceed [überschreiten] your **credit limit** [Kreditrahmen]	4
16	☐ **interest** ['ɪntrəst]	Zinsen Zins-	The best rate of **interest** a bank can offer is about 6%. ○ If you put money in the bank, you'll get 8% **interest on** it. ○ The **interest** can be paid directly to you or added to your savings account. ○ increase the **interest rates**	5
17	☐ **owe** [əʊ]	schulden	**owe** sb *money / a lot / nothing* ○ I **owe** my sister two pounds. ○ They still **owe** £1000 **for** the house.	3
			■ Not used in the progressive	
18	☐ **debt** [det]	Schuld(en)	be *heavily / up to your ears* **in debt** ○ She borrowed a lot of money and she's still paying off the **debt**. ○ After he lost his job, he **got into debt**. ○ Many consumers have found themselves **in debt to** [verschuldet bei] credit card companies.	4
19	☐ **income** ['ɪŋkʌm]	Einkommen	an *annual / average* **income** ○ earn a low **income** ○ He cannot support his family on his **income**. ○ It's sometimes difficult for a family to live on one **income**. ○ She thinks she pays too much **income tax**.	4
20	☐ **pay** [peɪ]	Geld Lohn Bezahlung	**holiday pay** ○ **sick pay** [Krankengeld] ○ get your **pay** every Friday ○ In many areas of work women are still fighting for equal **pay**. ○ He was **in the pay** [Sold] of the enemy. ○ hold **pay talks** ○ a **low pay group** [Billiglohngruppe]	2
21	☐ **payment** ['peɪmənt]	Zahlung Zuschlag	cash **payment** ○ **payment** of a bill ○ receive additional **payment** ○ demand overtime **payment** ○ Each time you make a **payment** you're given a receipt [Quittung]. ○ She bought her new TV set on credit and makes **payments** [Rate] of £20 per month.	4
22	☐ **salary** ['sæləri]	Gehalt	Her **salary** *fell / dropped / increased*. ○ My **salary** is paid directly into my bank account. ○ They raised pressure for higher **starting salaries**. ○ a **salary increase** ○ the new **salary structure**	3
23	☐ **wage** [weɪdʒ]	Lohn	a good **wage** ○ *average / low* **wages** ○ *pay / earn / get / freeze* **wages** ○ High **wages** throughout the country can lead to inflation. ○ Their **wages** are paid every Friday. ○ **wage demand** ○ the **wage-price spiral** [Spirale] ○ a **wage increase** of 8%	3
24	☐ **pension** ['penʃn]	Rente Pension	a *basic state / company / war / widow's* **pension** ○ He lives on a **pension**. ○ It's sometimes hard to live on an old-age **pension**. ○ give a **pension increase** to the poorest people	5
25	☐ **compensation** [ˌkɒmpen'seɪʃn]	Entschädigung Schadenersatz	His employers paid him $5000 **compensation for** his broken leg. ○ They should be made to pay **compensation for** the damage they caused.	4
26	☐ **reward** [rɪ'wɔːd]	Belohnung Finderlohn	*offer / pay / receive / claim* a **reward** ○ The risk is very high, but so is the **reward**. ○ She got no **reward for** all the hard work she did. ○ There will be a **reward** of $5000 to anyone giving police information leading to the killer's arrest.	3
27	☐ **tip** [tɪp]	Trinkgeld Trinkgeld geben	a 10% **tip** ○ Service wasn't included so we left a **tip** for the waitress. ○ **tip** a *waiter / taxi driver*	5
28	☐ **tax** [tæks]	Steuer	Is such a **tax** sensible, efficient and fair? ○ You do not have to pay **tax on** books in Britain. ○ He paid over £20 000 **in taxes** last year. ○ products at **tax-free** prices ○ react strongly [heftig] against **tax increases**	3
29	☐ **rent** [rent]	Miete	a *weekly / monthly / yearly* **rent** ○ *pay / demand* **rent** ○ live in a house free of **rent** ○ She's 2 months behind with the **rent**. ○ The student could hardly afford his **rent**. ○ The average **rent** is £22 a week. ○ a 50% **rent increase** ○ a **low-rent** *area / office*	3
			■ False friend: The English word for German **Rente** is **pension**.	
30	☐ **fare** [feə]	Fahrpreis Fahrgeld	pay *your bus / train* **fare** ○ What's the **fare** to Brighton? ○ They travelled at *half / full / reduced* **fare**. ○ Train **fares** have *increased / gone up* again since last year. ○ The return **fare** is twice the ordinary **fare**.	4

280A

31	☐ **fee** [fiː]	Gebühr Beitrag Honorar	a *high / low / large / small* **fee** ○ *an entrance / a licence / an annual membership* **fee** ○ **university fees** [Studiengebühren] ○ pay *lawyers' / doctors'* **fees** ○ Our parents worked hard to pay our **school fees** [Schulgeld].	4
32	☐ **fine** [faɪn]	Bußgeld Geldstrafe	I don't want to take a chance of getting a **fine**. ○ A **fine** for parking *in a non-parking area / on a double yellow line* is automatic. ○ He'll either have to pay a heavy **fine** or go to prison.	5
33	☐ **bill** [bɪl]	Rechnung	I must pay the *telephone / hotel / gas / heating / electricity* **bill**. ○ Could I have the **bill** please? ○ He paid the **bill** *in cash / with a credit card*.	3
34	☐ **pound** [paʊnd]	Pfund (Brit. Währung)	a ten-**pound** note ○ The **pound** has fallen against the dollar. ○ The **pound** used to be worth 13 deutschmarks. ○ How man pesetas are there **to the pound**?	2
35	☐ **p = pence** (GB) [pens]	Pence	reduce the price of petrol by **12p** to **50p** per litre ○ a ten-**pence** coin ○ Potatoes are twenty **pence** a pound. ○ These pencils cost 40 **pence** each.	3
36	☐ **penny**, pl. **pennies/pence** [ˈpenɪ, ˈpenɪz/pens]	Penny Pfennig	She tossed [werfen] a couple of **pennies** into the fountain. ○ She bought a mobile phone for as little as 99 **pence**. ○ It won't cost you a **penny**. ○ She claimed she hadn't received a **penny**. ○ She had to explain the problem to her several times before the **penny** [Groschen] finally **dropped**. ○ The picture is worth every **penny** [sein Geld].	3
37	☐ **dollar** [ˈdɒlə]	Dollar	a *half / silver* **dollar** ○ The books costs five dollars ($5.00). ○ The **dollar** is *rising / falling*. ○ a five **dollar** bill	2
38	☐ **buck** (AE infml.) [bʌk]	Dollar	Could you lend me a few **bucks**? ○ make big **bucks** [Geld] ○ make a fast **buck** [Kohle]	4
39	☐ **cent** [sent]	Cent (US-Währung)	a new 25 **cents** first-class stamp ○ This book only costs fifty **cents**. ○ He doesn't have a red **cent** [Heller].	2
40	☐ **dime** [daɪm]	10-Cent-Münze (US-Währung)	The price of gasoline rose by a **dime** a gallon. ○ I haven't a **dime** in the world [roter Heller]. ○ This isn't worth a **dime** [Pfifferling]. ○ a **dime** [Groschen-] *magazine / novel*	4
41	☐ **note** (BE) [nəʊt]	Schein Note	I don't have any change – I only have **notes**. ○ He only had a five-pound **note** to pay for the paper. ○ I'd like the money in £10 **notes**, please.	3
42	☐ **bill** (AE) [bɪl]	Schein	a ten-dollar **bill** ○ phony [gefälscht] $100 **bills** ○ $3500 **in bills**	4
43	☐ **cheque** (BE) [tʃek]	Scheck	a traveller's **cheque** ○ *sign / fill in* a **cheque** for £50 ○ write your address on the back of a **cheque** ○ May I pay **by cheque**? ○ Please send a **cheque** made payable to PC Magazine ... ○ I need a new **cheque book**. ■ The American spelling is che**ck**.	3
44	☐ **coin** [kɔɪn]	Münze	*gold / silver / ancient / false* **coins**. ○ collect old **coins** ○ I need some **coins** for the ticket machine. ○ He gave me my change in 10p and 5p **coins**.	3
45	☐ **cash** [kæʃ]	Bargeld Geld	*pay / run out of* **cash** ○ I haven't got any **cash** on me. ○ He paid the bill (in) **cash**. ○ I'm a little short of **cash** [knapp bei Kasse]. Could I pay next week? ○ She's taken a part-time job to earn some extra **cash**.	4
46	☐ **change** [tʃeɪndʒ]	Wechselgeld Kleingeld	Don't forget to count your **change**. ○ You'll need some **small change** for the telephone. ○ Have you got **change for** [herausgeben auf] a five-pound note?	4
47	☐ **purse** (BE) [pɜːs]	Geldbeutel Portmonee	a *leather / plastic* **purse** ○ *drop / lose / find* a **purse** ○ She looked in her **purse** for some change. ○ She put the ticket in her **purse** so she wouldn't forget it. ○ My **purse** is so heavy – it's full of change.	2
48	☐ **wallet** [ˈwɒlɪt]	Brieftasche	Carry your **wallet** in an inside pocket. ○ Somebody has stolen my **wallet** from my back pocket. ○ He pulled a $100 bill from his **wallet**.	2
49	☐ **sale** [seɪl]	Verkauf	cash **sale** ○ record **sales** ○ the **sale** of *cars / clothes / machinery* ○ **sales** go *up / go down* ○ The new car will be **on sale** next month. ○ The shop / This house is not **for sale** [verkäuflich].	3
50	☐ **charge** [tʃɑːdʒ]	berechnen verlangen	Do you **charge** postage and packing? ○ How much do you **charge for** *a single room per night / cleaning the car?* ○ They **charged** me £1 **for** a glass of orange juice.	3

51	☐ **buy** [baɪ]	kaufen	Where did you **buy** that cassette? ○ I **bought** it *at a computer shop / from a friend / for £40 / at a reasonable price.* ○ He's just **bought** himself something beautiful to wear. ○ We **bought** *her a book / a book for her.*	1
			▲ BUYS — BOUGHT — BOUGHT	
52	☐ **pay (for)** [ˈpeɪ (fɔː)]	zahlen bezahlen	**pay** a *bill / high price / fee / fine* ○ **pay** *$15 / too much* ○ **pay** *rent / taxes / wages* ○ **pay** *cash / by cheque / by credit card* ○ **pay** *highly / well / badly* ○ She **paid** me the money. ○ She **paid** the money to me. ○ They were **paid** *monthly / weekly.* ○ Has the *milk / meat / paper* been **paid for**? ○ Let me **pay for** the drinks. ○ She **paid** out of her own pocket. ○ **badly-paid** ○ There are not enough women in **well-paid**, responsible jobs.	2
			▲ PAYS — PAID — PAID	
53	☐ **earn** [ɜːn]	verdienen	She **earns** $20 000 a year. ○ He **earns** his living [Lebensunterhalt] as an artist. ○ He **earned** money by playing the piano in a bar.	3
			■ Don't mix up **earn** (Geld verdienen) with **deserve** (Lob usw. verdienen).	
54	☐ **spend** [spend]	ausgeben	**spend** a *record sum / lot of money for a new car* ○ **spend** *£5 on a new tie / too much money on cigarettes* ○ There's no money left to **spend on** social programmes. ○ He **spends** at least £5 a day **on** food.	2
			▲ SPENDS — SPENT — SPENT	
55	☐ **save** [seɪv]	sparen	**save** money **for** a new TV ○ It is hoped that the lower tax rates [Satz] encourage people to **save**. ○ The air-conditioning was turned off to **save** money.	3
56	☐ **value** [ˈvæljuː]	Wert	*go up / go down* **in value** ○ The **value** of the dollar has fallen by a few points. ○ The thieves stole goods **with** a total **value** of 1 million pounds. ○ The carpet was **good value for money** [preiswert].	2
57	☐ **worth** [wɜːθ]	wert im Werte von	products **worth** more than five hundred dollars ○ How much is this house **worth**? ○ It must be **worth** at least £200 000. ○ 100 000 **pounds' worth** of toys and children's clothes were destroyed in the fire.	2
58	☐ **cost(s)** [kɒst]	Kosten	*higher / lower / direct / indirect* **costs** ○ *production / repair / transport* **costs** ○ the **costs** of German unification [Vereinigung] ○ the rising medical **costs** ○ the **cost of** a medical treatment ○ **cost of living** [Lebenshaltungskosten] ○ reduce **costs** ○ cut [reduzieren] **costs**	2
59	☐ **cost** [kɒst]	kosten	What does it **cost**? ○ I don't care how much it **costs**. ○ It **cost** a fortune [Vermögen]. ○ It'll **cost** him his career.	2
			■ Not used in the progressive	
			▲ COSTS — COST — COST	
60	☐ **price** [praɪs]	Preis Kaufpreis	the *regular / average / market* **price** ○ a *high / low / fair / realistic / reduced / record* **price** ○ an *acceptable / attractive* **price** ○ The **price** *is falling / will rise / will recover next year / went up like a rocket.* ○ They will not sell **at any price**. ○ a **price** increase ○ return to **price stability**	2
			■ Note that **priceless** means **unbezahlbar**.	
			■ Don't mix up **price** (Kaufpreis) with **prize** (Belohnung).	
61	☐ **cost** [kɒst]	Preis	The **cost** of a 3-D computer has fallen by nearly 70%. ○ She obtained a building permit **at a cost of** $2200. ○ **cost control** ○ supply free or **low-cost** [Billig-] furniture	2
62	☐ **amount** [əˈmaʊnt]	Betrag Summe	You will have to pay the full **amount** within seven days. ○ The **amount** of money you pay each month depends on how much you earn.	2
63	☐ **raise** [reɪz]	erhöhen	**raise** *the price of plastic products / salaries / wages / fares / the cost of living* ○ Will income taxes be **raised** next year?	2
64	☐ **increase** [ˈɪnkriːs]	Erhöhung Anstieg	an **increase in** the price of petrol ○ The price **increases** were passed on [weitergeben] by the firm to the consumers. ○ He *asked for / received* an **increase in** his salary. ○ a promise of **wage increase**	4
65	☐ **increase** [ɪnˈkriːs]	erhöhen steigen	**increase** *prices / taxes / fares / rents / wages / salaries* ○ His salary was **increased by** 5%. ○ Bus fares have **increased** again.	3

280A – 280B

66	☐ **rise** [raɪz]	steigen ansteigen	Prices are likely to **rise**. ○ His income will **rise by** 2%. ○ Do you think inflation will continue to **rise**? ○ Petrol prices have **risen by** 10 % since last year.	2
			▲ RISES – RISING – ROSE – RISEN	
67	☐ **expensive** [ɪk'spensɪv]	teuer	an **expensive** *ring / coat / camera / watch / car / restaurant* ○ The hotel was more **expensive** than we expected. ○ This dress is twice as **expensive** as that one. ○ She bought the washing machine that was the least **expensive**.	3
68	☐ **cheap** [tʃiːp]	billig	**cheap** *furniture / seats at the theatre / hotel rooms* ○ The carpet is **cheap** at $50. ○ It wasn't **cheap**, but it's very good. ○ I bought this cupboard **cheap** from a friend. ○ It's **cheaper** to buy a return ticket than two singles.	1
69	☐ **free** [friː]	kostenlos, gratis, frei	**free** transport ○ send a catalogue **free** on request [Anforderung] ○ a **free** ticket for the theatre ○ Car parking is **free** after 6 pm.	4
70	☐ **pay off** (infml.) [ˌpeɪ 'ɒf]	sich lohnen sich auszahlen	The new machinery should **pay off** sooner or later. ○ All their hard work has **paid off**. The house is finished at last.	5
71	☐ **profit** ['prɒfɪt]	Gewinn	They didn't make much **profit** in the first year. ○ They sold their house **at a profit**. ○ There's little **profit in** selling books.	3
72	☐ **profit** ['prɒfɪt]	profitieren	Who will **profit** most **from** the tax reforms? ○ The business **profited** greatly **from** its exports. ○ She **profited by** her experience.	4
73	☐ **profitable** ['prɒfɪtəbl]	einträglich lohnend	a **profitable** deal ○ There is not a **profitable** market for this product. ○ It's a very **profitable** [rentabel] little business.	4

280B Ladengeschäfte, Einkaufen usw.

altogether 29	department store 9	non-returnable 35	returnable 34	shopping 12
anything else 30	do the shopping 14	offer *n* 18	sale 23	shopping precinct 1
buy 15	for sale 24	offer *v* 19	sell 25	store 8
catalogue 26	go shopping 13	order *n* 20	serve 17	supermarket 10
complain 32	grocery store,	order *v* 21	shop 5	
customer 4	grocer's 11	price list 27	shop assistant 16	
decoration 7	How much is/are 28	receipt 31	shop window 6	
deliver 22	market 2	return 33	shopper 3	

1	☐ **shopping precinct** (BE) ['ʃɒpɪŋ ˌpriːsɪŋkt]	Geschäfts-, Einkaufsviertel	Bold Street is now a lively, attractive and popular **shopping precinct**. ○ The town has one **shopping precinct**, and a more modern one is planned.	4
2	☐ **market** ['mɑːkɪt]	Markt	a *vegetable / fish / food / meat* **market** ○ A new computer has just come out on the **market**. ○ They bought dollars on the **black market**. ○ You may find something nice at the **flea market** [Flohmarkt].	4
3	☐ **shopper** ['ʃɒpə]	Käufer(in) Kauflustige(r)	The displays are intended to attract **shoppers** into the store. ○ The streets were crowded with **shoppers**.	5
4	☐ **customer** ['kʌstəmə]	Kunde Kundin Kunden-	a satisfied **customer** ○ They served the **customers** quickly and politely. ○ They had no **customers**, so they shut the shop early. ○ They can't afford to lose such a good **customer**. ○ **customer** *service / care / base* [Kundenstamm] ○ The **customer** is always right. (proverb)	4
5	☐ **shop** [ʃɒp]	Geschäft Laden	a *butcher's / baker's / chemist's / fruit / shoe / record / flower / toy* **shop** ○ a *bookshop* ○ *manage / operate / run / open / close* a **shop** ○ Could you run down to the **shop** and get me some sugar? ○ **shoplifting** [Ladendiebstahl] ○ a **shoplifter** [Ladendieb]	1
6	☐ **shop window** ['wɪndəʊ]	Schaufenster	How much is that dress in the **shop window**? ○ Susan went **window shopping** [einen Schaufensterbummel machen] while Tina was having her hair hair cut.	1
7	☐ **decoration(s)** [ˌdekə'reɪʃn(z)]	Schmuck Dekoration	*Christmas / wall* **decorations** ○ put up **decorations** ○ How do you like the Easter **decorations** in this window?	5

8	☐ store [stɔː]	Kaufhaus Warenhaus	*manage / run / operate* a **store** ○ This discount [Rabatt] is available at all Woolworth's **stores**. ○ All the big **stores** are open from 8 am until 8 pm. ○ a **chain store** [Geschäft einer Ladenkette]	3
9	☐ **department store** [dɪˈpɑːtmənt stɔː]	Kaufhaus Warenhaus	We do all our shopping at a **department store**. ○ He took a job as a sales assistant in a big **department store**.	4
10	☐ **supermarket** [ˈsuːpəˌmɑːkɪt]	Supermarkt	The **supermarket** stays open late on Friday evenings. ○ We go to the **supermarket** once a week. ○ a great variety of goods on **supermarket** shelves	5
11	☐ **grocery store, grocer's** [ˈɡrəʊsrɪ stɔː, ˈɡrəʊsəz]	Lebensmittelgeschäft	The **grocery store** is usually busy on Saturday mornings. ○ The nearest **grocery store** is in Garden Street. ○ We buy our tea at the **grocer's** in the High Street. ○ Can you go to the **grocer's** to buy me a tin of beans?	3
12	☐ **shopping** [ˈʃɒpɪŋ]	Einkäufe Einkaufs-	Christmas **shopping** ○ a **shopping** *list / bag / basket / street / centre / area / precinct* ○ Can you help me to put away the **shopping** [Sachen]?	2
13	☐ **go shopping** [ˌɡəʊ ˈʃɒpɪŋ]	einkaufen gehen	Let's meet in town. We'll **go shopping** together and have lunch. ○ I'm just **going shopping**. Do you want anything? ○ On their way to the game Oliver **went shopping** in a supermarket.	2
14	☐ **do the shopping** [ˌduː ðə ˈʃɒpɪŋ]	(seine) Einkäufe machen, einkaufen	On Saturday we usually **do the shopping** and clean the car. ○ She **did** all her **shopping** yesterday. ○ She sent her husband out to **do the week's shopping**.	2
15	☐ **buy** [baɪ]	kaufen	**buy** sth *at a supermarket / from a computer firm / for £100 / on credit* ○ **buy** sth at a *high / low / reasonable* price ▲ BUYS – BOUGHT – BOUGHT	1
16	☐ **shop assistant** (BE) [ˈʃɒp əˌsɪstənt]	Verkäufer(in)	a *friendly / nice / helpful / efficient* **shop assistant** ○ Ask the **shop assistant**. I'm sure he can help you to find what you're looking for. ○ **Shop assistants** are on their feet [Bein] all day. ■ The American word for German **Verkäufer(in)** is **sales clerk**.	3
17	☐ **serve** [sɜːv]	bedienen	Excuse me madam. Are you being **served**? ○ Which shop assistant **served** you? ○ First come first **served**.	3
18	☐ **offer** [ˈɒfə]	Angebot	a *reasonable / serious* **offer** ○ an *attractive / introductory* **offer** ○ *make / consider / accept / refuse / reject* an **offer** ○ It was the **offer** of a lifetime. ○ This is a **special offer**. You get two pullovers for the price of one.	3
19	☐ **offer** [ˈɒfə]	anbieten	**offer** goods on the Internet ○ **offer** for sale **to** the highest bidder [Höchstbietende] ○ The assistant **offered** us *her help / to deliver the goods*.	3
20	☐ **order** [ˈɔːdə]	Bestellung Auftrag	He has received several **orders** for cars. ○ Dealers [Händler] report good **orders** for January. ○ Please return your **order form** [Bestellschein] as soon as possible.	4
21	☐ **order** [ˈɔːdə]	bestellen	**order** a *computer / laser printer* ○ I've **ordered** some new furniture **from** a mail-order house [Versandhaus].	3
22	☐ **deliver** [dɪˈlɪvə]	liefern	**deliver** the furniture **to** the new address ○ The shop will **deliver** the table tomorrow. ○ Your order will be **delivered** within five days. ○ All goods must be paid before **delivery** [Auslieferung].	2
23	☐ **sale** [seɪl]	Verkauf Schlussverkauf	record **sales** ○ the **sale** of clothes ○ *summer / winter* **sale(s)** ○ The new car will be **on sale** [erhältlich] next month. ○ This anorak was greatly reduced in the January **sales**.	3
24	☐ **for sale** [fə ˈseɪl]	zu verkaufen verkäuflich	The *car / house* is **for sale**. ○ Excuse me, is this picture **for sale**? It doesn't have a price on it. ○ The picture will be offered **for sale** [zum Verkauf].	3
25	☐ **sell** [sel]	verkaufen	**sell at** a *high / low / reasonable* price ○ An electric bicycle sounds like a good idea but I don't think it'll **sell** [sich verkaufen lassen]. ▲ SELLS – SOLD – SOLD	1

280B – 280F

26	☐ **catalogue** ['kætəlɒg]	Katalog	I got a **catalogue** from Sears and Roebuck containing all the goods you can buy in a shop or through the post. ■ The American spelling is also catal**og**.	5
27	☐ **price list** ['praɪs lɪst]	Preisliste	I can't find this article **in** the **price list**. ○ On the wall outside was a **price list** of the services on offer.	2
28	☐ **How much is/are** [ˌhaʊ 'mʌtʃ ɪz/ɑː]	Was kostet Was kosten	**How much is** that white shirt? ○ **How much are** those blue socks?	2
29	☐ **altogether** [ˌɔːltə'geðə]	insgesamt alles zusammen	We've got £50 **altogether**. ○ How much is that **altogether**?	4
30	☐ **Anything else?** ['enɪˌθɪŋ 'els]	Sonst noch etwas?	**Anything else?** – No, thank you. That's all for the moment.	3
31	☐ **receipt** [rɪ'siːt]	Quittung, Beleg, Kassenbon	*give / write out / get* a **receipt** ○ Could I have a **receipt**, please? ○ Keep the **receipt** in case you want to exchange anything.	4
32	☐ **complain** [kəm'pleɪn]	sich beschweren sich beklagen	**complain about** the *service / poor quality / high price* ○ **complain to** the *shop assistant / shop owner* ○ She **complained to** the manager and claimed her money back.	3
33	☐ **return** [rɪ'tɜːn]	zurückgeben zurückbringen	**return** empty bottles ○ If this product is defective [schadhaft] in any way, please **return** it to the store where you bought it.	3
34	☐ **returnable** [rɪ'tɜːnəbl]	Mehrweg- Pfand-	The average wine bar has no wish to waste large amounts of storage space [Lagerraum] on **returnable** bottles.	5
35	☐ **non-returnable** [ˌnɒn rɪ'tɜːnəbl]	Einweg- Wegwerf-	**non-returnable** glass containers ○ These lemonade bottles are **non-returnable**.	5

280F Behälter, Verpackung, Lagern

bag 4	can 15	case 9	fill 22	keep 19	shelf 18
basket 7	canister 17	contain 2	glass 12	lift 23	store 20
bottle 11	carry 24	container 1	hang 21	package 6	tin 14
box 8	(suit)case 10	contents 3	jar 13	packet 5	tube 16

1	☐ **container** [kən'teɪnə]	Behälter Gefäß Container	*a metal / an aluminium / a glass / plastic* **container** ○ Have you got a **container** for this cheese? ○ This material is poisonous and must be stored in a special **container**. ○ a **container** *lorry / ship*	5
2	☐ **contain** [kən'teɪn]	enthalten	This bottle **contains** two litres of milk. ○ Each box **contains** 24 cans. ○ The suitcase **contained** a bomb. ■ Not used in the progressive	2
3	☐ **contents** ['kɒntents]	Inhalt	the **contents** of a *bottle / box* ○ Add the **contents** of this bag to a litre of milk and mix well. ○ The police checked the **contents** of her suitcase.	3
4	☐ **bag** [bæg]	Tasche Beutel Tüte	a plastic **bag** ○ a **shopping bag** ○ a **handbag** ○ a **carrier bag** [Tragtasche] ○ a **toolbag** ○ a **tea bag** ○ The assistant took my money and put the book in a paper **bag**. ○ She carried her clothes in an old **bag**.	1
5	☐ **packet** (BE) ['pækɪt]	Päckchen Schachtel Packung	a cigarette **packet** ○ a **packet** of *biscuits / sweets / cigarettes* ○ Every **packet** carries a printed warning. ○ They taste like corn chips from a **packet**.	2
6	☐ **package** (BE) ['pækɪdʒ]	Paket	*wrap* [einpacken] */ unwrap* a **package** ○ It was a strangely shaped **package** and no one could guess what was inside.	4

7	☐ **basket** ['bɑːskɪt]	Korb	a *shopping / clothes* **basket** ○ a **basket** of *fruit / oranges / apples* ○ Don't put all your eggs in one **basket**. (proverb)	2	
8	☐ **box**, pl. **boxes** [bɒks, 'bɒksɪz]	Kiste Schachtel	a *big / small / heavy* **box** ○ a *wooden / plastic* **box** ○ a **tool box** ○ a **box** of *matches / biscuits / chocolates* ○ **boxes** of different shapes and sizes ○She keeps her old letters in a shoebox.	1	
9	☐ **case** [keɪs]	Kiste Kasten	a **case** of *wine / beer / water* ○ a jewel **case** [Schatulle] ○ a pencil **case** [Federmäppchen] ○ She put her glasses back in the **case** [Etui].	2	**2**
10	☐ **(suit)case** [('suːt)keɪs]	Koffer	*pack / unpack / carry / lose* a **suitcase** ○ I can't shut the **suitcase** when it's so full. ○ She lost her **cases** at the airport. ○ I'll help you to carry your **cases** up to your room.	3	
11	☐ **bottle** ['bɒtl]	Flasche	a *plastic / glass* **bottle** ○ a *lemonade / beer / wine / milk* **bottle** ○ *a full / an empty* **bottle** ○ *fill / open / empty* a **bottle** ○ He was drinking beer out of the **bottle**. ○ Open another **bottle** of wine, please. Here's the **bottle-opener**.	1	
12	☐ **glass** [glɑːs]	Glas	a *wine / whisky / beer* **glass** ○ a vegetarian diet [Diät] with six **glasses** of carrot juice a day ○ Let me *fill / refill* your **glass**. ○ Could I have a **glass** of water, please?	1	
13	☐ **jar** [dʒɑː]	Gefäß Glas	a *plastic / glass / stone* **jar** ○ a jam **jar** ○ a **jar** of *biscuits / strawberry jam* [Erbeermarmelade] ○ That lid belongs to this **jar**.	2	
14	☐ **tin** (BE) [tɪn]	Dose Büchse	a biscuit **tin** ○ a **tin** of *beans / peas / cat food / fish / paint* ○ Most meals come from **tins** or packets. ○ a **tin-opener**	2	
			■ The American word for German **(Konserven-)Dose** is **can**.		
15	☐ **can** [kæn]	Dose Kanne Kanister	a spray **can** ○ *a milk / an oil / a watering* **can** ○ a *petrol / gasoline* **can** ○ a recyclable **tin can** [Blechdose] ○ a **can of** *sausages / tomatoes / coke* ○ He opened a **can of** beer. ○ a **can-opener**	3	
16	☐ **tube** [tjuːb]	Tube	a **tube** of *red paint / suntan cream / salad cream* ○ squeeze [drücken] some toothpaste out of the **tube**	4	
17	☐ **canister** ['kænɪstə]	(Blech-)Dose Kanister	a **canister** of *tea / coffee* ○ a **canister** of *water / tear-gas* ○ They used the **canister** to carry the water.	5	
18	☐ **shelf**, pl. **shelves** [ʃelf, ʃelvz]	Regal	a *high / narrow* **shelf** ○ built-in **shelves** ○ a **bookshelf** ○ a supermarket **shelf** ○ *build / put up* a **shelf** ○ *put sth on / take sth down / take sth off* a **shelf**	3	
19	☐ **keep** [kiːp]	aufbewahren	**Keep** the medicine in a safe place. ○ Where do you **keep** [Wo ist] the scissors? Are they in the kitchen?	1	
			▲ KEEPS – KEPT – KEPT		
20	☐ **store** [stɔː]	lagern unterstellen speichern	**Store** this medicine in a cool place. ○ They've **stored** their furniture because they're going abroad. ○ They use a computer to **store** information on customers.	2	
21	☐ **hang** [hæŋ]	hängen aufhängen	**hang** a *photo over your bed / picture on the wall / lamp in the hall* ○ **Hang** your coat on the hook [Haken]. ○ She **hung** the curtains in the living room.	2	
			▲ HANGS – HUNG – HUNG		
22	☐ **fill** [fɪl]	füllen voll machen	**fill** a bottle with tea ○ **fill up** a tank with petrol ○ **fill** [voll stopfen] your head **with** useless knowledge ○ **Fill** this glass for me please. ○ Your glass is empty – can I **fill** it **up** [nachschenken]?	2	
23	☐ **lift** [lɪft]	(hoch)heben	It took three men to **lift** the piano. ○ The box was so heavy I couldn't **lift** it.	2	
24	☐ **carry** ['kærɪ]	tragen	**carry** a *suitcase / chairs into the garden / a piano upstairs* ○ The box was too heavy to **carry**.	1	

290 Die Welt, Kontinente

1	☐ **world** [wɜːld]	Welt Welt-	a map of the **world** ○ *travel / fly* round the **world** on business ○ changes in the **world's** climate ○ They were cut off from the **outside world** [Außenwelt]. ○ The whole **world** is waiting for the result of these talks. ○ He never lived in the real **world**. ○ Britain is no longer a **world power**.	1
2	☐ **global** ['gləʊbl]	global weltweit	a **global** problem ○ **global** warming ○ It's an event of **global** importance. ○ War is now a **global** problem. ○ We must **take a global view of** [global betrachten] the problem.	5
3	☐ **continent** ['kɒntɪnənt]	Kontinent Erdteil	the North American **continent** ○ Asia and Africa are the two biggest **continents**.	4
4	☐ **the Continent** [ðə 'kɒntɪnənt]	das europäische Festland	sea traffic between the United Kingdom and **the Continent** ○ Stormy weather caused floods **on the Continent**. ○ Helen is going to **the Continent** for her holiday. ○ Hotels **on the Continent** are cheaper than in Britain.	4
5	☐ **continental** [ˌkɒntɪ'nentl]	kontinental, des europäischen Festlands	**continental** *food / breakfast / cooperation / neighbours / business rivals* ○ **continental** *nations / states / contacts* ○ some visitors from **continental** Europe ○ Moscow has a **continental** climate: hot summers and cold winters.	5

Africa ['æfrɪkə]	Afrika	**Asia** ['eɪʃə]	Asien	**Europe** 'jʊərəp	Europa
African ['æfrɪkən]	Afrikaner(in) afrikanisch	**Asian** ['eɪʃn]	Asiate, Asiatin; asiatisch	**European** [jʊərə'piːən]	Europäer(in) europäisch
America [ə'merɪkə]	Amerika	**Australia** [ɒ'streɪlɪə]	Australien		
American [ə'merɪkən]	Amerikaner(in) amerikanisch	**Australian** [ɒ'streɪlɪən]	Australier(in) australisch		

293 Länder, Staaten

abroad 17	emigrate 20	frontier 14	nation 6	plantation 32
border 13	emigration 19	immigrant 23	national 8	province 4
colonial 30	empire 1	immigrate 22	national anthem 11	settle 25
colonist 31	enter 21	immigration 24	nationality 7	settlement 26
colony 29	flag 12	independence 34	native *adj* 10	settler 27
country 3	foreign 15	independent 33	native *n* 28	state 2
county 5	foreigner 16	international 9	overseas 18	

1	☐ **empire** ['empaɪə]	Reich Weltreich Imperium	the ancient **empires** of Russia, Austria, and Turkey ○ *govern / build up / break up* an **empire** ○ The British **Empire** once covered large parts of the world.	5
2	☐ **state** [steɪt]	Staat staatlich Staats-	a *police / one-party* **state** ○ an independent **state** ○ the relationship between the **State** and the Church ○ California is one of the biggest **states** in the US. ○ **state** *education / schools / aid / secrets* ○ a **state** visit	4
3	☐ **country** ['kʌntrɪ]	Land	a *civilized / free / lawless / developing / third-world* **country** ○ her native **country** ○ the **countries** of Western Europe ○ *govern / run* a **country** ○ an *independent / oil-producing / underdeveloped* **country** ○ a conflict between two **countries** over their common border ○ What part of the **country** do you come from?	1
4	☐ **province** ['prɒvɪns]	Provinz	an *independent / a self-governing* **province** ○ the country's biggest **province** ○ Canada has ten **provinces**. ○ A UN plan proposed [vorschlagen] that Bosnia should become a republic of ten **provinces**.	4

5	☐ county ['kaʊntɪ]	Grafschaft, Verwaltungsbezirk	the **county** of Devon ○ There are fifty-three **counties** in England and Wales. ○ a **county** council	5
6	☐ nation ['neɪʃn]	Nation Volk	the whole **nation** ○ a *civilized / friendly / peace-loving* **nation** ○ the *English / French* **nation** ○ a **nation** of limited resources ○ the **nation's** leading newspapers ○ 25% of the **nation's** income ○ The Chancellor spoke to the **nation** on TV.	3
7	☐ nationality [ˌnæʃə'nælətɪ]	Staatsangehörigkeit, Nationalität	an automatic right to German **nationality** ○ meet students of many **nationalities** ○ provide [gewähren] full British **nationality** ○ She lives in America but she still has German **nationality**. ○ Sabine has dual [doppelt] **nationality** because her father is French and her mother English.	3
8	☐ national ['næʃnəl]	Landesnational staatlich	**national** *governments / central banks* ○ **national** security ○ spend money for **national** defence ○ the **national** energy policy ○ Here's today's **national** and international news. ○ **multinational** companies like BASF	3
9	☐ international [ˌɪntə'næʃnəl]	international	**international** *affairs / agreements / observers / law* ○ **international** waters [Gewässer] ○ the **International** Committee of the Red Cross / Olympic Committee ○ an **international** conference on the Middle East [der Nahe Osten]	3
10	☐ native ['neɪtɪv]	gebürtig einheimisch Einheimische(r)	a **native** Englishman ○ his **native** town [Heimatstadt] ○ They were all in **native** costume. ○ a **native** speaker [Muttersprachler] ○ She answered in her **native** language [Muttersprache]. ○ She speaks English like a **native**.	5
11	☐ national anthem [ˌnæʃnəl 'ænθəm]	Nationalhymne	When the President arrived, a band was playing the **national anthem**. ○ In Bonn members of the Bundestag spontaneously [spontan] rose and sang the **national anthem**.	6
12	☐ flag [flæg]	Flagge Fahne	sail **under the** Dutch **flag** ○ They hung **flags** across the street. ○ The white **flag** is a symbol of surrender. ○ **Flags** were *blowing / fluttering* in the wind.	3
13	☐ border ['bɔːdə]	Grenze Grenz-	*a closed / an open* **border** ○ the security of the **border** ○ *cross / go across / escape across* the **border** ○ Germany's **border with** Poland ○ The **border between** France and Spain goes along the tops of mountains. ○ a **border** *town / district / area*	4
14	☐ frontier ['frʌntɪə]	Grenze Grenz-	He was shot trying to cross the **frontier between** Austria and Germany. ○ All traffic crossing the **frontier** will be thoroughly searched. ○ **frontier** *towns / guards*	6
15	☐ foreign ['fɒrən]	ausländisch Außen- Auslands-	a **foreign** *student / passport / bank* ○ **foreign** *policy / trade* ○ a **foreign** correspondent ○ You can't expect to learn a **foreign language** [Fremdsprache] in a week. ○ He spent half his life **in a foreign country** [im Ausland].	2
16	☐ foreigner ['fɒrənə]	Ausländer(in)	attend a summer school for **foreigners** ○ We don't come into contact with many **foreigners** here. ○ Could you help me, please? – I'm a **foreigner** here [ich bin hier fremd] and I can't read the signs. ○ One in three EU citizens has regular contact with **foreigners**.	3
17	☐ abroad [ə'brɔːd]	im Ausland ins Ausland	*stay / work / travel* **abroad** ○ She lived **abroad** for many years. ○ They found it difficult to get used to living **abroad**. ○ He's never been **abroad**. ○ She wanted to go **abroad** on holiday this year, but she can't afford it.	3
18	☐ overseas [ˌəʊvə'siːz]	(aus/nach) Übersee, überseeisch	go **overseas** ○ **overseas** *trips / suppliers / markets* ○ There are many **overseas** students studying now in Britain. ○ By the end of this year about a third of profits should come **from overseas**. ○ **Overseas** trade is expected to increase next year.	5
19	☐ emigration [ˌemɪ'greɪʃn]	Emigration Auswanderung	mass **emigration** ○ the **emigration** of Jews ○ **emigration** *laws / permits / figures / officials* ○ **Emigration** must be a legally protected right.	5
20	☐ emigrate ['emɪgreɪt]	auswandern emigrieren	**emigrate from** Britain **to** Australia to find work ○ Fear, human suffering and hopelessness have caused so many Christians to **emigrate**.	5
21	☐ enter ['entə]	einreisen in	**enter** a country *legally / without a visa* ○ She **entered** the Netherlands on a three-month artist's visa. ○ Foreigners who **enter** the country illegally are threatened with jail sentences [Strafe] of up to three years.	3
22	☐ immigrate ['ɪmɪgreɪt]	einwandern immigrieren	a request to **immigrate to** Britain ○ **immigrate to** the Federal Republic of Germany **from** Eastern European countries or Russia	5

23	☐ **immigrant** ['ɪmɪgrənt]	Einwanderer Einwanderin Immigrant(in)	**immigrants** *from India / to Germany* ○ London has a high **immigrant** population [Einwandereranteil]. ○ **Immigrant** workers [ausländische Arbeitnehmer, Gastarbeiter] often get the lowest-paid jobs. ○ The **immigrants** were brought to the frontier by a ring of professional smugglers.	5
24	☐ **immigration** [ˌɪmɪ'greɪʃn]	Einwanderung Immigration	illegal **immigration** ○ **immigration** *from Asia / to Europe* ○ control **immigration** ○ There are strict controls on **immigration** in this country. ○ The population was increased by **immigration**. ○ **immigration** laws ○ the **immigration** rate	5
25	☐ **settle** ['setl]	sich niederlassen; besiedeln	**settle** *in London / in South Africa / near the coast* ○ **settle** peacefully ○ On retiring he **settled** in a village. ○ They finally **settled** near Madrid. ○ This area was **settled** by immigrants over a century ago.	3
26	☐ **settlement** ['setlmənt]	Siedlung	a Roman **settlement** in South England ○ Dutch and English **settlements** in North America ○ Trading took place between the **settlements** and the native population.	6
27	☐ **settler** ['setlə]	Siedler(in)	German **settlers** in America ○ The first white **settlers** in Africa were Dutch. ○ As the **settlers** spread, more and more towns began to grow up.	5
28	☐ **native** ['neɪtɪv]	Eingeborene(r)	a friendly **native** ○ When European explorers first arrived in South America, they were given a warm welcome by the **natives**.	6
29	☐ **colony** ['kɒləni]	Kolonie	acquire a **colony** ○ go out to the **colonies** to start a new life ○ France used to have many **colonies** in Africa. ○ Kenya used to be a British **colony**.	5
30	☐ **colonial** [kə'ləʊnɪəl]	Kolonial- kolonial	**colonial** *service / masters / society / East Africa* ○ **colonial** rule [Herrschaft] ○ a **colonial** *empire / war* ○ in the bad old **colonial** days ○ Great Britain used to be a major **colonial** power.	5
31	☐ **colonist** ['kɒlənɪst]	Siedler(in) Kolonist(in)	white **colonists** ○ the American **colonists** of the 17th century ○ descendants of early Dutch **colonists** ○ The first English **colonists** arrived on the coast of Maine in 1605.	5
32	☐ **plantation** [plɑːn'teɪʃn]	Plantage	a *rubber / cotton / tea* **plantation** ○ run a sugar **plantation** ○ They owned a tobacco **plantation** in Virginia. ○ a **plantation** *owner / worker*	6
33	☐ **independent** [ˌɪndɪ'pendənt]	unabhängig	an **independent** country ○ *be / become / remain* **independent** ○ Many former colonies are now **independent** states. ○ The country became **independent of** Britain 40 years ago. ■ unabhängig **von** independent **of**	3
34	☐ **independence** [ˌɪndɪ'pendəns]	Unabhängigkeit	*win / lose / declare* **independence** ○ India achieved **independence from** Britain in 1947. ○ They've made great progress since **independence**.	5

293B Rassen, Volksgruppen

assimilate 18	discrimination 22	integration 15	Negro 11	reservation 24
assimilation 17	ethnic 5	Jew 9	race 1	segregate 20
Black 12	ghetto 25	Jewish 10	racial 2	segregation 19
desegregate 21	(Red) Indian 13	minority 8	racism 3	tribal 7
discriminate 23	integrate 16	Native American 14	racist 4	tribe 6

1	☐ **race** [reɪs]	Rasse Rassen-	People of different **races** should not be discriminated against on grounds of [wegen] **race**, religion or sex. **race** *hatred / prejudice*	2
2	☐ **racial** ['reɪʃl]	Rassen- rassisch	**racial** *equality / differences / prejudice / intolerance / tensions / hatred / conflicts* ○ The problem of **racial** discrimination is very difficult to solve. ○ a **multi-racial** society ○ **racially** persecuted	5

3	☐ **racism** ['reɪsɪzm]	Rassismus	victims of **racism** ○ *condemn / fight against* **racism** ○ Many people are concerned at signs of **racism**. ○ **Racism** is both increasing within and spreading from Western European countries.	5
4	☐ **racist** ['reɪsɪst]	Rassist(in) rassistisch	He's a **racist** and sexist. ○ **racist** *behaviour / violence / riots* ○ a **racist** party ○ **racist** attacks on asylum-seekers [Asylbewerber] and Turkish guest-workers	5
5	☐ **ethnic** ['eθnɪk]	ethnisch Volks-	**ethnic** *minorities / groups / communities / tolerance / conflicts* ○ the rights of **ethnic** minorities ○ solve **ethnic** problems and raise living standards ○ a brutal form of **ethnic** cleansing [Säuberung]	6
6	☐ **tribe** [traɪb]	(Volks-)Stamm	*a member / the chief* of an Indian **tribe** ○ a threatened Indian **tribe** ○ a forest **tribe** in the Amazon region ○ They have no right to push an unwanted **tribe** into foreign territory.	5
7	☐ **tribal** ['traɪbl]	Stammes-	a **tribal** *name / council / tradition / dance / war* ○ **tribal** and religious leaders ○ break the taboo over old **tribal** prejudices	5
8	☐ **minority** [maɪ'nɒrətɪ]	Minderheit Minderheits-	a *racial / political* **minority** ○ Their aim is to improve relations between police and ethnic **minorities**. ○ Schools in Germany need to do more to help pupils of ethnic **minorities**.	5
9	☐ **Jew** [dʒuː]	Jude Jüdin	**Jews** *from Israel and the United States / of Spanish origin* ○ *British / religious* **Jews** ○ The film 'Schindler's List' describes the lives of 75 **Jews** saved by Oskar Schindler from Hitler's camps.	4
10	☐ **Jewish** ['dʒuːɪʃ]	jüdisch	a **Jewish** *girl / community / settlement in the West Bank / holiday* ○ **Jewish** *identity / emigration / survival* ○ a **Jewish** refugee [Flüchtling] from Hitler ○ **Jewish** immigration into Palestine	5
11	☐ **Negro**, pl. **Negroes** ['niːgrəʊ(z)]	Neger(in) Neger-	an American **Negro** ○ sing a **Negro** spiritual ○ Black people today would rather be called black than **Negro**.	5
12	☐ **black, Black** [blæk]	schwarz Schwarz- Schwarze(r)	**black** *people / Americans / Africa* ○ Britain's **black** population ○ Forty-seven per cent of the **Blacks** in South Africa said that their lives had got better since the election. ○ Drunken neo-Nazis terrorized **Blacks** in Magdeburg.	1
13	☐ **(Red) Indian** [(ˌred) 'ɪndjən]	Indianer(in) indianisch	an American **Indian** ○ the Pueblo **Indian** nation ○ The Sioux were a famous **Indian** tribe. ○ He loves his beautiful **Indian** country.	3
14	☐ **Native American** [ˌneɪtɪv ə'merɪkən]	Indianer(in), amerikanische(r) Ureinwohner(in)	a reservation for **Native Americans** ○ The Red Indians now prefer to be called **Native Americans**. ○ a painting by a **Native American** artist	5
15	☐ **integration** [ˌɪntɪ'greɪʃn]	Integration	a campaign for the **integration** of immigrants **into** British society ○ Members of the extreme right are against the **integration** of Blacks **into** white South African society.	5
16	☐ **integrate** ['ɪntɪgreɪt]	(sich) integrieren	Foreign worker populations should be **integrated into** local cultures. ○ Local organizations play an important part in helping the individual to **integrate into** the community.	5
17	☐ **assimilation** [əˌsɪmə'leɪʃn]	Anpassung Integration	a complete **assimilation to** the American way of life ○ the **assimilation** of homosexuals **into** society ○ **Assimilation** for them was almost impossible.	5
18	☐ **assimilate** [ə'sɪməleɪt]	integrieren sich anpassen	America has **assimilated** people from many other countries. ○ Quite a few immigrants have difficulties in **assimilating**.	5
19	☐ **segregation** [ˌsegrɪ'geɪʃn]	(Rassen-)Trennung	*racial / religious* **segregation** ○ a policy of racial **segregation** ○ *maintain / abolish / end* **segregation** ○ **segregation** laws	5
20	☐ **segregate** ['segrɪgeɪt]	trennen	**segregate** people by *race / sex / religion* ○ **segregate** people into different *groups / one group from another* ○ a **segregated** society	5
21	☐ **desegregate** [diː'segrɪgeɪt]	die Rassentrennung aufheben (in, an)	**desegregate** *schools / colleges / universities / beaches* ○ **Desegregation** was a big and legal problem in the US 40 years ago.	6
22	☐ **discrimination** [dɪˌskrɪmɪ'neɪʃn]	Diskriminierung	*racial / sexual / religious* **discrimination** ○ a victim of **discrimination** ○ Is there racial **discrimination** in your country? ○ **Discrimination** against Blacks is still common. ○ anti-**discrimination** laws	4

23	☐ **discriminate against** [dɪˈskrɪmɪneɪt]	diskriminieren benachteiligen	**discriminate against** *minorities / immigrants / foreign workers* ○ She was **discriminated against** on account of her *colour / race / religion.* ○ He was accused of **discriminating against** woman employees.	5
24	☐ **reservation** [ˌrezəˈveɪʃn]	Reservation Reservat	an Indian **reservation** ○ In North America many Native Americans were forced to leave their land and to live on **reservations**. ○ a young **reservation** Indian	5
25	☐ **ghetto**, pl. **ghetto(e)s** [ˈgetəʊ(z)]	Getto	Large cities like New York have many **ghettoes**. ○ In 1942 the German SS destroyed the Warsaw **Ghetto**, killing 50 000 Jews.	5

294 Politisches Leben

abolish 99	constitution 12	inequality 10	parliament 40	Republican n 34
act 46	council 69	law 48	parliamentary 42	reunification 105
asylum 94	democracy 20	lead 60	party 39	revolution 103
bill 45	democrat 21	leader 53	pass 47	right 3
break away 100	democratic 22	liberal n 29	persecute 93	riot 101
campaign 72	department 61	liberalism 28	persecution 92	rule n 2
candidate 78	dictatorship 89	liberty 7	policy 16	rule v 57
chancellor 54	dominate 56	lobby n 73	political 19	seat 82
citizen 5	elect 75	lobby v 74	politician 18	Secretary 65
civil rights 4	election 77	(the House of)	politics 15	Secretary (of State) 64
civil war 104	equal 8	Lords 44	power 1	senator 66
coalition 50	equality 9	majority 83	power 87	slave 91
(the House of) Commons 43	extremist adj 37	march 97	president 55	slavery 90
	extremist n 36	mayor 70	prime minister 62	socialism 23
(the) Commonwealth 88	federal 14	minister 63	propaganda 71	socialist adj 25
	foreign policy 17	minority 84	protest 96	socialist n 24
communism 30	freedom 6	movement 38	radical 35	tension 95
communist adj 32	govern 58	MP 41	rebel 98	vote n 79
communist n 31	government 49	office 85	rebellion 102	vote v 80
community 68	governor 67	official adj 13	recognize 11	voter 81
conservative adj 27	head v 59	official n 86	re-elect 76	
conservative n 26	head of state 52	opposition 51	republic 33	

1	☐ **power** [ˈpaʊə]	Macht Befugnis	*political / military* **power** ○ *come to / rise to / be in / transfer* **power** ○ concentrate **power** in a person's hands ○ The comission has unlimited **powers**. ○ Knowledge is **power**. (proverb)	3
2	☐ **rule** [ruːl]	Herrschaft	Mao Tse-Tung's brutal **rule over** China ○ India used to be **under** British **rule**. ○ The state was formerly **under** communist **rule**.	3
3	☐ **right** [raɪts]	Recht	political **rights** ○ basic European **rights for** employees ○ *women's / workers' / consumers'* **rights** ○ the European Court of Human **Rights** ○ the **right of** *asylum / free speech* ○ *claim / protect / respect* **rights** ○ He has no **voting rights** [Wahlrecht].	4
4	☐ **civil rights** [ˌsɪvl ˈraɪts]	Bürgerrechte	equal **civil rights for** *men and women / blacks and whites* ○ demand better living conditions and **civil rights** ○ the **civil rights** movement of the 1960s	5
5	☐ **citizen** [ˈsɪtɪzn]	Bürger(in) Staatsbürger(in)	a second-class **citizen** ○ a European **citizen** [Europäer] ○ She's a **citizen** of the USA. ○ He's Spanish by birth but he's now an American **citizen**.	4
6	☐ **freedom** [ˈfriːdəm]	Freiheit	*individual / political / religious / academic* **freedom** ○ **freedom of** *religion / speech / thought / the press / assembly* ○ *believe in / win / fight for / give sb* **freedom** ○ the fight for **freedom** and human equality	4
7	☐ **liberty** [ˈlɪbətɪ]	Freiheit	the Statue of **Liberty** ○ The law has been condemned as an attack on *personal / individual* **liberty**. ○ We must defend our civil **liberties** [bürgerliche Freiheit]. ○ Who loses his **liberty** loses all. (proverb)	4
8	☐ **equal** [ˈiːkwəl]	gleich	**equal** rights in education / pension rights for both sexes ○ All men [Menschen] are created **equal**. (Declaration of Independence)	3

9	☐ **equality** [ɪˈkwɒləti]	Gleichheit, Gleichberechtigung	achieve **equality** of opportunities [Chancengleichheit] ○ **equality** *in pay / of the sexes* ○ *The central aim of this government is social / racial / religious / total* **equality**.	5
10	☐ **inequality** [ˌɪnɪˈkwɒləti]	Ungleichheit	fight against *political / racial / social* **inequality** ○ *There are many* **inequalities** *in the law.* ○ **Inequalities** *in society often lead to revolution.*	5
11	☐ **recognize, -ise** [ˈrekəgnaɪz]	anerkennen	**recognize** *a state / the claim to independence* ○ *They have a head of state who is known and* **recognized** *wherever she goes in the world.* ○ *Northern Cyprus is not* **recognised** *internationally.*	2
12	☐ **constitution** [ˌkɒnstɪˈtjuːʃn]	Verfassung	adopt a **constitution** ○ *The* **constitution** *of the United States was written in 1782.* ○ *Unlike most European countries Great Britain has no written* **constitution**. ○ a **constitutional** *monarchy* [konstitutionelle Monarchie]	5
13	☐ **official** [əˈfɪʃl]	amtlich Amts- offiziell	an **official** *document / permission* ○ an **official** *language* ○ **official** *sources / figures* ○ *There was no* **official** *reaction from Washington yesterday.* ○ **Official** *reports said that shots were heard through the day.*	4
14	☐ **federal** [ˈfedrəl]	Bundes-	a **federal** *official / prison* ○ a **federal** [bundesweit] *holiday* ○ the **federal** *government of the US* ○ *Switzerland and Germany are* **federal** *republics.*	5
15	☐ **politics** [ˈpɒlətɪks]	Politik	*go into / succeed in* **politics** ○ *socialist / party / local / practical* **politics** ○ *Our future depends on world* **politics**. ○ *He failed in* **politics** *because he was such a poor speaker.* ○ **Politics** *is often called the art of the possible.*	3
	■ Don't mix up **politics** (Politik im Allg.) with **policy** (Polik im Bes.).			
16	☐ **policy** [ˈpɒləsi]	Politik	*liberal / government / opposition / energy / economic / social / defence / security / immigration* **policy** ○ *sensible / realistic* **policies** [Strategie]	5
17	☐ **foreign policy** [ˌfɒrɪn ˈpɒləsi]	Außenpolitik	*British / German / EU* **foreign policy** ○ *the change of / consequences of / effects on US* **foreign policy** ○ *What happened at Munich in 1938 was a disaster in* **foreign policy**.	5
18	☐ **politician** [ˌpɒləˈtɪʃn]	Politiker(in)	a *right-wing / democratic / Labour / Liberal* **politician** ○ an opposition **politician** ○ a *local / part-time / full-time / leading* **politician**	4
19	☐ **political** [pəˈlɪtɪkl]	politisch	**political** *parties / leaders / beliefs / changes / crises / solutions / rights / pressure* ○ *I think it's partly a* **political** *and partly a legal question.* ○ *a* **politically** *sensitive* [brisant] *programme*	3
20	☐ **democracy** [dɪˈmɒkrəsi]	Demokratie	the *cradle / foundations* of **democracy** ○ *believe in / restore* **democracy** ○ *help the new* **democracies** *of Eastern Europe to develop market economies*	5
	■ Don't use **the** before **democracy, policy, politics, liberalism, socialism, freedom, equality** etc. if they are used in a general sense.			
21	☐ **democrat** [ˈdeməkræt]	Demokrat(in)	Willy Brandt said that a Social **Democrat** without hope was like a church without religion. ○ a grand [groß] coalition between the Christian **Democrats** and the Social **Democrats**	5
22	☐ **democratic** [ˌdeməˈkrætɪk]	demokratisch	**democratic** *societies / institutions / countries / ideals / rights / elections / governments / parties / opposition* ○ **democratically** *elected*	5
23	☐ **socialism** [ˈsəʊʃəlɪzm]	Sozialismus	*modern / democratic / state* **socialism** ○ *a crisis / the new model* of **socialism** ○ believe in **socialism**	5
24	☐ **socialist** [ˈsəʊʃəlɪst]	Sozialist(in)	*The* **Socialists** *in Bulgaria won power in the first free elections / were expected to win the majority of votes.* ○ *The public thinks the Tories are more divided over Europe than the* **socialists**.	5
25	☐ **socialist** [ˈsəʊʃəlɪst]	sozialistisch	**socialist** *countries / ideas / parties / policies / practices / movements* ○ a **socialist** *state / republic / government* ○ **socialist** *planned economy / central planning* ○ the **Socialist** *International*	5
26	☐ **conservative** [kənˈsɜːvətɪv]	Konservative(r)	The council consists of eight Labour members, three Liberals and five **Conservatives**. ○ In recent weeks the **conservatives** have been very busy [sich beschäftigen] with themselves.	6
27	☐ **conservative** [kənˈsɜːvətɪv]	konservativ	**conservative** *ideals / values / politicians* ○ **Conservative** *governments / candidates / MPs* ○ the **Conservative** *Party* ○ a safe **Conservative** *seat*	5

28	☐ **liberalism** ['lɪbrəlɪzm]	Liberalismus	*Western / democratic* **liberalism** ○ Is **liberalism** dead? ○ We have to decide what position **liberalism** must have in a different political landscape.	5
29	☐ **liberal** ['lɪbrəl]	Liberale(r)	a coalition of **Liberals** and Christian Democrats ○ The **Liberals** kept Kohl in power by holding 47 of the Bundestag's 672 seats through their tiny 6.9% of the vote [Wählerstimmen].	5
30	☐ **communism** ['kɒmjʊnɪzm]	Kommunismus	the *influence / problems / crisis / survival* of **communism** ○ *understand / accept / believe in / support / reject / abandon* **communism** ○ Did the fall of the Berlin Wall mean the end of **communism**?	5
31	☐ **communist** ['kɒmjʊnɪst]	Kommunist(in)	She's been a convinced **Communist** since 1949. ○ Former **communists** say that they are similar to Western European socialist parties.	5
32	☐ **communist** ['kɒmjʊnɪst]	kommunistisch	a **communist** *party / government / dictatorship / youth movement* ○ the former **communist** world ○ **communist** *countries / leaders*	5
33	☐ **republic** [rɪ'pʌblɪk]	Republik	*a democratic / a federal / an independent* **republic** ○ a constitutional **republic** ○ the Weimar **Republic** ○ leaders of the Soviet **republics**	5
34	☐ **Republican** [rɪ'pʌblɪkən]	Republikaner(in) republikanisch	a **Republican** *Congressman / Governor / Senator* ○ a **Republican** candidate for mayor of New York ○ a member of the **Republican** Party ○ Willie Hamilton is a famous British **republican** [Anhänger des republikanischen Gedankens] who thinks the monarchy should be abolished.	5
35	☐ **radical** ['rædɪkl]	radikal	**radical** *ideas / policies / alternatives / reforms / changes* ○ a **radical** *politician / party / leader / extremist group / feminist* ○ the **radical** *left / right*	4
36	☐ **extremist** [ɪk'striːmɪst]	Radikale(r) Extremist(in)	He was accused of being *a right-wing / a left-wing / an Islamic* **extremist**. ○ He was attacked by whites as a black **extremist**.	4
37	☐ **extremist** [ɪk'striːmɪst]	radikal extremistisch	an **extremist** *terrorist group / right-wing party / Islamic movement* ○ **extremist** *views / forces* ○ vote for **extremist** parties ○ **Extremist** campaigns have often been violent.	4
38	☐ **movement** ['muːvmənt]	Bewegung	a *political / civil rights / pro-democracy / women's* **movement** ○ an anti-nuclear **movement** ○ He was a member of a Communist youth **movement**.	3
39	☐ **party** ['pɑːtɪ]	Partei	a *democratic / liberal / conservative / radical / right-wing / left-wing* **party** ○ a *sister / coalition / majority / minority* **party** ○ an *opposition / undemocratic* **party** ○ the **party** in power ○ *form / join / lead / leave* a **party** ○ the **Labour Party** Leader ○ a **multi-party** democracy ○ Which **party** will win the next election? ○ Such a proposal would split the **party**.	2
40	☐ **parliament** ['pɑːləmənt]	Parlament	a member of **parliament** ○ The German **parliament** is called the Bundestag. ○ Before her election to **Parliament** she was a lawyer.	4
41	☐ **MP = Member of Parliament** (GB) [ˌem 'piː]	Mitglied des Unterhauses	**Members of Parliament** on the Conservative Right ○ He's Labour **MP** for Bromsgrove. ○ There was only one woman **MP** in Margaret Thatcher's Cabinet.	3
42	☐ **parliamentary** [ˌpɑːlə'mentrɪ]	Parlaments- parlamentarisch	**parliamentary** elections ○ a **parliamentary** *speaker / leader* [Fraktions-vorsitzender] ○ **parliamentary** control of the security service ○ a secret **parliamentary** vote ○ *win / restore* a **parliamentary** majority	4
43	☐ **the (House of) Commons** (GB) [ðə 'kɒmənz]	das britische Unterhaus	a **Commons** *majority / debate / speech* ○ the Government's defeat in the **Commons** ○ The members of **the House of Commons** are elected by citizens over 18 years of age.	5
44	☐ **the (House of) Lords** (GB) [ðə 'lɔːdz]	das britische Oberhaus	a member of **the House of Lords** ○ *debates / speeches* in **the House of Lords** ○ *sit in / speak in / reform* **the House of Lords** ○ The **Lords** debated the proposal on March 10 / have voted against the bill.	5
45	☐ **bill** [bɪl]	Gesetzesvorlage Gesetzentwurf	introduce [einbringen] a **bill** in parliament ○ pass a **bill** ○ The **bill** became law. ○ The **bill** was *discussed / defeated* [ablehnen] in Parliament. ○ The President was vetoing [sein Veto einlegen] a **bill** to raise the minimum wage.	6
46	☐ **act** [ækt]	Gesetz Verordnung	the *Sex Discrimination / Prevention of Terrorism / Clean Air / Endangered Species* **Act** ○ sign an **act** ○ Parliament passed the Children **Act** in 1989. ■ False friend: The English word for German **Akten** is **documents**.	6

47	☐	**pass** [pɑːs]	verabschieden	**pass** an act forbidding the sale of fakes [Fälschung] ○ The House **passed** Clinton's tax bill 219 to 213. ○ The new law has still to be **passed** by President Yeltsin.	5
48	☐	**law** [lɔː]	Gesetz	a *public / civil / tax* **law** ○ an anti-discrimination **law** ○ **under** German **law** ○ pass a **law** ○ *live by / respect / break* the **law** ○ The new **law** comes into effect next month. ○ Is that old **law** still in force?	3
49	☐	**government** [ˈgʌvnmənt]	Regierung Regierungs-	a *strong / weak* **government** ○ the **government** of a *country / state* ○ a *democratic / communist / liberal* **government** ○ the American federal **government** ○ *form / run* a coalition **government** ○ a **government** *official / statement* ○ the **government** spokesman [Regierungssprecher]	2
50	☐	**coalition** [ˌkəʊəˈlɪʃn]	Koalition Koalitions-	*form / split / leave* a **coalition** ○ The **coalition** *broke up / fell apart.* ○ The **coalition** has a 10-seat majority. ○ **coalition** talks	5
51	☐	**opposition** [ˌɒpəˈzɪʃn]	Opposition Oppositions-	a *strong / powerful / weak / democratic* **opposition** ○ Labour went **into opposition**. ○ The **opposition** was willing to take on [übernehmen] political responsibility. ○ the **opposition** *leader / parties*	4
52	☐	**head of state** [ˌhed əv ˈsteɪt]	Staatsoberhaupt	Elizabeth II is the British **head of state**. ○ The German **head of state** fills a largely ceremonial position.	3
53		**leader** [ˈliːdə]	Führer(in)	the *Socialist / Labour* **leader** ○ a *party / government* **leader** ○ He was considered a *strong / weak* **leader**. ○ The Labour **leader** attacked John Major and his Cabinet.	2
54	☐	**chancellor** [ˈtʃɑːnslə]	Kanzler(in)	vice **chancellor** ○ Adenauer and Brandt, the former West German **chancellors** ○ Will he become **chancellor** if his majority depends on the votes of the former Communist party?	5
55	☐	**president** [ˈprezɪdnt]	Präsident(in)	the *former / past* **president** ○ the acting [amtierend] EU **president** ○ elect sb vice **president** [Vizepräsident] ○ Vaclav Havel was re-elected **president** of the Czech Republic.	3
56	☐	**dominate** [ˈdɒmɪneɪt]	beherrschen	These issues will **dominate** the election campaign. ○ The political debate in Russia was **dominated** by the question of political and economic reform.	5
57	☐	**rule** [ruːl]	regieren (be)herrschen	Zhivkov **ruled** Bulgaria with an iron hand for 35 years. ○ For centuries England **ruled** *the seas / over a huge empire*. ○ The Communist Party **ruled over** the Soviet Union till 1991.	2
58	☐	**govern** [ˈgʌvn]	regieren	**govern** a country ○ Britain is **governed** by Parliament, not by the Queen. ○ They **governed** so badly that they lost the elections.	4
59	☐	**head** [hed]	(an)führen leiten	**head** a *government / rebellion / department* ○ Chaban-Delmas **headed** a spy network [Spionagenetz] in Paris for the Resistance.	3
60	☐	**lead** [liːd]	führen anführen	Major will **lead** the Conservatives at the next election. ○ For many years India's Congress Party was **led** by Indira Gandhi. ▲ LEADS – LED – LED	4
61	☐	**department** [dɪˈpɑːtmənt]	Ministerium Amt	the **Department** of *Education / the Environment / Trade and Industry* ○ head the *Defense / Interior / Justice / Labor / Employment* **Department** ○ the US State **Department** [Außenministerium] ○ the local health **department**	4
62	☐	**prime minister** [ˌpraɪm ˈmɪnɪstə]	Premierminister(in)	Thatcher's time as **prime minister** ○ The **Prime Minister's** *policy was attacked in the press / relations with Kohl and President Mitterand were not close.* ○ Who will be Italy's next **prime minister** [Ministerpräsident]?	4
63	☐	**minister** [ˈmɪnɪstə]	Minister(in)	the *Economy / Energy / Finance / Foreign Office / Health / Home Office / Immigration / Sports / Transport* **minister** ○ **Minister** *of / for* Finance ○ **Minister** *of / for* Industry ○ former Economics **Minister** Count Otto Lambsdorff ○ Cabinet **ministers** ○ the Council of **Ministers**	3
64	☐	**Secretary (of State)** (GB) [ˈsekrətrɪ əv ˌsteɪt]	Minister(in)	the *Defence / Employment / Energy / Foreign / Social Security / Trade* **Secretary** ○ the **Secretary of State for** *Education and Science / Health / the Environment / Northern Ireland* ○ *support / blame / write to / receive a reply from* the Defence **Secretary**	5
65	☐	**Secretary** (US) [ˈsekrəterɪ]	Minister(in)	the *Defence / Education / Transportation* **Secretary** ○ James Baker, the American **Secretary of State** [Außenminister], proposed that NATO should play a more political role.	6

66	☐ **senator** ['senətə]	Senator(in)	a *US / Republican / Democratic* **senator** ○ a **senator** *for* economics and transport in Hamburg ○ become a **senator** ○ Not one US **senator** that supports firearms freedom was defeated in the elections. ○ **Senator** Robert Kennedy was assassinated in 1968.	5
67	☐ **governor** ['gʌvnə]	Gouverneur(in)	elect a **governor** ○ He was elected **governor** [zum Gouverneur wählen] of the state of Carolina. ○ For the first time ever in Texas, both the senators and the **governor** are Republican.	6
68	☐ **community** [kə'mjuːnətɪ]	Gemeinde Gemeinschaft	the Greek **community** in London ○ *work for the good of / serve* the **community** ○ He's a leading figure in our **community**.	5
69	☐ **council** ['kaʊnsl]	(Stadt-)Rat	work for the **council** ○ a **council** meeting ○ She was the youngest councillor when she won a seat on Pailey *town / city* **council**.	4
70	☐ **mayor** [meə]	Bürgermeister(in)	The **mayor** gave a speech after the dinner, thanking everyone for their support during the last year. ○ the first woman **Lord Mayor** [Oberbürgermeister] of London	4
71	☐ **propaganda** [ˌprɒpə'gændə]	Propaganda	*enemy / party / lying* **propaganda** ○ *political / cheap and silly / hostile / anti-Western* **propaganda** ○ There's a lot of **propaganda** going on against leading political figures. ○ **propaganda** *films / campaigns / ministers*	5
72	☐ **campaign** [kæm'peɪn]	Kampagne	an anti-corruption **campaign** ○ The election **campaign** reached its climax last night. ○ The government has started a **campaign** against smoking.	5
73	☐ **lobby** ['lɒbɪ]	Lobby, Interessengruppe	a *political / strong / powerful* **lobby** ○ the *producer / gay / oil / gun / anti-dog* **lobby** ○ **lobby** *groups / organisations*	6
74	☐ **lobby (for/against)** ['lɒbɪ]	Einfluss nehmen auf, durchzusetzen versuchen	**lobby** politicians ○ **lobby** *for* a bill ○ **lobby** *against* higher taxes / the government's plans ○ After several car accidents the parents started to **lobby** the council *for* a 30 mph speed limit and better warning signs.	6
75	☐ **elect** [ɪ'lekt]	wählen	**elect** a *new president / mayor* ○ She has a good chance of being **elected**. ○ He was **elected** MP for Dover in 1964. ○ They were **elected** by voters who wanted a Conservative government.	4
76	☐ **re-elect** [ˌriː ɪ'lekt]	wieder wählen	Herr Kohl has been **re-elected** for four more years in office. ○ The Council **re-elected** him President. ○ He was **re-elected** with a majority of 10 votes.	5
77	☐ **election** [ɪ'lekʃn]	Wahl	a *free / local / federal / national* **election** ○ the *last / next / European / parliamentary* **elections** ○ *hold / run in / win / lose* an **election** ○ an **election campaign** ○ **election promises** ○ The **election results** were very close.	4
78	☐ **candidate** ['kændɪdət]	Kandidat(in) Bewerber(in)	a confident **candidate** ○ put [aufstellen] a **candidate** for an office ○ What shall we do if no **candidate** gets more than 50 per cent of the votes? ○ They rejected all **candidates** except one.	5
79	☐ **vote** [vəʊt]	Abstimmung Stimme	a *secret parliamentary* **vote** ○ *win / receive / get / need / lose* **votes** ○ cast [abgeben] **votes** ○ **votes** borrowed from another party ○ The government won by 298 to 270 **votes**. ○ cliffhanger **vote** [Überhangmandat]	3
80	☐ **vote** [vəʊt]	(ab)stimmen wählen	**vote** *for/against* the government ○ **vote** differently in a federal election ○ **Voting** will be by post over the next two weeks. ○ In 1994 79.1 per cent **voted** in the federal Election in Germany.	4
81	☐ **voter** ['vəʊtə]	Wähler(in)	the *independent / middle-income / middle-class* **voter** ○ *first-time / Tory / black* **voters** ○ The Liberal Party hopes to win **voters** back. ○ The Tory leader wants to attract new **voters** by moving towards the right.	5
82	☐ **seat** [siːt]	Sitz	a **seat** in *Parliament / Congress* ○ *win / take / lose* a **seat** ○ He lost his **seat** in the 1994 elections. ○ 75 years ago Nancy Astor, the first woman MP, took her **seat** in the House of Commons.	1
83	☐ **majority** [mə'dʒɒrətɪ]	Mehrheit Mehrheits-	a *large / two-thirds / relative / simple / small* **majority** ○ a *Labour / Tory* **majority** in the Commons ○ *receive / get / have / hold* a **majority** ○ win an absolute **majority** ○ They won by a clear **majority**. ○ They had no choice but accept the **majority** decision.	4
84	☐ **minority** [maɪ'nɒrətɪ]	Minderheit Minderheits-	an ethnic **minority** in Albania ○ **minority** groups ○ They discussed human rights and **minority** issues. ○ A **minority** government might need the votes of the PDS.	5

85	☐	**office** ['ɒfɪs]	Amt	remain in **office** ○ take [antreten] **office** ○ leave [scheiden aus] **office** ○ the first hundred days in **office** ○ The Conservative party has **been in office** [an der Regierung sein] for over 14 years. ○ the **Foreign Office** [das auswärtige Amt]	5
86	☐	**official** [ə'fɪʃl]	Beamte(r) Beamtin	a *White House / United Nations / security* **official** ○ *leading / top* **officials** ○ Government **officials** are preparing talks with Sinn Fein and the Northern Ireland Secretary.	3
87	☐	**power** ['paʊə]	Macht	*a great / an economic* **power** ○ the *main European / leading Western* **powers** ○ a global **superpower** ○ Will China become a non-democratic military **superpower**?	3
88	☐	**the Commonwealth** [ðə 'kɒmənwelθ]	das Commonwealth	Formerly, something like 45 percent of British trade was with **the Commonwealth**. ○ a meeting of **Commonwealth** leaders ○ the **Commonwealth Games**	6
89	☐	**dictatorship** [dɪk'teɪtəʃɪp]	Diktatur	*brutal / military / Hitler / fascist / left-wing / communist / Soviet* **dictatorship** ○ the victims of **dictatorship** ○ *set up / suffer from / live under / end twelve years of* **dictatorship** ○ For many years the country has been ruled under a **dictatorship**.	5
90	☐	**slavery** ['sleɪvərɪ]	Sklaverei	Lincoln's opposition to **slavery** ○ *introduce / abolish* **slavery** ○ sell into **slavery** ○ freedom from **slavery** ○ an **anti-slavery** campaign	5
91	☐	**slave** [sleɪv]	Sklave Sklavin	free **slaves** ○ *buy / sell* **slaves** ○ abolish **slave** *trade / labour* ○ Poland demanded compensation for more than a million Poles forced by the Nazis to work as **slave labourers** [Zwangsarbeiter] in Germany.	4
92	☐	**persecution** [ˌpɜːsɪ'kjuːʃn]	Verfolgung	the **persecution** of *the Jews in Germany / minorities* ○ *face / experience / suffer from / escape* **persecution** ○ be afraid of *political / Nazi* **persecution** ○ live in fear of **persecution**	5
93	☐	**persecute** ['pɜːsɪkjuːt]	verfolgen	They were **persecuted for** their *race / religious beliefs*. ○ racially **persecuted** ○ In Nazi Germany many communist writers were **persecuted**.	5
94	☐	**asylum** [ə'saɪləm]	Asyl	They *asked for / applied for / received / were given / were refused* political **asylum**. ○ The British government has refused **asylum** to the leader of the Saudi opposition. ○ German **asylum laws**	5
95	☐	**tension** ['tenʃn]	Spannung(en)	growing racial **tension** ○ **tensions** in the coalition ○ *increase / reduce* **tensions** along the border ○ *cause / create* **tensions with** Washington	4
96	☐	**protest** [prə'test]	protestieren	**protest** *against a war / about pension reforms* ○ Sinn Fein supporters **protested** outside the conference. ■ The verb **protest** is stressed on the second syllable [-'-].	4
97	☐	**march** [mɑːtʃ]	Marsch Demonstration	a protest **march** in Lebanon ○ a **march** for human rights ○ a civil rights **march** in Londonderry ○ speeches made **at marches**	3
98	☐	**rebel** ['rebl]	Rebell(in) Aufständische(r) Rebellen-	fights between **rebels** and the Rwandan army ○ *fight / arrest* **rebels** ○ The **rebels** *killed many soldiers / kidnapped a South Korean engineer*. ○ **rebel** *forces / leaders / fighters / songs* ■ **Rebel** is spelt with one l.	5
99	☐	**abolish** [ə'bɒlɪʃ]	abschaffen	**abolish** *an institution / privileges / laws / taxes / fees / regulations* [Vorschrift] ○ There have been calls for the monarchy to be **abolished**. ○ The Americans **abolished** slavery in 1863.	5
100	☐	**break away** [ˌbreɪk ə'weɪ]	sich lösen	Several states **broke away** and became independent. ○ Several politicians **broke away from** the Labour Party and formed the SDP.	5
101	☐	**riot** ['raɪət]	Aufstand Ausschreitungen	*an armed / a bloody* **riot** ○ A **riot** broke out. ○ At least 30 people were killed in a **riot** last year. ○ **riot police** [Bereitschaftspolizei]	5
102	☐	**rebellion** [rɪ'beljən]	Aufstand Rebellion	*join / lead* a **rebellion** ○ The dictator ordered his soldiers to put down [niederschlagen] the **rebellion**. ○ Some generals thought the time was ripe for open **rebellion**.	5
103	☐	**revolution** [ˌrevə'luːʃn]	Revolution	a *political / social* **revolution** ○ a truly national **revolution** ○ *organize / fight / defeat* a **revolution** ○ During the **revolution** the soldiers took control of the capital.	3

294–295

104	☐ **civil war** [ˌsɪvl ˈwɔː]	Bürgerkrieg	*plan / start / be killed in* a **civil war** ○ The Spanish **Civil War** *began / broke out* in 1936. ○ More Americans died in the American **Civil War** than in any other war, before or since.	5
105	☐ **reunification** [riːˌjuːnɪfɪˈkeɪʃn]	Wiedervereinigung	Vietnam's **reunification** ○ the cost of German **reunification** in 1989 ○ Without the support of our allied [alliiert] friends we wouldn't have had German **reunification**.	4

---

295 Frieden, Krieg, Verteidigung usw.

arms 25	conscientious	free 48	march *n* 36	peaceful 2	torture *v* 57
army 15	objector 12	gas mask 20	march *v* 37	prisoner 62	uniform 18
attack *n* 41	defeat 60	general 22	military 9	refugee 52	volunteer *n* 10
attack *v* 42	defeat *n* 59	gun 29	military service 8	rifle 30	volunteer *v* 11
battle 45	defence 51	headquarters 23	missing 53	rocket 28	war 6
bomb *n* 27	defend 50	helmet 19	navy 16	shoot 32	weapon 24
bomb *v* 35	enemy 3	hostile 4	occupy 49	shot 33	wound *n* 54
bullet 31	fight *n* 43	invade 38	officer 21	soldier 17	wound *v* 55
conflict 5	fight *v* 44	invader 40	order *n* 13	surrender 61	
conquer 46	fire 34	invasion 39	order *v* 14	tank 26	
conqueror 47	forces 7	kill 58	peace 1	torture *n* 56	

1	☐ **peace** [piːs]	Friede(n) Friedens-	a *just / lasting / permanent* **peace** ○ world **peace** ○ *make / restore / maintain / keep* **peace** ○ bring **peace** to the people ○ Europe has now been *at* **peace** for a long time. ○ a **peace** *plan / conference* ○ **peace** efforts ○ the **peace** movement ○ *begin / restart* **peace** talks ○ in **peacetime** ○ the Nobel **peace prize** ○ **peacekeeping** operations ○ **peacemaking** [Frieden stiften] ○ attack UN **peacekeepers** ○ **peace-loving** people	3
2	☐ **peaceful** [ˈpiːsfl]	friedlich	**peaceful** *periods in history / aims / protests* ○ reach a **peaceful** solution ○ **peaceful** [friedfertig] nations ○ They want a **peaceful** Europe.	4
3	☐ **enemy** [ˈenəmɪ]	Feind Feind-	a *powerful / bitter / natural* **enemy** ○ their main **enemy** ○ *face / conquer / defeat* an **enemy** ○ The two countries combined [sich verbünden] against their common **enemy**.	2
4	☐ **hostile** [ˈhɒstaɪl]	feindlich feindselig	a **hostile** *power / army / soldier* ○ **hostile** territory ○ openly **hostile** *to/towards* the invaders ○ **Hostile** forces have taken control of the city.	5
5	☐ **conflict** [ˈkɒnflɪkt]	Konflikt, Auseinandersetzung	a *long / bitter* **conflict** ○ an armed [bewaffnet] **conflict** ○ a solution to a **conflict** ○ *come into / be in* **conflict** ○ The **conflict** could spread.	5
			■ The noun **conflict** is stressed on the first syllable [ˈ- -]	
6	☐ **war** [wɔː]	Krieg	a *nuclear / brutal* **war** ○ *avoid / start / end* a **war** ○ declare **war** *on* a country ○ *fight in / recover from* a **war** ○ be *at* **war** *with* a country ○ If a **war** breaks out, many countries will be affected. ○ The **war** *lasted five years / ended in 1945.* ○ **World War II** ○ the **Second World War** ○ **war** *aims / crimes / criminals / widows / orphans / memorials*	3
7	☐ **(armed) forces** [(ˌɑːmd) ˈfɔːsɪz]	Militär Streitkräfte	*Russian / British / UN / NATO* **forces** ○ *ground / land / special* **forces** ○ the United Nations Protection **Force** ○ *have / maintain* **armed forces**	5
8	☐ **military service** [ˌmɪlɪtrɪ ˈsɜːvɪs]	Wehrdienst	*do / refuse* **military service** ○ Do you have **military service** in your country? ○ He left **military service** with a permanently damaged knee.	8
9	☐ **military** [ˈmɪlɪtrɪ]	Militär- militärisch	**military** *hospitals / police / vehicles / helicopters / bands* ○ **military** aid ○ sensitive **military** information ○ The **military** government promised to restore democracy within a year.	4
10	☐ **volunteer** [ˌvɒlənˈtɪə]	Freiwillige(r) Freiwilligen-	war **volunteers** ○ women **volunteers** *for* work in hospitals and medical services ○ Few **volunteers** came forward. ○ **volunteer** forces	5
11	☐ **volunteer** [ˌvɒlənˈtɪə]	sich freiwillig melden	He **volunteered** to *join the army / fight for his country.* ○ He **volunteered** *for* military service. ○ Boys as young as seven – have **volunteered** to go into battle against the U.S.	5

12	☐	**conscientious objector** [ˌkɒnʃɪenʃəs əb'dʒektə]	Kriegsdienstverweigerer	He has become a **conscientious objector** because he thinks it is wrong to kill other people. ○ Muhammed Ali refused to join the US army on the ground [Begründung] that he was a Muslim minister and a **conscientious objector**.	5
13	☐	**order** ['ɔːdə]	Befehl	*give / receive / have / take / ignore* an **order** ○ **orders** from the Pentagon ○ act **on order** ○ If he hadn't followed the **order**, he would have been shot.	3
14	☐	**order** ['ɔːdə]	befehlen	He **ordered** *to open fire / the soldiers to shoot the prisoner / that the prisoner should be shot.*	3
15	☐	**army** ['ɑːmɪ]	Armee Heer	a powerful **army** ○ *the US / German / Red* **Army** ○ *lead / train / supply / defeat* an **army** ○ He *went into / joined / was in / left* the **army**. ○ Both **armies** suffered thousands of wounded and dead.	3
16	☐	**navy** ['neɪvɪ]	Marine Seestreitkräfte	the *Royal / US / German* **Navy** ○ *join / retire from* the **navy** ○ The **navy** is introducing a new battleship this year.	3
17	☐	**soldier** ['səʊldʒə]	Soldat(in)	a *common / full-time* **soldier** ○ a *professional / regular* **soldier** [Berufssoldat] ○ a **soldier** armed [bewaffnen] with an automatic rifle ○ Official figures said nine **soldiers** were killed and 35 were wounded.	3
18	☐	**uniform** ['juːnɪfɔːm]	Uniform	a general's **uniform** ○ prisoners in shabby **uniforms** ○ a photograph of Colin Powell **in full uniform** ○ American men and women **in uniform** risked their lives to defend Israelis in the face of Iraqi Scud missiles.	4
19	☐	**helmet** ['helmɪt]	Helm	a steel **helmet** ○ *wear / put on / take off* a **helmet** ○ He was glad to get rid of his heavy **helmet**.	4
20	☐	**gas mask** ['gæs mɑːsk]	Gasmaske	issue [ausgeben] **gas masks** to civilians [Zivilbevölkerung] ○ The soldier was found dead with a **gas mask** over his face.	6
21	☐	**officer** ['ɒfɪsə]	Offizier(in)	an *army / air force* **officer** ○ The **officers** and men refused to *carry out orders / continue fighting.*	2
22	☐	**general** ['dʒenrəl]	General(in)	respect a **general** ○ **General** Eisenhower postponed [aufschieben] the invasion for 24 hours because of strong winds and low clouds.	5
23	☐	**headquarters** ['hedˌkwɔːtəz]	Hauptquartier	talks at Nato **headquarters** ○ The Russian military **headquarters was/were** in Karlshorst. ○ The soldier reported to **headquarters**.	5
24	☐	**weapon** ['wepən]	Waffe	a *heavy / deadly* **weapon** ○ They are in possession of nuclear **weapons**. ○ Put your **weapons** down and come out with your hands up! ■ A **weapon** is any object that can be used to cause physical [körperlich] harm.	5
25	☐	**arms** [ɑːmz]	Waffen Rüstungs-	*high-tech / nuclear* **arms** ○ They took up **arms** against the invader. ○ After 5 days the defeated army laid down their **arms**. ○ **arms** *trade / control ○ end / prevent* the **arms race** ○ **arms control** talks ■ **Arms** are weapons which are used in a fight or war. It can only be used in the plural.	5
26	☐	**tank** [tæŋk]	Panzer	a *battle / Russian / Sherman* **tank** ○ *drive / destroy* a big **tank** ○ **anti-tank** *systems / weapons / rockets*	5
27	☐	**bomb** [bɒm]	Bombe	a nuclear **bomb** ○ the power of a **bomb** ○ *drop / throw* **bombs** ○ On August 6, 1945 an atomic [Atom-] **bomb** was dropped on Hiroshima by the US Air Force. ■ Do not pronounce the **b** in **bomb**.	3
28	☐	**rocket** ['rɒkɪt]	Rakete	a powerful **rocket** ready to fire ○ the *speed / development / explosion* of a **rocket** ○ be *destroyed / hit* by a **rocket**	3
29	☐	**gun** [gʌn]	Kanone, Gewehr, Waffe	*anti-tank / laser* **guns** ○ *carry / use / load / fire* a **gun** ○ a heavy **machine gun** ○ He ordered his soldiers to lay down their **guns** at 8 pm. ○ **gunfire**	1
30	☐	**rifle** ['raɪfl]	Gewehr	an automatic **rifle** ○ *shoot / fire* a **rifle** ○ The Zaire army made them unload their **rifles** before they crossed the border.	5
31	☐	**bullet** ['bʊlɪt]	Geschoss Kugel	The **bullet** hit him in the arm. ○ He was killed by machine-gun **bullets**. ○ He died from **bullet** wounds [Schusswunde] to his head and neck.	3

32	☐	**shoot** [ʃuːt]	schießen	**shoot** into the air ○ Aim carefully before **shooting**. ○ Don't **shoot** – we surrender. ○ They **shot down** a Russian helicopter. ○ Two soldiers were **shot** dead as they tried to run away. ▲ SHOOTS – SHOT – SHOT	2
33	☐	**shot** [ʃɒt]	Schuss	a rifle **shot** ○ a warning **shot** ○ sound like a **shot** ○ hear a few **shots** in the distance ○ take a **shot** at the enemy ○ The first **shot** missed.	3
34	☐	**fire** ['faɪə]	schießen abfeuern	The soldiers **fired at** the enemy. ○ He **fired** a shot. ○ The soldiers **fired** one volley [Salve], which resulted in the death of four soldiers.	3
35	☐	**bomb** [bɒm]	bombardieren bomben	If you **bomb** a city by night, you cannot tell whom you are going to kill. ○ They were **bombed out** during the war. ○ The American **bombings** of Hiroshima and Nagasaki helped to end the war on August 15, 1945. ○ **bombing raids** [Bombenangriff]	3
36	☐	**march**, pl. **marches** [mɑːtʃ, mɑːtʃɪz]	Marsch	a day's **march** ○ The soldiers were tired after their long **march**. ○ They were three days on the **march** [3 Tage marschiert].	3
37	☐	**march** [mɑːtʃ]	marschieren	The prisoners **marched** to the POW camp. ○ They heard the sound of **marching** feet. ○ The officer **marched in** and demanded an explanation.	2
38	☐	**invade** [ɪn'veɪd]	einmarschieren in, einfallen in	**invade** a *country / town* ○ The enemy **invaded** *from the west / the country with tanks and guns.* ○ In January 1941 Japan **invaded** Burma.	5
39	☐	**invasion** [ɪn'veɪʒn]	Einmarsch Einfall Invasion	the Anglo-American **invasion** ○ *plan / take part in* an **invasion** ○ Germany's **invasion of** Poland in 1939 ○ They condemned the Soviet **invasion** of Chechoslovakia in 1968. ○ The country remained free from **invasion** for three hundred years. ○ **invasion** forces	5
40	☐	**invader** [ɪn'veɪdə]	Invasor(in) Eindringling	rise against foreign **invaders** ○ The **invaders** faced defence from a well-trained army. ○ They forced back the **invaders**.	5
41	☐	**attack** [ə'tæk]	Angriff	*the main / an air* **attack** ○ a counter-**attack** ○ *plan / make / avoid / be afraid of* **attacks** ○ The **attack** *failed / succeeded.* ○ There's no real defence against air **attacks**. ○ After the second **attack**, the survivors were so shocked that they couldn't say very much.	3
42	☐	**attack** [ə'tæk]	angreifen	The enemy **attacked** at night. ○ Stalin did not believe that Germany would **attack** the Soviet Union.	3
43	☐	**fight** [faɪt]	Kampf Gefecht	a *fair / hard / bitter* **fight** ○ a **fight** *for a just cause / for independence / between two armies* ○ a **fight** to the death [auf Leben und Tod]	2
44	☐	**fight** [faɪt]	(be)kämpfen	**fight** an enemy ○ **fight** *like heroes / for peace* ○ They **fought** a tough battle for survival. ○ The armed forces had lost their will to **fight**. ▲ FIGHTS – FOUGHT – FOUGHT	2
45	☐	**battle** ['bætl]	Schlacht	a bloody **battle** ○ at the **battle** of Gettysburg ○ *win / lose / survive / be killed in / die in* a **battle** ○ The **battle** was a blood-bath.	3
46	☐	**conquer** ['kɒŋkə]	erobern besiegen siegen	**conquer** the world ○ **conquer** an enemy ○ Britain is the only nation in the EU which was not **conquered** by Fascists during World War II. ○ Britain was **conquered** by the Romans in 43 AD. ○ "I came, I saw, I **conquered**". (Caesar)	5
47	☐	**conqueror** ['kɒŋkərə]	Eroberer Eroberin	In 1061 **William the Conqueror** was preparing to attack England. ○ The troops [Truppen] moved [wurden] from being **conquerors** of the Third Reich to protectors of modern West Berlin.	5
48	☐	**free** [friː]	befreien	**free** *an occupied country / prisoners from concentration camps* ○ The country has **freed** itself **from** the old Soviet Union. ○ Thousands remembered those who died to **free** a conquered country.	4
49	☐	**occupy** ['ɒkjʊpaɪ]	besetzen	The German forces **occupied** France for four years. ○ the **occupying** [Besatzungs-] Nazi German forces ○ **occupied** post-war Germany ○ Soviet **occupiers** [Besatzer] of eastern Germany	3
50	☐	**defend** [dɪ'fend]	verteidigen	**defend** your country **against** enemies ○ the right to **defend** yourself with a gun ○ They **defended** themselves **against** *the attack / the air raid*.	3

51	☐ defence [dɪˈfens]	Verteidigung	a *weak / strong* defence ○ *national / military / nuclear* defence ○ the defence of freedom and security in Europe ○ They decided to continue their dialogue on defence policy. ○ defence-related [Rüstungs-] industries ■ The American spelling is defense.	3
52	☐ refugee [ˌrefjʊˈdʒiː]	Flüchtling Flüchtlings-	refugees from *Nazi Germany / the East* ○ mass movements of refugees ○ *leave / be accepted* as refugees ○ give asylum to refugees ○ refugee camps	5
53	☐ missing [ˈmɪsɪŋ]	vermisst	a missing *soldier / prisoner of war* ○ Only one person was missing and believed to be killed in the attack. ○ About 40 000 soldiers ended up wounded, missing or dead.	4
54	☐ wound [wuːnd]	Verletzung Wunde	a *head / bullet / gunshot / war* wound ○ an open wound ○ The officer died from a wound in his leg.	5
55	☐ wound [wuːnd]	verwunden verletzen	A bullet wounded the soldier in the shoulder. ○ He was wounded twice during the war. ○ Many of the wounded [Verwundeter] died on their way to hospital.	5
56	☐ torture [ˈtɔːtʃə]	Folter	use torture ○ The human rights group discovered cases of torture. ○ The government forces are guilty [schuldig] of widespread torture.	6
57	☐ torture [ˈtɔːtʃə]	foltern	He was known as a brutal member of the SS who personally tortured prisoners. ○ She remembered the screams of prisoners being tortured.	6
58	☐ kill [kɪl]	töten umbringen	He was killed by a *bomb / single bullet in the heart*. ○ Two rockets landed yesterday, killing four children as they played in the street. ○ killed in action [gefallen]	2
59	☐ defeat [dɪˈfiːt]	Niederlage	a *bitter / total* defeat ○ the defeat of our enemies ○ *suffer / admit / accept* a defeat ○ The defeat meant the end of the war.	3
60	☐ defeat [dɪˈfiːt]	besiegen schlagen	They hope to defeat their enemy at last. ○ They were defeated after three days of fighting. ○ Militarily they cannot be defeated. ○ a defeated army	3
61	☐ surrender [səˈrendə]	sich ergeben kapitulieren	Don't shoot – I surrender. ○ He was among the last to surrender. ○ The German armies facing the Russians wanted to surrender to the British forces. ○ On May 8 1945, Germany surrendered.	5
62	☐ prisoner [ˈprɪznə]	Gefangene(r)	a prisoner of war (POW) ○ the exchange of prisoners ○ 8000 prisoners were released. ○ He was wounded and taken prisoner [gefangen nehmen]. ○ A million Germans died as prisoners in the early summer of 1945. ○ a prisoner-of-war-camp	3

296 Gesetz, Ordnung, Straftaten, Straftäter

accuse 20	defend 22	interrogation 14	mug 65	robbery 64	violence 56
admit 28	deny 31	investigation 13	murder *n* 71	sentence *n* 35	witness 23
beat up 61	duty 3	judge 17	murder *v* 72	sentence *v* 36	wrong 44
break into 60	evidence 25	just 5	murderer 73	smuggle 69	
case 18	force *n* 54	justice 4	obligation 2	smuggler 70	
cheat 52	force *v* 55	kill 74	offence 45	statement 24	
commit 48	frighten 59	killer 76	order 1	steal 66	
condemn 34	get into trouble 42	killing 75	proof 27	take sb to court 16	
confess 29	guilty 33	law 6	prove 26		
confession 30	hang around 41	law firm 8	punish 38	terror 57	
corruption 53	hooligan 43	lawful 9	punishment 37	terrorize 58	
court 15	illegal 12	lawless 10	release 39	theft 68	
crime 46	innocent 32	lawyer 7	reprieve 40	thief 67	
criminal 47	insult *n* 49	legal 11	rob 62	threaten 51	
defence 21	insult *v* 50	massacre 77	robber 63	trial 19	

| 1 | ☐ order [ˈɔːdə] | Ordnung | the constitutional order ○ keep public order ○ *maintain / restore* law and order [Ruhe und Ordnung] ○ Riot police and soldiers had to restore order at Athens airport. ○ He was arrested for a public order offence [Verstoß]. ○ public order laws | 4 |

2	☐ obligation [ˌɒblɪˈgeɪʃn]	Verpflichtung Pflicht	a social **obligation** ○ be under *an / no* **obligation** to ... ○ It is clear that the firm has a moral and legal **obligation toward** the victims.	5
3	☐ duty [ˈdjuːtɪ]	Pflicht	have a *moral / legal* **duty** to do sth ○ I did my **duty**. ○ The individual has responsibilities as well as rights, **duties** as well as privileges.	3
4	☐ justice [ˈdʒʌstɪs]	Gerechtigkeit Rechts-	social **justice** ○ a struggle for **justice** ○ the limits of the criminal **justice** system ○ The courts are a very important part of our system of **justice**.	5
5	☐ just [dʒʌst]	gerecht	**just** people ○ a **just** *punishment / cause / treatment of all people* ○ I don't think that the court's decision was **just**. ○ an **unjust** society	5
6	☐ law [lɔː]	Recht Gesetz Jura	*public / civil / tax* **law** ○ the long arm of the **law** ○ *live by / respect / break* the **law** ○ study **law** ○ Is that old **law** still in force? ○ She took the **law** into her own hands. ○ allowed **by law** ○ a **law** student	3
7	☐ lawyer [ˈlɔːjə]	(Rechts-)Anwalt Anwältin Jurist(in)	a *well-known / respected / professional* **lawyer** ○ a team of experienced **lawyers** ○ a **lawyer for** the defence ○ a **lawyer** *acting for Mrs Ronson / representing a chemical factory* ○ The **lawyer** argued successfully.	4
8	☐ law firm [ˈlɔː fɜːm]	Anwaltskanzlei	a partner in a **law firm** ○ investigations by a **law firm** ○ She's looking for a place in a **law firm**. ○ It's best to go to a **law firm** to ask for legal aid.	5
9	☐ lawful [ˈlɔːfl]	rechtmäßig gesetzmäßig	a **lawful** *activity / order / instruction / arrest / owner* ○ a **lawful** *husband / king* ○ Legal control was **lawful**. ○ act **unlawfully**	5
10	☐ lawless [ˈlɔːləs]	gesetzlos gesetzwidrig	a **lawless** *town / border region / society* ○ the **lawless** activities of these gangs ○ a **lawless** slum where murder is the norm	5
11	☐ legal [ˈliːgl]	gesetzlich legal rechtmäßig Rechts-	a **legal** *limit / obligation / contract* ○ a **legal** way to enter a country ○ the Anglo-Saxon **legal** system ○ declare sth **legal** ○ take **legal** action [gerichtlich vorgehen] against sb ○ have the **legal** right to do sth ○ *need / ask for* **legal** advice ○ Their marriage was **legal** under Swiss law.	4
12	☐ illegal [ɪˈliːgl]	verboten ungesetzlich illegal	**illegal** *drugs / activities* ○ an **illegal** *act / copy of a computer program* ○ use **illegal** immigrants as labour ○ It is **illegal** to sell alcohol to people under 18. ○ an **illegally** [widerrechtlich] parked car	5
13	☐ investigation [ɪnˌvestɪˈgeɪʃn]	Ermittlung Untersuchung	a two-month police **investigation** ○ carry out fresh **investigations** ○ The **investigations** of the FBI **into** the air crash haven't finished.	5
14	☐ interrogation [ɪnˌterəˈgeɪʃn]	Verhör Vernehmung	a two-hour **interrogation** ○ police **interrogation** ○ *They took him / He was led* to the police-station for **interrogation**. ○ He confessed **under interrogation** to four murders. ○ **interrogation** techniques	5
15	☐ court [kɔːt]	Gericht(shof)	go to **court** ○ When does your case come to **court**? [verhandelt werden] ○ His case will be heard in **court** next week. ○ The **court** ordered [verurteilen] him to pay the costs. ○ The murderer is to appear **in court** on Monday.	3
16	☐ take sb to court [ˌteɪk tə ˈkɔːt]	jn verklagen jn anklagen	He was arrested and **taken to court**. ○ It had been decided that there was not enough evidence to **take her to court**.	5
17	☐ judge [dʒʌdʒ]	Richter(in)	a *fair / serious / retired* **judge** ○ a *High Court / County Court* **judge** ○ give evidence [aussagen] to the **judge** ○ The **judge** sentenced [verurteilen] Dagobert to seven years in prison.	3
18	☐ case [keɪs]	Fall Verfahren	a murder **case** ○ the circumstances of the **case** ○ civil and criminal [Straf-] **cases** ○ take a **case** to court ○ The police are working on this **case**. ○ This **case** of corruption attracted Miss Marple.	2
19	☐ trial [ˈtraɪəl]	Prozess Verfahren	a *show / sensational* **trial** ○ be **on trial** [unter Anklage stehen] ○ bring sb to **trial** [den Prozess machen] ○ The **trial** could be influenced by public opinion. ○ Everyone has a right to a fair **trial**.	5
20	☐ accuse [əˈkjuːz]	beschuldigen anklagen	**accuse** sb **of** *double murder / corruption / robbery / smuggling heroin* ○ He was falsely **accused of** being involved in terrorism.	4
21	☐ defence [dɪˈfens]	Verteidigung	a *weak / strong* **defence** ○ What did she say **in** her **defence**? ○ act in **self-defence** [Notwehr]	5

22	☐ defend [dɪˈfend]	verteidigen	An experienced lawyer will be needed to **defend** them. ○ He **defended** himself **against** the criminal charges [Anklage] facing him.	3
23	☐ witness [ˈwɪtnɪs]	Zeuge Zeugin	a *reliable / hostile* **witness** ○ a **witness for** the *defence / prosecution* [Anklage] ○ *hear / question / interview* a **witness** ○ The **witnesses** of the accident will be asked to give evidence [aussagen] in court.	4
24	☐ statement [ˈsteɪtmənt]	Aussage	a written **statement** ○ sign a **statement** ○ After the accident she had to go to the police station to make a **statement**.	3
25	☐ evidence [ˈevɪdəns]	Beweis(e)	*strong / convincing / clear* **evidence** ○ *find no / present new / admit / destroy all* **evidence** ○ He has avoided giving **evidence** [aussagen] in court. ○ Her statement to the police was used as **evidence** against him. ○ Charges [Anklage] against him were dropped for lack of **evidence**. ○ New **evidence** was found. ○ The police have found two new **bits of evidence**. ◼ **Evidence** and **proof** can only be used in the singular. Compare: *Diese Beweise sind* nicht stichhaltig. **This** evidence **is** not reliable.	3
26	☐ prove [pruːv]	beweisen	You are innocent until **proved** guilty [schuldig]. ○ It will be difficult to **prove** that she was lying. ○ Has the prosecution [Anklage] **proved** that she did it? ○ That just **proves** what I've always said. ◼ **Prove** is spelt with one **o**.	3
27	☐ proof [pruːf]	Beweis(e) Nachweis(e)	*clear / further / unquestionable / convincing / written* **proof** ○ *provide / give / have / want / ask for* **proof** that ... ○ His statement was seen as **proof of** his corruption. ○ We need some **proof of** your identity.	3
28	☐ admit, -tt- [ədˈmɪt]	gestehen zugeben	**admit** *the truth / stealing the money* ○ She **admitted** to the police that she'd stolen the ring. ○ He **admitted** *that he was wrong / he made a mistake / it was his fault*. ○ He **admitted** having stolen the car.	3
29	☐ confess [kənˈfes]	gestehen zugeben	Maigret managed to get him to **confess** [ein Geständnis ablegen]. ○ He **confessed to stealing** the money. ○ The prisoner refused to **confess to** the crime. ○ He **confessed** that he'd stolen the money.	4
30	☐ confession [kənˈfeʃn]	Geständnis	a *forced / true / false / tape-recorded* **confession** ○ *make / sign* a written **confession** of your crimes ○ avoid jail in exchange for a full **confession**	5
31	☐ deny [dɪˈnaɪ]	leugnen bestreiten	**deny** the murder ○ She **denied** any knowledge of the crime. ○ He **denied** all charges [Anschuldigung] against him. ○ She **denied** stealing the car.	3
32	☐ innocent [ˈɪnəsnt]	unschuldig	**innocent** victims ○ **innocent of** a crime ○ He declared that he was **innocent**. ○ There is no proof that he is **innocent**. ○ Prisons are full of people claiming to be **innocent**. ○ She has always believed in his **innocence** [Unschuld].	4
33	☐ guilty [ˈgɪlti]	schuldig	He has not been found **guilty**. ○ There was not enough evidence to prove him **guilty**. ○ People accused of crimes are innocent unless proved **guilty**. ○ The accused **pleaded** [sich bekennen] not **guilty**.	3
34	☐ condemn [kənˈdem]	verurteilen	He was **condemned** *to be shot / to spend the rest of his life in prison / for stealing a watch*. ○ The man was **condemned to** death for war crimes.	5
35	☐ sentence [ˈsentəns]	Urteil Strafe	a *jail / 28-day prison* **sentence** ○ the death **sentence** ○ *pronounce* [verkünden] */ reduce* a **sentence** ○ give a life **sentence** [lebenslänglich geben] ○ He's serving [verbüßen] his **sentence** in a high security prison.	6
36	☐ sentence [ˈsentəns]	verurteilen	**sentence to** a prison sentence ○ The murderer was **sentenced to** *20 years in prison / death*. ○ He was **sentenced for** robbery, not **for** the colour of his skin. ○ He died in jail after being **sentenced for** killing a girl.	5
37	☐ punishment [ˈpʌnɪʃmənt]	Strafe Bestrafung	a *just / heavy / light / cruel* **punishment** ○ **capital punishment** [Todesstrafe] ○ *suffer / escape / avoid / take / accept* **punishment**. ○ The **punishment** should fit the crime.	4
38	☐ punish [ˈpʌnɪʃ]	bestrafen	**punish** *cruelly / lightly / heavily / by death* ○ **punish** sb **for** *cheating / a crime / what he's done* ○ If an MP accepts money for saying something in parliament, he should be **punished**. ○ **punishable by** death	3
39	☐ release [rɪˈliːs]	freilassen	**release** a prisoner ○ He had to be **released** because of lack of scientific evidence. ○ If **released** he would be an unacceptable risk to the public.	5

40	☐ **reprieve** [rɪˈpriːv]	begnadigen	**reprieve** a condemned prisoner ○ He was sentenced to death, but **reprieved** ten years later. ○ a last-minute **reprieve** [Begnadigung] ○ The murderer had high hopes of **reprieve** right to his death.	6
41	☐ **hang around** [ˌhæŋ əˈraʊnd]	sich herumtreiben	They used to **hang around** and get into trouble. ○ His girlfriend dislike his **hanging around** with that crowd.	5
42	☐ **get into trouble** [ˌget ɪntə ˈtrʌbl]	Ärger bekommen, in Schwierigkeiten bringen	Often if a child **gets into trouble with** the police, a social worker visits the family. ○ I do not want to **get you into trouble**. ○ They **were in trouble** [Ärger haben] **with** the police.	2
43	☐ **hooligan** [ˈhuːlɪɡən]	Hooligan Rowdy Schläger	Football **hooligans** damage the reputation of all spectators. ○ The old lady told the police that a group of **hooligans** had been throwing stones at her dog. ○ *stop / reduce* **hooliganism** at football matches	6
44	☐ **wrong** [rɒŋ]	Unrecht	He doesn't know right from **wrong**. ○ Children soon learn the difference between right and **wrong**. ○ A terrible **wrong** has been done. ○ Two **wrongs** do not make a right.	6
45	☐ **offence** [əˈfens]	Straftat Delikt Verstoß	a *serious / violent* **offence** ○ a *criminal / sexual / political / driving* **offence** ○ guilty of an **offence** ○ commit an **offence** ○ They *were arrested / went to prison* for drug **offences**. ■ The American spelling is offen**se**.	5
46	☐ **crime** [kraɪm]	Verbrechen Straftat	a *serious / minor / political* **crime** ○ a **crime against** humanity ○ *war / drug-related* **crimes** ○ organized **crime** ○ a victim of **crime** ○ *commit / confess* a **crime** ○ *prevent / reduce / fight* **crime** ○ It is a **crime** to cut down protected trees without permission. ○ **Crime** doesn't pay. (proverb)	3
47	☐ **criminal** [ˈkrɪmɪnl]	Verbrecher(in) Kriminelle(r)	a born **criminal** ○ *arrest / release* a **criminal** ○ A gang of **criminals** was arrested last night. ○ **criminal** cases [Strafverfahren] / trials ○ **criminal** [strafrechtlich] investigations ○ **criminal** damage [Sachbeschädigung]	3
48	☐ **commit, -tt-** [kəˈmɪt]	begehen verüben	**commit** a *crime / murder* ○ You do not need to be a law graduate to see that a crime was **committed** here.	5
49	☐ **insult** [ˈɪnsʌlt]	Beleidigung	a deadly **insult** ○ His behaviour can be taken as a personal **insult**. ○ His comment was an **insult to** my intelligence.	4
50	☐ **insult** [ɪnˈsʌlt]	beleidigen	She *was / felt* deeply **insulted**. ○ They wanted to hang Ms Nasreen for **insulting** Islam. ○ She had to pay a fine for **insulting** a police officer. ○ **insulting** *behaviour / photos* ○ He was **insultingly** anti-Semitic.	4
51	☐ **threaten** [ˈθretn]	drohen (mit) androhen bedrohen	**threaten** *legal action / to talk to the press* **threaten** sb with a gun ○ The man **threatened** to kill her if she didn't tell him where the money was. ○ She was fined for **threatening** behaviour [Drohungen].	4
52	☐ **cheat** [tʃiːt]	betrügen	She was *accused of / caught* **cheating**. ○ feel **cheated** ○ The **cheating** has been going on for a long time. ○ Makers of fish products are **cheating** the public. ○ She was **cheated out of** her house [um ihr Haus bringen].	4
53	☐ **corruption** [kəˈrʌpʃn]	Korruption Bestechung Bestechlichkeit	be *involved in / accused of / arrested for / criticized for / free of* **corruption** ○ *fight / end* **corruption** ○ That country is known for the **corruption** of its government. ○ **anti-corruption** laws	6
54	☐ **force** [fɔːs]	Gewalt	deadly **force** ○ the use of **force against** robbers ○ *apply / use / rely on* **force** ○ The thief took the money from the old man **by force**.	3
55	☐ **force** [fɔːs]	zwingen erzwingen	He **forced** her to give him the money. ○ She only gave him the money because she was **forced to**. ○ The police **forced** a confession from him.	4
56	☐ **violence** [ˈvaɪələns]	Gewalt Gewalttätigkeit	growing **violence** ○ a *climate / wave* of **violence** ○ *an act / a campaign* of **violence** ○ drug-related **violence** ○ *use raw / put an end to* **violence** ○ Is there too much **violence** on TV? ○ They fear a chain reaction of **violence**. ○ I think people are more sensitive to crime and **violence** now.	5
57	☐ **terror** [ˈterə]	Terror Terror-	They hope that the elections will put an end to the acts of **terror**. ○ a **terror** *campaign / attack* ○ Scotland Yard's **anti-terrorist** branch	4
58	☐ **terrorize, -ise** [ˈterəraɪz]	terrorisieren einschüchtern	Some of the older children dominated the playground and **terrorized** the smaller kids. ○ Skinheads continue to **terrorise** foreigners in Germany.	5
59	☐ **frighten** [ˈfraɪtn]	erschrecken ängstigen	Sorry, I didn't mean to **frighten** you. ○ They were **frightened to death**. ○ She screamed for help to **frighten** the robbers **away** [vertreiben].	3

| 60 | ☐ break into
[ˈbreɪk ɪnˌtʊ] | einbrechen | He **broke into** a shop one night and killed the shop owner. ○ Office rooms were **broken into** and documents removed [entwenden]. | 4 |
| 61 | ☐ beat up
[ˌbiːt ˈʌp] | zusammen-
schlagen | He was **beaten up** by a gang of hooligans. ○ A few weeks ago two youths decided to **beat up** an old man just for "fun". ○ They **beat up** people who don't seem to be able to fight back. | 5 |

▲ BEATS – BEAT – BEATEN

62	☐ rob, -bb- [rɒb]	ausrauben berauben	**rob** a bank / the owner of a factory ○ A Japanese visitor was **robbed** in London. ○ They **robbed** [stehlen] the passengers **of** their suitcases.	4
63	☐ robber [ˈrɒbə]	Räuber(in)	a *bank / train* **robber** ○ a **robber** armed [bewaffnet] with a gun ○ A **robber** has escaped from Whitemoor jail. ○ The **robber** was photographed by the bank's security cameras. ○ The **robber** beat the man very badly.	5
64	☐ robbery [ˈrɒbərɪ]	Raub(überfall)	a *serious / highway / train* **robbery** ○ a bank **robbery** ○ *commit / start / take part in / be involved in / confess* a **robbery** ○ Three men committed the **robbery** in Station Road. ○ They were sentenced [verurteilt] to 11 years for armed **robbery**.	5
65	☐ mug, -gg- [mʌg]	überfallen und berauben	They **mugged** him, stole his bank card and forced him to reveal the card number. ○ A gang of female **muggers** robbed a 40-year-old woman.	5
66	☐ steal [stiːl]	stehlen	Is it a crime to **steal** to feed your starving family? ○ He **stole** things to sell them later. ○ My camera has been **stolen**. I've been robbed. ○ The robbers were driving a **stolen** car. ○ Some of the **stolen** goods were resold to the original victims.	3

▲ STEALS – STOLE – STOLEN

67	☐ thief, pl. thieves [θiːf, θiːvz]	Dieb(in)	a high-tech **thief** ○ The **thief** lifted her handbag when she went back to her hotel room. ○ Expensive cars became a favourite target for **thieves**. ○ The **thieves** broke in unseen through a first-floor window.	3
68	☐ theft [θeft]	Diebstahl	*commit / be arrested for* a **theft** ○ report a **theft** ○ There were a lot of **thefts** in this area last month. ○ The car was damaged during the **theft**.	5
69	☐ smuggle [ˈsmʌgl]	schmuggeln	**smuggle** *goods across the border / stolen cars into a country / out photographs of a nuclear power station* ○ She was arrested for **smuggling** heroin at the Greek-Turkish border. ○ an international **smuggling** ring	5
70	☐ smuggler [ˈsmʌglə]	Schmuggler(in)	*arms / drug / heroin / diamond* **smugglers** ○ *fight against / catch* **smugglers** ○ **Smugglers** supplied Bosnia's army with weapons.	6
71	☐ murder [ˈmɜːdə]	Mord	a double **murder** ○ a brutal mass **murder** ○ commit a **murder** ○ He returned to the scene of **murder**. ○ He had kept silent about the **murder** for ten years.	3

■ False friend: The English word for German **Mörder** is **murderer**.

72	☐ murder [ˈmɜːdə]	ermorden	It seems he was **murdered** with a knife. ○ The family of the **murdered** woman are convinced that her five-year-old son could identify the killer.	5
73	☐ murderer [ˈmɜːdərə]	Mörder(in)	*hunt / catch* a **murderer** ○ a mass **murderer** ○ The police found very few clues to the **murderer's** identity. ○ The **murderer** threatened to kill all of his victim's family.	5
74	☐ kill [kɪl]	töten umbringen	She **killed** him with a hammer. ○ They warned her that if she didn't keep silent about what had happened they would **kill** her.	2
75	☐ killing [ˈkɪlɪŋ]	Mord Tötung	daily reports of violent **killings** ○ A policewoman was the third victim of a brutal **killing** in the region within three days. ○ **killing** on demand	4
76	☐ killer [ˈkɪlə]	Mörder(in)	a dangerous **killer** ○ A **killer** shot dead a crowd of people in a restaurant. ○ Police are searching for the **killer** of a 10-year-old girl.	4
77	☐ massacre [ˈmæsəkə]	Massaker	*stop / condemn / be responsible for / escape* a **massacre** ○ The **massacre** took place in the city's cemetery three years ago.	6

297 Verbrechensbekämpfung

arrest n 23	confinement 26	guard 29	lock 30	prison 27	search v 16
arrest v 22	escape n 31	hand over 19	(be) on/off duty 5	question 21	secret service 4
catch 17	escape v 32	hang 35	overpower 18	raid n 12	storm 14
check n 10	execute 34	informer 7	police 1	raid v 13	ticket 24
check v 11	execution 33	interrogation 20	police station 3	reward 9	wanted 6
clue 8	fine 25	jail 28	policeman/woman 2	search n 15	

1	☐ **police** [pəˈliːs]	Polizei	the *traffic / military / local / border / secret / security* **police** ○ *phone / call / go to* the **police** ○ The **police** *searched their home / made eight arrests.* ○ Do the **police** *carry guns in your country?* ○ a **police** *car / vehicle / dog / raid / report* ○ **police** *protection*	2
			■ **Police** is always used with a plural verb. Compare: *Die Polizei hat niemanden verhaftet.* The police **have** not made any arrests.	
2	☐ **policeman, policewoman** [pəˈliːsmən, pəˈliːsˌwʊmən]	Polizist(in)	an *experienced / unarmed / off-duty* **policeman** ○ A local **policeman** *identified / arrested* the robber. ○ A local **policewoman** was *insulted / injured.*	1
3	☐ **police station** [pəˈliːs ˌsteɪʃn]	Polizeirevier (Polizei-)Wache	She *was taken to / went to / left / escaped from* the **police station**. ○ She spent all morning in a local **police station**. ○ Detectives arrested him, held him overnight and questioned him **at** the **police station**.	5
4	☐ **secret service** [ˌsiːkrət ˈsɜːvɪs]	Geheimdienst	They had contacts to the British **secret service**.	5
5	☐ **be on/off duty** [biː ɒn/ɒf ˈdjuːtɪ]	(keinen) Dienst haben	Who was **on duty** yesterday? ○ He was **off duty** on Tuesday night when he was called to the scene of the accident.	3
6	☐ **wanted** [ˈwɒntɪd]	gesucht	He is **wanted for** the murder of a security guard at the City Bank. ○ The 'Yorkshire Ripper' was for a long time the most **wanted** man in Britain.	3
7	☐ **informer** [ɪnˈfɔːmə]	Spitzel Informant(in)	a *police / Stasi* **informer** ○ She received a tip from an anonymous [anonym] **informer**. ○ He had worked as an **informer** for the former communist secret police.	5
8	☐ **clue** [kluː]	Anhaltspunkt Hinweis	*find / discover / have / give / supply / provide* a **clue** ○ Police divers searched the riverbed for **clues to** his death. ○ The police had no **clue to** her identity.	5
9	☐ **reward** [rɪˈwɔːd]	Belohnung	*offer / pay / receive / claim* a **reward** ○ They are offering a $50 000 **reward for** any information leading to the man's arrest.	3
10	☐ **check** [tʃek]	Überprüfung Kontrolle	an airport security **check** ○ A French woman was stopped at an identity **check** and arrested. ○ She compared the police identity **checks** with Nazi controls on the Jews.	3
11	☐ **check** [tʃek]	überprüfen kontrollieren	**check** *cars / drivers' licences / the identity of a person* ○ **check** thoroughly ○ Her passport was **checked** by immigration officers at the airport.	3
12	☐ **raid** [reɪd]	Razzia Überfall	a *police / drug* **raid** ○ an armed **raid on** a *bank / museum* ○ carry out [durchführen] a **raid** ○ *plan / be killed in* a **raid**	5
13	☐ **raid** [reɪd]	durchsuchen überfallen	**raid** sb's home ○ The police **raided** a local pub last night. ○ They **raided** a supermarket and took as much as they could carry.	5
14	☐ **storm** [stɔːm]	stürmen	Some terrorists tried to **storm** the police station to release political prisoners held there. ○ The police **stormed into** the place to search for weapons.	4
15	☐ **search** [sɜːtʃ]	Suche Durchsuchung	a *long / thorough / successful / day-long* **search** ○ a house-to-house **search** ○ a **search for** *illegal weapons / smugglers / documents / escaped prisoners* ○ Volunteers joined the **search for** the lost girl.	5

16	☐ search [sɜːtʃ]	suchen durchsuchen	**search** *carefully / thoroughly* ○ **search** a *thief's pockets / traveller's suitcase / desk for the missing documents / man for drugs* ○ **search for** missing women ○ They **searched** all day but couldn't find the bomb.	3
17	☐ catch [kætʃ]	fassen erwischen	**catch** a *thief / robber / man stealing apples* ○ The policemen ran after the man and **caught** him at the end of the street. ○ The murderer still hasn't been **caught**.	2
			▲ CATCHES – CAUGHT – CAUGHT	
18	☐ overpower [ˌəʊvəˈpaʊə]	überwältigen	The police **overpowered** the thief. ○ The bank robber was **overpowered** by two customers.	5
19	☐ hand over [ˌhænd ˈəʊvə]	übergeben	The robber was **handed over to** the police. ○ Ayatollah Ali Khamenei called for Mr Rushdie to be **handed over to** British Muslims to be killed.	4
20	☐ interrogation [ɪnˌterəˈgeɪʃn]	Verhör	He confessed **under** [bei] the second **interrogation** to another murder. ○ After police **interrogation** at the airport about his political contacts, he was refused entry.	5
21	☐ question [ˈkwestʃən]	vernehmen verhören	The police **questioned** him for several hours **about** his activities. ○ He was released after four hours of **questioning**.	4
22	☐ arrest [əˈrest]	verhaften festnehmen	The police came to **arrest** her *for murder / robbery / mugging / a bank raid*. ○ He was **arrested for** illegal possession of weapons. ○ If you are **arrested**, you have the right to remain silent [die Aussage verweigern].	4
23	☐ arrest [əˈrest]	Verhaftung Festnahme	The police made two **arrests** *during the football match / after the riots*. ○ Three men are in prison and further **arrests** *are likely / will follow*.	4
24	☐ ticket [ˈtɪkɪt]	Strafzettel	get a *parking / speeding* **ticket** ○ He got a **ticket for** speeding. ○ There was a **ticket** under the windscreen wiper [Scheibenwischer].	4
25	☐ fine [faɪn]	Bußgeld Geldstrafe	a parking **fine** ○ I don't want to take a chance of getting a **fine**. ○ A **fine for** parking *in a non-parking area / on the double yellow lines* is automatic. ○ He'll either have to pay a heavy [hoch] **fine** or go to prison.	5
26	☐ confinement [kənˈfaɪnmənt]	Haft	He came home after a *long / nine-day / four-year* **confinement**. ○ She was *put into / kept in* **confinement**. ○ **solitary confinement** [Einzelhaft]	5
27	☐ prison [ˈprɪzn]	Gefängnis Haftanstalt	*an adult / a high security* **prison** ○ *go to / send sb to / throw sb into / break out from / escape from / come out of / die in* **prison** ○ He spent the rest of his life **in prison**. ○ She may end up **in prison** for not paying her taxes. ○ It came as a shock that he was released **from prison**.	3
28	☐ jail [dʒeɪl]	Gefängnis	a top-security **jail** ○ go to **jail** ○ He's **in jail** after being accused of corruption. ○ You could be sent to **jail** [ins Gefängnis kommen] for doing that. ○ She was sent to **jail** for ten years.	5
29	☐ guard [gɑːd]	Wachmann Wachfrau Wärter(in) Wach-	a prison **guard** ○ employ private **guards** ○ The **guards** [Wachen] are changed every night. ○ He fired shots at the **guards** as he tried to escape. ○ He was allowed out of prison **under guard** [Bewachung] to get married. ○ a **guard** dog ○ a **bodyguard** [Leibwächter]	3
30	☐ lock in/up [lɒk ˈɪn/ˈʌp]	einschließen einsperren	All the prisoners are **locked in** for the night. ○ The criminal should be **locked up** for ever. ○ The idea of being **locked up** in a jail filled her with horror.	3
31	☐ escape [ɪˈskeɪp]	Flucht Flucht-	a successful **escape** ○ **Escape from/out of** this prison is considered to be impossible. ○ Ninety minutes later the **escape** was over. ○ Much of their **escape** equipment was made in the prison. ○ **escape** attempt [Versuch]	3
32	☐ escape [ɪˈskeɪp]	entkommen fliehen	**escape from** *jail / prison* ○ He **escaped from** the police on April 30 last year. ○ They had no possibility of **escaping**.	3
33	☐ execution [ˌeksɪˈkjuːʃn]	Hinrichtung Exekution	a *public / mass* **execution** ○ **Executions** used to be held in public. ○ There are several methods of **execution**, for example, the electric chair or hanging.	6
34	☐ execute [ˈeksɪkjuːt]	hinrichten exekutieren	**execute** a *murderer / criminal* ○ He was the first Westerner to be **executed** in Singapore for breaking anti-drug laws.	6
35	☐ hang [hæŋ]	(auf)hängen	He was **hanged for** murder. ○ Murderers used to be **hanged** in the UK. ○ Some members of this party want to bring back [wieder einführen] **hanging** [Tod durch den Strang].	4

300 Arbeit und Arbeitswelt

apply 38	earn 51	firm 28	notice 39	retired 41	unemployment 43
boss 21	efficient 16	full-time 5	office 33	salary 54	wage 53
branch 32	employ 25	hard-working 17	out of work 45	secretary 19	work *n* 1
business 30	employee 18	hire 26	overtime 7	service 4	work *v* 2
canteen 34	employer 20	income 50	part-time 6	shift 8	worker 10
career 37	employment 42	job 35	pay 52	skilled 15	
colleague 11	enterprise 31	labour 3	pension 55	specialist 12	
commute 47	executive 22	manage 24	profession 36	staff 9	
commuter 48	expert 13	manager 23	professional 14	transfer 49	
company 29	fire 27	mobility 46	retire 40	unemployed 44	

1	☐ **work** [wɜːk]	Arbeit Arbeitsplatz	*easy / light / difficult / hard / dirty* **work** ○ **shift work** ○ *basic rights at* **work** ○ *do one's* **work** ○ *be* **at work** ○ *She starts* **work** *at 7:30 a.m.* ○ *She left* **work** [aufhören zu arbeiten] *a little earlier to watch the kids in a soccer game.* ○ *He quit* **work** *to write full-time.* ○ **work** *day / environment / schedule*	1
2	☐ **work** [wɜːk]	arbeiten	**work** *hard / under pressure* ○ **work on** *a new book* ○ *He thinks he's* **overworked** *and underpaid.* ○ *good* **working** *conditions / relations* ○ *They don't want to return to normal* **working** *hours* [Arbeitszeit].	1
3	☐ **labour** (BE) [ˈleɪbə]	Arbeit	*skilled / unskilled / hard* **labour** ○ *child / slave* **labour** ○ *The* **labour** *involved in building the cathedral was amazing.* ○ *German employers are complaining of a shortage of skilled* **labour** [Arbeitskräfte].	5
			■ The American spelling is lab**or**.	
			■ False friend: The English word for German **Labor** is **lab(oratory)**.	
4	☐ **service** [ˈsɜːvɪs]	Dienst Dienstleistung	*the telephone / repair / local information* **service** ○ *ambulance* **service** ○ *customer* **service** ○ *They offer / provide a number of financial* **services**. ○ **service industry**	3
5	☐ **full-time** [ˌfʊl ˈtaɪm, ˈfʊl taɪm ˌdʒɒb]	Vollzeit- Ganztags- ganztags	**full-time** *workers* ○ *He has a* **full-time** *job.* ○ *He works* **full-time**. ○ *The jobs will be* **full-time** *and part-time, although most employees work less than 38 hours a week.*	3
6	☐ **part-time** [ˌpɑːt ˈtaɪm, ˈpɑːt taɪm ˌdʒɒb]	Teilzeit- halbtags	**part-time** *employment / work / jobs / employees / consultants / teachers* ○ *combine* **part-time** *teaching with painting* ○ *He's been working for us on a* **part-time basis** *since October.*	3
7	☐ **overtime** [ˈəʊvətaɪm]	Überstunden	*work / be paid* **overtime** ○ *earn extra money through* **overtime** ○ *He did* [machen] *5 hours'* **overtime** *this week.* ○ *He's been working* **overtime** *for weeks.* ○ *Last week Alex earned $300, including ten hours'* **overtime**.	5
8	☐ **shift** [ʃɪft]	Schicht	*work day / night / early / late* **shift** ○ *work an eight-hour* **shift** ○ *work in* **shifts** ○ *He had been forced to work a 17-hour* **shift**. ○ *She's* **on** *night* **shift** *this week.*	5
9	☐ **staff** [stɑːf]	Personal Belegschaft	*office / hospital* **staff** ○ *The hotel* **staff** *were very helpful.* ○ *a* **staff** *meeting* ○ **staffroom** [Lehrerzimmer]	4
10	☐ **worker** [ˈwɜːkə]	Arbeiter(in)	*a hard-working / skilled / part-time / lazy / slow* **worker** ○ *an efficient / unskilled / unemployed* **worker** ○ *a factory* **worker** ○ *hire / employ / train / fire a* **worker**	2
11	☐ **colleague** [ˈkɒliːg]	Kollege Kollegin	*a former* **colleague** *of hers* ○ *a work / team* **colleague** ○ *improve the relationship with* **colleagues** ○ *He gets on well with his* **colleagues**. ○ *May I introduce one of my* **colleagues**?	5
12	☐ **specialist** [ˈspeʃəlɪst]	Fachmann Fachfrau Spezialist(in)	*a computer / tax / cancer* **specialist** ○ *see / call / go to / need the advice of a* **specialist** ○ *As computer crime increases, some companies are hiring security* **specialists**.	4

13	☐ **expert** ['ekspɜːt]	Fachmann Fachfrau Experte Expertin	a *financial / medical / computer / scientific / security* **expert** ○ a *legal* **expert** [Sachverständiger] ○ an *economic* **expert** ○ an **expert in** computer science ○ an **expert at** playing golf ○ *need / ask / see* an **expert** ○ It should be child's play for an **expert**.	4
14	☐ **professional** [prə'feʃnl]	Profi, Berufstätige(r) (mit Fachausbildung)	a *true / real* **professional**. ○ He's a full-time **professional**. ○ Teachers earn 70% less on average than other **professionals**.	6
15	☐ **skilled** [skɪld]	qualifiziert Fachgeschickt	*highly / less* **skilled** *engineers / workers* ○ There's a shortage of **skilled** repairmen. ○ He's highly **skilled at** dealing with complaints. ○ People in the Near East are **skilled in** making beautiful carpets. ○ **multi-skilled** people ○ **unskilled** labour [ungelernt]	4
16	☐ **efficient** [ɪ'fɪʃnt]	tüchtig	an **efficient** *teacher / secretary* ○ She was very **efficient at** her job. ○ She's a quick **efficient** worker. ○ **inefficient**	4
17	☐ **hard-working** [ˌhɑːd 'wɜːkɪŋ]	fleißig	a **hard-working** man ○ Unfortunately, the school has just lost two of its most **hard-working** teachers. ○ She's a **hard-working** woman who deserves [verdienen] every penny she earns.	4
18	☐ **employee** [ˌemplɔɪ'iː, ɪm'plɔɪiː]	Angestellte(r) Arbeitnehmer(in)	a *state / government* **employee** ○ *married / divorced* **employees** ○ a woman **employee** ○ *hire / fire* an **employee** ○ The factory used to have 500 **employees**. ○ The salary of the average **employee** rose by 5 per cent.	4
19	☐ **secretary** ['sekrətrɪ]	Sekretär(in)	a *personal / private* **secretary** ○ She works as a **secretary** in an office. ○ The **secretary's** role is growing in responsibility. ○ We sometimes think his **secretary** runs the firm. ○ His **secretary** welcomed the visitors / answered the phone.	3
20	☐ **employer** [ɪm'plɔɪə]	Arbeitgeber(in)	a long and bitter conflict between **employers** and workers ○ The council is the city's *biggest / largest* **employer**. ○ The **employers' association** reacted angrily to the tax rises.	3
21	☐ **boss** [bɒs]	Chef(in) Boss	a difficult **boss** ○ an ideal **boss** ○ a female **boss** ○ He's the **boss** of the factory. ○ Ask the **boss** for higher wages.	4
22	☐ **executive** [ɪg'zekjʊtɪv]	Führungskraft, leitende(r) Angestellte(r)	Less than 2% of top **executives** are female. ○ He's an **executive** *at a rival Japanese firm / in a chemical factory*. ○ **Executives** are highly paid but they have to work extremely hard.	5
23	☐ **manager** ['mænɪdʒə]	Leiter(in) Manager(in) Führungskraft	a *business / branch / production / sales* **manager** ○ Jane is the **manager** of a shoe shop. ○ The **manager** has helped a lot to improve services. ○ The introduction of information technology means that fewer **managers** are needed. ○ a **managing director** [Geschäftsführer]	4
24	☐ **manage** ['mænɪdʒ]	leiten, führen, betreuen	**manage** a *business / family-owned restaurant / firm* ○ She **manages** a big organisation in which technical knowledge plays an important role. ○ James **manages** the local football team.	3
25	☐ **employ** [ɪm'plɔɪ]	einstellen anstellen beschäftigen	**employ** three new full-time workers ○ She's **employed** to look after disabled children. ○ He is **employed** *as a programmer / on the oil rigs*. ○ They should **employ** more low-skilled workers. ○ He's been **self-employed** [selbständig] for two years.	3
26	☐ **hire** ['haɪə]	einstellen anstellen	**hire** several extra workers ○ **hire** a long-term [Langzeit-] unemployed person ○ Mr Houston finds it easier to **hire** and fire people in Britain than in Germany. ○ The firm has plans to **hire** people who have been unemployed for over a year.	3
27	☐ **fire** ['faɪə]	feuern rausschmeißen	Executives have the power to hire and **fire** and set salaries. ○ He was **fired** for always being late. ○ She was so lazy she was **fired** six months later.	3
28	☐ **firm** [fɜːm]	Firma	a family-run **firm** ○ *manage / operate / run / work for* a **firm** ○ Three foreign **firms** will take part in the project. ○ This reliable, small, local building **firm** will carry out an efficient job.	4

29	☐ **company** ['kʌmpənɪ]	Gesellschaft	*an electricity / a railway* **company** ○ *an American oil* **company** ○ *a government-owned energy* **company** ○ *form a new / private / public* **company**	2
30	☐ **business** ['bɪznɪs]	Geschäft(e) Unternehmen Betrieb	*a large / successful* **business** ○ *a family* **business** ○ *open a* **business** ○ *She's in the oil* **business**. ○ *The manager will be away* **on business** [geschäftlich] *next week.* ○ *The café is doing good* **business** [gut gehen]. ○ *She has her own* **business**. ○ *It's* **business** *as usual.* [Es geht alles seinen gewohnten Gang.] ○ **business** *relations* ○ *a* **business** *relationship / trip / lunch*	4
31	☐ **enterprise** ['entəpraɪz]	Unternehmungs- geist; Unterneh- men	*a woman / man of great* **enterprise** ○ *He showed great* **enterprise** *in taking that job.* ○ *This firm is one of the biggest* **enterprises** *of its kind.* ○ *They prefer private* **enterprise** *to nationalization* [Verstaatlichung].	6
32	☐ **branch**, pl. **branches** [brɑːntʃ, brɑːntʃɪz]	Zweigstelle Filiale	*the High Street* **branch** *of Barclays Bank* ○ *open / close down a* **branch** ○ *A new* **branch** *will open shortly in China.* ○ *The company he works for has* **branches** *in London, Berlin and Paris.* ○ *I haven't seen her since she was transferred to the Glasgow* **branch**.	2
33	☐ **office** ['ɒfɪs]	Büro	*a lawyer's* **office** ○ *He usually gets to his* **office** *at nine.* ○ *Miss Green works at our head* **office** *in Brighton.* ○ *Please phone again during* **office** *hours* [Geschäftszeiten]. ○ **office** *furniture / equipment*	1
34	☐ **canteen** [kæn'tiːn]	Kantine	*a factory / staff* **canteen** ○ *Salad of raw vegetables was on the menu at the work canteen.* ○ *We had a cup of tea in the* **canteen**.	5
35	☐ **job** [dʒɒb]	Arbeit Stelle Job Stellen- Arbeits-	*a well-paid / badly paid / high-pressure* **job** ○ *look for / apply for / find / get / take / give up / lose a* **job** ○ *She did the* **job** *to their satisfaction.* ○ *He didn't like his* **job** *at first.* ○ *She isn't experienced enough to apply for this* **job**. ○ *He's changed his* **job**. ○ *They rejected all candidates for the* **job** *except one.* ○ *Very few* **jobs** *are available.* ○ *She left her* **job** *for personal reasons.* ○ **job** *offers / opportunities* ○ *There'a lot of anxiety about* **job** *losses* [Verlust von Arbeitsplätzen]. ○ *the local* **job** *centre* [Arbeitsamt]	1
36	☐ **profession** [prə'feʃn]	(freier) Beruf	*the legal / teaching / medical* **profession** ○ *a stressful / fascinating* **profession** ○ *She's a lawyer* **by profession** [von Beruf]. ○ *He arrived at the top of his* **profession** *at an unusually early age.*	3
37	☐ **career** [kə'rɪə]	Karriere Laufbahn Karriere-	*a promising / highly successful* **career** ○ *an academic* **career** ○ *choose / abandon / give up / be at the end of a* **career** ○ *His* **career** *has always been more important than his family.* ○ *a* **career** *woman* ■ **Career** *is spelt with one* **r** *in the middle.*	4
38	☐ **apply** [ə'plaɪ]	sich bewerben	*She's* **applied** *for the job as a reporter / to three computer firms.* ○ *When she* **applied for** *the job, she was told that her experience was not relevant.*	3
39	☐ **notice** ['nəʊtɪs]	Kündigung	*Her boss has given her a month's* **notice**. ○ *When he handed in his* **notice** *last week, his boss offered him £20 000 to get him to stay.*	5
40	☐ **retire** [rɪ'taɪə]	in den Ruhe- stand gehen, in Rente gehen	*be forced to* **retire** ○ **retire** *at 65 on a full pension / two years earlier / after a heart attack / when you reach 70* ○ **retire** [ausscheiden] **from** *your job* ○ *He's* **retiring** *for health reasons.* ○ *He's been unhappy since he* **retired**.	3
41	☐ **retired** [rɪ'taɪəd]	im Ruhestand pensioniert	*a* **retired** *elderly person / businessman / professor of history* ○ *More and more* **retired** *people will have to be supported by those in work.*	3
42	☐ **employment** [ɪm'plɔɪmənt]	Arbeit Stelle Beschäftigung	*full-time / part-time / permanent* **employment** ○ *a contract of* **employment** ○ *give / provide* **employment** ○ *find* **employment** *as a doctor* ○ *It's difficult to find* **employment** *in the north of the country.* ○ *Of those who had paid jobs, perhaps only half were in full-time* **employment**. ○ *an* **employment** *agency* [Stellenvermittlung] ○ **employment** *training* [Umschulung]	3
43	☐ **unemployment** [ˌʌnɪm'plɔɪmənt]	Arbeitslosigkeit	*high / low* **unemployment** ○ *cause / create / reduce* **unemployment** ○ **Unemployment** *causes a lot of social problems.* ○ *The economy is doing very badly and* **unemployment** *is rising.* ○ *unpublished* **unemployment** *figures* ○ **unemployment** *benefit* [Arbeitslosenunterstützung]	3
44	☐ **unemployed** [ˌʌnɪm'plɔɪd]	arbeitslos	*an* **unemployed** *youth / worker / university graduate* ○ *become* **unemployed** ○ *She lost her job six months ago and has been* **unemployed** *ever since.* ○ *What does the government do to help* **the unemployed** [die Arbeitslosen]?	3

45	☐ out of work [ˌaʊt əv ˈwɜːk]	arbeitslos	After he dropped out of school he was **out of work**. ○ Four out of five teenagers are **out of work**. ○ According to the regular official figures 10% of the population are **out of work**. ■ **Out of work** is not used before nouns. Use **unemployed**.	1
46	☐ mobility [məʊˈbɪləti]	Mobilität	Labour **mobility** within the EU remains limited. ○ Today's economy is increasingly global and **job mobility** is essential if you want to be successful.	6
47	☐ commute [kəˈmjuːt]	pendeln	She **commutes between** Heidelberg and Mannheim. ○ A lot of people **commute** to London from nearby towns.	6
48	☐ commuter [kəˈmjuːtə]	Pendler(in) Pendler-	The average **commuter** spends 40 minutes on the train every day. ○ **Commuters** are discouraged by the lack of parking spaces. ○ During the strike many **commuters** could not get to work. ○ **commuter** *traffic / trains*	5
49	☐ transfer, -rr- [trænsˈfɜː]	versetzen verlegen	She's being **transferred to** our Paris branch. ○ **Transferring** John **from** the London **to** the New York office was a good idea. ○ The head office has been **transferred from** London **to** Cardiff.	4
50	☐ income [ˈɪŋkʌm]	Einkommen	have a *large / huge / small / low / regular / weekly / monthly* **income** ○ a *net* [Netto-] / *gross* [Brutto] **income** ○ **Real incomes** [Realeinkommen] have gone up by 3%. ○ abolish **income** tax on low wages ○ an **income group**	4
51	☐ earn [ɜːn]	verdienen	She **earns** $20 000 a year. ○ How much does a taxi driver **earn**? ○ **earn** one's living [Lebensunterhalt]	3
52	☐ pay [peɪ]	Lohn Geld Gehalt	equal **pay** for equal work ○ *high / low* **pay** ○ *sick / strike* **pay** ○ **overtime pay** [Überstundenvergütung] ○ workers **on low pay** ○ *demand / expect / receive / get* more **pay** ○ a **pay increase** ○ hold **pay talks** [Tarifverhandlungen] ○ *accept / reject* a 5 per cent **pay offer** ○ **pay-day** [Zahltag]	2
53	☐ wage [ˈweɪdʒ]	Lohn	*higher / lower* **wages** ○ a strict control of **wages** ○ receive an increase in **wages** ○ the relation between **wages** and costs ○ They usually get their **wages** on Thursday afternoon. ○ Some factories didn't have the cash to pay the workers' **wages**. ○ The workers protested against a **wage freeze** [Lohnstopp].	3
54	☐ salary [ˈsæləri]	Gehalt Einkommen	a *basic / good / huge / monthly* **salary** ○ *an MP's / a doctor's* **salary** ○ a **salary** of £12 000 a year ○ They called for higher **starting salaries**. ○ For some people job satisfaction is more important than a high **salary**. ○ a **salary** increase	3
55	☐ pension [ˈpenʃn]	Rente Pension	an old-age [Alters-] **pension** ○ a *basic / war / widow's* **pension** ○ *get / live on* a **pension** ○ raise **pensions** ○ an old-age **pensioner** [Rentner]	5

301C Handwerkliche Tätigkeiten, Werkzeuge

axe 20	check 5	install 4	nail 16	put up 10	saw 17	use 11
(paint) brush 18	crane 13	make 1	paint 19	repair *n* 7	screw 22	
chain 24	equipment 12	manufacture 3	pliers 23	repair *v* 8	screwdriver 21	
	hammer 15	mend 9	produce 2	restore 6	tool 14	

1	☐ make [meɪk]	machen herstellen	**make** *films / tractors / engines / furniture* ○ **make** a table out of wood ○ This cup is **made of** [aus] plastic. ○ What's the chair **made of** ○ The car was **made** in Japan. ○ **handmade** *dolls / shirts* ▲ MAKES – MAKING – MADE – MADE	1
2	☐ produce [prəˈdjuːs]	produzieren herstellen erzeugen	**produce** *furniture / chemicals / electricity / steam* ○ **produce** cars for export ○ **produce** 180 litres of ice-cream daily ○ work harder to **produce** and earn more ○ They **produced** more leather-goods than expected. ○ VW cars are **produced** in Wolfsburg. ○ **producer** prices [Erzeugerpreise]	3
3	☐ manufacture [ˌmænjʊˈfæktʃə]	herstellen fertigen	This firm **manufactures** high-quality shoes and other leather goods. ○ The **manufacture** [Herstellung] of chemical weapons should be illegal. ○ a *computer / radio* **manufacturer** [Hersteller]	3

4	☐ **install, -ll-** [ɪnˈstɔːl]	installieren legen	**install** *gas heating / electricity* ○ When was the telephone **installed** in this house? ○ We're having central heating **installed**. ○ **installation**	4
5	☐ **check** [tʃek]	überprüfen kontrollieren	**check** the *tyres / engine / oil* ○ Have you **checked** the battery? ○ Their products are **checked** regularly to make sure they are of high quality.	3
6	☐ **restore** [rɪˈstɔː]	wieder aufbauen, wieder herstellen, restaurieren	**restore** a *damaged house / broken bridge / painting to its original beauty* ○ The castle has been **restored** and is open to the public now. ○ She has a job **restoring** paintings for a museum. ○ These *ancient / historic* buildings have been **restored** carefully.	5
7	☐ **repair** [rɪˈpeə]	Reparatur	house **repairs** ○ *do / make* a **repair** ○ I have to tell you that the machine is beyond **repair** [nicht mehr zu reparieren]. ○ They've done the necessary **repairs**. ○ The **repair work** is going to be very expensive.	2
8	☐ **repair** [rɪˈpeə]	reparieren	How much will it cost to **repair** the brakes? ○ It's difficult to **repair** a computer without the proper equipment.	3
9	☐ **mend** [mend]	reparieren ausbessern flicken	**mend** a *roof / fence / broken computer* ○ **mend** *your clothes / the brakes / the photocopier* ○ This window needs **mending** – it won't shut properly. ○ People still take their shoes to this shop to have them **mended**.	2
10	☐ **put up** [ˌpʊt ˈʌp]	errichten (auf)bauen aufstellen	**put up** a *building / bridge / fence* ○ **put up** a *ladder / storm warning* ○ The old church had to be taken down and **put up** elsewhere. ○ You should have **put up** a sign to warn people.	3
11	☐ **use** [juːz]	benutzen verwenden nehmen	Why don't you **use** a *knife / hammer / screwdriver / calculator*? ○ They rebuilt the church **using** local stone. ○ Could I **use** your phone? ○ He **used** his shoe as a hammer.	2
12	☐ **equipment** [ɪˈkwɪpmənt]	Ausrüstung Einrichtung Geräte	reliable **equipment** ○ *office / specialist* **equipment** ○ the *safe / proper* use of **equipment** ○ the costly **equipment** of a hospital operating room ○ The mechanic could not repair the car because he didn't have the right **equipment**.	
13	☐ **crane** [kreɪn]	Kran	*use / need / operate* a **crane** ○ There were several big **cranes** on the building site. ○ They lifted the parts of the factory roof with a **crane**.	5
14	☐ **tool** [tuːl]	Werkzeug Gerät	a *carpenter's / garden* **tool** ○ a multi-purpose **tool** ○ a metal **tool** ○ I keep my hammer in a **tool box**. ○ A bad workman always blames his **tools**. (proverb)	2
15	☐ **hammer** [ˈhæmə]	Hammer	*need / use / borrow* a **hammer** ○ He hit his thumb with a **hammer**. ○ The **hammer** fell on the box, splitting the lid. ○ **hammer** [schlagen] a nail **into** a board	2
16	☐ **nail** [neɪl]	Nagel	a *small / long* **nail** ○ *hammer / knock* a **nail** into the wall ○ pull bent [krumm] **nails** out of wood ○ hit the **nail** on the head	3
17	☐ **saw** [sɔː]	Säge	*use / cut wood with* a **saw** ○ a **handsaw** ○ *an electric / a petrol-driven* **chainsaw** ○ a circular **saw** [Kreissäge] ○ cut a tree down and **saw** it up [in Stücke sägen]	3
18	☐ **(paint) brush** [(ˈpeɪnt) brʌʃ]	Pinsel	use a *small / fine / wide / flat / soft* **(paint) brush** ○ a **brushstroke** [Pinselstrich]	2
19	☐ **paint** [peɪnt]	(an)streichen bemalen	**paint** the door green ○ **paint** [ziehen] white lines on the road with a thick brush ○ **painted** furniture	2
20	☐ **axe** [æks]	Axt, Beil	He *used / took* an **axe** to cut down a tree in his garden.	5
21	☐ **screwdriver** [ˈskruːˌdraɪvə]	Schraubenzieher	an electrical **screwdriver** ○ *use / try using* a **screwdriver** ○ The thief forced open [aufbrechen] the car door with only a **screwdriver** and a pair of pliers.	4
22	☐ **screw** [skruː]	Schraube	turn a **screw** ○ tighten [anziehen] a **screw** ○ The **screw** was loose [locker] and fell on the floor. ○ The **screw** was exactly the right size for the hole I'd drilled [bohren]. ○ **screw** [schrauben] two boards together	3
23	☐ **pliers** [ˈplaɪəz]	(Kombi-)Zange Beißzange	*pull out nails / cut wire / cut through a fence* with the **pliers** ○ Have you got *the / some / a pair of* **pliers**? ○ *Hold / Hand me* the **pliers** please.	5
			■ **Pliers** is an uncountable pair word. It can only be used with a plural verb. Compare: *Wo ist die Zange?* Where **are** the pliers?	
24	☐ **chain** [tʃeɪn]	Kette	a bicycle **chain** ○ Put snow **chains** on the tyres of your car. ○ They used heavy **chains** to pull the boat out of the water.	3

315 Wirtschaft, Handel, Produktion usw.

boom 27	economic 2	growth 26	loss 30	provide 9	supply v 11
campaign 17	economy 1	import n 23	producer 7	recession 32	trade n 3
compete 15	export n 21	import v 24	product 8	recovery 33	trade v 4
competition 14	export v 22	importer 25	production 6	rival 16	
consumer 13	fair 18	inflation 31	profit 28	supplier 12	
contract 19	goods 5	insure 20	profitable 29	supply n 10	

1	☐ **economy** [ɪˈkɒnəmɪ]	Wirtschaft	a *free-market / planned / strong* **economy** ○ The **economy** will start to recover next spring. ○ There's a critical weakness in the country's **economy**. ■ **Economy** is stressed on the second syllable [-'- - -].	4
2	☐ **economic** [ˌiːkəˈnɒmɪk, ˌekəˈnɒmɪk]	(volks)wirtschaftlich, Wirtschafts-	**economic** *cooperation / aid / crisis / growth* ○ an **economic** *miracle* [Wunder] ○ the government's **economic** policy ○ the **economic** situation ○ an **economic** reform programme ○ The country faces growing **economic** problems. ○ The region was **economically** underdeveloped.	4
3	☐ **trade** [treɪd]	Handel Branche Handels-	*foreign / world / overseas / export / import* **trade** ○ *be in the cotton / furniture / tourist* **trade** ○ *work in the book / multimedia* **trade** ○ **Trade** between the majority of European countries will be much easier because of the EU. ○ **trade** *relations / control / wars* ○ a **free trade zone**	4
4	☐ **trade** [treɪd]	handeln, Handelsbeziehungen haben	**trade in** *goods / cars / fruit and vegetables* ○ The firm is **trading** at a *profit / loss*. ○ More and more countries are **trading with** China. ○ Britain's **trading partners** in Europe	4
5	☐ **goods** [gʊdz]	Waren Güter	*cheap / expensive* **goods** ○ *high- / low- / poor-* quality **goods** ○ *cotton / leather / iron / electrical* **goods** ○ *consumer* **goods** ○ a shortage of essential **goods** ○ flood the market with cheap **goods** ○ You can claim your money back if the **goods** are damaged.	3
6	☐ **production** [prəˈdʌkʃn]	Produktion Herstellung Fertigung Produktions-	*mass / low-cost* **production** ○ increase **production** by more efficient methods ○ ban the **production** of chemical weapons ○ The car will have to be tested before it goes into **production**. ○ **production** *managers / techniques / problems / standards* ○ save on **production costs**	3
7	☐ **producer** [prəˈdjuːsə]	Produzent(in) Hersteller(in) Erzeuger	*steel / oil / coal / car / meat* **producers** ○ a **producer** of *consumer goods / machines* ○ a *leading / major / low-cost* **producer** of cars ○ be among the top five **producers** in the world ○ Brazil is a major **producer** of coffee. ○ The firm is Britain's main **producer** of electronic equipment.	5
8	☐ **product** [ˈprɒdʌkt]	Produkt Erzeugnis	*industrial / best-selling* **products** ○ an original Mexican **product** ○ a *waste / an end* **product** ○ This medicine is a German **product**. ○ The firm is known for its high-quality **products**. ○ The management wants to move into new **product** areas, like high-tech medical instruments. ○ a **by-product** [Nebenprodukt] ○ **product development**	4
9	☐ **provide** [prəˈvaɪd]	(be)liefern versorgen	**provide** *electricity / food to the empty shops* ○ He **provides** them **with** money, equipment and support for their operations. ○ an Internet **provider** [Anbieter] ○ a **provider** of online services to households	3
10	☐ **supply** [səˈplaɪ]	Versorgung Vorrat	*power* **supply** [Stromversorgung] ○ co-ordinate the *water / food* **supply** for 320 000 people ○ the gas **supply to** 18 million homes ○ world oil **supplies** ○ enough food **supplies** for up to six months ○ the electricity **supply** industry ○ The water **supply** situation has greatly improved.	4
11	☐ **supply** [səˈplaɪ]	(be)liefern versorgen	**supply** coal **to** a factory ○ **supply** consumers **with** *electricity / gas / heating oil / coal / clean drinking water* ○ They **supply** customers **with** software.	2
12	☐ **supplier** [səˈplaɪə]	Lieferant(in)	a *leading / big / regular* **supplier** ○ a **supplier** of *energy / chemicals / personal computers* ○ return a machine to its **supplier** ○ The company *is / remains* the main **supplier** of weapons **to** the Pentagon.	5
13	☐ **consumer** [kənˈsjuːmə]	Verbraucher(in) Konsument(in) Konsum- Verbraucher-	*satisfied* **consumers** ○ Today the **consumer** is better educated and demands more. ○ **consumer** *goods / society / behaviour* ○ **consumer** *markets / protection / organisations / magazines* ○ protect **consumer** *interests / rights* ○ **Consumer** spending has risen in the past few months.	4

14	☐ **competition** [ˌkɒmpəˈtɪʃn]	Wettbewerb Konkurrenz	*unfair / free / healthy / very little / global* **competition** ○ The company could not survive the strong price **competition**. ○ *increase / reduce* **competition** ○ Citilink faces **competition** from local bus companies. ○ There's a lot of **competition between** the large supermarket chains.	4
15	☐ **compete** [kəmˈpiːt]	konkurrieren	**compete with** a rival company ○ **compete** *hotly / in many markets* ○ We can't **compete with** them unless we improve the quality of our goods.	4
16	☐ **rival** [ˈraɪvl]	Konkurrent(in) Konkurrenz-	a *great / serious* **rival** ○ **rivals in** *business / trade* ○ their *old / only / main* **rival** ○ a **rival** product ○ They are a **rival** company **to** Ford.	5
17	☐ **campaign** [kæmˈpeɪn]	Kampagne	a sales **campaign** ○ With an advertising [Werbe-] **campaign** the firms has increased its sales by 14%.	6
18	☐ **fair** [feə]	Messe Markt Ausstellung	a trade **fair** ○ a *cattle / Christmas* **fair** ○ the Frankfurt Book **Fair** ○ the giant CeBit Computer **Fair** in Hanover ○ *go to / attend / show your goods at* a **fair** ○ They used to hold a **fair** every spring.	6
19	☐ **contract** [ˈkɒntrækt]	Vertrag	a *written / $150 million / lucrative* **contract** ○ *have / make / accept / agree to / break* a **contract** ○ They signed a three-year **contract** with their rivals after years of bitterness.	4
20	☐ **insure** [ɪnˈʃʊə]	versichern	**insure** *oneself / one's* life **for** £50 000 ○ Are you **insured against** accidents on your trip? ○ He was accused of driving an **uninsured** car. ○ a *vehicle / fire / accident / travel* **insurance** [Versicherung]	5
21	☐ **export** [ˈekspɔːt]	Export Ausfuhr Exportartikel	**exports** of goods and services ○ grow fruit for **export** ○ **Exports** rose by 25 per cent. ○ Machinery is one of their main **exports**. ○ The UK is Germany's fourth biggest **export** market. ○ **export** permit ■ The noun **export** is stressed on the first syllable [ˈ- -].	4
22	☐ **export** [ɪkˈspɔːt]	ausführen exportieren	India **exports** tea and cotton. ○ The firm **exports** computer equipment **to** several countries all over the world. ○ **exporter**	4
23	☐ **import** [ˈɪmpɔːt]	Import Einfuhr Import-	cheap foreign **imports** ○ the **import** of foreign technology ○ What are your country's major **imports**? ○ There are strict controls on the **import** of British beef to the Continent. ○ **import** *tax / controls* ○ an **import** licence ■ The noun **import** is stressed on the first syllable [ˈ- -].	4
24	☐ **import** [ɪmˈpɔːt]	einführen importieren	**import** *coal / raw materials / goods from abroad / wheat from Canada* ○ They **import** clothes directly **from** a Toronto factory. ○ Buyers can legally **import** cigarettes for their own consumption [Verbrauch]. ○ **imported** cars	4
25	☐ **importer** [ɪmˈpɔːtə]	Importeur(in)	a large **importer** of French wines ○ a banana **importer** ○ **Importers** put up their prices by 4 per cent.	5
26	☐ **growth** [grəʊθ]	Wachstum Zunahme Wachstums-	a *sudden / gradual / record / zero* **growth** ○ 4% annual **growth** ○ real **growth** ○ the **growth** of *exports / world trade* ○ The time of fast economic **growth** has come to an end. ○ a **growth** industry	4
27	☐ **boom** [buːm]	Boom Hochkonjunktur	an *export / oil* **boom** ○ a building **boom** ○ a **boom** *time for tourism / year for exports* ○ The global economy experienced something of a **boom**.	5
28	☐ **profit** [ˈprɒfɪt]	Gewinn Profit	a *big / large / huge / record / small* **profit** ○ a 10 per cent **profit** ○ estimate a **profit** ○ make quick **profits** from a sale ○ sell **at a profit**	3
29	☐ **profitable** [ˈprɒfɪtəbl]	rentabel einträglich	a *highly / hugely* **profitable** business ○ run a **profitable** enterprise ○ turn a loss-making service into a **profitable** one ○ Is it **profitable** [sich rentieren] to combine the two factories? ○ Shipbuilding is not **profitable** in Europe.	4
30	☐ **loss** [lɒs]	Verlust	*make / cause / reduce* **losses** ○ heavy job **losses** in the electronic sector ○ He made a **loss** of $500. ○ They sold the house **at a loss**.	4
31	☐ **inflation** [ɪnˈfleɪʃn]	Inflation	*high / low / uncontrolled* **inflation** ○ the average rate of **inflation** ○ keep **inflation** low ○ High wage rises cause **inflation**. ○ **Inflation** *remains low / is kept under control / is rising / is falling*. ○ **inflation** rate	5
32	☐ **recession** [rɪˈseʃn]	Rezession	*go into / come out of / be affected by / recover from* **recession** ○ Germany experienced its first post-war **recession** in the late 1960s.	6
33	☐ **recovery** [rɪˈkʌvərɪ]	Aufschwung Erholung	a *quick / slow* **recovery** ○ Nobody is optimistic about the prospects [Aussicht] of economic **recovery** this year. ○ Economic **recovery** alone will not end unemployment.	5

320 Industrie, Technologie, Energie, Forschung usw.

co-operate 29	electricity 15	industrialist 3	know-how 28	plan *v* 31	technical 41
design *n* 33	electronic 7	industrialize, -	mine 10	planner 32	technician 42
design *v* 34	electronics 6	ise 4	miner 11	power station 13	technique 40
designer 35	energy 8	industry 1	mining 9	research *n* 21	technology 5
develop 37	engineer 39	innovation 27	nuclear power	research *v* 22	
development 36	engineering 38	invent 26	station 14	science 18	
electric 16	explore 23	invention 24	oil rig 12	scientific 20	
electrical 17	industrial 2	inventor 25	plan *n* 30	scientist 19	

1	☐ **industry** ['ɪndəstrɪ]	Industrie Industriezweig	*key / basic / high-tech* **industries** ○ the *steel / car / computer / food / entertainment* **industry** ○ *heavy / light* **industry** ○ a *centre / branch* of **industry** ○ provide state aid for Britain's steel **industry** ○ build up / develop / reorganize an **industry**	3
2	☐ **industrial** [ɪnˈdʌstrɪəl]	Industrie- industriell	an **industrial** *area / town / centre / nation / country* ○ **industrial** *workers / waste* ○ The **Industrial Revolution** ○ an **industrially** developed country	3
3	☐ **industrialist** [ɪnˈdʌstrɪəlɪst]	Industrielle(r)	a *tough / leading / successful / wealthy* **industrialist** ○ They are trying to attract a leading **industrialist** to run the firm.	5
4	☐ **industrialize, -ise** [ɪnˈdʌstrɪəlaɪz]	industrialisieren Industrie-	They need help with their plans to **industrialize** the country. ○ become **industrialized** ○ England was **industrialised** before Germany. ○ the **industrialised** *countries / nations / states* of the western world	6
5	☐ **technology** [tekˈnɒlədʒɪ]	Technologie Technik	*basic / high* **technology** ○ *information / medical / environmental* **technology** ○ progress in the latest computer **technology** ○ the Government's interests in science and **technology** ○ In recent years the company has spent a lot of money on new **technology**. ○ equipment from high **technology** countries ○ **technology transfer**	4
6	☐ **electronics** [ˌɪlekˈtrɒnɪks]	Elektronik Elektronik-	She works in **electronics**. ○ Israel has become a leading exporter of high-tech **electronics**. ○ **Electronics is** one of the three legs of Daimler-Benz's business. ○ the **electronics** *industry / sector* ○ an **electronics** *research laboratory / engineer / factory / firm / manufacturer*	5
7	☐ **electronic** [ˌɪlekˈtrɒnɪk]	elektronisch	**electronic** *engineering / equipment / control / products* ○ Is this dictionary available in **electronic** form?	5
8	☐ **energy** ['enədʒɪ]	Energie Energie-	*alternative / renewable / solar / wind / green / nuclear* **energy** ○ *use / waste* **energy** ○ encourage everyone to save more **energy** in the home ○ Low-cost **energy** is no guarantee [Garantie] of economic growth. ○ **energy** *supply / policy* ○ **energy** *crises / sources* ○ **energy** conservation ○ improve **energy saving** in the home ○ an **energy-saving** bulb	3
9	☐ **mining** ['maɪnɪŋ]	Bergbau Bergbau- Montan-	*coal / tin / gold / deep-sea* **mining** ○ the death of the local **mining** industry ○ **mining** *towns / techniques / engineers* ○ This country depends on the **mining** industry.	5
10	☐ **mine** [maɪn]	Bergwerk	a *private / state-owned / loss-making* **mine** ○ *the last surviving / an abandoned tin* **mine** ○ run a coal **mine** ○ go to work in a **mine** ○ The **mine** is one of the deepest in Europe. ○ He put on a miner's helmet and went down the **mine**.	4
11	☐ **miner** ['maɪnə]	Bergarbeiter Bergmann	Three **miners** were buried alive after a gas explosion. ○ Former **miners** in Wales who had lost their jobs signed a deal to buy their old pit [Grube]. ○ a **miners'** *strike / leader / union* [Gewerkschaft]	5
12	☐ **oil rig** ['ɔɪl rɪg]	(Öl-)Bohrinsel	an *explosion / a disaster* on an **oil rig** in the North Sea ○ work on an **oil rig** ○ make **oil rigs** safer ○ She was sent to work on an **oil rig**. ○ **oil rig** *workers / safety / pollution*	6

13	☐ **power station** ['paʊə ˌsteɪʃn]	Kraftwerk	a *gas- / coal- / oil-* fired **power station** ○ a *solar* **power station** ○ **power station** *equipment / control systems* ○ a **power station** *ruin*	3
14	☐ **nuclear power station** [ˌnjuːklɪə 'paʊə ˌsteɪʃn]	Atomkraftwerk	a network of **nuclear power stations** ○ *open / maintain / close down* a **nuclear power station** ○ Internationally, more than 74 **nuclear power stations** will come into operation before the year 2000. ○ The landscape is dominated by the **nuclear power station**.	3
15	☐ **electricity** [ɪˌlek'trɪsɪtɪ]	Strom	produce **electricity** ○ *turn on / turn off / cut off (the)* **electricity** ○ provide **electricity** from *the energy of the sun / renewable energy sources* ○ When did the village first get **electricity**? ○ Don't waste **electricity**. ○ **electricity** *supply / bills*	2
16	☐ **electric** [ɪ'lektrɪk]	Elektro-elektrisch	an **electric** *car / motor / clock* ○ *use / depend on* **electric** power ○ Thomas Edison is the inventor of the **electric** light.	2
17	☐ **electrical** [ɪ'lektrɪkl]	Elektro-elektrisch	**electrical** engineering [Elektrotechnik] ○ an **electrical** engineer ○ the **electrical** industry ○ **Electrical** goods are on sale on the second floor. ○ The machine broke because of an **electrical** fault.	3
18	☐ **science** ['saɪəns]	(Natur-)Wissenschaft	*applied / pure / basic* **science** ○ *exact / modern* **science** ○ **science** and technology ○ He graduated in **natural sciences**. ○ He's studying **computer science** [Informatik] at Leeds university.	3
19	☐ **scientist** ['saɪəntɪst]	(Natur-)Wissenschaftler(in)	a *medical / research* **scientist** ○ a *well-known / top* **scientist** ○ an experienced nuclear **scientist** ○ This **scientist** is worth supporting. ○ She works part-time as a **scientist** in a research lab.	3
20	☐ **scientific** [ˌsaɪən'tɪfɪk]	wissenschaftlich exakt	a **scientific** *meeting / institution* ○ **scientific** *research / evidence* ○ publish **scientific** discoveries ○ The scientist was accused of being **unscientific**. ○ It will be hard to prove [beweisen] the idea **scientifically**.	3
21	☐ **research** [rɪ'sɜːtʃ]	Forschung Forschungs-Untersuchung(en)	*medical / market / social / applied* **research** ○ *basic* **research** ○ *independent / thorough* **research** ○ methods of **research** ○ do **research** ○ **Research** might change the way we look at the world. ○ **research work** ○ a **research** *programme / project / institute / centre*	4
22	☐ **research** [rɪ'sɜːtʃ]	(er)forschen untersuchen	**research** and develop drugs ○ a programme **researching** people's spending habits ○ Scientists are still **researching** causes of stomach cancer in this area. ○ a *carefully / properly* **researched** [recherchieren] survey	5
23	☐ **explore** [ɪk'splɔː]	erforschen	**explore** *space / possibilities / several solutions to a problem* ○ **explore** carefully ○ It hasn't been fully **explored** yet.	4
24	☐ **invention** [ɪn'venʃn]	Erfindung	a *new / useful / truly great / fairly modern / wonderful* **invention** ○ an 18th century French **invention** ○ come up with an **invention** ○ buy the rights to an **invention** ○ She has earned a lot of money from her latest **invention**. ○ The steam engine is one of Britain's greatest **inventions**. ○ Necessity is the mother of **invention**. (proverb)	4
25	☐ **inventor** [ɪn'ventə]	Erfinder(in)	a celebrated **inventor** ○ an **inventor** of a number of useful instruments ○ Leonardo da Vinci was the **inventor** of a famous four-wing flying machine.	5
26	☐ **invent** [ɪn'vent]	erfinden	**invent** *a new type of floppy disk / machine / new method* ○ Alfred Nobel **invented** dynamite [Dynamit]. ○ A student **invented** a new method of keeping food fresh at room temperature. ○ The water closet was **invented** for Queen Elizabeth I by Sir Thomas Harington in 1596.	4
27	☐ **innovation** [ˌɪnə'veɪʃn]	Innovation Neuerung	*industrial / technological* **innovations** ○ product **innovation** ○ introduce an **innovation** ○ Success often depends on better technology and **innovation**. ○ **Innovations** in factories sometimes cause trouble.	6
28	☐ **know-how** ['nəʊ haʊ]	Know-how, praktische Kenntnisse	*industrial / technical / electronic* **know-how** ○ *develop / offer / provide / export* **know-how** ○ transfer **know-how** to poorer countries ○ The Chinese are buying products, equipment and **know-how** from abroad.	6
29	☐ **co-operate** [kəʊ'ɒpəreɪt]	zusammenarbeiten, kooperieren	*be willing / agree / promise / refuse* to **co-operate** ○ The company is **co-operating with** a Danish firm **on** this project. ○ Greenpeace should **co-operate** more **with** industry to find ways of preventing [verhindern] environmental damage.	5
30	☐ **plan** [plæn]	Plan Vorhaben	a *brilliant / realistic / secret / ten-point* **plan** ○ according to the original **plan** ○ *prepare / make / present / accept / support* a **plan** ○ put a **plan** into operation ○ Everything went **according to plan**. ○ The **plan** was rejected.	3

320

31	☐ **plan, -nn-** [plæn]	planen	**plan** a *programme / new airport* ○ go ahead as **planned** ○ *well / carefully / properly / badly / poorly* **planned** ○ It happened exactly **as planned**. ○ The new shopping centre seems to be very badly **planned**. ○ **town planning**	3
32	☐ **planner** ['plænə]	Planer(in)	a *city / town / financial* **planner** ○ He has shown his skill as a crisis manager and **planner**.	4
33	☐ **design** [dɪ'zaɪn]	Design Konstruktion Entwurf	a *good / common / modern* **design** ○ the **design** for *clothes / furniture / a school* ○ Britain is famous for vehicle **design**. ○ He changed the **design** of the house completely. ○ **Design faults** have been discovered in the car. ○ **design** *skills / students / industry / studios*	4
34	☐ **design** [dɪ'zaɪn]	entwerfen konstruieren	**design** a *building / kitchen / machine / car* ○ The British co-operated with the French in **designing** the new satellite. ○ The bridge wasn't **designed** for such heavy traffic.	4
35	☐ **designer** [dɪ'zaɪnə]	Designer(in)	a *dress / fashion / leading New York* **designer** ○ an industrial product **designer** ○ A Dutch industrial and technical **designer** created the new image for Shell petrol stations. ○ **designer** computers	4
36	☐ **development** [dɪ'veləpmənt]	Entwicklung Erschließung	the *economic / historical / latest / future* **development** of ... ○ a positive **development** ○ the **development** of solar energy ○ the key to future economic **development** ○ Third World **development**	3
37	☐ **develop** [dɪ'veləp]	(sich) entwickeln erschließen	**develop** new *skills / projects / products* ○ It **developed from** small beginnings **into** a big multinational company. ○ The site is being **developed** for offices. ○ **developing** *countries / economies* ○ a PC chip **developed** by IBM ○ an **underdeveloped** country	3
			■ Mind the spelling: develo**p**ing, develo**p**ed	
38	☐ **engineering** [ˌendʒɪ'nɪərɪŋ]	Technik Maschinenbau Ingenieur-	*chemical / electrical / electronic / bioelectronic / traffic* **engineering** ○ She studied **engineering** at London university. ○ He runs his own **engineering** *firm / company*.	5
39	☐ **engineer** [ˌendʒɪ'nɪə]	Ingenieur(in) Techniker(in)	a *building / chemical / flight / radio / sound / mining / transportation* **engineer** ○ For eight years he developed his skills as an **engineer** and as a manager.	3
40	☐ **technique** [tek'niːk]	Verfahren Technik Methode	a *new / common / well-known* **technique** ○ specialist **techniques** ○ *invent / work out / develop / use / acquire / apply / try out* a **technique** ○ develop a new **technique for** freezing eggs ○ The new **technique** could be available within three years.	4
			■ Don't mix up **technique** (technisches Verfahren) with **technology** (Technologie).	
			■ **Technique** is stressed on the second syllable [-'-].	
41	☐ **technical** ['teknɪkl]	technisch fachspezifisch Fach-	**technical** *progress / changes / innovations / standards* ○ **technical** *advice / support / services* ○ **technical** *training / skills* **technical** *experts / specialists* ○ high **technical** quality ○ a local **technical** college ○ provide **technical** solutions ○ They haven't got the **technical** knowledge to develop nuclear weapons.	4
42	☐ **technician** [tek'nɪʃn]	Techniker(in)	a *laboratory / computer* **technician** ○ a skilled engine **technician** ○ Chinese **technicians** have carried out at least two nuclear tests this year.	5

Lernhilfe 11: Hilfen beim Schreiben eigener Texte

Die Vorzüge der Zusammenstellung von Wörtern in Feldern werden besonders deutlich, wenn man sich zu einem bestimmten Thema äußern will. Das Thema könnte z.B. das Problem der Energieversorgung sein. Im Feld 320 findest du dazu viele Wörter und Wortverbindungen, die dir das Schreiben des Textes erleichtern. Solche Wortverbindungen sind etwa: Energieversorgung, alternative Energie, erneuerbare Energiequellen, Energiesparen, Energiesparlampe, Atomkraftwerke abschalten, neue Techniken entwickeln usw.

Tipp: Schlage unter einem wichtigen Stichwort das entsprechende Feld auf. In der alphabetischen Liste am Anfang des Feldes findest du weitere Wörter, die für das Thema wichtig sein könnten. In unserem Beispiel etwa *electronic, innovation, invent, know-how, research, scientist*. Lies die entsprechenden Einträge und sammle das Rohmaterial, das du für deinen Text verwenden willst.

320A Arbeitsplatz, Arbeitswelt, Technologie

answering machine 23	fax 25	office 16	repair shop 9	typist 22
assembly line 2	hardware 28	operate 7	robot 3	(trade) union 15
close down 13	keyboard 31	PC 27	screen 34	work 6
computer 26	lab(oratory) 10	photocopier 17	software 35	workshop 8
crisis 12	machine 4	photocopy 18	strike 14	
(floppy) disk 29	machinery 5	practice 11	telegraph 24	
(disk) drive 30	monitor 33	printer 19	typewriter 20	
factory 1	mouse 32	program 36	typing 21	

1	☐ **factory** ['fæktərɪ]	Fabrik	a *tyre / microchip / chemical* **factory** ○ *build / open / close / run / manage* a **factory** ○ She works in a chocolate **factory**. ○ There's scarcely a single **factory** still open. ○ Since the **factory** closed down hardly anybody has had a permanent job. ○ **factory** *workers / owners*	3
2	☐ **assembly line** [ə'semblɪ laɪn]	Fließband Fertigungsstraße	He works on a computer company **assembly line**. ○ The **assembly line** starts production in October. ○ Their **assembly line** at Cologne is running at only 20% of capacity [Kapazität]. ○ **assembly line** worker	5
3	☐ **robot** ['rəʊbɒt]	Roboter, Fertigungsautomat	industrial **robots** ○ The **robot** uses stereo video cameras linked to a computer. ○ People can get tired and lose concentration, whereas a **robot** can run 24 hours. ○ lift a satellite with a 50ft **robot** arm	5
4	☐ **machine** [mə'ʃiːn]	Maschine	a *reliable / well-designed* **machine** ○ *operate / work* a **machine** ○ Our **machines** are checked daily. ○ The efficient new **machine** is *simple / much cheaper* to run. ○ The **machines** run at *full / half* power.	2
5	☐ **machinery** [mə'ʃiːnərɪ]	Maschinen	*labour-saving / computerised* **machinery** ○ *operate / run / maintain / clean / repair* **machinery** ○ invest [investieren] in **machinery**	4
6	☐ **work** [wɜːk]	funktionieren	He has no idea how this machine **works**. ○ Our telephone hasn't been **working** for days. ○ Can you show me how this photocopier **works**? ○ I can't get this hair-drier to **work** [zum Laufen bringen] – it must be broken.	3
7	☐ **operate** ['ɒpəreɪt]	bedienen betätigen	**operate** *a machine / machinery / a crane* ○ The machine is difficult to **operate** with frozen fingers.	4
8	☐ **workshop** ['wɜːkʃɒp]	Werkstatt	a PC repair **workshop** ○ take sth back to the **workshop** ○ I'll have to send the broken disk drive away to the **workshop** to have it repaired.	5
9	☐ **repair shop** [rɪ'peə ʃɒp]	Reparaturwerkstatt	He worked in a bicycle **repair shop** before leaving school to become an apprentice. ○ She works 10 hours a day, six days a week, at her **repair shop**.	3
10	☐ **lab** (infml.), **laboratory** [læb, lə'bɒrətrɪ]	Labor(atorium)	a *medical research / chemistry* **laboratory** ○ a quality control **laboratory** ○ an independent research **lab** ○ expect evidence from a **laboratory** ○ The new product has been developed in the firm's own research **laboratory**. ○ do **laboratory** tests ○ get **laboratory** results	5
11	☐ **practice** ['præktɪs]	Praxis	a *medical* [Arzt-] */ legal* [Anwalts-] **practice** ○ *open / build up / give up / close down / run* a private **practice** ○ go to a group **practice** [Gemeinschaftspraxis] ○ She works as a doctor in a Manchester **practice**.	6
12	☐ **crisis**, pl. **crises** ['kraɪsɪs, 'kraɪsiːz]	Krise	*cause / create* a **crisis** ○ *lead to / come to* an energy **crisis** ○ suffer from an economic **crisis** ○ *stay calm / be cool* in a **crisis** ○ face financial **crises** ○ develop an **anti-crisis** programme ○ a **crisis** centre	4
13	☐ **close down** [ˌkləʊz 'daʊn]	zumachen schließen stilllegen	They're going to **close down** the *cinema / railway line* ○ The nuclear generator has been temporarily **closed down** [abschalten] and the country has four hours electricity a day.	3
14	☐ **strike** [straɪk]	Streik Ausstand	a *public sector / one-day* **strike** ○ *join / vote for* a **strike** ○ **be on strike** [streiken] for *better working conditions / higher wages* ○ face a wave of **strikes** ○ A general **strike** was organized which lasted six months. ○ IG Metall had planned to call out [aufrufen] 10 000 workers **on strike**.	4
15	☐ **(trade) union** [(ˌtreɪd) 'juːnjən]	Gewerkschaft Gewerkschafts-	an *independent / a free* **trade union** ○ Germany's most powerful **trade union** said that a strike could be unavoidable this year. ○ Heads of industries, **trade union** leaders and the politicians got together today. ○ **union** *movement / members / leaders* ○ falling **trade union** membership	4

16	☐ **office** ['ɒfɪs]	Büro	go to the **office** ○ He left his **office** at about 6:30 pm. ○ The paperless **office** has arrived. ○ The scanner can be used only during **office** hours. ○ **Office** workers were streaming out of the city to start their weekend. ○ **office** buildings	1
17	☐ **photocopier** ['fəʊtəʊˌkɒpɪə]	Fotokopiergerät	an ordinary office **photocopier** ○ *use / operate / have access to* a **photocopier** ○ Small firms share facilities [Einrichtung] such as fax, **photocopier** and canteen.	5
18	☐ **photocopy** ['fəʊtəʊˌkɒpɪ]	fotokopieren	Will you **photocopy** this letter for me, please? ○ Where can I get some **photocopies** [Fotokopie] made?	5
19	☐ **printer** ['prɪntə]	Drucker	a *colour / black and white* **printer** ○ a bubble jet [Tintenstrahl-] **printer** ○ a reliable office **printer** ○ This office laser **printer** prints 16 pages a minute.	3
20	☐ **typewriter** ['taɪpˌraɪtə]	Schreibmaschine	an electric **typewriter** ○ a portable [tragbar] **typewriter** ○ an expensive electronic **typewriter** with a good correction facility ○ She was trying to find a **typewriter** with Bengali characters [Type].	4
21	☐ **typing** ['taɪpɪŋ]	Maschineschreiben; Schreibmaschinen-	You need to improve your **typing**. ○ You're lucky, with Mary doing all the **typing**. ○ **typing** *skills / courses / work / paper* ○ **type** [schreiben] a message on a computer	4
22	☐ **typist** ['taɪpɪst]	Schreibkraft	a *good / fast / temporary* **typist** ○ a bilingual [zweisprachig] **typist** ○ She was the most efficient **typist** in the BBC newsroom. ○ a **typist's** chair	2
23	☐ **answering machine** ['ɑːnsərɪŋ məˌʃiːn]	Anrufbeantworter	leave a message on an **answering machine** ○ The latest PCs combine the functions of **answering machine**, fax, electronic-mail postbox and personal computer. ○ Never fax a thank-you note or leave a thank-you message on the **answering machine**.	6
24	☐ **telegraph** ['telɪgrɑːf]	Telegraf	Please send your reply **by telegraph**. ○ receive a **telegraph** message	5
25	☐ **fax** [fæks]	Fax	a three-page **fax** ○ *send / receive* a **fax** ○ *be informed / order* **by fax** ○ a **fax machine** [Gerät] ○ a **fax** *number / message*	3
26	☐ **computer** [kəm'pjuːtə]	Computer	a *home / personal* **computer** ○ Is the information available on the **computer**? ○ *use / operate / switch on / switch off* a **computer** ○ My **computer** crashed last night. ○ They were able to solve most of the problems on their **computers** in a day or so. ○ a **computer** program	3
27	☐ **PC** [ˌpiː 'siː]	PC	a *low-cost / desktop / laptop* **PC** ○ load a program into a **PC** ○ Text entered [eingeben] on a journey is saved to disk, and the disk then put into a desktop **PC**. ○ **PC** *software / hardware* ○ a **PC** *disc drive / magazine*	3
28	☐ **hardware** ['hɑːdweə]	Hardware	computer **hardware** ○ office **hardware** such as phones, copiers and printers ○ install **hardware** ○ a **hardware** *firm / shop* ○ **hardware** problems	4
29	☐ **(floppy) disk** [(ˌflɒpɪ) 'dɪsk]	Diskette Floppy	a *high-density / reliable* **floppy disk** ○ This **disk** is not readable. ○ Local postcodes are available on a **floppy disk**. ○ Don't forget to back up [sichern] your files [Datei] onto a **disk**.	5
30	☐ **(disk) drive** ['dɪsk draɪv]	(Disketten-) Laufwerk	a *3.5 inch / rather unreliable* **disk drive** ○ install a floppy **disk drive** ○ Put your disk in **disk drive** A: and copy it from **drive** A: to your hard disk.	5
31	☐ **keyboard** ['kiːbɔːd]	Tastatur Keyboard	a computer **keyboard** ○ use the **keyboard** and mouse to turn pages or search for a word ○ In the computer age people can do almost anything from the **keyboard**. ○ a **keyboard** entry [Eingabe]	5
32	☐ **mouse** [maʊs]	Maus	use a computer **mouse** rather than a keyboard ○ Keep your **mouse** dust-free when it is not being used.	5
33	☐ **monitor** ['mɒnɪtə]	Monitor	a *PC / normal-size / black-and-white / colour* **monitor** ○ The **monitor** was fed from a security camera.	5
34	☐ **screen** [skriːn]	Bildschirm	a *computer / video-telephone* **screen** ○ a *big / large / huge / 17-inch / pocket-size / bright* **screen** ○ write on a **screen** with an electronic pen ○ His computer **screen** shows sixty lines of text.	5

320A–330A

35	☐ **software** ['sɒftweə]	Software	*computer / electronic / educational* **software** ○ *develop / design / provide* **software** ○ What you need is a powerful computer running specially designed **software**. ○ a **software** *problem / package / company* ○ **software** *programs / development / engineers* ○ **software** installation from a floppy disk	5
36	☐ **program** ['prəʊɡræm]	Programm programmieren	a *computer / software / word processing* **program** ○ *write / load / run* a **program** ○ This **program** makes it possible for ordinary, untrained people to operate computers. ○ She wants to **program** a computer which can learn from experience. ○ His wife is a well-paid **programmer**.	4

330A Kulturelles Leben, Kunst, Literatur

art 3	cinema 6	culture 1	film 8	music 14	poet 12	theatre 5
artist 4	collage 20	drawing 19	landscape 18	musician 15	poetry 13	writer 10
author 11	concert 16	exhibition 25	literature 9	painter 21	sculptor 23	
cartoonist 22	cultural 2	festival 26	movie 7	painting 17	statue 24	

1	☐ **culture** ['kʌltʃə]	Kultur	*Eastern / European / Jewish / Black American / mass* **culture** ○ the music **culture** of the Sixties ○ Greece is the cradle of Western **culture**. ○ He was the product of two **cultures** — German and French. ○ a **culture** shock	4
2	☐ **cultural** ['kʌltʃərəl]	kulturell Kultur-	**cultural** *autonomy / differences / changes / conflicts / identity* ○ **cultural** diversity [Vielfalt] ○ **cultural** life in a democratic society ○ **cultural** *history / monuments / revolutions* ○ He goes to lots of **cultural** events. ○ London has always been a **cultural** centre. ○ live a **culturally** rich life	5
3	☐ **art** [ɑːt]	Kunst	*modern / abstract / 19th century / folk* **art** ○ a museum of *Indian / modern* **art** ○ the fine **arts** [die schönen Künste] ○ This *painting / picture / statue / film / novel* is a great work of **art**. ○ She doesn't know much about **art**. ○ **art** history ○ an **art** *book / school / student* ○ a famous **art** dealer [Händler] ○ the **art** market ○ an **art** gallery [Galerie] ■ False friend: The English word for German **Art** is **kind, type**.	3
4	☐ **artist** ['ɑːtɪst]	Künstler(in)	a *talented / famous* **artist** ○ The painting is by the great English **artist** Constable. ○ I like that picture — who is the **artist**?	3
5	☐ **theatre** ['θɪətə]	Theater	an open-air [Freilicht-] **theatre** ○ British **theatre** in the 1990s ○ West End **theatres** ○ run a **theatre** ○ use the school gymnasium as a **theatre** ○ Let's go to the **theatre** tonight. ○ What's on [Was gibt's] at the **theatre**?	3
6	☐ **cinema** (BE) ['sɪnəmə]	Kino	Let's go to the **cinema** tonight. ○ Were you at the **cinema** last night? ○ Have you been to the **cinema** this week? ○ What's on [Was gibt's] at the **cinema** at the moment?	1
7	☐ **movie** (meist AE) ['muːvɪ]	Film	*an action / a TV* **movie** ○ That's my favourite scene in the **movie**. ○ a **movie** actor ○ a **movie** version [Fassung] of a novel ○ Marilyn Monroe is the most famous of all American **movie** queens.	5
8	☐ **film** [fɪlm]	Film	a *silent / TV / travel / Charlie Chaplin / war* **film** ○ an x-rated [nicht jugendfrei] **film** ○ *load / make* a **film** ○ *show / see / watch* a **film** ○ The **film** was *a bit of disappointment / too explicit for my taste*. ○ Take the **film** to be developed. ○ Is the **film** in colour or black and white? ○ a **film** *actor / star / festival* ■ The American word for German **Film** is **movie, film**.	2
9	☐ **literature** ['lɪtrətʃə]	Literatur	*modern / 19th-century / English / children's* **literature** ○ *understand / appreciate* **literature** ○ Have you got any **literature** on British humour? ○ Helen was brought up on good **literature**, art and music. ○ Nobody would consider this novel great **literature**.	5

10	☐ **writer** ['raɪtə]	Autor(in) Schriftsteller(in)	a *humorous / brilliant* **writer** ○ become a *science fiction / children's* [Kinderbuch-] **writer** ○ publish a novel by a Russian **writer** describing life in Russia ○ She defended her role as a woman **writer** in a post-feminist age. ○ Böll was at heart a **writer** of short stories.	2
11	☐ **author** ['ɔːθə]	Schriftsteller(in) Autor(in) Verfasser(in)	a *well-known / famous / popular / recognized / forgotten* **author** ○ the **author** of this *book / article / play / novel* ○ the **author** *criticizes / blames / encourages* ... ○ The **author's** intention is to show the reader what violence might lead to.	4
12	☐ **poet** ['pəʊɪt]	Dichter(in)	a *good / famous / great / talented* **poet** ○ a poem by an unknown **poet** ○ **poetic** [dichterisch] language	3
13	☐ **poetry** ['pəʊɪtri]	Lyrik Dichtung Gedichte	Wordsworth's **poetry** ○ a book of **poetry** ○ a collection [Sammlung] of **poetry** ○ **poetry** and prose [Prosa] ○ *write / read / appreciate / be fond of* **poetry** ○ He read some **poetry** before he went to bed. ○ Many people feel that **poetry** is no longer relevant in today's world.	3
14	☐ **music** ['mjuːzɪk]	Musik	*light / serious / classical* **music** ○ *folk / pop / rock / dance / background* **music** ○ What kind of **music** do you like? ○ Loud **music** annoys me when I'm working. ○ This piece of **music** is not familiar to me. ○ a **music** *video / festival*	1
15	☐ **musician** [mjuːˈzɪʃn]	Musiker(in)	a *successful / promising / multi-talented* **musician** ○ a *rock / pop* **musician** ○ jazz **musician** Louis Armstrong ○ She plans to be a professional **musician** and to play concerts when she gets older.	4
16	☐ **concert** ['kɒnsət]	Konzert	a *rock / pop* **concert** ○ an *open-air / all-night* **concert** ○ According to the programme, the **concert** *begins / ends* at 8.00 pm. ○ The **concert** was held at the Albert Hall.	4
17	☐ **painting** ['peɪntɪŋ]	Malerei Gemälde Bild	Chinese **painting** ○ the tradition of Dutch **painting** ○ *an oil / a water-colour* **painting** ○ a famous **painting** by Turner ○ *do / restore* a **painting** ○ The **painting** has kept its rich original colours.	3
18	☐ **landscape** ['lændskeɪp]	Landschaft	a **landscape** by a Dutch artist ○ one of Monet's **landscapes** ○ Constable and Turner revolutionized the art of **landscape** [Landschaftsmalerei] in Britain.	6
19	☐ **drawing** ['drɔːɪŋ]	Zeichnung Zeichnen	a freehand **drawing** ○ a collection [Sammlung] of Italian **drawings** ○ an exhibition [Ausstellung] of children's **drawings** ○ She's good at **drawing** and painting.	5
20	☐ **collage** ['kɒlɑːʒ]	Collage	*create / produce* a **collage** ○ This **collage** was made by Paul Klee. ○ Picasso, Braque and Gris cut their **collage** materials from Parisian [Pariser] newspapers.	5
21	☐ **painter** ['peɪntə]	Maler(in)	a well-known landscape **painter** in water-colour ○ *an abstract / realist / portrait* **painter** ○ As a **painter** of people Franz Hals is very famous.	3
22	☐ **cartoonist** [kɑːˈtuːnɪst]	Karikaturist(in)	a *political / newspaper / Punch* **cartoonist** ○ work as a **cartoonist** for *a weekly magazine / The Sunday Times* ○ The offending **cartoonist** was fired.	6
23	☐ **sculptor** ['skʌlptə]	Bildhauer(in)	a *living / leading / well-known* **sculptor** ○ Henry Moore was Britain's greatest **sculptor** of the 20th century. ○ The statue was designed by an Italian **sculptor**. ○ **sculptress** [Bildhauerin]	6
24	☐ **statue** ['stætʃuː]	Statue	a sandstone **statue** ○ a *rare / tiny* **statue** of the young Queen Victoria ○ *design / make / build / put up / look at* a **statue** ○ The **statue** will remain on display [ausgestellt werden] until July. ○ the **Statue of Liberty**	6
25	☐ **exhibition** [ˌeksɪˈbɪʃn]	Ausstellung	an international **exhibition** ○ *an art / a Picasso / a photo* **exhibition** ○ *open / close / go to / see* an **exhibition** ○ All the paintings in the **exhibition** are for sale [verkäuflich].	5
26	☐ **festival** ['festəvl]	Festival Festspiele	an international dance **festival** ○ a drama **festival** [Theaterfestspiele] ○ hold a *music / pop / rock / jazz* **festival** ○ the **Salzburg Festival** ○ the **Edinburgh Festival** ○ the **Cannes Film Festival**	5

330B Schauspiel, Bühne usw.

act *n* 7	adapt 6	comedy 5	drama 3	part 12	spectator 21	theatre 1
act *v* 13	appearance 18	costume 17	hero 10	play 2	spotlight 16	ticket 19
actor 9	audience 20	curtain 15	heroine 11	scene 8	stage 14	tragedy 4

1	☐ **theatre** ['θɪətə]	Theater	With 'Look back in Anger' a new style of **theatre** was born. ○ a **theatre** performance [Aufführung] ○ a **theatre** audience ○ a **theatre**-goer [Theaterbesucher]	3
2	☐ **play** [pleɪ]	(Theater-)Stück	a stage **play** ○ a one-act **play** [Einakter] ○ an excerpt from a **play** ○ the collected **plays** of G.B. Shaw ○ *present / perform* [aufführen] a **play** ○ The **play** ran for two years on Broadway. ○ Have you seen his latest **play**? ○ Is the message of Miller's **play** still relevant today?	3
3	☐ **drama** ['drɑːmə]	Drama Schauspiel	the history of modern British **drama** ○ produce [aufführen] a **drama** ○ He studied **drama** at college. ○ a **drama** class / student / group / school	4
4	☐ **tragedy** ['trædʒədɪ]	Tragödie	*ancient / Greek* **tragedy** ○ a new translation of Strindberg's **tragedies** ○ Shakespeare's **tragedies** and comedies ○ Here is the human comedy, the human **tragedy**, and everything in between.	4
5	☐ **comedy** ['kɒmədɪ]	Komödie	Oscar Wilde is one of the finest writers of **comedy**. ○ The most popular classical English **comedies** for the last century were written by four Irishmen: Goldsmith, Sheridan, Wilde and Shaw.	5
6	☐ **adapt** [ə'dæpt]	bearbeiten	'A Christmas Carol' was **adapted for** the Royal Shakespeare Company. ○ The play is **adapted from** [eine Bearbeitung von] a novel.	6
7	☐ **act** [ækt]	Akt	a play in five **acts** ○ in the 1st scene of the 3rd **act** ○ **Act** III was more successful than **Act** II. ○ We left the theatre after the first **act**.	4
8	☐ **scene** [siːn]	Szene	a *love / key* **scene** ○ the *opening / last* **scene** of the play ○ the balcony **scene** from Romeo and Juliet ○ a change of **scenes**	5
9	☐ **actor** ['æktə]	Schauspieler	The famous British **actor** Sir Alec Guinness was born in 1914. ○ Do you know when he won the Oscar for best **actor**? ○ Who was the first black **actor** to play a leading role on Broadway? ○ **actress** [Schauspielerin]	3
10	☐ **hero**, pl. **heroes** ['hɪərəʊ(z)]	Held	a romantic **hero** ○ the **hero** of the *play / piece / tragedy* ○ The real **hero** of the play is a young German cook. ○ At the end of the play the **hero** and heroine finally go to meet each other.	3
11	☐ **heroine** ['herəʊɪn]	Heldin	When the curtain fell the **heroine** was booed off the stage [ausbuhen]. ○ The **heroine** tells her own story. ○ When the curtain rose the **heroine** of the evening was surrounded with a wonderful display [Arrangement] of flowers.	3
12	☐ **part** [pɑːt]	Rolle	a *leading / major / speaking* **part** ○ a small **part** in a school play ○ *learn / study* a **part** ○ He played the **part** of Hamlet. ○ The **parts** of Macbeth and Lady Macbeth are played by ... ○ She learns her **parts** very quickly.	2
13	☐ **act** [ækt]	spielen	He's **acted** the part of Romeo in many theatres. ○ She's been **acting** on Broadway since 1990. ○ take **acting** [Schauspiel-] lessons	4
14	☐ **stage** [steɪdʒ]	Bühne Bühnen-	*go to / leave / return to / appear on* the **stage** ○ After the war David went **on the stage** and appeared [auftreten] in many Shakespearean roles. ○ **stage** plays ○ **stage** directions ○ **stage** fright [Lampenfieber]	3
15	☐ **curtain** ['kɜːtn]	Vorhang	The **curtain** *went up / fell*. ○ Even before the **curtain** rose on the first night [Premiere] something important happened.	3
16	☐ **spotlight** ['spɒtlaɪt]	Scheinwerfer Rampenlicht	*turn / put* the **spotlight** on sb or sth ○ *come into / stand in* the **spotlight** ○ At the end of the scene a **spotlight** is put on Lady Macbeth.	6
17	☐ **costume** ['kɒstjuːm]	Kostüm	*Elizabethan / stage* **costumes** ○ be dressed in *historical / 17th century* **costumes** ○ Jane *designed / made* the **costumes** for the school play.	6

18	☐ appearance [əˈpɪərəns]	Auftritt	She made a unique [einzigartig] **appearance** in the title role of ... ◦ Her first **appearance** on the stage was at five. ◦ He's made several stage **appearances** recently / since last year.	4
19	☐ ticket [ˈtɪkɪt]	Eintrittskarte	theatre **tickets** ◦ **tickets for** *a concert / adults* ◦ a half-price children's **ticket** ◦ **tickets** are in great demand ◦ book **tickets** by telephone ◦ We had to wait in a queue for hours to get **tickets**.	2
20	☐ audience [ˈɔːdɪəns]	Publikum	an enthusiastic first-night [Premieren-] **audience** ◦ *attract / move* a large **audience** ◦ Some members of the **audience** were shocked by the scenes of violence. ◦ For 15 minutes the **audience** had the time of their lives.	3
21	☐ spectator [spekˈteɪtə]	Zuschauer(in)	The author hopes that the play will give pleasure to its **spectators**. ◦ Hundreds of enthusiastic **spectators** came to their feet when the curtain fell.	5

331 Bücher, Druckerzeugnisse

book 1	caption 9	dictionary 5	illustration 8	print *v* 10	publish 14
booklet 2	comic 3	encyclopedia 6	library 16	printer 13	readable 18
bookshop 15	diary 4	extract 7	print *n* 11	printing-press 12	reader 17

1	☐ book [bʊk]	Buch	a *humorous / boring / dry* **book** ◦ an exciting **book** ◦ a *scientific / children's* **book** ◦ a **book** *about Scotland / on the discovery of America* ◦ *write / translate / publish / print / read / borrow / lend / return* a **book** ◦ *enjoy / like* a **book** ◦ The **book** *will be published next month / deals with pollution*.	1
			book trade ◦ the Frankfurt **Book Fair** ◦ a **book review** [Besprechung] ◦ a **bookseller** ◦ a **bookshelf** ◦ a **bookend** [Bücherstütze]	
2	☐ booklet [ˈbʊklɪt]	Broschüre	an *illustrated / a fifty-page* **booklet** ◦ I picked up a free **booklet on** health food at the doctor's. ◦ Sunday Times readers can receive the **booklet** by sending a £1 cheque.	4
3	☐ comic [ˈkɒmɪk]	Comic Comicheft	*adult / girls' / Asterix / Superman* **comics** ◦ He never reads books, only **comics**. ◦ In the old days nobody took **comics** seriously. ◦ 800 **comics** are published each month.	4
4	☐ diary [ˈdaɪərɪ]	Tagebuch Notizbuch	a personal **diary** ◦ keep [führen] a **diary** ◦ Anne Frank, the author of '**Diary** of a Young Girl' died in Belsen 1945. ◦ I'll just look in my **diary** to see if I'm free on Sunday.	4
5	☐ dictionary [ˈdɪkʃənrɪ]	Wörterbuch	a *German-English / learner's / pronouncing / dialect / pocket / medical* **dictionary** ◦ a user-friendly **dictionary** ◦ *use / look up a word in* a **dictionary** ◦ The complete Oxford English **Dictionary** is now available in electronic form.	2
6	☐ encyclopedia [ɪnˌsaɪkləˈpiːdɪə]	Lexikon Enzyklopädie	an **encyclopedia** of *modern science / world history* ◦ a *children's / an illustrated* **encyclopedia** ◦ an **encyclopedia** on CD-Rom ◦ *use / look up a word in* an **encyclopedia** ◦ He seems to know everything. He's like the **Encyclopedia Britannica**.	6
7	☐ extract [ˈekstrækt]	Auszug	an **extract from** a *novel / story / long poem / letter / diary* ◦ We're reading short **extracts from** modern English novels at school. ◦ An **extract of** his latest novel will appear in The Times tomorrow.	5
8	☐ illustration [ˌɪləˈstreɪʃn]	Abbildung Illustration	*black and white / colour* **illustrations** ◦ a handbook full of simple **illustrations** ◦ *give / offer / provide / draw* an **illustration** ◦ The magazine *has / contains* **illustrations** in colour. ◦ For more information see the **illustration** below.	5
9	☐ caption [ˈkæpʃn]	Überschrift Bildunterschrift	a photograph **caption** ◦ a picture **caption** in a magazine ◦ The **caption** under the photo said 'The hero of War and Peace'.	6
10	☐ print [prɪnt]	drucken	**print** *newspapers / textbooks / paperbacks* [Taschenbuch] ◦ **print on** recycled paper ◦ They bought a new machine to **print** posters. ◦ Half of what he said was **unprintable** [nicht druckreif].	3

11	☐ **print** [prɪnt]	Druck Gedrucktes	*small / large / clear* **print** ○ The **print** is too small for me to read without glasses. ○ You have to read **the small print** carefully. ○ books **in print** [erhältlich] ○ The book has been **out of print** [vergriffen] for many years. ○ a computer **printout** [Ausdruck]	3
12	☐ **printing-press** ['prɪntɪŋ pres]	Druckerpresse	a *high-speed / 16-colour* **printing press** ○ One four-colour **printing press** can cost £1 000 000. ○ In 1474 William Caxton set up his **printing press**, inventing the book we still know today.	5
13	☐ **printer** [ʜ'prɪntə]	Drucker	a *laser / computer / colour / black-and-white / letter-quality* **printer**	3
14	☐ **publish** ['pʌblɪʃ]	veröffentlichen	**publish** *an open letter / an article / a report / a novel / a magazine* ○ **publish** *figures on the country's population / the results of a survey* ○ Derek has **published** several articles **on** the subject. ○ This dictionary is **published** [verlegen] by Cornelsen. ○ a **publisher** [Verleger]	4
15	☐ **bookshop** ['bʊkʃɒp]	Buchhandlung	*an alternative / a London* **bookshop** ○ the owner of the local **bookshop** ○ The new book will be on sale [erhältlich] in any good **bookshop**. ○ If you want to save money you should *go to / try* a good second-hand **bookshop** [Antiquariat]. ■ The American word for German **Buchhandlung** is **bookstore**.	4
16	☐ **library** ['laɪbrərɪ]	Bibliothek Bücherei	a *school / university / research* **library** ○ *go to / use / work at / borrow a book from* a public **library** ○ a **library** catalogue ○ *return / renew* [verlängern] a **library** book	2
17	☐ **reader** ['riːdə]	Leser(in)	a *fast / regular* **reader** ○ an *average / educated* **reader** ○ the *common / general / ordinary / Times* **reader** ○ supply the **reader** with useful information ○ **reader-friendly** ○ a large **readership** [Leserschaft] of 5 million	2
18	☐ **readable** ['riːdəbl]	lesbar	a highly **readable** *style / essay / article / history / novel* ○ **readable** on computer ○ The story is written in an intelligent and very **readable** style. ○ **machine-readable** data [Daten]	4

Lernhilfe 12: Wortschatzerweiterung mithilfe von Bildkarten

Jeden Tag werden unzählige illustrierte Werbesendungen achtlos weggeworfen. Viele Zeichnungen kannst du daraus ausschneiden und als **Lernkarten** nutzen. Es ist zweckmäßig, die Karten mit **Feldnummer** und **Feldbezeichnung** zu versehen und sie so in das *Field dictionary* zu integrieren. Hier ist ein Beispiel für das Feld **320C Werkzeuge**. Um diese Karte als Lernkarte zu nutzen werden die Werkzeuge nummeriert und auf die Rückseite der Karte die englischen Bezeichnungen geschrieben.

Tipp: Sprecht in der Klasse ab, wer zu welchen Feldern Bilder sammelt, macht Kopien von den Bildern und tauscht sie aus.

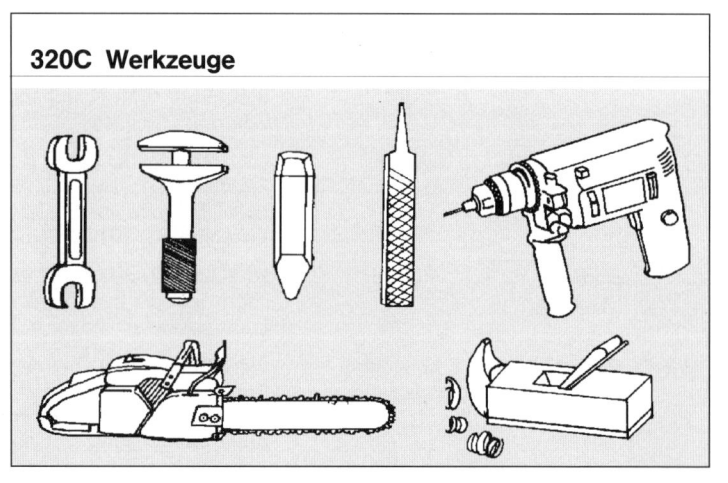

320C Werkzeuge

340 Sport I

athlete 3	golf course 16	player 4	sport(s) 1	track 17
coach 6	gym 19	playing field 14	sporting activity 2	train 7
court 15	hooligan 13	rider 5	stadium 18	training 8
fan 10	play 9	spectator 12	supporter 11	

1	☐ **sport(s)** [spɔːt(s)]	Sport Sportart	in international **sport** ○ *school / professional / women's / men's / team* **sport** ○ *winter / summer* **sports** ○ *do* **sport(s)** ○ *be fond of / interested in* **sport** ○ His favourite **sports** are swimming and tennis. ○ **sports** *equipment* ○ *a* **sports** *car / club / shop* ○ *a* **sportsman** ○ *a* **sportswoman** ○ *a* **sports** *team / fan* ○ **sports** *clothes / medicine*	2
2	☐ **sporting activity** ['spɔːtɪŋ æk,tɪvəti]	sportliche Aktivität(en)	participate in some **sporting activity** ○ He may be excluded [ausschließen] from international **sporting activities**. ○ Her main interests are music and **sporting activities**.	5
3	☐ **athlete** ['æθliːt]	Athlet(in) Sportler(in)	*a fine / successful / top* **athlete** ○ *a track and field* **athlete** [Leichtathlet] ○ She was the first female German **athlete** accused of being found positive in a drugs test. ○ Most first-class footballers are natural [geborene] **athletes**. ■ **Athlete** is stressed on the first syllable ['- -].	5
4	☐ **player** ['pleɪə]	Spieler(in)	*a great / top / fair / well-known / talented* **player** ○ *the third-best / highest paid* **player** ○ *a tennis / football* **player** ○ the world's most exciting table tennis **player** ○ Two **players** were injured and one **player** was sent off the field [vom Platz stellen] during the match.	3
5	☐ **rider** ['raɪdə]	Reiter(in) Radfahrer(in)	The best combination of **rider** and horse will win. ○ He's the first **rider** to win the Australian Wheelrace three times.	4
6	☐ **coach** [kəʊtʃ]	Trainer(in)	*a football / professional / full-time* **coach** ○ *under a new / good / highly successful* **coach** ○ *hire / fire* a **coach** ○ Boris is looking for a new **coach**. ○ She's **coached** [trainieren] by a former Olympic champion.	4
7	☐ **train** [treɪn]	trainieren	**train** a team ○ She's **training for** the London Marathon. ○ It wasn't easy for the coach to **train** her. ○ He can **train** *every Friday night / six days a week*. ○ The coach gave the kids a ball to **train with**. ○ She can afford to hire a personal **trainer**.	4
8	☐ **training** ['treɪnɪŋ]	Training	*special / weekend* **training** ○ *weight* **training** ○ *provide skill* **training** ○ Sue didn't come to **training** today. ○ *a summer* **training** *camp* ○ *good* **training** *facilities / opportunities / methods / programmes*	4
9	☐ **play** [pleɪ]	spielen	**play** *football / cricket / (against) a team* ○ **play** *fair / foul / rough* ○ **play** the ball not the man ○ She **plays** hockey for England. ○ The school **plays** rugby **against** other schools nearby. ○ Have you **played** her **at** tennis yet? ○ On Saturday France **plays** football **against** Wales. ○ Who is **playing** in the World Cup tonight?	1
10	☐ **fan** [fæn]	Fan	*a football / motor racing* **fan** ○ *screaming / angry / disappointed / violent* **fans** ○ *attract / lose* **fans** ○ The **fans** went crazy when the team appeared. ○ Hooligans terrorized players and **fans**. ○ **fan** *mail* ○ *a* **fan** *club*	5
11	☐ **supporter** [sə'pɔːtə]	Anhänger(in)	an enthusiastic **supporter** ○ *a football / an Arsenal* **supporter** ○ the **supporters'** *hopes / expectations* ○ More than a thousand **supporters** were unable to get tickets. ○ The **supporters** of the club *enjoyed / seemed to like* the game.	4
12	☐ **spectator** [spek'teɪtə]	Zuschauer(in)	Only 500 **spectators** went to the match. ○ Ninety thousand **spectators** watched the final game. ○ Football is a popular **spectator** *sport*.	5
13	☐ **hooligan** ['huːlɪɡən]	Hooligan	football **hooligans** drinking themselves stupid into the night ○ There is a blacklist of international soccer **hooligans**.	6

340 – 340C

14	☐ **(playing) field** [('pleɪɪŋ) fiːld]	Sportplatz Feld Platz	an (un)even **playing field** ○ a *football / soccer / baseball / rugby* **field** ○ Such rude behaviour is not uncommon on school **playing fields**. ○ The captain led his team off the **field** after stones were thrown at the players.	2
15	☐ **court** [kɔːt]	Spielfeld Platz	a *hard / grass / sand* **court** ○ a *tennis / squash / volleyball* **court** ○ a lawn tennis **court** ○ the *centre* **court** ○ have access to a **tennis court** in central London ○ The players have been **on court** for nearly three hours.	6
16	☐ **golf course** ['gɒlf kɔːs]	Golfplatz	The 18-hole **golf course** was designed by Ballesteros. ○ Langer was playing the **golf course** for the first time. ○ He's not a robot on the **golf course**.	5
17	☐ **track** [træk]	Bahn Rennbahn Piste	a *race / running / cycling* **track** ○ The drivers forced each other off the **track**. ○ He was able to push his car back onto the **track** and restart the car. ○ They are concerned about the safety of the **track**. ○ break a **track record** ○ **track** conditions	3
18	☐ **stadium** ['steɪdɪəm]	Stadion	a *crowded / an empty / a 40 000-seat* **stadium** ○ a *football / baseball* **stadium** ○ *build / modernize* a **stadium** ○ The two groups of fans must be segregated in the **stadium**. ○ **Wembley Stadium** was opened in 1923. ○ a **stadium** safety officer	6
19	☐ **gym(nasium)** [dʒɪm, dʒɪmˈneɪ-zɪəm]	Turnhalle Sporthalle Turn-	a nice warm **gym** with a roof ○ the equipment in the school **gym** ○ train at a **gym** ○ He asked all his friends to come and use the **gym**. ○ **gym** shoes ○ **gym** facilities ○ Don't forget to take your **gym kit** [Sportsachen] to school.	4
			■ False friend: The English word for German **Gymnasium** is **grammar school**.	

340C Sport II

archery 21	darts 20	judo 3	rock-climbing 13	ski 6	windsurfing 19
athletics 1	gymnastics 2	marathon 10	run 8	skiing 7	
boxing 15	ice dancing 4	ride 11	running 9	swimming 16	
canoe 18	ice-skating 5	ride (a bike) 12	sail 17	weight-lifting 14	

1	☐ **athletics** [æθˈletɪks]	Leichtathletik	school **athletics** ○ *do / take part in / enjoy* **athletics** ○ **Athletics is** a popular sport and is good television. ○ an **athletics** coach ○ good **athletics** facilities ○ the European **athletics** championship [Meisterschaft]	5
2	☐ **gymnastics** [dʒɪmˈnæstɪks]	Turnen Gymnastik	*do / practise* **gymnastics** ○ a doctor's certificate [Attest] to excuse a pupil from **gymnastics** at school ○ She won a gold medal [Medaille] in **gymnastics**. ○ a **gymnastics** *competition / class / club / team / coach*	5
3	☐ **judo** ['dʒuːdəʊ]	Judo	practise **judo** ○ She feels that **judo** has made her more confident. ○ **Judo** has given him a broken shoulder. ○ a **judo** *instructor / fighter / team / champion* ○ offer **judo** courses	5
4	☐ **ice dancing** ['aɪs ˌdɑːnsɪŋ]	Eistanz	*set / apply* the rules for **ice dancing** ○ The pair finished third in **ice dancing** at the Olympic Games in Lillehammer.	1
5	☐ **ice-skating** ['aɪs ˌskeɪtɪŋ]	Schlittschuh-laufen, Eiskunst-lauf	They go **ice-skating** every weekend. ○ an **ice-skating** *stadium / centre* ○ the world **ice-skating** championships [Meisterschaft] ○ a pair of **skates** [Schlittschuh] ○ Get your **skates** on, please. ○ an **ice-skater**	4
6	☐ **ski** [skiː]	Ski laufen Ski fahren Ski-	*Where did you learn / Who taught you* **how** to **ski**? ○ Improved equipment has encouraged people to **ski** too fast. ○ a **ski** *instructor / jacket / boot / pass / resort in southern France / lift*	5
7	☐ **skiing** ['skiːɪŋ]	Skisport Skilaufen Ski-	Alpine **skiing** ○ downhill **skiing** [Abfahrtslauf] ○ cross-country **skiing** [Skilanglauf] ○ water **skiing** ○ Friends of mine go **skiing** in the Alps every year. ○ the World Cup **skiing** season ○ go on a **skiing** holiday ○ She's recovering after breaking her leg in a **skiing** accident.	5

340C–340D

8	☐ run [rʌn]	rennen laufen	run *fast / hard* ○ run *around in circles / a mile in less than 4 minutes* ○ Do not run *if you're ill or injured.* ○ Marathon champion Ron Hill has run *at least one mile for 30 years.* ○ Learn to walk before you run. *(proverb)*	1
9	☐ running ['rʌnɪŋ]	Lauf(en) Lauf-	*long-distance / road / marathon* running ○ He keeps fit by running. ○ Ian goes running *every morning.* ○ Some people think you can go to a running *club for a few weeks and then run a marathon. You cannot.* ○ running shoes	3
10	☐ marathon ['mærəθən]	Marathon	*the Olympic* marathon ○ *prepare for / run* a marathon ○ She's trying to get fit for the marathon. ○ *a* marathon *runner / running / record / world title*	6
11	☐ ride [raɪd]	reiten	ride *well* ○ ride *an experienced team horse* ○ Which horse is she riding *in the next race?* ○ He jumped on his horse and rode *away.* ○ They've been riding *these trails for 40 years.* ○ *a* rider	1
12	☐ ride [raɪd]	(Rad) fahren fahren mit	ride *a bicycle / mountain bike* ○ He started riding *seriously when he was 12.* ○ He was unable to do more than ride *a training bicycle.* ○ riding *shoes*	1
13	☐ rock-climbing ['rɒk ˌklaɪmɪŋ]	Klettern (im Fels)	*go* rock-climbing ○ He died when he fell from a cliff [Klippe] while rock-climbing *in Cornwall.* ○ *a* rock-climbing *instructor* ○ *a skilled / an experienced* rock-climber	5
14	☐ weight-lifting ['weɪtˌlɪftɪŋ]	Gewichtheben	China's women lead the world in weight-lifting. ○ weight-lifting *equipment* ○ *attend / watch* a weight-lifting *competition* ○ *a* weightlifter	5
15	☐ boxing ['bɒksɪŋ]	Boxen	*professional* boxing ○ Is boxing *more dangerous than rugby or motor racing?* ○ *a* boxing *champion / ring / manager / expert* ○ *a clean / dirty* boxer	5
16	☐ swimming ['swɪmɪŋ]	Schwimmen Schwimm-	*go* swimming ○ Swimming *has become an exciting spectator sport.* ○ *take part in a* swimming *event* [Wettkampf] ○ *a leading* swimming *nation* ○ *a 100 metres freestyle* swimming *record* ○ *a* swimming *cap / instructor / team*	1
17	☐ sail [seɪl]	segeln	sail *in the America's Cup / for big cash prizes*	2
18	☐ canoe [kə'nuː]	Kanu fahren paddeln	*sea* canoeing ○ They're going canoeing *on the Thames tomorrow.* ○ *The victim had not received instructions on safety in* canoeing. ○ They canoed *down the river.*	6
19	☐ windsurfing ['wɪndˌsɜːfɪŋ]	Windsurfen	*lakes for* windsurfing ○ *try / go / be good at* windsurfing ○ Have you ever been windsurfing? ○ *Most hotels offer watersports such as* windsurfing *for free.* ○ *a* windsurfer	6
20	☐ darts [dɑːts]	brit. Pfeilwurf- spiel	*a game / the rules* of darts ○ Darts *is a popular game often played in English pubs.* ○ He plays darts *three times a week in competitions for his pub.* ○ *a* darts *board / match / lesson*	4
21	☐ archery ['ɑːtʃəri]	Bogenschießen	*practise / compete in* archery ○ *take* archery *lessons* ○ Archery *is a minority sport.*	4

340D Sportler

athlete ['æθliːt]	Leichtathlet(in)	footballer ['fʊtbɔːlə]	Fußballer(in)	skier ['skiːə]	Skiläufer(in)
boxer ['bɒksə]	Boxer(in)	racing driver ['reɪsɪŋ ˌdraɪvə]	Rennfahrer(in)	sportsman ['spɔːtsmən]	Sportler
dancer ['dɑːnsə]	Tänzer(in)	rider ['raɪdə]	Radfahrer(in); Reiter(in)	sportswoman ['spɔːtsˌwʊmən]	Sportlerin
diver ['daɪvə]	Taucher(in)	runner ['rʌnə]	Läufer(in)	weightlifter ['weɪtlɪftə]	Gewichtheber(in)

340E Wettkämpfe

beat 25	competition 1	game 5	loser 28	record 22	score v 24	stopwatch 17
challenge 11	defeat 26	Go! 15	match 6	rival 12	set 8	take part 10
champion 20	finishing	junior 3	prize 21	rule 4	start 13	take place 9
compete 2	line 16	lose 27	race 7	score n 23	starter 14	win 18

1	☐ **competition** [ˌkɒmpəˈtɪʃn]	Wettbewerb Konkurrenz	(un)fair **competition** ○ a *gymnastics / three-day* **competition** ○ *victory [Sieg] in his first serious* **competition** ○ *be in direct* **competition** ○ *enter / play in / remain in / knock sb out of* a **competition** ○ There was strong **competition** among players for places in the team.	4
2	☐ **compete** [kəmˈpiːt]	konkurrieren kämpfen	**compete** *in a race / against the best / for first prize / for the leading position / at Wimbledon* ○ **compete** *fairly / successfully* ○ The world's best athletes **compete** in the Olympic Games.	4
3	☐ **junior** [ˈdʒuːnɪə]	Junioren- Jugend-	a **junior** *club / team / player* ○ the 1995 **junior** world champion ○ the **junior** women's rowing [Ruder-] team	4
4	☐ **rule** [ruːl]	Regel Vorschrift	strict **rules** ○ *lay down / change / follow / apply / break / complain about* **rules** ○ It's against the **rules**. ○ She's said to have broken the **rules**. ○ as a **rule** [in der Regel]	2
5	☐ **game** [geɪm]	Spiel	a *big / sensational* **game** ○ a *home / final* **game** ○ the most important **game** of the season ○ the 2004 Olympic **Games** ○ *hold / play / win / lose* a **game** ○ **Game**, set and match [Sieg] to Sampras. ○ They scored 17 goals in the last four **games**. ○ a **game** plan	1
6	☐ **match** [mætʃ]	Spiel Wettkampf	a *football / table tennis / cricket* **match** ○ *a test / an international* **match** ○ *an unforgettable / a goalless* **match** ○ *go to / miss / watch / remember* a **match** ○ What time does the **match** *start / finish*? ○ The **match** was stopped because of bad light.	3
7	☐ **race** [reɪs]	Rennen Lauf Wettlauf	a close **race** ○ *be out of the* **race** ○ a *100 metres / cross-country / road / marathon / horse- / boat* **race** ○ a **race** *against time* ○ the surprise winner of a **race** ○ *have / run / organize / win / come first in / come last in* a **race** ○ Thirty-seven minutes after Senna's crash, the **race** was restarted.	3
8	☐ **set** [set]	Satz	the *opening / second / final* **set** ○ *begin / win / lead in / lose* a **set** ○ She lost the first **set** 6-4. ○ Boris won two **sets** to love [Null].	2
9	☐ **take place** [ˌteɪk ˈpleɪs]	stattfinden	When did the *game / match / competition / final / meeting* **take place**? ○ A series of tests will **take place** over the next four days. ○ The next World Cup event [Wettkampf] is to **take place** tomorrow.	3
10	☐ **take part** [ˌteɪk ˈpɑːt]	teilnehmen mitmachen	*fail / be allowed* to **take part** ○ **take part** in a *game / training course / one-day competition* ○ How many countries will be **taking part** in the World Cup? ○ He couldn't **take part** in the race because of his recent accident.	4
11	☐ **challenge** [ˈtʃælɪndʒ]	herausfordern (zu), auffordern (zu)	**challenge** a *boxer / world champion* ○ I **challenged** her to a game of *squash / tennis*. ○ a **challenge** [Herausforderung]	5
12	☐ **rival** [ˈraɪvl]	Konkurrent(in) Rivale Rivalin	a *main / proud / tough / younger* **rival** ○ the end of a **rival's** legendary career ○ Chris Evert was Navratilova's greatest **rival**. ○ Sabatini defeated her American **rival** in the first four sets.	5
13	☐ **start** [stɑːt]	Start	a *nervous / good / bad* **start** ○ a false [Fehl-] **start** ○ lead from **start** to finish ○ The athletes lined up [sich aufstellen] at the **start**. ○ They will have an improved loudspeaker system at the **start**. ○ wait at the **starting line**	2
14	☐ **starter** [ˈstɑːtə]	Starter(in)	the **starter** for the 100 metres ○ She failed to appear when called [aufrufen] by the **starter**. ○ He heard the **starter** count "five, four, three, two, one". ○ a **starter's gun** [Startpistole]	4

15	☐ **Go!** [gəʊ]	Los!	Ready, steady, **go**! [Auf die Plätze, fertig, los!]	6
16	☐ **finish(ing) line** ['fɪnɪʃ(ɪŋ) ˌlaɪn]	Ziellinie	on the way to the **finishing line** ○ Martin was too fast for his rivals and crossed the **finish line** in 16 minutes 33 seconds. ○ She failed to reach the **finishing line** within the time limit.	6
17	☐ **stopwatch** ['stɒpwɒtʃ]	Stoppuhr	The man holding a **stopwatch** was an Olympic runner. ○ You ought to carry a **stopwatch** and time [die Zeit nehmen] yourself.	6
18	☐ **win** [wɪn]	gewinnen	**win** a *game / match / race / competition* ○ **win** a *prize / title* ○ **win** easily ○ Michael **won** and Boris was second. ○ He went to Wimbledon full of confidence it was a game he could **win**.	2

▲ WINS – WINNING – WON – WON

19	☐ **winner** ['wɪnə]	Gewinner(in) Sieger(in)	a *likely / sure / lucky* **winner** ○ the youngest **winner** of the US Open ○ The **winner** of the prize received $500.	4
20	☐ **champion** ['tʃæmpɪən]	Meister(in) Sieger(in)	*a national / a junior world / an Olympic / the British / the 200 metres / this year's* **champion** ○ a *football / cycling / golf / heavyweight* **champion** ○ The German football team were **world champions** in 1990. ○ a **championship** [Meisterschaft]	4
21	☐ **prize** [praɪz]	Preis Gewinn	a *major / great* **prize** ○ *offer / give / distribute / receive / win* a **prize** ○ *(the) first / the main / a top* **prize** ○ Second **prize** *goes to Angela / is two tickets to the Cup final.* ○ The winner will be there in person to collect [entgegennehmen] the **prize**. ○ The **prize-giving** ceremony *will be held tomorrow / will take place in the school hall.* ○ attractive **prize-money** ○ a **prize winner** [Preisträger]	3

■ Don't mix up **prize** (Siegesprämie) with **price** (Kaufpreis).

22	☐ **record** ['rekɔːd]	Rekord	*an Olympic / the world / the all-time / an unbroken / the 400 metres freestyle* **record** ○ beat [brechen] a **record** ○ hold the **record in/for** the 100 metres ○ The **record** was set by John Woodburn 8 years ago. ○ a **record** *time / speed* ○ the **record holder** [Rekordinhaber] for the mile	4
23	☐ **score** [skɔː]	Ergebnis Spielstand	a *high / low / final* **score** ○ The **score** after 90 minutes was 7-3. ○ How does the **score** stand? ○ The **score** is 3-2 to Oxford. ○ Had that shot been successful the **score** would have been 2-3 in favour of Germany.	2
24	☐ **score** [skɔː]	(einen Treffer) erzielen, (ein Tor) schießen	fail to **score** ○ Lothar **scored** *two of the 3 goals / one goal in the first half / one goal after 90 minutes / his tenth goal of the season.* ○ The team still hadn't **scored** by half-time.	3
25	☐ **beat** [biːt]	schlagen besiegen	Anke Huber was **beaten** by Linsay Davenport for the second time in three weeks. ○ Sweden **beat** Russia 4-1 yesterday. ○ She hopes to **beat** [brechen] the world record.	2

▲ BEATS – BEAT – BEATEN

| 26 | ☐ **defeat** [dɪ'fiːt] | besiegen schlagen | Against all expectations, Russia **defeated** Germany in Hamburg. ○ Stefan **defeated** Todd Martin in the fourth set. ○ In the last match France **defeated** Wales **by** ten points **to** six. | 3 |
| 27 | ☐ **lose** [luːz] | verlieren | **lose** a *game / match / race* ○ **lose** *heavily / by two points* ○ The team **lost by** two goals **to** one. ○ They suffered a rude shock when they nearly **lost to** Scotland. | 3 |

▲ LOSES – LOSING – LOST – LOST

| 28 | ☐ **loser** ['luːzə] | Verlierer(in) | a *good / bad / unlucky* **loser** ○ a *likely / sure / certain / born* **loser** ○ He's the worst **loser** I've ever seen. He always gets mad when he loses. ○ It was hard for Michael to accept that he was the **loser**. ○ The only real **loser** was football itself. ○ Being second-best is better than being last, but it still makes you a **loser**. | 4 |

340F Ballspiele

ball 1	catch 17	goal 21	kick 15	pass 19	soccer 3	tennis 7
baseball 13	cricket 14	handball 5	miss 18	rugby 4	squash 9	throw 16
basketball 6	football 2	hockey 12	netball 10	score 20	table tennis 8	volleyball 11

1	☐ **ball** [bɔːl]	Ball	play **ball** ○ *throw / catch / hit / miss* a **ball** ○ He kicked the **ball** *into the goal / high up into the air.*		1
2	☐ **football** (BE) [ˈfʊtbɔːl]	Fußball	play **football** ○ He thinks that **football** is a game of skill and attack. ○ a **football** *club / match / game / player / champion*		1
3	☐ **soccer** (AE) [ˈsɒkə]	Fußball	a **soccer** *ball / fan* ○ an international **soccer** player ○ a blacklist of international **soccer** hooligans ○ Culper High now has a girls' **soccer** team.		6
4	☐ **rugby** [ˈrʌgbɪ]	Rugby	**Rugby** is a high-risk game. ○ She gave up playing **rugby** when she broke her leg. ○ a **rugby** *ball / club / league* [Liga]		5
5	☐ **handball** [ˈhændbɔːl]	Handball	**Handball** is much more popular in Germany than in Britain. ○ a **handball** *court / player*		5
6	☐ **basketball** [ˈbɑːskɪtbɔːl]	Basketball	women's **basketball** ○ The big four professional sports in Canada are ice hockey, baseball, American football and **basketball**. ○ He became a high-school **basketball** star. ○ the Harlem **basketball** week		4
7	☐ **tennis** [ˈtenɪs]	Tennis	men's / women's **tennis** ○ lawn [Rasen-] **tennis** ○ a **tennis** *court / ball / shoe / net* ○ a **tennis** *professional / partner / champion / star* ○ a Davis Cup **tennis** match		4
8	☐ **table tennis** [ˈteɪblˌtenɪs]	Tischtennis	He might be a future world **table tennis** champion. ○ **table tennis** equipment ○ a **table tennis** bat [Schläger]		3
9	☐ **squash** [skwɒʃ]	Squash	a **squash** *ball / court / centre* ○ international / men's / women's **squash** ○ Do you play **squash**? ○ the world **squash** champion ○ She keeps fit by playing **squash** every day.		6
10	☐ **netball** (GB) [ˈnetbɔːl]	Korbball	indoor / outdoor **netball** ○ play **netball** seriously ○ **Netball** is definitely [ganz sicher] a team game. ○ a school **netball** court		6
11	☐ **volleyball** [ˈvɒlɪbɔːl]	Volleyball	**Volleyball** is still an amateur sport in Britain. ○ a **volleyball** *player / team / court*		5
12	☐ **hockey** [ˈhɒkɪ]	Hockey	field / ice **hockey** ○ They played **hockey** against a team from India. ○ a **hockey** *field / match / stick / club*		6
13	☐ **baseball** [ˈbeɪsbɔːl]	Baseball	a **baseball** *player / team* ○ Would you like to watch the **baseball** game on TV? ○ **Baseball** is one of the most popular sports in the US.		5
14	☐ **cricket** [ˈkrɪkɪt]	Kricket	play **cricket** ○ English **cricket** has become a miserable sight at the world-class level [Niveau]. ○ a **cricket** *match / ground / ball* ○ the **cricket** season		5
15	☐ **kick** [kɪk]	schießen treten	He **kicked** the ball towards the centre of the goal. ○ He broke a leg when he was **kicked** by Hop last week.		4
16	☐ **throw** [θrəʊ]	werfen	How far can you **throw**? ○ He **threw** the ball to Hall. ○ He had to explain why he had **thrown** the ball at a referee [Schiedsrichter]. ▲ THROWS – THREW – THROWN		2
17	☐ **catch** [kætʃ]	fangen	The keeper wasn't able to **catch** the ball. ○ She threw the ball and he **caught** it *in* one hand. ▲ CATCHES – CAUGHT – CAUGHT		2

18	☐ miss [mɪs]	nicht treffen auslassen	**miss** *a goal / a good opportunity / three good chances* ○ He's a foul player. If he **misses** the ball, he's certain to take [foulen] the man.	3
19	☐ pass [pɑːs]	abgeben abspielen	He **passed** *me the ball / the ball to me.* ○ I'm a fan of his, because he **passes** well, scores goals and plays for the team. ○ The ball was **passed** nine times.	4
20	☐ score [skɔː]	(ein Tor) schießen, erzielen	The team still hadn't **scored** at half-time. ○ They **scored** two points against the visiting team. ○ He **scored** an own goal [Eigentor]. ○ Who **scored** for the local team? ○ He **scored** *in the third minute / three goals against France.* ○ Hunt has **scored** 10 goals in the past seven games.	3
21	☐ goal [gəʊl]	Tor	*make / kick / score* a **goal** ○ A **goal** in the last minute decided the match. ○ They *won / beat us* by two **goals** to one.	3

340G Sportgeräte

arrow 5   bow 4   (golf) club 8   dartboard 7   racket 2   skate 12   trampoline 9
ball 1   canoe 10   dart 6   net 3   sail 11   ski 13

1	☐ ball [bɔːl]	Ball	play **ball** ○ *throw / catch / kick / hit / miss* a **ball** ○ He kicked the **ball** *into the goal / high up into the air.*	1
2	☐ racket ['rækɪt]	Schläger	change your **racket** ○ play with an old-fashioned wooden **racket** ○ Sampras let his **racket** do the talking. ○ **racket** *control / technology*	5
3	☐ net [net]	Netz Tor	a tennis **net** ○ *keep the ball out of / shoot into* the **net** ○ make the **net** higher ○ turn the ball into your own **net**	3
4	☐ bow [bəʊ]	Bogen	**bow** and arrows ○ draw [spannen] a **bow**	6
5	☐ arrow ['ærəʊ]	Pfeil	straight as an **arrow** ○ *shoot / fire* an **arrow** ○ The **arrow** *hit / missed* the target.	5
6	☐ dart [dɑːt]	(Wurf-)Pfeil	**Darts** are used *in games / in sports / as weapons.* ○ throw a **dart**	5
7	☐ dartboard ['dɑːtbɔːd]	Dartscheibe Zielscheibe	He threw 99 darts at the **dartboard** finding that 20 had landed in number 13.	6
8	☐ (golf) club ['gɒlf klʌb]	Golfschläger	Torrence remembers first swinging [schwingen] a **golf club** when he was about five. ○ This **club** enables [ermöglichen] me to hit the ball high and get it to land softly.	6
9	☐ trampoline ['træmpəliːn]	Trampolin	a safe frameless [rahmenlos] **trampoline** ○ *use / put sb on / jump on* a **trampoline** ○ He jumped up as if from a **trampoline**.	6
10	☐ canoe [kəˈnuː]	Paddelboot Kanu	a **canoe** *for one / two* ○ He was last seen heading for Loch Lomond with a **canoe**. ○ Do you know the difference between a **canoe** and a kayak?	6
11	☐ sail [seɪl]	Segel	set **sail** ○ They had far too much **sail** up, but it was impossible to lower [einholen] it. ○ **sail** *cloth* ○ a **sail**-maker	2
12	☐ skate [skeɪt]	Schlittschuh	*put on / take off* your **skates** ○ adjust [sich gewöhnen] to new **skates** ○ It was like trying to climb Mount Everest on **roller-skates** [Rollschuhe].	4
13	☐ ski [skiː]	Ski	a pair of **skis** ○ a **ski** suit ○ **ski** *wax / boots*	5

350 Freizeit, Entspannung, Hobbys usw.

camera 10	dance v 19	flash(light) 11	jog 21	photo 14	relax 5
collect 17	DIY 9	free time 1	leisure 2	photograph 13	
collection 18	draw 15	have a nice time 7	paint v 16	picture 12	
dance n 20	entertainment 4	hobby 8	pass the time 6	recreation 3	

1	☐ **free time** [ˌfriː ˈtaɪm]	Freizeit	*enjoy / make better use of* your **free time** ○ I've always drawn and painted **in** my **free time**. ○ What other job pays $100 000 and allows so much **free time**? ○ Most people spend their **free time** watching television.	2
2	☐ **leisure** [ˈleʒə]	Freizeit Muße Freizeit-	Shorter working hours mean that people have more **leisure**. ○ I'll take the report home and read it **at my leisure** [in Ruhe]. ○ **leisure** *activities / industry / facilities / services / travel / clothing* ○ a **leisure** centre ○ an attractive **leisure** activity ○ spend your **leisure time** painting landscapes	4
3	☐ **recreation** [ˌrekrɪˈeɪʃn]	Erholung Erholungs-	What do you do **for recreation**? ○ **For recreation** she's a landscape oil painter. ○ a **recreation** centre ○ create **recreation** areas	5
4	☐ **entertainment** [ˌentəˈteɪnmənt]	Unterhaltung Unterhaltungs-	*excellent / intelligent / popular / light / harmless* **entertainment** ○ evening **entertainment** ○ provide free **entertainment** ○ the **entertainment** industry ○ a sports **entertainment** programme	4
5	☐ **relax** [rɪˈlæks]	(sich) entspannen, (sich) ausruhen	**relax** by listening to pop music ○ Lie back and **relax** for twenty minutes. ○ This programme helps people to **relax**. ○ When he came back from holiday he *was / felt / appeared* **relaxed**. ○ He looked happy and **relaxed**. ○ They had a **relaxing** [erholsam] and enjoyable evening.	4
6	☐ **pass the time** [ˌpɑːs ðə ˈtaɪm]	sich die Zeit vertreiben, die Zeit verbringen (mit)	He *learned chess / took diving lessons* to **pass the time**. ○ She had broken a leg and, **to pass the time**, took up drawing. ○ He **passed the time** *playing football / doing crossword puzzles*.	3
7	☐ **have a nice time** [hæv ə ˌnaɪs ˈtaɪm]	eine schöne Zeit haben, viel Spaß haben	They **had a nice time** during the summer. ○ You don't have to spend a lot of money to **have a nice time** there. ○ **Have a nice time!** [Viel Spaß]	3
8	☐ **hobby** [ˈhɒbɪ]	Hobby	a popular **hobby** ○ His *main / favourite* **hobby** is collecting stamps. ○ He *sings / started collecting pictures* as a **hobby**. ○ ride an old **hobby horse** [Steckenpferd]	5
9	☐ **DIY = Do-It-Yourself** (BE) [ˌdiː aɪ ˈwaɪ]	Heimwerken	He's just bought a book on **DIY** so he can make his own furniture. ○ She was doing some **DIY** over the weekend. ○ a **DIY** *kit / store / supermarket / hardware supplier / expert*	5
10	☐ **camera** [ˈkæmrə]	Fotoapparat Kamera	a *pocket / TV / video* **camera** ○ an automatic **camera** ○ load [einen Film einlegen in] a **camera** ○ Have you got a film in your **camera**? ○ He took a picture of the church with his new **camera**. ○ Japanese **camera** technology	4
11	☐ **flash(light)** [ˈflæʃ(laɪt)]	Blitzlicht	The light isn't very good, you'll need a **flashlight**. ○ She's got a camera with a built-in **flash**.	5
12	☐ **picture** [ˈpɪktʃə]	Bild Aufnahme Foto	a *black-and-white / colour* **picture** ○ *draw / paint / take / copy / look at* a **picture** ○ They showed us a **picture** of their wedding. ○ Who is this girl **in** the **picture**? ○ a **picture postcard**	1
13	☐ **photograph** [ˈfəʊtəgrɑːf]	Fotografie Bild	She looks younger in real life than she did **in** the **photograph**. ○ She refused to be **photographed** [fotografieren].	2
14	☐ **photo** (infml.) [ˈfəʊtəʊ]	Foto Bild	a group **photo** ○ *take / develop / publish* a **photo** ○ have a **photo** enlarged [vergrößern] ○ This **photo** is a bit out of focus [unscharf]. ○ a **photo album**	2
15	☐ **draw** [drɔː]	zeichnen ziehen	**draw** a *picture / straight line / circle / plan / figure / horse* ○ **draw from** nature ○ a book on how to **draw** pictures ○ Betty can **draw** very well. ▲ DRAWS — DREW — DRAWN	1
16	☐ **paint** [peɪnt]	malen	**paint** *a landscape / flowers* ○ **paint in** water-colours ○ **paint from** nature ○ She **painted** her father and mother **in** oil. ○ **painting techniques**	2

17	☐ **collect** [kəˈlekt]	sammeln	**collect** *foreign stamps / works of art* ○ His hobby is **collecting** old clocks. ○ a stamp **collector**	3	
18	☐ **collection** [kəˈlekʃn]	Sammlung	a *private / stamp / coin / video tape* **collection** ○ a **collection** of *model ships / old records* ○ His only interest was in his **collection** of rare books.	4	
19	☐ **dance** [dɑːns]	tanzen	**dance to** *the music of a rock group / disco music / jazz* ○ **dance** a waltz [Walzer] ○ **dance** with/for joy ○ Would you like to **dance**? ○ Will there be **dancing** at the party? ○ Scottish **dancing** ○ ice **dancing** ○ take **dancing** lessons	1	
20	☐ **dance** [dɑːns]	Tanz Ball	What sort of **dance** is this? ○ Will you have the next **dance** with me? ○ There's usually a **dance** at the end of term. ○ **dance** *music / floor* [Tanzfläche] ○ an international **dance** festival	1	
21	☐ **jog, -gg-** [dʒɒg]	joggen	She **jogs** a couple of miles every morning. ○ Four thousand people **jogged** into Central Park yesterday. ○ A bit of *slow / light* **jogging** will do you good. ○ **Jogging** in an unhealthy environment can be dangerous.	4	

350F Besuch, Gäste, Feiern

ball 16	celebration 12	farewell 14	invitation 5	picnic 17	visit *v* 7
barbecue 18	come and see 9	guest 1	invite 4	see 8	visitor 2
celebrate 11	come over 10	host 3	party 15	visit *n* 6	welcome 13

1	☐ **guest** [gest]	Gast	an unexpected **guest** ○ a wedding **guest** ○ *invite / expect / welcome / have* **guests** ○ We're having **guests** for *dinner / the weekend*. ○ a **guest** *speaker / artist / singer* ○ a **guestroom**	3
2	☐ **visitor** [ˈvɪzɪtə]	Besucher(in) Gast	**visitors** from *abroad / America* to Germany ○ *have / welcome / receive* **visitors** ○ show some important **visitors** round the school ○ We're not free on Sunday. We're having **visitors**. ○ We have no room for **visitors** at the moment.	2
3	☐ **host, hostess** [həʊst, ˈhəʊstəs]	Gastgeber(in)	It's polite to write a thank-you letter to your **host**. ○ He acted as our **host** and showed us the town. ○ The **hostess** welcomed the arriving guests.	4
4	☐ **invite** [ɪnˈvaɪt]	einladen	**invite** guests **to** *tea / dinner / a party* ○ We were **invited** to join in. ○ He **invited** a lot of people but only a few were able to come. ○ Children are **invited to** their own New Year's tea party.	3
5	☐ **invitation** [ˌɪnvɪˈteɪʃn]	Einladung	a *kind / formal* **invitation** ○ an **invitation to** a party ○ *send (out) / expect / have / receive / accept* an **invitation** ○ She refused our **invitation**. ○ Everyone except me got an **invitation**.	3
6	☐ **visit** [ˈvɪzɪt]	Besuch	a *recent / weekend* **visit** ○ an *informal / official* **visit** ○ *be / go / come* **on a visit to** our city ○ Is this your first **visit to** Germany?	1
7	☐ **visit** [ˈvɪzɪt]	besuchen besichtigen	**visit** *friends / relatives / a museum* ○ I don't live here. I'm just **visiting** [auf Besuch]. ○ Jane is going to **visit** her brother in hospital. ○ When you go to London you must **visit** Madame Tussaud's. ○ By the end of the day I was fed up with **visiting** old churches and museums. ○ **visiting** hours at a hospital	2
8	☐ **see** [siː]	besuchen	If you have a chance you must **see** the Picasso exhibition [Ausstellung].	5
9	☐ **come and see** [ˌkʌm ənd ˈsiː]	besuchen (kommen)	**Come and see** me again soon. ○ They know they can ring me or **come and see** me. ○ **Come and see** me for lunch, when you've finished. Don't forget.	4
10	☐ **come over** [ˌkʌm ˈəʊvə]	vorbeikommen	Janet said she'd **come over** about 7 o'clock, will you be in then? ○ Why don't you **come over** later and have dinner? ○ Some people **came over** when we were in the middle of eating.	3

350F – 350H

11	☐ **celebrate** ['selɪbreɪt]	feiern	**celebrate** *privately / publicly / noisily / quietly* ○ They were **celebrating** her *birthday / New Year / Christmas / one hundred years of freedom*. ○ They do not have much to **celebrate**. ○ When she got the new job they **celebrated** by opening a bottle of wine.	5
12	☐ **celebration** [ˌselɪ'breɪʃn]	Feier	a *family / religious / public / Christmas* **celebration** ○ *have / hold / join in* a **celebration** ○ The **celebration** will take place today. ○ I think there is double cause for **celebration**. ○ a **celebration** dinner [Festessen]	6
13	☐ **welcome** ['welkəm]	begrüßen empfangen	John had gone to the station to **welcome** his aunt. ○ We were warmly **welcomed** by our friends. ○ The children **welcomed** us at the door. ■ **Welcome** is spelt with one l.	4
14	☐ **farewell** [feə'wel]	Lebewohl Abschieds-	say **farewell** ○ wave **farewell** [zum Abschied winken] ○ a **farewell** *letter / show* ○ a **farewell** gift [Geschenk] ○ give a **farewell** party	6
15	☐ **party** ['pɑːtɪ]	Party Fest Fete	a *birthday / garden / farewell / Christmas / New Year's Eve* **party** ○ a dinner **party** [Abendgesellschaft] ○ *arrange / give / be invited to / go to / attend* a **party** ○ *have a good time / enjoy oneself* at a **party** ○ When they moved into the new house they had a **housewarming party** [Einweihungsfeier].	1
16	☐ **ball** [bɔːl]	Ball Tanzfest	*organize / hold / look forward to / go to* a **ball** ○ She enjoyed herself a lot at the **ball**. ○ They came too late to the **ball** and nobody wanted to dance any more. ○ a **ballroom**	6
17	☐ **picnic** ['pɪknɪk]	Picknick	*plan / have* a **picnic** ○ organize a surprise **picnic** ○ enjoy a **picnic** in the English countryside ○ It's a nice day – let's **go for a picnic**. ○ a **picnic** *basket / box / table* ○ We ate our **picnic** lunch in the car.	2
18	☐ **barbecue** ['bɑːbɪkjuː]	Grillparty	*give / invite some friends to* a **barbecue** ○ go to a **barbecue** ○ Let's have a **barbecue** at the weekend. ○ We had a great **barbecue** at the beach. ○ She **barbecued** [grillen] me a steak.	6

350H Humor, Spaß, Spiele

amuse 6	dice 15	game 16	laughter 8	play *v* 11	winner 25
amusement 5	doll 14	guess 21	loser 26	play a trick on 12
amusing 7	fun 3	humorous 2	luck 23	puzzle 20
card 17	funny 4	humour 1	lucky 24	quiz 19
chess 18	gamble 22	laugh 9	play *n* 10	toy 13

1	☐ **humour** ['hjuːmə]	Humor	*dry / British* **humour** ○ a story full of **humour** ○ It was often said that Mrs Thatcher lacked a **sense of humour**. ○ He has a very great **sense of humour**.	4
2	☐ **humorous** ['hjuːmərəs]	humorvoll lustig	a **humorous** *film / book / story* ○ a **humorous** situation ○ see the **humorous** side of the situation ○ I suppose his *comment / answer / reply* was supposed to be **humorous**. ○ **humourless** middle-class lefties [Linke]	4
3	☐ **fun** [fʌn]	Spaß Vergnügen	They had a lot of **fun** at the party. ○ The game **is** [machen] great **fun**. ○ **What fun!** [Toll!] ○ She poured water down his neck **just for fun**.	3
4	☐ **funny** ['fʌnɪ]	lustig komisch	a **funny** *joke / idea / game / story* ○ She's a very **funny** person who can make people laugh out loud. ○ That's not **funny**. Why are you laughing?	1
5	☐ **amusement** [ə'mjuːzmənt]	Heiterkeit Belustigung	cheap and vulgar **amusement** ○ **to** their general **amusement** ○ There was a look of **amusement** on her face.	5
6	☐ **amuse** [ə'mjuːz]	amüsieren erfreuen	The book **amused** me very much. ○ You may think it's funny, but I'm not **amused**. ○ I was *quite / greatly / highly* **amused** by what happened.	3

350H

7	☐ **amusing** [əˈmjuːzɪŋ]	amüsant unterhaltsam	a very **amusing** story ○ I find her highly **amusing**. ○ He's interesting and **amusing** to talk to.	4
8	☐ **laughter** [ˈlɑːftə]	Gelächter Lachen	The clown created [hervorrufen, verursachen] much **laughter**. ○ The room filled with **laughter**. ○ She screamed with **laughter**. ○ The sound of **laughter** grew louder.	4
9	☐ **laugh** [lɑːf]	lachen	**laugh** *happily / uncontrollably* ○ **laugh at** a joke ○ We **laughed** till we cried. ○ Some people find it difficult to **laugh at** Charlie Chaplin.	2
10	☐ **play** [pleɪ]	Spiel	the happy sounds of children **at play** ○ the advantages of learning through **play** ○ His life was all work and no **play**.	1
11	☐ **play** [pleɪ]	spielen	**play with** *a new toy / an electric train* ○ **play for** money ○ **play on** words ○ He hasn't found any new friends to **play with**. ○ The children were **playing at** being Indians.	1
12	☐ **play a trick on** [ˌpleɪ ə ˈtrɪk ɒn]	einen Streich spielen	The children **played a trick on** their new teacher.	5
13	☐ **toy** [tɔɪ]	Spielzeug	*educational / high tech / unsafe* **toys** ○ play with **toys** ○ His latest **toy** is a personal computer. ○ This **toys** is not considered safe. ○ a **toy** *car / plane / telephone / train / soldier* ○ a **toyshop** ○ a **toy museum**	2
14	☐ **doll** [dɒl]	Puppe	a pretty **doll** ○ *baby / baby-sized* **dolls** ○ Just as many American boys prefer real handguns to toy ones, many girls no longer want **dolls**. ○ She put her **doll** in the **doll's house**.	5
15	☐ **dice** [daɪs]	Würfel	*one / two* **dice** ○ throw the **dice** to see who *is / goes* first ○ God does not **play dice** [würfeln]. (Einstein) ○ **dice games**	6
16	☐ **game** [ɡeɪm]	Spiel Partie	*video / word* **games** ○ **games** of *chance / skill* ○ *play / win / lose* a **game** ○ Let's have a **game** of *cards / chess*. ○ Chance plays a big part in many **board games**.	1
17	☐ **card** [kɑːd]	Karte Spielkarte	a pack of **playing cards** ○ *play / cheat at* **cards** ○ shuffle [mischen] the **cards** ○ distribute the **cards** ○ hold *good / bad* **cards** ○ Let's play **cards**. ○ She's so lucky **at cards** [Kartenspiel]. ○ I never win **at cards**. ○ a **card trick**	1
18	☐ **chess** [tʃes]	Schach	a game [Partie] of **chess** ○ play **chess** ○ She usually beats me **at chess**. ○ a **chess** *player / competition / champion / clock / computer* ○ How many squares are there on a standard **chess board**? ○ The world **chess champion** Kasparov is the true king of the **chess** world.	6
19	☐ **quiz, quizzes** [kwɪz, ˈkwɪzɪs]	Quiz Quiz-	a *sports / music / pop / television / general knowledge* **quiz** ○ a radio news **quiz** ○ an intelligence **quiz** ○ take part in a **quiz** ○ Test yourself with interactive **quizzes**. ○ a **quiz** *show / programme / question*	5
20	☐ **puzzle** [ˈpʌzl]	Rätsel	*fascinating / easy / difficult* **puzzles** ○ *solve / find an answer to* a **puzzle** ○ set a **puzzle** for sb ○ He *solved / completed* the **puzzle** in 30 minutes. ○ The **puzzle** is still unfinished. ○ do [lösen] a **crossword puzzle**	4
21	☐ **guess** [ɡes]	raten	If you don't know the exact answer, just **guess**. ○ a **guessing game**	3
22	☐ **gamble** [ˈɡæmbl]	(um Geld) spielen, (Geld) setzen	He spends every evening **gambling at** poker. ○ She **gambled** £25 **on** the last race. ○ illegal **gambling** [Glücksspiel] ○ There has been a big increase in smoking, drinking and **gambling** among young people.	6
23	☐ **luck** [lʌk]	Glück	*a little bit of / no* **luck** ○ bring **luck** ○ try one's **luck** ○ Whether you win or lose is just **luck** [reiner Zufall]. ○ **bad luck** [Pech]	3
24	☐ **lucky** [ˈlʌki]	Glücks- glücklich	a **lucky** *number / day* ○ I'm pleased to inform you that you are the **lucky** winner of £5000. ○ be **unlucky**	3
25	☐ **winner** [ˈwɪnə]	Gewinner(in)	a *likely / sure / lucky / big* **winner** ○ The name of the **winner** of the £17m jackpot won't be published. ○ The **winner** of the prize received $1000.	4
26	☐ **loser** [ˈluːzə]	Verlierer(in)	a *good / bad / poor / likely / sure / big* **loser** ○ the first-round **losers** ○ Every game has winners and **losers**.	4

350M Tourismus, Reisen

arrangements 7	duty 22	pack 26	tour 13	travel agency 6	visa 20
book 10	holiday(s) 11	package tour 17	tourism 1	traveller 5	voyage 16
coach 18	information 8	passport 19	tourist 2	trip 14	
customs 21	journey 15	reservation 9	travel *n* 3	unpack 27	
declare 23	luggage 24	suitcase 25	travel *v* 4	vacation 12	

1 ☐ **tourism** — Tourismus, Fremdenverkehr — ['tʊərɪzm] — *modern / mass* **tourism** ○ *environmentally responsible* **tourism** ○ *the growth of* **tourism** ○ **Tourism** *can damage and even destroy ecosystems* [Ökosystem]. ○ *fight sex* **tourism** ○ **tourism** *industry / figures* — 4

2 ☐ **tourist** — Tourist(in) — ['tʊərɪst] — *foreign* **tourists** ○ *a group / thousands of* **tourists** ○ *A million commuters,* **tourists** *and shoppers pour into Westminster every day.* ○ **tourist** *visas* ○ *the* **Tourist** *Information Office* ○ **tourist** *beds / trains / food places / attractions* ○ **tourist** *accommmodation* [Unterkunft] — 3

3 ☐ **travel** — Reisen, Reise- — ['trævl] — *foreign / sea* **travel** ○ *Air* **travel** *has made the world seem a smaller place.* ○ **travel** *books / companies* ○ *the* **travel** *industry* ○ **travel** *agency / insurance* ○ *change your* **travel** *plans* — 3

4 ☐ **travel, -ll-** — reisen, fahren — ['trævl] — **travel** *by train / rail and bus / sea / air* ○ **travel** *abroad* ○ *warnings against* **travelling** *to areas where there is a health or safety risk* ○ *the dangers of* **travelling** *as a single woman* ○ *If fares rise fewer people are likely to* **travel**. — 2

5 ☐ **traveller** — Reisende(r), Reise- — ['trævlə] — *a regular / business / world / holiday* **traveller** ○ *the modern / young independent* **traveller** ○ *fellow* **travellers** ○ **travellers** *to India / exploring a new country* ○ *a* **traveller's** *magazine / survival guide* ○ *cash / pay with* **traveller's** **cheques** ○ *Nothing so necessary for* **travellers** *as languages.* (proverb) — 2

6 ☐ **travel agency** — Reisebüro — ['trævl eɪdʒənsɪ] — *phone / go to / get information from a* **travel agency** ○ *Many* **travel agencies** *are in a price war.* ○ *American Express is the world's largest* **travel agency**. ○ **travel agency** *chains / services* — 4

7 ☐ **arrangements** — Vorbereitungen, Vereinbarungen, Abmachungen — [ə'reɪndʒmənts] — *holiday / travel / arrival* **arrangements** ○ *make / plan / work out* **arrangements** ○ *make your own / the necessary* **arrangements** ○ *accommodation* [Unterkunft-] **arrangements** ○ *make travel* **arrangements** *by telephone or fax* — 3

8 ☐ **information** — Auskunft, Auskünfte — [ˌɪnfə'meɪʃn] — *necessary / useful / reliable* **information** ○ *online traffic* **information** ○ *need / ask for / offer / check / give* **information** ○ *an* **information** *desk* [Informationsschalter] ○ *Maps are available at the tourist* **information** *centre.* ○ *For further* **information** *contact the British Travel Centre.* — 4

9 ☐ **reservation** — Reservierung, Buchung — [ˌrezə'veɪʃn] — *a hotel / motel / flight* **reservation** ○ *make a* **reservation** *for a specific* [bestimmt] *train* ○ *confirm* [bestätigen] *a* **reservation** ○ *cancel* [stornieren] *a* **reservation** ○ *I* **made a reservation for** [reservieren lassen] *a table for four in the name of Steppatt.* ○ *computer* **reservation** *systems* — 5

10 ☐ **book** — buchen, reservieren lassen — [bʊk] — **book** *holidays / a ticket / a seat on a plane* ○ **book** *before June 30th* ○ **book** *in advance* [im Voraus] ○ *I've* **booked** *you a hotel room.* ○ *I've* **booked** *a hotel room for you.* ○ *I would like to* **book** *a room for Friday night.* — 4

11 ☐ **holiday(s)** (BE) — Urlaub, Ferien — ['hɒlədeɪ(z)] — *take / go on a* **holiday** ○ *We are away* **on holiday** *for 3 weeks.* ○ *He's very brown after his skiing* **holiday**. ○ *They're going to France* **for their holiday**. ○ *The school* **holidays** *start on Friday.* ○ *A* **holiday** *will help you to relax.* ○ *It's been a lovely* **holiday** *but now it's back to reality.* — 2

12 ☐ **vacation** (AE) — Urlaub, Ferien — [və'keɪʃn] — *a short / paid* **vacation** ○ *summer / winter* **vacation** ○ *a family* **vacation** ○ *the last day before Christmas* **vacation** ○ *during the long* **vacation** ○ **vacation** *time / jobs* — 4

350M

13	☐ **tour** [tʊə]	(Rund-)Reise (Rund-)Fahrt	a *ten-day / six-week* **tour** ○ a cycling **tour** [Radtour] ○ a walking **tour** [Wanderung] ○ a coach **tour** around France ○ a **guided tour** [Führung] round St. Paul's Cathedral ○ *go on / make / do* a **tour** ○ At the moment the band is **on a tour** [Tournee] in America.	3
14	☐ **trip** [trɪp]	Reise Ausflug	a boat **trip** ○ a *camping / skiing* **trip** ○ a **trip to** the *seaside / mountains* ○ *plan / arrange / organize / make / go on* a **trip** ○ He suggested taking a **trip** together. ○ Enjoy your **trip**. ○ Did you have a good **trip**?	2
15	☐ **journey** ['dʒɜːnɪ]	Reise Fahrt	a *long / safe / trouble-free / tiring* **journey** ○ a thirty-hour plane **journey** ○ *go on / make* a **journey** on your own ○ get ready for a **journey** ○ His **journey to** Detroit is in connection with his work. ○ After a long **journey** we finally arrived.	2
16	☐ **voyage** ['vɔɪɪdʒ]	(See-)Reise	a 20-hour **voyage to** the islands ○ during a long *ocean / sea* **voyage** ○ the first **voyage** round the world ○ go on a **voyage** ○ make a **voyage** on a ship	3
17	☐ **package tour** ['pækɪdʒ tʊə]	Pauschalreise	a **package tour** in America ○ win a place on a **package tour** ○ *take / go on / join* a **package tour to** Amsterdam ○ Travellers could buy a **package tour** three hours before the flight.	5
18	☐ **coach** (BE) [kəʊtʃ]	Reisebus	an air-conditioned **coach** ○ *go / travel* **by coach** ○ When does the **coach** leave for Dover? ○ It's cheaper to go **by coach** than by train. ○ They went on a **coach** tour **to** Austria. ○ a **coach** *trip / journey* ○ book **coach** *tickets / seats*	4
19	☐ **passport** ['pɑːspɔːt]	(Reise-)Pass	*apply for / renew / check* a **passport** ○ try to get a false **passport** ○ Her **passport** had expired [ablaufen]. ○ People were asked to *show / produce* their **passports**. ○ She had her **passport** stolen [ihr wurde der Pass gestohlen] at the airport. ○ **passport** photos	3
20	☐ **visa** ['viːzə]	Visum Visa-	a *travel / student / transit* **visa** ○ an entry [Einreise-] **visa** ○ *need / apply in person for / get / receive / renew* a **visa** ○ *give / refuse* sb a **visa** ○ enter a country without a **visa** ○ Visitor **visas** are available free. ○ He came to Germany as a visitor **on** a six-month **visa**. ○ She arrived here with a **tourist visa** but no work-permit. ○ **visa** fees ○ They asked for tougher **visa** controls. ■ Note: **Visum, Visa** in German but **visa, visas** in English.	5
21	☐ **customs** ['kʌstəmz]	Zoll (Behörde)	airport **customs** ○ *go / get / pass* through **customs** ○ checks by British **Customs** ○ We went straight through **customs** with nothing to declare [verzollen]. ○ **customs** controls ○ A **customs** officer found five pounds of cocaine at Kennedy airport. ○ a **customs** union with Turkey	4
22	☐ **duty** ['djuːtɪ]	Zoll (Abgabe)	*high / free of* customs **duties** ○ *raise / reduce* **duty** on tobacco ○ pay **duty** on wine not transported to Britain in person ○ **duty-free** *shops / goods* ○ airport **duty-free** *boutiques / shopping* [Einkauf]	6
23	☐ **declare** [dɪ'kleə]	verzollen	Have you anything to **declare**? ○ Anyone who enters or leaves France carrying more than 15 000 francs must **declare** it **to** the French customs.	6
24	☐ **luggage** ['lʌgɪdʒ]	Gepäck	How much **luggage** are you taking with you? ○ All **luggage** should be checked in [aufgeben] at the airport at least one hour before departure. ○ We can fit one more **piece of luggage** in the boot. ○ **left luggage office** [Gepäckaufbewahrung]	3
25	☐ **suitcase** ['suːtkeɪs]	Koffer	a *small / large / children's* **suitcase** ○ a leather **suitcase** ○ a **suitcase** containing clothes ○ *pack / unpack / open* a **suitcase** ○ carry a heavy **suitcase** ○ collect a **suitcase** from the station ○ You can't shut the **suitcase** lid when it's so full.	3
26	☐ **pack** [pæk]	(ein)packen	**pack** *a suitcase / your bags* ○ give advice on what to **pack** ○ **Pack** a sandwich for me. ○ **Pack** me a sandwich. ○ Now it's the time to **pack up** and go on holiday.	2
27	☐ **unpack** [ʌn'pæk]	auspacken	**unpack** *a suitcase / a bag / a box / the picnics* ○ When we arrived at the hotel we **unpacked** and went to the beach.	2

350O

350O Übernachtung, Unterkunft

bed and breakfast 16	guest house 15	lobby 12	porter 10	service 13	stay *v* 3
check in 9	hotel 1	motel 14	reception 7	sign in 8	vacancy 5
	lift 11	occupied 6	room 2	stay *n* 4	

1	☐ **hotel** [həʊˈtel]	Hotel	a *good / nice / clean / cheap / three-star / family* **hotel** ○ the *nearest / best* **hotel** in town ○ *look for / find / arrive at* a **hotel** ○ recommend [empfehlen] a quiet **hotel** ○ They were disappointed with the **hotel**. ○ the **hotel** *guests / manager / service* ○ a narrow **hotel** bed ○ pay the **hotel** bill	1
2	☐ **room** [ruːm, rʊm]	Zimmer	a *small / large / nice / quiet* **room** ○ a **room** facing *south / the street / the sea* ○ a **room** *on the second floor / with private bath or shower* ○ a *single / double / separate* **room** ○ take a **room** ○ The **room** will be free tomorrow.	2
3	☐ **stay** [steɪ]	übernachten wohnen	practical information on where to **stay**, what to eat, what to see and how to get around ○ **stay** overnight ○ Hasselbacken is a child-friendly place to **stay**. ○ They **stayed** at Chez Plume, a French-owned hotel.	1
4	☐ **stay** [steɪ]	Aufenthalt	a three-night **stay** with continental breakfast and morning papers ○ an overnight **stay** [Übernachtung] in a hotel ○ A minimum two-night **stay** costs £50 a night. ○ Did you enjoy your **stay** in Rome? ○ Her health profited from her **stay** at the seaside. ○ They thanked her for a pleasant [angenehm] **stay**.	4
5	☐ **vacancy** [ˈveɪkənsɪ]	freies Zimmer	We were told that there was no **vacancy**. ○ Have you any **vacancies** for next week? ○ The sign outside the hotel said 'No vacancies'.	5
6	☐ **occupied** [ˈɒkjʊpaɪd]	belegt besetzt	Only 40% of Britain's hotel beds are **occupied** each night. ○ Is this seat **occupied**? ○ All the chairs in the hall were **occupied**.	3
7	☐ **reception** [rɪˈsepʃn]	Rezeption Empfang	*check in / meet sb* at the **reception** ○ Leave *your key / a message* at the **reception** if you go out, please. ○ All visitors will have to report to the **reception**. ○ a **receptionist** [Empfangschef, Empfangsdame]	4
8	☐ **sign in** [ˌsaɪn ˈɪn]	sich anmelden	After I **signed in** at the hotel a young man took my bags up to the room. ○ Don't forget to **sign out** [sich abmelden] when you leave the building.	5
9	☐ **check in** [ˌtʃek ˈɪn]	sich anmelden	**check in at** a small hotel ○ They **checked** me **in** [unterbringen] at a first class hotel. ○ When they tried to **check in to** their apartment they were told that it would not be available until 5 pm. ○ **check out** [sich abmelden]	3
10	☐ **porter** [ˈpɔːtə]	Portier Gepäckträger	a hotel **porter** ○ The **porter** will show you your room. ○ An old lady was trying to find a **porter** to carry her heavy suitcases.	4
11	☐ **lift** (BE) [lɪft]	Lift	take the **lift** *up / upstairs / down / downstairs / to the tenth floor* ○ The **lift** is out of order so we'll have to *use / climb / take* the stairs. ○ a **liftboy**	4
			■ The American word for German **Fahrstuhl** is **elevator**.	
12	☐ **lobby** [ˈlɒbɪ]	Eingangshalle Foyer	a hotel **lobby** ○ *enter / leave* the **lobby** ○ leave a suitcase in the **lobby** ○ Let's meet in the **lobby**.	5
13	☐ **service** [ˈsɜːvɪs]	Service, Bedienung, Dienst	*good / bad / individual* **service** ○ *polite / helpful* [aufmerksam] **service** ○ room **service** ○ check-in / check-out **service** ○ travel **service** [Betreuung]	3
14	☐ **motel** [məʊˈtel]	Motel	the $40-a-night Lone Palm **motel** ○ the night clerk of a **motel** ○ He drove 50 miles out of Miami to a **motel** for the night.	5
15	☐ **guest house** [ˈgest haʊs]	Pension Gästehaus	a family-run country **guest house** ○ I'm looking for a clean, cheap **guest house**. ○ He wanted to stay in a local **guest house**.	6
			■ False friend: The English word for German **Gasthaus** is **restaurant**.	
16	☐ **bed and breakfast** [ˌbed n ˈbrekfəst]	Übernachtung mit Frühstück	an inexpensive **bed and breakfast** *place / hotel* ○ We paid £45 for **bed and breakfast**. ○ **Bed and breakfast** costs £30 a night. ○ The French love **bed and breakfast** guest houses.	5

350R Am Ferienort I

camp *n* 5	camping 8	pitch a tent 10	walk *n* 12	warden 2
camp *v* 6	caravan 3	sleeping bag 11	walk *n* 13	youth hostel 1
camp site 7	motorhome 4	tent 9	(go) walking 14	

1	☐ **youth hostel** ['ju:θ ˌhɒstl]	Jugendherberge	run a 200-bed **youth hostel** ○ Have you booked your stay [Aufenthalt] at the youth **hostel**? ○ Children over 14 are welcome to stay at all **youth hostels** on their own. ○ It costs £3 to join the **Youth Hostel Association** (YHA) if you are under 18.	6
2	☐ **warden** (BE) ['wɔːdn]	Herbergsvater Herbergsmutter	They complained to the **warden** of the youth hostel about the food. ○ He was appointed **warden** of the Edale Youth Hostel.	5
3	☐ **caravan** (BE) ['kærəvæn]	Wohnwagen	a gaily-painted **caravan** ○ motor **caravans** [Wohnmobil] ○ *hire / drive in / live in* a **caravan** ○ have a family holiday in a **caravan** ○ a **caravan** *holiday / park* ■ The American word for German **Wohnwagen** is **trailer**.	4
4	☐ **motorhome** (AE) ['məʊtəhəʊm]	Wohnmobil Campingbus	an air-conditioned **motorhome** ○ He rented a heated **motorhome** with snow chains. ○ The driver of the **motorhome** had to stop to check the oil. ○ His **motorhome** is his castle.	6
5	☐ **camp** [kæmp]	Lager	a *holiday / scout* **camp** ○ a weekend training **camp** ○ *go to / stay at / leave / return to / go back* to the **camp** ○ The climbers set up a **camp** at the foot of the mountain. ○ a **campfire**	3
6	☐ **camp** [kæmp]	zelten campen	We **camped** by the side of a lake ○ If you want to **camp** in this field you must ask the farmer's permission.	3
7	☐ **camp site** ['kæmp saɪt]	Campingplatz Zeltplatz	a four-star **camp site** ○ *look for / find / stay at / prepare to leave* a **camp site** ○ We're meeting friends **at the camp site**. ○ She was staying **at the camp site** with four other climbers of the club.	5
8	☐ **camping** ['kæmpɪŋ]	Zelten Camping- Zelt-	the exciting experience of **camping** in the wild ○ They go **camping** every year. ○ **No camping**! [Zelten verboten!] ○ a 22-day **camping** tour of Sweden ○ **camping** equipment ○ For children, a **camping** holiday is a wonderful adventure.	5
9	☐ **tent** [tent]	Zelt	a *small / comfortable / two-person* **tent** ○ a row of **tents** ○ *put up / set up / pitch / sleep in / take down* a **tent** ○ share a **tent** with five more people ○ I cannot understand that everyone is allowed to park right beside their **tent**.	3
10	☐ **pitch a tent** [ˌpɪtʃ ə 'tent]	ein Zelt aufschlagen	They're looking for somewhere to **pitch** their **tents**. ○ They **pitched** the **tent** in a valley.	6
11	☐ **sleeping bag** ['sliːpɪŋ bæg]	Schlafsack	a *summer / winter* **sleeping bag** ○ pack your **sleeping bag** ○ It was so cold that no **sleeping bag** could keep them warm. ○ After some time he was fed up with frozen food, wet clothes and a damp [feucht] **sleeping bag**.	6
12	☐ **walk** [wɔːk]	Spazierweg Wanderweg	wide grassy [mit Gras bewachsen] **walks** ○ *forest / countryside* **walks** ○ From here there's a lovely **walk** through the woods.	3
13	☐ **walk** [wɔːk]	Spaziergang Wanderung	a daily **walk** ○ Does anyone want to **come for a walk**? ○ They **went for a walk** in the country. ○ We **took a walk** along the river to the old church. ○ Jane is **taking** the dog **for** an early morning **walk** [mit dem Hund rausgehen].	1
14	☐ **walking** ['wɔːkɪŋ]	Wandern Wander-	The weather has been great, and we've been out **walking** most days. ○ I will take a week on a small island to swim and **go walking**. ○ take a guided **walking** holiday in Dorset ○ **walking** *boots / shoes / trousers / tours* ○ a **walking stick** [Spazierstock]	4

350S Am Ferienort II

admit 17	attractive 11	guide 2	museum 12	ruin 15	souvenir 18
attract 9	bus tour 4	guided tour 3	opening times 16	sight 5	tower 14
attraction 10	castle 13	look round 8	resort 1	sight 6	view 7

1	☐ **resort** [rɪˈzɔːt]	Ferienort Urlaubsort	a famous **resort** ○ a *seaside / ski / summer / winter* **resort** ○ *choose / visit* a **resort** ○ go on holiday to a beach **resort** ○ The beach at Blackpool was Britain's most popular **holiday resort**.	6
2	☐ **guide** [gaɪd]	(Fremden-)Führer(in); Reiseführer	a *tour / local* **guide** ○ She acted as our **guide**. ○ We found a **guide** who knew the mountains well. ○ This handbook is a good **guide to** London. ○ The **guide** is short of maps.	2
3	☐ **guided tour** [ˌgaɪdɪd ˈtʊə]	Führung	go on a **guided tour** of *the city / historic houses* ○ take a **guided tour** through Munich ○ We were taken on a **guided tour of** Ratcliffe on Soar power station. ○ A **guided tour** can be a step [Schritt] back to an ancient culture.	3
4	☐ **bus tour** [ˈbʌs tʊə]	Busrundfahrt	On the second day they went on a **bus tour** round Edinburgh. ○ The passengers of the **bus tour** consisted mainly of pensioners.	4
5	☐ **sight** [saɪt]	Anblick	a *lovely / beautiful / familiar / common / rare* **sight** ○ a funny **sight** [ein Bild für die Götter] ○ Gatwick has become the first **sight** [was man zuerst sieht] many foreigners get of Britain. ○ You either hate or love this place **at first sight** [auf den ersten Blick].	3
6	☐ **sight** [saɪt]	Sehenswürdigkeit	one of the great **sights** of London ○ be tired of the **sights** ○ Visitors are offered a chance to **see the sights** of Oxford. ○ They went to India to meet people and **see sights**, and came away with lasting memories.	3
7	☐ **view** [vjuː]	Aussicht Blick	a *pretty / beautiful* **view** ○ a room with a **view of** the sea ○ Ask for a room with a sea **view**. ○ There are breathtaking [atemberaubend] **views** from the top of the mountain.	3
8	☐ **look round** [ˌlʊk ˈraʊnd]	besuchen sich ansehen	Shall we **look round** the Cathedral this afternoon? ○ Did you **look round** *the museum / the exhibition*? ○ They had a quick **look round** [sich mal schnell ansehen] the town.	3
9	☐ **attract** [əˈtrækt]	anziehen anlocken	**attract** *travellers / tourists / students / millions of paying visitors* ○ Middle-class Germans are **attracted** by a natural beautiful land, ideal for a holiday.	3
10	☐ **attraction** [əˈtrækʃn]	Attraktion	a special **attraction** ○ The castle is the main tourist **attraction**. ○ The **attractions** of the holiday resort include sandy beaches and two golf-courses. ○ I cannot understand the **attraction** [Reiz] of fishing.	4
11	☐ **attractive** [əˈtræktɪv]	reizvoll ansprechend attraktiv	an **attractive** *area / ski town* ○ an **attractive** two-bed apartment ○ They found the place **attractive**. ○ Sun Valley is one of the most **attractive** resorts for non-skiers.	3
12	☐ **museum** [mjuːˈzɪəm]	Museum	a *public / local* **museum** ○ a **museum** of *modern art / country life* ○ the opening times of a **museum** ○ visitors to the **museum** ○ *go to / visit* a **museum** ○ They hope that the new **museum** will *open next year / attract 200 000 visitors a year*. ○ The **museum** is closed on Saturdays.	3
13	☐ **castle** [ˈkɑːsl]	Burg Schloss	a *16th century / the most visited* **castle** in Scotland ○ **Edinburgh Castle** ○ visit a **castle** ○ turn a **castle** into a hotel ○ build **castles** in the air ○ The **castle** is now a ruin. ○ There are ghosts in the **castle**. ○ **castle** gardens	3
14	☐ **tower** [ˈtaʊə]	Turm	a tall **tower** ○ The Eiffel **Tower** ○ Let's climb the church **tower**.	3
15	☐ **ruin** [ˈruːɪn]	Ruine	a *beautiful / an ancient* **ruin** ○ The abbey is now a **ruin**.	5
16	☐ **opening times** **opening hours** [ˈəʊpnɪŋ ˌtaɪmz/ˌaʊəz]	Öffnungszeiten	the **opening hours** of a *museum / park* ○ **Opening times** are from 10 am to 5 pm until November 15. ○ For **opening times** and further details ring the Swansea Tourist Information Centre.	3

| 17 | ☐ **admit, -tt-**
[əd'mɪt] | hineinlassen | Susan wasn't **admitted to** the disco because she was wearing jeans. ○ This ticket **admits** [sein für] one person. ○ Children are **admitted** free [freien Eintritt haben]. ○ The museum charges [verlangen] £3 **admission** [Eintritt] **to** the museum. | 3 |
| 18 | ☐ **souvenir**
[ˌsuːvə'nɪə] | Andenken
Erinnerungs-
Souvenir | a holiday **souvenir** ○ a *photo / video* **souvenir** ○ keep sth as a **souvenir** ○ collect **souvenirs** ○ *buy / bring* a **souvenir** ○ This is a **souvenir of** our holiday in Sweden. ○ a **souvenir** *shop for tourists / piece of the Berlin Wall / T-shirt / hunter* ○ **souvenir** wine glasses | 5 |

370 Musik

bagpipes 25	concerto 12	microphone 44	record *n* 40	tone 6
band 8	disc jockey 46	mouth-organ 27	record *v* 42	trombone 22
bow 20	disco 45	music 1	record-player 41	trumpet 21
(Christmas) carol 34	drums 26	musical 4	saxophone 24	tune 7
cassette 38	folk song 32	musician 3	sing 29	violin 19
cassette recorder 39	grand piano 17	opera 13	singer 30	voice 28
choir 37	group 9	orchestra 10	song 31	
chorus 36	guitar 18	piano 16	sound 5	
clarinet 23	instrument 14	play 15	spiritual 33	
concert 11	jazz 35	pop music 2	stereo 43	

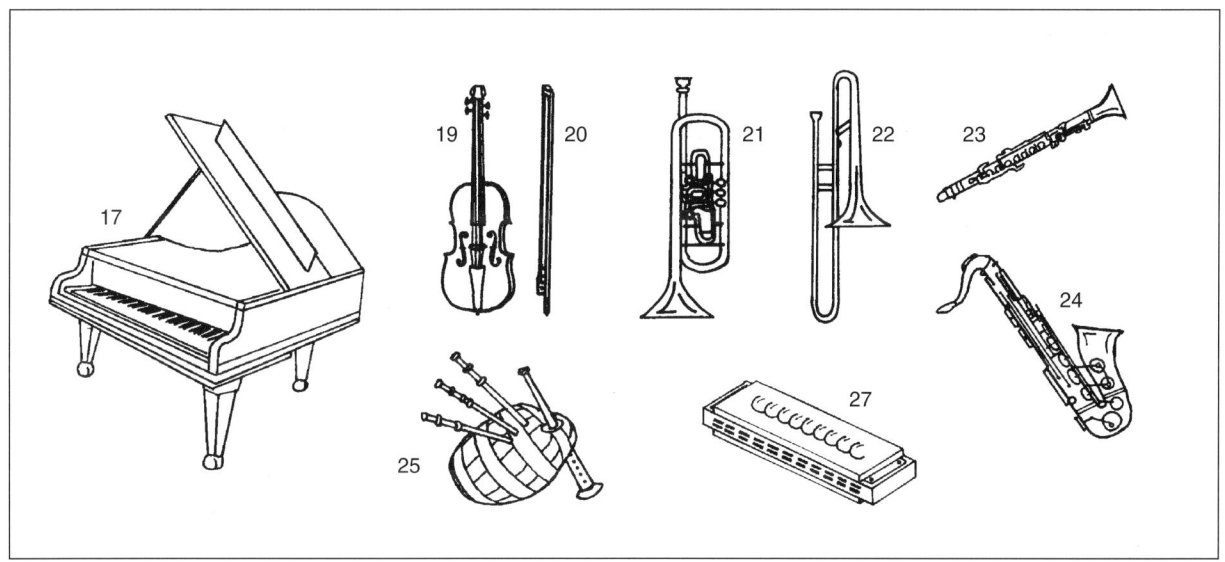

1	☐ **music** ['mjuːzɪk]	Musik	*rock / country / dance / light / serious / classical* **music** ○ *hear / listen to / enjoy* **music** ○ *teach / play* **music** ○ What kind of **music** do you like? ○ I heard **music** outside on the street. ○ We listened to **music** all night. ○ What she said was **music to** my ears. ○ a **music** *teacher / lesson* ○ a **music** hall [Varietee]	1
2	☐ **pop (music)** ['pɒp (ˌmjuːzɪk)]	Pop(musik)	She likes **pop music** and jazz. ○ **Pop music** hardly ever gets old. ○ a **pop** *fan / festival / group / star / singer / musician* ○ a **pop song**	5
3	☐ **musician** [mjuːˈzɪʃn]	Musiker(in)	a *professional / famous / promising / rock / jazz* **musician** ○ He goes to a master class for young **musicians**.	4
4	☐ **musical** ['mjuːzɪkl]	musikalisch	**musical** entertainment ○ **musical** *talent / skill* ○ She's very **musical** ○ He has a **musical** voice.	6
5	☐ **sound** [saʊnd]	Ton Klang Laut	a *loud / strange* **sound** ○ the **sound** of music ○ dances **to the sound** [Klänge] of a band ○ *make / produce* a **sound** ○ *turn up / turn down* the **sound** [Lautstärke] ○ a **sound engineer** [Toningenieur]	2

6	☐ **tone** [təʊn]	Ton Klang	a *clear / strong / dramatic / sweet* **tone** ○ Each verse starts a **tone** *lower / higher*. ○ the *beauty / sweetness* of **tone** ○ a piano with an excellent **tone**	4
7	☐ **tune** [tjuːn]	Melodie	a *lovely / Beatles'* **tune** ○ The words [Text] didn't quite fit the **tune**. ○ A lot of modern music has no **tune**. ○ Can you imagine James Bond without a **theme tune** [Titelmusik]? ○ a **tuning fork** [Stimmgabel]	5
8	☐ **band** [bænd]	Band, Gruppe, Kapelle	a *music / disco* **band** ○ a *jazz / dance / rock / military* **band** ○ play in a **band** ○ a **band** *member / leader*	3
9	☐ **group** [gruːp]	Gruppe	a *pop / rock / jazz* **group** ○ *form / play in* a **group** ○ The **group** was led by a woman saxophone player.	3
10	☐ **orchestra** [ˈɔːkɪstrə]	Orchester	a *radio / dance / symphony / jazz* **orchestra** ○ lead an **orchestra** ○ She plays the clarinet in the school **orchestra**. ○ The **orchestra** under John Georgiadis, will give a concert tonight. ○ the **Berlin Philharmonic Orchestra**	4
			■ Mind the spelling: orchest**ra**.	
11	☐ **concert** [ˈkɒnsət]	Konzert (Veranstaltung)	a *rock / pop* **concert** ○ an *open-air / all-night* **concert** ○ the opening **concert** of the festival ○ *go to / attend* a **concert** ○ *give / play at* a **concert** ○ According to the programme, the **concert** begins at 8.00. ○ a **concert** pianist	4
12	☐ **concerto** [kənˈtʃeətəʊ]	Konzert (Musikstück)	Bach's Brandenburg **Concerto** No 3 ○ The symphony was followed by a clarinet **concerto** which Copland wrote for Benny Goodman.	6
13	☐ **opera** [ˈɒprə]	Oper Opern-	go to the **opera** ○ This **opera** is set in 19th-century Rome. ○ Most people know the oil-rich Dallas society only from the **soap opera**. ○ an **opera** *orchestra / singer / fan / house* ○ the **opera** season ○ the **Metropolitan Opera**	5
14	☐ **instrument** [ˈɪnstrəmənt]	Instrument	a musical **instrument** [Musikinstrument] ○ the **instruments** of the orchestra ○ *study / learn to play* an **instrument** ○ Her first **instrument** was the guitar, but at eight she began to teach herself the piano.	3
15	☐ **play** [pleɪ]	spielen	**play** the *guitar / piano / clarinet* ○ **play** rock music ○ **play** *to an audience / a tune on the guitar* ○ The instrument is easy to **play**. ○ In the distance a band was **playing**.	1
16	☐ **piano** [pɪˈænəʊ]	Klavier	music written for **the piano** ○ play **the piano** ○ practice a piece **on the piano** ○ The **piano** is out of tune [verstimmt]. ○ **piano** *music / teachers / players / competitions* ○ Their mother made them take **piano** lessons when they were children. ○ a **piano tuner** [Klavierstimmer]	3
17	☐ **grand piano** [ˌgræn pɪˈænəʊ]	Flügel	▷ *PIC. 17* a concert-size Steinway **grand piano** ○ Domingo touched the keys of the **grand piano** and began to sing.	5
18	☐ **guitar** [gɪˈtɑː]	Gitarre	an *electric / a classical / a Spanish* **guitar** ○ play **the guitar** ○ a **guitar** band ○ take **guitar** lessons ○ In 1994, Elvis Presley's **guitar** was sold for $151 700. ○ a **guitarist**	5
19	☐ **violin** [ˌvaɪəˈlɪn]	Geige	▷ *PIC. 19* a rare Amati **violin** ○ play **the violin** ○ She didn't enjoy her **violin** lessons and daily practice. ○ a **violin** *teacher / virtuoso* ○ a **violin** *sonata / solo* ○ a **violinist**	5
20	☐ **bow** [bəʊ]	Bogen	▷ *PIC. 20* adjust [richtig einstellen] the tension of the **bow**	6
21	☐ **trumpet** [ˈtrʌmpɪt]	Trompete	▷ *PIC. 21* blow **the trumpet** ○ He studied classical and jazz **trumpet**. ○ a **trumpeter**	5
22	☐ **trombone** [trɒmˈbəʊn]	Posaune	▷ *PIC. 22* practise **the trombone** ○ a bass **trombone** ○ a **trombonist**	5
23	☐ **clarinet** [ˌklærəˈnet]	Klarinette	▷ *PIC. 23* adapted for **clarinet** ○ It sounds like a **clarinet**. ○ She sings in a choir, plays **the clarinet** in the school orchestra and a swing band. ○ a **clarinettist**	5

24	☐ **saxophone** ['sæksəfəʊn]	Saxophon	▷ PIC. 24 a *soprano / bass* **sax(ophone)** ○ Charlie Parker's **saxophone** solos ○ a **saxophonist**	6
25	☐ **bagpipes** pl. ['bægpaɪps]	Dudelsack	▷ PIC. 25 Scottish **bagpipes** ○ After the Battle of Culloden in 1774 Highlanders were not allowed to play **the bagpipes** or wear kilts. ○ a **bagpiper**	6
26	☐ **drums** pl. [drʌmz]	Schlagzeug	the sound of **drums** ○ She plays the **drums** in our band. ○ Children sang and banged [schlagen] **drums**. ○ a **drummer**	5
27	☐ **mouth-organ** ['maʊθ ˌɔːgən]	Mundharmonika	▷ PIC. 27 He was reputed [in dem Ruf stehen] to be able to play any tune on the **mouth-organ** by the age of two. ○ a **mouth-organist**	6
28	☐ **voice** [vɔɪs]	Stimme	a *young / clear / dark / strong / powerful / dramatic* **voice** ○ Elvis Presley's singing **voice** ○ She was praised for her **voice** and acting. ○ Caruso's and Mahalia Jackson's **voices** are preserved [erhalten] on records.	2
29	☐ **sing** [sɪŋ]	singen	**sing** a *song / tune* **sing** to/for us ○ Could you **sing** us a song? ○ **sing** with a band / to the guitar ○ **sing** well / very nicely ○ He knows how to **sing** Verdi. ○ She **sang** all her popular songs at the concert. ○ She has often **sung** at official dinners. ▲ SINGS – SANG – SUNG	2
30	☐ **singer** ['sɪŋə]	Sänger(in)	a *talented / great / popular / well-known / famous* **singer** ○ a *pop / jazz / concert* **singer** ○ train as an opera **singer** ○ She's going to try a career as a rock **singer**.	2
31	☐ **song** [sɒŋ]	Lied Song Gesang	a *popular / folk / rock / love / drinking / marching* **song** ○ the **song** of a bird ○ Joan Baez, the high priestess of the protest **song** ○ *sing / play / record / enjoy* a **song** ○ a **song** writer [Liedermacher]	2
32	☐ **folk song** ['fəʊk ˌsɒŋ]	Volkslied	collect old English **folk songs** ○ the influence of **folk song** on Brahms, Haydn and Bartok ○ She prefers **folk songs** to jazz.	5
33	☐ **spiritual** ['spɪrɪtʃʊəl]	Spiritual	a *negro / Black-American* **spiritual** ○ concert **spirituals** ○ Some **spirituals** were sung at Nelson Mandela's inauguration [Amtseinführung] as president.	6
34	☐ **(Christmas) carol** ['kærəl]	Weihnachtslied	She opened the door to **carol** singers on Christmas Eve. ○ She attended a **Christmas carol** concert given by the Epworth Choir.	0
35	☐ **jazz** [dʒæz]	Jazz(musik)	*traditional / modern / live* **jazz** ○ the *spirit / development* of **jazz** ○ a **jazz** *musician / singer / group / orchestra / club*	4
36	☐ **chorus** ['kɔːrəs]	Chor	a *female / male / mixed* **chorus** ○ It's a work for soloists, **chorus** and orchestra. ○ He burst into tears in the middle of the Hallelujah **chorus**. ○ She was always in the **chorus**, never a star. ○ a **chorus** *boy / girl*	6
37	☐ **choir** ['kwaɪə]	Chor	a *female / male / mixed* **choir** ○ She sings in the school **choir**. ○ The church **choir is/are** singing tonight. ○ a **choirboy** at St Paul's cathedral	5
38	☐ **cassette** [kə'set]	Cassette	a *music / VHS* **cassette** ○ She listened to a new **cassette** of Irish music. ○ The **cassette** was damaged in the cassette-recorder.	4
39	☐ **cassette-recorder** [kə'set rɪˌkɔːdə]	Cassettenrecorder	*switch on / switch off* a **cassette-recorder** ○ They set up a **cassette-recorder** to record some songs. ○ Three out of four homes in Britain have a **video cassette-recorder** (VCR).	3
40	☐ **record** ['rekɔːd]	Platte Schallplatte	a *successful / top ten* **record** ○ a *pop / jazz* **record** ○ *make / put on / play / listen to* a **record** ○ a **record** *producer / company / contract / magazine / shop / store* ○ the **record** industry	3
41	☐ **record-player** ['rekɔːd ˌpleɪə]	Plattenspieler	The arm on my **record-player** is broken. ○ The slow speed on **record-players** is 33 rpm (revolutions per minute) [Umdrehungen pro Minute].	4

42	☐ **record** [rɪˈkɔːd]	aufzeichnen aufnehmen mitschneiden	**record** a *piece of music / concert / singer / song* ○ Quiet, please. We're **recording**. ○ There's a concert I'd like to **record from** the radio tonight. ○ My cassette-recorder isn't **recording** for some reason. ○ I don't think Enrico Caruso ever **recorded** this song. ○ a *live / studio* **recording**	4
43	☐ **stereo** [ˈsterɪəʊ]	Steroanlage Stereo Stereo-	*a powerful / an ordinary two-channel* **stereo** ○ turn up the **stero** ○ turn the **stero** louder ○ The music on the **stereo** was just perfect. ○ Let's be honest, music does sound better in **stereo**. ○ **stereo** *sound / speaker / recordings*	4
44	☐ **microphone** [ˈmaɪkrəfəʊn]	Mikrofon	a hand-held **microphone** ○ *speak / sing* into a **microphone** ○ Hand me the **microphone**, please. ○ Make sure your **microphone** is switched on. ○ Don't put the **microphone** directly in front of your mouth.	4
45	☐ **disco** [ˈdɪskəʊ]	Disko	a Saturday-night **disco** in the village hall ○ He spent the night out at a **disco**. ○ Is there a good **disco** round here? ○ play **disco** music ○ a leader of a **disco** band	5
46	☐ **disc jockey** [ˈdɪsk ˌdʒɒkɪ]	Diskjockey (DJ)	a part-time **disc jockey** ○ a radio **disc jockey** ○ He hopes to become a pop music **disc jockey** on Radio 3. ○ The **disc jockey** introduced some new records.	6

400 Erziehung, Bildung, Schule

academic 56	course 42	headmistress 13	pupil 49	student 51
assembly 35	drop out 47	instructor 15	schedule 34	study 10
attend 28	educate 3	learn 8	scholarship 58	teach 6
be absent 30	education 1	learner 9	school 17	teacher 7
be present 29	educational 2	leave school 46	school leaver 52	timetable 33
boarding school 25	extra-curricular activities 43	lesson 37	schoolchildren 48	train 4
break 38	form 40	note 32	secondary modern school 21	training 5
class 39	grade 41	pay attention 11		truant 31
classmate 50	graduate 57	period 36	secondary school 20	university 53
classroom 27	grammar school 23	primary school 19	seminar 54	
college 24	guidance counselor 16	principal 14	set 44	
comprehensive school 22	headmaster 12	professor 55 public school 26	sixth form 45 state school 18	

1	☐ **education** [ˌedjʊˈkeɪʃn]	Bildung Ausbildung Erziehung	*higher / further* **education** ○ primary **education** [Grundschulerziehung] ○ secondary **education** [höhere Schulbildung] ○ *adult / college / university* **education** ○ *have / receive* a good **education** ○ He had no proper **education**. ○ She gave her children the best **education** money could buy. ○ the state **education** system	3
2	☐ **educational** [ˌedjʊˈkeɪʃnəl]	Bildungs- Lehr-	**educational** *systems / reforms / standards / computer software* ○ It was the most **educational** [lehrreich] experience I've ever had.	4
3	☐ **educate** [ˈedjʊkeɪt]	erziehen ausbilden	**educate** children privately ○ He was **educated** at a public school. ○ The function of our schools is not just to **educate**. ○ He is **self-educated** [Autodidakt]. ○ a highly **educated** [gebildet] woman	3
4	☐ **train** [treɪn]	ausbilden	**train** *teachers / doctors / lawyers / young people* ○ He was **trained as** a scientist. ○ She left school at 15 to **train as** [lernen] a cook. ○ There's a shortage of **trained** nurses.	4
5	☐ **training** [ˈtreɪnɪŋ]	Ausbildung Schulung	*special / carefully planned* **training** ○ skills **training** [Fertigkeitstraining] ○ *provide / improve* **training** ○ receive a technical **training**	4
6	☐ **teach** [tiːtʃ]	unterrichten lehren beibringen	**teach** oneself a *subject / skill* ○ **teach** *English / maths / cooking / reading* ○ **teach** a *class / child* ○ **teach** *well / at our local school* ○ She **taught** us history / history to us. ○ You can't **teach** an old dog new tricks. (proverb) ▲ TEACHES — TAUGHT — TAUGHT	2
7	☐ **teacher** [ˈtiːtʃə]	Lehrer(in)	a *good / just / bad* **teacher** ○ an excellent history **teacher** ○ an exchange **teacher** ○ the relationship between **teacher** and students ○ She's a **teacher** at the local grammar school. ○ The **teacher** is the key to any educational reform and progress. ○ **teacher** shortage	1

8	☐ **learn** [lɜːn]	lernen	**learn** *easily / quickly* ○ **learn** *a foreign language / new words* ○ **learn from** *experience / your mistakes / books* ○ **learn by** *experience / example* ○ **learn** *to read / write* ○ **learn** *how to work on your own / write a good essay* ○ It's good to **learn** at other men's cost. (proverb)	1
			▲ LEARNS – LEARNED/LEARNT – LEARNED/LEARNT	
9	☐ **learner** ['lɜːnə]	Lerner Anfänger(in)	a *fast / quick / slow / poor* **learner** ○ **learners** of French ○ I'm still only a **learner**, so don't expect too much. ○ The book is aimed at **learners** of English rather than native speakers.	3
10	☐ **study** ['stʌdɪ]	lernen sich vorbereiten studieren	**study** *hard* ○ **study for** *an exam / a degree in physics* ○ **study** *at Oxford University* ○ **study** [lesen] *the chapter on your own* ○ **study** *to be a doctor* [Medizin studieren] ○ His father advised him to **study** *law* [Jura], but he decided to try his luck as an entertainer.	1
11	☐ **pay attention** [ˌpeɪ ə'tenʃn]	aufpassen	You'd better **pay attention**. ○ Are you **paying attention**? ○ You should have **paid attention to** what the teacher said.	3
12	☐ **headmaster** (BE) [ˌhed'mɑːstə]	Direktor	a *primary school / former / retired* **headmaster** ○ *go and see / talk to* the **headmaster** ○ Not all **headmasters** believe that it is possible for a school to keep up its traditional values.	5
13	☐ **headmistress** (BE) [ˌhed'mɪstrəs]	Direktorin	a very popular **headmistress** of a secondary school ○ The **headmistress** has tried A level teaching after the GCSE [General Certificate of Secondary Education], but she found the girls were not ready for it.	5
14	☐ **principal** (AE) ['prɪnsɪpl]	Direktor(in)	a school **principal** ○ The **principal** gave us a tour around his school. ○ The **principal** of the school admitted that the boy's teacher knew that 'something like bullying' was going on.	5
15	☐ **instructor** (AE) [ɪn'strʌktə]	Lehrer(in)	a *popular / respected* **instructor** ○ an experienced **instructor** ○ an **instructor** *in math / at the local swimming-pool* ○ a *swimming / driving / physical education / ski* **instructor**	5
16	☐ **guidance counselor** (US) ['gaɪdns ˌkaʊnslə]	Beratungslehrer(in)	see a **guidance counselor** ○ ask a **guidance counselor** for *help / advice*	6
17	☐ **school** [skuːl]	Schule Schul-	*start / go to / attend / finish / leave / drop out of* **school** ○ It used to be a girls' single-sex **school** but now it has gone co-ed [gemischt]. ○ My mother will have to go to **the school** to see the headmistress. ○ a **school** uniform ○ **school** fees [Schulgeld] ○ the **school** year / report [Zeugnis]	1
			■ Use **the** with **school** only when it refers to the building.	
18	☐ **state school** (GB) ['steɪt ˌskuːl]	staatliche Schule	a *leading / top* **state school** ○ send children to a Catholic **state school** ○ They want to free all 25 000 **state schools** from local authority [Behörde] control.	3
19	☐ **primary school** (GB) ['praɪmərɪ ˌskuːl]	Grundschule	The reading ability of the pupils depends on the quality of the **primary school** they attended. ○ He left school after getting his **primary school** certificate [Abschlusszeugnis] and started work as a technician.	4
20	☐ **secondary school** ['sekəndrɪ ˌskuːl]	weiterführende Schule	select the right **secondary school** for your children ○ Since her 13-year-old daughter started at **secondary school**, her week has been dominated by homework, not housework. ○ Eve is studying for A-levels at her local **secondary school**, hoping for good grades. ○ a **secondary school** library	4
21	☐ **secondary modern school** (GB) [ˌsekəndrɪ 'mɒdn ˌskuːl]	Mischung aus Haupt- und Realschule	a 1000-pupil **secondary modern school** ○ Very few of Britain's schoolchildren attend **secondary modern schools**. ○ The present Archbishop of Canterbury left Bifrons **Secondary Modern School** at 15 without a qualification [Abschluss].	6
22	☐ **comprehensive school** (GB) [kɒmprɪ'hensɪv ˌskuːl]	Gesamtschule	The majority of secondary schools in Britain are **comprehensive schools**. ○ Is there an equal chance for a student in a grammar, private or **comprehensive school**?	4

23	☐ **grammar school** (GB) ['græmə ˌskuːl]	Gymnasium	A small number of state school pupils in Britain go to **grammar schools**. ○ Labour wants to abolish **grammar school**. ○ He went to the local **grammar school** until the sixth form.	6
24	☐ **college** ['kɒlɪdʒ]	Hochschule	*start / leave* **college** ○ She's going to **college** to study engineering. ○ Many pupils do their A-levels at **Sixth Form College** [Oberstufenkolleg]. ■ False friend: The English word for German **Kollege** is **colleague**.	3
25	☐ **boarding school** ['bɔːdɪŋ skuːl]	Internat	a *girls' / boys' / mixed* **boarding school** ○ an exclusive **boarding school** ○ a **boarding school** for pupils with special needs	5
26	☐ **public school** (GB) [ˌpʌblɪk 'skuːl]	teure Privatschule, meist mit Internat	Eton and Harrow are two of England's most famous **public schools**. ○ She was educated at a **public school** in Devon. ○ **Public schools** are usually strict on discipline. ○ speak with a **public school** accent ○ His parents spent thousands of pounds on **public school** education.	5
27	☐ **classroom** ['klɑːsruːm]	Klassenzimmer	overcrowded **classrooms** ○ keep *order / discipline* in the **classroom** ○ **classroom** activities ○ Computers are becoming an important **classroom** tool. ○ **Classroom** stress is growing. ○ She had little **classroom** experience.	1
28	☐ **attend** [ə'tend]	besuchen teilnehmen an	**attend** a *course / seminar* regularly ○ All children over five must **attend** school. ○ She **attended** an expensive private school. ○ *average / poor* **attendance** [Besuch]	3
29	☐ **be present** [biː 'preznt]	da sein anwesend sein	Now that the whole class is **present**, we can begin the lesson.	1
30	☐ **be absent** [biː 'æbsənt]	fehlen abwesend sein	Who is **absent**? ○ Why was Tom **absent from** school today? ○ His repeated **absence** [Fehlen] **from** school is worrying.	4
31	☐ **truant** ['truːənt]	Schwänzer(in)	The average **truant** spent 17 days a year away from school. ○ She was expelled [verweisen] from school for **playing truant** [schwänzen].	6
32	☐ **note** [nəʊt]	Entschuldigung	His father had to write a **note** to the form teacher. ○ Don't forget to bring a **note** next time.	6
33	☐ **timetable** (BE) ['taɪmˌteɪbl]	Stundenplan	a change in the **timetable** ○ Students have an extremely full **timetable**, often with as many as 35 hours a week.	4
34	☐ **schedule** (AE) ['skedʒʊl]	Stundenplan	a full **schedule** ○ *plan / change* a **schedule** ○ She expected a tight **schedule** of lessons to be taught within the curriculum [Lehrplan].	6
35	☐ **assembly** [ə'semblɪ]	Versammlung (zur Morgenandacht)	Morning **assembly** is held in the school hall. ○ The headmaster addressed our **assembly** about the abuse [Missbrauch] of four-letter words [Kraftausdrücke].	6
36	☐ **period** ['pɪərɪəd]	Stunde	a teaching **period** of 45 minutes ○ a *double* **period** of maths on Fridays ○ a *free / question-and-answer* **period** ○ Which **period** do we have English on Thursday?	3
37	☐ **lesson** ['lesn]	Stunde	a French **lesson** ○ Hurry up so we can start the **lesson**. ○ We'll deal with this question in our next **lesson**. ○ Can I be excused [frei bekommen] last **lesson**, sir?	1
38	☐ **break** [breɪk]	Pause	a *short / long* **break** ○ The bell sounded [läuten] for **break**. ○ During the war all children were given one-third of a pint [halber Liter] of milk during morning **break**.	4
39	☐ **class** [klɑːs]	Stunde Klasse	I must hurry, I have a German **class** at four. ○ We were in the same **class** at school. ○ The remedial [Förder-] **class is/are** difficult to teach. ○ The **class likes/like** word games. ○ the **class** size	1
40	☐ **form** (BE) [fɔːm]	Klasse	What **form** is James in? ○ Who is your **form teacher**?	5
41	☐ **grade** (AE) [greɪd]	Klasse	go *up / down* a **grade** ○ Children start school in the first **grade**. ○ She's in the fifth **grade** now.	5
42	☐ **course** [kɔːs]	Kurs Lehrgang	a three-year **course** ○ *attend / do / complete / pass / fail / drop out of / organize* a **course** ○ She took a **course** in chemistry. ○ The **course** *deals with / treats* problems of the Third World.	4

43	☐	**extra-curricular activities** [ˌekstrəkəˈrɪkjʊlə ækˈtɪvətɪz]	Arbeitsgemein-schaften	*offer / introduce* **extra-curricular activities**. ○ She takes part in many **extra-curricular activities**, including music, sport and drama. ○ **Extra-curricular activities** give students the chance to mix with the other sex socially.	5
44	☐	**set** [set]	Kurs(gruppe)	Jane is in the top history **set**. ○ Pupils are **set** [in Gruppen einteilen] by ability, so that the brightest are not held back and the slower ones are given more time.	6
45	☐	**sixth form** (GB) [ˈsɪksθ fɔːm]	Oberstufe Sekundarstufe II	English children take A-levels in the **sixth form**. ○ He's in the **sixth form**; next year he's going to university. ○ In the **sixth form** many students learn how to work on their own and grow up. ○ a **sixth-form** *student / pupil / college / reading-room / library*	5
46	☐	**leave school** (BE) [liːv ˈskuːl]	von der Schule abgehen	Pupils should **leave school** with something of real use to them. ○ What will they do when they **leave school**? ○ **school-leaving** age	3
47	☐	**drop out, -pp-** [ˌdrɒp ˈaʊt]	abbrechen, vor-zeitig abgehen	You would be a fool to **drop out** of school in the sixth form. ○ He **dropped out** of school during A-levels because of personal and family problems. ○ a **drop-out** [Schulabbrecher].	5
48	☐	**schoolchildren** [ˈskuːltʃɪldrən]	Schüler(innen) Schulkinder	primary **schoolchildren** ○ raise standards and expectations of British **schoolchildren** ○ **schoolboy** humour ○ a 13-year-old **schoolgirl**	3
49	☐	**pupil** (meist BE) [ˈpjuːpl]	Schüler(in)	a *good / bright / poor / weak / lazy* **pupil** ○ an *excellent / interested / average* **pupil** ○ If **pupils** are unhappy with their mark, they can retake [wiederholen] the exam as often as they wish.	1
				■ The American word for German **Schüler** is **student**.	
50	☐	**classmate** [ˈklɑːsmeɪt]	Mitschüler(in)	a former **classmate** ○ He was not always popular among his **classmates**. ○ Chris and I were **classmates** at Starkenburg Grammar School.	4
51	☐	**student** [ˈstjuːdnt]	Student(in)	a *good / bad / weak* **student** ○ She's a second-year **student** at university in Preston. ○ The student's performance [Leistung] in the exam was excellent. ○ **student** poverty ○ a **student** loan [Darlehen]	1
52	☐	**school leaver** (BE) [ˈskuːl ˌliːvə]	Schulabgän-ger(in)	an *early / unemployed* **school leaver** ○ jobs for **school leavers** ○ It is about time we stop preparing our **school leavers** for a world which no longer exists. ○ Are the job prospects [Aussicht] for graduates no better than for **school leavers**?	5
53	☐	**university** [ˌjuːnɪˈvɜːsəti]	Universität Hochschule	*go to / leave / drop out of / be expelled from* [verweisen] **university** ○ She's studying medicine at **Edinburgh University**. ○ a **university** *student / professor / reform* ○ apply for a **university place** [Studienplatz] ○ pay for **university education** [Studium]	3
54	☐	**seminar** [ˈsemɪnɑː]	Seminar	a *private / business / training* **seminar** ○ a **seminar** for *teachers / medical students* ○ a **seminar on** *modern art / polluted water* ○ *organize / arrange / hold / attend / take part in* a one-day**seminar** ○ a **seminar** *room / programme / group*	5
55	☐	**professor** [prəˈfesə]	Professor(in)	a *college / university / guest* **professor** ○ a **professor** at London University ○ a **professor** of *literature / engineering / modern history* ○ He was made [ernennen] a **professor** at the age of 39. ○ **Professor** Holloway is a cancer specialist.	3
56	☐	**academic** [ˌækəˈdemɪk]	akademisch, wissenschaftlich	**academic** life ○ **academic** freedom ○ an **academic** degree ○ the **academic** year ○ **academic** *questions / discussions / subjects such as history* ○ Jane wants an **academic** career.	5
				■ False friend: The English word for German **Akademiker(in)** is **(university) graduate**.	
57	☐	**graduate** [ˈɡrædʒʊət]	Hochschulabsol-vent(in) Akademiker(in)	a *high school / college / university* **graduate** ○ a highly skilled **graduate** ○ She **graduated** [Studium abschließen] **from** Harvard with a degree [Diplom] in law.	5
58	☐	**scholarship** [ˈskɒləʃɪp]	Stipendium	a *state / university* **scholarship** ○ *apply for / get / receive* a **scholarship** ○ He hopes to win [bekommen] a **scholarship to** London university to study law. ○ She spent two years **on** a Fulbright **scholarship** in New York.	4

401 Schulfächer

art 12	drama 13	geography 8	Latin 11	physics 5
biology 7	drawing 14	gym 19	maths 4	religious education 16
chemistry 6	foreign language 10	gymnastics 18	music 15	science 3
computer studies 2	games 20	history 9	physical education 17	subject 1

1	☐ **subject** ['sʌbdʒɪkt]	Fach	school **subjects** ○ a *main / secondary* [Neben-] **subject** ○ an *optional* [Wahl-] **subject** ○ a *required* [Pflicht-] **subject** ○ a *core* [Kern-] **subject** ○ *study / take* a **subject** ○ What was your favourite **subject** when you were at school?		3
2	☐ **computer studies** [kəm,pjuːtə 'stʌdɪz]	Informatik	take a course in **computer studies** ○ In physics, finance and **computer studies**, girls now achieve more top pass [mit Auszeichnung bestanden] grades than boys. ○ **computer studies** classes		4
3	☐ **science** ['saɪəns]	(Natur-)Wissenschaft	*applied* **science** ○ the *natural* **sciences** ○ a **science** student ○ be *good / bad* at **science** ○ Her **science** grades were too low to qualify her for ...		3
4	☐ **maths** (BE) (infml.) [mæθs]	Mathe(matik)	He's better at **maths** than at history. ○ The subject he likes least is **maths**. ○ Anne is studying A-level English, **maths** and physics.		4
			■ The American word for German **Mathe** is **math**.		
5	☐ **physics** ['fɪzɪks]	Physik	*modern / nuclear* **physics** ○ the laws of **physics** ○ a **physics** *textbook / teacher* ○ a nuclear **physics** research laboratory ○ Modern **physics** is based on geometry [Geometrie].		5
6	☐ **chemistry** ['kemɪstrɪ]	Chemie	*(in)organic* [(an)organisch] **chemistry** ○ *teach / take / study* **chemistry** ○ a **chemistry** lab		4
7	☐ **biology** [baɪ'ɒlədʒɪ]	Biologie	*applied / human* **biology** ○ a branch of **biology** ○ research in **biology** ○ a **biology** *lesson / class / subject / student* at York University		4
8	☐ **geography** [dʒɪ'ɒgrəfɪ]	Geographie Erdkunde	*economic / political* **geography** ○ She has an amazing knowledge of **geography**. ○ a **geography** *book / lesson / class* ○ *geographical* research		4
9	☐ **history** ['hɪstrɪ]	Geschichte	*ancient / modern* [neuere] / *social* **history** ○ the **history** of art ○ a student of German **history** ○ *take / study* **history** ○ take a **history** exam		3
10	☐ **foreign language** [,fɒrɪn 'læŋgwɪdʒ]	Fremdsprache	English as a **foreign language** ○ *teach / learn / speak / know / need* **foreign languages** ○ The number of **foreign language** A-level candidates has increased. ○ **foreign language** *courses / classes*		8
11	☐ **Latin** ['lætɪn]	Latein	the teaching of Greek and **Latin** ○ **Latin** could be a good way for helping multi-lingual [mehrsprachig] pupils find their feet [Boden unter die Füße bekommen] in English. ○ a **Latin** class		4
12	☐ **art** [ɑːt]	Kunst	The school is strong in music, drama, **art** and design. ○ **art** education ○ an **art** *student / teacher / college*		3

13	☐ **drama** ['drɑːmə]	Drama Schauspiel	He studied **drama** *with Eileen Thorndike / at Texas University*. ○ The school offers great opportunities for sport, music and **drama** [Schauspielunterricht]. ○ a **drama** *student / group*		4
14	☐ **drawing** ['drɔːɪŋ]	Zeichnen	*freehand / technical* **drawing** ○ the study of **drawing** ○ The **drawing** talent is common to all children.		5
15	☐ **music** ['mjuːzɪk]	Musik	**Music** is not very well organized at this school. ○ a **music** *teacher / lesson* ○ As a **music school** pupil for six years she learned to sing and play the piano.		1
16	☐ **religious education** (GB) [rɪ,lɪdʒəs edjʊ'keɪʃn]	Religionsunterricht	**Religious education** in many schools is poor. ○ Parents can withdraw [abmelden] their children from **religious education** without giving reasons.		5

17	☐ **physical education (PE)** [ˌfɪzɪkl edjʊˈkeɪʃn]	Turnen Sport	an instructor for **physical education** ○ do **PE** twice a week ○ Some people are worried about the standards of **physical education** in schools. ○ Are there enough team games during **PE** time?	4
18	☐ **gymnastics** [dʒɪmˈnæstɪks]	Turnen Gymnastik	do / practise **gymnastics** ○ a doctor's certificate [Attest] to excuse a pupil from **gymnastics** at school ○ **Gymnastics is** dominated by teenaged girls and young men. ○ a **gymnastics** *competition / class / club / team*	5
19	☐ **gym** [dʒɪm]	Turnen Turnunterricht	Do you enjoy **gym**? ○ **gym** *equipment / shoes / teachers* ○ Remember to take your **gym kit** [Turnsachen] to school. ○ We have PE in the **gym** [Turnhalle] once a week.	5
20	☐ **games** [ɡeɪmz]	Sport (Mannschaftsspiele)	team **games** ○ We have **games** on Wednesday afternoons. ○ What sort of **games** do you play? ○ All secondary schools will have to teach at least five **games** and take part in cup competitions. ○ a **games** room	3

402 Sprachunterricht

consonant 9	look up 17	read 3	spelling 7	translate 14	word 5
dictionary 16	pronounce 10	speak 2	stress *n* 13	translation 15	write 4
language 1	pronunciation 11	spell 6	stress *v* 12	vowel 8	

1	☐ **language** [ˈlæŋɡwɪdʒ]	Sprache Sprach-	*learn / study / master / speak / use* a **language** ○ It's *a difficult / quite an easy* **language** to learn. ○ English is the **language** of communication in this classroom. ○ **language** learners ○ a **language** lab	2
2	☐ **speak** [spiːk]	sprechen	**speak** *German / several languages / a little French / with a strong accent* ○ **speak** *slowly / clearly / quietly / loudly / correctly / fluently* ○ **speak about** a text ○ learn to **speak** ○ Can't you **speak** a little louder? ○ Pay attention when I'm **speaking to** you. ▲ SPEAKS – SPOKE – SPOKEN	1
3	☐ **read** [riːd]	lesen	**read** *the text / the first paragraph / line 10 / the notes / the instructions / an English novel* ○ **read** *silently / aloud / fluently* ○ He **read** the poem *through twice / aloud*. ○ **Read** your test **over** [durchlesen] **for** mistakes. ○ a highly **readable** [lesenswert] essay ▲ READS – READ – READ	1
4	☐ **write** [raɪt]	schreiben	learn to read and **write** ○ **write** a short *essay / text / summary* ○ **write** legibly [lesbar] ○ Please **write** on both sides of the paper and don't **write** in the margin [Rand]. ○ I haven't got anything to **write with/on**. ○ You may **write in** biro or pencil. ▲ WRITES – WRITING – WROTE – WRITTEN	1
5	☐ **word** [wɜːd]	Wort	*say / pronounce / write / spell / misspell / repeat / learn / understand / remember / forget* a **word** ○ explain the meaning of a **word** ○ put **words** in the proper order ○ What does the **word** 'Schutz' mean in English? ○ How do you write 'teapot' – is it one **word** or two? ○ Be careful with the **word order**. ○ If you translate something **word for word**, it's usually wrong. ○ a **four-letter word** [Wort mit 4 Buchstaben; Kraftausdruck]	1
6	☐ **spell** [spel]	buchstabieren schreiben	**spell** a word **in** English ○ **spell** a word with *a capital letter / small letters* ○ How do you **spell** 'receive'? ○ Is 'developed' **spelt** with one 'p' only? ○ You've **spelt** two words wrong. ○ Jane has never learnt to **spell** correctly. ○ Can you **spell out** that word for me? ○ The two words are **spelt** the same but pronounced differently. ▲ SPELLS – SPELT/SPELLED – SPELT/SPELLED	1
7	☐ **spelling** [ˈspelɪŋ]	Rechtschreibung Schreibung	Jane is very poor at **spelling**. ○ I knew what the word meant but I got the **spelling** wrong. ○ 'Color' is the American **spelling of** 'colour'. ○ You've made five **spelling mistakes** [Rechtschreib-].	4

8	☐ **vowel** ['vaʊəl]	Vokal Selbstlaut	a *clear / dark* **vowel** ○ The **vowel** 'e' in German 'Bett' is not the same as in English 'bed'. ○ Each language has a different **vowel system**.	6
9	☐ **consonant** ['kɒnsənənt]	Konsonant Mitlaut	The English **consonant** 'w' is difficult to pronounce for German learners of English.	6
10	☐ **pronounce** [prə'naʊns]	aussprechen	**pronounce** a word *correctly / wrongly / differently* ○ How do you **pronounce** your name? ○ How is the word s-c-h-o-l-a-r-s-h-i-p **pronounced**?	2
11	☐ **pronunciation** [prə,nʌnsɪ'eɪʃn]	Aussprache	Her **pronunciation** is *good / bad / poor / perfect*. ○ Listen to the correct **pronunciation**. ○ Her **pronunciation** has greatly improved.	4
12	☐ **stress** [stres]	betonen	**stressed** and **unstressed** syllables ○ You **stress** the first syllable in 'global': ['- -]	5
13	☐ **stress** [stres]	Betonung Akzent	the *main / secondary* [Neben-] **stress** ○ **Stress** and rhythm [Rhythmus] are important in speaking English. ○ In the word 'temperature' the main **stress** *is / falls* on the first syllable: ['- - -]. ○ a **stress mark** [Wortakzent]	5
14	☐ **translate** [trænz'leɪt]	übersetzen	**translate** *word for word / from English into German* ○ The word has been **translated** wrongly. ○ She works as a teacher and **translator** [Übersetzer].	3
15	☐ **translation** [trænz'leɪʃn]	Übersetzung	a *rough / free / close* [eng am Text] */ word-for-word* **translation** ○ a **translation from** German **into** English ○ *make / do* a **translation**	3
16	☐ **dictionary** ['dɪkʃənri]	Wörterbuch	an *English-German / a pronouncing* **dictionary** ○ *use / look up a word in* a **dictionary** ○ *give out / collect* the **dictionaries** ○ Can we use a monolingual [einsprachig] **dictionary** for this translation?	2

403 Üben, Übungsformen

answer *n* 12	essay 9	explanation 17	homework 1	repetition 25	summary 10
answer *v* 13	example 7	fill in 19	practice 3	revise 28	task 2
carry on 22	exercise 5	finish 24	practise 4	revision 27	topic 8
complete 23	exercise book 6	form *n* 15	put in 20	rewrite 14	
continue 21	explain 18	form *v* 16	repeat 26	summarize 11	

1	☐ **homework** ['həʊmwɜːk]	Hausaufgabe(n)	*difficult / easy* **homework** ○ *hand in / check / correct* your **homework** ○ Take out your **homework**, please. ○ Do your **homework** more *carefully / thoroughly*. ○ I'm afraid I couldn't do my **homework** because *it was too difficult / I was absent last time / I didn't know how to* .... ○ Have you done your maths **homework**? ○ What's the **homework**? ○ Could we go through the **homework** together, please? ○ Could you give us less **homework** for tomorrow? ○ I'm not going to set [aufgeben] any **homework** for Monday. ■ **Homework** can only be used in the singular.	3
2	☐ **task** [tɑːsk]	Aufgabe	a *difficult / tricky* **task** ○ It's a **task** you've never done before.	4
3	☐ **practice** ['præktɪs]	Übung	With **practice** you could get quite good at this. ○ She's had enough **practice** [hat genug geübt] to pass the test. ○ She arrived at choir **practice** [Probe] late. ○ **Practice** makes perfect. (proverb)	2
4	☐ **practise** ['præktɪs]	üben	**practise** *alone / with a partner / hard* ○ **practise** for an hour every day ○ You haven't been **practising** enough. ○ If you want to play a musical instrument, you have to **practise** every day. ■ The American spelling is practi**ce**.	2
5	☐ **exercise** ['eksəsaɪz]	Übung Aufgabe	a *difficult / grammar / spelling / vocabulary* **exercise** ○ an easy **exercise** for homework ○ *set / do / look at / rewrite / mark* an **exercise** ○ Let's go over the **exercise** together. ○ You'll find the **exercise** on page 42. ○ Let's go on to **exercise** number 3. ○ Let's try the next **exercise** orally before we write it down. ○ Finish off this **exercise** for homework. ○ **combination exercise** [Zuordnungsübung]	1
6	☐ **exercise book** ['eksəsaɪz ˌbʊk]	Heft	*open / shut* your **exercise books** ○ hand in your **exercise books** ○ Copy the questions down in your **exercise books**.	3

7	☐ **example** [ɪgˈzɑːmpl]	Beispiel	a *good / typical* **example of** ... ○ Can you give me an **example of** how this word is used? ○ Make 10 more sentences like the **example** I gave you. ○ Study, **for example**, the questions from a test.	1
8	☐ **topic** [ˈtɒpɪk]	Thema	an *important / interesting* **topic** ○ a *key / related* **topic** ○ *bring up / discuss* a **topic** ○ It's a popular **topic** of conversation among students.	5
9	☐ **essay** [ˈeseɪ]	Aufsatz Essay	a 10-page **essay** ○ an **essay** of 500 words ○ an **essay** *on Lincoln / about your family / for the school magazine* ○ an **essay by** George Orwell ○ The content of your **essay** is excellent, but it's not very well expressed.	5
10	☐ **summary** [ˈsʌməri]	Zusammenfassung	a fifty-word **summary** ○ a **summary** of a *text / passage / story* ○ a **summary** of *ideas / facts*	4
11	☐ **summarize, -ise** [ˈsʌməraɪz]	zusammenfassen	**summarize** *a chapter of a novel / results* ○ She **summarized** the plot for the class. ○ Is it absolutely necessary to **summarize** your main argument at the end of an essay?	6
12	☐ **answer** [ˈɑːnsə]	Antwort	the only **answer** ○ She *gave / had* no **answer to** their questions. ○ What's the **answer to** question 2? ○ Let's *look at / check / run through* the **answers** quickly. ○ Mark the right **answer** with a cross. ○ Write up the correct **answers** on the board. ○ an **answer** sheet [Bogen]	2
13	☐ **answer** [ˈɑːnsə]	beantworten antworten	**Answer** *questions 1-5 / the first four questions / all the questions*. ○ How did you **answer** the next question? ○ I've asked you a question. Now please **answer** me.	2
14	☐ **rewrite** [ˌriːˈraɪt]	neu schreiben	**Rewrite** the following sentences, leaving out the relative pronoun where possible. ○ This essay needs to be **rewritten**.	4
15	☐ **form** [fɔːm]	Form	a *singular / plural / verb* **form** ○ the **form** of *a poem / an exercise* ○ There are two past tense **forms** of the verb 'spell'.	3
16	☐ **form** [fɔːm]	bilden	**form** a sentence ○ Adverbs are often **formed** by adding '-ly' to an adjective.	4
17	☐ **explanation** [ˌekspləˈneɪʃn]	Erklärung	a simple **explanation** ○ *ask for / give / provide* an **explanation** ○ The **explanation** comes at the end. ○ The teacher seemed to be dissatisfied with my **explanation**. ○ We were given no **explanation**.	4
18	☐ **explain** [ɪkˈspleɪn]	erklären erläutern	**explain** *a grammar rule / what the word means / why the progressive form cannot be used* ○ **explain to** your classmates your point of view ○ It's *hard / easy* to **explain**. ○ First, I'll **explain** the new words. ○ If you don't understand the instructions, the teacher will **explain** them **to** you. ■ Remember to use **to** when you **explain** something to somebody.	2
19	☐ **fill in** [ˌfɪl ˈɪn]	einsetzen	**Fill in** 'a' or 'the' where necessary.	3
20	☐ **put in** [ˌpʊt ˈɪn]	einsetzen	**put in** *a suitable word / the missing letters* ▲ PUTS – PUTTING – PUT – PUT	3
21	☐ **continue** [kənˈtɪnjuː]	fortsetzen weiter (tun)	We'll **continue** *our work / our studies*. ○ How can you **continue** *to work / working* with so much noise going on around here?	2
22	☐ **carry on** [ˌkæri ˈɒn]	weitermachen	**Carry on** with the exercise for the rest of the lesson. ○ **Carry on** the good work!	3
23	☐ **complete** [kəmˈpliːt]	vervollständigen ergänzen	**Complete** the sentences *by adding an article / using the words provided*. ○ Use one of the following words to **complete** the sentence.	4
24	☐ **finish** [ˈfɪnɪʃ]	beenden aufhören (mit)	**finish** *your work / your homework / reading the text* ○ If you haven't **finished** [fertig sein], you can have some more minutes.	1
25	☐ **repetition** [ˌrepɪˈtɪʃn]	Wiederholung	*avoid / learn by* **repetition** ○ Technical skills can be mastered only by constant [ständig] **repetition**.	5
26	☐ **repeat** [rɪˈpiːt]	wiederholen	**Repeat** *the word after me / the exercise several times before going on to the next*. ○ Don't **repeat** this mistake. ○ I realize I'm **repeating** myself.	2
27	☐ **revision** [rɪˈvɪʒn]	Wiederholung Auffrischung	a **revision** of *tenses / reported speech* ○ **revision** exercises ○ Excessive [übertrieben] **revision** may do more harm than good.	5
28	☐ **revise** [rɪˈvaɪz]	wiederholen auffrischen	**revise** *your notes for the test / the irregular verbs* ○ Please **revise** the new words of unit 3 as there will be a test on Friday.	4

405 Partnerarbeit, Rollenspiel usw.

act 9	dialogue 5	group 3	part 8	point 12	prompt 10
activity 1	game 11	pair 4	partner 2	project 6	role-play 7

1	☐ **activity** [æk'tɪvətɪ]	Arbeit Projekt	*blackboard / textbook* **activity** ○ *take part in / break off* an **activity** ○ The course concentrated on two **activities**. ○ **group activity**	4
2	☐ **partner** ['pɑːtnə]	Partner(in)	*find / work with* a **partner** ○ a task for **partner** work	4
3	☐ **group** [gruːp]	Gruppe	*divide the class into* **groups** ○ *get into* **groups** *of four* ○ *join a* **group** ○ *work in* **groups** ○ There should only be three (pupils) in each **group**. ○ There is one too many in this **group**.	1
4	☐ **pair** [peə]	Paar [Partnerarbeit]	*work in* **pairs** ○ They mostly work in mixed **pairs**. ○ **pair work**	4
5	☐ **dialogue** ['daɪəlɒg]	Dialog	Let's act out this **dialogue**.	3
6	☐ **project** ['prɒdʒekt]	Projekt Aufgabe	*a two-month / term / special* **project** ○ *do / join / work on / complete / end / abandon* a **project** ○ **project work**	5
7	☐ **role-play** ['rəʊl pleɪ]	Rollenspiel	*learning through* **role-play** ○ *organize / do* a **role-play** *such as buying a ticket at a station* ○ *learn in* **role-play** *situations*	3
8	☐ **part** [pɑːt]	Rolle	*a small / leading / major* **part** *in a school play* ○ *learn / study* a **part** ○ She learned her **part** quickly. ○ You can read the **part** of Willie Loman.	2
9	☐ **act** [ækt]	spielen	Who would like to **act** this scene for us? ○ Now let's **act out** this conversation.	4
10	☐ **prompt** [prɒmpt]	Stichwort	She needed an occasional [gelegentlich] **prompt**. ○ Would you like to be the **prompter** [Souffleur] in our play?	6
11	☐ **game** [geɪm]	Spiel	*a guessing / spelling* **game** ○ This is a **game** with numbers and letters. ○ What about a **game** of 'Mastermind'?	1
12	☐ **point** [pɔɪnt]	Punkt	*get / score / lose* a **point** ○ *add up the* **points** ○ Two extra **points** for/to group A. ○ The first pupil to score ten **points** wins. ○ You lose a **point** if you answer wrong. ○ Our group leads by six **points**.	1

406 Prüfungen, Fehler, Korrektur usw.

A-level 3	do well/badly 8	good at 20	oral 5	satisfactory 22	unsatisfactory 24
cheat 9	entrance exam 2	grade 18	pass 13	school report 17	wrong 29
check 26	exam(ination) 1	hand out 7	poor 23	succeed 12	
copy 10	examine 27	mark *n* 19	qualification 14	take (an exam) 6	
correct *adj* 32	fail 15	mark *v* 30	repeat a year 16	test *n* 4	
correct *v* 31	fair 21	mistake 28	result 11	test *v* 25	

1	☐ **exam(ination)** [ɪg'zæm, ɪg,zæmɪ'neɪʃn]	Prüfung Examen	*a written / an oral* **exam** ○ He confessed to cheating in the final **exam**. ○ If you fail the **exam** you have only yourself to blame. ○ *achieve excellent* **exam results** ○ Hidden notes carried into the **exam room** hardly ever produce good results. ○ His **exam results** do not correspond with his ability. ○ **Examination** in progress – Do not disturb.	3
2	☐ **entrance exam** ['entrəns ɪg,zæm]	Aufnahmeprüfung	*introduce / face / take / pass / fail* an **entrance exam** ○ The university **entrance exam** was a bit difficult.	5

3	☐ **A-Levels =** **Advanced Level** **exams** [ˈeɪˌlevlz]	etwa: Abitur	**A-level** *students / classes / results* ○ **A-level** courses in *science / modern languages* ○ fail your **A-levels** ○ When are you taking your **A-levels**? ○ On Thursday, the upper sixth had their German **A-level** exam. ○ She had originally wanted to study medicine but didn't get good enough **A-level** grades. ■ **A-level** is an examination in a particular subject taken in schools in England and Wales, usually at the age of 18.	5
4	☐ **test** [test]	Test Prüfung Klassenarbeit	a *simple / difficult* **test** ○ a *vocabulary / grammar / reading* **test** ○ *give / do / expect / give back / pass / fail* a **test** ○ Learn these words because I'll be giving you a **test** in the next lesson. ○ Leave your **tests** on the desk as you go out. ○ Have you all *handed in / returned* your **tests**? ○ In the spelling **test** she only got one word wrong. ○ a **test** situation	3
5	☐ **oral** [ˈɔːrəl]	mündlich	an **oral** *test / exam* ○ take tests both **orally** and in writing ○ It's obvious that he's worried about his **oral** exam.	4
6	☐ **take (an exam)** [ˌteɪk ən ɪɡˈzæm]	(eine Prüfung) ablegen/machen	**take** *an important / a final* **exam** ○ She **took** the entrance **exam** for Oxford in 1990. ○ He failed his exams and he's going to have to **take** them again.	3
7	☐ **hand out** [ˌhænd ˈaʊt]	austeilen	**hand out** books to all pupils / test papers / exam papers to students	2
8	☐ **do well/badly** [ˌduː ˈwel/ˈbædli]	gut sein/ schlecht sein	David is **doing** very **well** in school. ○ She knew as soon as she'd come out of the exam that she had **done** [abschneiden] very **badly**. ○ It was quite possible to **do well** in certain subjects and still fail the exam. ○ I'm sure you could **do better**. ○ **Well done!**	4
9	☐ **cheat** [tʃiːt]	schummeln mogeln	**cheat** in an exam ○ He was caught **cheating**. ○ I don't want any **cheating**. ○ The techniques were devised [ausdenken] by Oxford English students in order to **cheat** in their own exams.	4
10	☐ **copy** [ˈkɒpi]	abschreiben	Check carefully what you've **copied down**. ○ Don't **copy from** your neighbour. ○ He was punished for **copying** during an examination.	1
11	☐ **result** [rɪˈzʌlt]	Ergebnis Resultat	a *good / brilliant / bad / predictable* test **result** ○ excellent A-level **results** ○ *expect / begin to show / achieve* good **results** ○ The **result** of the test was disappointing. ○ The pupils questioned the teacher about the test **results**.	2
12	☐ **succeed** [səkˈsiːd]	Erfolg haben	He's *likely / unlikely* to **succeed** at school. ○ I'm sure she'll **succeed** at university. ○ Her teacher is confident that all young people can **succeed**. ○ Nothing **succeeds** like success. (proverb)	3
13	☐ **pass** [pɑːs]	bestehen	**pass** a test / in French ○ She wasn't sure if she'd **pass** the entrance exam. ○ It's hard to believe that students could get every third question wrong and still **pass**. ○ **pass grades** A to C ○ The **pass mark** is set at 70%.	2
14	☐ **qualification** [ˌkwɒlɪfɪˈkeɪʃn]	Qualifikation	the *minimum / necessary* **qualification** ○ an *essential / additional* **qualification** ○ What **qualifications** do you need for this job? ○ She left school at 16 with no **qualifications** [Abschluss]. ○ Her **qualifications** are not recognized in other countries. ○ **over-qualification** for a job	5
15	☐ **fail** [feɪl]	durchfallen nicht bestehen	He **failed** the *test / exam / course* twice. ○ **Failing** the entrance exam was a bitter disappointment to him. ○ Five students **fail** the final exam on average. ○ She thinks that schools concentrate too much on pupils passing and **failing** exams.	2
16	☐ **repeat a year** [rɪˈpiːt ə jɪə]	(ein Jahr) wiederholen	It's very unusual for British schoolchildren to **have to repeat a year** [sitzen bleiben].	2
17	☐ **school report** [ˈskuːl rɪˌpɔːt]	Zeugnis	get a *good / bad* **school report** ○ A teacher wrote in Albert's **school report**: "Must be careful not to become a narrow-minded [engstirnig] scientist."	2

18	☐ **grade** [greɪd]	(Zeugnis-)Note Zensur	*good / bad / excellent / high / low* **grades** ○ *give / get / receive* **grades** ○ She got excellent **grades** last year. ○ The **grades** on an English school report are: A = very good, B = good, C = average, D = weak, E = unsatisfactory. ○ Sometimes employers pay little attention to your **grade**. ○ Do you think my exam **grade** will help?		4
19	☐ **mark** [mɑːk]	Note Zensur	**marks** for homework ○ GCSE **marks** ○ get *good / excellent / poor* **marks** in German ○ pass a test with top **marks** ○ give sb *high / low* **marks** for ... ○ What **mark** did you get last time? ○ You can't expect good **marks** when half the words are spelt wrong.		4
20	☐ **good at** [ˈgʊd æt]	gut in	*fairly / rather / quite / very* **good at** *English / drawing / explaining* ○ Helen used to be **good at** her schoolwork. ○ Do girls in single-sex school do **better at** science?		4
21	☐ **fair** [feə]	ganz ordentlich	His knowledge of French is **fair**, but he ought to be better.		3
22	☐ **satisfactory** [ˌsætɪsˈfæktrɪ]	befriedigend genügend	She hopes to achieve **satisfactory** test results. ○ Steve has made **satisfactory** progress since last year.		4
23	☐ **poor** [pʊə, pɔː]	schlecht mangelhaft		**poor** *grades / spelling* ○ Very many British schoolchildren are **poor** readers [schlecht im Lesen].	1
24	☐ **unsatisfactory** [ʌnˌsætɪsˈfæktərɪ]	unbefriedigend ungenügend		*highly / most* **unsatisfactory** exam results ○ *expect / get* **unsatisfactory** marks	4
25	☐ **test** [test]	prüfen testen		**test** the abilities of students ○ discuss methods of **testing** ○ All A-level courses should **test** students on their communication and information technology skills. ○ Some sort of **testing** is necessary if you want to motivate students.	3
26	☐ **check** [tʃek]	(über)prüfen kontrollieren		**check** the answers to a quiz ○ **Check** your answers on page 44. ○ **Check** the new vocabulary from the list at the back. ○ They introduced tests to **check on** students' progress.	3
27	☐ **examine** [ɪgˈzæmɪn]	prüfen	**examine** students *in history / in maths / on their knowledge of English grammar* ○ The papers are sent to external [schulfremd] **examiners**. ○ The business of **examining** in German schools is entrusted [anvertrauen] to the teachers themselves, with reasonable supervision [Aufsicht].		3
28	☐ **mistake** [mɪˈsteɪk]	Fehler	a *bad / serious / small / common / foolish* **mistake** ○ a slight [leicht] **mistake** ○ a *grammar / spelling* **mistake** ○ avoid **mistakes** ○ There are only a few **mistakes** in your essay. ○ Did anyone notice a **mistake**? ○ Even the cleverest students can make silly **mistakes**. ○ You must pay special attention to your spelling – you're making a lot of careless [Flüchtigkeits-] **mistakes**.		2
29	☐ **wrong** [rɒŋ]	falsch	a **wrong** *answer / expression / use of words* ○ Anything **wrong** in sentence 14? ○ Why is this sentence **wrong**? ○ You used the **wrong** tense. ○ There's nothing **wrong with** your answer.		1
30	☐ **mark** [mɑːk]	markieren korrigieren	**mark** the right answers with a cross ○ **mark** your own tests ○ I think you've **marked** [anstreichen] something wrong that's actually okay.		4
31	☐ **correct** [kəˈrekt]	korrigieren verbessern berichtigen	**correct** *mistakes / tests / your pronunciation / your exercise* ○ Is there anything to **correct** in sentence 5? ○ Listen again and **correct** yourself. ○ Who can **correct** Bill? ○ Is there anything that needs **correcting**? ○ **Correct** me if I'm wrong.		3
32	☐ **correct** [kəˈrekt]	richtig korrekt	the **correct** *answer / spelling* ○ Fill in the **correct** form of the verb. ○ Write the verbs in brackets in their **correct** form. ○ What is the **correct** pronunciation of this word? ○ What you said is perfectly **correct**.		2

408 Klassenzimmer, Medien, Schreibzeug usw.

biro 20	drawing board 32	overhead projector 6	register 14	transparency 7
board 1	drawing-nib 34	paperclip 26	rubber 22	triangle 30
calculator 11	drawing-pin 33	pen 16	ruler 28	
cassette 8	felt-tip 19	pencil 17	seat 13	
cassette-recorder 9	film 5	pencil-case 15	sharpener 18	
chalk 2	glue stick 27	picture 3	slide 4	
compass 29	headset 10	point 21	staple 25	
correcting fluid 37	India(n) ink 36	protractor 31	stapler 24	
desk 12	ink 35	punch 23	sticky tape 38	

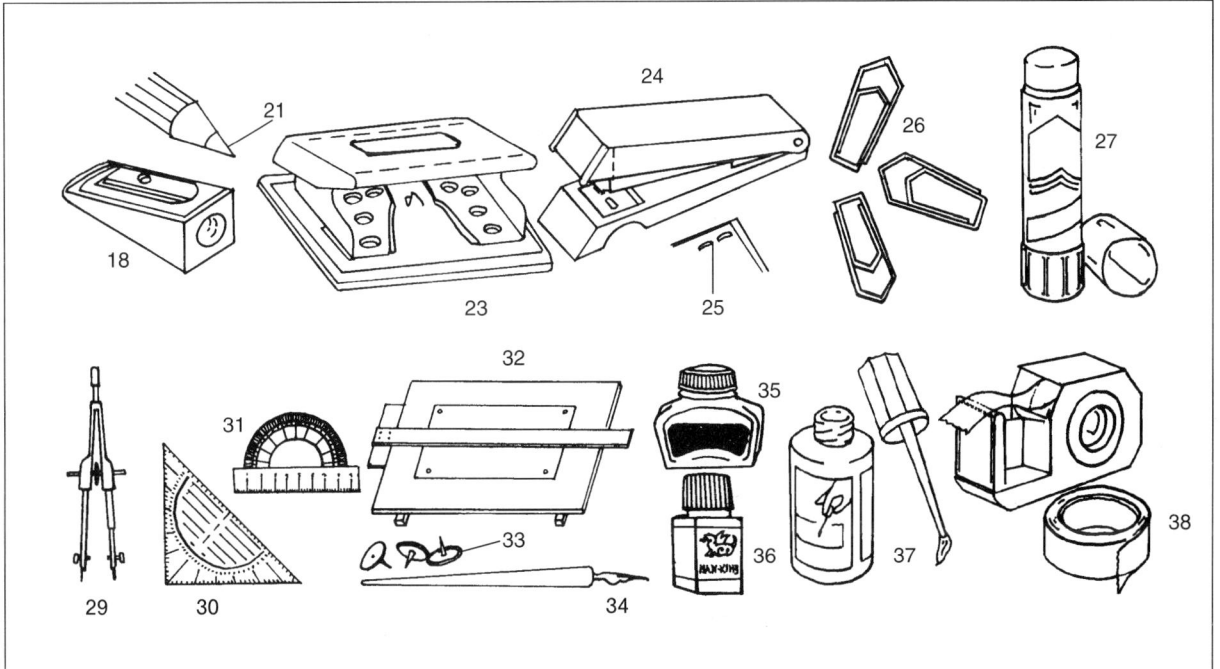

1	☐ **board** [bɔːd]	Tafel	go *out to / behind* the **board**. ○ Come out and write this sentence on the **board**. ○ Push the **board** up a bit. ○ Turn the **board** round. ○ Let's look at the examples on the **board**. ○ Leave everything on the **board**. ○ The **board** needs cleaning. ○ Whose turn is it to clean the **board**?	1
2	☐ **chalk** [tʃɔːk]	Kreide	*white / coloured* **chalk**. ○ Fetch *some / a piece / a box* of **chalk**. ○ We've run out of **chalk**. ○ Does anyone know where the **chalk** is kept? ○ Go and see if there's any **chalk** next door.	1
3	☐ **picture** [ˈpɪktʃə]	Bild Foto	Look at the **picture** ○ What's there in the *corner / background* of the **picture**? ○ In this **picture** you can see ... ○ We can't see the **picture** properly. ○ Can you hold the **picture** a little higher? ○ Read the text below the **picture**. ○ Have a look at this **picture** and then pass it on. ○ The **picture** is upside down [auf dem Kopf stehen].	1
4	☐ **slide** [slaɪd]	Dia	This **slide** will give you a good idea of ... ○ Next **slide**, please. ○ a **slide** presentation ○ Plug in [anschließen] the **slide** projector, please.	4
5	☐ **film** [fɪlm]	Film	a 16-millimeter **film** ○ an educational **film** ○ *make / show* a **film** ○ load [einlegen] a **film** ○ Who knows how to work the **film** projector?	2
6	☐ **overhead projector** [ˌəʊvəhed prəˈdʒektə]	Tageslichtprojektor	Can I set the **overhead projector** up? ○ He explained details of the tests with the aid of examples on an **overhead projector**. ○ She found it difficult to read what was written on the **overhead projector**.	5

408

7	☐ **transparency** [trænˈspærənsɪ]	Folie	Put the **transparency** on the projector. ○ Can I write the *sentences / answers* on the **transparency**?	6
8	☐ **cassette** [kəˈset]	Cassette	a *video / VHS* **cassette** ○ listen to the **cassette** of Irish music ○ The **cassette** was damaged in the cassette-recorder.	4
9	☐ **cassette-recorder** [kəˈset rɪˌkɔːdə]	Cassetten-recorder	*set up / switch on / switch off* a **cassette-recorder** ○ The **recorder** doesn't work properly.	3
10	☐ **headset** [ˈhedset]	Kopfhörer	a *high-tech / lightweight* **headset** ○ a **headset** with microphone ○ use the **headset** ○ *put on / take off / switch on / switch off* your **headset**	5
11	☐ **calculator** [ˈkælkjʊleɪtə]	Taschenrechner	I added up the bill on my **pocket calculator**. ○ PCs are becoming tools, comparable [vergleichbar] to **calculators** a generation ago.	3
12	☐ **desk** [desk]	Schülertisch	Put your **desks** in groups of four. ○ Turn your **desk** so that it faces the board. ○ Push your **desks** back to where they *where / belong*. ○ Take your feet off the **desk**.	1
13	☐ **seat** [siːt]	Platz Sitzplatz	*sit in / go back to* your **seats** ○ Is there anyone without a **seat**? ○ Don't stand up. Stay in your **seats**. ○ Is there a spare [frei] **seat** anywhere? ○ Who would like to make me a **seating plan** [Klassenspiegel, Sitzplan]?	1
14	☐ **register** (BE) [ˈredʒɪstə]	Klassenbuch	The form teacher called the names on the **register**. ○ Could you pass me the **register**? ○ She hasn't filled in the **register**.	4
15	☐ **pencil-case** [ˈpensl keɪs]	Federtasche Federmäppchen	a *red / brown* **pencil-case** ○ a *leather / plastic* **pencil-case**	3
16	☐ **pen** [pen]	Füller Stift	Have you got a **pen** with you? ○ Can I borrow your **pen** please? ○ My **pen** has run out, can I write in pencil?	1
17	☐ **pencil** [ˈpensl]	Bleistift	Has anybody got an extra **pencil**? ○ Have you all got your coloured **pencils** with you? ○ Should I sign my name in **pencil** or in ink [Tinte]? ○ Stop writing. The time is up. Put your **pencils** down.	1
18	☐ **sharpener** [ˈʃɑːpnə]	Spitzer	▷ *PIC. 18* a *battery-operated / an electric* (pencil) **sharpener** ○ Can I borrow your **sharpener** please?	6
19	☐ **felt-tip** [ˈfelt tɪp]	Filzstift	Here's a **felt-tip** (pen). Come and write your answers on the transparency.	2
20	☐ **biro** (BE) [ˈbaɪərəʊ]	Kugelschreiber Kuli	Whose **biro** is this? ○ Can I *borrow / use* your **biro** for a moment? ○ write **in biro**	4
			■ The American word for German **Kugelschreiber** is **(ball-point) pen**.	
21	☐ **point** [pɔɪnt]	Spitze	▷ *PIC. 21* the **point** of a *pencil / pen / biro* ○ a broken **point**	1
22	☐ **rubber** (BE) [ˈrʌbə]	Radiergummi	Who has got a **rubber**? ○ Could I borrow your **rubber**, please? ○ You'd better **rub out** [ausradieren] the mistakes you've made.	3
			■ The American word for German **Radiergummi** is **eraser**. Rubber is an informal American word for German **Kondom**.	
23	☐ **punch** [pʌntʃ]	Locher	▷ *PIC. 23*	6
24	☐ **stapler** [ˈsteɪplə]	Hefter	▷ *PIC. 24*	6
25	☐ **staple** [ˈsteɪpl]	Heftklammer	▷ *PIC. 25*	6
26	☐ **paperclip** [ˈpeɪpə klɪp]	Büroklammer	▷ *PIC. 26*	6
27	☐ **glue stick** [ˈgluː stɪk]	Klebestift	▷ *PIC. 27*	4
28	☐ **ruler** [ˈruːlə]	Lineal	a *wooden / steel / plastic* **ruler** ○ a twelve-inch **ruler** ○ use a **ruler** to draw straight lines ○ Use a pencil and **ruler** to underline the most important words.	4
29	☐ **compass** [ˈkʌmpəs]	Zirkel	▷ *PIC. 29* The **compass** is a V-shaped instrument used for drawing circles.	6
30	☐ **triangle** [ˈtraɪæŋgl]	Dreieck	▷ *PIC. 30*	4

31	☐ **protractor** [prəˈtræktə]	Winkelmesser	▷ PIC. 31 Bring a pen, pencil, rubber, ruler, **protractor** and calculator to the mathematics test.	6
32	☐ **drawing board** [ˈdrɔːɪŋ bɔːd]	Reißbrett	▷ PIC. 32	5
33	☐ **drawing-pin** (BE) **thumbtack** (AE) [ˈdrɔːɪŋ pɪn, ˈθʌmtæk]	Reißbrettstift	▷ PIC. 33	5
34	☐ **drawing-nib** [ˈdrɔːɪŋ nɪb]	Zeichenfeder	▷ PIC. 34	5
35	☐ **ink** [ɪŋk]	Tinte	▷ PIC. 35 Rewrite the text **in ink**. ○ Mistakes are underlined **in** red **ink**. ○ Entries [Einsendung] must be **in ink** in block capitals.	2
36	☐ **India(n) ink** [ˌɪndjə ˈɪŋk]	Tusche	▷ PIC. 36 red / blue / black **Indian ink** ○ Rembrandt drawings **in** brown **ink** ○ do pen and **ink** drawings	3
37	☐ **correcting fluid** [kəˈrektɪŋ ˌfluːɪd]	Korrekturflüssigkeit	▷ PIC. 37	4
38	☐ **sticky tape** [ˈstɪki teɪp]	Klebeband	▷ PIC. 38	5

409 Lehrbuch, Lehrbucharbeit

apostrophe 25	comma 21	hyphen 22	paragraph 5	semi-colon 17
book 1	dash 23	letter 11	period 14	sentence 7
bracket 24	dot 15	line 6	phrase 8	syllable 10
capital (letter) 12	exclamation mark 18	margin 4	question mark 20	textbook 2
colon 16	full stop 13	page 3	quotation marks. 19	word 9

1	☐ **book** [bʊk]	Buch	One **book to** every three pupils. ○ Don't anybody forget their **book** next time. ○ Open your **books** at page 15. ○ Use the alphabetical list of words at the back of the **book**. ○ Turn your **books** over. ○ Shut your **books** and put them away. ○ Can you pass this **book** round?	1
2	☐ **textbook** [ˈtekstbʊk]	Lehrbuch	a standard **textbook** ○ a **textbook** on the subject of ... ○ a school history **textbook** ○ I've left my **textbook** at school.	5
3	☐ **page** [peɪdʒ]	Seite	at the *top / bottom* of a **page** ○ on *the opposite / right-hand* **page** ○ according to **page** 7 ○ see **page** 7 ○ Look at the exercise **on page** 7. ○ Turn **to page** 7. ○ Let's move to the next **page**. ○ Start each answer on a new **page**. ○ Turn back to the previous **page**.	1
4	☐ **margin** [ˈmɑːdʒɪn]	Rand	leave a *wide / narrow* **margin** ○ write a comment **in** the **margin** ○ Read the note **in** the left-hand **margin**.	4
5	☐ **paragraph** [ˈpærəɡrɑːf]	Absatz Abschnitt	the *first / opening / following / last / final* **paragraph** ○ *at the beginning / in the middle / towards the end* of the **paragraph** ○ An earlier **paragraph** *is concerned with / describes* ... ○ The word is in the first **paragraph**, second line. ○ Let's read the **paragraph** at the top of the page. ○ Read on to the end of the **paragraph**. ○ What does the author say in this **paragraph**?	4
6	☐ **line** [laɪn]	Zeile	the *first / second* **line** ○ It's five **lines** from the *top / bottom*. ○ It's three **lines** further *up / down*. ○ Not the next **line**, but the one after that. ○ It's the last word of the *next / previous* **line**. ○ Start each paragraph on a new **line**. ○ Have a close look at the last **line**. ○ Start reading from **line** 10.	3
7	☐ **sentence** [ˈsentəns]	Satz	a *simple / positive / negative / complete* **sentence** ○ *make up / think of / write down* some **sentences** ○ Repeat the last **sentence**, please. ○ Translate the **sentence** into German. ○ Do you know what this part of the **sentence** is called?	3

409

8	☐ **phrase** [freɪz]	Ausdruck Wendung	a well-chosen **phrase** ○ What was the **phrase** [Formulierung] he used? – Culture shock. ○ 'Above all' and a 'cup of tea' are **phrases** [Wortgruppe]. ■ False friend: The English word for German **Phrase** is **cliché**.	4
9	☐ **word** [wːd]	Wort	a *common / rare* **word** ○ underline the unknown **words** ○ explain the meaning of a **word** ○ Write the **word** *next to / below / above* ... ○ Look up the **words** you don't know in the dictionary. ○ The **word** 'gay' now has a completely different meaning. ○ Retell the story in your own **words**. ○ Write an essay of about 400 **words**. ○ Be careful with the **word order**.	1
10	☐ **syllable** [ˈsɪləbl]	Silbe	'Chemistry' is a word with three **syllables**. ○ stress a word on the second **syllable** ○ a **four-syllable** word	6
11	☐ **letter** [ˈletə]	Buchstabe	*small / capital* **letters** ○ Write the word 'BERLIN' **in** block **letters**. ○ The signal was **in** Morse **letters**.	2
12	☐ **capital (letter)** [ˌkæpɪtl ˈletə]	Großbuchstabe	The word 'SMALL' is **in capitals**. ○ He makes important points by putting the key words **in capital letters**.	4
13	☐ **full stop** (BE) [ˌfʊl ˈstɒp]	Punkt	put a **full stop** ○ There should be a **full stop** at the end of the sentence.	5
14	☐ **period** (AE) [ˈpɪərɪəd]	Punkt	In a piece of writing a **period** shows the end of a sentence. ○ That's my final word, **period**!	5
15	☐ **dot** [dɒt]	Punkt Pünktchen	Join [verbinden] the **dots** to complete the drawing. ○ This laser printer prints at either 600 or 1200 dots per inch (dpi).	5
16	☐ **colon** [ˈkəʊlən]	Doppelpunkt	A **colon** is used before before a list, explanation or an example.	5
17	☐ **semi-colon** [ˌsemɪˈkəʊlən]	Semikolon	put in a **semi-colon** ○ A **semi-colon** separates parts of a sentence or items in a list.	5
18	☐ **exclamation mark** [ˌekskləˈmeɪʃn mɑːk]	Ausrufezeichen	There's an **exclamation mark** here. ○ An **exclamation mark** at the end of a sentence expresses anger, joy, surprise or other strong emotions.	5
19	☐ **quotation mark** [kwəʊˈteɪʃn mɑːk]	Anführungszeichen	Put the word **in quotation marks**. ○ **Quotation marks** are used at the beginning and end of direct speech.	5
20	☐ **question mark** [ˈkwestʃən mɑːk]	Fragezeichen	Put a **question mark** at the end of a direct question. ○ There was a very big **question mark** over the company's future.	5
21	☐ **comma** [ˈkɒmə]	Komma	Put a **comma** after this word. ○ Can we leave the **comma** in this relative sentence out? ○ In English, a **comma** generally shows a pause in speech [Sprechpause].	5
22	☐ **hyphen** [ˈhaɪfn]	Bindestrich	**Hyphens** are used to join [verbinden] two words together. ○ Here are some examples of **hyphenated** words: Ruth Miller-Swan ○ his ex-wife, Anglo-American relations, a ten-dollar bill, a three-day journey.	5
23	☐ **dash** [dæʃ]	Gedankenstrich	**Dashes** are often used in informal writing.	5
24	☐ **bracket** [ˈbrækɪt]	Klammer	*round / square* **brackets** ○ Write the verbs **in brackets** in their correct form. ○ Put your name **in brackets** at the bottom of the page.	5
25	☐ **apostrophe** [əˈpɒstrəfɪ]	Apostroph	An **apostrophe** is often used to show that one or more letters or numbers have been left out. Examples: I'm = I am, I've = I have, '96 = 1996.	5

410 Textarbeit

action 56	climax 57	ending 58	infer 22	motive 34	structure 47
analyse 17	comment *n* 19	excerpt 6	interpret 20	narrator 37	style 35
aspect 42	comment *v* 18	fable 15	interpretation 21	non-fiction 10	subject 33
associate 23	connotation 44	fairy story 14	introduce 51	novel 11	summarize 29
association 24	content 49	fiction 9	introduction 52	passage 5	summary 30
atmosphere 55	context 2	figurative 46	introductory 53	point of view 41	text 1
author 36	deal with 16	form 48	literary 45	prose 8	theme 31
chapter 4	describe 25	function 50	literature 7	setting 54	title 3
character 38	description 26	hero 39	meaning 43	short story 13	topic 32
characterize 27	discuss 28	heroine 40	moral 59	story 12	

1 ☐ **text** [tekst] — Text — *an original / a poetic* **text** ○ *deal with / look at / read / study / analyse / interpret* a **text** ○ translate a **text** into German ○ The **text** is *an excerpt from a novel / a part of a story / a scene from a play.* ○ The **text** can be divided into three *parts / passages.* ○ Read the **text** carefully and then answer the questions. ○ How much time have we got for the **text production** section? — 3

2 ☐ **context** ['kɒntekst] — Zusammenhang, Kontext — Guess the meaning of a word **from the context**. ○ This statement, taken **out of context** gives a wrong impression. ○ That speech is from 'Hamlet', but I do not know the exact **context**. ○ It is relevant in this **context** that ... — 5

3 ☐ **title** ['taɪtl] — Titel — a *strange / well-chosen* **title** ○ The book *appeared / was published* under the **title** ... ○ The **title** provides several possibilities of interpretation. ○ The books's **title** is meant ironically [ironisch]. ○ the **title page** — 3

4 ☐ **chapter** ['tʃæptə] — Kapitel — the *first / opening / closing / final* **chapter** ○ in **chapter** one ○ at the end of the first **chapter** ○ In the opening **chapter** the author sets the scene of the novel. ○ This question will be discussed in detail in **chapter** 3. ○ Please read **chapter** 2 for homework. — 2

5 ☐ **passage** ['pæsɪdʒ] — Passage, Stelle, Abschnitt — a **passage from** a *book / a novel / the Bible* ○ The **passage** has a *light / humorous / serious / sad* tone. ○ Read the following **passage** and answer the questions below. ○ The students were given a **passage from** a novel to discuss in detail. ○ The author apologized to Jewish organisations for a **passage** in his book. — 4

6 ☐ **excerpt** ['eksɜːpt] — Auszug, Exzerpt — read an **excerpt from** a book ○ The newspaper is publishing **excerpts from** *a play / her latest novel / a weekly magazine.* — 6

7 ☐ **literature** ['lɪtrətʃə] — Literatur — *modern / 20th-century / classic / British / German / world / dramatic* **literature** ○ contemporary [zeitgenössisch] **literature** ○ essays on **literature** ○ The **literature** of a period reflects its values and tastes. ○ He doesn't have the time to read all the **literature on** the latest medical research. ○ a **literature** *professor / course* — 5

8 ☐ **prose** [prəʊz] — Prosa — write in **prose** ○ He tells stories in clear **prose**. ○ She brings history to life with her beautifully written **prose**. ○ a **prose** *writer / poem* — 6

9 ☐ **fiction** ['fɪkʃn] — (Prosa-)Literatur, Dichtung — *popular / modern / serious* **fiction** ○ *write / read* **fiction** ○ a *writer / work* of **fiction** ○ Her **fiction** illustrates many aspects of life. ○ Patricia Highsmith wrote mostly **crime fiction** [Kriminalgeschichten]. ○ He doesn't like reading **fiction** on a computer screen. ○ a bestseller on the **fiction** list ○ **fictional** [frei erfunden] characters ○ Truth is often stranger than **fiction**. (proverb) — 4

10 ☐ **non-fiction** [ˌnɒnˈfɪkʃn] — Sachliteratur, Sachbücher — serious **non-fiction** ○ **non-fiction** for young people ○ She's written both fiction and **non-fiction**. ○ **non-fiction** *texts / books / bestsellers* ○ the **non-fiction** shelves in a library ○ For 31 weeks Preston has been on the **non-fiction** bestseller list with a book called 'The Hot Zone'. — 5

11	☐ **novel** ['nɒvl]	Roman	a historical **novel** ○ a prize-winning [preisgekrönt] **novel** ○ an Agatha Christie **novel** ○ a **novel** *based on fact / by Walter Scott* ○ the anti-slavery **novel** 'Uncle Tom's Cabin' ○ a passage from a **novel** ○ *write / publish / enjoy* a **novel** ○ read a **novel** in the original ○ make a **novel** into a film ○ The **novel** is set in 19th century London.	4
12	☐ **story** ['stɔːrɪ]	Geschichte Erzählung	a *true / false / humorous / sensational* **story** ○ a *strange / success* **story** ○ a *children's / love / ghost* **story** ○ an unlikely **story** ○ **stories** of the 1980s ○ *invent / make up / write / rewrite / read / enjoy / tell* a **story** ○ The **story** is taken from real life. ○ The **story** is told from the *author's / main character's* point of view. ○ The **story** describes *a day in the life of an American senator / is open-ended.* ○ The **story** is set in a prison camp. ○ The **story** has a *surprise / convincing* ending. ○ Is this **story** relevant today? ○ Let's summarize the main points of the **story**.	1
13	☐ **short story** [ˌʃɔːt 'stɔːrɪ]	Kurzgeschichte Erzählung	the *theme / beginning / climax / end* of a **short story** ○ the **short story** *is about / deals with / shows / focuses on / has got to do with / starts with / takes place / reaches its climax ...*	3
14	☐ **fairy story** **fairy tale** ['feərɪ ˌstɔːrɪ 'feərɪ ˌteɪl]	Märchen	*write / read / tell* a **fairy story** ○ He's like the prince in a **fairy story**. ○ a **fairy story** by *the Brothers Grimm / Hans Christian Andersen* ○ She's planning to record a **fairy tale**. ○ **fairy-tale** castles	6
15	☐ **fable** ['feɪbl]	Fabel	a **fable** by *Thurber / about the Indian prince Siddhartha* ○ In *his / her* **fable** the author *criticizes / wants to make us think about ...* ○ The animals in the **fable** behave as if they were human beings. ○ The moral of the **fable** can be interpreted in different ways.	5
16	☐ **deal with** ['diːl wɪð]	handeln von	This text **deals with** *Asian culture / the troubles of Ireland / poverty in developing countries.*	3
17	☐ **analyze, -yse** ['ænəlaɪz]	analysieren	**analyze** a *text / poem / situation* ○ The reader must **analyse** the sentence very closely to understand its meaning.	5
18	☐ **comment** ['kɒment]	kommentieren sich äußern	**comment on** a *theme / passage* ○ **comment on** the leading article of a paper	5
19	☐ **comment** ['kɒment]	Kommentar Kommentar-	*an intelligent / a stupid* **comment** ○ a **comment on** racism in Germany ○ make a **comment about** a text ○ the **comment pages** of the Times	5
20	☐ **interpret** [ɪn'tɜːprɪt]	interpretieren deuten	**interpret** a *text / word / phrase* ○ This passage is rather difficult to **interpret**. ○ **misinterpret**	4
21	☐ **interpretation** [ɪnˌtɜːprɪ'teɪʃn]	Interpretation Deutung	the **interpretation** of a *text / poem* ○ make an **interpretation** ○ It's difficult to say where facts end and **interpretation** begins.	5
22	☐ **infer, -rr-** [ɪn'fɜː]	(er)schließen folgern	**infer from** *her words / his reaction / appearance* that ... ○ It is reasonable to **infer** that ... ○ We had to **infer** what the author really meant. ○ It can only be **inferred from** this explanation that ...	5
23	☐ **associate** [ə'səʊʃɪeɪt]	assoziieren verbinden	**associate** *summer with sun / water with surfing / winter with snow / cigarettes with cancer* ○ She always **associated** warm weather **with** holidays by the sea.	4
24	☐ **association** [əˌsəʊsɪ'eɪʃn]	Assoziation	free **association** ○ the **association** of ideas ○ form an **association**	5
25	☐ **describe** [dɪ'skraɪb]	beschreiben schildern	**describe** a *picture / person* ○ The main character is **described as** being *reliable / cruel.* ○ They **described** the play **as** being like a poem. ○ Words can hardly **describe** the beauty of the scene.	2
26	☐ **description** [dɪ'skrɪpʃn]	Beschreibung Schilderung	a *clear / correct / thorough / lively* **description** ○ a **description** of *people / the hero / events / circumstances* ○ *give / provide* a **description** ○ The book opens with a **description** of ... ○ The diary contains a **description** of a maid's shock at the sinking of the Titanic in 1912.	3
27	☐ **characterize, -ise** ['kærəktəraɪz]	charakterisieren beschreiben	**characterize** sb **as** *a lazy / an honest* person ○ **characterize** *implicitly / explicitly* ○ The author **characterizes** his heroine **as** cold and heartless. ○ The hero is **characterized** by *his behaviour / what he says.*	5
28	☐ **discuss** [dɪ'skʌs]	besprechen erörtern	**discuss** a *story / novel / play* ○ Her latest book **discusses** the problems of the disabled.	3

29	☐	**summarize, -ise** ['sʌməraɪz]	zusammen-fassen	**summarize** a *text / story / chapter of a novel / results* ○ She **summarized** the plot for the class.	6
30	☐	**summary** ['sʌməri]	Zusammen-fassung	a *short / dry* **summary** ○ a **summary** of a *story / novel / report* ○ a **summary** of the final chapter ○ *give / make / write* a **summary**	6
31	☐	**theme** [θiːm]	Thema Leitgedanke	the *first / main* **theme** of the book ○ *literary / basic / common / relevant* **themes** ○ *analyse / develop* a **theme** ○ The text deals with a *serious / controversial* **theme**. ○ If there is a single dominant **theme** it is looking at the dead. ○ The **theme** is as relevant as ever.	5
32	☐	**topic** ['tɒpɪk]	Thema	a *popular / familiar / key / main* **topic** ○ a **topic** of conversation ○ *bring up / discuss / speak on / agree on* a **topic** ○ Global warming was the hot **topic** of the moment.	5
33	☐	**subject** ['sʌbdʒɪkt]	Thema Gegenstand	a standard text on the **subject** ○ *bring up / discuss / deal with / avoid* a **subject** ○ *change / drop* the **subject** ○ choose a **subject** for an essay	3
34	☐	**motive** ['məʊtɪv]	Motiv Beweggrund	The **motive for** her *behaviour / actions* lies in her character. ○ There was no apparent **motive** for suicide.	5
35	☐	**style** [staɪl]	Stil	a *clear / simple / natural / powerful / lively / sensational* **style** ○ a *poetic / flowery* **style** ○ She's a very popular writer but I just don't like her **style**.	4
36	☐	**author** ['ɔːθə]	Autor(in)	The **author** is concerned with social problems / creates an atmosphere of happiness by using ... ○ The **author** criticizes / blames / encourages ... ○ The **author** wants to make us aware of social problems.	4
37	☐	**narrator** [nə'reɪtə]	Erzähler(in)	On the opening page of the novel the **narrator** explains ... / points out / emphasizes / draws the reader's attention / makes the reader see ...	5
38	☐	**character** ['kærəktə]	Person	the **characters** in the novels of Charles Dickens ○ She is *the main / an important* **character**. ○ He is presented as a *friendly / likeable / sympathetic / thoughtful / thoughtless / brutal* **character**.	4
39	☐	**hero**, pl. **heroes** ['hɪərəʊ(z)]	Held	the **hero** of the *novel / play* ○ The **hero**, after many adventures, finally married the princess.	3
40	☐	**heroine** ['herəʊɪn]	Heldin	a *classical / romantic / feminist* **heroine** ○ play the **heroine** ○ The book's **heroine**, Stella, is every inch a drama queen.	3
41	☐	**point of view** [pɔɪnt]	(Erzähl-)Stand-punkt, (Erzähl-)Perspektive	*choose / adopt* an unusual **point of view** ○ present the events **from** *the author's / the main character's* **point of view** ○ explore the **point of view from** which the *play / novel / poem* was written ○ The reader sees things **from** a different **point of view**.	4
42	☐	**aspect** ['æspekt]	Aspekt Gesichtspunkt Seite	a *serious / frightening / humorous* **aspect** ○ This **aspect** of the novel *is of particular interest to the reader / appeals to many readers*. ○ Let's look at every **aspect** of the problem.	6
43	☐	**meaning** ['miːnɪŋ]	Bedeutung	a *clear / double / symbolic* **meaning** ○ the *real / ordinary* **meaning** ○ a poem with a *deeper / hidden* **meaning** ○ *know / understand / misunderstand / argue about* the **meaning** of a word ○ The word is not being used in its original **meaning**.	3
44	☐	**connotation** [ˌkɒnə'teɪʃn]	Beiklang Assoziation Konnotation	a *symbolic / historic / sexual / anti-semitic* **connotation** ○ This *word / phrase* has certain **connotations** for the reader. ○ For many people the word 'home' has a **connotation** of *love / warmth / closeness*.	6
45	☐	**literary** ['lɪtərəri]	Literatur-literarisch	a **literary** *magazine / talent / masterpiece / tradition / reputation / discussion* ○ **literary** qualities ○ a **literary** *prize / critic* [Kritiker] ○ His style is a bit too **literary** [gewählt] for my taste.	4
46	☐	**figurative** ['fɪɡərətɪv]	übertragen nicht wörtlich	a **figurative** use of a word ○ the literal [wörtlich] and **figurative** senses of a word ○ in a **figurative** sense ○ 'He exploded with rage' shows a **figurative** use of the verb 'explode'.	6
47	☐	**structure** ['strʌktʃə]	Struktur	the typical **structure** of a short story ○ The two poems are totally different in **structure**. ○ Your essay lacks **structure**.	4
48	☐	**form** [fɔːm]	Form Gestalt	different literary **forms** ○ an extreme contrast between **form** and content ○ computer graphics as a movie art **form**	3

4

49	☐ **content** ['kɒntent]	Gehalt Inhalt	the **content** of a *novel / poem* ○ The play is excellent in **content** and style. ○ The **content** of the essay is very good, but it's not well expressed. ○ His stories are all form and no **content**.	5
50	☐ **function** ['fʌŋkʃn]	Aufgabe Funktion	have an important **function** ○ serve a humorous **function** ○ The **function** of the image is to make the reader *see / realize / aware* that ...	4
51	☐ **introduce** [ˌɪntrə'djuːs]	einführen	A new character is **introduced** in Chapter 3.	3
52	☐ **introduction** [ˌɪntrə'dʌkʃn]	Einführung Einleitung	a *good / short / long / general* **introduction** ○ in the **introduction** to the *book / novel* ○ point out in the **introduction** ○ The book is an excellent **introduction to** good literature.	4
53	☐ **introductory** [ˌɪntrə'dʌktərɪ]	Einführungs- Einleitungs-	an **introductory** passage ○ He made a few **introductory** comments at the beginning of the book.	6
54	☐ **setting** ['setɪŋ]	Schauplatz	The **setting** of the story is *(in) a village / a hotel in Paris during the war*. ○ In the first paragraph the narrator describes the **setting**. ○ The **setting** *has a symbolic meaning / reflects the author's mood / contributes to the atmosphere of the play*. ○ The novel **is set** [spielen] in post-war Germany.	5
55	☐ **atmosphere** ['ætməsfɪə]	Atmosphäre	a *friendly / relaxed / warm / tense / tragicomic* **atmosphere** ○ create an **atmosphere** of *hatred / a courtroom drama* ○ The **atmosphere** changes at once. ○ The story lacks **atmosphere**.	3
56	☐ **action** ['ækʃn]	Handlung	There is *a lot of / little / hardly any* **action**. ○ The **action** of the novel *takes place on an island / covers a period of a day*. ○ The word '...' is central to the **action** of the story. ○ In the course of the story the **action** develops dramatically.	4
57	☐ **climax** ['klaɪmæks]	Höhepunkt	a predictable **climax** ○ at the **climax** ○ *lead to / come to / bring to / build* the **climax** ○ The **climax** of the story is the escape of a prisoner. ○ The **climax** of the poem is reached in line 10.	5
58	☐ **ending** ['endɪŋ]	Ende Schluss	an unexpected **ending** ○ The *story / play* has a *happy / funny / sad / depressing / moving / predictable / surprise* **ending**. ○ I find the **ending** of the story *confusing / absurd / disappointing*. ○ There's a happy **ending to** the story. ○ To reveal [verraten] the **ending** would spoil the story for the reader.	5
59	☐ **moral** ['mɒrəl]	Moral	The **moral** of the fable is: don't run before you can walk. ○ The **moral** of the story was that crime could pay.	4

410A Gedichtinterpretation

image 6	metaphor 7	rhyme 5	symbol 8	tone 10
line 4	poem 1	stanza 2	symbolic 9	verse 3

1	☐ **poem** ['pəʊɪm]	Gedicht	a short **poem** by John Betjeman ○ *read / translate / analyse / like / appreciate* a **poem** ○ *learn / know* a **poem** by heart [auswendig] ○ quote [zitieren] from a **poem** ○ The **poem** *is about / deals with / is concerned with* ... ○ The **poem** is *easy / hard* to understand. ○ Through the **poem** the poet makes us aware that ... ○ The **poem** consists of *4 verses / 4 stanzas / 11 lines*. ○ The **poem** appeals to young people.	3
2	☐ **stanza** ['stænzə]	Strophe	go through a poem **stanza by stanza** ○ The first **stanza** begins with a description of ... ○ In the second **stanza** the poet *introduces / describes* ... ○ The first and the last **stanza** are *quite simple / very similar / totally different / different in structure and tone*. ○ The rhyme pattern of the first three **stanzas** is very regular. ○ The reader must read the last **stanza** *very closely / several times*. ○ The last **stanza** *contains / conveys* the message of the poem.	5
3	☐ **verse** [vɜːs]	Strophe Vers	the last **verse** of a protest song ○ The poem consists of three **verses**. ○ Most of the play is written **in verse** [in Versform]. ○ The first and last **verse** are totally different.	5

4	☐ **line** [laɪn]	Zeile	a *famous / familiar* **line** from a poem by ... ○ remember some **lines** of a poem ○ read between the **lines** ○ In the first few **lines** the reader learns ... ○ Have a close look at the third **line**. ○ The last **line** of the poem kept running in her head. ○ an 11-**line** poem	3
5	☐ **rhyme** [raɪm]	Reim Vers sich reimen	*regular / irregular / end* **rhyme** ○ a poem *in* **rhyme** ○ The author makes use of the **rhyme** to *emphasize / underline* that ... ○ Can you put that into **rhyme**? ○ She made up a little **rhyme** to amuse the children. ○ What **rhymes** *with* 'white'? ○ The **rhyme** *scheme* [Reimschema] of the poem is a-b-a-b. ○ The **rhyme** *scheme contributes / adds* to the atmosphere of the poem.	6
6	☐ **image** ['ɪmɪdʒ]	Bild	a *well-chosen / strong / powerful* **image** ○ a poem full of **images** of love and terror ○ an **image** taken from the real world ○ The function of the **image** is to make the reader *aware / realize / see* that ... ○ The author uses the **image** to express her feelings *very well / convincingly*. ○ A guitar is the central **image** in the story. ○ His poetry uses brutal **images**.	5
7	☐ **metaphor** ['metəfə]	Metapher	the use of **metaphor** ○ A **metaphor** describes something by comparing it to something else that has similar qualities, without using the words 'like' or 'as': 'All the world's a stage'. (Shakespeare)	6
8	☐ **symbol** ['sɪmbl]	Symbol Zeichen	The word is used as a **symbol** *of love / peace*. ○ The bird is used as a **symbol** *of* freedom. ○ This **symbol** *stands for hope. / suggests the idea that* ...	5
9	☐ **symbolic** [sɪm'bɒlɪk]	symbolisch	**symbolic** language ○ The word has a **symbolic** meaning. ○ The rose is **symbolic** *of* [symbolisieren] love. ○ The violent sea is **symbolic** *of* the character's emotions.	5
10	☐ **tone** [təʊn]	Ton	the **tone** of a poem ○ The poem has a *light / humorous / sad* **tone**. ○ The poet creates a serious **tone** by using ... ○ I don't understand the poem, but its **tone** delights [entzücken] me.	6

Lernhilfe 13: Useful phrases for talking about texts

First impressions

This text / story / poem / song is about / is based on / is an extract from ...
After the first reading I had the impression that the text / the poem / ...
In my opinion the main problem / point of the text / ... is ...
I like(d) it / enjoyed reading it because ...
I find it interesting / funny / exciting / boring / well written / sad because ...
When I was reading the text I felt sorry for / very sad / disappointed / ...

The development of the story

The text can be divided into / consists of ...
The first part / the introduction goes as far as line ...
The last part / ending begins with line ...
The writer creates an atmosphere of peace ...
The setting of the story is (in) a village ...
The action takes place over a period of ...
In the first part the writer wants / tries to show ...
The central theme is first introduced ...
There is a lot of / hardly any / little action.

In the course of the story the action develops in an unexpected way.
The actual conflict is reached when ...
The climax of the action is reached when ...
The story has a happy / surprise / convincing / ... ending.
I find the ending convincing / disappointing / ...

The characters

X is the main / an important / a less important character.
The main character is a young girl / an Indian who ...
Y is described as a friendly / nice / helpful / honest / ...
She / He seems to me to be ...
Her / His behaviour changes a lot in the course of the story.
At first she / he ...; later she / he ...

The reader

Readers might like / enjoy the story / the play / ... because ...
The reader might be surprised by the title / unusual images / ...
She / He might be expected to read the text closely / more than once / ...
She / He might be surprised / annoyed / influenced / deeply moved / ...

501 Sprache, Sprachverwendung I

accent 12	conversation 25	grammar 5	mention 44	shout v 47	stress v 9
address 32	declaration 39	interrupt 42	name 43	sigh 51	talk n 24
bilingual 3	declare 38	interview n 27	proverb 20	slang 13	talk v 34
call 46	dialect 11	interview v 26	refer 45	speak 28	tell 35
claim n 41	dialogue 23	intonation 7	say 33	speaker 29	vocabulary 4
claim v 40	emphasize 8	language 1	saying 19	speech 30	voice 6
cliché 18	express 16	lingua franca 2	scream n 50	state 36	whisper 52
communicate 14	expression 17	mean 21	scream v 49	statement 37	
communication 15	fluent 31	meaning 22	shout n 48	stress n 10	

1	☐	**language** ['læŋgwɪdʒ]	Sprache	the English **language** ○ a secret **language** ○ the official **language** ○ in *spoken / written* **language** ○ It's *a simple / a difficult / quite an easy* **language** to learn.	2
2	☐	**lingua franca** [ˌlɪŋgwə 'fræŋkə]	Verkehrssprache	Hindustani is a standard language and **lingua franca** of northern India. ○ Music is New Orlean's **lingua franca** [Lingua franca].	6
3	☐	**bilingual** [baɪ'lɪŋgwəl]	zweisprachig	a **bilingual** *dictionary / community / school* ○ Public notices at the embassy [Botschaft] are **bilingual**. ○ They brought up their children **bilingually**. ○ **monolingual** [einsprachig]	5
4	☐	**vocabulary** [və'kæbjʊləri]	Wortschatz Vokabular	a *huge / large / rich / limited / basic* **vocabulary** ○ *technical / scientific* **vocabulary** ○ your *active / passive* **vocabulary** ○ *build / develop / increase* your **vocabulary** ○ a **vocabulary** test	4
5	☐	**grammar** ['græmə]	Grammatik	*English / French* **grammar** ○ the rules of Latin **grammar** ○ a good understanding of **grammar** ○ He's *good / bad* at English **grammar**. ○ He needs a lot of practice in **grammar**.	4
6	☐	**voice** [vɔɪs]	Stimme	a *clear / deep / high / soft / strong / powerful / shaking* **voice** ○ a *human / male / female / woman's* **voice** ○ speak in a *loud / rough / faint* [schwach] **voice** ○ recognize sb's **voice** ○ His **voice** shook [beben] with emotion.	2
7	☐	**Intonation** [ˌɪntə'neɪʃn]	Intonation Satzmelodie	The question 'How far is it from here to Oxford?' has falling **intonation**. ○ The question 'May I use your phone?' has rising **intonation**. ○ **intonation** patterns [Muster]	5
8	☐	**emphasize, -ise** ['emfəsaɪz]	betonen hervorheben	**emphasize** *a word in a sentence / the importance of saving energy* ○ He **emphasized** that *careful driving was important / Great Britain was not directly involved in the peace talks*.	4
9	☐	**stress** [stres]	betonen	You **stress** the first syllable in 'dictionary'. ○ I must **stress** that what I say is strictly confidential [vertraulich]. ○ **stressed** and **unstressed** syllables	5
10	☐	**stress** [stres]	Betonung	**Stress** and rhythm [Rhythmus] are important in English. ○ In the English word 'hotel' the main **stress** *is / falls* on the second syllable. ○ **stress mark** [Wortakzent]	5
11	☐	**dialect** ['daɪəlekt]	Dialekt Mundart	speak (in) the *local / regional* **dialect** ○ a *poem / play* written in Scottish **dialect** ○ **dialect** *words / pronunciations* ○ **dialectal** differences	5
12	☐	**accent** ['æksənt]	Akzent	a *French / northern* **accent** ○ regional **accents** ○ She has a strong American **accent**. ○ He still speaks with a foreign **accent**.	4
13	☐	**slang** [slæŋ]	Jargon Slang Sprache	*student / school / army / prison / street / underworld* **slang** ○ The film is full of **slang**, which makes it difficult for foreigners to understand. ○ 'Grass' is criminal **slang** for 'informer'.	5
14	☐	**communicate** [kə'mju:nɪkeɪt]	übermitteln, kommunizieren, sich verständigen	**communicate** *information / news / an important message* ○ **communicate by** satellite ○ The officer **communicated** his orders **by** radio [Funk]. ○ We can **communicate** with many people in the world with E-mail. ○ Deaf people use sign language to **communicate**.	5
15	☐	**communication** [kəˌmju:nɪ'keɪʃn]	Verbindung Mitteilung Kommunikation	be in **communication** with ○ cut off **communication** ○ receive a secret **communication** ○ There has been *no personal / constant written* **communication** between them for a long time. ○ a test covering oral and written **communication skills** [kommunikative Fertigkeiten] ○ **communication practice**	4

16	☐ **express** [ɪkˈspres]	äußern ausdrücken	**express** views ○ **express** *emotions / feelings / concern / surprise* ○ **express** *yourself in good English / yourself in fewer words / ideas very clearly / sth in another way* ○ He's able to **express** himself correctly in English.	4
17	☐ **expression** [ɪkˈspreʃn]	Ausdruck Äußerung	a *common / familiar / polite / rude* **expression** ○ The school encourages free **expression** in drama and creative writing.	4
18	☐ **cliché** [ˈkliːʃeɪ]	Klischee	A **cliché** is an expression that has been used too much, e.g. 'Tomorrow is another day.' ○ It is a **cliché** that Germans have no sense of humour.	6
19	☐ **saying** [ˈseɪɪŋ]	Sprichwort Redensart	*an old / a popular / a common / a Chinese* **saying** ○ a wise **saying** of Confucius ○ There's an old **saying** that *politics is a rough old trade / champions never come back.* ○ 'Time is money' as the **saying** goes [lauten].	6
20	☐ **proverb** [ˈprɒvɜːb]	Sprichwort	a *common / native / national* **proverb** ○ An ancient Japanese **proverb** says: 'There is no night without morning.' ○ There's an old Dutch **proverb**: 'You must play the ball as it lies.' ○ He quoted [zitieren] a Swahili **proverb**: 'Speak silver, reply gold.'	6
21	☐ **mean** [miːn]	heißen bedeuten meinen	What does 'Sprichwort' **mean** in English? ○ Is she aware how much this **means to** me? ○ What do you **mean by** that? ○ He didn't really **mean** it, he was only joking. ■ Note: *Was heißt ... auf Englisch?* **What does ... mean** in English? ■ Not usually used in the progressive ■ Don't mix up **mean** (meinen, sagen wollen, beabsichtigen) with **think** (meinen, der Meinung sein). ▲ MEANS – MEANT – MEANT	2
22	☐ **meaning** [ˈmiːnɪŋ]	Bedeutung	the *basic / ordinary* **meaning** of a word ○ a *double / symbolic* **meaning** ○ the **meaning** of a *phrase / sentence / proverb / quotation* ○ a word with several **meanings** ○ *understand / misunderstand / argue about* the **meaning** of a sentence ○ The word is not being used in its original **meaning**. ○ What's the **meaning** of this? [Was soll das?]	3
23	☐ **dialogue** [ˈdaɪəlɒg]	Gespräch Dialog	a *long / short / meaningful / political* **dialogue** ○ an *open / honest* **dialogue** ○ *open / enter into* a **dialogue** about ... ○ *write / act out* a **dialogue**	3
24	☐ **talk** [tɔːk]	Gespräch Vortrag Referat	*long / informal* **talks** ○ *have / open / re-open / hold* **talks** ○ The **talks** have made very little progress towards solving the problem. ○ We'll have to have a serious **talk about** this soon. ○ She gave an interesting **talk on** bringing up children. ○ There's too much **talk** [Geschwätz] and not enough work being done.	4
25	☐ **conversation** [ˌkɒnvəˈseɪʃn]	Gespräch Unterhaltung	a *serious / lively / light / private* **conversation** ○ *begin / have / carry on / break off* a **conversation** about ... ○ change the subject of a **conversation** ○ Face-to-face **conversation** in a foreign language is always easier than a telephone **conversation**. ○ The **conversation** was interrupted as a group of young boys walked past.	2
26	☐ **interview** [ˈɪntəvjuː]	befragen interviewen	**interview** *a lot of people / the president / ten people for a job* ○ They **interviewed** her person-to-person. ○ Doctors **interviewed** more than 1200 heart-attack patients [Patient].	4
27	☐ **interview** [ˈɪntəvjuː]	Interview	a *newspaper / radio / television* **interview** ○ an hour-long **interview** ○ a tape-recorded **interview** ○ an exclusive **interview** with a famous nuclear scientist ○ *arrange / have / give / refuse* an **interview** ○ The **interview** with the reporters went off [verlaufen] very badly.	4
28	☐ **speak** [spiːk]	sprechen	**speak** *quietly / openly / freely / correctly* ○ **speak** in a *high / loud / low* voice ○ **speak** *about politics / from experience / to the crowd* ○ He doesn't **speak** clearly enough. ○ May I **speak to** the manager, please? ○ She **speaks** broken English. ▲ SPEAKS – SPOKE – SPOKEN	1
29	☐ **speaker** [ˈspiːkə]	Redner(in)	a *good / poor / interesting / funny* **speaker** ○ a native **speaker** [Muttersprachler] ○ The **speaker** was *introduced / cheered loudly / interrupted*. ○ The **speaker** looked around her audience before beginning her speech.	3

30	☐ **speech** [spiːtʃ]	Rede Vortrag	a *short / long / powerful / boring* **speech** ○ an *unprepared / ordinary / opening* **speech** ○ a *political / farewell / welcoming* **speech** ○ freedom of **speech** ○ a **speech** *on racism / about immigration* ○ *make / give* a **speech** ○ a positive reaction to a **speech** ○ He expresses himself better in **speech** [mündlich] than in writing. ○ He was **speechless with** anger.	3
31	☐ **fluent** ['fluːənt]	fließend	a **fluent** speaker ○ *speak / write* **fluent** Spanish ○ answer in **fluent** German ○ His French is not **fluent**, but he can express himself fairly well. ○ She's **fluent in** [fließend sprechen] *Arabic / six languages*. ○ read **fluently**	5
32	☐ **address** [ə'dres]	sprechen zu anreden	**address** *a large crowd / an audience* ○ He liked to be **addressed as** 'Professor Smith'.	6
33	☐ **say** [seɪ]	sagen	**say** *a few words to sb / what you mean / the wrong thing again / it in English* ○ She **said** it *seriously / in joke*. ○ What did he **say to** that? ○ He **said** he was sorry that *he couldn't come on Saturday / he hadn't met her*. ○ What does 'The Times' **say**? ○ The instructions **say** [besagen] to take one tablet before breakfast. ○ That's easier **said** than done. ■ Remember to use **to** when you **say** something **to** somebody. ▲ SAYS — SAID — SAID	1
34	☐ **talk** [tɔːk]	sprechen reden sich unterhalten	**talk** *loudly / very softly / openly / freely / sensibly* ○ **talk into** a microphone ○ **talk about** the digital revolution ○ **talk** *sb's ears off* [in den Ohren liegen] */ over the heads of your audience* ○ If you do that, you'll get **talked about**. ○ She was too proud to **talk to** us. ○ He **talks** for hours on the phone.	1
35	☐ **tell** [tel]	sagen erzählen	**Tell** me *your name / where you live / how to get there / what happened / why you didn't come*. ○ What did he **tell** you? ○ I thought I **told** you to be back by 10 o'clock. ○ She's been **told** by her boss *what to do / when to leave / that she must work harder*. ○ Who **told** you this joke? ▲ TELLS — TOLD — TOLD	3
36	☐ **state** [steɪt]	darlegen erklären äußern	**state** *a problem / your innocence / your opinion / your views* ○ This report clearly **states** what the problems are. ○ She **stated** her position on the case very well. ○ There is no need to **state** the obvious.	5
37	☐ **statement** ['steɪtmənt]	Erklärung Aussage Behauptung	a *short / a clear / an official* **statement** ○ an *oral / a written / a false* **statement** ○ The police asked the man to make a **statement**. ○ I agree with everything you said except for your last **statement**.	3
38	☐ **declare** [dɪ'kleə]	erklären bekannt geben verkünden	**declare** your *position / intentions to the public* ○ **declare** the election results ○ **declare** sb the winner ○ **declare** *openly / publicly* ○ They **declared** *war on America / peace*. ○ They **declared** that *the war was over / they were innocent*. ○ I **declare** the *meeting / the games* open [für eröffnet]. ○ The court **declared** the Act unconstitutional [für verfassungswidrig]. ■ Not used in the progressive	3
39	☐ **declaration** [,deklə'reɪʃn]	Erklärung	an open **declaration** ○ a **declaration** of *war / income* ○ make a formal **declaration** ○ the **Declaration of Human Rights** ○ The **Declaration of Independence** on July 4th, 1776, declared the American colonies to be free and independent of England.	4
40	☐ **claim** [kleɪm]	behaupten	She **claims** that *the police attacked her / he cheated her / to have read this article*. ○ He **claims** to have been abroad when the crime was committed. ○ I do more than **claim**, I insist [fest darauf bestehen].	3
41	☐ **claim** [kleɪm]	Behauptung	There is no scientific basis for these **claims**. ○ Nobody believed her **claim** to be innocent. ○ It's hard to believe his **claim** that he knew next to nothing about the project.	5
42	☐ **interrupt** [,ɪntə'rʌpt]	unterbrechen	**interrupt** a *speech / meeting* ○ be *rudely / repeatedly* **interrupted** ○ May I **interrupt** you to comment on your last remark [Bemerkung]? ○ Please continue, I didn't mean to **interrupt** your conversation. ○ Excuse me for **interrupting**.	3
43	☐ **name** [neɪm]	nennen	The child was **named after** his father. ○ He said that someone had lied but wouldn't **name** names. ○ Lots of friends were at the party, Jeff, Mary and Ken, to **name** but a few. ○ Can you **name** [Kennst du die Namen von] all these plants?	3

44	☐ mention ['menʃn]	erwähnen	Why didn't you **mention** it **to** the police? ○ She forgot to **mention** where we should meet. ○ Did she **mention** *that she was going away for a week / when she would come back*? ○ Did I hear my name **mentioned**?	3
45	☐ refer to, -rr- [rɪ'fɜː tuː]	sich beziehen auf	The documents **refer to** a secret meeting. ○ When he said 'some young people', do you think he was **referring to** [meinen] us?	3
46	☐ call [kɔːl]	rufen	Why didn't you come when I **called**? ○ She **called to** her father for help. ○ "Come back!" she **called**.	1
47	☐ shout [ʃaʊt]	rufen schreien	**shout for** help ○ **shout** *a warning / a few words* to sb ○ We had to **shout** because *it was too loud / she was almost deaf / she couldn't hear properly.* ○ Don't **shout at** me. ○ He **shouted at/to** us to shut the gate. ○ He **shouted to** us that *the boat was sinking / we should call the police.*	2
48	☐ shout [ʃaʊt]	Schrei Ruf	a **shout** of *joy / excitement / anger* ○ Her warning **shout** came too late. ○ They followed the sound of the **shouts** coming from the cellar.	3
49	☐ scream [skriːm]	schreien	**scream with** *pain / laughter* ○ He **screamed** *in protest / when he saw a mouse / that the house was on fire.* ○ He **screamed at** me to stop. ○ She **screamed in** terror. ○ The baby has been **screaming** for hours.	2
50	☐ scream [skriːm]	Schrei	a **scream** of *pain / laughter / anger / excitement* ○ the **screams** of the wounded ○ She let out a **scream** of terror.	2
51	☐ sigh [saɪ]	seufzen	**sigh** deeply ○ "I'm afraid I can't help you," she **sighed**.	4
52	☐ whisper ['wɪspə]	flüstern tuscheln	**whisper** a few words *to sb / into sb's ear* ○ She **whispered to** me that she was afraid. ○ Don't you know it's rude to **whisper**? ○ Why are you **whispering**? ○ What are you **whispering about**?	3

501A Sprache, Sprachverwendung II

advice 13	argue 5	convince 25	discuss 1	praise n 18	protest v 7
advise 12	argument 6	criticize 11	discussion 2	praise v 17	suggest 14
agree 26	cheer 22	debate n 4	encourage 19	promise n 33	suggestion 15
agreement 27	cheering 23	debate v 3	excuse 31	promise v 32	
apologize 29	complain 9	disagree 28	motivate 20	proposal 16	
apology 30	complaint 10	discourage 21	persuade 24	protest n 8	

1	☐ discuss [dɪ'skʌs]	besprechen diskutieren (über)	**discuss** *a proposal / the details / his financial situation* ○ They **discussed** *the problems of the disabled / what to do.* ○ They met to **discuss** practically everything with their teacher. ■ You **discuss** sth but you have a **discussion about** sth.	3
2	☐ discussion [dɪ'skʌʃn]	Diskussion Besprechung	a *lively / serious* **discussion** ○ a *round-table / thirty-minute / time-wasting* **discussion** ○ a *public / political* **discussion about** the German economy ○ *have / hold / lead* a **discussion** ○ **Discussions** are *continuing / still going on.* ○ He didn't contribute much to the **discussion**. ○ They were disappointed with the **discussion**. ○ After a long **discussion** they still disagreed. ○ Several options are still **under discussion** [zur Diskussion]. ○ **discussion groups**	3
3	☐ debate (sth) [dɪ'beɪt]	(über etwas) debattieren/diskutieren	**debate** *a plan / a proposal / closing the factory* ○ **debate** *hotly / publicly / seriously* ○ We're just **debating** what to do next. ○ They **debated** the matter of free will.	3
4	☐ debate [dɪ'beɪt]	Debatte Diskussion	a *long / lively / boring / tense / bitter / sensible* **debate** ○ *public / television* **debates** ○ a **debate about** whether to use military force in Bosnia ○ *open / hold / take part in* a **debate** ○	3
5	☐ argue ['ɑːgjuː]	sich aussprechen, argumentieren, (sich) streiten	**argue** *for / in favour of / against* sth ○ **argue** *calmly / sensibly / in circles* ○ He **argued with** the waiter **about** the bill. ○ I'm not going to **argue**. ○ The matter is not worth **arguing about**. ○ Do what you're told and don't **argue** [widersprechen].	3

501A

| 6 | ☐ **argument** ['ɑːgjʊmənt] | Argument, Streit, Auseinandersetzung | a *good / well-founded / strong / weak* **argument** ○ a *bitter / loud / violent* **argument** ○ *have / get into / break off* an angry **argument** ○ They are having an **argument about** whose turn it is to do the dishes. ○ He knocked off his glass in a heated **argument**. | 3 |

■ Note that the **e** before -ment is dropped.

7	☐ **protest** [prə'test]	protestieren	**protest** strongly [energisch] ○ **protest against** a war / at the government's economic policies ○ Many things they **protested about** are happening now.	4
8	☐ **protest** ['prəʊtest]	Protest Widerspruch Protest-	*angry / loud / strong* **protests** ○ an official **protest against** nuclear tests ○ There had been little **protest against** ... ○ cause a **storm of protest** ○ Local farmers rioted [einen Aufstand machen] **in protest at / against** falling prices. ○ a **protest** *demonstration / movement / march / song* ○ a **protest letter against** apartheid	4
9	☐ **complain** [kəm'pleɪn]	sich beschweren sich beklagen	**complain** *bitterly / loudly* ○ We have nothing to **complain about**. ○ I'm not **complaining**. ○ He **complained to** the waiter that the meal was cold. ○ She **complained** *about the noise from a restaurant / that the room was too noisy / that there was no hot water*.	3
10	☐ **complaint** [kəm'pleɪnt]	Klage Beschwerde Reklamation	a common [weit verbreitet] **complaint** ○ a bitter **complaint about** unfair competition ○ *receive / ignore / reject* a **complaint** ○ They received twice as many **complaints** last year than twenty years ago. ○ You have no cause for **complaint**.	5
11	☐ **criticize, -ise** ['krɪtɪsaɪz]	kritisieren	**criticize** *strongly / heavily / (un)fairly / openly / publicly / widely* ○ **criticize** the police / a new government campaign ○ The doctor was **criticized for** not sending the patient to hospital. ○ Police **criticised** the drivers **for** travelling too fast in the fog.	5
12	☐ **advise** [əd'vaɪz]	beraten raten raten zu	she had been *badly / ill* **advised by** ... ○ Parents would be well **advised** to avoid tobacco smoke in the house. ○ Visitors to Sri Lanka are strongly [dringend] **advised** to avoid trouble spots. ○ Can you **advise** me *what to say / where to go / who to ask / which train to take?* ○ The doctor **advised** me a complete rest.	3
13	☐ **advice** [əd'vaɪs]	Rat Ratschläge	*good / sensible / practical / legal / medical* **advice** ○ follow sb's **advice** ○ offer **advice** *to sb / on sth* ○ You'll have to ask a lawyer for **advice**. ○ What you need now is some good **advice**. ○ She's acting **on** the **advice** of her boss. ○ Let me give a *word / bit / piece* of **advice**. ○ She gave **advice** to Moore's mother **on** how to help her son with his drug addiction [Sucht].	3

■ **Advice** can only be used in the singular. Compare: *Diese Ratschläge waren hilfreich.* **This** advice **was** helpful.

| 14 | ☐ **suggest** [sə'dʒest] | vorschlagen, einen Vorschlag haben | **suggest** *a solution / an alternative* ○ **suggest** *what to do / where to go / who to ask* ○ Jeff **suggested** *taking a later train / that we should take a later train*. ○ Can you **suggest** how we might solve the problem? | 3 |

■ No infinitive after **suggest**. Use ing-form.

15	☐ **suggestion** [sə'dʒestʃən]	Vorschlag Anregung	a *sensible / reasonable / helpful / better* **suggestion** ○ an *intelligent / excellent* **suggestion** ○ *make / offer / welcome / have / like / accept / reject* a **suggestion** ○ Any further **suggestions**? ○ I want **suggestions about** what to do today. ○ **At/On** your **suggestion** I bought the more expensive model.	3
16	☐ **proposal** [prə'pəʊzl]	Vorschlag	*acceptable / sensible / alternative / generous* **proposals** ○ a **proposal for** uniting the two companies ○ *consider / discuss / support / accept / criticize / reject* a **proposal** ○ make **proposals for** peace [Friedensvorschläge unterbreiten] ○ **propose** [vorschlagen] tax increases	4
17	☐ **praise** [preɪz]	loben rühmen preisen	John has always been highly **praised** by his teachers and employers. ○ He **praised** her **for** her intelligence. ○ In general people are quicker to criticize than to **praise**. ○ a highly **praised** film ○ a much-**praised** first novel	3

18	☐ **praise** [preɪz]	Lob	*earn / receive / be full of* **praise** ○ *get warm* **praise** *from ...* ○ *The Rough album has won* [erhalten] *much / high* **praise** *from several jazz critics* [Kritiker]. ○ *speak / make a speech* **in praise** [zu Ehren] *of sb* ○ *Special* **praise** *must go to ...*	5
19	☐ **encourage** [ɪnˈkʌrɪdʒ]	fördern ermutigen ermuntern	**encourage** *competition / development* ○ **encourage** *children to ask questions / express their individuality* ○ *He* **encouraged** *his pupils in their work.* ○ *Students are* **encouraged** *to plan extracurricular activities.*	3
20	☐ **motivate** [ˈməʊtɪveɪt]	motivieren	*How can we* **motivate** *these students?* ○ *The success of a company depends on the ability of its management to* **motivate** *workers.* ○ *highly* **motivated** *learners*	6
21	☐ **discourage** [dɪsˈkʌrɪdʒ]	abraten entmutigen abbringen	**discourage** *customers* **from** *buying a product* ○ *I don't want to* **discourage** *you – but it's a difficult examination.* ○ *You should* **discourage** *him* **from** *smoking.*	5
22	☐ **cheer** [tʃɪə]	jubeln bejubeln	**cheer** *loudly / enthusiastically* ○ *The crowd* **cheered** *as the parade passed by / the teams arrived.* ○ *Everyone* **cheered** *when the speech ended / the runner crossed the finishing line.* ○ *The team members* **cheered** *their captain.* ○ **cheer for** [anfeuern] *the local team*	5
23	☐ **cheering** [ˈtʃɪərɪŋ]	Beifall	*The* **cheering** *could be heard half a mile away.* ○ *A cheerleader is a person who leads organized* **cheering** *at sports events.*	5
24	☐ **persuade** [pəˈsweɪd]	überreden überzeugen	*He* **persuaded** *his father to stay.* ○ *We finally* **persuaded** *them to have dinner with us.* ○ *Don't let yourself be* **persuaded into** *buying things that you don't really want.* ○ *She can easily be* **persuaded**. ○ *We* **persuaded** *them* **that** *we were perfectly serious.* ○ *I'm almost* **persuaded of** *the need to sell the car.*	3
25	☐ **convince** [kənˈvɪns]	überzeugen	*He* **convinced** *everybody that he was innocent.* ○ *I'm* **convinced** *of her mistake / that she was honest / that she's telling the truth.* ○ *Her letter* **convinced** *me that she was happy.* ○ *a* **convincing** *speech / alternative*	4
26	☐ **agree** [əˈgriː]	zustimmen, einverstanden sein, sich einigen	*I don't* **agree with** *you.* ○ *Do you* **agree**? ○ *Sir, I cannot fully* **agree with** *your view.* ○ *I* **agree with** *everything you said except for your last statement.* ○ *We couldn't* **agree** *on a date / when to leave.* ○ *He left early as* **agreed** [vereinbaren].	5
			■ Not used in the progressive	
27	☐ **agreement** [əˈgriːmənt]	Vereinbarung Abkommen Einigung	*a written / legal* **agreement** ○ *a trade / business* **agreement** ○ *come to / reach an* **agreement** ○ *sign / break an* **agreement** ○ *An* **agreement** *with the employers was finally worked out.*	4
28	☐ **disagree** [ˌdɪsəˈgriː]	anderer Meinung sein, nicht einverstanden sein	**disagree** *strongly / completely / to a certain degree* ○ **disagree with** *your classmates* ○ **disagree with** *a plan / decision / suggestion* ○ *I* **disagree with** *what you say.* ○ *They* **disagreed** [sich nicht einig sein] **on** *how to define 'liberal'.*	3
			■ Not used in the progressive	
29	☐ **apologize, -ise** [əˈpɒlədʒaɪz]	sich entschuldigen	**apologize** *in person* ○ *I would like / ought to* **apologize**. ○ *Is there any need to* **apologize**? ○ *That was an awful thing to say – I think you should* **apologize**. ○ *I must* **apologize for** *my behaviour / not being able to meet you.* ○ *He* **apologised to** *us* **for** *being late.*	4
			■ Not used in the progressive	
30	☐ **apology** [əˈpɒlədʒɪ]	Entschuldigung	*a written* **apology** ○ *demand an* **apology** ○ *I owe* [schulden] *you an* **apology**. ○ *He was forced to make a public* **apology**. ○ *She received a letter of* **apology** *from the police.* ○ *Please accept my* **apologies**.	5
31	☐ **excuse** [ɪkˈskjuːs]	Entschuldigung Ausrede	*a good / reasonable / weak / poor* **excuse** *for ...* ○ *an acceptable* **excuse** ○ *find / make / make up / accept / reject an* **excuse** ○ *They won't hear any* **excuses** *from them.* ○ *There's no* **excuse for** *operating outside the law.* ○ *She tried to make some* **excuse**, *and left.*	2
			■ Don't mix up **apology** *(entschuldigende Äußerung)* with **excuse** *(Ausrede, Rechtfertigung)*	

501A–503

32	☐ **promise** ['prɒmɪs]	versprechen	**promise** help ∘ **promise** *to return early / not to be late again* ∘ He **promised** *her a watch / a watch to her.* ∘ "Please **promise** that you won't tell anybody". — "I **promise**". ∘ I can't **promise** to see you tonight, but I'll do my best. ■ Not usually used in the progressive	2
33	☐ **promise** ['prɒmɪs]	Versprechen	*a broken / an empty* **promise** ∘ *give / break* a **promise** ∘ She's never made a **promise** she hasn't kept. ∘ They received many **promises** of help.	2

---

503 Zeigen, Erklären, Begründen usw.

describe 5	example 18	guidance 14	just like 21	point out 4	reveal 2	warn 26
description 6	explain 7	guide 13	Let's see 10	present 3	show 1	warning 27
directions 11	explanation 8	illustrate 9	like that 17	reason 23	such as 22	way 15
e.g. 20	for example 19	instructions 12	like this 16	respect 25	that's why 24	

1	☐ **show** [ʃəʊ]	zeigen vorzeigen	**Show** *him the ticket / me the photo / the photo to me.* ∘ Her face **showed** no surprise. ∘ He received the news without **showing** any visible signs of emotion. ∘ It cost $3000 to repair the car — that **shows** how bad the damage was. ∘ All passports must be **shown** on entering the building. ▲ SHOWS – SHOWED – SHOWN	1
2	☐ **reveal** [rɪ'viːl]	zeigen enthüllen	**reveal** *your true feelings / a hidden ability* ∘ **reveal** [aufdecken] *what happened* ∘ **reveal** [preisgeben] *secrets / details / information* ∘ They will **reveal** the facts of the case and punish those responsible. ∘ The way he spoke **revealed** [verraten] hatred and prejudice. ∘ The doctor did not **reveal** [aufklären über] the truth to him.	6
3	☐ **present** [prɪ'zent]	vorzeigen präsentieren darlegen	**present** *a visa / your passport at the border* ∘ **present** *a solution / an alternative plan* ∘ The central argument of his paper was **presented** *clearly / convincingly*.	5
4	☐ **point out** [,pɔɪnt 'aʊt]	hinweisen auf aufzeigen	**point out** *a mistake / the necessity of a step* ∘ What are the advantages of the proposal? Can you **point** them **out**? ∘ He **pointed out** [darauf aufmerksam machen] to us that it wasn't his fault.	3
5	☐ **describe** [dɪ'skraɪb]	beschreiben	She **described** *the scene / the man who stole the money / exactly what happened / in detail what she saw.* ∘ Can you **describe** the victim to the police? ∘ Could you **describe** the scene to us. ■ Remember to use **to** when you **describe** something **to** somebody.	2
6	☐ **description** [dɪ'skrɪpʃn]	Beschreibung Schilderung	*a clear / correct / thorough / lively* **description** ∘ a **description** of *people / places* ∘ *give / provide* a **description** of the *events / circumstances* ∘ The man fits [passen auf] our **description** of the thief.	3
7	☐ **explain** [ɪk'spleɪn]	erklären erläutern	**explain** *a decision / your motive* ∘ It's hard to **explain**. ∘ Let me **explain**, actually it is very simple. ∘ I couldn't *really / exactly* **explain** what had happened. ∘ It can *fully / easily / hardly* be **explained**. ∘ Her behaviour was not satisfactorily **explained**. ∘ He **explained** everything **to** him. ■ Remember to use **to** when you **explain** something **to** somebody.	2
8	☐ **explanation** [,eksplə'neɪʃn]	Erklärung	*a satisfactory / simple* **explanation** ∘ *give / offer / provide / accept* an **explanation** ∘ There's no **explanation for** *this hot dry summer / his strange behaviour.* ∘ She seemed to be dissatisfied [unzufrieden] with my **explanation**.	4
9	☐ **illustrate** ['ɪləstreɪt]	veranschaulichen, illustrieren	**illustrate** the use of a word with an example sentence ∘ The experiment **illustrates** how careful you have to be when interpreting results.	6
10	☐ **Let's see** [lets 'siː]	(Wollen) mal sehen	Well now, **let's see** … ∘ **Let's see** if you can find someone stupid enough to do the job for nothing. ∘ **Let's see** what we can do about it.	3

11	☐ **directions** [dɪˈrekʃnz]	Anweisung(en) Hinweise	*simple / clear / careful / further* **directions** ○ *give / follow* **directions** ○ **Directions** for use: three tablets a day after meals. ○ Read the **directions** on the packet. ○ She gave me explicit **directions on** *what to do / how to get there*.		4
12	☐ **instructions** [ɪnˈstrʌkʃn]	Anleitung Anweisung Vorschrift	*detailed / written* **instructions** ○ have strict **instructions on** sth ○ wait for further **instructions** ○ *give / receive* **instructions** ○ The **instructions** *on the package / on the bottle / in the handbook* are not very clear. ○ I followed his **instructions** but I still couldn't work out how to use the computer. ○ Read the safety [Sicherheits-] **instructions** carefully.		4
13	☐ **guide** [gaɪd]	führen lenken	**guide** *the visitors round the town / a blind man across the street / a boat towards the port / the country through all its difficulties*		4
14	☐ **guidance** [ˈgaɪdns]	Beratung Anleitung Rat	provide information and **guidance for** students wishing to study abroad ○ The leaflet gives **guidance on** … ○ It's not wise for us to offer **guidance on** matters about which we are uninformed. ○ The book contains a wealth of good practical **guidance** [Ratschläge]. ○ There are so many careers to choose from — maybe your teacher can offer you some **guidance**. ○ careers **guidance** [Berufsberatung]		6
15	☐ **way** [weɪ]	Art, Weise, Art und Weise, Möglichkeit	I'm unhappy about the **way** you've been treated. ○ There are several **ways** to solve the problem. ○ This is the **way** [so] you do it. ○ She showed me the (right) **way** [Weg] to do it.		3
16	☐ **like this** [laɪk ˈðɪs]	so auf diese Art	Do it **like this**. ○ Let's put it **like this**. ○ I wish somebody had done something **like this** [so etwas] a long time before. ○ I wish every day was **like this**.		3
17	☐ **like that** [laɪk ˈðæt]	so auf diese Art	Do it **like that**. ○ He wanted it **like that**. ○ It didn't work out **like that**. ○ It's not **like that** at all.		3
18	☐ **example** [ɪgˈzɑːmpl]	Beispiel	*a good / a typical / the best* **example of** Marxist government ○ *give / provide / follow* an **example** ○ She sets *a good / an excellent* **example for** the rest of the students. ○ He sets a very bad **example to** everyone else by not telling the truth. ○ This painting is an **example of** Turner's early work.		1
19	☐ **for example** [fərɪgˈzɑːmpl]	zum Beispiel	Many countries are threatened by earthquakes. **For example** Japan and Mexico. ○ In the library there are quite a few newspapers, The Times, **for example**, and The Washington Post.		3
20	☐ **e.g.** [ˌiː ˈdʒiː]	z.B.	certain drugs, **e.g.** Clenbuterol, used in doping ○ popular pets, **e.g.** dogs, cats, rabbits ○ Many English words have been borrowed from other languages, **e.g.** 'country' from French, 'kindergarten' from German.		6
21	☐ **just like** [ˈdʒʌst laɪk]	genau(so) wie	You have a bag **just like** mine. ○ This magazine looks **just like** all the others. ○ He always wanted to be a soldier, **just like** his father.		4
22	☐ **such as** [ˈsʌtʃ əz]	wie	people **such as** these ○ People's ability was influenced by factors **such as** age, sex, and ethnic background. ○ A plan **such as** you suggest will never succeed. ○ **Such** a disaster **as** [Eine Katastrophe wie] this had never happened before.		3
23	☐ **reason** [ˈriːzn]	Grund Begründung	the *main / first / only / real* **reason** ○ a *very good / strong / personal / particular* **reason** ○ an *unknown / official* **reason** ○ no logical **reason** ○ *give / know / find* a **reason** ○ have **reason** to believe that … ○ The **reason for** this is simple. ○ She wants to change her job **for** personal **reasons**. ○ What's your **reason for** being late? ○ The **reason why** she left him is *because / that* he drank too much.		2
24	☐ **that's why** [ðæts ˈwaɪ]	deshalb darum	She had an accident. **That's why** she was late. ○ He was working late that evening. **That's why** he survived. ○ I'm totally confused on the health-care stuff, and **that's why** I voted for Clinton.		2
25	☐ **respect** [rɪˈspekt]	Hinsicht Beziehung	in *this / any / no* **respect** ○ His conclusions are right in every **respect**. ○ There was always money available to her, so she never had a problem **in that respect**.		6

503–504

26	☐ **warn** [wɔːn]	warnen ermahnen	**warn** people **of** *a danger / further disasters* ○ **warn** [verwarnen] a careless driver ○ Don't say you haven't been **warned**. ○ She was **warned** that her life was in danger. ○ We were **warned not to** climb that mountain. ○ The zoo keeper **warned** children **to** be careful.	3
			■ Note: *warnen* **warn not to** — *ermahnen* **warn to**. Look at the examples above.	
27	☐ **warning** ['wɔːnɪŋ]	Warnung Warn-	a strong [ernst] **warning** ○ a **warning of** dangers ○ *give / shout / ignore* a **warning** ○ Pain in the arm and shoulder can be a **warning** [Vorzeichen] **of** a heart attack. ○ ignore **warning signs**	2

504 Grüßen

Bye. 13	Good afternoon. 9	Good morning. 8	Goodnight. 11	greeting 1
farewell 15	Good evening. 10	Goodbye. 12	greet 2	Hallo. 4

1	☐ **greeting** ['griːtɪŋ]	Begrüßung Gruß	a *friendly / warm* **greeting** ○ send *holiday / birthday* **greetings** ○ He raised his hand **in greeting**. ○ Josh turned round to shake hands and **exchange greetings with** [begrüßen] some of his friends. ○ a **greeting(s) card** [Glückwunschkarte]	3
2	☐ **greet** [griːt]	begrüßen grüßen	**greet** *guests / friends* ○ **greet** warmly ○ **greet** sb with long applause ○ **greet** sb with a *friendly wave / big smile* ○ He got up from behind his desk to **greet** me and offer me a chair. ○ They were **greeted** [empfangen] by cheering crowds.	3
3	☐ **welcome** ['welkəm]	Empfang	a hearty **welcome** ○ an enthusiastic **welcome** ○ give sb a warm **welcome** ○ She was touched by the warmth of their **welcome**. ○ The immigrants received a cool **welcome** [kühl empfangen werden] **to** their new country.	3
4	☐ **Hallo.** (BE), **Hello.** [hə'ləʊ]	Hallo! (Guten) Tag!	**Hallo**, Kate. I'm glad to see you. ○ **Hello**, Sally, how was school? ○ **Hello** Derek, I didn't expect to see you here. ○ (on the phone) **Hello**, could I speak to James, please?	1
5	☐ **Hi.** [haɪ]	Hallo!	**Hi** there! I haven't seen you for ages. ○ **Hi**. *How are you / Did you have a good day?* ○ **Hi**. I'm just phoning to see if you feel like going to a disco tonight.	2
6	☐ **Hey!** [heɪ]	He! He du! Mensch!	**Hey**, you with the dirty fingernails! ○ **Hey**, guys have another. The drinks are on me. ○ **Hey**, why don't you all leave this guy alone?	5
7	☐ **say hello/hi to** [ˌseɪ hə'ləʊ/'haɪ tʊ]	grüßen	As we passed each other on the corridor, we **said hello to** each other. ○ Please **say hi to** your parents **for** me, will you?	4
8	☐ **Good morning.** [ɡʊd 'mɔːnɪŋ]	Guten Morgen! Guten Tag!	**Good morning** John. How are you feeling today? Better than yesterday? ○ **Good morning**. Could I have this copy of The Times please? – Certainly sir. Thirty-five pence, please. Lovely day again.	2
9	☐ **Good afternoon.** [ɡʊd ˌɑːftə'nuːn]	Guten Tag!	**Good afternoon** David, have you got time for a cup of tea? ○ I must say **good afternoon** to Aunt Mary. I'll be back in a minute.	1
10	☐ **Good evening.** [ɡʊd 'iːvnɪŋ]	Guten Abend!	**Good evening**. Is Derek at home? I wanted to return this book. ○ **Good evening** ladies and gentlemen, may I introduce …? ○ **Good evening**, Mr President. Thank you for allowing us and our viewing audience to join you here.	1
11	☐ **Goodnight.** [ɡʊd'naɪt]	Gute Nacht!	**Goodnight** – Sweet dreams! ○ He said **goodnight** before leaving the party.	1

12	☐ **Goodbye.** [gʊd'baɪ]	Auf Wiedersehen!	**Goodbye**! See you again *some time / next week*. ○ **Goodbye** Tim and good luck. ○ I've just come to say **goodbye**. ○ It was hard saying **goodbye** to college life. ○ Thank you for calling. **Goodbye** [Auf Wiederhören!].	1
13	☐ **Bye.** [baɪ]	Wiedersehen! Tschüs!	**Bye**. — See you on Sunday. ○ **Bye-bye**! See you next week. ○ I have to go now, but I'll see you again tomorrow night. **Bye for now**.	2
14	☐ **See you soon/ later.** [siː jʊ 'suːn/'leɪtə]	Tschüs! Bis bald! Bis später!	**See you**, Helen. ○ I'd better be going now. **See you soon**. ○ Bye Jeff, I'll **see you later**. ○ You're coming to the party tonight, aren't you? Good. **See you later** then.	3
15	☐ **farewell** [feə'wel]	Lebewohl Abschieds-	a *sad / tearful / final* **farewell** ○ After waving **farewell to** [zum Abschied winken] his friends, Callaghan set off for home. ○ Bobby Robson said **farewell to** English soccer last night. ○ a **farewell** *ceremony / dinner / drink / speech / concert / party / letter*	6

505 Ausrufe, Glückwünsche usw.

Cheer up! 4	Happy birthday! 6	It doesn't matter. 14	Oh, dear. 3	What's the matter? 13
Come on. 8	Hurrah! 1	It's a pity. 17	That's all I needed. 18	Wow! 2
Congratulations. 5	Hurry up. 10	Merry Christmas! 7	Wait a minute. 11	
Go on. 9	I don't care. 15	Never mind. 16	Well 12	

1	☐ **Hurrah!** [hʊ'rɑː]	Hurra!	shout **hurrah** ○ **Hurrah**! We have succeeded at last! ○ **Hurrah**! We're getting an extra day's holiday. ○ Hip, hip, **hurrah**!	3
2	☐ **Wow!** (infml.) [waʊ]	Toll! Sagenhaft!	**Wow**! I'm surprised. ○ **Wow**, that's great, Janice. ○ **Wow**! Look at that! ○ **Wow**! You look terrific.	6
3	☐ **Oh dear.** [əʊ 'dɪə]	Oh je!, Ach du liebe Zeit!	**Oh dear**, what a disappointment! ○ **Oh dear**, I've dropped my glass. ○ **Oh dear**. I think I've lost my keys.	3
4	☐ **Cheer up!** [ˌtʃɪər 'ʌp]	Kopf hoch! Sei nicht traurig!	**Cheer up**, Liz, it's not the end of the world, you know. ○ **Cheer up**, Tom, we are leading by two goals after all, and there's only five minutes left.	4
5	☐ **Congratulations.** [kənˌgrætʃʊ-'leɪʃnz]	Herzlichen Glückwunsch! Gratuliere!	**Congratulations**. You have just won the lottery [in der Lotterie]! ○ **Congratulations on** *your 18th birthday / winning the race / passing the driving test.* ○ Many **congratulations on** passing your exam. ○ I send you my warmest **congratulations**. ○ I **congratulate** you **on** your success.	5
6	☐ **Happy birthday!** [ˌhæpɪ 'bɜːθdeɪ]	Herzlichen Glückwunsch zum Geburtstag!	**Happy birthday**, dear Jenny! ○ **Happy birthday to you**! ○ She set down the cake and sang **happy birthday**. ○ She shook his hand and wished him **a happy birthday** and good luck for the future.	3
7	☐ **Merry Christmas!** [ˌmerɪ 'krɪsməs]	Frohe Weihnachten! Fröhliche Weihnachten!	wish sb **a merry Christmas** ○ **Merry Christmas** and a happy New Year! — Thank you, the same to you.	3
8	☐ **Come on.** [ˌkʌm 'ɒn]	Komm! Na, komm! Los, komm! Komm schon!	**Come on**, let's go. ○ **Come on**, go with us to the movies. ○ **Come on**, or *you'll be late / we'll miss the bus*. ○ **Come on**, before it rains! ○ **Come on**. It isn't that bad. ○ **Come on**, Derek, you can tell me — I promise I won't tell anyone else.	4
9	☐ **Go on.** [ˌgəʊ 'ɒn]	Na, komm schon.	**Go on** — jump! ○ **Go on**. Have another *biscuit / drink*.	4
10	☐ **Hurry up.** [ˌhʌrɪ 'ʌp]	Beeil dich!	**Hurry up** and get ready — we're waiting. ○ **Hurry up**, *it's starting to rain / we're getting hungry / if you want to see the beginning of the film*.	3
11	☐ **Wait a minute.** ['weɪt ə ˌmɪnɪt]	Einen Augenblick! Moment mal!	Hey, **wait a minute**, guys. ○ **Wait a minute**. That's not the right key. ○ **Wait a minute**, I'm still reading the instructions. ○ **Wait a minute** before you start in on [losgehen auf] me.	1

12	☐ **Well** [wel]	Na so was! Du meine Güte! Wirklich?	Tom didn't come to the party. – **Well**, at least he might have called you to say that he wasn't coming. ○ **Well, well** – I would never have guessed it! ○ **Well**, who would have thought he could do something like that!	2
13	☐ **What's the matter?** [ˌwɒts ðə ˈmætə]	Was ist denn los?	Why the long faces? **What's the matter?** ○ **What's the matter with** you? Why are you crying?	1
14	☐ **It doesn't matter.** [ɪt ˌdʌznt ˈmætə]	Das/Es macht nichts.	I may be late, I'm afraid. – **It doesn't matter.** ○ **It doesn't matter** if the birthday cake is expensive, let's buy it for Sue.	1
15	☐ **I don't care.** [aɪ ˌdəʊnt ˈkeə]	Das/Es ist mir egal.	Didn't you realise that it was the headmaster you were so rude to? – **I don't care.** I'm leaving school soon anyway. ○ **I don't care** what happens.	4
16	☐ **Never mind.** [ˌnevə ˈmaɪnd]	Macht nichts.	I've forgotten to bring the tea. – **Never mind.** I'm going shopping this afternoon anyway. ○ You've broken your watch? **Never mind.** [Mach dir nichts draus.] We can buy another one. ○ You've lost the game? **Never mind**, you can't win them all.	3
17	☐ **It's a pity.** [ɪts ə ˈpɪtɪ]	Das ist schade.	**It's a pity** *to spoil a good story / that Bobby is of a different opinion.* ○ Feminism [Feminismus] is a noble word, and **it's a great pity** that it has had such a bad press recently. ○ **What a pity** [Wie schade] you could not go!	4
18	☐ **That's all I needed.** [ðæts ˌɔːl aɪ ˈniːdɪd]	Das hat mir gerade noch gefehlt!	What a day it's been – first I was late for school, then I've lost my money and now you say you're leaving me! **That's all I needed.** ○ Look, it's raining. – **That's all I needed.** ○ Bad news. We're doing a vocabulary test on Tuesday. – **That's all I needed.**	5

540 Erlaubnis, Bitten, Anweisungen, Befehle usw.

allow 6	claim 22	leave 7	Okay 11	request *n* 26
application 32	demand *n* 30	let 5	order *n* 18	request *v* 27
apply 33	demand *v* 31	licence 4	order *v* 19	send for 23
ask 25	force 20	make 21	permission 1	Shall I/we ...? 10
beg 28	have sth done 24	may 9	permit *n* 2	tell 15
beggar 29	instruct 17	no 14	permit *v* 3	yes 12
can 8	instructions 16	of course/certainly 13	please 34	

1	☐ **permission** [pəˈmɪʃn]	Erlaubnis Genehmigung	*ask for / get / receive / leave without* **permission** ○ *give / refuse* **permission** ○ He had no **permission** to drive the car. ○ The refugees [Flüchtling] have been refused **permission** to stay in the country. ○ Schools can only be closed **with the permission of** the Secretary of State.	5
2	☐ **permit** [ˈpɜːmɪt]	Erlaubnis Genehmigung	a *travel / building* **permit** ○ a *fishing* **permit** [Angelschein] ○ a *residence* **permit** [Aufenthaltsgenehmigung] ○ *ask for / apply for / get / receive / show* a **permit** ○ *give / refuse* a **permit** ○ You cannot enter the military headquarters **without a permit**. ○ He carried a pistol **without a permit**. ○ They arrived with a tourist visa but not a work **permit**.	5
			■ Note that **permit** is a document that gives you the right to do sth.	
3	☐ **permit, -tt-** [pəˈmɪt]	gestatten erlauben	Dogs are not **permitted** in the building. ○ The doctor has **permitted** him only two meals a day. ○ You are not **permitted** to smoke in the hospital. ○ The law **permits** every citizen to use reasonable force to defend themselves.	3
4	☐ **licence** [ˈlaɪsəns]	Genehmigung Schein Erlaubnis Lizenz	an official **licence** ○ a *hunting / flying / marriage* ○ a *trainer's / jet pilot's* **licence** ○ *apply for / receive / have / renew / lose* a **licence** ○ *give / refuse* a **licence** ○ She failed to pay her television **licence**. ○ He was asked to produce [vorzeigen] his driving **licence**. ○ a **licence** fee	5
5	☐ **let** [let]	lassen zulassen	**let** *him go / her do it* ○ **Let** me know what happens. ○ Please **let** me pass. ○ They won't **let** him leave the country. ○ She shouldn't **let** her husband treat her like that.	2
			▲ LETS – LETTING – LET – LET	

6	☐ allow [əˈlaʊ]	erlauben gestatten	My boss doesn't **allow** us to use the telephone. ○ Many parents do not **allow** their children to watch violent films. ○ The new law **allows** pubs to stay open all day. ○ Are we **allowed** [dürfen] to sit down? ○ You are not **allowed** to walk on the grass. ○ Smoking is **allowed** only in this half of the theatre.	3
7	☐ leave [liːv]	überlassen anheim stellen	**Leave** it **to** me. I'll find you a place to stay. ○ Can I **leave** it **to** you to organize the meeting? ○ I **leave** it **to** you to decide whether he is right.	5
8	☐ can [kən, strong form kæn]	können dürfen	**Can** I borrow your pen, please? ○ **Can** you *call back tomorrow / help me with this box?* ○ **Can** I go and see a movie with my friends tonight? ○ The policeman says we **can't** park here. ○ I'm sorry, you know I **can't** discuss my work. It's very secret.	1
9	☐ may [meɪ]	können dürfen	**May** I *ask you a question / borrow your newspaper / see your tickets?* ○ You **may** *sit down if you want to / come if you wish.* ○ **May** I speak to you for a moment in private, please? ○ Visitors **may** use the swimming-pool between 7 am and 7 pm. ○ Students **may not** use the college car park.	2
10	☐ Shall I/we …? [ˈʃæl aɪ/wiː]	Soll ich …? Sollen wir …?	It's very hot. **Shall I** open the window? ○ Where **shall we** put the piano? ○ I've lost my passport. What **shall I** do?	1
11	☐ OK = okay [əʊˈkeɪ]	okay einverstanden ja in Ordnung	Sally, I can use your car today, can't I? – **OK**, but I need it tonight. ○ We'll go to the cinema tonight, **okay**? ○ Whatever you tell them, it's **okay with** me. ○ **Okay**, I got the message. ○ We got the **OK** [Erlaubnis] to continue.	1
12	☐ yes [jes]	ja	Do you want any more coffee? — **Yes**, please. ○ Can I borrow this book? — **Yes**, of course. ○ Will you translate this letter for me please? — **Yes**, but I want to finish this first. ○ I asked her if I could come too and she said **yes**.	1
13	☐ of course/ certainly [əv ˈkɔːs/ˈsɜːtnlɪ]	natürlich	**Of course** I'll come to the party if they invite me. ○ May I try one of your cakes? — **Of course**, help yourself. ○ May I borrow your pen for a moment? — **Certainly**. ○ Do you let your children drink alcohol? — **Certainly** not.	3
14	☐ no [nəʊ]	nein	Do you want some more coffee? — **No**, thank you. ○ If she asks to borrow any more money, the answer is **no**.	1
15	☐ tell [tel]	sagen mitteilen	**Tell** me *your name / where you live / how to get to the station / what happened / why you didn't come / when to leave.* ○ I thought I **told** you to be back by 10 o'clock. ○ She's been **told** by her boss that she must work harder. ■ Use **tell** always with a personal object (without **to**).	3
16	☐ instructions [ɪnˈstrʌkʃnz]	Anleitung Anweisung(en) Vorschrift(en)	detailed **instructions** ○ *give / receive / follow* **instructions** ○ She left explicit **instructions** *about what to do / where to find everything.* ○ His **instructions are** to phone him at once if we get any news from the police. ○ If you'd followed the **instructions** carefully, this wouldn't have happened.	4
17	☐ instruct [ɪnˈstrʌkt]	anweisen mitteilen	She **instructed** them to keep the room locked. ○ Has anyone **instructed** [eine Anleitung geben] you **in** how to use the computer system? ○ We were **instructed** *where to meet / when to leave / what to bring.* ○ After thirty years of trying to **instruct** [beibringen] computers to behave intelligently, only little success can be claimed.	5
18	☐ order [ˈɔːdə]	Befehl Anordnung	*give / receive / have / follow / ignore* an **order** ○ obey [gehorchen] an **order** ○ act **on orders from** sb ○ be **under orders** to do sth ○ The soldiers have strict **orders** to remain there. ○ You will report to me at two this afternoon – and that's an **order**. ○ No parking on this side of the street, **by order** of the police. ○ He was murdered **on the order of** Joseph Stalin.	2
19	☐ order [ˈɔːdə]	befehlen anweisen anordnen	Two terrorists **ordered** the pilot to fly to Beirut. ○ The captain **ordered** the passengers to abandon the ship. ○ The court **ordered** that the criminal should be executed. ○ The mayor **ordered** that free food should be distributed. ○ The doctor **ordered** [verordnen] three week's rest. ○ I don't like being **ordered about** [herumkommandieren].	3
20	☐ force [fɔːs]	zwingen	They **forced** her to *sign the documents / give them the money.* ○ They were **forced** to hand over their passports. ○ He had so little money that he was **forced** to sell the farm. ○ You needn't pay now if you can't. Nobody is **forcing** you. ○ The police **forced** [erzwingen] a confession from him.	4

21	☐ **make** [meɪk]	veranlassen zwingen lassen	What **made** him decide to leave his job so suddenly? ○ He really didn't want to resign but they **made** him. ○ Previous experience **made** her think twice before accepting the job. ○ They **made** him wait at the police station all day. ▲ MAKES — MAKING — MADE — MADE	4
22	☐ **claim** [kleɪm]	fordern verlangen	**claim** a prize ○ Because the accident had not been her fault, Barbara was able to **claim** damages [Schadenersatz]. ○ He's found a watch in the street, but nobody has come to **claim** [abholen] it.	3
23	☐ **send for** [ˈsend fɔː]	holen kommen lassen	**send for** *help / support* ○ We'd better **send for** a doctor — I think she's badly hurt. ○ Is the security officer [Sicherheitsbeauftragter] here yet? — No, but he's been **sent for**. ○ A priest was **sent for** the wedding. ▲ SENDS — SENT — SENT	3
24	☐ **have sth done** [ˌhæv ˈdʌn]	etw tun lassen	**have** your *hair cut / eyes tested / car repaired* ○ We're **having** new wardrobes **built in**. ○ Shortly before Christmas he paid £20 to **have** his licence **returned** [damit ihm ... zurückgegeben wurde].	4
25	☐ **ask** [ɑːsk]	bitten	**ask for** *information / help / permission / bread / money* ○ She **asked** to see the hotel manager. ○ I'd like to **ask you a favour**. ○ He didn't know how to write a formal letter so he **asked** his English teacher **for** advice.	2
26	☐ **request** [rɪˈkwest]	Bitte Anforderung	a *formal / written* **request** ○ an *informal / oral / unofficial* **request** ○ refuse a **request for** an interview ○ reject a **request for** *financial help / a debate* ○ I have a **request** to make. ○ Catalogues are available **on request**.	3
27	☐ **request** [rɪˈkwest]	bitten (um) fordern verlangen	**request** permission to speak ○ The pilot **requested** permission to land, but this was refused. ○ Visitors are **requested** not to touch any objects. ○ Passengers are kindly **requested** not to smoke. ○ They **requested of** the terrorists to free the hostages [Geisel].	3
28	☐ **beg, -gg-** [beg]	betteln bitten	There are hundreds in the street **begging**. ○ People in the Sudan have **begged** him **for** help, for peace, for food, for an ambulance, but above all for the world to notice them. ○ He **begged** to be allowed to come with us. ○ a **begging letter** [Bettelbrief]	5
29	☐ **beggar** [ˈbegə]	Bettler(in)	The **beggar** asked for *money / clothes / food*. ○ Homeless **beggars** on the streets of London reacted angrily to Mr Major's words. ○ **Beggars** can't be choosers. (proverb)	5
30	☐ **demand** [dɪˈmɑːnd]	Forderung Nachfrage	**demands for** *change / reform / higher pay* ○ *make / refuse* **demands** ○ reject a **demand** as unrealistic ○ There's a *great / strong / limited* **demand for** home computers.	4
31	☐ **demand** [dɪˈmɑːnd]	verlangen fordern	**demand** *an explanation / your rights / your money back / an apology / to see the manager* ○ The police officer **demanded** the driving licence. ○ The employees are **demanding** a six-hour day and a five-day week.	3
32	☐ **application** [ˌæplɪˈkeɪʃn]	Bewerbung Antrag	a written **application** ○ *put in / send in / receive / reject* an **application** ○ Since she left university she has sent off fifty job **applications**. ○ There are 500 **applications** by Bosnians **for** political asylum.	4
33	☐ **apply** [əˈplaɪ]	sich bewerben beantragen	**apply** *in person / by letter* ○ **apply for** a *job / position* ○ **apply for** a *passport / visa* ○ **apply to** [sich wenden an] the publishers **for** permission to reprint an extract ○ She's **applied** for the job as a reporter / to three computer firms.	3
34	☐ **please** [pliːz]	bitte	**Please** *come in / sit down*. ○ *Come in, / Take your seats*, **please**. ○ Two cups of tea, **please**. ○ Tickets, **please**. ○ Would you like some tea? — Yes, **please**. ○ Will somebody **please** tell me what's going on here?	1

540A Weitere Sprechabsichten

1a Wie man sich entschuldigen kann

Sorry!
I'm sorry about that.
I'm very/terribly sorry for ...
I'm sorry. It was all my fault.
I'm sorry. I didn't mean to ...
I must apologize for ...
I'd like to apologize for ...
Excuse me for ...

1b Wie man auf Entschuldigungen reagieren kann

That's OK.
It doesn't matter.
Don't worry about it.
Never mind.
That's perfectly all right.
There's no reason to apologize.

2a Wie man um Ratschläge bitten kann

What do you think I should do?
What would you recommend [empfehlen]?
What would you do in my case?
I'd like your advice about ...
Could I ask your advice about/on ...
Do you think it would be a good idea to ...?

2b Wie man Ratschläge geben kann

If I were you, I'd ...
Why don't you ...?
I think you should ...
I suggest (that) you ...
I advise you to ...
Make sure (that) ...
What if ...?
If you ask me, I would ...
Don't you think it would be a good idea ...?

2c Wie man auf Ratschläge reagieren kann

That's a good / an excellent idea.
That sounds like a good idea.
That's all right.
I suppose you're right.
Yes, I really should ...
That may be the case, but ...
Maybe, I'll have to think about it.
I don't think that's a good idea.
Well, I don't think that would be very wise.
Thanks for the advice / tip.

3a Wie man jemanden zu etwas einladen kann

Would you like to come to ...?
Do you think you could come to ...?
I'd like to invite you to ...
Shall we have ... together?
I was wondering if you could ...?
Why don't you ...?

3b Wie man auf Einladungen reagieren kann

All right.
That sounds great.
Great.
You needn't ask me twice.
Thank you very much.
Thank you. I'd like to very much.
Thanks for inviting me.
I'm looking forward to it.
I'd like to but ...
No, thank you.
I'm afraid I can't.
Oh, I'm sorry, but ...
I'd love to, but I'm afraid I ...
That's very kind of you, but ...

4a Wie man sich beschweren kann

I'm afraid I've got a complaint to make.
I've come to complain about ...
I'd wish to complain about ...
I'm not at all satisfied with ...
You should have ...
Why didn't you ...?

4b Wie man auf Beschwerden reagieren kann

I'm terribly sorry, it's our fault / mistake.
It's obvious we made a mistake.
I didn't realize that ...
I'm sorry to hear about that.
I must apologize for this.
There's nothing I can do about it.
Sorry it was all a stupid misunderstanding.
What do you want me to do about it?
It's not my fault if ...
You should have ...

5   Wie man jemandem **zustimmen** kann

That's right / true / correct.
I agree with you.
I can't agree more.
You're quite right.
I'm of the same opinion.
That's my opinion, too.
That's what I think, too.
I think so, too.
I see now that you that you're right and I was wrong.

6   Wie man jemandem **widersprechen** kann

I see things a little differently.
If you don't mind my saying so, I don't think …
I don't agree with you, I'm afraid.
I disagree with you.
I don't accept that.
That's not very convincing.
That's not true at all.
You're completely wrong there.

7   Wie man sich in einem **Streit wehren** kann

Just listen to me for a moment.
Wait a minute.
Just a minute.
That's not fair.
You've got to admit that …
That's not true at all.
I didn't say that at all.
You're putting words into my mouth I didn't say.
I can't accept that.
Can't you understand that …?

8   Wie man **Gewissheit** ausdrücken kann

I'm sure that …
I'm quite certain that …
I'm a hundred per cent certain that …
There's no doubt about it.
You can depend on it.
I'm convinced that …
I'm quite confident that …
It's quite obvious that …
I wouldn't be surprised if …

9   Wie man **Verlegenheitspausen** vermeiden kann

Well, um, …
Well, actually …
… as a matter of fact …
… you know, / see, …
You know what I mean …
What I'm trying to say is this …
What I mean is, …
The thing is …
… is sort of …

10   Wie man **Zweifel** ausdrücken kann

Maybe …
Perhaps …
It could / may / might be that …
I'm not quite sure / certain that …
I really don't know whether / if …
I don't know for sure …
We can't be sure that …
I doubt that …
I have my doubts about it.
It's doubtful whether …
I'm still wondering …
There's a possibility that … may / might …
I'm not convinced that …

11 a   Wie man **Komplimente machen** kann

Super tea / coffee …
Your cake / soup tastes delicious.
What a wonderful meal / cake you've made.
What an excellent dessert you've prepared.
Your skirt is really pretty. Is it new?
You play the piano really well.
Your German is just perfect. Where did you learn it?

11 b   Wie man auf **Komplimente reagieren** kann

Thank you.
Thanks.
I'm glad you like it / them.
I'm glad you're enjoying it.
It's nice of you to notice it.
It's nice of you to say so.

12 a   Wie man sich **bedanken** kann

Thank you very much.
Thanks a lot. Thank you so much for …
I certainly appreciate …
It was very kind of you to …

12 b   Wie man auf **Dank reagieren** kann

That's (quite) all right.
Don't mention it.
You're welcome.
It was a pleasure.
I'm pleased you like it.
Oh, it was nothing.
Any time.

600 Unsere Welt

air 15	globe 7	orbit 5	solar 11	sun 10	world 6
earth 9	lunar 13	planet 3	space 2	universe 1	
global 8	moon 12	satellite 4	star 14	water 16	

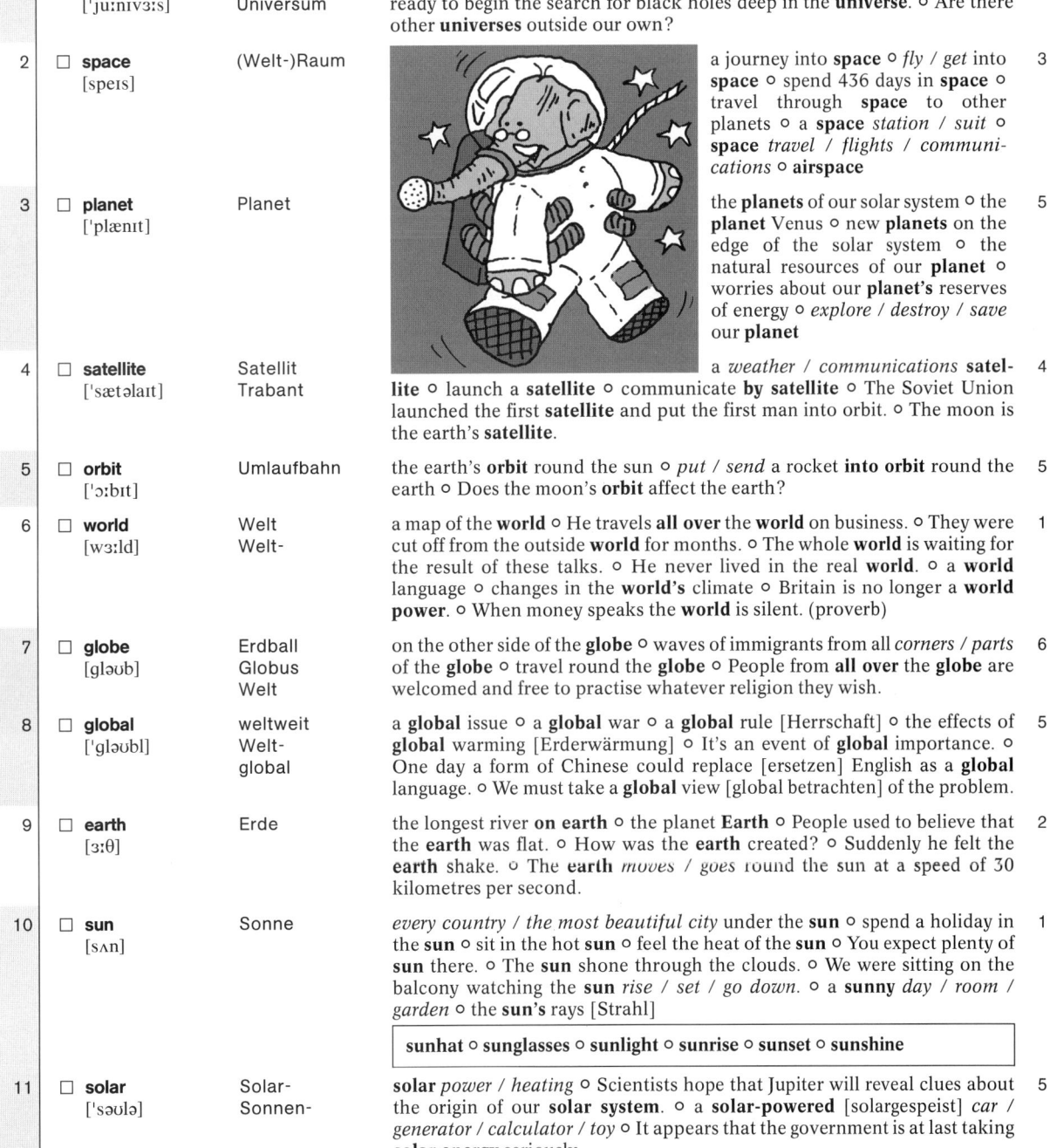

1	☐ **universe** ['juːnɪvɜːs]	Kosmos Universum	a scientific understanding of the **universe** ○ Scientists hope soon to be ready to begin the search for black holes deep in the **universe**. ○ Are there other **universes** outside our own?	5
2	☐ **space** [speɪs]	(Welt-)Raum	a journey into **space** ○ *fly / get* into **space** ○ spend 436 days in **space** ○ travel through **space** to other planets ○ a **space** *station / suit* ○ **space** *travel / flights / communications* ○ airspace	3
3	☐ **planet** ['plænɪt]	Planet	the **planets** of our solar system ○ the **planet** Venus ○ new **planets** on the edge of the solar system ○ the natural resources of our **planet** ○ worries about our **planet's** reserves of energy ○ *explore / destroy / save* our **planet**	5
4	☐ **satellite** ['sætəlaɪt]	Satellit Trabant	a *weather / communications* **satellite** ○ launch a **satellite** ○ communicate **by satellite** ○ The Soviet Union launched the first **satellite** and put the first man into orbit. ○ The moon is the earth's **satellite**.	4
5	☐ **orbit** ['ɔːbɪt]	Umlaufbahn	the earth's **orbit** round the sun ○ *put / send* a rocket **into orbit** round the earth ○ Does the moon's **orbit** affect the earth?	5
6	☐ **world** [wɜːld]	Welt Welt-	a map of the **world** ○ He travels **all over** the **world** on business. ○ They were cut off from the outside **world** for months. ○ The whole **world** is waiting for the result of these talks. ○ He never lived in the real **world**. ○ a **world** language ○ changes in the **world's** climate ○ Britain is no longer a **world power**. ○ When money speaks the **world** is silent. (proverb)	1
7	☐ **globe** [gləʊb]	Erdball Globus Welt	on the other side of the **globe** ○ waves of immigrants from all *corners / parts* of the **globe** ○ travel round the **globe** ○ People from **all over** the **globe** are welcomed and free to practise whatever religion they wish.	6
8	☐ **global** ['gləʊbl]	weltweit Welt- global	a **global** issue ○ a **global** war ○ a **global** rule [Herrschaft] ○ the effects of **global** warming [Erderwärmung] ○ It's an event of **global** importance. ○ One day a form of Chinese could replace [ersetzen] English as a **global** language. ○ We must take a **global** view [global betrachten] of the problem.	5
9	☐ **earth** [ɜːθ]	Erde	the longest river **on earth** ○ the planet **Earth** ○ People used to believe that the **earth** was flat. ○ How was the **earth** created? ○ Suddenly he felt the **earth** shake. ○ The **earth** *moves / goes* round the sun at a speed of 30 kilometres per second.	2
10	☐ **sun** [sʌn]	Sonne	*every country / the most beautiful city* under the **sun** ○ spend a holiday in the **sun** ○ sit in the hot **sun** ○ feel the heat of the **sun** ○ You expect plenty of **sun** there. ○ The **sun** shone through the clouds. ○ We were sitting on the balcony watching the **sun** *rise / set / go down*. ○ a **sunny** *day / room / garden* ○ the **sun's** rays [Strahl]	1
			sunhat ○ **sunglasses** ○ **sunlight** ○ **sunrise** ○ **sunset** ○ **sunshine**	
11	☐ **solar** ['səʊlə]	Solar- Sonnen-	**solar** *power / heating* ○ Scientists hope that Jupiter will reveal clues about the origin of our **solar system**. ○ a **solar-powered** [solargespeist] *car / generator / calculator / toy* ○ It appears that the government is at last taking **solar energy** seriously.	5

12	☐ **moon** [muːn]	Mond	a bright **moon** ○ *half / full* **moon** ○ *go to / reach / explore* the **moon** ○ There was no **moon** because there were too many clouds. ○ The **moon** shines with reflected light. ○ Why do we never see the other side of the **moon** as it moves around the earth? ○ Neil Armstrong first stepped [betreten] onto the **moon** in 1969. ○ **moonlight** ○ the **moon landing** ○ The **full moon** brings fair weather. (proverb)	1
13	☐ **lunar** [ˈluːnə]	Mond-	the **lunar** calendar ○ **lunar** rocks [Gestein] ○ a **lunar** landscape ○ a **lunar** eclipse [Mondfinsternis]	5
14	☐ **star** [stɑː]	Stern	the **Star** of Bethlehem ○ There are no **stars** out tonight. ○ Let's camp out under the **stars**. ○ The **stars** shone brightly overhead. ○ What do my **stars** say? ○ It's written in the **stars**. ○ You can thank your **lucky stars** that …	
15	☐ **air** [eə]	Luft	*fresh / pure / dry / polluted / country / mountain* **air** ○ breathe *in / out* **air** ○ pollute the **air** ○ Let's go out and *have / get* some fresh **air**. ○ reduce **air** pollution ○ The **air** temperature was below zero.	1
			air traffic ○ **air transport** ○ **air travel** ○ **airport** ○ **airsick** ○ **airspace** ○ **air pollution** ○ **air pressure**	
16	☐ **water** [ˈwɔːtə]	Wasser	salt **water** ○ fresh [Süß-] **water** ○ the quiet **waters** of a lake ○ swim under **water** ○ Don't let the children play near the **water** without an adult watching them. ○ **waterless** regions / deserts ○ natural / inland **waterways** [Wasserstraße] ○ catch **rainwater** in a barrel [Tonne]	1

620 Klima, Atmosphäre und Wetter

atmosphere 2	degree 11	icy 52	snow *n* 54	weather 5
blow 40	dry 25	lightning 44	snow *v* 53	weather chart 6
breeze 37	fair 17	melt 56	snowy 55	weather forecast 7
centigrade 12	fog 35	predict 9	storm 41	weather prediction 8
climate 1	foggy 36	rain *n* 32	stormy 42	wet 30
cloud 26	freeze 50	rain *v* 31	sun 14	wind 38
cloudy 27	frost 48	rainy 33	sunny 16	windy 39
cold *adj* 46	frosty 49	rise 18	sunshine 15	zero 13
cold *n* 47	heat 24	set 20	temperature 10	
cool 45	horizon 4	shine 19	thunder 43	
dark 28	hot 23	shower 34	warm 21	
darkness 29	ice 51	sky 3	warmth 22	

1	☐ **climate** [ˈklaɪmɪt]	Klima	a *hot / warm / cold / dry / rainy / friendly / healthy* **climate** ○ changes in the earth's **climate** ○ British **climate** is very changeable. ○ The wet **climate** is not good for his health. ○ She moved to a cooler **climate**. ○ The **climate** was unbearable.	4
2	☐ **atmosphere** [ˈætməsfɪə]	Atmosphäre	pollution in the **atmosphere** ○ release pollutants [Schadstoff] into the **atmosphere** ○ enter Earth's **atmosphere** ○ heat up the Earth's **atmosphere** ○ The earth's **atmosphere** supports life.	3
3	☐ **sky** [skaɪ]	Himmel	a *blue / clear / cloudless / cloudy / grey / star-filled / stormy* **sky** ○ The **sky** has gone dark. I think it's going to rain. ○ The **sky** first turned pink and then orange. ○ Clouds were moving across the **sky**. ○ The sun was still high in the **sky**. ○ The computer can reconstruct the night **sky** as it was 2000 years ago.	1
4	☐ **horizon** [həˈraɪzn]	Horizont	There were a few dark clouds on the **horizon**. ○ The sun *was above / sank below* the **horizon**. ○ A ship appeared on the **horizon**. ○ The island was just a dot on the **horizon**.	4
5	☐ **weather** [ˈweðə]	Wetter	*sunny / warm / hot / cold / freezing / dry / wet / rainy / windy / stormy* **weather** ○ predict *good / fine / fair / beautiful / bad / foggy / changeable* **weather** ○ *depend on / complain about* the **weather** ○ You can't rely on the **weather** in Britain. ○ It was T-shirt and shorts **weather**. ○ We shall play the match, **weather permitting**. ○ a **weather** *map / centre / station*	1
6	☐ **weather chart** [ˈweðə tʃɑːt]	Wetterkarte	The **weather chart** is on page 3 of the paper.	5

7	☐ weather forecast ['weðə ˌfɔːkɑːst]	Wettervorhersage	the most up-to-date **weather forecast** ○ according to the **weather forecast for** *tomorrow / the Easter weekend* ○ What does the **weather forecast** say? ○ Many farmers never listen to the **weather forecast**, they just look at the night sky. ○ The **weather forecast for** Saturday promises warm sunshine after lunch. ○ Rainy and cold weather is **forecast** [vorhersagen] **for** tonight.	5
8	☐ weather prediction ['weðə prɪˌdɪkʃn]	Wettervorhersage	Long-term [langfristig] **weather predictions** for snow indicate [anzeigen] that the future is now looking good. ○ Numerical **weather prediction** is a method of predicting weather through the use of high-speed computers.	6
9	☐ predict [prɪ'dɪkt]	vorhersagen	**predict** *the weather / rain and cold / an earthquake* ○ **predict** that it may rain ○ Rain and snow are **predicted for** tonight. ○ **predictable** ○ The exact time of the change is **unpredictable**.	5
10	☐ temperature ['temprətʃə]	Temperatur	The **temperature** will *drop / fall / go down / go up / rise*. ○ The **temperature** sank to 5°C. ○ The **temperature** will fall to minus 10 tonight (-10°C). ○ It must be ninety-five this afternoon (95°F). ○ Sometimes the **temperature** reaches 45°C. ○ My car won't start when the **temperature** is very low.	5
11	☐ degree [dɪ'griː]	Grad	The temperature is only 5° (five **degrees**). ○ Water freezes at thirty-two **degrees** Fahrenheit (32°F) or zero **degrees** Celsius (0°C). ○ The temperature reached several thousand **degrees** Celsius.	3
12	☐ centigrade ['sentɪgreɪd]	Celsius	5 degrees **centigrade** is 41 degrees Fahrenheit. ○ Once the body's temperate has fallen below 35 degrees **centigrade** (35°C), both heart and lungs [Lunge] begin to suffer.	5
13	☐ zero ['zɪərəʊ]	Null	The temperature fell to **zero** (0°). ○ It's very cold – it's below **zero**. ○ The temperature was above **zero**. ○ Sea and air temperature are close to **zero**.	2
14	☐ sun [sʌn]	Sonne	a *bright / hot* **sun** ○ the heat of the midday **sun** ○ The **sun** *rose / set / went down*. ○ The **sun** shone through the clouds. ○ There's nothing new under the **sun**.	1
15	☐ sunshine ['sʌnʃaɪn]	Sonne(-nschein)	*bright / brilliant / warm* **sunshine** ○ *sit in / relax in / enjoy* the early-morning **sunshine** ○ The **sunshine** [Sonnenlicht] hurts my eyes. ○ As spring comes after the dark days **sunshine** comes after the rain.	1
16	☐ sunny ['sʌnɪ]	sonnig	a **sunny** *day / room / balcony / garden* ○ in **sunny** California ○ live on the **sunny** side [Sonnenseite] of the street ○ The northern states of the US and Canada are mostly warm and **sunny**.	2
17	☐ fair [feə]	heiter schön	*expect / predict* **fair** weather ○ cross the ocean in **fair** weather ○ The TV says it will be **fair** tomorrow. ○ In **fair** weather prepare for foul. (proverb)	3
18	☐ rise [raɪz]	aufgehen	They climbed on top of the mountain to see the sun **rise**. ○ Once the sun **rises**, the view is beautiful. ○ The sun **rose** at 5 am this morning. ○ **at sunrise** ▲ RISES – RISING – ROSE – RISEN	2
19	☐ shine [ʃaɪn]	scheinen	**shine** *brightly / brilliantly* ○ The hot sun was **shining** directly on our heads. ○ The sun is **shining** so I think it'll be hot today. ○ The moon was **shining** through the window. ○ The sun **shines** upon all alike. (proverb) ▲ SHINES – SHINING – SHONE – SHONE	1
20	☐ set [set]	untergehen	In northern countries the sun **sets** much later in summer than in winter. ○ We sat and watched the sun **setting**. ○ If the sun should **set** in grey, the next will be a rainy day. (proverb) ▲ SETS – SETTING – SET – SET	2
21	☐ warm [wɔːm]	warm	**warm** weather ○ a **warm** *climate / summer / day* ○ It's quite **warm** today. ○ The weather is a bit **warmer** than yesterday.	1
22	☐ warmth [wɔːmθ]	Wärme	a *lack / high degree* of **warmth** ○ *need / enjoy* the **warmth** of the sun ○ She wanted to feel the **warmth** of the sun on her skin again.	4
23	☐ hot [hɒt]	heiß warm	**hot** weather ○ a **hot** *climate / summer / day / country* ○ It's *very / awfully / unbearably* **hot**. ○ I'm so **hot** I must get into the shade.	1
24	☐ heat [hiːt]	Hitze	*dry / great / extreme / unbearable* **heat** ○ protect cows from summer **heat** ○ the **heat** of forest fires ○ *go out in / suffer from* the **heat** ○ It's best to cover your head **in** this **heat**. ○ The **heat** of the sun soon made the road melt.	2

25	☐ **dry** [draɪ]	trocken	a **dry** *climate / breeze / day* ○ cold **dry** air from Europe ○ get **dry** ○ I hope it stays **dry** for our picnic. ○ **Dry** August and warm does harvest no harm. (proverb)	1
26	☐ **cloud** [klaʊd]	Wolke	*white / dark / black / heavy / thick / threatening / low / high* **clouds** ○ *rain / storm* **clouds** ○ There wasn't a **cloud** in the sky. ○ The sun disappeared behind **clouds**. ○ a **cloudless** sky ○ All **clouds** bring not rain. (proverb)	2
27	☐ **cloudy** [klaʊdɪ]	bewölkt, wolkig	a **cloudy** sky ○ a **cloudy** but rainless day ○ It's a bit **cloudy** today.	2
28	☐ **dark** [dɑːk]	dunkel finster	a **dark** *sky / night* ○ During the storm the sky turned quite **dark**. ○ In winter it gets **dark** early. ○ Switch the lights on – it's getting too **dark** to read. ○ The sky got **darker and darker** as the night came on. ○ Cats can see **in** the **dark** [im Dunkeln].	1
29	☐ **darkness** [ˈdɑːknɪs]	Dunkelheit	*complete / total* **darkness** ○ the **darkness** of night ○ As **darkness** fell [hereinbrechen], busloads of victims were still arriving. ○ The house was in complete **darkness**.	4
30	☐ **wet** [wet]	nass feucht	**wet** weather ○ a **wet** *climate / January / day / afternoon* ○ February is usually the **wettest** month of the year. ○ It was **wet** yesterday. ○ I'm not going out in this rain – I don't want to get **wet**.	1
31	☐ **rain** [reɪn]	regnen	It *began / started* to **rain**. ○ It **rained** hard all day. ○ It's **raining** pretty hard out there. ○ It has been raining *for two days / all morning / most of the night*. ○ It hasn't stopped **raining** all day.	1
32	☐ **rain** [reɪn]	Regen Niederschlag Niederschläge	*heavy / light / non-stop* **rain** ○ acid **rain** ○ The **rain** *started / stopped* in the morning. ○ More than an inch of **rain** fell over the weekend. ○ The **rain** will spread later to the east. ○ There will be **rain** in all parts of the country. ○ Rivers were flooded with heavy **rains**. ○ It looks like **rain**. ○ The ground is very dry – we've had no **rain** for weeks. ○ the *average / normal / annual / yearly* **rainfall** [Niederschlag] ○ a *heavy / light* **rainfall** [(Regen-)Schauer] ○ a **rainbow** [Regenbogen] ○ a **raindrop** [Regentropfen] ○ a **raincoat** ○ **Rain** from the east: two wet days at least. (proverb)	1
33	☐ **rainy** [ˈreɪnɪ]	regnerisch verregnet	**rainy** weather ○ a **rainy** *day / weekend / summer* ○ a **rainy** [regenreich] *climate / country* ○ the **rainy** season [Regenzeit] ○ The sky looks **rainy**.	4
34	☐ **shower** [ˈʃaʊə]	Schauer	a *heavy / light* **shower** ○ rain **showers** ○ They were caught in a **shower**. ○ Sudden hailstorms [Hagelsturm] and snow **showers** caused chaos on the roads. ○ April **showers** bring forth [hervorbringen] May flowers. (proverb)	4
35	☐ **fog** [fɒg]	(dicker) Nebel	*heavy / light / thick / bad* **fog** ○ free from **fog** ○ ground **fog** ○ **Fog** at sea can be very dangerous. ○ The crash was caused by thick **fog**. ○ We had to drive slowly because of the **fog**. ○ The **fog** is rising [sich lichten] at last. ○ a **foghorn** ○ a **fog** lamp	4
36	☐ **foggy** [ˈfɒgɪ]	neblig	**foggy** streets ○ a **foggy** night ○ Drive slowly when it's **foggy**. ○ He was driving to the airport when he crashed in **foggy** weather.	5
37	☐ **breeze** [briːz]	Brise (leichter) Wind	a sea **breeze** ○ A **breeze** came up. ○ We enjoyed the cooling ocean **breeze**. ○ A *nice / cool / gentle / light / soft* **breeze** was blowing. ○ There's not much **breeze** today.	5
38	☐ **wind** [wɪnd]	Wind	a *gentle / light / fresh / heavy / cold* **wind** ○ trees blown down by strong **winds** ○ electricity supplied by **wind** ○ The **wind** *blew pretty hard / reached a maximum speed of 65 mph / screamed*. ○ **wind** *energy / generators*	1
39	☐ **windy** [ˈwɪndɪ]	windig	a **windy** *day / corner* ○ wet and **windy** conditions ○ It's rather **windy** today.	5
40	☐ **blow** [bləʊ]	blasen wehen	The wind was **blowing into** their faces. ○ The wind is **blowing** hard tonight. ○ A cold wind **blew** across the river from the east.	2

▲ BLOWS – BLEW – BLOWN

41	☐ storm [stɔːm]	Sturm Gewitter	a *heavy / violent* **storm** ○ The **storm** kept me awake. ○ Many houses will have to be rebuilt after the **storm** [Unwetter]. ○ a **snowstorm**	2
42	☐ stormy ['stɔːmɪ]	stürmisch	**stormy** *weather / winds* ○ a **stormy** *night / sky / ocean* ○ It's too **stormy** to go sailing today.	4
43	☐ thunder ['θʌndə]	donnern Donner	It **thundered** all night. ○ Listen to the **thunder**! ○ When there's a **thunder**, the cat hides under the bed. ○ We were caught in the mountains by a **thunderstorm** [Gewitter]. ○ a clap of **thunder** [Donnerschlag]	5
44	☐ lightning ['laɪtnɪŋ]	Blitz	a flash of **lightning** [Blitzstrahl] ○ She was struck [erschlagen] by **lightning**. ○ **Lightning** doesn't often strike [einschlagen] twice in the same place. ○ He was running like greased [geölt] **lightning**.	3
45	☐ cool [kuːl]	kühl	**cool** autumn weather ○ a **cool** *climate / day / morning / breeze / place* ○ It's **cool** today. ○ It will be **cool** and sunny tomorrow. ○ The weather has suddenly become **cooler**. ○ Keep the drinks in a **cool** place.	2
46	☐ cold [kəʊld]	kalt	**cold** *weather / water* ○ a **cold** *climate / day / wind* ○ **cold** as ice ○ escape the **cold** and wet weather ○ The weather turned **cold**. ○ If you feel **cold**, come and sit by the fire. ○ **Cold** hands, warm heart. (proverb)	1
47	☐ cold [kəʊld]	Kälte	a bitter **cold** ○ She doesn't seem to feel the **cold**. ○ Don't stand out in the **cold**. ○ Do come indoors out of the **cold**. ○ He was blue with **cold**.	4
48	☐ frost [frɒst]	Frost (Rau-)Reif	a *hard / heavy* **frost** ○ There was a **frost** last night. ○ The hard **frost** in January killed a lot of plants. ○ The ground was covered with **frost** this morning. ○ There's **frost** on the car windows. ○ **frost-free**	5
49	☐ frosty ['frɒstɪ]	eisig eiskalt	a **frosty** *morning / night* ○ **frosty** weather [Frostwetter] ○ The air was **frosty**. ○ It's going to be **frosty** tonight.	5
50	☐ freeze [friːz]	gefrieren	Water expands when it **freezes**. ○ It's **freezing** outside. ○ It **froze** *hard / deep* last night. ○ It's so cold that the river has **frozen over** [zufrieren]. ○ Two men **froze to death** [erfrieren] in the Alps. ○ the **freezing point** [Gefrierpunkt]	3

▲ FREEZES – FREEZING – FROZE – FROZEN

51	☐ ice [aɪs]	Eis	**ice** *forms / breaks / covers a lake* ○ **Ice** melts more slowly in air than in water. ○ Is the **ice** thick enough for skating? ○ **Ice** on the road was the cause of the accident. ○ the **Ice Age** [Eiszeit] ○ an **ice-free** harbour	2
52	☐ icy ['aɪsɪ]	vereist eisig	**icy** roads ○ **icy** cold ○ Be careful, the streets are **icy**. ○ Don't run – the path is **icy**.	5
53	☐ snow [snəʊ]	schneien	**snow** lightly ○ It began to **snow** heavily during the afternoon. ○ It is **snowing** hard. ○ It **snowed** all day. ○ We were **snowed in** for three days.	2
54	☐ snow [snəʊ]	Schnee	*heavy / light / thin / deep* **snow** ○ a *sudden / heavy / limited* fall of **snow** ○ *natural / artificial / machine-produced* **snow** ○ as white as **snow** ○ protect yourself against the wind and **snow** ○ **Snow** fell in many areas yesterday. ○ **Snow** and bad weather have hit southern England. ○ Heavy **snow** affected roads in mid-Wales. ○ a **snow-free** zone ○ A **snow** year, a rich year. (proverb)	2

> **snowstorm** ○ **snowball** ○ **snowfall** ○ **snowman**

| 55 | ☐ snowy ['snəʊɪ] | verschneit Schneeschneereich | **snowy** *mountains / fields* ○ a **snowy** landscape ○ **snowy** weather ○ on a **snowy** *day / evening* ○ long and **snowy** winters ○ They walked through the **snowy** streets to the shops. | 4 |
| 56 | ☐ melt [melt] | schmelzen | **melt** like snow in the Sahara ○ The snowflakes [Schneeflocke] were **melting** as they reached the ground. ○ The hot sun **melted** the ice. ○ Heavy rains and **melting snows** [Schneeschmelze] caused floods in many areas. | 3 |

625 Natur, Umwelt, Umweltschutz

acid rain 30	dirt 62	healthy 11	protect 18	smoky 49
air 8	dirty 46	infertile 45	protection 19	soil 7
carbon dioxide 29	discharge 41	litter n 64	recyclable 35	spoil 40
catalytic converter 28	disposal 54	litter v 39	recycle 36	survive 33
clean 10	dump n 56	natural 2	refuse 63	unhealthy 50
climate 4	dump v 55	nature 1	renewable 34	waste n 14
conservation 21	emission 66	noise 59	returnable bottle 16	waste n 52
conservationist 22	environment 5	noisy 47	ruin 42	waste v 13
conserve 20	environmental 6	organic 3	save v 15	waste management 53
damage n 57	exhaust fumes 27	ozone 23	save v 17	water 9
damage v 37	fertile 12	ozone layer 24	sewage 65	
dangerous 44	flood(s) 31	poisonous 51	smell 60	
destroy 43	global warming 26	pollute 38	smelly 48	
die out 32	greenhouse effect 25	pollution 58	smoke 61	

1 □ **nature** Natur
   ['neɪtʃə]

Mother **Nature** ○ back to **nature** ○ the *forces / wonders / laws / conservation* of **nature** ○ a crime against **nature** ○ *protect / conserve / damage / destroy* **nature** ○ *be / live* close to **nature** ○ enjoy the beauties of **nature** ○ **nature** conservation and landscape protection ○ **nature** conservationists

■ Don't use **the** before **nature**. Example: *die Wunder der Natur* the wonders **of nature**

2 □ **natural** Natur-
   ['nætʃrəl] natürlich

natural *forces / disasters* ○ **natural** light ○ animals living in their **natural** state ○ power stations running on **natural** [Erd-] gas ○ Some **natural** resources should not be exploited for environmental reasons. ○ They're trying to keep the coastlines as **natural** [naturbelassen] as possible.

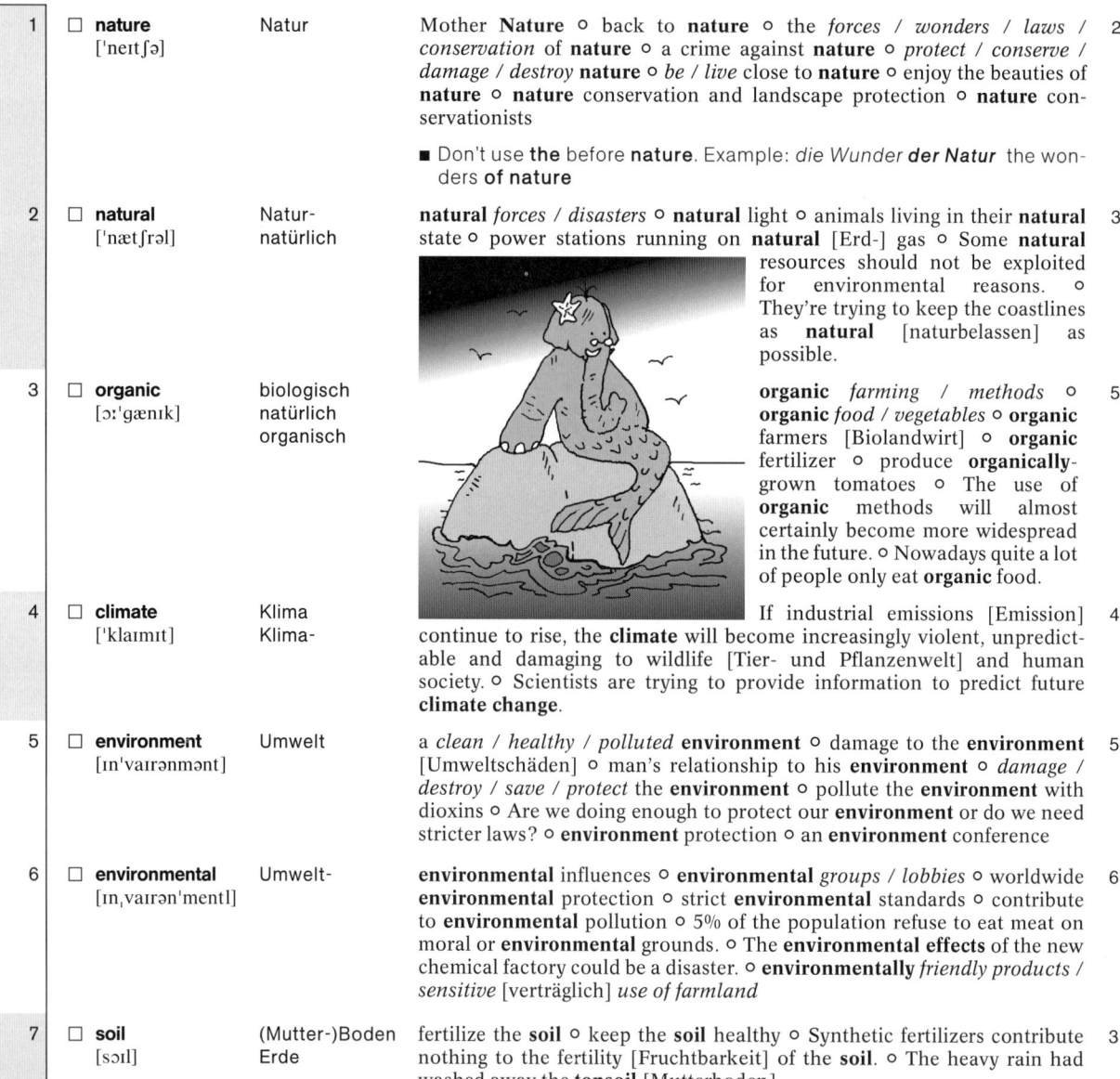

3 □ **organic** biologisch
   [ɔː'gænɪk] natürlich
              organisch

organic *farming / methods* ○ **organic** *food / vegetables* ○ **organic** farmers [Biolandwirt] ○ **organic** fertilizer ○ produce **organically**-grown tomatoes ○ The use of **organic** methods will almost certainly become more widespread in the future. ○ Nowadays quite a lot of people only eat **organic** food.

4 □ **climate** Klima
   ['klaɪmɪt] Klima-

If industrial emissions [Emission] continue to rise, the **climate** will become increasingly violent, unpredictable and damaging to wildlife [Tier- und Pflanzenwelt] and human society. ○ Scientists are trying to provide information to predict future **climate** change.

5 □ **environment** Umwelt
   [ɪn'vaɪrənmənt]

a *clean / healthy / polluted* **environment** ○ damage to the **environment** [Umweltschäden] ○ man's relationship to his **environment** ○ *damage / destroy / save / protect* the **environment** ○ pollute the **environment** with dioxins ○ Are we doing enough to protect our **environment** or do we need stricter laws? ○ **environment** protection ○ an **environment** conference

6 □ **environmental** Umwelt-
   [ɪn,vaɪrən'mentl]

environmental influences ○ **environmental** *groups / lobbies* ○ worldwide **environmental** protection ○ strict **environmental** standards ○ contribute to **environmental** pollution ○ 5% of the population refuse to eat meat on moral or **environmental** grounds. ○ The **environmental** effects of the new chemical factory could be a disaster. ○ **environmentally** *friendly products / sensitive* [verträglich] *use of farmland*

7 □ **soil** (Mutter-)Boden
   [sɔɪl] Erde

fertilize the **soil** ○ keep the **soil** healthy ○ Synthetic fertilizers contribute nothing to the fertility [Fruchtbarkeit] of the **soil**. ○ The heavy rain had washed away the **topsoil** [Mutterboden].

8	☐ **air** [eə]	Luft Luft-	*fresh / clean / dirty / polluted* **air** ○ pollute the **air** ○ There is much concern now about the quality of **air** in factories and offices. ○ the effects of **air** pollution on young children ○ reduce **air** pollution ○ Yesterday's poor **air** quality was also caused by traffic fumes.	1
9	☐ **water** [ˈwɔːtə]	Wasser	contaminated [verseucht] **water** ○ protect future **water** supplies ○ be concerned about **water** shortage ○ fresh [Süß-] **water** pollution ○ The effects of **water pollution** are felt on Britain's beaches.	1
10	☐ **clean** [kliːn]	sauber	**clean** *air / water / energy / cities / rivers / engines* ○ the free, **clean** and safe energy of the sun ○ **clean** drinking water ○ The lake is **clean** and the fish from it very good. ○ Wind farms are **clean** and cheap. ○ One dirty engine can pollute as much as nine **clean** ones.	1
11	☐ **healthy** [ˈhelθɪ]	gesund	a **healthy** *climate / environment* ○ a **healthy** *animal / tree* ○ **healthy** food ○ This heat isn't very **healthy**. ○ Without a safe and **healthy** environment there wouldn't be any tourism.	3
12	☐ **fertile** [ˈfɜːtaɪl]	fruchtbar	**fertile** *(farm)land / ground / soil* ○ a **fertile** region of the country	5
13	☐ **waste** [weɪst]	verschwenden	**waste** *energy / valuable resources / food*	2
14	☐ **waste** [weɪst]	Verschwendung	a **waste** of *energy / resources* ○ **Waste** is everywhere. ○ The project is a complete **waste** of time and money for everyone involved.	2
15	☐ **save** [seɪv]	(ein)sparen	**save** *energy / water / time / money* ○ Everybody should be encouraged to **save** more energy and money at home. ○ Energy can be **saved** in many ways.	2
16	☐ **returnable bottle** [rɪˌtɜːnəbl ˈbɒtl]	Mehrwegflasche Pfandflasche	a **returnable** drinks **bottle** ○ use **returnable bottles** ○ the **returnable bottle** cycle [Kreislauf]	6
17	☐ **save** [seɪv]	retten	**save** the *world / planet / environment* ○ **save** this country for the next generation ○ **save** the Royal Bengal tiger **from** extinction [Aussterben] ○ More action is needed if the world is to be **saved from** rising temperatures and sea levels [Meeresspiegel].	2
18	☐ **protect** [prəˈtekt]	schützen	**protect** endangered [gefährdet] *species / animals / plants* ○ **protect** the Amazon rainforests **from** destruction [Zerstörung] ○ Is the government doing enough to **protect** the environment? ○ How can the countryside be **protected**? ○ a **protected** species of *animal / plant*	3
19	☐ **protection** [prəˈtekʃn]	Schutz	environmental **protection** ○ **protection against** damage ○ *offer / give / provide* **protection** ○ *receive / take* **protection** ○ The dykes [Deich] are the only **protection** the Dutch have **against** flooding. ○ The best **protection against** skin cancer is still to avoid the sun.	3
20	☐ **conserve** [kənˈsɜːv]	erhalten bewahren sparen	**conserve** *species / the natural world / England's most cherished* [lieb und teuer sein] *landscapes / the local environment / trees / bushes* ○ **conserve** energy and reduce waste ○ new laws to **conserve** wildlife [Tier- und Pflanzenwelt] in this area ○ We must **conserve** the country's natural resources. ○ There are many ways to **conserve** and recycle resources, particularly water.	6
21	☐ **conservation** [ˌkɒnsəˈveɪʃn]	(Natur-)Schutz Bewahrung Rettung	**conservation** of *landscapes / forests / water / resources* ○ **Conservation** of animal species is of great importance. ○ Energy **conservation** [Sparen] is a problem throughout the world. ○ a **conservation area** [Naturschutzgebiet]	5
22	☐ **conservationist** [ˌkɒnsəˈveɪʃnɪst]	Schützer, Naturschützer(in), Umweltschützer(in)	one of the *leading / most respected* **conservationists** of the country ○ an animal **conservationist** [Tierschützer] ○ **Conservationists** *report / point out / fear / suggest / argue / draw attention to …* ○ **Conservationists** have succeeded in halting [aufhalten] mass tourism and preserving the culture of the area.	6
23	☐ **ozone** [ˈəʊzəʊn]	Ozon Ozon-	damaging clouds of **ozone** ○ threatening levels [Wert] of **ozone** ○ *produce / create / form* **ozone** ○ **Ozone** is caused by the effect of the sun's rays [Strahl] on traffic and industrial fumes. ○ High concentrations of **ozone** may be harmful to human health. ○ an **ozone hole** over the Arctic ○ **ozone-friendly** *fridges / sprays* ○ Experts demand **ozone** limits. ○ **ozone** alert [Alarm]	6
24	☐ **ozone layer** [ˈəʊzəʊn ˌleɪə]	Ozonschicht	a thin **ozone layer** ○ *damage / destroy* the **ozone layer** ○ If the hole in the **ozone layer** gets bigger, there will be concern over rising cases of skin cancer and damage to plants. ○ A ten per cent decrease [Abnahme] in the **ozone layer** will lead to 300 000 skin cancers a year.	6

25	☐ **greenhouse effect** ['griːnhaʊs ɪˌfekt]	Treibhauseffekt	draw attention to the **greenhouse effect** ○ *cause / contribute to / reduce* the **greenhouse effect** ○ Poor heating systems add to air pollution and the **greenhouse effect**.	4
26	☐ **global warming** [ˌgləʊbl ˈwɔːmɪŋ]	Erderwärmung, globaler Temperaturanstieg	likely causes of **global warming** ○ stop **global warming** ○ **Global warming** by the so-called greenhouse effect is the main cause of rising seas. ○ **Global warming** is *a reality / largely caused by a build-up* [Anreicherung] *of carbon dioxide in the atmosphere*.	6
27	☐ **exhaust fumes** [ɪgˈzɔːst fjuːmz]	Auspuffgase Abgase	*lorry / car* **exhaust fumes** ○ *produce / release / reduce* **exhaust fumes** ○ **Exhaust fumes** *can make you really ill / are bad for your health / can cause breathing difficulties*. ○ Summer sunshine reacts with pollutants [Schadstoff] such as **exhaust fumes** to produce ozone. ○ Over the past week, officers [Polizist] have been stopping vehicles in London to test **exhaust fumes**.	6
28	☐ **catalytic converter** [ˌkætəlɪtɪk kənˈvɜːtə]	Katalysator Kat	a three-way **catalytic converter** ○ introduce **catalytic converters** ○ cars not fitted [ausgerüstet] with a **catalytic converter** ○ A **catalytic converter** reduces the amount of poisonous exhaust fumes released from a car. ○ **Catalytic Converters** have been compulsory [Pflicht] in Britain since 1993.	6
29	☐ **carbon dioxide** [ˌkɑːbən daɪˈɒksaɪd]	Kohlendioxyd	**carbon dioxide**, the so-called 'greenhouse gas' ○ release **carbon dioxide** into the atmosphere ○ **Carbon dioxide** is in the air and breathed out by man and animals. ○ The burning of coal produces **carbon dioxide**. ○ We have changed the climate with higher **carbon dioxide** levels [Wert]. ○ proposals for a **carbon dioxide** tax	6
30	☐ **acid rain** [ˌæsɪd ˈreɪn]	saurer Regen	*the effect of / damage from* **acid rain** ○ *produce / solve the problem of* **acid rain** ○ **Acid rain** is mainly a result of industrial pollution. ○ An international agreement [Abkommen] will help reduce **acid rain**. ○ Now we export our pollution to Scandinavia in the form of **acid rain**.	6
31	☐ **flood(s)** [flʌd(z)]	Überschwemmung	*unpredictable / serious* **floods** ○ the effects of the **floods** ○ **Floods** *hit Germany earlier this week / brought chaos to Scotland last night / affected Glasgow*. ○ **Floods** were causing delays [Verspätung]. ○ The **floods** in Italy have brought devastation [Zerstörung] to a rich industrial region. ○ 700 people were made homeless by the worst **flood** *for 30 years / in living memory* [seit Menschengedenken]. ○ **flood** *disasters / victims*	3
32	☐ **die out** [ˌdaɪ ˈaʊt]	aussterben	*species / animals / plants* **die out** ○ 150 animals and plants have **died out** completely in the United Kingdom this century. ▲ DIES – DYING – DIED – DIED	3
33	☐ **survive** [səˈvaɪv]	überleben	**survive** in *our climate / fresh water / a man-made environment / a zoo* ○ Few birds managed to **survive** the winter last year. ○ One of the ocean's most beautiful and ancient creatures [Geschöpf], the turtle [Schildkröte], may not **survive** another 30 years. ○ a chance of **survival** ○ Darwin's ideas of natural selection and the **survival** of the fittest.	5
34	☐ **renewable** [rɪˈnjuːəbl]	erneuerbar	**renewable** *energy / resources / energy sources* ○ Wind power is only one **renewable** source of energy. ○ save **non-renewable** energy resources	6
35	☐ **recyclable** [ˌriːˈsaɪkləbl]	wieder verwendbar, wieder verwertbar	**recyclable** *waste products / plastic / bottles / cans / batteries / tyres* ○ the use of **recyclable** materials ○ sort [sortieren] **recyclable** materials such as glass and paper ○ The age of the **recyclable** car is near. ○ How much of the waste is **recyclable**?	6
36	☐ **recycle** [ˌriːˈsaɪkl]	wieder verwerten, wieder aufbereiten	**recycle** *glass / newspapers / CFWs / plastic bags / building waste* [Bauschutt] ○ Plastic is the most difficult product to **recycle**. ○ **Recycling** has been the answer to waste, although it has become less attractive because the market value of the **recycled** materials has fallen. ○ **recycled** *waste / raw material / paper*	3
37	☐ **damage** [ˈdæmɪdʒ]	(be)schädigen	*badly / seriously / terribly / fatally* **damaged** ○ smoke-**damaged** ○ Nobody is allowed to go on sightseeing trips there, for fear that the environment will be **damaged**. ○ 16 million acres of farmland have been **damaged** by the rising river.	3
38	☐ **pollute** [pəˈluːt]	verschmutzen	**pollute** *water / the air / our environment / the atmosphere* ○ The river is **polluted with** chemical waste from factories. ○ **pollutant** [Schadstoff] ○ **polluter** [Umweltverschmutzer]	3

39	☐ **litter** ['lɪtə]	verschandeln	**litter** *the ground / parks / streets / lakes* ○ Broken *glass / wine bottles* **littered** [übersäen] the streets. ○ The little lake must once have been lovely but was now **littered** and slimed with [mit einem Film überzogen] motor oil.	6
40	☐ **spoil** [spɔɪl]	verderben verschandeln	**spoil** *a beautiful view* ○ They are afraid that the new project might **spoil** the valley and threaten tourism. ○ The new road has completely **spoilt** the character of the town. ▲ SPOILS – SPOILT / SPOILED – SPOILT / SPOILED	5
41	☐ **discharge** [dɪsˈtʃɑːdʒ]	leiten einleiten	**discharge** waste products **into** *rivers / the sea* ○ **discharge** harmful metals **into** coastal waters [Küstengewässer] ○ We do not know what happens to half of the carbon dioxide **discharged** [ausstoßen] **into** the atmosphere.	6
42	☐ **ruin** [ˈruːɪn]	zerstören ruinieren	**ruin** *the countryside / a landscape* ○ The 12-mile road, which would run from Ower to Landford, would **ruin** the environment.	4
43	☐ **destroy** [dɪˈstrɔɪ]	zerstören vernichten	**destroy** *the atmosphere / the landscape / ancient woodland / the views of the park / peace and countryside* ○ **destroy** irreplaceable [unersetzbar] resources	2
44	☐ **dangerous** [ˈdeɪndʒərəs]	gefährlich	*very / extremely / more / less* **dangerous** ○ a **dangerous** *chemical / gas / drug* ○ a **dangerous** waste ○ (un)likely to be **dangerous** ○ highly **dangerous** side-effects ○ The use of super unleaded [bleifrei] petrol in cars without a catalytic converter is **dangerous**.	2
45	☐ **infertile** [ɪnˈfɜːtaɪl]	unfruchtbar	**infertile** *ground / land* ○ the region's scarce and **infertile** soil ○ The earth is dry, rocky, **infertile**. ○ Fertile soil has permitted intensive farming.	5
46	☐ **dirty** [ˈdɜːtɪ]	schmutzig dreckig	**dirty** roads ○ **Dirty** air and **dirty** water do not stop at state borders. ○ Hundreds of children die every year from drinking **dirty** water.	1
47	☐ **noisy** [ˈnɔɪzɪ]	laut lärmend	a **noisy** *place / street / car / jet* ○ **noisy** traffic ○ a crowded and **noisy** market ○ The machine is very **noisy**. ○ Diesels are **noisy** if you start them up [anlassen] in cold weather.	4
48	☐ **smelly** [ˈsmelɪ]	stinkend übel riechend	a **smelly** *car / factory* ○ **smelly** *diesels / exhaust fumes* ○ The lake turned brown and **smelly** from the factory wastes. ○ Other people's smoke is certainly dirty, **smelly** and unpleasant [unangenehm] to non-smokers. ○ **foul-smelling** crude oil [Rohöl]	6
49	☐ **smoky** [ˈsməʊkɪ]	verraucht qualmend rauchig	a **smoky** *room / bar* ○ a **smoky** barbecue ○ the **smoky** atmosphere [Luft] of *industrial towns / diesels / lorries*	3
50	☐ **unhealthy** [ʌnˈhelθɪ]	ungesund	an **unhealthy** climate ○ **unhealthy** air ○ look **unhealthy** ○ It's **unhealthy** to smoke. ○ Jogging in such an **unhealthy** environment is dangerous.	3
51	☐ **poisonous** [ˈpɔɪznəs]	giftig	highly **poisonous** ○ **poisonous** *chemicals / minerals* ○ release **poisonous** gases ○ Nature is clever. Most **poisonous** foods do not look appetising [appetitanregend]. ○ Most of the 55 people who died in the Manchester airport disaster were killed by **poisonous** smoke.	3
52	☐ **waste** [weɪst]	Abfall Müll	millions of tonnes of **waste** ○ *dangerous / nuclear / useful* **waste** ○ *farm / industrial* **waste** ○ the practice of exporting toxic [giftig] **waste** from rich to poor countries ○ *produce / reduce / collect / store / burn / avoid / get rid of* **waste** ○ pollute the land with chemical **waste** ○ A lot of household **waste** can be recycled. ○ **waste** *control / dumps*	3
53	☐ **waste management** [ˌweɪst ˈmænɪdʒmənt]	Abfallbeseitigung, Abfallwirtschaft	The company is involved in pollution control, **waste management** and energy conservation. ○ the **waste management** industry ○ an international **waste management** and recycling group	6
54	☐ **disposal** [dɪˈspəʊzl]	Entsorgung Beseitigung	The **disposal** of *nuclear waste / sewage* is a major problem. ○ The improper **disposal** of motor oil pollutes millions of litres of drinking water every year. ○ His job involves **disposal** of special waste.	4
55	☐ **dump** [dʌmp]	abladen abkippen verklappen	Somebody has just **dumped** an old fridge in the wood. ○ A container with nuclear waste has been **dumped** in the sea. ○ **No dumping here!** ○ Greenpeace helped to stop a Shell oil rig, the Brent Spar, being **dumped** [versenken] in the North Sea.	6

625

56	☐ **dump** [dʌmp]	Müllkippe, Müllhalde; Müll-	*create / expand / operate* a **dump** ○ unload nuclear waste on a **dump** ○ The site became an illegal **dump**. ○ a **dump truck** [Kipper]	6
57	☐ **damage** ['dæmɪdʒ]	Schaden Schäden	*great / a lot of / permanent / serious* **damage** ○ ecological [ökologisch] **damage** ○ suffer **damage** ○ do **damage** ○ limit the **damage to** the environment ○ The project would cause unacceptable **damage to** the environment. ○ **damage** limitations [Schadensbegrenzung]	3

■ **Damage** can only be used in the singular. Compare: *Die Schäden **waren** unvorhersehbar.* The damage **was** unpredictable.

58	☐ **pollution** [pə'luːʃn]	(Umwelt-)Verschmutzung, Verunreinigung	*air / water* **pollution** ○ noise **pollution** [Lärmbelästigung] ○ *environmental / man-made* **pollution** ○ *industrial / traffic / oil / sewage / acid rain* **pollution** ○ **pollution** of water by industrial waste ○ victims of **pollution** ○ *cause / fight / reduce / limit / avoid* **pollution** ○ encourage people to adopt lifestyles that produce less **pollution** ○ The level [Niveau] of **pollution** is increasing in many areas. ○ The beach is safe and free from **pollution**. ○ The best way to avoid **pollution** is not to create it in the first place. ○ air **pollution** control systems	5
59	☐ **noise** [nɔɪz]	Lärm Geräusch	*loud / deafening / brutal / terrible / strange* **noise** ○ *traffic / airport* **noise** ○ the **noise** of machines ○ *make / produce / cause / reduce / stop* **noise** ○ keep the **noise** down ○ The **noise** *continued for several hours / disturbed his work.* ○ Most victims of **noise** block their ears and suffer in silence. ○ California has **noise pollution** [Lärmbelästigung] laws.	1
60	☐ **smell** [smel]	Geruch Gestank	a *strong / light / bad / foul / sour / bitter* **smell** ○ an awful **smell** ○ the **smell** of petrol ○ Neighbours complained of the **smell**. ○ The strange **smell** was coming from a chemical factory.	3
61	☐ **smoke** [sməʊk]	Rauch	*heavy / thick / light* **smoke** ○ Clouds of black **smoke** were pouring from the chimney. ○ The air was thick with the **smoke** of burning tyres. ○ **smoke-filled** rooms ○ **smoker** ○ **non-smoker**	2
62	☐ **dirt** [dɜːt]	Schmutz Dreck	When they opened the window the noise and **dirt** from the street came inside. ○ City pollution deserves [verdienen] to be considered in a much wider context than dog **dirt** [Kot], empty cans and graffiti. ○ Wash the **dirt** off the floor.	2
63	☐ **refuse** ['refjuːs]	Abfall Müll	*kitchen / garden / household* **refuse** ○ a **refuse** *bag / dump* ○ **refuse** disposal ○ a **refuse bin** [Abfalleimer]	6

■ Note the pronunciation of **refuse**.

| 64 | ☐ **litter** ['lɪtə] | Abfall Abfälle | *beach / sewage-related* **litter** ○ *drop / throw away / leave / collect* **litter** ○ *heavy / increased* fines for dropping **litter** ○ pick up a piece of **litter** ○ A survey shows that the amount of **litter** has risen by 40% over a ten-year period. ○ **litter** basket ○ Anyone seen dropping **litter** should be asked to pick it up and place it in a **litter bin** [Abfallbehälter]. | 6 |
| 65 | ☐ **sewage** ['sjuːɪdʒ, 'suː-] | Abwasser Abwässer | *raw / untreated* **sewage** ○ *treat / purify* [reinigen] **sewage** ○ carry away [beseitigen] **sewage** ○ stop dumping raw [ungeklärt] **sewage** in the sea and improve drinking water quality ○ Rivers are pouring millions of tonnes of **sewage** into the North Sea. ○ About 17% of Britain's **sewage** enters the sea untreated. | 6 |

sewage pipes [Abwasserrohr] ○ **sewage works** [Kläranlage] ○ **sewage sludge** [Klärschlamm]

| 66 | ☐ **emission** [ɪ'mɪʃn] | Emission Ausstoß | *industrial / traffic* **emissions** ○ control **emissions** ○ reduce 20% of the carbon dioxide **emission** within 20 years ○ bring a vehicle's **emissions** to MOT [TÜV] standard ○ **Emissions** of greenhouse gases from Britain will begin rising steadily beyond the year 2000 unless tougher action is taken. | 6 |

630 Landschaftsbeschreibung, Mensch und Landschaft

bay 36	coastline 39	hill 20	mouth 28	sandy 13	tributary 25
beach 42	countryside 2	inland 7	ocean 35	scenery 3	tunnel 19
bridge 18	dam 30	island 44	path 16	sea 34	valley 22
canal 31	desert 8	isle 45	pond 33	seaside 43	wasteland 6
cape 46	flow 26	lake 32	river 24	shore 40	waterfall 29
cave 23	forest 10	land 5	rock 14	source 27	wood(s) 9
cliff 41	ground 11	landscape 1	rocky 15	surrounded by 4	
coast 38	gulf 37	mountain 21	sand 12	trail 17	

1	☐ **landscape** ['lændskeɪp]	Landschaft	a beautiful **landscape** ○ a fertile farming **landscape** ○ the English countryside and **landscape** ○ protect the character of a **landscape** ○ Many tourists are attracted by the **landscape**.	5
2	☐ **countryside** ['kʌntrɪsaɪd]	Land Landschaft	a cottage with garden and views over open **countryside** ○ a journey through the English **countryside** ○ Industry is spoiling our **countryside**. ○ The **countryside** is beautiful at this time of year.	5
3	☐ **scenery** ['siːnərɪ]	(schöne) Landschaft	*beautiful / wonderful / natural / wild* **scenery** ○ mountain **scenery** ○ We stopped to admire the **scenery**. ○ There's some attractive **scenery** in the Scottish Highlands. ○ East Africa is famous for its **scenery**.	4
4	☐ **surrounded by** [sə'raʊndɪd baɪ]	umgeben von	a place **surrounded by** *forests / trees / the sound of the wind in the trees* ○ fields **surrounded by** high fences ○ Britain is **surrounded by** sea.	3
5	☐ **land** [lænd]	Land	*private / public* **land** ○ farming **land** ○ **land** for sale ○ *live on / set foot on* **land** ○ reach dry **land** ○ a shortage of building **land** ○ The **land** is 3.5 metres above sea level [Meeresspiegel]. ○ Many farmers are leaving the **land** to work in industry.	1

> **landscape gardener** ○ **landowner** ○ **no man's land** ○ **the Holy Land**

6	☐ **wasteland** ['weɪstlænd]	Ödland	an industrial **wasteland** ○ turn **wasteland** into a garden ○ I saw a dark-red flower rambling [sich ausbreiten] over a dirty piece of **wasteland**. ○ They're going to build houses on the piece of **wasteland** [unbebautes Land] near the station.	5
7	☐ **inland** ['ɪnlənd]	Binnen-	**inland** waterways ○ an **inland** *sea / lake* ○ **inland** and coastal scenery ○ **inland** towns [im Landesinneren] ○ move further **inland**	6
8	☐ **desert** ['dezət]	Wüste Wüsten-	the **Sinai Desert** ○ cross the **Sahara Desert** ○ Somalia is mostly **desert**. ○ The wind blew from the **desert** and covered everything with sand. ○ **desert** *winds / storms / plants / elephants* ○ the **desert** areas of southern Africa	4
			■ Don't mix up **desert** (Wüste) with **dessert** (Nachtisch). Note the pronunciation.	
9	☐ **wood(s)** [wʊd(z)]	(kleinerer) Wald	a beech [Buchen-] **wood** ○ a house in the middle of a **wood** ○ go for a walk in the **wood(s)** ○ There's a small pond and **wood** within school grounds. ○ You can't see the **wood** for the trees, can you?	2
10	☐ **forest** ['fɒrɪst]	Wald Wald-	a *thick / tropical / untouched* **forest** ○ a rain **forest** ○ the Teutoburg **Forest** ○ Sherwood **Forest** ○ the Black **Forest** ○ deep in the **forest** ○ have a picnic in the **forest** ○ preserve an ancient **forest** ○ A large part of Russia is made up of thick **forest(s)** [Wälder]. ○ **forest** animals ○ Many animals are killed in **forest** and bush fires. ○ a **forester** [Förster]	2
11	☐ **ground** [graʊnd]	(Erd-)Boden Grund	*(in)fertile / stony / watery* **ground** ○ buy up some **ground** for building on ○ It's difficult to dig the **ground** when it's frozen. ○ The **ground** is quite dry – it hasn't rained for ages. ○ They have more **ground** than their next-door neighbour.	1
12	☐ **sand** [sænd]	Sand	*fine / white / grey* **sand** ○ lie in the **sand** ○ attract people interested in sun, **sand** and sea ○ They saw tracks of animals in the **sand** the following morning. ○ build on **sand** ○ Don't *bury / hide* your head in the **sand**. ○ Children built **sand-castles** on the beach.	1
13	☐ **sandy** ['sændɪ]	Sand- sandig	**sandy** soil ○ a **sandy** *coast / desert / path / roadside* ○ All he wants on holiday is to lie on long, white **sandy** beaches.	4

14	☐ **rock** [rɒk]	Fels(en)	the **Rock of Gibraltar** ○ He built his house on a **rock**. ○ The sign said 'Danger: Falling **rocks**' [Steinschlag]. ○ The ship hit some **rocks** and sank. ○ a **rock garden** [Steingarten]	2
15	☐ **rocky** ['rɒkɪ]	steinig felsig	a **rocky** *soil / beach / coastline / island / hill / path / road / track / landscape* ○ the **Rocky Mountains** ○ The beaches were **rocky** and narrow. ○ It's difficult to walk there — it's very **rocky**.	4
16	☐ **path** [pɑːθ]	Weg Pfad	a *good / rocky / narrow* **path** ○ a mountain **path** ○ a **path** *through the fields / across the fields / up the mountain* ○ *Continue along / Follow / Take* this **path**. ○ The **path** follows the river and then goes up to the woods. ○ Keep to the **path** or you'll lose your way.	2
17	☐ **trail** [treɪl]	Pfad Weg Wanderweg	a *mountain / tourist* **trail** ○ a **trail** through the forest ○ the end of a **trail** ○ They followed a narrow **trail** which led into the forest. ○ Let's buy a copy of a **trail guide** [Wanderführer].	5
18	☐ **bridge** [brɪdʒ]	Brücke	a *narrow / wide* **bridge** ○ a **bridge across/over** the Rhine ○ the **Golden Gate Bridge** in San Francisco ○ a **footbridge** ○ *design / build / reconstruct / pull down* a **bridge** ○ *cross / pass over / use* a **bridge** ○ There's a road **bridge** and a railway **bridge** over the River Forth. ○ The **bridge** can carry traffic in one direction only. ○ Traffic on that **bridge** has increased above expectations. ○ Don't cross a **bridge** until you come to it. (proverb)	2
19	☐ **tunnel** ['tʌnl]	Tunnel	a *road / railway* **tunnel** ○ the **Channel Tunnel** between France and England ○ *build / open / go into* a **tunnel** ○ At last we can see light at the end of the **tunnel**. ○ The road goes through a **tunnel** under the River Tyne.	5
20	☐ **hill** [hɪl]	Hügel (kleiner) Berg	*on the top / at the foot* of a **hill** ○ *climb up / go up / run down* a **hill** ○ push your bike up a **hill** ○ A beautiful scenery can be viewed from the **hill**. ○ Their car has a lot of difficulty going up a steep [steil] **hill**. ○ a **hilly** *area / region* ○ The countryside here is very **hilly**.	1
21	☐ **mountain** ['maʊntən]	Berg Gebirge Berg-	a high **mountain** ○ the fresh air of a **mountain** ○ *climb / climb down / go down* a **mountain** ○ take a climbing holiday in the **mountains** [Gebirge] ○ Mount Everest is the highest **mountain** in the world. ○ a **mountain** *chain / lake / hut*	2
22	☐ **valley** ['vælɪ]	Tal	a beautiful green **valley** between mountains ○ a river **valley** ○ the **Thames Valley** ○ live in a **valley** ○ There are several wine festivals along the **Rhine valley** every year. ○ a **valley bottom** [Talsohle]	2
23	☐ **cave** [keɪv]	Höhle	a deep **cave** ○ *discover / explore* a **cave** ○ The **cave** was cold and dark, and there was no sound. ○ A tooth of one of Britain's earliest inhabitants [Bewohner] — a teenage Neanderthal — has been found in a Welsh **cave**.	3
24	☐ **river** ['rɪvə]	Fluss	a *wide / narrow* **river** ○ a *main / frontier* **river** ○ cross a **river** ○ on the **River Rhine / Thames / Mississippi** ○ The **river** *is rising / will cause a flood* in many houses. ○ The railway follows the **river** for 5 miles. ○ a **river mouth** ○ a **river bank** [Ufer] ○ a **river-bed** ○ a **riverside** restaurant	1
25	☐ **tributary** ['trɪbjʊtrɪ]	Nebenfluss	The River Rhine has many **tributaries**. ○ They headed along a **tributary** in a small motor boat. ○ At Deutsches Eck (German Corner) the River Rhine is joined by the Moselle **tributary**.	6
26	☐ **flow** [fləʊ]	fließen	The river **flows into** *the sea / a lake*. ○ The spring water **flowed** down the rocks. ○ The river **flowed over** its banks [über die Ufer treten]. ○ The Elbe **flows into** the North Sea. ■ Note that **flow** is a regular verb.	3
27	☐ **source** [sɔːs]	Quelle	the **source** of the *Rhine / Jordan River* ○ from the **source** to the mouth of a river ○ walk up the river to its **source** ○ Where's the **source** of the Thames?	4
28	☐ **mouth** [maʊθ]	Mündung	a *large port near / the countryside around* the **mouth** of a river ○ a harbour at the **mouth** of a river ○ reach the coast at the **mouth** of a river	4
29	☐ **waterfall** ['wɔːtəfɔːl]	Wasserfall	a *mile-wide / 40ft / giant* **waterfall** ○ There are some beautiful **waterfalls** in those mountains. ○ The road goes past **waterfalls** and lakes into large rainforests.	5

30	☐ **dam** [dæm]	Staudamm Damm	the **Aswan Dam** in Egypt ○ To restore water supplies they will have to build a new **dam**. ○ Plans for a new **dam** on the upper Loire have now been abandoned. ○ The **dam** *burst / broke* during heavy rain on Tuesday night.	5
31	☐ **canal** [kə'næl]	Kanal	dig a **canal** ○ use a **canal** ○ The Kennet and Avon **Canal** was opened in 1810 to transport goods from West Country to London. ○ The **Panama Canal** joins two oceans. ○ The **Suez Canal** joins the Mediterranean and the Red Sea. ○ a **canal** *boat / restaurant boat / trip / holiday / boat ride*	4
			■ Don't mix up **canal** with **channel**.	
32	☐ **lake** [leɪk]	(ein) See	a *deep / shallow* [flach] */ small / large / big* **lake** ○ take a boat out on a **lake** ○ The water of the **lake** was so clear that we could see every detail on the floor [Grund]. ○ They live near **Lake Michigan**. ○ They *bought a cottage / went on a walking holiday* in the **Lake District**.	2
33	☐ **pond** [pɒnd]	Teich	a frozen **pond** ○ a *garden / fish / village* **pond** ○ a duck [Ente] **pond** ○ a **pond** with a few *fish / goldfish / frogs* ○ Country **ponds** are fast disappearing. ○ A new **pond** that has been filled should be left at least two weeks before any plants are put into it. ○ **pond** animals	4
34	☐ **sea** [siː]	Meer See	a *calm / heavy / stormy / wild* **sea** ○ *swim in / sail on* the **sea** ○ About three quarters of the Earth is covered by **sea**. ○ Brighton is **on the sea**. ○ a **sea** *animal / fish / bird / breeze*	1
35	☐ **ocean** [ˈəʊʃn]	Ozean Meer	the *Atlantic / Indian / Pacific* **Ocean** ○ the bottom of the **ocean** ○ How deep is the **ocean** there? ○ They crossed the **ocean** in 3 days. ○ The aid we can provide is just a drop in the **ocean**.	4
36	☐ **bay** [beɪ]	Bucht Golf	a U-shaped **bay** ○ **Hudson Bay** ○ the **Bay of Pigs** ○ the **Biscay Bay** ○ From our house you have a wonderful view on a quiet little **bay**. ○ **West Bay** is all beach huts and caravans.	4
37	☐ **gulf** [gʌlf]	Golf	a wide **gulf** ○ the **Gulf of Mexico** ○ the **Gulf Stream** ○ the **Gulf War** of 1991	5
38	☐ **coast** [kəʊst]	Küste Küsten-	a *rocky / sandy* **coast** ○ on the *south / southwest* **coast** ○ live *near / on / at* the **coast** ○ a village on the *south / southwest* **coast** of England ○ *trips / hotels* along the **coast** ○ spend a day by the **coast** ○ The ship sank three miles off [vor] the French **coast**. ○ a **coast** *road / town / resort / restaurant*	2
39	☐ **coastline** [ˈkəʊstlaɪn]	Küste(nlinie)	a *rocky / beautiful* **coastline** ○ save threatened **coastline** from building development ○ The oil from the Exxon Valdez flowed directly on to hundreds of miles of **coastline**. ○ Britain still has many beautiful stretches [Landstrich] of unspoilt country and **coastline**.	4
40	☐ **shore** [ʃɔː]	Ufer	two miles off [vor] the **shore** ○ book a table with a view of the **shore** ○ The swimmer kept close to the **shore**. ○ The sailors went on **shore**. ○ The waves were beating on the **shore**. ○ **seashore**	2
41	☐ **cliff** [klɪf]	Klippe	the edge of a **cliff** ○ The sign said 'Keep away from the cliffs.' ○ Just as Harrods bags are green and the **cliffs** [Felsen] of Dover white, so London's buses should remain red and its taxis black. ○ a **cliff** *edge / path*	3
42	☐ **beach** [biːtʃ]	Strand	a *private / public* **beach** ○ *go to / be on / be at* the **beach** ○ tourists sunbathing [sich sonnen] on the sandy **beach** ○ They went down to the **beach** for a swim.	2
43	☐ **seaside** (meist BE) [ˈsiːsaɪd]	am Meer, See-; Küste	a **seaside** *village / resort / cottage / boarding house / hotel / guesthouse / café* ○ a **seaside** holiday ○ She owns a house **by/at** the **seaside**.	2
44	☐ **island** [ˈaɪlənd]	Insel	a *small / tiny / large* **island** ○ a popular **island** ○ *get to / arrive on / live on* an **island** ○ The **island** lay a mile off the coast. ○ The **island** is mostly safe, but avoid wandering alone along the beach at night. ○ She wants to go to a holiday **island** offering clean safe swimming, windsurfing and canoeing. ○ an **island** resort	2
			■ False friend: The English word for German **Island** is **Iceland**.	
45	☐ **isle** [aɪl]	Insel	the **Isle of Skye** ○ the **British Isles**	6
			■ Note that **isle** is used in poetry or names of islands.	
46	☐ **cape** [keɪp]	Kap	The fishing-boat rounded the **cape**. ○ He's planning to sail from New York to San Francisco around **Cape Horn**.	6

640 Stadtbeschreibung, Leben in der Stadt, Einrichtungen usw.

alley 15	church 36	institution 30	parking lot 24	skyscraper 28
avenue 13	cinema 39	intersection 19	parking space 22	slum 10
bank 31	city 1	library 41	passage 16	square 17
be twinned 7	crossroads 18	memorial 47	pavement 20	street 12
bell 38	facilities 29	metropolitan area 3	pedestrian	suburb(s) 9
building 27	fountain 44	monument 46	crossing 26	swimming-pool 43
capital (city) 2	ghetto 11	movie theater 40	pedestrian precinct 25	town 4
car park 23	graffiti 48	museum 42	police station 35	town hall 33
cathedral 37	hospital 34	outskirts 8	post office 32	tree-lined 14
centre 6	in town 5	park 45	sidewalk 21	

1	☐ **city** ['sɪtɪ]	Stadt Großstadt	a *big / large / small / little* **city** ○ a *port / tent / satellite* **city** ○ Glasgow is the fourth largest **city** in Britain and the largest in Scotland. ○ Traffic is a big problem in large **cities**. ○ They live in a very polluted **city**. ○ move out from the **city** centre ○ They require that **inner city** buses be made accessible to the handicapped.	2
			■ Note that in BE **the City** is the oldest part of London, now its commercial and financial centre.	
2	☐ **capital (city)** ['kæpɪtl ('sɪtɪ)]	Hauptstadt	What is the **capital** of Canada? ○ In France and Britain, the **capital city** was also the cultural **capital**. ○ What is the **state capital** [Landeshauptstadt] of Bavaria?	3
3	☐ **metropolitan area** [ˌmetrə'pɒlɪtn 'eərɪə]	Großraum Ballungsraum	traffic-congested **metropolitan areas** ○ the Washington **metropolitan area** ○ The numbers of armed [bewaffnet] officers in the London **metropolitan area** will have to be increased.	6
4	☐ **town** [taʊn]	Stadt	a *small / an industrial* **town** ○ the historic **town** of Cambridge ○ He lives in the *centre / poor quarter* of the **town**. ○ Do you live in the **town** or in the country? ○ With better **town planning**, traffic problems would be avoided.	1
			■ Note that in GB many places are called **towns** which would be called **cities** in the US.	
5	☐ **in town** [ɪn 'taʊn]	in der (Innen-) Stadt	They bought us two tickets to the best show **in town**. ○ She's spending the weekend **in town**. ○ I'm going **into town** – do you want me to get you anything? ○ Sorry, but Ms Green is not **in town** [hier] this morning. ○ She's **out of town** [nicht hier] at the moment.	3
6	☐ **centre** ['sentə]	Zentrum	a *town / shopping / business* **centre** ○ a *financial / cultural / sports / health* **centre** ○ the **centre** [Innenstadt] of London ○ parking problems in the **city centre** ○ customers shopping in the **town centre** ○ The **centre** of the town is very old.	1
			■ The American spelling is cent**er**.	
7	☐ **be twinned** (BE) [biː 'twɪnd]	eine (Städte-) Partnerschaft haben	Their towns have been **twinned** for twenty-five years. ○ Bethlehem is **twinned with** five cities. ○ Oxford and Bonn are **twin towns** [Partnerstadt]. ○ **Town-twinning** is more popular than ever, with 1765 existing partnerships and 70 formed every year.	6
8	☐ **outskirts** pl. ['aʊtskɜːts]	Stadtrand Außenbezirke	**on the outskirts** of the *city / town* ○ A number of new homes are appearing **on the outskirts** of Stanley. ○ They live **on the outskirts** of Paris.	5
			■ **am** Stadtrand **on the** outskirts	
9	☐ **suburb(s)** ['sʌbɜːb(z)]	Vorstadt Vorort Randbezirk	an industrial **suburb** ○ an *inner / outer* **suburb** ○ live in the **suburbs** ○ flee [fliehen] from the cities to the **suburbs** ○ commute from the **suburbs** to the financial district	4
10	☐ **slum** [slʌm]	Elendsviertel Slum Slum-	inner-city **slums** ○ a factory worker in an industrial **slum** ○ The boy grew up in a **slum**. ○ a **slum** *area / district* ○ **slum** *children / conditions* ○ a **slum** quarter of Osaka ○ a Berlin **slum** suburb	5
11	☐ **ghetto**, pl. **ghetto(e)s** ['getəʊ(z)]	Getto	*inner-city / black / Jewish / working-class* **ghettoes** ○ *live in / find a way out* of a **ghetto** ○ Large cities like New York have many **ghettoes**. ○ The photographer wants to show how drugs are destroying city **ghettoes**.	6

12	☐ **street** [striːt]	Straße	a *dark / busy / crowded / quiet / lonely* **street** ○ **in** a *broad / wide / narrow* **street** ○ a *side / one-way* [Einbahn-] **street** ○ the *main / shopping* **street** ○ *walk up / walk down / move along / cross* a **street** ○ live in New York **on** 92nd **street** ○ a **street** *plan / map* of London ○ **street** lights ○ the problem of young people living **on** the **streets**	1
13	☐ **avenue** [ˈævənjuː]	Allee	a *shady / broad* **avenue** ○ The wide tree-lined **avenue** cuts across the centre of the city. ○ He lives **on** Fifth **Avenue**.	4
14	☐ **tree-lined** [ˈtriːlaɪnd]	baumbestanden, von Bäumen gesäumt	a **tree-lined** *street / avenue* ○ It's a peaceful, **tree-lined** square with views to the mountains. ○ There will be wide **tree-lined** pavements, and local shops will always be five minutes away.	6
15	☐ **alley** [ˈælɪ]	(schmale) Gasse	a *back / New York backstreet* [Hinterhof-] **alley** ○ His house was at the end of a long narrow **alley**. ○ I wouldn't like to meet him in a dark **alley**. ○ They left through a back door into an **alley**. ○ a **blind alley** [Sackgasse]	5
			■ False friend: The English word for German **Allee** is **avenue**.	
16	☐ **passage** [ˈpæsɪdʒ]	Weg	There was a dark **passage** leading down to the river between tall buildings. ○ We went along a little **passage** to the garden.	3
17	☐ **square** [skweə]	Platz	a market **square** ○ the famous electronic message board **in Times Square**, New York ○ a large monument to Lenin **on** the **square** of the October Revolution ○ students holding out **on** the **square** ○ He lives **at** 37 **Guildhall Square**. ○ About 2000 policemen were on duty **in Trafalgar Square** and central London. ○ We were listening to a band playing **in** the **square**.	3
			■ Don't use **the** in place names with **Square**.	
18	☐ **crossroads** (BE) [ˈkrɒsrəʊdz]	Kreuzung	We *had an accident / stopped* **at** a **crossroads**. ○ When you come to the next **crossroads** turn right. ○ **At** the next **crossroads** we'll have to decide which road to take.	3
19	☐ **intersection** (AE) [ˌɪntəˈsekʃn]	Kreuzung	a *busy / dangerous* **intersection** ○ a motorway **intersection** ○ The accident happened **at** the **intersection** of the three roads.	3
20	☐ **pavement** (BE) [ˈpeɪvmənt]	Gehweg Bürgersteig	hurry along the **pavement** ○ The **pavement** is so narrow that two people can't walk past each other. ○ Don't ride your bike **on** the **pavement**. ○ A Land-Rover drove **onto** the **pavement**.	4
21	☐ **sidewalk** (AE) [ˈsaɪdwɔːk]	Gehweg Bürgersteig	We agreed to meet **on** the **sidewalk** in front of the UN building. ○ **sidewalk** cafés [Straßencafé]	4
22	☐ **parking space** [ˈpɑːkɪŋ speɪs]	Parkplatz Parklücke	a public **parking space** within walking distance ○ These **parking spaces** are reserved for customers. ○ She drove slowly along, looking for a **sparking space**.	4
23	☐ **car park** (BE) [ˈkɑː pɑːk]	Parkhaus Parkplatz	a multi-storey **car park** ○ You can park your car in our office **car park**. ○ We need greater security in our **car parks**.	3
24	☐ **parking lot** (AE) [ˈpɑːkɪŋ lɒt]	Parkplatz Parkhaus	a *hospital / supermarket / school* **parking lot** ○ an eight-storey **parking lot** ○ Police later found the two vans abandoned in a warehouse **parking lot**.	3
25	☐ **pedestrian precinct** (BE) [pɪˌdestrɪən ˈpriːsɪŋkt]	Fußgängerzone	the main **pedestrian precinct** ○ The plans for a **pedestrian precinct** came to nothing. ○ The heart of the town is a **pedestrian precinct**.	4
26	☐ **(pedestrian) crossing** [pɪˌdestrɪən ˈkrɒsɪŋ]	Fußgängerüberweg	stop your car at a **pedestrian crossing** ○ step on [betreten] to a **pedestrian crossing** ○ It's safer to use the **pedestrian crossing**. ○ He failed to notice a pedestrian on a **crossing**. ○ She was fined for parking within the limits of a **pedestrian crossing**.	5
27	☐ **building** [ˈbɪldɪŋ]	Gebäude	a *tall / low / modern / beautiful / run-down / shabby* **building** ○ an *old / ugly* **building** ○ a three-storey *bank / office* **building** ○ a public **building** ○ the parliament **building** ○ *build / (re)construct / pull down* a **building** ○ The office is on the top floor of the **building**.	2
28	☐ **skyscraper** [ˈskaɪˌskreɪpə]	Wolkenkratzer	a *giant / thirty-storey / glass-and-steel* **skyscraper** ○ the top floor of a New York **skyscraper** ○ climb a **skyscraper** ○ **Skyscrapers** cost twice as much as low buildings. ○ A round-trip to Staten Island on a cheap ferry is a good way to look at the **skyscrapers** from across the water.	6

640

29	☐ **facilities** [fə'sɪlətɪz]	Einrichtungen Anlage(n)	*educational / research* **facilities** ○ *postal* **facilities** [Postdienst] ○ *transport* **facilities** [Mittel] *offer / provide* **facilities** ○ *Our school has excellent sports* **facilities**. ○ *The shopping* **facilities** [Möglichkeit] *are excellent*.	5
30	☐ **institution** [ˌɪnstɪ'tjuːʃn]	(öffentliche) Einrichtung, Institution	*schools, hospitals, prisons and other* **institutions** ○ *social* **institutions** ○ *state-supported* **institutions** ○ **institutions** *open to the public* ○ *found / support* an **institution** ○ *Congress, as an* **institution**, *demands respect*. ○ *She transformed the school into an important educational* **institution**.	4
31	☐ **bank** [bæŋk]	Bank Sparkasse	*go to / work at* **bank** ○ *take out / borrow* money from a **bank** ○ *save / exchange* money at a **bank** ○ *Is there a* **bank** *near here where I can cash* [einlösen] *some traveller's cheques?*	2
			■ False friend: The English word for German **(Sitz-)Bank** is **bench**.	
32	☐ **post office** ['pəʊst ˌɒfɪs]	Post(amt)	the *local* **post office** ○ *go to / collect post from* the **post office** ○ *stand in a queue at the* **post office** ○ *a* **post office** *clerk*	2
33	☐ **town hall** [ˌtaʊn 'hɔːl]	Rathaus	*a reception* [Empfang] *at the* **town hall** ○ *attend a ceremony / party / meeting at the* **town hall** ○ *The Queen afterwards visited the* **town hall** *and was received by the Mayor.*	5
			■ Note that the English word for German **Stadthalle** is **civic hall**.	
34	☐ **hospital** ['hɒspɪtl]	Krankenhaus Klinik	*a private / community* **hospital** ○ *She was taken to / was sent to / can leave / will get out of* **hospital**. ○ *He died in* **hospital**. ○ *I'm visiting / going to see a friend in* **hospital**. ○ **The hospital** *has no decent equipment*.	2
			■ Use **the** before **hospital** only when it refers to the building.	
35	☐ **police station** [pə'liːs ˌsteɪʃn]	Polizeiwache Polizeirevier	the *local / nearest* **police station** ○ *She was asked to go / was taken to / went to / left* the **police station**. ○ *He must report to the* **police station** *twice a week.* ○ *The driver refused to take a breath test and was taken to the* **police station**.	2
36	☐ **church** [tʃɜːtʃ]	Kirche	*I go to* **church** *once a month.* ○ *The route passes* **St Michael's Church**, *one of the oldest* **churches** *in Wales.* ○ *What's the name of* **the church** *over there?* ○ *I go by* **the church** *on my way to school.* ○ **Church** [Gottesdienst] *begins at 8 o'clock.* ○ *We'll meet* **after church**.	1
37	☐ **cathedral** [kə'θiːdrəl]	Kathedrale Dom	*build / rebuild* a **cathedral** ○ *Cologne* **Cathedral** ○ *St Paul's* **Cathedral** ○ *They heard the bells of the* **cathedral** *ringing out across the main square.* ○ *a* **cathedral** *city*	6
			■ Don't use **the** in place names with **Cathedral** and **Church**.	
38	☐ **bell** [bel]	Glocke	the **bells** *of a 13th-century country church* ○ *ring the church* **bells** ○ *Many people feel that the* **bells** *belong to the community, not just to the church.*	1
39	☐ **cinema** (BE) ['sɪnəmə]	Kino	*our local* **cinema** ○ *Let's go to / meet at* the **cinema** *tonight.* ○ *Were you at* the **cinema** *last night?* ○ *What's on* **at the cinema** *at the moment?* ○ *a* **cinema** *ad* ○ **cinema** *audiences*	1
40	☐ **movie theater** (AE) ['muːvɪ ˌθɪətə]	Kino	*a drive-in* **movie theater** [Autokino] ○ *in the darkness of a* **movie theater** ○ *Her visits to the Jewel* **movie theater** *provide her with glimpses* [Einblick] *of an alternative world.*	2
41	☐ **library** ['laɪbrərɪ]	Bibliothek Bücherei	*a public / lending* **library** ○ *the opening hours of a* **library** ○ *go to / use / borrow a book from / return a book to* a **library** ○ *Look in the* **library** *catalogue to see if they have the book.*	2
42	☐ **museum** [mjuː'zɪəm]	Museum	*a small local* **museum** ○ *an art / a natural history / an open-air* **museum** ○ *the opening hours of the* **museum** ○ *the* **British Museum** ○ *the* **Museum of Modern Art** *in New York / Oxford* ○ *open / close / go to / visit* a **museum**	3
43	☐ **swimming-pool** ['swɪmɪŋ puːl]	Schwimmbad	*an open-air* [Frei-] **swimming-pool** ○ *a public* **swimming-pool** ○ *an outdoor heated* **swimming-pool** ○ *open / close / go to* a **swimming-pool**	3
44	☐ **fountain** ['faʊntɪn]	Springbrunnen	*The park is famous for its* **fountains**. ○ *They were sitting around a pool with a* **fountain**. ○ *When the water to the* **fountain** *is turned on, the garden will be ready to thousands of visitors.* ○ *It is illegal to wash your clothes in the* **fountains**. ○ **drinking fountain** [Trinkwasserbrunnen]	3

45	☐ park [pɑːk]	Park	a *city / national / public / state* **park** ○ *go to / visit / walk in / play in* a **park** ○ Deer run wild in the **park**. ○ Thousands of people visit **Hyde Park** and **Regent's Park** every day. ○ work as a **park** keeper ○ *open / close* the **park** gates ○ a **park** bench [Bank]	2
			■ Don't use **the** in place names with **Park**.	
46	☐ monument ['mɒnjʊmənt]	Denkmal Gedenkstätte	a *cultural / national* **monument** ○ a **monument to** *peace l soldiers killed in the war / the Vietnam war dead* ○ the Stevenson **monument** ○ erect [errichten] a **monument** ○ *put up / pull down* a **monument** ○ *protect / restore* a **monument** ○ visit a **monument** ○ The Taj Mahal is a famous **monument to** perfect love and beauty.	5
47	☐ memorial [mə'mɔːrɪəl]	Gedenkstätte Denkmal Gedenk-	*go to / visit* the Holocaust **memorial** in Jerusalem ○ place a wreath [Kranz] at the Warsaw war **memorial** ○ Attacks by neo-Nazis on **memorials to** the victims of fascism [Faschismus] have spread fast through Germany. ○ a **memorial** statue **to** a great statesman	6
48	☐ graffiti [grə'fiːtɪ]	Graffiti, Wandkritzeleien	paint-sprayed [aufsprühen] **graffiti** ○ The men's toilet was full of the usual **graffiti**. ○ The streets were unpolluted, litter and **graffiti** were rare.	6

650 Landleben, Landwirtschaft, Nutztiere

barn 35	cow 20	farm *v* 6	hen 10	milk 23	sheep 26
bull 24	cowshed 36	farmer 5	hen-house 38	mule 30	stable 37
calf 21	donkey 29	farmhouse 34	herd 18	nest 39	tie 32
cattle 17	draw 33	farming 7	horse 27	pig 25	trap 42
chick 13	drive 19	field 3	hunt 40	pony 28	turkey 14
chicken 12	duck 15	goat 22	hunter 41	ranch 8	village 2
cock 11	farm *n* 4	goose 16	in the country 1	rancher 9	wagon 31

1	☐ in the country [ɪn ðə 'kʌntrɪ]	auf dem Land	He *lives / has a cottage / spent a day* **in the country**. ○ She prefers living **in the country** to being in the town.	2
2	☐ village ['vɪlɪdʒ]	Dorf	a *small / little / quiet* **village** ○ a *farming / fishing* **village** ○ *be born / live* in a **village** ○ The large drive-in supermarkets on the outskirts of towns are killing off **village** life and the **village** shop. ○ the **village** *school / church*	2
3	☐ field [fiːld]	Feld Wiese Weide	a **field** of *corn / wheat* a **field** full of sheep ○ grow wild in the **fields** ○ plow [pflügen] **fields** ○ pay farmers to leave their **fields** empty ○ Farmers were milking cows in the **fields**. ○ The government is going to build a motorway across this **field**.	1
4	☐ farm [fɑːm]	(Bauern-)Hof Farm	a *small / large / 200-acre* **farm** ○ a *fruit / chicken / pig / sheep / cattle* **farm** ○ a fish **farm** [Fischzucht] ○ a dairy **farm** [Milchbetrieb] ○ *run / manage / operate / work on / live on / spend your holidays on* a **farm** ○ **farm** animals [Nutzvieh] ○ **farm** machinery ○ a **farm house** ○ *fertile / rich* **farmland** ○ a **farm hand** [Landarbeiter]	1
5	☐ farmer ['fɑːmə]	Landwirt(in) Bauer Bäuerin Farmer(in)	After the heavy rains the **farmers** are worrying about the harvest. ○ Can we rely on **farmers** to produce safe food for the public? ○ **Farmers** are paid 22 pence to produce a litre of milk. Consumers pay three times as much. ○ We shouldn't want projects such as paying **farmers** not to produce food.	1
6	☐ farm [fɑːm]	bebauen	He **farms** 5 000 acres in Yorkshire. ○ organically [biologisch] **farmed** land	3
7	☐ farming ['fɑːmɪŋ]	Landwirtschaft Ackerbau (Vieh-)Zucht Agrar-	environmentally friendly **farming** ○ *sheep / pig* **farming** ○ **farming** without fertilizers ○ **Farming** needs to respect the fertility [Fruchtbarkeit] of the soil, rivers and the wider environment. ○ modern **farming** *equipment / methods* ○ a **farming** community ○ the **farming** lobby ○ **farming** subsidies [Subvention]	3

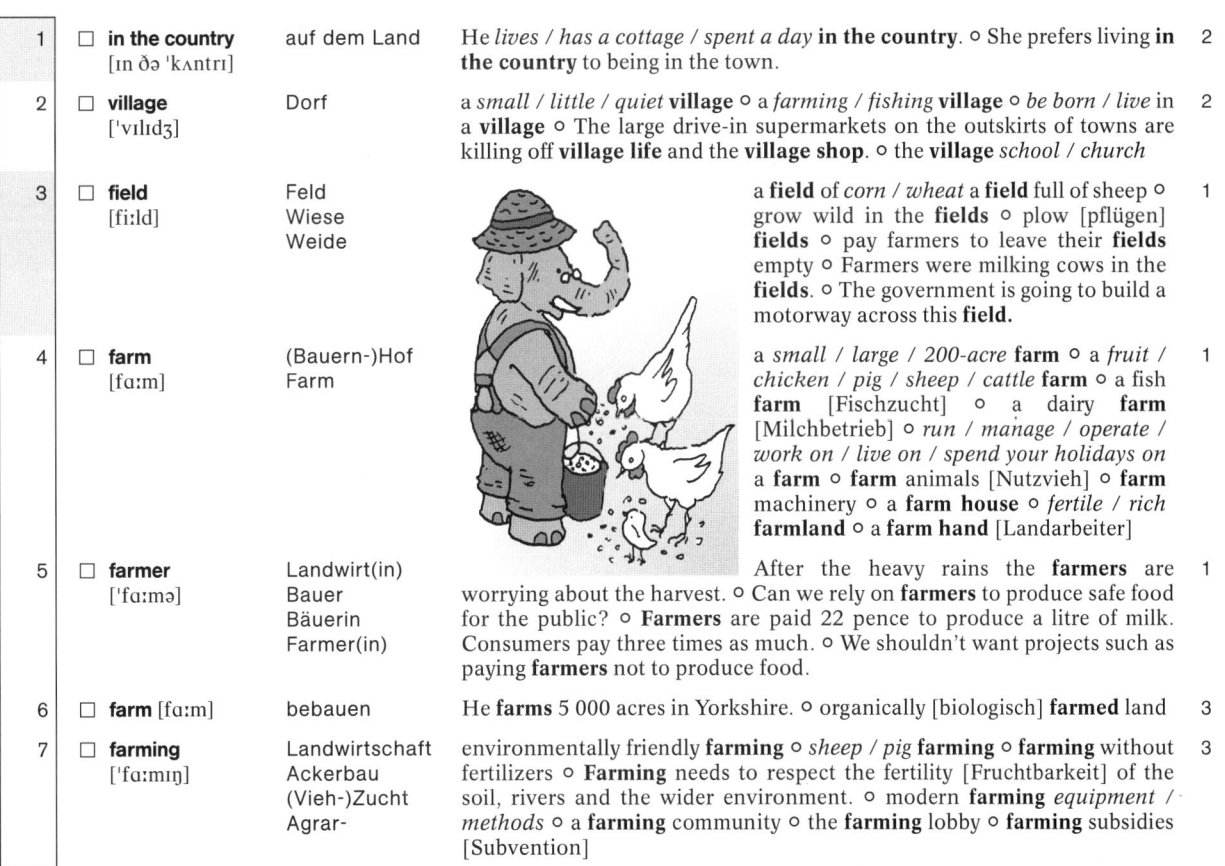

650

8	☐ **ranch** [rɑːntʃ]	Ranch Farm	a 17 000-acre **ranch** ○ a milk **ranch** ○ run a cattle **ranch** in Texas ○ Many movie stars own **ranches** in Montana.	5
9	☐ **rancher** [ˈrɑːntʃə]	Rancher Viehzüchter(in)	a Texas **rancher** ○ He had retired as a vet and was now a part-time cattle **rancher**.	5
10	☐ **hen** [hen]	Henne, Huhn	▷ *PIC. 10* A good Sussex **hen** often hatches [brüten] 15 eggs and broods up to 20 chicks beneath her capacious [groß] wings.	4
11	☐ **cock** [kɒk]	Hahn	▷ *PIC. 11* a **cockscomb** ○ **cock-a-doodle-do** [kikeriki]	5
12	☐ **chicken** [ˈtʃɪkɪn]	Huhn	battery **chickens** ○ a battery of 50 000 **chickens** ○ He keeps **chickens** on his farm. ○ *have / live on / run* a **chicken farm**	3
13	☐ **chick** [tʃɪk]	Küken	▷ *PIC. 13* He needs to be protected like a **chick** under the wing of a hen.	5
14	☐ **turkey** [ˈtɜːkɪ]	Truthahn	*fresh / frozen* **turkey** ○ Thanksgiving **turkey** ○ get **turkey** fresh from a farm ○ We had **turkey** for dinner. ○ **turkey** *farmers / suppliers*	5
15	☐ **duck** [dʌk]	Ente	▷ *PIC. 15* They have a small farm where chickens and **ducks** run around the farmyard.	5
16	☐ **goose**, pl. **geese** [guːs, giːs]	Gans	▷ *PIC. 16* prevent the death of the **goose** which lays the golden eggs ○ **Geese** are kept on farms for their meat, eggs and feathers.	5
17	☐ **cattle** [ˈkætl]	(Rind-)Vieh Vieh-	keep **cattle** ○ He has fifty **cattle** [Rinder] on his farm. ○ The **cattle are** thirsty. ○ **Cattle were** sold for next to nothing on the **cattle** market.	5
			■ **Cattle** is always used with a plural verb. Compare: *Das Vieh ist auf der Weide.* The cattle **are** in the field.	
18	☐ **herd** [hɜːd]	Herde, Rudel	a **herd** of *cattle / cows / sheep / deer* ○ drive a **herd** ○ a **herdsman** [Hirte]	5
			■ Note the words for groups of animals: a **herd** of cattle / sheep, etc. — a **flock** of sheep / goats / birds — a **pack** [Rudel] of wolves	
19	☐ **drive** [draɪv]	treiben	**drive** *cattle / sheep* **into** the field ○ Herdsmen [Hirte] **drove** their cattle down the winter quarters [Quartier]. ○ a **cattle drive** [Viehtrieb]	6
			▲ DRIVES — DRIVING — DROVE — DRIVEN	
20	☐ **cow** [kaʊ]	Kuh Rind	*keep / feed / milk* **cows** ○ They get their milk straight from the **cow**. ○ **cow's** milk ○ the risk of **mad cow disease** [Rinderwahnsinn, BSE]	1
			■ Note that the **meat** of a cow is **beef**.	

230

21	☐ **calf**, pl. **calves** [kɑːf, kɑːvz]	Kalb	▷ *PIC. 21* a six-month-old **calf** ○ Can BSE be passed [übertragen] from cow to **calf**?	3
			■ Note that the **meat** of a calf is **veal**.	
22	☐ **goat** [gəʊt]	Ziege	▷ *PIC. 22* a herd of white **goats** ○ He poured me a glass of **goat's milk**.	3
23	☐ **milk** [mɪlk]	melken	They **milk** their cows twice a day. ○ Visitors to the farm can see cows being **milked**. ○ do the **milking**	2
24	☐ **bull** [bʊl]	Bulle Stier	a dangerous **bull** ○ *keep / fatten* [mästen] **bulls** ○ a **bull** in a china shop [Elefant im Porzellanladen] ○ Take the **bull** by the horns. ○ a **bullfight** ○ a **bullfighter**	3
25	☐ **pig** [pɪg]	Schwein	the skin [Schwarte] of a **pig** ○ The farm has 500 cows and several thousand **pigs**. ○ As soon as the **pigs** reach 100 kg (220 lb) in weight they are sold. ○ He got as fat as a **pig** just after Christmas.	3
			■ Note that the **meat** of a pig is **pork**.	
26	☐ **sheep**, pl. **sheep** [ʃiːp]	Schaf(e)	a farm with 2000 **sheep** ○ Tens of thousands of **sheep** come from Australia every year. ○ After Chernobyl 4.2 million **sheep** were affected throughout Britain. ○ **sheep's** *milk / cheese* ○ **sheepskin** [Schafsfell]	1
27	☐ **horse** [hɔːs]	Pferd	a *good / top* **horse** ○ a riding **horse** ○ *feed / water* a **horse** ○ *ride / fall off* a **horse** ○ prepare a **horse** for a race ○ He eats like a **horse**.	1
28	☐ **pony** [ˈpəʊnɪ]	Pony	a *Shetland / Welsh / mountain* **pony** ○ polo **ponies** ○ ride a **pony** ○ A child's **pony** will cost at least £500. ○ a **pony** *club / ride* ○ **pony-racing**	5
29	☐ **donkey** [ˈdɒŋkɪ]	Esel	▷ *PIC. 29* *wild / overloaded* **donkeys** ○ ride a **donkey** ○ A **donkey** carried Christ into Jerusalem. ○ **donkey** carts	3
30	☐ **mule** [mjuːl]	Maultier Maulesel	▷ *PIC. 30* The tin was carried by pack **mules** along the road to Helston. ○ **Mules** are intelligent and certainly not stubborn [stur]. ○ a **mule** driver [Treiber] ○ We walked on ancient **mule** paths.	4
31	☐ **wagon** [ˈwægən]	(Pferde-)Wagen Planwagen	a wooden **wagon** ○ *pull / draw / load / unload* a **wagon** ○ They travelled round Italy in a horse-drawn **wagon**. ○ give **wagon** rides	3
32	☐ **tie** [taɪ]	(an)binden	**tie** a *horse to a tree / dog to a lamp-post* ○ If the rope is too short **tie** two pieces **together**.	3
33	☐ **draw** [drɔː]	ziehen	**draw** a wagon up the hill ○ The carriage was **drawn** by *a brown pony / four horses*. ○ a horse-drawn carriage	2
			▲ DRAWS — DREW — DRAWN	
34	☐ **farmhouse** [ˈfɑːmhaʊs]	Bauernhaus Gut(shaus)	a little white **farmhouse** ○ The farmer was not allowed to pull the **farmhouse** down. ○ This early 17th-century **farmhouse** has a two-bedroom cottage, large barn, workshop and stables [Stall].	4
35	☐ **barn** [bɑːn]	Scheune	a stone **barn** ○ convert [umbauen] and modernize a disused [außer Betrieb] **barn** ○ This 18th-century **barn** is no longer in use. ○ They keep cows and horses and tractors in that big **barn** over there. ○ The police found 300 cannabis [Haschisch] plants growing in a specially adapted **barn**.	5
36	☐ **cowshed** [ˈkaʊʃed]	(Kuh-)Stall	The **cowsheds** are empty in the summer. ○ Cows came tinkling [läuten] out of their **cowsheds**. ○ There's an office building where once used to be a barn and **cowsheds**.	4
37	☐ **stable** [ˈsteɪbl]	(Pferde-)Stall	run a *riding / racing* **stable** ○ lead the horse out of the **stable** ○ Two horses looked out over their **stable** doors when we entered. ○ a **stable** *boy / jockey*	5
38	☐ **hen-house** [ˈhen haʊs]	Hühnerstall	▷ *PIC. 38* When Jones becomes chief constable, the fox is definitely in charge of the **hen-house** [den Bock zum Gärtner machen].	6
39	☐ **nest** [nest]	Nest	▷ *PIC. 39* a **nest** of eggs ○ build a **nest** ○ There were four eggs in the **nest**	3
40	☐ **hunt** [hʌnt]	jagen	**hunt** *wild animals / deer / wolves / foxes* ○ **hunt** with dogs ○ take part in a **hunt** [Jagd] ○ the **hunting** season ○ go **hunting**	4
41	☐ **hunter** [ˈhʌntə]	Jäger(in)	The fox was shot by a **hunter**. ○ In some restaurants **hunters** can eat the deer they have shot earlier that day.	5
42	☐ **trap** [træp]	Falle	a dangerous **trap** ○ *lay / set* a **trap** for rabbits ○ fall into a **trap** ○ be caught in a **trap** ○ release a mouse from the **trap** ○ a **mouse-trap**	4

650A Bäume unserer Heimat, Blumen und Zierpflanzen

1	**beech** [biːtʃ]	Buche		15	**poppy** [ˈpɒpɪ]	Mohn
2	**oak** [əʊk]	Eiche		16	**violet** [ˈvaɪələt]	Veilchen
3	**linden/lime** [ˈlɪndən/laɪm]	Linde		17	**dandelion** [ˈdændɪlaɪən]	Löwenzahn
4	**poplar** [ˈpɒplə]	Pappel		18	**buttercup** [ˈbʌtəkʌp]	Butterblume
5	**cypress** [ˈsaɪprəs]	Zypresse		19	**primrose** [ˈprɪmrəʊz]	Schlüsselblume
6	**chestnut** [ˈtʃesnʌt]	Kastanie(nbaum)		20	**carnation** [kɑːˈneɪʃn]	Nelke
7	**birch** [bɜːtʃ]	Birke		21	**tulip** [ˈtjuːlɪp]	Tulpe
8	**willow** [ˈwɪləʊ]	Weide		22	**sunflower** [ˈsʌnˌflaʊə]	Sonnenblume
9	**fir** [fɜː]	Tanne		23	**bud** [bʌd]	Knospe
10	**pine** [paɪn]	Kiefer		24	**bunch (of)** [bʌntʃ]	Strauß
11	**snowdrop** [ˈsnəʊdrɒp]	Schneeglöckchen		25	**vase** [vɑːz]	Vase
12	**daffodil** [ˈdæfədɪl]	Osterglocke, Narzisse		26	**flowerpot** [ˈflaʊəpɒt]	Blumentopf
13	**daisy** [ˈdeɪzɪ]	Gänseblümchen				
14	**forget-me-not** [fəˈget mɪ ˌnɒt]	Vergissmeinnicht				

655 Obst und Gemüse: Anbau und Verwertung

apple 2	cauliflower 18	grape 9	mushroom 21	peach 4	rice 30
banana 13	cherry 5	grapefruit 14	nut 7	pear 3	strawberry 8
bean 26	corn 28	leek 19	onion 20	pineapple 10	tomato 27
cabbage 17	cucumber 22	lemon 11	orange 12	plum 6	vegetables 15
carrot 24	fruit 1	lettuce 16	pea 25	potato 23	wheat 29

1	☐ **fruit** [fruːt]	Obst Früchte	*ripe / unripe / green / juicy / fresh / frozen* **fruit** ○ *grow / pick* **fruit** ○ What kind of **fruit** do you like best? ○ We don't buy any **fruit** or vegetables unless they **are** organically [biologisch] grown. ○ a **fruit** *tree / jar / bowl* ○ **fruit** *salad / juice*	1
2	☐ **apple** [ˈæpl]	Apfel	*yellow / red juicy* **apples** ○ Don't eat that green **apple** – it isn't ripe yet. ○ an **apple** *tree / pie* ○ An **apple** a day keeps the doctor away. (proverb)	1
3	☐ **pear** [peə]	Birne	▷ *PIC. 3* sweet **pear** juice ○ **pear** brandy ○ **pear**-shaped	5
4	☐ **peach** [piːtʃ]	Pfirsich	▷ *PIC. 4* a ripe, sun-warmed **peach** from your own tree ○ The **peaches** grew and ripened in a healthy environment. ○ I like **peach trees** in blossom.	5
5	☐ **cherry** [ˈtʃerɪ]	Kirsche	▷ *PIC. 5* *black / red* **cherries** ○ *sweet / sour* **cherries** ○ **cherry** stones ○ The valley is renowned [berühmt] for **cherry** blossom.	5
6	☐ **plum** [plʌm]	Pflaume	▷ *PIC. 6* *juicy / ripe / dried* **plums** ○ locally grown dessert **plums** ○ **plum** stones	5
7	☐ **nut** [nʌt]	Nuss	▷ *PIC. 7* crack [knacken] a **nut** ○ **nut** chocolate	3
8	☐ **strawberry** [ˈstrɔːbrɪ]	Erdbeere	▷ *PIC. 8* *fresh / wild* **strawberries** ○ **strawberries** and cream ○ **strawberry** jam	5
9	☐ **grape** [greɪp]	(Wein-)Traube	▷ *PIC. 9* a bunch [Henkel] of **grapes** ○ grow **grapes** ○ a **grape** grower [Winzer] ○ The **grape** harvest [Weinlese] has just begun.	5
10	☐ **pineapple** [ˈpaɪnæpl]	Ananas	▷ *PIC. 10* *slices / rings* of **pineapple** ○ a **pineapple** plantation ○ **pineapple** palms ○ **pineapple** compote [Kompott]	6
11	☐ **lemon** [ˈlemən]	Zitrone	▷ *PIC. 11* a teaspoon of fresh **lemon** juice	5
12	☐ **orange** [ˈɒrɪndʒ]	Orange Apfelsine	peel [schälen] an **orange** cut **an orange** in half ○ Would you like a glass of freshly squeezed [auspressen] **orange juice**?	1

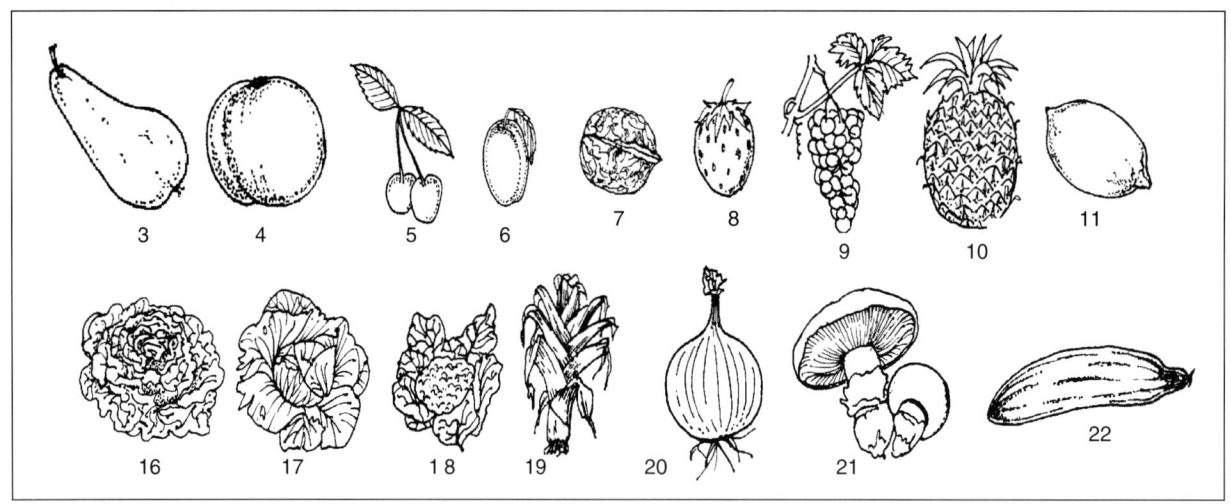

13	☐ **banana** [bəˈnɑːnə]	Banane	over-ripe **bananas** ○ **Bananas** can't stay on the trees till they're fully ripe. ○ slip on a **banana** skin ○ a **banana** republic / importer / plantation / tree	1
14	☐ **grapefruit** [ˈɡreɪpfruːt]	Grapefruit Pampelmuse	a *tin* / *glass* of **grapefruit** ○ She had half a **grapefruit** for breakfast. ○ Can you buy me four **grapefruit(s)**? ○ **grapefruit** juice	5
15	☐ **vegetables** [ˈvedʒtəblz]	Gemüse	*green* / *fresh* / *raw* **vegetables** ○ root **vegetables** like carrots ○ pick **vegetables** ○ **Vegetables are** better for you than meat. ○ a *bowl* / *plate* of **vegetable** soup ○ How often do you have fresh fruit, **vegetables** or salads?	2
16	☐ **lettuce** [ˈletɪs]	Kopfsalat	▷ *PIC. 16* buy some fresh **lettuce** ○ freshly made **lettuce** salad	5
17	☐ **cabbage** [ˈkæbɪdʒ]	Kohl, Kraut	▷ *PIC. 17* *summer* / *winter* **cabbage** ○ *red* / *white* **cabbage** ○ pickled **cabbage** [Sauerkraut] ○ finely-shredded **cabbage** ○ **cabbage** leaves	5
18	☐ **cauliflower** [ˈkɒlɪˌflaʊə]	Blumenkohl	▷ *PIC. 18* Protect late **cauliflowers** from frost damage by bending the leaves down over the curds [Käse des Blumenkohls].	5
19	☐ **leek** [liːk]	Lauch	▷ *PIC. 19* strands [Stange] of **leek** ○ the white of **leek** ○ **leek** *pie* / *soup*	5
20	☐ **onion** [ˈʌnjən]	Zwiebel	▷ *PIC. 20* *red* / *white* / *spring* **onions** ○ **onion** rings ○ French **onion** soup	5
21	☐ **mushroom** [ˈmʌʃrʊm, -ruːm]	(essbarer) Pilz	▷ *PIC. 21* He cultivates [züchten] **mushrooms** in the cellar. ○ a sauce of onions, **mushrooms**, tomatoes and fish	5
22	☐ **cucumber** [ˈkjuːkʌmbə]	Gurke	▷ *PIC. 22* a slice of **cucumber** ○ **cucumbers** for pickling ○ She was as cool as a **cucumber**. ○ **cucumber** salad ○ a **cucumber** sandwich	5
23	☐ **potato**, pl. **potatoes** [pəˈteɪtəʊ(z)]	Kartoffel	*grow* / *dig up* / *collect* **potatoes** ○ Vegetables included new **potatoes** that had been boiled and turned in butter. ○ **potato** *crisps* / *chips* / *soup* / *salad* ○ He dropped it like a hot **potato**.	1
24	☐ **carrot** [ˈkærət]	Karotte Möhre	organic **carrots** ○ *raw* / *boiled* **carrots** ○ a bunch [Bund] of **carrots** ○ a mixture of stick and **carrot** [Zuckerbrot und Peitsche] ○ We *grow* / *plant* **carrots** in our garden.	5
25	☐ **pea** [piː]	Erbse	a packet of frozen **peas** ○ We had chicken, potatoes and **peas** for dinner.	5
26	☐ **bean** [biːn]	Bohne	*green* / *black* / *red* **beans** ○ a *tin* / *kilo* of **beans**	5
27	☐ **tomato**, pl. **tomatoes** [təˈmɑːtəʊ(z)]	Tomate	*fresh* / *juicy* / *ripe* **tomatoes** ○ **tomato** *plants* / *juice* / *soup* / *ketchup* ○ nice thick **tomato** sauce ○ home-made **tomato** soup	5
28	☐ **corn** (BE) [kɔːn]	Korn, Getreide	a field of ripe **corn** ○ grow **corn** ○ a **cornfield** ○ **cornflakes** ■ The American word **corn** means Mais.	3
29	☐ **wheat** [wiːt]	Weizen	*summer* / *winter* **wheat** ○ **wheat** grown without the use of chemical fertilizers ○ *grow* / *produce* **wheat** ○ **wheat** *farming* / *fields* / *harvest*	3
30	☐ **rice** [raɪs]	Reis	wild **rice** ○ *brown* / *boiled* / *cooked* / *fried* **rice** ○ a *plate* / *bowl* of **rice** ○ **rice** *farmers* / *fields* ○ **rice** wine	1

660 Pflanzen, Anbauen, Ernten usw.

barren 2	dig 8	grow v 10	leaf 22	plant v 5	rose 26	tree 18
branch 21	fertilizer 3	grow v 7	mow 15	ripe 12	seed 4	trunk 20
bush 23	flower 25	harvest 13	pick 14	ripen 11	soil 1	weed n 28
cultivate 6	grass 24	herb 27	plant n 16	root 19	species 17	weed v 9

1	☐	**soil** [sɔɪl]	(Mutter-)Boden Erde	good / heavy / (in)fertile **soil** ○ work / fertilize the **soil** ○ He worked hard to produce good harvests from poor **soil**. ○ There's no point in putting in plants until the **soil** warms up in spring.	3
2	☐	**barren** ['bærən]	unfruchtbar öde	**barren** land / old trees ○ a **barren** landscape ○ as **barren** as a desert ○ That part of the world is cold, dry and **barren**.	4
3	☐	**fertilizer, -ser** ['fɜːtəlaɪzə]	Dünger Düngemittel	natural / chemical / mineral **fertilizer** ○ organic [organisch] **fertilizer** ○ spread **fertilizer** ○ This land is free of artificial **fertilizer**. ○ They use artificial **fertilizer** to improve the soil. ○ An overdose of **fertiliser** may cause a plant to wilt [verwelken] very quickly.	5
4	☐	**seed** [siːd]	Samen Saat	a handful of **seed** ○ raise plants from **seeds** ○ Tomatoes are easy to grow [ziehen] from **seed**. ○ a **seed** corn ○ a **seed** bed [Saatbeet]	4
5	☐	**plant** [plɑːnt]	anpflanzen (ein)pflanzen	**plant** tomatoes in rows / the bushes three feet apart / flowers around the pool / trees along a path ○ Trees should be **planted** in the autumn. ○ Many of the flowers they have **planted** have been killed by the cold.	5
6	☐	**cultivate** ['kʌltɪveɪt]	bebauen anbauen züchten	**cultivate** the soil ○ **cultivate** an early form of wheat ○ **cultivate** rare orchids [Orchidee] ○ She has a large garden to **cultivate** [bestellen]. ○ This herb grows wild and can be **cultivated** by anyone. ○ wild or **cultivated** plants [Kulturpflanze]	3
7	☐	**grow** [grəʊ]	anbauen, an- pflanzen, züch- ten, ziehen	**grow** wheat / corn / cotton / fruit ○ **grow** roses ○ **grow** vegetables under glass ○ **grow** tomatoes from seed [Samen] ○ Tomatoes are easy to **grow** and a pleasure to watch ripening. ○ This soil is perfect for **growing** carrots. ▲ GROWS – GREW – GROWN	5
8	☐	**dig** [dɪg]	graben umgraben	**dig** a hole ○ **dig** the garden / the ground ○ **dig** your own grave ○ She spent the afternoon **digging** in the garden. ○ These weeds [Unkraut] are too big to pull out with your hands – you'll have to **dig** them **out**. ○ a gold **digger** ▲ DIGS – DIGGING – DUG – DUG	3
9	☐	**weed** [wiːd]	(Unkraut) jäten	It took him four hours to **weed** the garden. ○ He's been **weeding** (in) the garden all day. ○ do some **weeding**	6
10	☐	**grow** [grəʊ]	wachsen werden	**grow** wild in the fields / outdoors ○ **grow** slowly / fast / quickly ○ **grow** very tall / well in light soil ○ Plants **grow** more slowly in cold soil. ○ With good care the plant can **grow** 9 or 12 cms a year. ○ How big will it **grow**? ○ **fast-growing** bushes	1
11	☐	**ripen** ['raɪpən]	reifen	**ripen** gradually ○ **ripen** in late autumn / at the right time / under the sun ○ Pick the apples while they **ripen**. ○ The fruit took a little longer than expected to **ripen**. ○ We hoped that this year's hot summer would **ripen** [reifen lassen] the figs [Feige]. ○ oranges **ripened** by the sun	5
12	☐	**ripe** [raɪp]	reif	**ripe** fruit / apples / wheatfields ○ **ripe** for the picking ○ The corn will soon be **ripe**. ○ Are the apples **ripe** enough to eat yet? ○ **over-ripe** fruit	3
13	☐	**harvest** ['hɑːvɪst]	Ernte	expect a good / bad / rich / poor / large / big / record **harvest** ○ produce a **harvest** of 10 million tonnes of sugar ○ bring in the **harvest** ○ He can't go on holiday till after (the) **harvest**. ○ They sell most of the **harvest** abroad.	3
14	☐	**pick** [pɪk]	pflücken ernten	**pick** beans / tomatoes / apples ○ strawberries [Erdbeere] freshly **picked** from the garden ○ Please can you **pick** me some cherries [Kirschen]? ○ How nice of the children to remember their aunt and **pick** her some flowers.	2
15	☐	**mow** [məʊ]	mähen	**mow** the grass / fields ○ You need to **mow** the lawn at least once a week during the summer. ○ Fortunately, I don't have to do the **mowing**. ▲ MOWS – MOWED – MOWN / MOWED	5

16	☐ **plant** [plɑːnt]	Pflanze	a sick **plant** ○ a *garden / spring / pot* **plant** ○ *grow / raise / water* a **plant** ○ a **plant** *needs water and light / grows / dies* ○ **Plants** are just as sensitive as human beings.	1
17	☐ **species,** pl. **species** [ˈspiːʃiːz]	Art Spezies	*unknown / foreign / protected* **species** ○ different **species** of *plants / trees / bushes* ○ save an endangered [vom Aussterben bedroht] **species** from extinction [Aussterben] ○ The friendly climate allows rare **species** of plants to grow.	5
18	☐ **tree** [triː]	Baum	a *young / small / large* **tree** ○ a beautiful *fruit / forest* **tree** ○ the crown of *an old / a dead* **tree** ○ *transplant / water / climb / fall off* a **tree** ○ They planted a **tree**, which grew to 15ft and became too big for the garden; so they had to cut it down. ○ She couldn't see the wood for the **trees**. ○ He that plants a **tree** plants for posterity [Nachwelt]. (proverb)	1
19	☐ **root** [ruːt]	Wurzel	a plant with *deep / long / fat* **roots** ○ the **roots** of a *plant / tree / bush* ○ take **root** [Wurzeln schlagen] ○ pull up a plant by the **roots** ○ The plant spreads strongly through a tough **root** system. ○ supply enough **root** space for plants ○ No **root**, no fruit. (proverb)	3
20	☐ **trunk** [trʌŋk]	(Baum-)Stamm	the **trunks** of forest giants ○ a **tree trunk** ○ The **trunk** of this tree is five metres thick. ○ He sat down on a **trunk** and thought deeply.	5
21	☐ **branch** [brɑːntʃ]	Ast Zweig	a dead **branch** ○ the lower **branches** of a tree ○ cut off some **branches** of the old apple tree ○ The leaves and **branches** of the trees provide food for birds and insects.	2
22	☐ **leaf,** pl. **leaves** [liːf, liːvz]	Blatt	*new / green / brown* **leaves** ○ a tea **leaf** ○ **leaves** *turn yellow / fall* ○ Many trees lose their **leaves** in autumn. ○ The **leaves** were dancing in the wind. ○ They made a big fire to burn the dead **leaves**. ○ The autumn **leaves** fell to the ground. ■ Don't mix up **leaf** (Blatt einer Pflanze) with **piece, sheet** (Blatt Papier).	1
23	☐ **bush,** pl. **bushes** [bʊʃ, bʊʃɪz]	Busch	a large rose **bush** ○ a **bush** with short dark-green needles [Nadel] ○ *plant / cut off some flowers from* a **bush**. ○ **bush** roses ○ A bird in the hand is worth two in the **bush**. (proverb)	2
24	☐ **grass** [grɑːs]	Gras Rasen	*high / tall* **grass** ○ *green / dried* **grass** ○ The **grass** is getting too long. ○ The **grass** needs cutting. ○ Don't walk on the **grass**. ○ Keep off the **grass**.	1
25	☐ **flower** [ˈflaʊə]	Blume	*grow / plant / cut / pick* **flowers** ○ She arranged the **flowers** with great care. ○ Did you ever discover who sent you the **flowers**? ○ There's a lovely smell in the garden when the red roses are **in flower** [Blüte]. ○ Many spring **flower** opened early this year, but the cool weather in early June has kept the later summer **flowers** to their normal timetable. a **flowerpot** [Blumentopf]	1
26	☐ **rose** [rəʊz]	Rose	*wild / red* **roses** ○ a bunch [Strauß] of **roses** ○ the smell of **roses** ○ pick **roses** ○ He filled the pot with earth and planted a **rose** in it. ○ a **rose** *bush / garden*	2
27	☐ **herb** [hɜːb]	Heilkraut Küchenkraut Kraut	Chinese **herbs** ○ Sage [Salbei] is one of the **herbs** introduced to Britain by the Romans. ○ She showed us round her vegetable and **herb** [Kräuter-] garden. ○ After he was treated with Chinese **herbs** he felt much better. ○ He drinks some kind of **herb** tea. ■ False friend: The English word for German **herb** is **bitter**.	5
28	☐ **weed** [wiːd]	Unkraut	a small **weed** ○ a common **weed** ○ *pull up / pull out / kill* **weeds** ○ The garden is full of **weeds**. ○ The children spent the afternoon pulling up **weeds** in the flowerbeds. ○ a **weedkiller** [Unkrautvernichtungsmittel]	5

670 Haus- und Kleintiere

bark 13	cat 8	fly 20	mouse 6	puppy 11	vet 3
bird 15	dog 10	greyhound 12	parrot 17	rabbit 5	wing 18
bite 14	feather 19	hamster 4	pet 1	rat 7	
budgie 16	flutter 21	kitten 9	pet shop 2	tortoise 22	

1	☐ **pet** [pet]	Haustier Tier	*keep / feed* a **pet** ○ What animals make good **pets** for children? ○ The English keep 1.5 million budgies, 1.4 million rabbits and 28.8 million fish as **pets**. ○ The goldfish is the easiest **pet** to look after. ○ The hospital puts **pets** to sleep [einschläfern] only if they're too sick or badly injured to recover.	3
2	☐ **pet shop** ['pet ʃɒp]	Tierhandlung	He buys the food for his hamster at a **pet shop**. ○ This **pet shop** will not sell dogs or pets around Christmas. The shopkeeper feels that pets are for life, not just for Christmas. ○ **pet shop** owners	5
3	☐ **vet** [vet]	Tierarzt Tierärztin	call a **vet** ○ bring a dog to a **vet** for aggression problems ○ Sonia hopes to become a **vet**. ○ The **vet** had to put down [einschläfern] the cat.	5
4	☐ **hamster** ['hæmstə]	Hamster	*keep / feed* a **hamster** ○ **Hamsters** are relatively easy to look after. ○ They left their **hamster** with neighbours over the holidays. ○ The **hamster** escaped from its cage.	4
5	☐ **rabbit** ['ræbɪt]	Kaninchen	**Rabbits** can live for fifteen years, as long as a dog or cat. ○ Barbara was very fond of her white **rabbit**, Knabber, cared for him very well and was heartbroken when he died. ○ The magician pulled another **rabbit** out of the hat.	3
6	☐ **mouse**, pl. **mice** [maʊs, maɪs]	Maus	a *house / field* **mouse** ○ as quiet as a **mouse** ○ keep white **mice** ○ *be afraid of / run away from / catch* **mice** ○ as poor as a **church mouse** ○ play **cat and mouse** with sb ○ a **mousetrap** ○ **Mickey Mouse**	3
7	☐ **rat** [ræt]	Ratte	a *black / brown* **rat** ○ a water **rat** ○ catch a **rat** ○ release a **rat** from the trap ○ **rat** poison [Gift] ○ a **rat-trap** ○ a **rat** catcher	5
8	☐ **cat** [kæt]	Katze	let the **cat** out of the bag ○ **Cats** *are clean animals / can see in the dark*. ○ It was her job to feed the family's **cats**. ○ She gave the **cat** some fish to eat. ○ **cat food** ○ When the cat's away, the **mice** will play. (proverb)	1
9	☐ **kitten** ['kɪtn]	junge Katze	a seven-month-old **kitten** ○ The cat had five **kittens** last week. ○ The cat gave birth to six **kittens** in the garage.	4
10	☐ **dog** [dɒg]	Hund	a police **dog** ○ keep the **dog** on a chain ○ I could hear the neighbour's **dog** barking. ○ Your **dog** smells. ○ Don't let your **dog** spoil the environment for others. ○ As her **dog** was very aggressive, there was no pleasure in taking him for a walk. ○ The **dog** bit [beißen] her on the right arm. ○ Let sleeping **dogs** lie. (proverb)	1
11	☐ **puppy** ['pʌpi]	Welpe junger Hund	a *playful / friendly* **puppy** ○ an abandoned **puppy** ○ They got their old English sheepdog when she was just a **puppy**. ○ He looked at me with his big **puppy** eyes.	4
12	☐ **greyhound** ['greɪhaʊnd]	Windhund	Does he keep **greyhounds** as pets or does he breed [züchten] them for racing? ○ His preferred sport was **greyhound** racing.	6
13	☐ **bark** [bɑːk]	bellen	Our dog always **barks at** *strangers / the postman*. ○ Can you hear a dog **barking**? ○ The dog **barked** when she knocked at the door. ○ There's no point in keeping a dog and **barking** yourself. (proverb)	3
14	☐ **bite** [baɪt]	beißen stechen	get **bitten** ○ Does your dog **bite**? ○ The dog **bit** him on the arm. ○ Their dog has never **bitten** anybody. ○ We were **bitten** to death by flies [Fliege] while we were camping.	3
			▲ BITES – BITING – BIT – BITTEN	
15	☐ **bird** [bɜːd]	Vogel	a tropical [tropisch] **bird** ○ a **bird** of passage [Zugvogel] ○ as free as a **bird** ○ a **bird's** nest ○ kill two **birds** with one stone [zwei Fliegen mit einer Klappe schlagen] ○ The early **bird** catches the worm. (proverb)	1

670–670A

16	☐ **budgie** (BE) ['bʌdʒɪ]	Wellensittich	a brightly coloured **budgie** ○ She was not allowed to keep **budgies** in her new apartment. ○ The death of the **budgie** was blamed on passive smoking. ○ a **budgie** cage ○ A new birdcare video aims to help new **budgie** owners to look after their pets.	4
17	☐ **parrot** ['pærət]	Papagei	rare **parrots** ○ the cries of a **parrot** ○ Australia is the sort of place where you find **parrots** sitting on telegraph wires. ○ Barbara called the **parrot** Lora and kept her in her bedroom. ○ She walked along the street with the **parrot** on her shoulder and it wouldn't fly away.	5
18	☐ **wing** [wɪŋ]	Flügel	heal birds with broken **wings** ○ The bird *opened / fluttered* its **wings**. ○ The bird cannot fly as it has an injured **wing**. ○ The bird spread its **wings** and flew away.	3
19	☐ **feather** ['feðə]	Feder	bright yellow **feathers** ○ the **feathers** of a wild bird ○ a bird's **feathers** ○ a bird with green **feathers** on its head ○ Her bird washes its **feathers** regularly. ○ She's as light as a **feather**. ○ Fine **feathers** make fine birds. (proverb)	3
20	☐ **fly** [flaɪ]	fliegen	**fly** *high / low / up / down* ○ **fly** *high up into a tree / high into the sky* ○ **fly** *in with food / back to the nest* ○ After three weeks in the nest the young bird is ready to **fly**. ○ A large bird has **flown onto** the pond. ▲ FLIES — FLYING — FLEW — FLOWN	1
21	☐ **flutter** ['flʌtə]	flattern (mit)	The bird **fluttered** up into the air and started to sing. ○ The bird **fluttered** its wings wildly but couldn't get off the ground.	6
22	☐ **tortoise** ['tɔːtəs]	Schildkröte	keep a **tortoise** in the garden ○ A **tortoise** can pull its head and legs inside the shell [Panzer] in order to protect itself.	6

670A Tiere in Wald und Feld

1	**lizard** ['lɪzəd]	Eidechse	20	**bumble-bee** ['bʌmblbiː]	Hummel
2	**snail** [sneɪl]	Schnecke	21	**butterfly** ['bʌtəflaɪ]	Schmetterling
3	**slug** [slʌg]	Nacktschnecke	22	**caterpillar** ['kætəpɪlə]	Raupe
4	**earthworm** ['ɜːθwɜːm]	Regenwurm	23	**beetle** ['biːtl]	Käfer
5	**badger** ['bædʒə]	Dachs	24	**pigeon** ['pɪdʒɪn]	Taube
6	**bat** [bæt]	Fledermaus	25	**sparrow** ['spærəʊ]	Spatz (Sperling)
7	**mole** [məʊl]	Maulwurf	26	**blackbird** ['blækbɜːd]	Amsel
8	**squirrel** ['skwɪrəl]	Eichhörnchen	27	**chaffinch** ['tʃæfɪntʃ]	Buchfink
9	**hare** [heə]	Hase	28	**swallow** ['swɒləʊ]	Schwalbe
10	**hedgehog** ['hedʒhɒg]	Igel	29	**seagull** ['siːgʌl]	Möwe
11	**weasel** ['wiːzl]	Wiesel	30	**woodpecker** ['wʊd,pekə]	Specht
12	**beaver** ['biːvə]	Biber	31	**magpie** ['mægpaɪ]	Elster
13	**stork** [stɔːk]	Storch	32	**robin** ['rɒbɪn]	Rotkehlchen
14	**partridge** ['pɑːtrɪdʒ]	Rebhuhn	33	**nightingale** ['naɪtɪŋgeɪl]	Nachtigall
15	**pheasant** ['feznt]	Fasan	34	**hawk** [hɔːk]	Falke, Habicht
16	**ant** [ænt]	Ameise	35	**eagle** ['iːgl]	Adler
17	**mosquito** [mə'skiːtəʊ]	Schnake	36	**owl** [aʊl]	Eule
18	**fly** [flaɪ]	Fliege	37	**beak** [biːk]	Schnabel
19	**bee** [biː]	Biene	38	**claw** [klɔː]	Kralle

670L Zoo, Safaripark, Tiere usw.

alligator 32	camel 18	feeding time 10	kangaroo 17	safari park 2	starfish 36
animal 3	chimp(anzee) 13	fox 23	keeper 8	sea horse 35	tame 5
antelope 29	deer 28	frog 40	lion 20	sea lion 37	tiger 21
bear 11	dolphin 34	giraffe 16	monkey 15	seal 33	wild 4
buffalo 26	elephant 19	gorilla 14	penguin 31	shell 38	wolf 22
cage n 6	elk 30	hippo 24	polar bear 12	snake 39	zebra 27
cage v 7	feed 9	insect 41	rhinoceros 25	spider 42	zoo 1

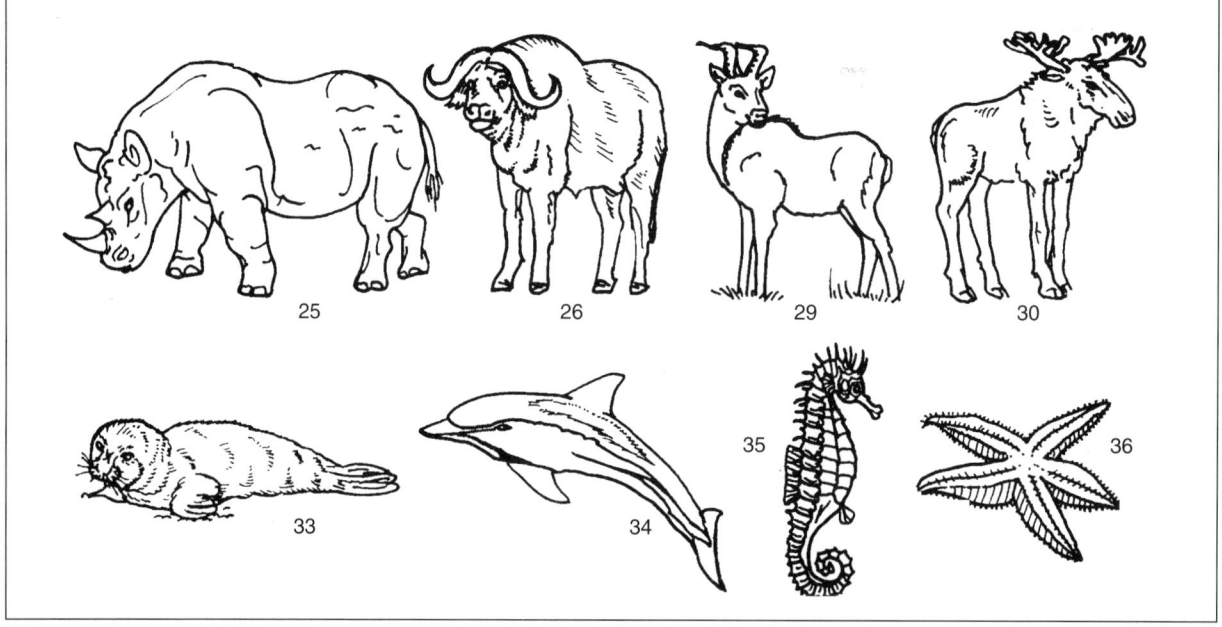

1	☐ **zoo** [zuː]	Zoo	visitors to a **zoo** ○ the welfare of animals in a traditional **zoo** ○ *go to / visit / enjoy going to* a **zoo** ○ She works at London **Zoo**. ○ Wild animals are well cared for in our **zoo**. ○ Sometimes we feel like rare animals in a **zoo**. ○ **zoo** keepers	4
2	☐ **safari park** [səˈfɑːrɪ pɑːk]	Safaripark	In **safari parks** animals can move around freely. ○ When does the **safari park** open for the season? ○ No British zoo or **safari park** can match the game reserves [Wildreservat] in Africa, where wild life is undisturbed, protected only from its most damaging predators [Raubtier], human beings.	6
3	☐ **animal** [ˈænɪml]	Tier Tier-	a tame [zahm] **animal** ○ *farm / wild / zoo* **animals** ○ various species of **animals** ○ *keep / feed / care for / protect* **animals** ○ Forcing **animals** to travel for more than 22 hours without being fed or unloaded is totally unacceptable. ○ the **animal** kingdom [Tierreich] ○ **animal** *life / rights* ○ the animal protection lobby ○ an **animal** *lover / behaviour expert*	1
4	☐ **wild** [waɪld]	wild	a **wild** *animal / cat* ○ train **wild** elephants ○ release zoo animals into the **wild** [freie Wildbahn] ○ You can see tigers in a zoo, but there aren't many living in the **wild**.	2
5	☐ **tame** [teɪm]	zahm	a **tame** *wild horse / lion / wolf* ○ The birds were so **tame** that they ate from their hands. ○ Many animals had never encountered man, so they were quite **tame**.	3

6	☐ cage [keɪdʒ]	Käfig	*small / narrow* cages ○ a lion's cage ○ a row of cages ○ cages too small for animals to turn around ○ *open / enter / leave* a cage ○ The lion has escaped from its cage. ○ It's about time we cleaned the birdcage, it's beginning to smell.	3
7	☐ cage [keɪdʒ]	in einen Käfig sperren, einsperren	Some people think it's cruel to cage wild animals. ○ caged birds ○ Caged animals often suffer stress. ○ She described her life as being like that of animals caged in a zoo.	6
8	☐ keeper ['kiːpə]	Wärter(in)	a *zoo / tiger* keeper ○ Keepers should build a close relationship with the animals. ○ It's a keeper's job to *feed / look after / care for* the animals. ○ It's obvious that the keepers at this zoo care for the well-being [Wohlbefinden] of their animals.	4
9	☐ feed [fiːd]	füttern	feed *the animals / the dog on fresh meat* ○ In those days you could feed the animals in a children's zoo. ○ In Britain animals cannot be transported for more than 15 hours without being fed and watered. ○ They wanted to get to Regent's Park Zoo in time for the feeding of the lions. ▲ FEEDS – FED – FED	2
10	☐ feeding time ['fiːdɪŋ taɪm]	Fütterungszeit	Some animals are kept in separate cages at feeding time. ○ Except at feeding times, the babies are kept apart from their mothers. ○ Feeding time is reduced in bad weather.	6
11	☐ bear [beə]	Bär	a *brown / Himalayan* bear ○ a wild grizzly bear ○ a dancing bear ○ A bear that spends much of his day foraging [suchen] for food in the wild [freie Wildbahn] should have the opportunity to do so in the zoo.	3
12	☐ polar bear [ˌpəʊlə 'beə]	Eisbär	The polar bear lives in the area near the North Pole [Pol]. ○ Polar bears hunt mainly on ice for seals, whose number are being reduced by climate changes.	6
13	☐ chimp(anzee) [tʃɪmp, ˌtʃɪpæn'ziː]	Schimpanse	Humans and chimps share 98.4 per cent of their genes [Gen], which implies that the two species separated only six million years ago. ○ No amount of teaching will bring a chimpanzee up to anywhere near the level [Niveau] of quite a young human child.	6
14	☐ gorilla [gə'rɪlə]	Gorilla	export a gorilla illegally ○ Rare gorillas are in danger in Rwanda and Uganda. ○ Only 600 gorillas survive worldwide. ○ She would love to travel to Uganda to see the mountain gorillas.	6
15	☐ monkey ['mʌŋkɪ]	Affe	A monkey went into his room and ate calmly a bunch [Kranz] of bananas.	2
16	☐ giraffe, pl. giraffe(s) [dʒɪ'rɑːf(s)]	Giraffe	an African giraffe ○ a herd of giraffe(s) ○ Giraffes need to feed [weiden] in high trees, therefore the longer-necked survive in larger numbers. ○ The giraffe, for example, which takes 10 or more seconds to stand up, sleeps for a total of only two hours in 24.	6
17	☐ kangaroo [ˌkæŋgə'ruː]	Känguru	The female kangaroo carries her young in a pouch [Beutel] on the front of her body.	6
18	☐ camel ['kæml]	Kamel	an Arabian camel ○ ride a camel across the desert ○ Camels are used for carrying goods or people. ○ a camel caravan ○ drink camel's milk	4
19	☐ elephant ['elɪfənt]	Elefant	an *Indian / African* elephant ○ come close to a herd of elephants ○ The Asian elephant is one of the many animals on the endangered [gefährden] species list. ○ In Burundi only one elephant has survived the black market in ivory [Elfenbein]. ○ Elephants seem to have a fantastic memory.	3
20	☐ lion ['laɪən]	Löwe	*feed / run away from / hunt / kill / shoot* a lion ○ Lions *belong to the cat family / are found in parts of Africa and southern Asia*. ○ Lions will eat 30lb to 40lb of meat at a sitting [auf einmal]. ○ She could hear the lions roaring [brüllen] from the zoo. ○ drive through lion enclosures [Gehege]	3
21	☐ tiger ['taɪgə]	Tiger	wake a sleeping tiger ○ They work closely with tigers in their cages. ○ The Siberian tiger, the world's biggest cat, has been reduced to fewer than 70 in the wild [freie Wildbahn]. ○ A cameraman was seized by a tiger after a safety gate was left open.	4
22	☐ wolf, pl. wolves [wʊlf, wʊlvz]	Wolf	a pack [Rudel] of wolves ○ as hungry as a wolf ○ There are projects to reintroduce the wolf to Britain. ○ It is illegal to keep a wolf in Britain without a licence. ○ Wolves have now spread and are protected in the eastern German area of Brandenburg. ○ We could hear the wolves howling.	5

23	☐ **fox** [fɒks]	Fuchs	a *white / red / silver / desert* **fox** ○ The **fox** is often hunted for sport in Britain. ○ No fewer than 17 **foxes** came out of a wheat field when we were harvesting [mähen] last summer. ○ **Foxes** will have to be controlled. ○ a **fox** hunt / hunter	3
24	☐ **hippo** (infml.) [ˈhɪpəʊ]	Flusspferd Nilpferd	There are 160 000 **hippos** left in Africa. ○ It is wise to remember that the **hippo** can run at *30 mph / much faster than you*. ○ There are proposals for tougher controls on the trade in **hippo** teeth.	6
25	☐ **rhino(ceros)** [raɪˈnɒsərəs]	Rhinozeros	▷ PIC. 25 illegal trade in **rhinoceros** horn ○ Kenya's black **rhino** population – once as low as 400 animals – has been slowly increasing since 1988.	6
26	☐ **buffalo**, pl. **buffalo(es)** [ˈbʌfələʊ(z)]	Büffel	▷ PIC. 26 a huge herd of **buffalo** ○ a water **buffalo** ○ When the Indians killed **buffalo**, they asked forgiveness of their 'brother', the animal. ○ **buffalo** hunting ○ a **buffalo** stampede	3
27	☐ **zebra**, pl. **zebra(s)** [ˈzebrə(z)]	Zebra	mountain **zebras** ○ a herd of **zebra** ○ the country's last preserve [Naturschutzgebiet] of **zebra**, lion and other plains game [Wild] ○ In Longleat safari park you can get out of your car and mingle [sich mischen] with **zebras** and giraffes.	6
28	☐ **deer**, pl. **deer** [dɪə]	Hirsch Reh	a herd of **deer** ○ The forest is rich in red **deer** [Rotwild]. ○ Many people agree that there are far too many **deer** in the Highlands. ○ a commercial **deer** farmer ○ a **deer** forest [Jagdgehege]	5
29	☐ **antelope**, pl. **antelope(s)** [ˈæntɪləʊp(s)]	Antilope	▷ PIC. 29 Since 1986 five types of **antelope** have died in British zoos from a condition [Leiden] identical to BSE. (The Times, 1990)	6
30	☐ **elk**, pl. **elk(s)** [elk(s)]	Elch	▷ PIC. 30 Bison and **elk** graze [weiden] side by side. ○ The park's **elk** herd has increased from 5 000 to more than 20 000, doing terrible damage to several tree species.	6
31	☐ **penguin** [ˈpeŋgwɪn]	Pinguin	Toxins [Gift] are responsible for an illness that has wiped out [auslöschen] a colony of **penguins**. ○ They visited the zoo's **penguin pool**.	6
32	☐ **alligator** [ˈælɪgeɪtə]	Alligator	**Alligators** live in rivers and lakes in China and America. ○ The skin of **alligators** is used to make leather. ○ an **alligator** [Krokodilleder-] handbag	6
33	☐ **seal** [siːl]	Robbe	▷ PIC. 33 British fur trade will not touch baby **seal** coats.	6
34	☐ **dolphin** [ˈdɒlfɪn]	Delphin	▷ PIC. 34 Whales and **dolphins** live in a world of sound.	6
35	☐ **sea horse** [ˈsiː hɔːs]	Seepferd	▷ PIC. 35	6
36	☐ **starfish**, pl. **starfish** [ˈstɑːˌfɪʃ]	Seestern	▷ PIC. 36 He's studying the nervous system of the **starfish**, to help explain how it could move off with any of the five arms leading, yet with the rest of the arms getting into swing [Rhythmus] behind the leader.	5
37	☐ **sea lion** [ˈsiː ˌlaɪən]	Seelöwe	The **sea lion** lives on the shores [Küste] of the northern Pacific Ocean. ○ **Sea lions** pick up tricks quickly and get bored if they have no stimulation.	6
38	☐ **shell** [ʃel]	Muschel(schale)	an empty **shell** ○ collect sea-**shells** on the beach	3
39	☐ **snake** [sneɪk]	Schlange	a *huge / dangerous* **snake** ○ the skin of a **snake** ○ A poisonous **snake** is a very relaxed animal. It has one big trick: its venom [Gift]. ○ It was in Eden where Adam and Eve met the **snake**.	3
40	☐ **frog** [frɒg]	Frosch	a green **frog** ○ a tree **frog** [Laubfrosch] ○ She was holding a cold little **frog** in her hand. ○ The water of the pond has attracted a few **frogs**. ○ **Frogs** hibernate [überwintern] in the mud at the bottom of a pond.	6
41	☐ **insect** [ˈɪnsekt]	Insekt	a *tiny / small* **insect** ○ a *water / flying* **insect** ○ Some **insects** can change colour. ○ The **insects** have been imported in the soil of a pot plant. ○ **Insects** began eating off the leaves of the trees. ○ The plant has three hairs on each side of the leaves which close to trap [fangen] **insects**. ○ **Insects** were the main victims of the polluted area. ○ **insect** food ○ use **insecticide** [Insektizid] ○ **insect repellent** [Insektenschutzmittel] ○ an **insect bite** [Insektenstich]	3
42	☐ **spider** [ˈspaɪdə]	Spinne	a *small / big / fat / giant* **spider** ○ a water **spider** ○ The black widow is a poisonous **spider**. ○ Some people *hate / are terrified of* **spiders**. ○ **spider's** eggs ○ a **spider** web [Netz]	6

700 Himmelsrichtungen

east 1	north 3	south 4	southernmost 9	western 6
eastern 5	northern 7	southern 8	west 2	

1	☐ **east** [iːst]	Ost- Osten östlich	a cold **east** wind ○ **East** Asia ○ an **east** Asian nation ○ **East-West** relations ○ The Far **East** ○ The Middle **East** [Naher (und Mittlerer) Osten] ○ He lives **east** of Berlin. ○ The wind is blowing from the **east**. ○ Too far **east** is west. (proverb)	1
2	☐ **west** [west]	West- Westen westlich	**West** Africa ○ the **West** Midlands / End ○ relations between East and **West** ○ a **west** London hospital ○ fifty miles **west** of the capital ○ A low pressure area **west of** Britain will bring cold air and snowfalls. ○ East, **west**, home's best. (proverb)	1
3	☐ **north** [nɔːθ]	Nord- nördlich Norden	the **north** pole [Pol] ○ a tour of **North** America ○ in **north** London ○ **North** Sea oil projects ○ **north** of the border ○ 50 miles **north** of Orkney ○ Heavy rain caused floods in the **north** of the country.	1
4	☐ **south** [saʊθ]	Süd- Süden südlich	**South** Africa / America / Pacific / Wales ○ **south** European countries ○ **south** wind ○ a village on the **south** coast of England ○ directly / straight **south** ○ a small town **south** of Cologne ○ cold air and snowfalls as far **south** as Italy ○ The window faces **south**. ○ The wind is blowing from **the south**. ○ Many birds fly **south** [in den Süden] in the winter. ○ When the wind is in the **south**, it's in the rain's mouth. (proverb)	1
5	☐ **eastern** [ˈiːstən]	Ost- östlich	**Eastern** Europe ○ along the **eastern** border ○ in the **eastern** Alps ○ in **eastern** Scotland / France ○ in the **eastern** sky ○ at the **eastern** end of the island ○ Middle **Eastern** [des Nahen Ostens] politics	3
6	☐ **western** [ˈwestən]	West- westlich	**Western** Europe / Australia ○ **western** France ○ Poland's **western** border ○ travellers to the **Western** Isles ○ the **Western** world ○ **Western** countries / democracies / governments / politicians / ideas and fashions / aid for Russia / reactions to nuclear tests ○ the literary roots of **Western** culture ○ More **Western** help could have saved Gorbachev, the former Soviet president.	3
7	☐ **northern** [ˈnɔːðən]	Nord- nördlich	**Northern** Ireland ○ **northern** Europeans / Germany / Italy / Spain ○ across the British Isles and **northern** Europe ○ **northern** cities such as Manchester and Sheffield ○ He speaks with a **northern** accent.	4
8	☐ **southern** [ˈsʌðən]	Süd- südlich	**southern** Europe / European countries / Sweden / Lebanon / regions / towns ○ central and **southern** England ○ Catholics from **southern** Germany ○ They live in the **southern** part of the country. ○ Smuggling immigrants out of **southern** China has been going on for a long time.	4
9	☐ **southernmost** [ˈsʌðənməʊst]	südlichste(r, s)	the **southernmost** point of a continent / town of the world ○ Australia's **southernmost** state ○ The hotel is hidden away on the **southernmost** tip [Spitze] of the island.	6

701 Raum, Dinge; Teile von Dingen, Gruppen usw.

arm 13	detail 23	leg 14	piece 22	side 20	thing 4	whole 17
article 6	edge 21	mouth 12	rate 24	source 19	top 8	wing 16
bottom 10	foot 15	object 5	rest 25	space 1	trace 26	
centre 9	head 11	part 18	room 2	stuff 7	vacuum 3	

1	☐ **space** [speɪs]	Raum Platz	living **space** ○ storage [Lager-] **space** ○ an empty **space** in the car park ○ seating **space** for up to eight people ○ save **space** ○ There's a **space** here for your signature. ○ Fill in the **space** after the word 'name'. ○ She put her bag in the **space** [Zwischenraum] between the of two chairs. ○ You must have enough **space** on your disk to store your documents.	2

701

2	☐ **room** [ruːm, rʊm]	Zimmer Raum Platz	a *single / double / separate* **room** ○ a *hotel / conference / guest / private* **room** ○ The **room** will be free in May / gets very little sunshine. ○ There's not enough **room** for three people in the back of the car. ○ Is there **room** to pass? ○ The seats are all taken, there's only **standing room**.	2
3	☐ **vacuum** ['vækjʊəm]	Vakuum	a *political / dangerous* **vacuum** ○ a power **vacuum** ○ fill the **vacuum** [leerer Raum] left by the collapse [Zusammenbruch] of communism ○ Sound waves cannot travel through a **vacuum** [luftleerer Raum]. ○ His death left a **vacuum** [Leere].	6
4	☐ **thing** [θɪŋ]	Ding	*swimming / painting* **things** [Zeug] ○ kitchen **things** [Sachen] ○ What's that **thing** on the table / used for? ○ He couldn't see a **thing** [... nichts sehen]. ○ Let **things** [alles] remain as they are. ○ For the moment **all things** [alles] seem possible. ○ The **sensible thing** to do now is to accept the system and see how it works. ○ He took the whole **thing** [Angelegenheit] very seriously.	1
			■ Note that **thing** is used to make nouns from adjectives. Example: *das Nette, Wunderbare an Peter* **the nice, wonderful thing** about Peter	
5	☐ **object** ['ɒbdʒɪkt]	Gegenstand Objekt	a *tiny / small / big / long / round / square* **object** ○ a *glass / plastic / wooden* **object** ○ a familiar **object** ○ an unidentified flying **object** [UFO] ○ an **object** of pity ○ The **object** of her affection was a young German.	3
6	☐ **article** ['ɑːtɪkl]	Artikel Gegenstand	*toilet / household* **articles** ○ **articles** of all kinds ○ The stolen **articles** include statues and vases.	3
7	☐ **stuff** [stʌf]	Zeug Kram	What's that brown **stuff** on your jacket? ○ She likes windsurfing, canoeing and **stuff** like that. ○ Is that **stuff** any good? ○ It's not the kind of **stuff** I usually read. ○ It's pretty harmless **stuff**. ○ That's kids' **stuff** – let's try something more difficult.	4
8	☐ **top** [tɒp]	Spitze	**from top to bottom** [von oben bis unten] ○ the **top** of an iceberg ○ the **top** [Gipfel] of a *hill / mountain* ○ **at** the **top** of the *table / bed* [Kopfende] ○ five lines from the **top** of the page [in der fünften Zeile von oben] ○ reach the **top** ○ *rise / get / make it* to the **top** ○ climb **to** the **top** of Mount Everest ○ Her office is **at** the **top** [ganz oben] of the building. ○ Put the suitcase **on top of** the car. ○ He's **at** the **top of** [der Beste sein] his *class / profession*.	2
9	☐ **centre** ['sentə]	Mitte Mittelpunkt Zentrum	the **centre** of a *room / circle* ○ the **centre** of the *world / earth* ○ the **centre** of a *city / town* ○ the **centre** of power ○ a *shopping / business / sports / health* **centre** ○ **at** the **centre** of a storm ○ Europe as **centre** of endless progress ○ She became the **centre** of attention.	1
			■ The American spelling is cent**er**.	
10	☐ **bottom** ['bɒtəm]	Fuß (unteres) Ende Grund Boden	the **bottom** of a *hill / mountain* ○ the **bottom** [Sohle] of a valley ○ **at** the **bottom** of a street ○ **at** the **bottom** of [ganz unten] a list ○ **at** the **bottom** of a table ○ **at** the **bottom** of [unten an] the stairs ○ **at** the **bottom** of *a lake / the sea / the ocean* ○ **at** the **bottom** of page six [auf Seite sechs unten] ○ **from** the **bottom** of your heart ○ I found the keys **at** the **bottom** of [ganz unten] my bag. ○ He's **at** the **bottom** [mit der Schlechteste] of his class.	4
11	☐ **head** [hed]	Kopf(ende) Oberhaupt Leiter Chef Spitze	the **head** of a *nail / table / bed* ○ the **head** of *the family / a department / the government / an organisation / Greenpeace* ○ get together the **heads** of industries ○ **at** the **head** of a queue ○ Write your name **at** the **head** of [oben auf] each page. ○ The UN Security Council has cancelled [absagen] a meeting of the **heads** of state and government. ○ She's **at** the **head** of her class.	1
12	☐ **mouth** [maʊθ]	Öffnung Mündung	the **mouth** of a *bottle / bag* ○ sail into the **mouth** of the *Thames / Red Sea* ○ trains from the **mouth** [Eingang] of the tunnel at Folkestone ○ The **mouth** [Eingang] of the cave is very small.	4
13	☐ **arm** [ɑːm]	Lehne Arm	the **arm** of a *chair / sofa* ○ an **arm** of *the sea / a lake* ○ the **arm** [Ärmel] of a shirt ○ He went to Miami to escape the **arm of the law**.	1
14	☐ **leg** [leg]	Bein	a wooden **leg** ○ a trouser **leg** ○ the **legs** of a table ○ One **leg** of the chair was broken. ○ He has a hole in the **leg** of his jeans. ○ As she headed for the door she stumbled [stolpern] over a chair **leg**.	1

15	☐ **foot,** pl **feet** [fʊt, fiːt]	Fuß	at the **foot** of a hill ○ **at** the **foot** of [unten auf] a ladder ○ There were clean towels **at** the **foot** of each bed. ○ They camped **at** the **foot** of a mountain. ○ The only proper place for a footnote is **at** the **foot** of [unten auf] the page.	1
16	☐ **wing** [wɪŋ]	Flügel	the **wing** of a plane ○ the east **wing** of a *building / palace / prison* ○ the *left / right / liberal / free-market / pro-European* **wing** of a party ○ a **left-wing** [linke(r, s)] *movement / minister / MP / pressure-group / newspaper* ○ a **right-wing** politician ○ build a new **wing** of a hospital ○ The left **wing** of the jet caught fire. ○ the **wing mirror** [Seitenspiegel] of a car	3
17	☐ **the whole of** [ðə ˈhəʊl əv]	der/die/das Ganze, ganz	**the whole of** your life ○ during **the whole of** *last year / the month of January* ○ The children were away for **the whole of** the Easter holidays. ○ The crisis affected **the whole of** Britain.	3
18	☐ **part** [pɑːt]	Teil	*an essential / an important / a large / a small* **part** ○ be **part** of a *project / programme / plan / film* ○ be **part** of a *group / team* ○ A large **part** of the country was flooded. ○ The early **part** of her life was spent in the country. ○ The book is interesting **in parts**. ○ We've done the difficult **part** of the job. ○ **For the most part** [größtenteils], driving has become safer in recent years.	2
19	☐ **source** [sɔːs]	Quell(e) Ursache	the **source** of *a river / the Rhine* ○ a **source** of danger ○ a **source** of entertainment ○ a **source** of *income / profit / finance* ○ a **source** of *food / supply* ○ a **source** of *great concern / understandable confusion* ○ books as a **source** of great pleasure ○ refuse to reveal a **source** of *information / news*	4
20	☐ **side** [saɪd]	Seite	the *left / right / top / bottom* **side** of a box ○ on one **side** of the street ○ on the *back / south / opposite* **side** of the building ○ be on the *losing / winning* **side** ○ Write on one **side** of the paper only. ○ Go to the other **side** of the room. ○ The two **sides** agreed to stop fighting. ○ What **side** are you on?	2
21	☐ **edge** [edʒ]	Kante Rand	the **edge** of a *table / chair* ○ the **edge** of a *coin / glass / pond / field / lawn* ○ large gardens **on** the **edge** of a village ○ the **edge** [Schneide] of a *knife / sword* ○ They were sitting **on** the **edge** of their seats. ○ He lives **at** the **edge** of a forest. ○ He stood by the **edge** [Ufer] of the lake.	2
22	☐ **piece** [piːs]	Stück Münze	a **piece** of *paper / bread / cake / meat / chalk / wood* ○ *a five-cent / a five-pence* **piece** ○ a **piece** of furniture ○ a **piece** of work ○ a **piece** of *advice / information / evidence* ○ This is my favourite **piece** of music. ○ The furniture is delivered in **pieces** [Teil].	1
			■ Note that **piece** is often used to make uncountable nouns **countable**. Examples: **a piece of** *advice / news / information / furniture*	
23	☐ **detail** [ˈdiːteɪl]	Detail Einzelheit	*explicit / last-minute* **details** ○ *the full / only the important / all the* **details** ○ *give / go into / explain / check / show / remember* the **details** ○ *write / report* **in detail** [ausführlich] about ... ○ The report is correct **in every detail**. ○ The leaflet includes **details** of the new regulations for income support. ○ They'll discuss the **details** of the contract at a later date. ○ Full flight **details** are given on page 20.	3
24	☐ **rate** [reɪt]	Rate Satz Kurs	a *high / low* **rate** ○ an *annual / alarming / average* **rate** ○ the *death / divorce / accident* **rate** ○ a high *inflation / growth / jobless* **rate** ○ the exchange **rate** against the German mark ○ a 50 per cent success **rate** [Quote] ○ reduce the crime **rate** ○ The high birth **rates** of the 1960s caused public concern. ○ She borrowed money at a high interest **rate**. ○ German Catholics are leaving their church at a **rate** of 180 000 a year.	3
25	☐ **rest** [rest]	Rest	the **rest** of the *world / year / season* ○ the **rest** of the *class / group / team / family / students* ○ the **rest** of *us / you / society / Europe / former Yugoslavia* ○ Take what you want and throw the **rest** away.	3

701A Verben um über Dinge und Personen zu sprechen

abolish 58	cause 22	empty 40	invent 20	reflect 15	start 28
absorb 45	cease 57	encounter 18	last 33	reform 53	stop 56
affect 9	change 49	end 55	look 62	remain 41	taste 65
appear 61	concern 7	exist 1	maintain 6	renew 32	turn 48
apply 10	connect 14	expand 34	make 23	represent 16	vary 50
base 11	consist 2	form 26	make into 51	rise 42	weigh 66
be related 12	continue 30	found 25	make up 3	scatter 36	widen 37
become 46	correspond 13	grow 47	meet with 17	seem 60	
become/get involved 19	cover 5	improve 52	proceed 31	smell 64	
begin 29	create 24	include 4	raise 43	sound 63	
broaden 38	disappear 59	increase 44	reduce 39	spoil 54	
	discover 21	introduce 27	refer to 8	spread 35	

1	☐ **exist** [ɪgˈzɪst]	existieren bestehen geben	Does God **exist**? ○ The problem no longer **exists**. ○ Half a billion animal species once **existed** on Earth, yet just 2 per cent are alive today. ○ Legal aid **exists** for those who could otherwise not afford it. ○ Unfortunately, fascism and anti-semitism **exist** in all cultures. ○ They are paid hardly enough to **exist on** [davon leben].	4
			■ Not used in the progressive	
2	☐ **consist of** [kənˈsɪst əv]	bestehen aus	The opposition **consisted of** many highly-qualified men and women. ○ *Our class / The group / The club* **consists of** 20 girls and 10 boys. ○ The house **consists of** eight rooms. ○ The sauce **consists of** tomatoes and beef. ○ The poem **consists of** 11 lines.	4
			■ Not used in the progressive	
3	☐ **make up** [ˌmeɪk ˈʌp]	bilden ausmachen	Women **make up** only 40% of the workforce [Arbeiterschaft]. ○ Coloured people **make up** 17 per cent of male prisoners over 21. ○ All food **is made up of** [bestehen aus] hundreds of different substances. ○ The group **was made up of** *doctors / lawyers / volunteers*.	4
			■ Not used in the progressive	
4	☐ **include** [ɪnˈkluːd]	(mit) einschließen, beinhalten, enthalten	The visitors' centre will **include** a theatre, library, shops and exhibition [Ausstellungs-] space. ○ His tasks **include** overseeing the work of more than 100 000 police officers. ○ Is service **included in** the bill? ○ The price of the CD **includes** 15% VAT [Mehrwertsteuer]. ○ I don't **include** [zählen] her **among** my best friends. ○ There'll be eight of us, **including** [einschließlich] Jane and myself.	2
			■ Not used in the progressive	
5	☐ **cover** [ˈkʌvə]	erfassen umfassen	The rights of part-time workers are not **covered** by this contract. ○ My art history course **covers** Dutch painters of the 19th and 20th centuries. ○ The book **covers** the period from 1933 to 1945.	5
6	☐ **maintain** [meɪnˈteɪn]	aufrechterhalten bewahren beibehalten unterhalten	**maintain** *discipline / law and order* ○ **maintain** standards of production ○ **maintain** a high living standard ○ **maintain** [halten] prices ○ **maintain** good personal relations with the US President ○ **maintain** an army ○ They're trying to **maintain** the highest possible academic standards. ○ The car is too expensive to **maintain**. ○ How can he **maintain** [für den Unterhalt aufkommen] a wife and four children on his small salary?	4
7	☐ **concern** [kənˈsɜːn]	betreffen angehen	This complaint doesn't **concern** us. ○ Please inform all students **concerned**. ○ I have no complaints. As far as I'm **concerned**, everything is perfect. ○ He wrote a letter headed 'To whom it may **concern**'. ○ The losses were a tragedy for all **concerned**.	4
			■ Not used in the progressive	
8	☐ **refer to, -rr-** [rɪˈfɜː tuː]	sich beziehen auf	**refer to** a *letter / contract / question / suggestion* ○ The documents **refer to** a secret meeting. ○ Herr Kohl **referred to** [sprechen von] Mr Major **as** 'his good friend'.	3

701A

9	☐ **affect** [əˈfekt]	sich auswirken auf; beeinträchtigen	**affect** *badly / strongly / seriously* ○ The strike will **affect** the price of oil. ○ The change in climate may **affect** our health. ○ Alcohol **affects** drivers' concentration. ○ Motorists living in regions **affected** by snow should drive only when necessary. ○ Jamie was deeply **affected** [mitgenommen] by his parents' divorce. ▪ Don't mix up **affect** (betreffen) with **effect** (Wirkung).	4
10	☐ **apply** [əˈplaɪ]	anwenden gelten	**apply** a law ○ **apply** [ausüben] pressure on sb ○ **apply** double standards [mit zweierlei Maß messen] ○ Does this rule **apply to** *everyone / visitors only*? ○ The rule doesn't **apply to** this case. ○ The same **applies to** …	5
11	☐ **base** [beɪs]	gründen	The Chinese **base** their defence on nuclear weapons. ○ Shakespeare **based** his plays on Plutarch's Lives. ○ What do you **base** your *opinion / argument* **on**? ○ This novel **is based on** [basieren auf] *historical facts / original research / the author's own experience in the Spanish Civil War*.	5
12	☐ **be related** [biː rɪˈleɪtɪd]	verwandt sein	The two languages are *closely / directly* **related**. ○ Is it true that the virus in cows is **related to** a human virus? ○ Walter is **related to** Susan by marriage [verschwägert]. ○ The price of the cost of living is directly **related to** [in Zusammenhang stehen] the price of oil.	4
13	☐ **correspond** [ˌkɒrɪˈspɒnd]	entsprechen	**correspond** *roughly / broadly / closely / exactly* ○ 50° Fahrenheit **corresponds to** 10° Celsius. ○ Not all roads **correspond to** the needs of modern traffic. ○ This political programme does not **correspond to** public anxiety and expectations. ○ Your story doesn't **correspond with** the facts. ○ In part this did **correspond to** the truth. ▪ Not used in the progressive	5
14	☐ **connect** [kəˈnekt]	verbinden; in Verbindung bringen	**connect** a computer **to** a ticket-agency database ○ This road **connects** the two farms. ○ The two towns are **connected** by railway. ○ I've never **connected** her **with** the Mary Glasgow I used to know.	3
15	☐ **reflect** [rɪˈflekt]	(wider)spiegeln	trees **reflected in** *the water / a window* ○ The share price does not **reflect** the true value of the group. ○ The continuing job losses **reflect** fundamental change in the labour market. ○ His poems **reflect** the landscape of the islands. ○ The law **reflects** the needs of the new environmental age. ○ The film **reflects** the tastes of the audience.	4
16	☐ **represent** [ˌreprɪˈzent]	vertreten darstellen (re)präsentieren	**represent** *workers in a strike / the accused in a criminal case / the minority / the majority* ○ **represent** a *turning point / great danger to sb* ○ Men and women were almost equally **represented**. ○ The firm is **represented** by Mr Hall. ○ All six parties are **represented** in parliament. ○ She was **represented as** a hero. ○ The three races **represent** [bilden] 51% of the total ethnic minorities of the country. ○ Why are women so **under-represented** in what looks a very attractive industry?	4
17	☐ **meet with** [ˈmiːt wɪð]	treffen auf stoßen auf haben	**meet with** *anger / protests / criticism / a lot of opposition* ○ The plan to raise taxes **met with** difficulties. ○ Attempts [Versuch] to reduce Europe's butter mountains have **met with** limited success. ○ Her statement was **met with** laughter [rief Gelächter hervor]. ○ The news will be **met with** [aufnehmen] mixed feelings.	5
18	☐ **encounter** [ɪnˈkaʊntə]	stoßen auf treffen auf begegnen	**encounter** *dangers / a lot of opposition / the enemy* ○ only to be **encountered** in fiction ○ She **encountered** many difficulties when she started this job. ○ They **encountered** very little traffic. ○ He **encountered** the manager in the hall.	5
19	☐ **become/get involved** [bɪˌkʌm/get ɪnˈvɒlvd]	verwickelt/hineingezogen werden; sich engagieren, sich beteiligen	**become** *actively / closely / thoroughly / directly* **involved** ○ **become involved in** *a crime / war* ○ **become involved in** *football / a project* ○ avoid **getting involved in** *illegal activities / smuggling* ○ encourage parents to **get involved in** school activities ○ Was it wrong for Britain to **get involved in** that project?	4
20	☐ **invent** [ɪnˈvent]	erfinden sich ausdenken	**invent** *a new type of floppy disk / new tool* ○ **invent** a *story / reason* ○ He **invented** a new method of keeping food fresh at room temperature. ○ Can't you **invent** a better excuse than that?	4

7

21	☐ **discover** [dɪsˈkʌvə]	entdecken herausfinden	**discover** the 'missing link' ○ **discover** *a new continent / an unknown species of insect / a super restaurant* ○ **discover** what's going on ○ She **discovered** the truth about her friends. ○ Mr Martin's grey BMW car was **discovered** parked close to his London flat.	2
22	☐ **cause** [kɔːz]	verursachen	**cause** *bitterness / unhappiness / a disaster / a lot of trouble / a lot of stress* ○ an accident partly **caused** by oil on the road ○ water damage **caused** by fire brigades ○ Smoking may **cause** cancer. ○ They had to cut down the tree that **caused** all the damage. ○ This decision is going to **cause** big problems. ○ The problem of flat [leer] batteries is usually **caused** by motorists leaving on their lights.	2
23	☐ **make** [meɪk]	machen herstellen	**make** *tractors / engines / catalytic convertors / furniture* ○ **make** *tea / coffee* ○ **make** a fair offer ○ **make** a lot of noise ○ **make** a lot of money ○ **make** a table out of wood ○ This cup is **made of** plastic. ○ The computer was **made** in Taiwan. ○ What are the trousers **made of**? ○ He went to Japan to find out how the products were **made**. ○ **handmade** furniture	1
			▲ MAKES – MAKING – MADE – MADE	
24	☐ **create** [kriːˈeɪt]	schaffen erschaffen	**create** *opportunities / problems / a situation where ...* ○ **create** a feeling of sadness ○ **create** *a new political climate / climate for peace / better world / free-trade area* ○ a newly **created** holiday resort ○ The government plans to **create** more jobs. ○ God **created** man with a free will.	3
25	☐ **found** [faʊnd]	gründen errichten	**found** *a club / party / colony / company / settlement* ○ **found** an institution ○ **found** a hospital ○ They **founded** a city on the banks of a river. ○ The school was **founded** in 1919.	1
26	☐ **form** [fɔːm]	bilden gründen sich bilden	**form** a sentence ○ **form** a coalition government ○ **form** [eingehen] a relationship ○ **form** a company ○ Adverbs of manner are often **formed** by adding -ly to an adjective. ○ The dancers **formed** a circle. ○ The river **forms** a natural border with Afghanistan. ○ Adolf Hitler **formed** the Nazi government in Germany in 1933. ○ Ice was **forming** on the lake. ○ Queues **formed** at petrol stations.	4
27	☐ **introduce** [ˌɪntrəˈdjuːs]	einführen	**introduce** new *methods / computer systems* ○ Vets are **introducing** new techniques to broaden the scope [Umfang] of their treatment. ○ A new character is **introduced** in Chapter 3.	3
28	☐ **start** [stɑːt]	beginnen (mit) anfangen (mit)	**start** work ○ **start** a career ○ **start** school [in die Schule kommen] ○ **start** [gründen] *a business / an enterprise* ○ **start** [ins Leben rufen] a project ○ **start** [aufbrechen] *early / before midnight* ○ **start** *on a journey / for the airport / from the hotel* ○ **start** *to rain / raining* ○ *School / The party / The meeting* **starts** at 9 o'clock. ○ We have to **start** now if we want to be there by noon. ○ The fire **started** [ausbrechen] in the kitchen. ○ The car won't **start** [anspringen] on cold days.	2
29	☐ **begin** [bɪˈgɪn]	beginnen (mit) anfangen (mit) starten	**begin** *a search for witnesses / crash program of free market reforms* ○ **begin** an advertising campaing ○ **begin** [ins Leben rufen] a project ○ **begin** *work / to work / working* ○ His night shift **begins** at 9 pm. ○ He **began** his talk *with an apology / by pointing out ...* ○ She **began** school [in die Schule kommen] at five. ○ When does *the trial / the Australian Open / your English class* **begin**? ○ Let's **begin** at page 25. ○ I'm **beginning** to *understand / see your point*. ○ The ceasefire [Feuerpause] will **begin** at midnight local time. ○ The rain had **begun** [einsetzen] again.	2
			▲ BEGINS – BEGINNING – BEGAN – BEGUN	
30	☐ **continue** [kənˈtɪnjuː]	fortsetzen fortfahren (mit) weiter(hin) (tun) weitergehen andauern anhalten	**continue** *a debate / talks* ○ **continue** to *use chemicals / pollute the environment* ○ We will **continue** our *work / studies*. ○ Please **continue**, I didn't mean to interrupt. ○ How can you **continue** to *work / working* with so much noise going on around here? ○ The *case / trial / war* **continued** for some time. ○ Fighting **continued** between Muslims and Croats. ○ Peace talks in Geneva must **continue**. ○ Bad weather will **continue** until the middle of next week. ○ If this rain **continues**, the village will be flooded.	2
31	☐ **proceed** [prəˈsiːd]	verfahren fortfahren weitergehen	**proceed** in a sensible way ○ What's the best way of **proceeding**? ○ The orchestra began with Mendelsohn's famous overture, **proceeded to** Schumann's violin concerto and ended with Schubert's Fourth symphony. ○ We are ready to **proceed with** the next round. ○ The building work was **proceeding** according to plan.	5

701A

32	☐ **renew** [rɪˈnjuː]	erneuern verlängern	**renew** old tyres ○ **renew** a *relationship / friendship* [Freundschaft] ○ **renew** an offer ○ **renew** a *passport / visa / driving licence / work permit / membership* ○ **renew** a peace agreement [Abkommen] ○ **renew** a library book for another week ○ He **renewed** [fortsetzen] his efforts to ... ○ He's afraid that he will not get his contract **renewed**. ○ The light bulb needs **renewing** [ersetzen].	5
33	☐ **last** [lɑːst]	dauern	**last** *for weeks / for a long time / till next month / forever* ○ How long will the *meeting / strike / rain* **last**? ○ The season **lasts from** April **to** September. ○ The war **lasted** almost five years. ○ Her relationship has **lasted** [halten] for many years. ○ I hope the fine weather **lasts** [anhalten] till the weekend.	4
34	☐ **expand** [ɪkˈspænd]	ausweiten expandieren	**expand** *a project / aid activities* ○ **expand** [ausbauen] an article **into** a book ○ The company wants to **expand** in the fast-growing Asian markets. ○ They have greatly **expanded** their foreign trade in recent years. ○ Exports will **expand** [wachsen] by about five per cent.	5
35	☐ **spread** [spred]	ausbreiten sich ausbreiten verbreiten sich ausweiten	**spread** your arms ○ **spread** *a map on the floor / the towels on the sand* ○ The fire started in a baker's shop and **spread** quickly *to the next house / through the whole city*. Don't **spread** the news, it's supposed to be a secret. ○ The farmer **spread** fertilizer over a huge wheat field. ○ Violence, crime and intolerance seem to be **spreading**. ○ If the peace plan fails, the war will **spread** without doubt.	3
			▲ SPREADS – SPREAD – SPREAD	
36	☐ **scatter** [ˈskætə]	streuen verstreuen sich zerstreuen	**scatter** a handful of corn in the cage ○ islands **scattered** across the Pacific Ocean ○ The crowd **scattered** when a bomb exploded. ○ The police **scattered** [auflösen] the crowd. ○ A television had been thrown across the room and books and clothes were **scattered** everywhere. ○ The sudden noise **scattered** [aufscheuchen] the birds.	4
37	☐ **widen** [ˈwaɪdn]	verbreitern erweitern ausweiten	**widen** a mountain track ○ **widen** busy motorways to 14 lanes [Spur] ○ **widen** access to the university ○ **widen** your *horizon / experience* ○ plans to **widen** the list of drugs to be prescribed [rezeptpflichtig] ○ **widen** *a strike / the war* ○ **widen** *relations / business activities*	5
38	☐ **broaden** [ˈbrɔːdn]	verbreitern ausweiten erweitern	**broaden** streets ○ **broaden** links with Europe ○ **broaden** access to markets ○ **broaden** your *skills / knowledge* ○ **broaden** understanding ○ You should **broaden** your *experience / mind / horizon* by travelling more. ○ The road **broadens** [breiter werden] after this bend.	5
			More verbs made from adjectives + -en: **blacken** ○ **deepen** ○ **flatten** ○ **harden** ○ **lengthen** ○ **ripen** ○ **shorten** ○ **soften** ○ **weaken**	
39	☐ **reduce** [rɪˈdjuːs]	reduzieren senken verringern vermindern beschränken	**reduce** sth *drastically / greatly* ○ **reduce** *costs / prices / interest rates* ○ **reduce** *fares / fees* ○ **reduce** unemployment ○ **reduce** crime ○ **reduce** pollution ○ **reduce** the *danger of an attack / risks of stress* ○ **reduce** tensions between Arabs and Jews ○ **reduce** the use of *FCWs / artificial fertilizers* ○ **reduce** public spending [öffentliche Ausgaben]	3
40	☐ **empty** [ˈemptɪ]	leeren ausleeren sich leeren	**empty** *a glass / bottle / can / basket / box* ○ **empty** the waste paper **into** a paper bag ○ He **emptied out** his pockets. ○ The cinema **emptied** quickly at 10.30. ○ The streets **emptied** quickly when the rain started.	3
41	☐ **remain** [rɪˈmeɪn]	bleiben	**remain** *lying / sitting / standing* ○ **remain** *convinced / confident / hopeful* that ... ○ **remain** divided over several central issues ○ His aim **remains** unchanged. ○ Exactly how she died **remains** *unclear / a secret*. ○ The *problems / doubts* **remain**. ○ I can no longer **remain** silent. ○ Much **remains** to be done. ○ In spite of their quarrel they **remained** good friends. ○ The reason for his actions **remained** a puzzle.	2
			■ Not used in the progressive	
42	☐ **rise** [raɪz]	steigen (um) ansteigen	**rise** *dramatically / sharply / strongly / slightly* ○ Prices are likely to **rise** 4 per cent. ○ Industrial production **rose** 0.3 per cent in December. ○ His income will **rise by** 2%. ○ Unemployment continues to **rise** again. ○ The river has **risen** several metres. ○ Company sales rose **from** $19 million in 1994 **to** $37 million in 1995.	2
			▲ RISES – RISING – ROSE – RISEN	

701A

43	☐ **raise** [reɪz]	(hoch)heben erhöhen	**raise** a *heavy box / ship from the bottom of the sea* ○ **raise** your *hands / eyes* ○ **raise** *salaries / wages / income taxes / fares* ○ **raise** *standards / the cost of living* ○ **raise** [erheben] your voice ○ **raise** [ziehen] your hat ○ **raise** [schüren] fears ○ **raise** [wecken] hopes ○ They **raised** their arms in helplessness.	2
44	☐ **increase** [ɪnˈkriːs]	anheben erhöhen ansteigen	**increase** *prices / taxes / fares / rents / wages* ○ **increase** speed ○ **increase** production **by** 10% ○ His salary was **increased by** 5%. ○ Bus fares have **increased** again. ○ The number of deaths from AIDS is **increasing**.	3
45	☐ **absorb** [əbˈzɔːb]	absorbieren aufnehmen	**absorb** *heat / light / water* ○ **absorb** the shock of an earthquake ○ Dry sand **absorbs** water. ○ Trees **absorb** water **from** the soil. ○ Cook for twenty minutes or till the rice [Reis] has **absorbed** all the water. ○ The two villages were **absorbed** by the city [eingemeinden].	5
46	☐ **become** [bɪˈkʌm]	werden	**become** *cold / sour* ○ **become** *happy / mad / silent* ○ **become** *ill / rather deaf* ○ **become** *a vet / lawyer* ○ **become** *president / king at the age of 20* ○ They soon **became** close friends. ○ Married in 1994, he **became a** father last year. ○ The sky **became** cloudy. ○ At last the truth **became** known. ○ What **became of** your brother? ○ When did India **become** a republic? ■ False friend: The English words for German **bekommen** are **receive, get, have**. ■ Not usually used in the progressive ▲ BECOMES – BECOMING – BECAME – BECOME	2
47	☐ **grow** [grəʊ]	werden	**grow** tired ○ **grow** *long(er) / tall(er) / small(er) / weak(er) / strong(er) / fat(ter) / thin(ner) / rich(er)* ○ As he **grew** older he lost interest in everything except fishing. ▲ GROWS – GREW – GROWN	4
48	☐ **turn** [tɜːn]	werden verwandeln	The lights **turned** *yellow / red*. ○ All the leaves of the trees have **turned** [sich (ver)färben] brown. ○ Her hair **turned** white and it took some time before she recovered from the shock. ○ The milk **turned** sour in the heat. ○ The weather has **turned** cold and windy. ○ She **turned** professional after the 1988 Olympic Games. ○ He **turned** 65 last month. ○ The weekend **turned into** a personal disaster. ○ Profits **turned into** a loss. ○ Hope **turned into** anxiety. ○ The witch **turned** the frog **into** a prince. ○ The flood **turned** roads **into** lakes. ○ The experience has **turned** him **into** a sad and bitter man [hat aus ihm ... gemacht].	4
49	☐ **change** [tʃeɪndʒ]	ändern (aus)wechseln wandeln	**change** your *name / address* ○ **change** your *attitude / ideas / position / opinions / plans* ○ **change** a *battery / bulb / tyre* ○ Things have **changed for** the *better / worse* in the past week. ○ Shall we **change** [tauschen] seats?	3
50	☐ **vary** [ˈveərɪ]	ändern variieren schwanken	**vary** your *tactics / route home* ○ **vary** in *size / weight / colour / sex / difficulty* ○ **vary** from *day to day / year to year / one year to the next / country to country* ○ **vary** *greatly / widely / considerably* ○ Opinions **vary on** [auseinander gehen] this point. ○ Prices **vary** *between 20 and 50 dollars / with the seasons*. ○ His mood [Stimmung] **varies** according to the weather. ○ Teachers can keep students' interests by **varying** lessons.	4
51	☐ **make into** [ˈmeɪk ɪntuː]	umwandeln in machen zu	The local cinema has been **made into** a youth club. ○ The bill will now be debated before being **made into** a law. ○ Supporters of terrorism shouldn't be **made into** heroes of television. ○ The play was so successful that it was **made into** a film [verfilmen].	4
52	☐ **improve** [ɪmˈpruːv]	verbessern sich bessern	**improve** a *situation / conditions of work / consumer protection / relations* ○ **improve** your English pronunciation ○ The government will have to **improve** its image to win the next election. ○ His work has greatly **improved**. ○ The situation is **improving** day by day. ○ His health is **improving** slowly.	3
53	☐ **reform** [rɪˈfɔːm]	reformieren	**reform** a law ○ At present many political institutions are being **reformed**.	5
54	☐ **spoil** [spɔɪl]	verderben verschandeln	**spoil** *the fun / the party / a good story* ○ **spoil** a beautiful view ○ **spoil** [vereiteln] *plans / human efforts* ○ Don't **spoil** my dinner by talking about cancer. ○ The film was **spoilt** by the bad sound. ○ Too many cooks **spoil** the broth [Fleischbrühe; hier: Brei]. (proverb)	5

701A

55	☐ **end** [end]	(be)enden	**end** a *speech / conflict / crisis / war* ○ **end** *a meeting after midnight / a play with a song* ○ The argument **ended** in tears. ○ The trial **ended** after 169 days. ○ The contract **ended** [ablaufen] in September.	3
56	☐ **stop, -pp-** [stɒp]	anhalten stoppen aufhören (mit)	**stop** a car at the crossroads ○ **stop** *that noise / the war / payments* ○ **stop** a thief [aufhalten] ○ **stop** *working / talking / raining* ○ Has it **stopped** snowing? ○ We **stopped** to *look at the map / have lunch*. ○ Although we were in a hurry, we **stopped to talk** to him.	1
			■ Don't mix up **stop talking** (aufhören zu reden) with **stop to talk** (anhalten um zu reden).	
57	☐ **cease** [siːs]	(be)enden einstellen aufhören	**cease** *firing / violence* ○ **cease** *military actions / military flights* ○ **cease** production ○ The UN **ceased** all its air operations. ○ Towards midnight the rain **ceased**. ○ The old empire has **ceased** to exist. ○ The company has **ceased** its computer hardware business. ○ Her employer **ceased** paying employer's petrol costs last July.	5
58	☐ **abolish** [əˈbɒlɪʃ]	abschaffen	**abolish** *religious discrimination / privileges* ○ **abolish** *a law / regulation / fee* ○ **abolish** */ an institution / monarchy by the year 2000 / all forms of human poverty* ○ **abolish** capital punishment [Todesstrafe] ○ The Americans **abolished** slavery in 1863.	5
59	☐ **disappear** [ˌdɪsəˈpɪə]	verschwinden	**disappear** *from view / from sight / through the door / behind clouds* ○ **disappear** *slowly / completely* ○ My passport has **disappeared** – it was in my pocket a moment ago. ○ Her anger soon **disappeared**. ○ The problem won't just **disappear**. ○ A search is being carried out for the girl who **disappeared** from home last Saturday.	5
60	☐ **seem** [siːm]	scheinen	**seem** *wrong / strange / a waste of time* ○ It all **seemed** quite simple. ○ The clock **seemed** to be wrong. ○ It **seemed** *like a disaster at that time / as though they would marry after all*. ○ It **seems** ages since I last saw her. ○ There **seems** to have been a mistake. ○ There **seem** to be men who think that women can be taken advantage of [ausnutzen].	2
			■ Not used in the progressive	
61	☐ **appear** [əˈpɪə]	scheinen	It now **appears** certain that Tom didn't get the job. ○ She **appeared** to *be very confident / have resigned / have many friends / have made a big mistake*. ○ Sara never **appears** to know what she wants.	5
			■ Not used in the progressive	
62	☐ **look** [lʊk]	aussehen	**look** *good / bad / interesting / funny / old / different* ○ The place **looked** dirty. ○ **What** does *it / she* **look like**? ○ The watch **looks** more expensive than it is. ○ It **looks like** a good opportunity. ○ It **looks like** *snow / its going to snow*.	3
			■ Note: *Wie sieht es aus?* **What** does it look like?	
			■ Not usually used in the progressive	
63	☐ **sound** [saʊnd]	klingen sich anhören	**sound** *good / bad / great / familiar / different / strange / difficult* ○ It **sounds like** *fun / a good idea / a good thing*. ○ That music **sounds** beautiful. ○ His explanation **sounds** perfectly reasonable.	3
			■ Not usually used in the progressive	
64	☐ **smell** [smel]	riechen stinken	**smell** *good / lovely / wonderful / natural / bad / awful* ○ **smell of** gas ○ His *breath / clothes / feet* **smelled**. ○ Don't eat this fish – it has begun to **smell**.	4
			■ Not usually used in the progressive	
			▲ SMELLS – SMELLED/SMELT – SMELLED/SMELT	
65	☐ **taste** [teɪst]	schmecken	**taste** *good / bad / awful / nice / delicious / sweet / sour / bitter* ○ **taste of** *fish / wine / smoke / soap* ○ This herb **tastes** bitter. ○ What is it? It **tastes like** beef. ○ It doesn't **taste of** anything – it **tastes like** water.	3
			■ Not usually used in the progressive	
66	☐ **weigh** [weɪ]	wiegen	*How much / What* does this letter **weigh**? ○ The satellite **weighs** more than 10 tonnes. ○ The baby **weighed** seven pounds at birth.	2
			■ Not used in the progressive if the weight is given.	

702 Gestalt und Formen

arrow 28	dot 6	original 31	rope 30	stick 29
circle 16	ellipse 17	parallel *adj* 11	round 10	straight 9
column 27	form 3	parallel *n* 8	shape 1	stripe 13
cone 23	hole 25	point 5	shaped 2	triangle 20
cube 24	layout 4	rectangle 18	sphere 21	
cuboid 19	line 7	reproduction 32	square *adj* 12	
cylinder 22	lump 26	ring 15	square *n* 14	

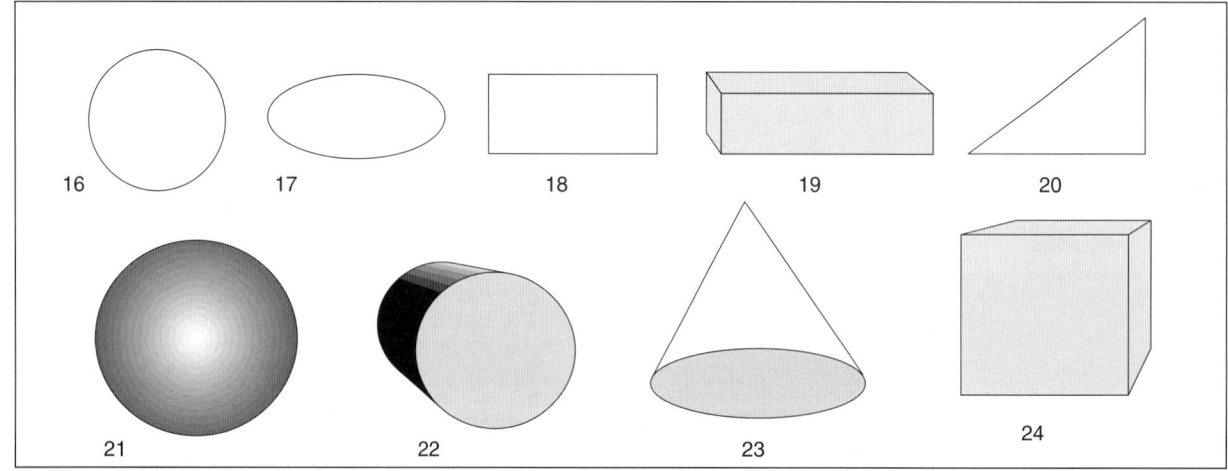

1	☐ **shape** [ʃeɪp]	Form Gestalt	*regular / oval / classic* **shape** ○ trees in all possible **shapes** and sizes ○ *be / stay* in good **shape** ○ get **into** good **shape** ○ The potato keeps its **shape** during cooking. ○ Our plans are beginning to take **shape**.	1
2	☐ **...-shaped** [ʃeɪpt]	...förmig	**heart-shaped** ○ a **bell-shaped** skirt ○ Rugby is played with an **egg-shaped** ball.	4
3	☐ **form** [fɔːm]	Form	the **form** of *a mountain / a poem / an exercise / a government* ○ Many churches are built in the **form** of a cross.	3
4	☐ **layout** [ˈleɪaʊt]	Anlage Anordnung Layout	the **layout** of a city ○ the **layout** of a garden ○ the **layout** [Raumaufteilung] of *a building / an ideal kitchen* ○ use confusing words and unclear **layout** ○ a user-friendly **layout** of a *book / magazine* ○ *design / plan / reorganize* a **layout**	5
5	☐ **point** [pɔɪnt]	Punk	the starting **point** [Ausgangspunkt] ○ / *freezing / melting / boiling* **point** ○ *reach / arrive at* a **point** ○ At that time she'd reached the *high / low* **point** of her career.	1
6	☐ **dot** [dɒt]	Punkt Pünktchen	a white dress with black **dots** ○ The letters 'i', 'j' and 'ö' have **dots** above them. ○ The plane was just a **dot** in the sky. ○ a **dotted** [punktiert] line	5
7	☐ **line** [laɪn]	Linie	a straight **line** ○ the finishing **line** of a race ○ draw a **line** ○ Double yellow **lines** at the side of the road mean 'no parking'. ○ The ball was definitely over the **line**.	3
8	☐ **parallel** [ˈpærəlel]	Parallele	without **parallel** in history ○ The novel contains many such **parallels**. ○ The peculiarities [Eigenheiten] of football do not have **parallels** with tennis or golf. ○ The author draws many **parallels between** nazism and communism.	3
9	☐ **straight** [streɪt]	gerade	a **straight** *road / path* ○ The High Street runs in a **straight** line. ○ The road continues **straight** as an arrow [schnurgerade] for two miles.	8
10	☐ **round** [raʊnd]	rund	a **round** *table / tower / swimming pool* ○ People used to think the earth was flat, not **round**. ○ He had a little **round** face.	1
11	☐ **parallel** [ˈpærəlel]	parallel Parallel-	a **parallel** *line / development* ○ a **parallel** *road / case / computer* ○ The road and the canal run **parallel to** each other. ○ The road runs **parallel with** the railway tunnel.	3

12	☐ **square** [skweə]	quadratisch viereckig	a **square** *table / room* ○ The picture is 20 centimetres **square** [im Quadrat].	1
13	☐ **stripe** [straɪp]	Streifen	a broad white **stripe** ○ wide horizontal **stripes** ○ the **stripes** of a zebra ○ the tiger's **stripes** ○ The plate has a blue **stripe** round its edge. ○ He was wearing a grey suit with narrow black **stripes**.	4
14	☐ **square** [skweə]	Quadrat Feld	draw a **square** ○ The floor is covered with black and white **squares** [Fliese]. ○ How many **squares** are there on a chessboard? ○ We are back to **square** one [da, wo wir angefangen haben].	1
15	☐ **ring** [rɪŋ]	Ring	a *wedding / key* **ring** ○ a boxing **ring** ○ a drugs **ring** ○ He wore a gold **ring** on his little finger. ○ All the children were standing in a **ring** [Kreis]. ○ Six members of the **ring** were accused. ○ **ring**-finger ○ earrings	2
16	☐ **circle** ['sɜːkl]	Kreis	▷ *PIC. 16* a **semi-circle** [Halbkreis] ○ They *stood / sat / walked round / arranged the chairs* in a **circle**. ○ Draw a **circle** in the middle of the paper. ■ False friend: The English word for German **Zirkel** is **(a pair of) compasses**.	2
17	☐ **ellipse** [ɪ'lɪps]	Ellipse	▷ *PIC. 17* Kepler turned Copernicus's circular planetary orbits [kreisförmige Umlaufbahnen] into **ellipses**.	5
18	☐ **rectangle** ['rektæŋgl]	Rechteck	▷ *PIC. 18* the corners of a **rectangle** ○ roll out the dough [Teig] to a 35x50 cm **rectangle** ○ **rectangular** [rechteckig]	4
19	☐ **cuboid** ['kjuːbɔɪd]	Quader	▷ *PIC. 19*	6
20	☐ **triangle** ['traɪæŋgl]	Dreieck	▷ *PIC. 20* the long side of a **triangle** ○ a warning **triangle** ○ a right-angled [rechtwinklig] **triangle** ○ an *equilateral* [gleichseitig] / *isosceles* [gleichschenklig] **triangle** ○ the Bermuda **Triangle**	3
21	☐ **sphere** [sfɪə]	Kugel	▷ *PIC. 21* the surface [Oberfläche] of a **sphere**	5
22	☐ **cylinder** ['sɪlɪndə]	Zylinder	▷ *PIC. 22* a 2.8 litre six-**cylinder** petrol engine ○ a **cylinder** head	4
23	☐ **cone** [kəʊn]	Kegel	▷ *PIC. 23* light **cones**	4
24	☐ **cube** [kjuːb]	Würfel	▷ *PIC. 24* the Rubik **cube** ○ an ice **cube** ○ cut the cheese into four **cubes** ○ Get the sugar **cubes** for the horses, please.	6
25	☐ **hole** [həʊl]	Loch	a *deep / big* **hole** ○ a **hole** in a *fence / roof / road / tooth* ○ dig a **hole** ○ mend [stopfen] a **hole** in a sock	1
26	☐ **lump** [lʌmp]	Klumpen Stück	a shapeless **lump** ○ a **lump** of *sugar / coal* ○ There were some **lumps** in the sauce. ○ Use a fork to break down [zerkleinern] the **lumps** of the soil. ■ False friend: The English word for German **Lump** is **scoundrel**.	3
27	☐ **column** ['kɒləm]	Kolumne Spalte	the centre **column** of a page ○ a comment **column** ○ add up a **column** [Kolonne] of figures ○ The word is in the third **column** from the left.	5
28	☐ **arrow** ['ærəʊ]	Pfeil	*shoot / fire* an **arrow** ○ Just *follow / walk in the direction of* the white **arrows**.	5
29	☐ **stick** [stɪk]	Stock	It's cruel to hit a dog with a **stick**. ○ a **walking stick**	1
30	☐ **rope** [rəʊp]	Seil	a *strong / long* **rope** ○ a dangerously weak **rope** ○ a wire **rope** ○ pull yourself up by a **rope** ○ get a **rope** down to an injured person	3
31	☐ **original** [ə'rɪdʒɪnl]	Original	We don't have the **original** of this poem. ○ The copy is better than the **original**. ○ Could you make a photocopy and give the **original** back to me?	4
32	☐ **reproduction** [ˌriːprə'dʌkʃn]	Reproduktion Nachbildung	a *photographic / video* **reproduction** ○ a **reproduction** of a painting ○ Is the painting an original or a **reproduction**?	5

704 Stoffnamen, Bodenschätze, Materialien, Materialverwendung

aluminium 8	dirt 31	material 22	paint 30	steam 21
aluminum 9	dust 33	metal 6	paper 24	steel 27
ash 34	gas 19	minerals 2	petrol 17	stone 4
cloth 25	glass 26	mixture 23	plastic 28	water 20
coal 5	gold 10	mud 32	rubber 13	wood 12
cotton 14	iron 7	natural resources 1	sand 3	wool 15
diesel 18	leather 29	oil 16	silver 11	

1	☐ **natural resources** [ˌnætʃrəl rɪˈsɔːsɪz]	Bodenschätze	*scarce / limited / irreplaceable* [unersetzbar] **natural resources** ○ a country rich in **natural resources** ○ *use up / exploit* [ausbeuten] ○ waste / protect our **natural resources**		5
2	☐ **minerals** [ˈmɪnərəlz]	Mineralien	contain *important / essential* [wichtig] **minerals** ○ **minerals** ○ Siberia is rich in **minerals**, gold, oil and coal. ○ It is the **minerals** that give mineral water taste. ○ The plant contains iron and other healthy **minerals**. ○ **mineral** salts		5
3	☐ **sand** [sænd]	Sand	*fine / white* **sand** ○ desert **sand** ○ build on **sand** ○ **Sand** is used in the making of glass. ○ Don't *bury / hide* your head in the **sand**. ○ **sand** castles ○ **sand** dunes [Düne]		1
4	☐ **stone** [stəʊn]	Stein	a *round / flat* **stone** ○ drop like a **stone** ○ throw *a / the first* **stone** ○ The dry **stone** wall [Trockenmauer] is made of local **stone**. ○ a **stone** *monument / statue* ○ **stone** *steps / stairs* ○ a house with cool **stone** floors		2
5	☐ **coal** [kəʊl]	Kohle	a sack of **coal** ○ a lump of **coal** ○ electricity from **coal** ○ produce **coal** ○ use **coal** ○ Put some more **coal** on the fire. ○ The electric power station burns **coal**. ○ the **coal** industry ○ a **coal-exporting** country ○ **coal** *mining / miners* ○ **coal-fired** power stations		3
6	☐ **metal** [ˈmetl]	Metall	heavy **metals** ○ scrap **metal** [Schrott] ○ objects made of **metal** ○ How does **metal** react at high temperatures? ○ a **metal** box ○ The talks aimed at ending strikes by **metal** workers.		2
			■ **Metal** is spelt with one l.		
7	☐ **iron** [ˈaɪən]	Eisen, Eisen-, eisern	the modernisation of important branches of industry, such as **iron** and steel ○ **iron** ore [Erz] ○ an **iron** stove ○ huge **iron** gates ○ exports of **iron** and steel products ○ have an **iron** will		2
			■ Do not pronounce the **r** in **iron**.		
8	☐ **aluminium** (BE) [ˌæləˈmɪnɪəm]	Aluminium	methods of recycling **aluminium** ○ an **aluminium** *container / can* ○ **Aluminium** salts are used widely in the food industry.		6
9	☐ **aluminum** (AE) [əˈluːmɪnəm]	Aluminium	The ladder is made from **aluminum**. ○ Recycling **aluminum** cans saves bauxite [Aluminiumerz] and energy.		6
10	☐ **gold** [gəʊld]	Gold, Gold-, golden	pay in **gold** ○ a **gold** *coin / ring / watch* ○ Is this ring made of **gold**? ○ **gold** *dust / mines / buttons* ○ **gold-mining** companies ○ the California **Gold** Rush ○ **Gold** and love affairs are difficult to hide. (proverb)		2
11	☐ **silver** [ˈsɪlvə]	Silber, Silber-, silbern	sell the family **silver** ○ The thieves stole two paintings, a carpet and some valuable [wertvoll] **silver**. ○ **silver** *coins / spoons / dishes* ○ a **silver** medal [Medaillen-] winner		3
12	☐ **wood** [wʊd]	Holz, Holz-	*soft / hard* **wood** ○ *cut / burn* **wood** ○ He picked up a round piece of **wood** floating [treiben] on the water. ○ People cut **wood** here for cooking fires. ○ **wood** floors		1
13	☐ **rubber** [ˈrʌbə]	Gummi, Gummi-	*natural / recycled* **rubber** ○ My legs felt like **rubber** and my knees were shaking. ○ **rubber** *trees / plants* ○ **rubber** *products / tyres / balls / gloves* [Handschuh] ○ The police fired **rubber** bullets to break up the crowd.		3
			■ **Rubber** is an informal American word for German **Kondom**.		
14	☐ **cotton** [ˈkɒtn]	Baumwolle	*plant / grow* **cotton** ○ pick **cotton** ○ wear a cool white **cotton** *shirt / dress* ○ Whenever possible, wear only pure [rein] **cotton** socks.		2

15	☐ **wool** [wʊl]	Wolle Woll-	sheep's **wool** ○ steel **wool** ○ comb **wool** ○ make *blankets / carpets / jackets* from 100% pure [rein] **wool** ○ He wore a suit made from Cornish **wool**. ○ His brown **wool** trousers were too short.	3
16	☐ **oil** [ɔɪl]	Öl Öl-	*machine / motor* **oil** ○ *sunflower / cooking / salad* **oil** ○ a main producer of **oil** and gas ○ an **oil** *worker / field / shortage / price shock* ○ **oil** *production / supply / companies* ○ the **oil** industry ○ At the time of the **oil crisis** there was a 50 mph speed limit. ○ **oil exporting** countries	2
17	☐ **petrol** (BE) [ˈpetrəl]	Benzin Benzin-	raise the price of four-star **petrol** ○ fill a car up with **petrol** ○ We've run out of **petrol**. ○ **petrol** *prices / companies / suppliers* ○ **petrol** *vehicles / engines / fumes* ○ The environment cannot accept **petrol-driven** engines much longer. ■ The American word for German **Benzin** is **gas**, **gasoline**.	2
18	☐ **diesel** [ˈdiːzl]	Diesel Dieselöl Diesel-	**Diesels** create only 10% of a petrol engine's carbon monoxide [Kohlenmonoxid]. ○ The environmental **diesel** is the world's cleanest combustion [Verbrennungs-] engine. ○ the characteristic **diesel** smell ○ By 2013, the petrol- or **diesel-powered** car may be a museum piece.	5
19	☐ **gas** [gæs]	Gas Gas-	natural **gas** [Erdgas] ○ *nerve / tear* **gas** ○ turn *on / off* the **gas** ○ Is your central heating **gas** or electricity? ○ There's a smell of **gas** here. ○ **gas-fired** central heating ○ cook on a **gas cooker**	3
20	☐ **water** [ˈwɔːtə]	Wasser Wasser-	*salt / mineral* **water** ○ **seawater** ○ **bathwater** ○ **rainwater** ○ the quiet **waters** of a lake ○ All rooms have hot and cold running **water**. ○ a **water** shortage	1
21	☐ **steam** [stiːm]	Dampf Dampf-	*produce / let off* **steam** ○ the invention of the **steam engine** in the 18th century ○ The fitness centre has its own sauna and **steam bath**.	3
22	☐ **material** [məˈtɪərɪəl]	Material Stoff	**material** for research purposes [Zweck] ○ deliver **materials** to a building site ○ export nuclear **material** ○ high **raw material** costs ○ The product did not contain as much recycled **material** as was claimed. ○ There should be plenty of organic **material** under each plant to conserve moisture [Feuchtigkeit].	2
23	☐ **mixture** [ˈmɪkstʃə]	Mischung Mixtur	a **mixture** of *H2 and CO / butter and brown sugar* ○ The **mixture** looks like normal milk. ○ This **mixture** is excellent food for indoor plants.	5
24	☐ **paper** [ˈpeɪpə]	Papier Papier-	*typing / writing / drawing / toilet* **paper** ○ a little piece of wax **paper** ○ *official / secret* **papers** ○ recycle **paper** ○ a *brown / recycled* **paper bag** ○ On **paper**, the only legal party in the Soviet Union was the Communist party.	1
25	☐ **cloth** [klɒθ]	Stoff Tuch Lappen	*heavy / light / thick* **cloth** ○ a **table cloth** ○ a **dish cloth** ○ Clean the table with a *wet / soft* **cloth**. ○ Rub the glasses with this **cloth**, please. ○ She needed several metres of **cloth** to make a long dress. ○ a **cloth** bag ○ a **cloth** doll ■ The plural of **cloth** is **cloths**.	3
26	☐ **glass** [glɑːs]	Glas Glas-	a *wine / whisky / beer* **glass** ○ cut **glass** ○ garden plants in the open and under **glass** ○ It's made of **glass**. ○ Let me *fill / refill* your **glass**. ○ He broke two of the **glasses**. ○ a **glass** factory ○ a **glass** *bottle / jar* ○ a **glass** *window / door* ○ He blew beautiful **glass** animals.	1
27	☐ **steel** [stiːl]	Stahl Stahl-	the production of **steel** ○ a bridge made of **steel** ○ Sheffield is a major **steel** town. ○ We didn't used to have **stainless steel** [Edelstahl-] knives. ○ **steel** *industry / companies / workers*	3
28	☐ **plastic** [ˈplæstɪk]	Plastik Plastik- Kunststoff Kunststoff-	a **plastic** raincoat ○ a **plastic** bag ○ a **plastic** *bottle / cup / spoon / knife / plate* ○ a **plastic** toy ○ an **all-plastic** car ○ beer glasses made of recyclable **plastic** ○ **Plastic** is often used instead of leather. ○ Police used tear gas and **plastic** bullets. ○ recycle **plastic** containers	2
29	☐ **leather** [ˈleðə]	Leder	soft **leather** ○ *real / imitation* **leather** ○ **leather** *goods / boots / shoes / jeans / coats / chairs* ○ men's **leather** jackets ○ products made from natural materials, **leather**, and so on ○ He wore black **leather** gloves [Handschuh].	2
30	☐ **paint** [peɪnt]	Farbe	*blue / red* **paint** ○ *wet / dry* **paint** ○ *wall / floor / house / oil-based* **paint** ○ a set of **oil paints** ○ **mix** paints ○ *spread / apply* [auftragen] **paint** ○ The most ignored sign of the 1980s was 'Wet **Paint**'. ○ a can of **paint** ○ a **paint** *pot / brush*	2

31	☐ **dirt** [dɜːt]	Schmutz	suffer noise and **dirt** from open windows ○ Don't sit in the **dirt**, your clothes will get dirty. ○ How can I get the **dirt** off the walls? ○ Her clothes were covered with **dirt**. ○ Grass, **dirt** and dust flew into the air as if a bomb had exploded.	2
32	☐ **mud** [mʌd]	Schlamm	Nile **mud** ○ When he walked over the land his rubber boots sank deep into the **mud**. ○ Her hands, her clothes, her face were covered with **mud**.	4
33	☐ **dust** [dʌst]	Staub	*coal / gold* **dust** ○ a cloud of **dust** ○ indoor pollution from **dust**, smoke, air conditioning or central heating ○ I blew the **dust** off the old book.	3
34	☐ **ash** [æʃ]	Asche	A cloud of volcanic **ash** is spreading across wide areas of the Philippines. ○ **Ashes** [Asche (Überreste)] were all that remained of her books after the fire. ○ The factory burnt to **ashes** [abbrennen] overnight. ○ You're dropping cigarette **ash** on the carpet. ○ **Ash Wednesday** [Aschermittwoch]	3

704A Bezeichnungen für Ereignisse, Zustände, Beziehungen, Vorfälle usw.

action 10	conditions 33	fact 71	milestone 5	reaction 48	standard 40
advantage 64	confusion 26	factor 52	necessity 18	reality 72	step 51
adventure 22	connection 30	fault 53	normality 39	reason 7	structure 29
aim 15	consequence 61	foundation 35	operation 50	reform 66	struggle 49
alternative 46	contrast 45	ideal 69	opportunity 20	relations 31	success 68
background 12	crisis 58	importance 56	order 28	relationship 32	system 27
balance 42	deed 11	impression 75	origin 6	result 63	taboo 77
basis 34	difference 44	influence 13	point 16	revolution 59	trend 14
case 3	difficulty 54	issue 24	possibility 17	risk 25	truth 73
cause 8	disadvantage 65	landmark 4	pressure 57	secret 76	type 37
challenge 47	effect 9	lie 74	problem 55	situation 2	variety 38
chance 19	event 1	limit 36	progress 67	solution 62	vicious circle 60
change 43	experience 21	matter 23	quality 70	stability 41	

1	☐ **event** [ɪ'vent]	Ereignis	a *historic(al) / most important* **event** ○ an *everyday / annual* **event** ○ *dramatic / tragic* **events** [Geschehnisse] ○ special **events** [Veranstaltung], such as parties and fashion shows ○ an **event** *takes place / can change the course of history / can lead to a war* ○ The ball was the social **event** of the season. ○ It's easy to be wise after the **event**. (proverb)	4
2	☐ **situation** [ˌsɪtʃʊ'eɪʃn]	Situation Lage	a *critical / hopeless* **situation** ○ an unusual **situation** ○ the *political / international / economic* **situation** ○ a crisis **situation** ○ *get into / find yourself in / improve / get out of / avoid* a difficult **situation** ○ My friend is in a very dangerous **situation** at the moment. ○ The police lost control of the **situation**. ○ In your **situation** I would have done the same thing.	3
3	☐ **case** [keɪs]	Fall	a tragic **case** ○ a *bad / classic* **case** of ... ○ a test **case** ○ *lose / win* your **case** [Prozess] ○ Michelangelo is a very special **case** among artists. ○ The report is based on only a single **case**. ○ The police are working on this **case**. ○ It's a clear **case** of murder.	2
4	☐ **landmark** ['lændmɑːk]	Wahrzeichen Meilenstein	a famous **landmark** ○ become a national historic **landmark** ○ This meeting was a **landmark** in the history of democracy. ○ a **landmark** [wegweisend] *agreement / decision*	5
5	☐ **milestone** ['maɪlstəʊn]	Meilenstein	The invention of the wheel was a **milestone** in human history. ○ The agreement was a **milestone** in the Soviet-American relations.	6
6	☐ **origin** ['ɒrɪdʒɪn]	Herkunft Entstehung Ursprung	of *unknown / mysterious* **origin** ○ students of French **origin** ○ an electric foot-warmer of Swedish **origin** ○ the particular circumstances that led to the **origin** of *life on earth / our solar system* ○ They were forced to return to their country of **origin**. ○ The unrest has its **origin** in economic problems. ○ The **origin** of the word 'donkey' is still unknown.	4
7	☐ **reason** ['riːzn]	Grund Begründung	the *main / first / only / real* **reason** ○ a *very good / strong / particular* **reason** ○ **for** some unknown **reason** ○ *give / know / find* a **reason** ○ have **reason** to believe that ... ○ **for reasons** of *health / economy / security* ○ Give me your **reasons for** refusing the invitation. ○ He's retiring **for** *health / personal* **reasons**. ○ No official **reason** has been given **for** its action.	2

8	☐ **cause** [kɔːz]	Ursache Grund	the most likely **cause** of *the disaster / cancer* ○ the relationship between **cause** and effect ○ identify the **cause** of a problem ○ What was the **cause** of the accident? ○ The true **cause** of death was not known. ○ Don't complain without **cause**. ○ There's no **cause for** anxiety.	3
9	☐ **effect** [ɪˈfekt]	Wirkung Auswirkung	a *positive / magical / negative / damaging / harmful* **effect** ○ the connection between cause and **effect** ○ have the *intended / opposite* **effect** ○ have *little / no direct* **effect** ○ produce a certain **effect** ▪ Don't mix up **effect** (Wirkung) with **affect** (betreffen).	4
10	☐ **action** [ˈækʃn]	Handlung Handeln Tat	The novel is too long and there's too much talk and too little **action**. ○ The time has come for **action**. ○ The **actions** of a fool cannot be foreseen. ○ **Actions** speak louder than words. ○ Her quick **action** [Eingreifen] saved his life. ▪ False friend: The English word for German **Aktion** is **campaign**.	2
11	☐ **deed** [diːd]	Tat	a *good / brave / heroic / dirty* **deed** ○ *do / accomplish* great **deeds** ○ **in word and deed** ○ be responsible for a **deed** ○ His **deeds** strongly contrast with his promises.	3
12	☐ **background** [ˈbækɡraʊnd]	Hintergrund Herkunft	her *religious / ethnic / social* **background** ○ his academic **background** [Werdegang] ○ a working-class family **background** ○ *be / stand / stay* in the **background** ○ Can you see the two boats in the **background**? ○ He used a village as the **background** [Folie] for his novel. ○ **background** *music / noise* ○ *need / ask for / provide* **background** information	4
13	☐ **influence** [ˈɪnfluəns]	Einfluss	a *good / bad / strong / powerful / negative / positive* **influence** ○ a politician of *some / little / no / great* **influence** ○ *be / have* a great **influence on** sb ○ He used his **influence** to frustrate us. ○ He has a powerful **influence over** the banks. ○ You shouldn't drive **under the influence** of alcohol. ○ *environmental / cultural* **influences**	3
14	☐ **trend** [trend]	Tendenz Trend	*a new / the recent / the latest* **trend** ○ a *general / growing* **trend** ○ a *dangerous / disturbing* **trend** ○ an *upward / a downward* **trend** ○ a **trend towards** more exercise and healthier lifestyles ○ *create / set / start* a **trend**	5
15	☐ **aim** [eɪm]	Ziel	She's achieved her **aim**. ○ Their **aim** was to put people in fear. ○ Assad's behaviour is motivated by one **aim** – the return [Rückgabe] of the Golan Heights. ○ The government's main **aim** has been economic reform.	5
16	☐ **point** [pɔɪnt]	Sinn Zweck	There's no **point in** complaining. ○ There's not much **point in** thinking about that now. ○ There isn't *much / any* **point in** waiting any longer. ○ Is there any **point in** having the old bike repaired? ▪ No infinitive after **point**. Use in + ing-form.	4
17	☐ **possibility** [ˌpɒsəˈbɪləti]	Möglichkeit	a *strong / real / distinct* [klar] */ theoretical* **possibility** ○ Is there a **possibility** that we'll see you this weekend? ○ We're considering the **possibility of** doing the job ourselves. ○ One **possibility** would be for you to come later. ▪ No infinitive after **possibility**. Use of + ing-form.	4
18	☐ **necessity** [nɪˈsesəti]	Notwendigkeit Not	a *political / a military / an economic* **necessity** ○ For this job a knowledge of English is a **necessity**. ○ Many young people leave home not by choice but **by necessity**. ○ **Necessity** is the mother of invention. (proverb)	4
19	☐ **chance** [tʃɑːns]	Gelegenheit Chance	a *good / real / fair / slight / slim* [gering] **chance** ○ a 95% chance ○ *no / not much* **chance of** winning ○ the *only / best* **chance of** success ○ the last **chance for** peace ○ What he promised seemed the **chance of** a lifetime. ○ He didn't get *a second / another* **chance** to set things right. ○ There's a **chance** that he'll succeed.	2
20	☐ **opportunity** [ˌɒpəˈtjuːnəti]	Gelegenheit Chance Möglichkeit	a *good / great / unique* [einzigartig] */ rare* **opportunity** ○ an excellent **opportunity** ○ miss a golden **opportunity** ○ be *offered / given* an historic **opportunity** ○ It has been a lost **opportunity**. ○ If you go to the USA you should take the **opportunity of** visiting Washington.	3
21	☐ **experience** [ɪkˈspɪəriəns]	Erfahrung Erlebnis	a painful **experience** ○ an *interesting / unusual* **experience** ○ an *everyday / unforgettable* **experience** ○ quite an **experience** ○ driving **experience** ○ *acquire / have enough / have the necessary* **experience** ○ *know from your own / learn from bitter* **experience** ○ She spoke **from** personal **experience**.	3

7

704A

22	☐ **adventure** [əd'ventʃə]	Abenteuer	a *great / real / real-life* **adventure** ○ an exciting **adventure** ○ middle-aged people with a limited *love / sense / spirit* of **adventure** ○ It was quite an **adventure** to cross the desert. ○ **adventure** *stories / films / playgrounds* ○ **Adventure** holiday camps are very popular.	2
23	☐ **matter** ['mætə]	Angelegenheit Frage Sache	a serious **matter** ○ an important **matter** ○ a **matter** of taste ○ It seems only a **matter** of time before he resigns. ○ The **matter** is now in the hands of ... ○ This **matter** interests all of us who are concerned about pollution.	3
24	☐ **issue** ['ɪʃuː, 'ɪsjuː]	Frage Angelegenheit Problem	a *central / major / burning / critical / sensitive / fundamental* **issue** ○ *moral / social* **issues** ○ a meeting on women's **issues** ○ *face / avoid / discuss / debate* an **issue** ○ raise the central **issue** of independence ○ Crime is a big **issue**.	4
25	☐ **risk** [rɪsk]	Risiko Gefahr	a *high / low* **risk** ○ *take / run* a **risk** ○ involve some **risk** ○ reduce the **risk** of war ○ run the **risk of** *losing all your money / losing your job / being arrested* ○ represent a **security risk** ○ It's too much of a **risk**. ○ He's prepared to take more **risk**. ○ There's no **risk** of infection. ○ I must tell him the truth **at the risk of** hurting his feelings. ○ a **risk** *factor / sport*	4
26	☐ **confusion** [kən'fjuːʒn]	Verwirrung Durcheinander	*complete / considerable* **confusion** ○ in the general **confusion** ○ *cause / create / avoid* **confusion** ○ There was much confusion over ... ○ The unexpected visitor threw us into total **confusion**. ○ There has been some **confusion** [Verwechslung] of names.	4
27	☐ **system** ['sɪstəm]	System	*political / legal / economic* **systems** ○ a *government / multi-party* **system** ○ the new voting **system** ○ the social security **system** ○ the school **system** ○ the *immune / nervous* **system** ○ a *brake / heating* **system** ○ the *railway / motorway* **system** [Netz] ○ the transport **system** [Verkehrswesen] ○ *special / reliable* computer **systems** for the disabled	3
28	☐ **order** ['ɔːdə]	Ordnung Stellung Reihenfolge	*keep / maintain / restore* **order** ○ the normal word **order** ○ *put / get* your house **in order** ○ The names were listed in alphabetical **order**. ○ Everything is in *good / the wrong* **order**.	4
29	☐ **structure** ['strʌktʃə]	Struktur	the *financial / political / price / tax / wage* **structure** ○ major changes in the economic **structure** of a city ○ create a **structure** ○ They discussed plans for a new security **structure** in the Middle East.	4
30	☐ **connection** [kə'nekʃn]	Verbindung Zusammenhang Beziehung	a *direct / strong* **connection** ○ a close **connection between** fear and laughter ○ *business / family* **connections** ○ He began life wealthy and with good **connections**. ○ He denied any professional **connection with** Davies. ○ He was wanted **in connection with** a firebomb attack.	3
31	☐ **relations** [rɪ'leɪʃnz]	Beziehungen	*normal / good / friendly / close / excellent* **relations** ○ *East-West / Anglo-German / international / trade / economic / political / foreign* **relations** ○ **relations between** the two countries ○ improve **relations with** France ○ *have / break off* diplomatic **relations** ○ **Relations** were icy. ○ They have good working **relations with** the government.	3
32	☐ **relationship** [rɪ'leɪʃnʃɪp]	Beziehung	a *close / special / lasting* **relationship** ○ a *personal / father-son / mother-daughter / doctor-patient* **relationship** ○ an unhappy **relationship** ○ a **relationship between** industry and trade ○ *have / form / develop / change / break off / end* a **relationship**	4
33	☐ **conditions** [kən'dɪʃnz]	Verhältnisse Bedingungen Umstände	*normal / favourable / perfect / difficult / special* **conditions** ○ *weather* **conditions** ○ *business / market* **conditions** ○ *working / living* **conditions** ○ **under** *certain / the right / present* **conditions** ○ *create / improve* **conditions** ○ promise better **conditions** ○ demand strict **conditions** for ... ○ fight the social and economic **conditions** in the ghettos ○ work **under** difficult **conditions** ○ **conditions were** ideal for ...	4
34	☐ **basis**, pl. **bases** ['beɪsɪs, 'beɪsiːz]	Grundlage Basis Fundament	the scientific **basis** of global warming ○ a good basis **on** which to work ○ *be / become* the **basis** for ... ○ *form / provide* the **basis** for ... ○ She works for us **on a** part-time **basis**. ○ They provide their services **on a** voluntary **basis**. ○ Partnerships work **on the basis of** individual relationships.	5
35	☐ **foundation** [faʊn'deɪʃn]	Fundament Grundlage Stiftung	a solid **foundation** ○ the Rockefeller **Foundation** in New York ○ lay a **foundation** ○ The **foundations** of the building have sunk. ○ The resolution was without legal **foundation**. ○ lay a **foundation stone** [Grundstein]	4

36	☐ **limit** ['lɪmɪt]	Grenze Beschränkung	an age **limit** ○ the **limits** of human knowledge ○ **break** / **drive over** / **drive below** / the speed **limit** ○ There's no **limit to** what you can do if you try. ○ I'm willing to help – within **limits**. ○ Is there any **limit to** the amount of time we have? ○ A strict time **limit** should be set.	3
37	☐ **type** [taɪp]	Art Typ Sorte	a different **type** of religion ○ a new **type** of training ○ a particular **type** of soil ○ This is the assembly-line **type** of work which could easily be done by machine or robot. ○ The series is attracting a new **type** of viewer.	3
38	☐ **variety** [vəˈraɪətɪ]	Auswahl	a wide **variety** of products ○ a great **variety of** fruits ○ **a variety of** [die verschiedensten] *colours / different views / interests* ○ Children can fail to grow for **a variety of** reasons. ○ The girls come from **a variety of** different backgrounds.	4
39	☐ **normality** [nɔːˈmælətɪ]	Normalität	maintain an air [Anschein] of normality ○ return to **normality** after years of violence ○ Signs of a return to financial **normality** were nowhere to be seen.	4
40	☐ **standard** [ˈstændəd]	Niveau Standard	a *high* / *low* **standard** ○ educational **standards** ○ *raise* / *maintain* **standards** ○ apply **standards** [Maßstäbe] of morality to politicians ○ CD drives are becoming **standard** on home PCs.	4
41	☐ **stability** [stəˈbɪlətɪ]	Stabilität	price **stability** ○ give **stability** to a leaderless nation ○ After so much change since 1989 we need a period of **stability**. ○ *political* / *social* / *economic* **instability** ○ a source of **instability**	5
42	☐ **balance** [ˈbæləns]	Gleichgewicht	military **balance** ○ lose your **balance** ○ the balance of **power** in Europe ○ They need more **balance** [Ausgeglichenheit] in their lives.	5
43	☐ **change** [tʃeɪndʒ]	(Ver-)Änderung Wechsel Umstellung	a *great* / *small* / *slight* / *welcome* / *necessary* / *radical* / *sudden* / *rapid* / *quick* **change** ○ a climate **change** ○ a **change in** the weather ○ a **change** of *job* / *career* ○ a **change** *is expected* / *happens* / *takes place* ○ It's a **change for** the better. ○ Can't you be quiet **for a change** [zur Abwechslung]? ○ The opposition is demanding a **change in** the government's economic policies.	2
44	☐ **difference** [ˈdɪfrəns]	Unterschied	a *big* / *great* / *small* / *minor* / *slight* **difference** ○ the only real **difference** ○ religious **differences** [Differenzen] ○ the price **difference** ○ a **difference** *in price* / *between summer and winter* ○ a **difference** of opinion [Meinungsverschiedenheit] ○ It makes *little* / *not much* **difference**.	2
45	☐ **contrast** [ˈkɒntrɑːst]	Gegensatz Kontrast	a *complete* / *sharp* **contrast** ○ **in** direct **contrast to** ○ She's a complete **contrast to** [ganz anders als] her sister. ○ His house in the country is a total **contrast to** his flat in the city. ○ **In contrast to** me Bill enjoys garden work. ■ The noun **contrast** is stressed on the first syllable ['- -].	4
46	☐ **alternative** [ɔːlˈtɜːnətɪv]	Alternative alternativ Alternativ-	a sensible **alternative** ○ *propose* / *provide* / *offer* an **alternative** ○ Do we have an **alternative** in this case? ○ There was now no **alternative to** painful and radical change. ○ They just had to find an **alternative**, a way out. ○ **alternative** *life-styles* / *medicine* / *energy sources* / *plans* / *proposals*	5
47	☐ **challenge** [ˈtʃælɪndʒ]	Herausforderung	a *new* / *real* / *serious* **challenge** ○ *face* / *accept* a strong **challenge to** radical reform plans ○ Perhaps the *biggest* / *greatest* **challenge** is yet to come. ○ He accepted his friend's **challenge** to swim across the lake. ○ Environmental protection is one of the main **challenges** the new government is faced with. ○ This was a **challenge** she could not refuse.	5
48	☐ **reaction** [rɪˈækʃn]	Reaktion	a *natural* / *sensible* / *surprising* / *deeply human* **reaction** ○ a public **reaction** ○ an *extreme* / *unexpected* / *official* **reaction** ○ a *chemical* / *nuclear* **reaction** ○ a *panic* / *chain* **reaction** ○ a **reaction to** a proposal ○ show *little* / *no* **reaction** ○ cause an allergic **reaction** ○ **Reaction** has become **over-reaction**. ○ the rapid **reaction** force [schnelle Eingreiftruppe]	4
49	☐ **struggle** [ˈstrʌgl]	Kampf	a *bitter* / *violent* / *long* / *endless* **struggle** ○ the armed **struggle** ○ the *power* / *class* **struggle** ○ a **struggle for** *power* / *equal pay* / *equality* / *women's rights* ○ a **struggle against** *crime* / *violence* / *poverty* ○ a painful **struggle with** cancer ○ a **struggle between** parties and groups	3

704A

50	☐ **operation** [ˌɒpəˈreɪʃn]	Unternehmen Operation	a *manufacturing / an electronics* **operation** ○ a *fast-food / transport-equipment* **operation** ○ a *search / rescue* **operation** ○ a *secret / police* **operation** ○ a *military / peacekeeping / peacemaking* **operation** ○ His **operation** is now so successful that he's planning to open another shop.	4
51	☐ **step** [step]	Schritt Stufe	a *big / giant / small / careful / difficult / risky / dangerous* **step** ○ the *first / next* **step** ○ **step** by **step** ○ a **step** in the *right / wrong* direction ○ an important **step** *forward / toward a more peaceful world* ○ *plan / consider* further **steps** ○ We heard **steps** outside. ○ There are 100 **steps** to the top of the tower.	2
52	☐ **factor** [ˈfæktə]	Faktor Umstand Punkt	a *relevant / deciding / critical* [entscheidend] */ key* **factor** ○ a *sun protection / safety* **factor** ○ The result will depend on a number of **factors**. ○ Burning is an important *risk* **factor** in the development of skin cancer.	5
53	☐ **fault** [fɔːlt]	Fehler Defekt Schuld	a *serious / a hidden / an obvious* **fault** ○ a *technical* **fault** ○ *know / see / recognize / admit* your **faults** ○ He's blind to her **faults**. ○ John produced six double **faults**. ○ I feel it is all my **fault**. ○ The accident wasn't my **fault**. ○ An electrical **fault** was believed to have caused the fire.	3
54	☐ **difficulty** [ˈdɪfɪkəltɪ]	Schwierigkeit	*great / serious / special / economic / financial* **difficulties** ○ the root of the **difficulty** ○ *cause / create* **difficulties** ○ *face* **difficulties** ○ *lead to endless* **difficulties** ○ The **difficulty** consists in the fact that ... ○ He had *much / little / no* **difficulty** (in) thinking up an excuse. ○ She climbed up the stairs *with / without* **difficulty**.	3
55	☐ **problem** [ˈprɒbləm]	Problem	a *serious / big / difficult / particular / similar* **problem** ○ *social / economic* **problems** ○ *personal / emotional* **problems** ○ *health / heart* **problems** ○ *cause / create / avoid / have* a **problem** ○ *discuss / deal with / solve* a **problem** ○ *get to the root of the* **problem** ○ Let's find *an answer / a peaceful solution* to our **problems**.	2
56	☐ **importance** [ɪmˈpɔːtns]	Wichtigkeit Bedeutung	of *great / little / no* **importance** ○ of *political / global* **importance** ○ understand the **importance** of partnership ○ They discussed matters of international **importance**. ○ Now that it is united, Germany's political and economic **importance** increases.	2
57	☐ **pressure** [ˈpreʃə]	Druck Zwang	*growing / high / low* **pressure** ○ *public / political* **pressure** ○ *air* **pressure** ○ *raised blood* **pressure** ○ **pressure** from the media ○ *reduce* **pressure** ○ *keep the* **pressure** *on* sb ○ *be / come* **under pressure** ○ *escape the* **pressure** ○ I don't want to put **pressure on** you to make a decision.	4
58	☐ **crisis**, pl. **crises** [ˈkraɪsɪs, ˈkraɪsiːz]	Krise Krisen-	a *political / constitutional / government / financial* **crisis** ○ a **crisis** in the country's economy ○ *cause / lead to / come to / reach* a **crisis** ○ *remain calm / stay calm / be cool* in a **crisis** ○ They expressed relief that the **crisis** was over. ○ develop an **anti-crisis** programme ○ a **crisis** *centre / meeting*	4
59	☐ **revolution** [ˌrevəˈluːʃn]	Revolution	a *political / technological* **revolution** ○ an *industrial / economic* **revolution** ○ a *palace* **revolution** ○ The third social **revolution** is the one we're going through at the moment. ○ He was persecuted during the cultural **revolution**.	3
60	☐ **vicious circle** [ˌvɪʃəs ˈsɜːkl]	Teufelskreis	*be trapped in / be locked in / break out of* a **vicious circle** ○ The problems could turn into a **vicious circle**. ○ There's only one way to break this **vicious circle**.	6
61	☐ **consequence** [ˈkɒnsɪkwəns]	Folge Konsequenz	*serious / practical / unexpected / far-reaching* **consequences** ○ We must *face / accept / take* the **consequences**. ○ They seem to be blind to **consequences**. ○ Who will share responsibility for the **consequences**?	4
62	☐ **solution** [səˈluːʃn]	Lösung	a *peaceful / simple / practical / satisfactory / just* **solution** ○ a **solution** to a racial conflict ○ a **solution** [Auflösung] to a crossword puzzle ○ *find / work out* a **solution** ○ It was *a perfect / the only sensible* **solution to** the problem. ○ There's some progress towards the **solution** of the problem.	4
63	☐ **result** [rɪˈzʌlt]	Ergebnis Resultat	*good / excellent / brilliant / bad / poor* **results** ○ a *surprising / reliable* **result** ○ the *logical / necessary* **result** ○ the **result** of a long search ○ *achieve / begin to show* a good **result** ○ expect a clearly better **result** for 1999 ○ be pretty satisfied with the **result** ○ The pupils questioned the teacher about the test **results**. ○ He refused to take his medicine and, **as a result** [die Folge war, dass], he became seriously ill.	2

260

64	☐ **advantage** [əd'vɑ:ntɪdʒ]	Vorteil	a *clear / big* **advantage** ◦ the **advantages** in being self-employed ◦ take **advantage** of [(aus)nutzen] *low production costs / falling interest rates / an offer / sb's weakness* ◦ It's **to** your **advantage**.	3
65	☐ **disadvantage** [ˌdɪsəd'vɑ:ntɪdʒ]	Nachteil	a financial **disadvantage** ◦ Only 5% of homeworkers describe low income as the main **disadvantage** of their employment. ◦ Many women believe they are **at a disadvantage** because they work part-time. ◦ Peace must not be a source of advantage or **disadvantage** for anyone ◦ It would be **to** your **disadvantage** to buy the car.	3
66	☐ **reform** [rɪ'fɔ:m]	Reform Reform-	a radical **reform** ◦ a *democratic / political* **reform** ◦ *tax / law* **reform** ◦ *health(-care)* **reform** ◦ a **reform** of *British education / an unfair salary structure* ◦ support an economic **reform** ◦ There's a need for the **reform** of the divorce laws. ◦ a **reform** *effort / proposal / programme / plan*	4
67	☐ **progress** ['prəʊgres]	Fortschritt(e)	*much / little / good / satisfactory / great / unexpected / unbelievable / fast / painfully slow* **progress** ◦ *economic / scientific / technical* **progress** ◦ make **progress** in *medicine / technology / solving the problems of air pollution* ◦ achieve **progress** ◦ hold up **progress** ◦ hold **progress** back ■ **Progress** is an uncountable noun and can only be used in the singular. Example: *Bisher haben sie (nur)* **kleine Fortschritte** *erzielt.* They have made **little progress** so far.	3
68	☐ **success** [sək'ses]	Erfolg	a *big / huge / brilliant / total* **success** ◦ *first / early* **successes** ◦ a surprise **success** ◦ the *key / ladder* to **success** ◦ have a *real / reasonable* chance of **success** ◦ Personal economic **success** is not a social crime. ◦ She has already enjoyed big **success** in America. ◦ They were surprised at the **success** she had achieved. ◦ Nothing succeeds like **success**. (proverb) ◦ a **success story**	3
69	☐ **ideal** [aɪ'dɪəl]	Ideal	*high / noble* **ideals** ◦ the democratic **ideal** of government ◦ a woman of high **ideals** ◦ share the same values and **ideals** ◦ Abalkin said that the socialist **ideals** that inspired the 1917 revolution had lost their appeal.	5
70	☐ **quality** ['kwɒlətɪ]	Qualität Qualitäts-	of *excellent / fine / good / high / low / poor / cheap* **quality** ◦ water **quality** ◦ This company is more concerned with **quality** than with quantity [Quantität]. ◦ The Times is a **quality** paper. ◦ **high-quality** [hochwertig] Swiss chocolate ◦ The consumer must be protected against **poor-quality** [minderwertig] goods. ◦ **quality** *control / standards* **quality** furniture	3
71	☐ **fact** [fækt]	Tatsache	It's a *basic / scientific / well-known / historic* **fact** that ... ◦ *check / ignore* relevant **facts** ◦ face the **facts** ◦ The argument is built on **facts**. ◦ **Facts** speak louder than words. (proverb)	2
72	☐ **reality** [rɪ'ælətɪ]	Realität Wirklichkeit	the *hard / harsh* [rau] */ horrible* **reality** ◦ *face / accept / ignore* **reality** ◦ become (a) **reality** ◦ lose touch with economic **reality** ◦ He's been trying to escape from **reality** by taking drugs. ◦ The full **reality** is not as bad as he claims / can be seen everywhere.	4
73	☐ **truth** [tru:θ]	Wahrheit	the *simple / awful / bitter* **truth** ◦ *find / face* the **truth** ◦ The full **truth** will never be known. ◦ Nothing could be further from the **truth**. ◦ Why won't he tell the **truth**, the whole **truth** and nothing but the **truth**?	3
74	☐ **lie** [laɪ]	Lüge	tell a **white lie** [Notlüge] ◦ He told a **lie** for fear of *being punished / the consequences*. ◦ That's a big **lie**. ◦ I've never told you a **lie**. ◦ take a **lie detector** test	4
75	☐ **impression** [ɪm'preʃn]	Eindruck	a *strong / lasting / false* **impression** ◦ leave a deep **impression** on sb ◦ get the wrong **impression** ◦ My personal **impression** was that ... ◦ He made a good **impression** *in the interview / on the customers*. ◦ He gives the **impression** of being a hard worker. ◦ Everyone was **under** the **impression** he made too much money.	4
76	☐ **secret** ['si:krət]	Geheimnis	a *dark / a well-kept / an open* **secret** ◦ a state **secret** ◦ the **secret** of success ◦ *keep / reveal* a **secret** ◦ It's probably the world's best-kept **secret**. ◦ Finally the **secret** was out. ◦ Can I rely on you to keep a **secret**?	2
77	☐ **taboo** [tə'bu:]	Tabu	break a 50-year **taboo** ◦ Death is always said to be the last **taboo**. ◦ There are certain **taboo** areas.	6

709 Bezeichnungen für Orte und Gebiete

abroad 17	district 10	neighbourhood 11	regional 8	zone 6
area 5	inland 16	place *n* 1	scene 3	
central 14	interior 15	place *v* 2	sector 9	
centre 13	local 12	region 7	site 4	

1	☐ **place** [pleɪs]	Platz Ort Stelle	go back to your **place** ○ If you arrive first, can you keep a **place** for me? ○ change **places** ○ You ought to keep the medicine in a safe **place**. ○ I can't be in two **places** at the same time. ○ Let's meet at my **place** [bei mir].	1
2	☐ **place** [pleɪs]	stellen legen einordnen	He **placed** the book on the shelf. ○ He was **placed** under house arrest. ○ A bomb had been **placed** under the seat. ○ I know *her face / I've met her*. But I can't quite **place** her. ○ the **best-placed** [bestplaziert] team	3
3	☐ **scene** [siːn]	Schauplatz Ort Szene	the **scene** of the *accident / explosion* ○ the first **scene** of the third act ○ The police arrived on the **scene** of the crime [Tatort] two hours later. ○ They went abroad for a change of **scene** [Tapetenwechsel].	3
4	☐ **site** [saɪt]	Stelle Stätte	a building **site** ○ the **site** of a famous battle ○ Ten minutes later an ambulance arrived at the **site** of the plane crash. ○ The managers discussed a possible **site** [Baugelände] for new office buildings. ○ We live fifty miles from a nuclear test **site** [Gelände].	3
5	☐ **area** ['eərɪə]	Gebiet Viertel	a *small / large* **area** ○ the **area** around the Parliament ○ the *business / working-class* **area** of a big city ○ the non-smoking **area** [Zone] of a plane ○ We'd be glad to see you when you're in the **area** [Gegend].	3
6	☐ **zone** [zəʊn]	Zone Gebiet	a danger **zone** ○ a no-parking **zone** ○ a 30 kilometres speed **zone** ○ a *frontier / war* **zone** ○ a *nuclear-free / free trade* **zone** ○ the European time **zone** ○ The area is an earthquake **zone**.	5
7	☐ **region** ['riːdʒn]	Gebiet Region	a border **region** ○ a *desert / forest / polar* **region** ○ a fast-growing **region** ○ an *unpopulated / unexplored* **region** ○ the *Arctic / Pacific* **region** ○ the poor **regions** of the world	4
8	☐ **regional** ['riːdʒənl]	regional	a **regional** conflict ○ **regional** television ○ **regional** differences in house prices ○ a 75-seat **regional** parliament	5
9	☐ **sector** ['sektə]	Sektor Bereich	the public **sector** ○ the *banking / sports* **sector** ○ the job-creating small business **sector** ○ move into the private **sector** [Privatwirtschaft] ○ In the financial **sector** some progress has been made.	5
10	☐ **district** ['dɪstrɪkt]	Viertel Gebiet Bezirk Distrikt	Shanghai's new financial **district** ○ a *shopping / business* **district** ○ an almost inaccessible mountainous **district** of North Island ○ the postal **district** [Zustellbezirk] of a town ○ He comes from a poor **district** in a big city. ○ She lives in a sensitive border **district**.	3
11	☐ **neighbourhood** ['neɪbəhʊd]	Viertel Gegend Nachbarschaft	a *Catholic / poor / violent inner-city* **neighbourhood** ○ a *quiet / nice / rundown* **neighbourhood** ○ kids from the **neighbourhood** ○ She lives in a **neighbourhood** which is unsafe after dark. ○ **neighbourhood** support ○ have friendly **neighbourhood** street parties	4
12	☐ **local** ['ləʊkl]	Orts- Lokal- hiesig dortig örtlich	the **local** hospital ○ a guide with **local** knowledge ○ **local** *politics / history* ○ a **local** paper ○ the **local** football club ○ a **local** bus [Stadtbus] ○ Holidaymakers ought to be sensitive to **local** customs. ○ The police have a poor relationship with the **local** people [Einheimische]. ○ They arrived in Washington at 3 o'clock in the afternoon **local** time. ○ Microsoft is planning to introduce at least 30 **local** language versions of the software.	3
			■ False friend: The English word for German **Lokal** is **restaurant**.	
13	☐ **centre** ['sentə]	Zentrum Mitte	the **centre** of a *country / city / town* ○ a *town / city / shopping / business / financial / cultural / sports / health* **centre**	1
			■ The American spelling is cent**er**.	
14	☐ **central** ['sentrəl]	Zentral- Mittel- zentral	**central** Africa ○ **central** *Europe / America* ○ **central** and eastern England ○ Our house is very **central** for the shops and theatres. ○ She's a waitress in a **central** London [im Zentrum von London] restaurant.	3

15	☐ **interior** [ɪnˈtɪərɪə]	Innere(s) Innen-	He travelled by boat **into** the **interior** of *the country / Africa*. ○ The **interior** of the castle is very attractive. ○ paint the **interior** walls of a house	5
16	☐ **inland** [ˈɪnlənd]	Binnen-, im Landesinneren	**inland** *trade / waterways* ○ an **inland** sea ○ an **inland** town ○ the pollution of **inland** waters [Gewässer] ○ Ostia, the Roman port, which was once on the sea is now several miles **inland**.	6
17	☐ **abroad** [əˈbrɔːd]	im Ausland ins Ausland	at home and **abroad** ○ *be / live / stay / work / go / travel* **abroad** ○ He's never been **abroad**. ○ He's just returned **from abroad** [aus dem Ausland].	3

710 Lage- und Ortsbezeichnungen

| anywhere 7 | here 2 | nowhere 9 | someplace 5 | there 3 |
| everywhere 6 | not ... anywhere 8 | position 1 | somewhere 4 | |

1	☐ **position** [pəˈzɪʃn]	Lage Position	*a good / an ideal* **position** ○ the **position** [Stand] of the sun in the sky ○ I checked our **position** with the compass. ○ The enemy's **position** was marked on the map. ○ The ship should have changed its **position**. ○ Given a sunny **position**, the vine [Rebe] will climb to 10ft in summer.	3
2	☐ **here** [hɪə]	hier hierhin hierher	She'll arrive **here** on Friday. ○ They're very happy **here**. ○ The castle is a mile **from here**. ○ **Here** [da] **comes** the bus. ○ **Here** she **comes** – right on time. ○ Come **here** [her]. ○ Put the box **here**. ○ She came **here** with her son last autumn. ○ We're leaving **here** [von hier] tomorrow.	1
3	☐ **there** [ðeə]	da dahin dort dorthin	She's been there 18 years. ○ Sit **there** and wait until I've finished. ○ Could you put the chairs **there**, please? ○ Have you been to Oxford? We're going **there** next week. ○ Have you looked **under there**? ○ Who is that man **over there**? ○ Is there anyone **out there**? ○ I went **down there** some time ago. ○ I know you're **in there**.	1

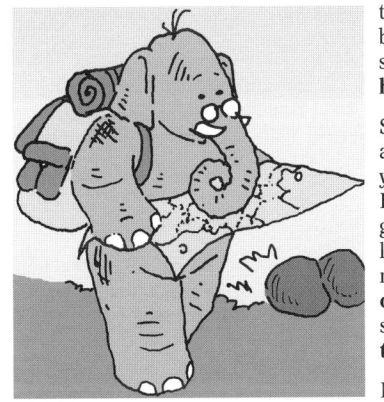

4	☐ **somewhere** [ˈsʌmweə]	irgendwo irgendwohin	I lost my ticket **somewhere** between here and the station. ○ I read it **somewhere** in the paper, but I can't exactly remember where. ○ There's no doubt something is going wrong **somewhere**. ○ I wish I could go **somewhere** else. ○ I can sit **somewhere** else if you need the table. ○ This might lead **somewhere**, but I don't know where.	2
5	☐ **someplace** (meist AE) [ˈsʌmpleɪs]	irgendwo irgendwohin	We're not actually sure where it is – **someplace** in Virginia I think. ○ I got to go **someplace** else. ○ She prefers to go **someplace** like ... ○ The tools belong **someplace** else.	4
6	☐ **everywhere** [ˈevrɪweə]	überall(hin)	here, there and **everywhere** ○ **Everywhere** the reaction was the same. ○ There was blood **everywhere**. ○ Unbroken sunshine was predicted almost **everywhere** across the country. ○ She looked **everywhere** but couldn't find the letter. ○ His dog followed him **everywhere**.	2
7	☐ **anywhere** [ˈenɪweə]	irgendwo irgendwohin überall überallhin	Is there a post office **anywhere** near here? ○ Sit **anywhere** – there are plenty of seats. ○ The accident could have happened **anywhere** at any time. ○ The village was a place you felt safe walking **anywhere** at any time of day or night.	2
8	☐ **not ... anywhere** [nɒt ... ˈenɪweə]	nirgends nirgendwo	I can't find my keys **anywhere**. ○ They haven't **anywhere** to stay. ○ Many of these animals are not found **anywhere** else. ○ She's never lived **anywhere** else.	2
9	☐ **nowhere** [ˈnəʊweə]	nirgends nirgendwo nirgendwohin	The missing boy was **nowhere** to be seen. ○ **Nowhere** are application forms more widely used than in Britain. ○ He's got **nowhere** to go but forward. ○ There's **nowhere** else to go. ○ They have nothing to eat and **nowhere** [keinen Ort] to live.	2

710D Wegbeschreibung

away 5	distance 4	left 12	on foot 18	right 15
backwards 25	far 6	look for 2	opposite 16	straight on 14
by 9	follow 19	map 1	pass 20	take 10
cross 22	forward(s) 24	near 7	past 21	turn 23
direction 11	go 17	next to 8	right 13	way 3

1	☐ **map** [mæp]	(Land-)Karte (Stadt-)Plan	a *road / street* **map** ○ *read / find a place on* a **map** ○ The red lines **on** the **map** correspond to major roads. ○ **Maps** of the area are shown on a computer screen. ○ The place is marked **on** the **map** by a cross. ○ My house is not easy to find so I'll draw you a **map**. ■ False friend: The English word for German **Mappe** is **school-bag**.	2
2	☐ **look for** [ˈlʊk fɔː]	suchen	Excuse me. I'm **looking for** the library.	2
3	☐ **way** [weɪ]	Weg	ask sb the **way** ○ lose your **way** [sich verlaufen] ○ find your **way** back ○ Excuse me, could you tell us the **way to** the youth hostel? ○ Which is the best **way to** the supermarket?	3
4	☐ **distance** [ˈdɪstəns]	Strecke, Weg, Entfernung, Ferne	It's *a great / short / long* **distance** from here. ○ After about twenty minutes you'll see the castle **in** the **distance**. ○ The shop is within walking **distance** [zu Fuß erreichbar] from the bus.	3
5	☐ **away** [əˈweɪ]	entfernt	The village is one mile **away** from the sea. ○ The station is only a few minutes' walk **away** [zu Fuß] from here. ○ **far-away** places	2
6	☐ **far** [fɑː]	weit	How **far** is it to Leipzig from here? ○ It's a very small hotel, not **far** from here. ○ We'll go by train **as far as** [bis] London. ○ It's 40 miles **farther** south. ○ We couldn't go any **further** because the car broke down. ○ How **far** have we walked? — **A long way**, about 15 miles. ■ Use **a long way** instead of **far** in positive sentences. Example: It's **a long way** to Tipperary.	2
7	☐ **near** [nɪə]	in der Nähe nahe	The sports centre is **near** (to) the college. ○ Let's walk to the castle. It's quite **near**. ○ Where's the **nearest** *bank / phone box*? ○ The next street is the **nearest** street to the station. ■ Don't mix up **nearest** (nächst(gelegen)) with **next** (nächst(folgend)).	1
8	☐ **next to** [ˈnekst tuː]	neben	There's a public telephone **next to** the pub. ○ The church is on the left, **next to** the school. You can't miss it.	2
9	☐ **by** [baɪ]	bei neben an	a house **by** the *school / church / railway* ○ enjoy a few days **by** the sea ○ Clydebank has excellent communications, with two airports **close by** [in der Nähe].	3
10	☐ **take** [teɪk]	dauern brauchen	It **takes** about an hour to drive to Oxford from here. ○ We thought it would **take** three hours by rail, but it **took** just over two. ○ How long does it **take** by *air / plane / train*? ○ She **took** eight hours to cover just 25 miles. ○ What **took** you so long? ○ It **took** us about two hours to potter [zuckeln] the four miles to Cliveden. ▲ TAKES — TAKING — TOOK — TAKEN	4
11	☐ **direction** [dɪˈrekʃn, daɪˈrekʃn]	Richtung	the *right / wrong* **direction** ○ The signposts point in the same **direction**. ○ You'll have to turn round — you're going in the wrong **direction**. ○ The theatre is in the *other / opposite* **direction**. ○ He has *no / a poor* **sense of direction** [Orientierungssinn]. ■ False friend: The English word for German **Direktion** is **management**.	3
12	☐ **left** [left]	linke(r, s) (nach) links	**on** the **left** side of the river ○ **on** the **left** ○ Turn **left** *at the crossroads / into Station Road*. ○ Turn **left** just past the Post Office. ○ Take the first turning **on** the **left**.	1
13	☐ **right** [raɪt]	rechte(r, s) (nach) rechts	**on** the **right-hand** side of a road ○ keep **right** ○ Turn **right** at the next traffic lights. ○ Take the second turning **on** the **right**.	1

14	☐ **straight on** ['streɪt ɒn]	geradeaus	*walk / go* **straight on** ○ Keep **straight on** *for two miles.* ○ *If you carry* **straight on** *you go past a road called Chester Road.*	3
15	☐ **right** [raɪt]	direkt	**right** *by the church / across the street / behind the park* ○ *Go* **right** *there / to the end of the street.*	3
16	☐ **opposite** ['ɒpəzɪt]	gegenüber, gegenüberliegend, entgegengesetzt	*a big building* **opposite** *a pub* ○ *on the* **opposite** *side of the street* ○ **Opposite** *the abbey is the car park.* ○ *It's a beautiful historic house* **opposite** *the cathedral.* ○ *I can't walk with you because I'm going in the* **opposite** *direction.*	2
17	☐ **go** [gəʊ]	gehen	**go** *straight on* ○ **go** *down the road / past the post office / along the river / through the tunnel / over the bridge* ○ **go** *in a different direction* ▲ GOES – GOING – WENT – GONE	1
18	☐ **on foot** [ɒn 'fʊt]	zu Fuß	*go / travel / make a journey* **on foot** ○ *It takes about 30 minutes* **on foot**. ○ *It's not far; you can go* **on foot**.	1
19	☐ **follow** ['fɒləʊ]	folgen	**follow** *the sign / white arrow / river* ○ **Follow** *this road for a mile / until you get to the church*, *then turn right.*	1
20	☐ **pass** [pɑːs]	fahren vorbeifahren	**pass** *through the village / the new hotel* ○ *Turn right after* **passing** *the Post Office.*	2
21	☐ **past** [pɑːst]	vorbei (an) vorüber (an)	*go / walk / drive* **past** ○ *Cross the road, walk along Garden Street and go* **past** *the supermarket.*	4
22	☐ **cross** [krɒs]	überqueren fahren (durch)	**cross** *the road / river / bridge /* ○ **cross** *from Dover to Calais* ○ **cross** *Germany by train / car* ○ *Take care when you* **cross** *the road.*	2
23	☐ **turn** [tɜːn]	abbiegen einbiegen	*The road / path / railway* **turns** *right / left.* ○ **turn** *right at the end of the street / left at the crossroads / into a narrow road / into a village* ○ *Go straight on and* **turn** *left at the church.* ○ *We* **turned off** [abfahren] *the motorway at Lancaster.*	2
24	☐ **forward(s)** ['fɔːwəd(z)]	vorwärts nach vorn	*Keep going* **forwards** *after crossing the river.* ○ *The enemy was moving* **forward** *along the whole front.*	5
25	☐ **backwards** ['bækwəd(z)]	rückwärts zurück	*drive / walk* **backwards** ○ *We seemed to be going* **backwards**. ○ *We should stop looking* **backwards** *and start looking forward.*	5

710E Maße, Gewichte

centimetre 10	gram 21	kilometre 12	metre 11	pound 19	width 3
depth 5	height 4	length 2	mile 9	ton 20	yard 8
foot 7	inch 6	litre 15	ounce 18	weigh 17	
gallon 14	kilo(gram) 22	measurement 1	pint 13	weight 16	

1	☐ **measurement** ['meʒəmənt]	Maß Messung	*take* **measurements** ○ *make regular / exact / accurate* **measurements** *of blood pressure* ○ *Hundreds of ozone* **measurements** *made throughout the world* ○ *adopt a new EU* **measurement** *system*	3
2	☐ **length** [leŋθ]	Länge	*an average* **length** *of 20 km* ○ *different wave* **lengths** ○ *Before we buy a carpet we need to know the* **length** *and width of the room.* ○ *He led all of the way and won the race by four* **lengths**.	3
3	☐ **width** [wɪdθ]	Breite	*half a metre in* **width** ○ *measure* [messen] *the length and the* **width** *of the floor* ○ *The overall* **width** *is 150 cm.* ○ *There were barriers* [Schranke] *across the full* **width** *of the road.* ○ *A footpath must be kept free of crops to a minimum* **width** *of one metre.*	3
4	☐ **height** [haɪt]	Höhe Größe	*look down / fall from a great* **height** ○ *a man of average* **height** ○ *fly at a* **height** *of 2000 feet* ○ *The* **height** *of the ceiling is 2 m.* ○ *They wanted to know my age, weight and* **height**.	3
5	☐ **depth** [depθ]	Tiefe	*the* **depth** *of a box* ○ *a 25-metre pool, three metres in* **depth** ○ *What's the* **depth** *of the water here?* ○ *He was drowned in the* **depth** *of the sea.* ○ *There is no light at this great* **depth**. ○ *The plant grows well in water to a* **depth** *of 15 cm.*	3

6	☐ **inch** [ɪntʃ]	Zoll (2,54 cm)	a square **inch** ○ No less than seven **inches** of rain have fallen in the past two weeks. ○ A bus missed us **by inches**. ○ She's 5 foot 6 **inches** (5'6") tall. ○ Move the table a few **inches** to the left. ○ She refused to move an **inch**.	2
7	☐ **foot**, pl. **feet** [fʊt, fiːt]	Fuß (30,48 cm)	A **foot** is divided into 12 inches. ○ a **ten-foot** high bronze sculpture ○ The room is about 20 **feet** long. ○ The wall is 10 **feet** high. ○ Andrew is 5 **feet/foot** 3 inches tall. ○ He spent the night in a cell, six **feet/foot** by six **feet/foot**.	4
			■ **Foot** with numbers is often used in the singular.	
8	☐ **yard** [jɑːd]	Yard (91,44 cm)	A **yard** is equal to 3 feet or 36 inches. ○ The post office is only 100 **yards** away. ○ Can you move the chairs a couple of **yards** to the left?	3
9	☐ **mile** [maɪl]	Meile (1,609 km)	A **mile** is equal to 5280 feet or 1760 yards. ○ It's ten **miles** to ... ○ At a distance of six **miles** you can't see much. ○ We've only a few more **miles** to go. ○ I had to walk an additional **mile** before I found a petrol station. ○ The speed limit on the new highway was seventy **miles** per hour.	3
10	☐ **centimetre** ['sentɪmiːtə]	Zentimeter	The table is sixty **centimetres** wide. ○ The margin between gold and silver is often a **centimeter** or a hundredth of a second. ○ a *square / cubic* **centimetre**	2
			■ The American spelling is centimet**er**.	
11	☐ **metre** ['miːtə]	Meter	three **metres** *long / wide / deep* ○ about a **metre** in length and half a **metre** in width ○ The rent is around £20 per **square metre**.	2
			■ The American spelling is met**er**.	
12	☐ **kilometre** ['kɪlə,miːtə, kɪ'lɒmɪtə]	Kilometer	walk a few **kilometres** ○ fly thousands of **kilometres** ○ The speed is 120 **kilometres** per hour. ○ The woman ran several **kilometres** to a petrol station to get help. ○ thousands of **square kilometres**	2
			■ The American spelling is kilomet**er**.	
13	☐ **pint** [paɪnt]	Pinte (BE 0,5683 Liter)	half a **pint** of red wine ○ A **pint** of beer, please. ○ Ask the milkman to leave two **pints** of milk. ○ We pay 32p tax on a **pint** of beer.	3
14	☐ **gallon** ['gælən]	Gallone (BE 4,546 Liter)	A **gallon** is divided into 8 pints. ○ a **gallon** of *petrol / gasoline / heating oil* ○ the average price of a **gallon** of gas ○ a vehicle with an **10-gallon** petrol tank ○ The lorry does 40 miles to the **gallon**.	4
15	☐ **litre** ['liːtə]	Liter	a **two-litre** bottle of French country wine ○ a 1.9 **litre** diesel engine ○ She drinks a **litre** of pure [rein] water every day.	2
			■ The American spelling is lit**er**.	
16	☐ **weight** [weɪt]	Gewicht	your body **weight** ○ reduce your **weight** *from 72 to 60 kilos / by 12 kilos* ○ I put on **weight** [zunehmen] very easily but I can also take it off very quickly. ○ He's trying to lose **weight** [abnehmen]. ○ His average weekly **weight** loss was at least 3 pounds. ○ do **weight training**	3
17	☐ **weigh** [weɪ]	wiegen	**weigh** less than 2 kilograms ○ *How much / What* does this box **weigh**? ○ An adult male elephant can **weigh** as much as ten small cars.	2
			■ Not used in the progressive if the weight is given.	
18	☐ **ounce** [aʊns]	Unze (28,35 g)	The coin contains exactly one **ounce** of pure gold [Feingold]. ○ In December gold fell 80 cents **an ounce**.	4
19	☐ **pound** [paʊnd]	Pfund (453,6 g)	A **pound** is divided into 16 **ounces**. ○ The apples cost 20p **a pound**. ○ Half a **pound** of butter, please. ○ The parcel weighs five **pounds/lbs**.	2
20	☐ **ton** [tʌn]	Tonne (BE 1016 kg)	A **ton** is divided into 2240 pounds. ○ the price for a **ton** of steel ○ 100 **tons** of coal ○ Can he drive a **5-ton** lorry?	2
			■ Note the pronunciation.	
21	☐ **gram** [græm]	Gramm	500 **grams** of butter	5
22	☐ **kilo(gram)** ['kiːləʊ(græm)]	Kilo(gramm)	2 **kilos** of sugar ○ The potatoes are 90 cents **a kilo**. ○ The box weighs ten **kilos**. ○ Meat is rationed to one **kilogram** per family per week. ○ The explosion was equivalent [entsprechen] to several hundred **kilograms** of TNT.	2

720B Farben

1	☐ **colour** ['kʌlə]	Farbe	*bright / warm / light / dark* **colours** ○ a painter in **watercolour** and oil ○ What **colour** did you paint the door? ○ His socks **are** the same **colour** as his shoes. ○ Most pictures in the book are **in colour**. ○ **What colour is** *her new dress / his hair?* **What colour are** her eyes? ○ **colour** TV ○ a **colour** *film / photo* ○ **colour-blind** ○ **colourless**	1

■ Don't mix up **colour** (rot, grün usw.) with **paint** (Farbe zum Malen, Anstreichen).

2	☐ **colourful** ['kʌləfl]	bunt, farbenfroh	a **colourful** *dress / sari / picture* ○ a **colourful** spectacle ○ a **colourful** [bewegt] *life / history* ○ a **colourful** [anschaulich] *style / story* ○ Simon was a **colourful** [interessant] local character.	4
3	☐ **coloured** ['kʌləd]	bunt farbig	**coloured** *chalk / pictures / postcards* ○ brightly **coloured** [in leuchtenden Farben] flags ○ a **cream-coloured** [-farben] *hat / car* ○ a **multi-coloured** *dress / newspaper*	4

■ The American spelling is col**o**r, col**o**rful, col**o**red.

black [blæk]	schwarz	**pink** [pɪŋk]	pink, rosa	**gold(en)** ['gəʊld(ən)]	golden
white [waɪt]	weiß	**orange** ['ɒrɪndʒ]	orange	**silver** ['sɪlvə]	silbern
grey [greɪ]	grau	**yellow** ['jeləʊ]	gelb		
blue [bluː]	blau	**green** [griːn]	grün		
purple ['pɜːpl]	lila	**brown** [braʊn]	braun		
red [red]	rot	**fair** [feə]	blond		

721 Vergleiche

as ... as 3	comparison 2	last 18	little/small 21	next 20	(the) worst 11
(the) best 10	farther 14	latest 17	more ... than 4	rather ... than 8	
better ... than 5	farthest/furthest 16	(the) least 13	(the) most 12	the ... the ... 9	
compare 1	further 15	less ... than 7	nearest 19	worse ... than 6	

1	☐ **compare** [kəm'peə]	vergleichen	**compare** prices ○ You can't **compare** food in tins **to** fresh food. ○ Poets have **compared** death **with** sleep. ○ **Compared with** his father, he's not very tall.	3
2	☐ **comparison** [kəm'pærɪsn]	Vergleich	an interesting **comparison** ○ **by** international **comparison** ○ The tasks of Hercules seem simple **by comparison**. ○ There's no **comparison between** her life before and after. ○ You can't make a **comparison between** the two rings.	4
3	☐ **as ... as** [əz ... əz]	so ... wie	**as** different **as** night and day ○ **as** good **as** done ○ **as** good **as** gold ○ **as** high **as** the sky ○ **as** free **as** a bird ○ **as far as** I'm concerned [was mich betrifft]	1
4	☐ **more** ['mɔː]	mehr	spend **more** time with your family ○ You ought to eat less meat and **more** vegetables. ○ Students today are part-timers, and **more than** a third are over 25. ○ **More than** anything else, India wants to be taken seriously. ○ Movies cost **more than** ever. ○ The battle began **more than** three weeks ago.	1
5	☐ **better** ['betə]	besser	have a much **better** chance ○ If it makes you feel any **better** ... ○ You should know **better**. ○ Your bike will run much **better** if you oil it. ○ He knows the town **better than** I do.	1
6	☐ **worse** ['wɜːs]	schlechter schlimmer	look much **worse** ○ make a bad situation **worse** ○ The situation is getting **worse** with each day. ○ I tried to help them. But I think I just made things **worse**. ○ The weather was **worse than** last year. ○ There is **worse** to come. ○ Traffic is much **worse** after five. ○ It could have been **worse**.	1

721

7	☐ **less** ['les]	weniger	**less** *attractive / difficult / available / willing* ○ within **less than** a year ○ no **less than** 50 per cent ○ It is nothing **less than** the tragedy.	1
			■ Use **less** with **uncountable** nouns. Use **less/fewer** with **countable** nouns. Examples: **less** money, **less/fewer** people	
			▲ LITTLE/FEW — LESS/FEWER — LEAST	
8	☐ **rather** ['rɑːðə]	eher lieber	It's a jacket **rather than** a shirt. ○ Such young people need special attention **rather than** prison where they turn professional. ○ I think I'll have a sandwich **rather than** a full meal. ○ I would **rather** you stayed **than** go out in that heavy rain.	2
9	☐ **the ... the ...** [ðə ... ðə ...]	je ..., umso ... je ..., desto ...	**the** *faster / bigger / more popular* **the** better ○ **The** more he eats **the** fatter he gets. ○ School finishes at the end of the week and **the** sooner **the** better as far as I'm concerned.	4
10	☐ **best** [best]	beste(r, s)	my **best** friend ○ the **best** *book on the subject / of all possible worlds* ○ the **best** I can do ○ We'll do our **best** to get there on time. ○ It's **best** to walk.	1
11	☐ **worst** [wɜːst]	schlechteste(r, s), schlimmste(r, s)	the **worst** thing *about England / you can do* ○ the **worst** thing that ever happened to her ○ the **worst** weekends of violence for years ○ *fear / expect* the **worst** ○ areas **worst** [am schlimmsten] affected by violence ○ America has the best and the **worst**. ○ Our **worst** fears have come true.	1
12	☐ **most** [məʊst]	die meisten meiste am meisten	**most** *people / sources* ○ in **most** other countries ○ **Most** of us think ... ○ I agree for the **most** part [im Großen und Ganzen] with your comments. ○ He has spent **most** time at sea. ○ It is not the people making **most** noise who are **most** at risk [in Gefahr].	1
13	☐ **least** [liːst]	mindeste wenigste geringste	It's the **least** I can do. ○ Mr Major won, as one minister put it, as "the **least bad** candidate". ○ You know, that's the **least** concern. ○ No one has the **least** idea what she thinks about anything. ○ He was the youngest so he always got **the least** [am wenigsten] pocket money. ○ **At least** [mindestens] twelve people were killed in the accident.	1
			■ The English phrase for *nicht zuletzt, nicht zu vergessen* is **last but not least**.	
			■ Don't mix up **at last** (schließlich) with **at least** (mindestens).	
14	☐ **farther** ['fɑːðə]	weiter	about 12 miles **farther** north ○ Sienna is an easy day trip and Florence not much **farther** away. ○ Atlanta is **farther from** Los Angeles than Athens is from Barcelona. ○ The cinema was **farther** down the road than I thought.	4
			▲ FAR — FARTHER/FURTHER — FARTHEST/FURTHEST	
15	☐ **further** ['fɜːðə]	weiter weitere(r, s) zusätzliche(r, s)	go **further** back ○ I cannot go any **further**. ○ There's no **further** use for this book. ○ No **further** progress has been made. ○ For **further** *information / details* contact Michael Basman, tel. 0181-397 1826.	3
16	☐ **farthest/furthest** ['fɑːðɪst/'fɜːðɪst]	am weitesten entfernt, am weitesten	The Earth is **farthest/furthest** from the Sun on the 4th at 152 million kilometres. ○ He lives in the **farthest/furthest** house. ○ She who changes fastest may go **farthest**. ○ Who sees littlest sees **furthest**.	4
17	☐ **latest** ['leɪtɪst]	neueste(r, s) letzte(r, s) jüngste(r, s)	his **latest** *book / film / play* ○ use the **latest** technology ○ the **latest** news on the German economy ○ reports on the **latest** developments ○ It's just the **latest** chapter in the ongoing struggle.	5
18	☐ **last** [lɑːst]	letzte(r, s)	**last** *year / month / week / summer / winter / time* ○ a **last-minute** *change / solution / offer*	1
19	☐ **nearest** ['nɪərɪst]	nächste(r, s)	drive straight to the **nearest** police station ○ She ran a mile to the **nearest** phone box to ask for help.	1
20	☐ **next** [nekst]	nächste(r, s)	**next** *Sunday / week / month / year / time* ○ the **next** *bus / meeting / English class / century* ○ win the **next** election ○ What's going to happen **next** [als Nächstes]? ○ They could be heard arguing from the **next** room [nebenan].	1
			■ Don't mix up **nearest** (nächst(gelegen)) with **next** (nächst(folgend)).	
21	☐ **little/small** ['lɪtl/smɔːl]	klein	a **little** boy ○ a much **smaller** man ○ a **smaller** *business / company* ○ many of the **smaller** children ○ Every **smallest** detail is recorded in diary form.	4
			■ **Little** has neither comparative nor superlative. Use **smaller/smallest**.	

740 Zeitbegriffe, Zeiteinteilung usw.

age 2	calendar 23	early 26	minute 20	period 3	wait 29
annual 15	century 12	go by 10	moment 22	second 21	week 17
be in a hurry 27	date 24	hour 19	month 16	spend 11	while 4
be late 28	day 18	in between 8	over 6	time 1	year 14
be over 7	decade 13	in the course of 5	pass 9	up to date 25	

1	☐ **time** [taɪm]	Zeit	a *bad / hard / difficult / rough* **time** ○ **at** the *right / wrong* **time** ○ **at** the *same / present* **time** ○ in record **time** ○ for a *short / long* **time** ○ *lunch / dinner* **time** ○ *local / summer / winter* **time** ○ *arrival / departure* **time** ○ *opening / closing* **times** ○ **in** (good) **time** [rechtzeitig] **for** the concert ○ *find / lose / waste* **time** ○ have a *good / great* **time** ○ **time** *flies / passes* ○ How much **time** does this job take? ○ Just take your **time** – there's no need to rush. ○ It was a pure [rein] waste of **time**. ○ strict **time limits** ○ a **time bomb** ○ **timeless** ○ **Time** is money. (proverb)	1
2	☐ **age** [eɪdʒ]	Zeitalter Alter Zeit	the *information / industrial / nuclear* **age** ○ the video **age** ○ the Victorian **age** ○ a golden **age** in Europe's cultural history ○ the **Middle Ages** ○ We are living in the computer **age**. ○ Mammoths [Mammut] died out at the end of the **Ice Age**.	4
3	☐ **period** [ˈpɪərɪəd]	Zeit Zeitraum Zeitspanne Zeitalter	a **period** of *peace / independence* a **period** of more than 50 years ○ the **period** between the two wars ○ *in / during* the same **period** ○ within a short **period** ○ concentrate over a long **period** of time ○ *furniture / costumes / coins* **of the period** ○ the **period** of the French Revolution ○ Many of Britain's roads were originally built in the Roman **period**. ○ The work must be completed within a two-month **period** [innerhalb von zwei Monaten].	3
4	☐ **while** [waɪl]	Weile Zeit	I'm afraid they will have to wait a **while**. ○ After a long, long **while** a doctor came. ○ A little **while** later he was arrested. ○ He told her he was going away **for a while** [eine Zeit lang]. ○ It'll be a little **while** [Weilchen] before she's running around again. ○ Relax, take a day off **once in a while** [ab und zu], and get some sleep.	5
5	☐ **in the course of** [ɪn ðə ˈkɔːs əv]	im Lauf(e) während	**in the course of** *time / this week / the last few years / your life* ○ **In the course of** the afternoon warnings were issued [geben]. ○ She's expected to sign further agreements **in the course of** her four-day visit. ○ **In the** normal **course of** events [unter normalen Umständen] they should be here by now.	5
6	☐ **over** [ˈəʊvə]	im Lauf(e)	Travellers planning to visit America **over** the next few months can find some attractive offers. ○ He believes that 70 000 new jobs can be created **over** the next 10 years.	5
7	☐ **be over** [biː ˈəʊvə]	vorbei sein zu Ende sein	The *argument / crisis / party / ceremony / game / race* was **over**. ○ He hoped that the worst was **over** when he survived a critical vote. ○ She thought that her life was **over** at the time of the attack. ○ When the game was **over** the players shook hands.	3
8	☐ **in between** [ɪn bɪˈtwiːn]	dazwischen zwischen	We have two lessons this morning, but some free time **in between**. ○ **In between** recording sessions, Mc Cartney slipped [gleiten] upstairs to talk about life after the Beatles.	5
9	☐ **pass** [pɑːs]	vergehen vorübergehen	The summer months **passed** slowly. ○ Several days **passed** before she realized the truth. ○ Years can **pass** before the unwanted effects of a drug can be spotted [entdecken]. ○ His visit to Peking was an opportunity too good to let **pass**.	3
10	☐ **go by** [ˌgəʊ ˈbaɪ]	vergehen vorübergehen	As the years **go by** her memory seems to get worse. ○ As time **goes by** it just gets worse. ○ *Another quarter of an hour / The weeks / Two years* **went by**. ○ Never let a good opportunity **go by**.	3
11	☐ **spend** [spend]	verbringen zubringen	**spend** *a day by the sea / a lot of time together / holidays abroad / Christmas at home* ○ He retired to be able to **spend** more time with his family. ○ She's **spent** all morning washing the floor and cleaning up. ○ On average, children aged over four **spend** 25 hours a week watching television. ▲ SPENDS – SPENT – SPENT	3

12	☐ century ['sentʃəri]	Jahrhundert	during the early years of the 20th **century** ⚬ *at / before / after / by* the **turn of the century** [Jahrhundertwende] ⚬ the *second half / last quarter* of the 19th **century** ⚬ She was born in the 18th **century**. ⚬ Fashions might have changed over the **centuries**.	3
13	☐ decade ['dekeɪd, dɪ'keɪd]	Jahrzehnt	*for more than a / over the past / by the end of this / in the next* **decade** ⚬ Some people think that most business will be done electronically within a **decade** or two.	4
14	☐ year [jɪə]	Jahr	a *good / bad / happy* **year** ⚬ a record **year** ⚬ *last / this / next / the coming* **year** ⚬ a *school / a calendar / an election* **year** ⚬ *earlier this / early in the new* **year** ⚬ for the past **year** and a half ⚬ in recent **years** ⚬ There are much less policemen than there were a **year** ago. ⚬ during a **year-long** strike	1
15	☐ annual ['ænjʊəl]	(all)jährlich Jahres-	an **annual** *festival / event* ⚬ an **annual** report ⚬ an **annual** *inflation rate / economic growth of about 2%* ⚬ the average **annual** income ⚬ 35% of **annual** production ⚬ hold an **annual** meeting ⚬ What is his **annual** salary?	4
16	☐ month [mʌnθ]	Monat	*last / this / next* **month** ⚬ in recent **months** ⚬ spend a **month** in England ⚬ Pat's **18-month-old** daughter wasn't injured in the accident. ⚬ She's paid **by the month**. ⚬ The average income of the families **per month** was $250.	1
17	☐ week [wiːk]	Woche	*last / this / next* **week** ⚬ during the **week** ⚬ a **week** ago yesterday ⚬ on Wednesday **week** [in einer Woche] ⚬ Members of the group meet *once / twice* a **week**. ⚬ The boy went missing a **week** ago.	1
18	☐ day [deɪ]	Tag	a *calm / cloudless / clear / nice / sunny / warm* **day** ⚬ a *hot / cool / cold / snowy / rainy / foggy* **day** ⚬ the blackest **day** in his career ⚬ on *a certain / the following / the same / the next* **day** ⚬ Take three pills **a day**. ⚬ It rained, **day in, day out**. ⚬ London **by day** is different from London by night. ⚬ The situation changes **from day to day**. ⚬ I've been working in the garden **all day**. ⚬ Rome was not built in a **day**. (proverb)	1
19	☐ hour ['aʊə]	Stunde	*a quarter / three quarters* of an **hour** ⚬ *school / business / office / working* **hours** ⚬ during the **lunch hour** [Mittagspause] ⚬ The **hours** of work are from nine to five. ⚬ I'll be ready in an **hour** and a half. ⚬ He's paid **by the hour**. ⚬ Their top speed is 40 miles **per hour**. ⚬ a **10-hour** day	1
20	☐ minute ['mɪnɪt]	Minute Moment	an own-goal [Eigentor] in the 73rd **minute** ⚬ debate until the last **minute** ⚬ Every **minute** counts. ⚬ He came a few **minutes** later. ⚬ But wait a **minute**; I want to write something down. ⚬ Just take a **minute** to think about your own life. ⚬ a **last-minute** *invitation / decision / change* ⚬ You should take a **5-minute** break every hour.	1
21	☐ second ['sekənd]	Sekunde	win by more than two **seconds** ⚬ He finished more than three **seconds** ahead of his closest rival. ⚬ Forty-five **seconds** later, they arrived at the station. ⚬ Every ten **seconds** a gun is made in America. ⚬ He closed his eyes for a few **seconds**. ⚬ It takes only **seconds** to pull the developed picture out of the camera.	1
22	☐ moment ['məʊmənt]	Moment Augenblick Zeitpunkt	at the *last / right / same* **moment** ⚬ For a **moment** it seemed ... ⚬ We arrived **at** a critical **moment**. ⚬ I'm short of cash **at the moment**. ⚬ There's not a **moment** to lose. ⚬ It was a proud **moment** for him when he received the prize.	2
23	☐ calendar ['kælɪndə]	Kalender	a *wall / desk* **calendar** ⚬ the *Roman / Jewish / Muslim / Chinese* **calendar** ⚬ Ramadan is the holiest month in the Islamic **calendar**. ⚬ in the 1997 **calendar year**	4
24	☐ date [deɪt]	Datum Termin Zeitpunkt	What **date** is it (today)? ⚬ What's today's **date**? ⚬ What's the **date** of your birth? ⚬ There's no **date** on this cheque. ⚬ The county will fix a **date** for the election on Monday. ⚬ No **date** has yet been set for a trial. ⚬ No new **date** has been *arranged / given* for the visit. ⚬ Maybe **at** a later **date** we can talk about it.	2
25	☐ up to date [ˌʌp tə 'deɪt]	auf dem neuesten Stand; aktuell, modern	remain **up to date** ⚬ Bring a *list / catalogue* **up to date**. ⚬ They are trying to keep **up to date** with the latest *technologies / fashions*. ⚬ **up-to-date** *information / equipment / books / methods*	3
26	☐ early ['ɜːlɪ]	früh	an **early** breakfast ⚬ in the **early** hours of this morning ⚬ in the late 1980s and **early** 1990s ⚬ It's too **early** to *say / tell*. ⚬ It's too **early** to know whether a turning point has been reached. ⚬ **Early** to bed and **early** to rise, makes a man healthy, wealthy and wise. (proverb)	2

27	☐ **be in a hurry** [biː ɪn ə 'hʌrɪ]	es eilig haben in Eile sein	He was **in an** awful **hurry** to *leave / get to the bank*. ○ They're obviously **in a** great **hurry**. ○ I'm **in no hurry**. ○ No need to **hurry** [sich beeilen].	3
28	☐ **be late** [biː 'leɪt]	zu spät kommen	Run or else you'll **be late**. ○ You can't blame me for **being late**. ○ Take care not to **be late**. ○ I'm afraid I'm awfully **late**. ○ If we're **late**, it'll be your fault. ○ Better **late** than never. (proverb)	2
29	☐ **wait** [weɪt]	warten	**wait** *for the bus / at the bus stop* ○ '**Waiting for** Godot' ○ Your train is **waiting** at platform 5. ○ **Wait** a moment, please. ○ Have you been **waiting** long? ○ I've been **waiting** for *10 minutes / ages*. ○ They were **waiting for** father **to** take them on a picnic.	1
			■ *darauf warten, **dass** jd etw tut* wait **for** sb **to** do sth	

740A Jahreszeiten, Monatsnamen

1	☐ **season** ['siːzn]	Saison Zeit	a successful **season** ○ the *football / opera / theatre / 1996* **season** ○ the tourist **season** ○ the *holiday / Christmas* **season** ○ the rainy **season** [Regenzeit] ○ the warm **season** [Jahreszeit] ○ the end of the **season** ○ Hotels are often full **in season**. ○ It was FC Liverpool's second defeat of the **season**.	2
2	☐ **spring** [sprɪŋ]	Frühling Frühjahr	in the **spring** of 1940 ○ *early / late* this **spring** ○ In (the) **spring** leaves begin to grow on trees. ○ **spring** weather ○ a *sunny / relatively cold* **spring** morning ○ What beautiful **spring** flowers!	1
3	☐ **summer** ['sʌmə]	Sommer	a *hot / cool / dry / wet / rainy* **summer** ○ in (the) **summer** ○ in *early / high / late* **summer** ○ on a lovely **summer** *day / evening* ○ **summer** *time / holidays / sun / clothes* ○ **summer sale(s)** [Sommerschlussverkauf] ○ One swallow [Schwalbe] does not make a **summer**. (proverb)	1
4	☐ **autumn** ['ɔːtəm]	Herbst	on a *lovely / cool* **autumn** day ○ **autumn** *colours / weather / fashions* ○ in the *late / early* **autumn** ○ Her book will be published in the **autumn**.	1
5	☐ **fall** (AE) [fɔːl]	Herbst	Leaves change colour in the **fall**. ○ They last visited Europe in the **fall** of 1989. ○ We've had a number of cold **falls** recently [in der letzten Zeit].	5
6	☐ **winter** ['wɪntə]	Winter	a *long / dry / bitterly cold* **winter** ○ an icy **winter** ○ *in / during* the **winter** of 1944 - 1945 ○ on a dark **winter** night ○ get through a difficult **winter** ○ The museum is open every day, summer and **winter**. ○ The plants haven't survived the **winter**. ○ **winter** *weather / sports / clothes* ○ **winter** *time / months / holidays* ○ the **winter** Olympics	1

January ['dʒænjʊərɪ]	Januar	**May** [meɪ]	Mai	**September** [sep'tembə]	September
February ['februərɪ]	Februar	**June** [dʒuːn]	Juni	**October** [ɒk'təʊbə]	Oktober
March [mɑːtʃ]	März	**July** [dʒuː'laɪ]	Juli	**November** [nəʊ'vembə]	November
April ['eɪprəl]	April	**August** ['ɔːgəst]	August	**December** [dɪ'sembə]	Dezember

740B Wochentage

weekday ['wiːkdeɪ]	Werktag	**Tuesday** ['tjuːzdɪ, -deɪ]	Dienstag	**Thursday** ['θɜːzdɪ, -deɪ]	Donnerstag	**Saturday** ['sætədɪ, -deɪ]	Samstag, Sonnabend
Monday ['mʌndɪ, -deɪ]	Montag	**Wednesday** ['wenzdɪ, -deɪ]	Mittwoch	**Friday** ['fraɪdɪ, -deɪ]	Freitag	**Sunday** ['sʌndɪ, -deɪ]	Sonntag

740C Tageseinteilung, Uhrzeiten

afternoon 6	evening 7	morning 3	overnight 12	today 1
am 19	half past 18	night 8	pm 20	tonight 11
clock 15	midday 5	noon 4	(a) quarter past/to 17	watch 14
daytime 2	midnight 9	o'clock 16	this morning 10	What time is it? 13

1	☐ **today** [tə'deɪ]	heute	**Today** is Monday. ○ What shall we do **today**? ○ Susan has her piano lesson **today**. ○ I had a letter **today** from Fred. ○ **today's** [von heute] paper	1
			■ Don't use **today** in front of morning, afternoon, or evening. Use **this**. Example: I'm seeing Susan **this** evening.	
2	☐ **daytime** ['deɪtaɪm]	Tages- tagsüber	**daytime** *temperatures / television* ○ a five-minute **daytime** call to Japan ○ I can't sleep **in the daytime** [am Tag]. ○ My **daytime** telephone number is ...	5
3	☐ **morning** ['mɔːnɪŋ]	Morgen Vormittag	at six o'clock **in the morning** ○ I've been working hard all **morning**. ○ I'll ring you up first thing tomorrow **morning**. ○ Eric stayed with us on Sunday night and went to London the *next / following* **morning**.	1
4	☐ **noon** [nuːn]	Mittag(szeit) mittags	Racing starts **at noon** today. ○ They arrived around **noon** and stayed all afternoon. ○ The hotline will be open between 12 **noon** and 7 pm. ○ We were there from 9.30 am to 12 **noon**.	2
5	☐ **midday** [ˌmɪd'deɪ]	Mittag Mittags-	She took a long break around **midday**. ○ We just have a light snack **at midday**. ○ I'm meeting her **at midday**. ○ a **midday** meal ○ the **midday** sun	1
6	☐ **afternoon** [ˌɑːftə'nuːn]	Nachmittag	*this / yesterday / tomorrow* **afternoon** ○ **on** the **afternoon** of *that day / 10th May* ○ **In** the **afternoon** Her Majesty visited ... ○ They go to school in the morning(s) and practise **in** the **afternoon(s)**.	1
			■ Use **on** when talking about a **particular** afternoon, morning, evening, night.	
7	☐ **evening** ['iːvnɪŋ]	Abend	a summer **evening** ○ Are you doing anything special this **evening**? ○ We were out yesterday **evening**. ○ Most people watch television **in the evening**.	1
8	☐ **night** [naɪt]	Nacht (später) Abend	a *dark / starless* **night** ○ a sleepless **night** ○ *at / in the middle of the* **night** ○ **on** the **night** of Friday 13th ○ late **on** Friday **night** ○ It was ten o'clock **at night** when ... ○ He works day and **night**.	1
9	☐ **midnight** ['mɪdnaɪt]	Mitternacht Mitternachts-	around **midnight** ○ Open daily 9.30 am until **midnight**. ○ They *arrived / left* the party **at midnight**. ○ the **midnight** train to Bonn ○ the **midnight** sun	1
10	☐ **this (morning, etc)** [ðɪs ('mɔːnɪŋ)]	heute (Morgen usw.)	Henry's plane left early **this morning**. ○ She came to see me **this afternoon**. ○ It gives me great pleasure to welcome you **this evening** ... ○ **this evening's** discussion	1
11	☐ **tonight** [tə'naɪt]	heute Abend heute Nacht	What's on TV **tonight**? ○ **Tonight** is the last night of our holiday. ○ We are staying with friends **tonight** and travelling home tomorrow.	1
12	☐ **overnight** [ˌəʊvə'naɪt]	Nacht- über Nacht	**overnight** *ferries / trains* ○ stay **overnight** [übernachten] ○ It will not happen **overnight**, nor will it be easy. ○ Heavy snowfalls are expected to continue **overnight** [die Nacht über].	4
13	☐ **What time is it?** [ˌwɒt 'taɪm ɪz ɪt]	Wie spät ist es?	Can you tell me **what time it is**? ○ Can you tell me the **time**? – It's *nine o'clock / ten to nine / 9.15 / 13.25 / seven minutes to eleven*.	1
14	☐ **watch,** pl. **watches** [wɒtʃ, wɒtʃɪz]	(Armband-)Uhr	a gold **watch** ○ My **watch** is *right / wrong / five minutes slow / one hour fast*. ○ What time is it **by** your **watch**? ○ Timekeepers [Zeitnehmer] checked their watches and the referee [Schiedsrichter] prepared to blow for time [abpfeifen].	1

15	☐ clock [klɒk]	(Wand-, Stand-, Turm-)Uhr	a *church / wall* **clock** ○ an *electric* **clock** ○ an *alarm* **clock** [Wecker] ○ put the **clocks** *forward / back* ○ The **clock** is *right / five minutes slow / one hour fast* ○ I set the **clock** by radio. ○ provide **round-the-clock** security	1
16	☐ o'clock [əˈklɒk]	... Uhr	Lunch is **at** twelve **o'clock**. ○ We arranged to meet **at** 6 **o'clock**. ○ The museum closes **at** six **o'clock**. ■ **O'clock** can only be used with **full hours**.	1
17	☐ quarter past/to [ˈkwɔːtə pɑːst/tʊ]	Viertel nach/vor	It's **(a) quarter past** one. ○ They arrived at **(a) quarter to** five. ○ I'll meet you at **(a) quarter past** three.	1
18	☐ half past (ten) [ˌhɑːf pɑːst (ˈten)]	halb (elf)	It was nearly **half past** eight when she called a taxi. ○ Come and see me at **half past** seven.	1
19	☐ am [ˌeɪ ˈem]	Uhr (morgens) Uhr (vormittags)	She starts work at 9 **am**. ○ He comes on the 8 **am** train from Glasgow. ○ By 9.30 **am** the missing child had been found.	1
20	☐ pm [ˌpiː ˈem]	Uhr (mittags) Uhr (abends)	Doors open at 2 **pm**. ○ Noisy jets mustn't use the airport from 10 **pm** to 7 am. ○ Don't phone after 4 **pm**.	3

740D Vergangenheit, Gegenwart, Zukunft

ago 2	future *n* 12	past 1	the day before yesterday 7
as from (now) 14	in a minute 18	present 9	tomorrow 15
at the latest 21	last 3	recently 5	yesterday 6
by 19	last night 4	so far 8	
by the time 20	now 10	soon 17	
future *adj* 13	nowadays 11	the day after tomorrow 16	

1	☐ past [pɑːst]	Vergangenheit	*look back on / remember / regret* the **past** ○ We cannot change the **past**. ○ We know nothing of his **past**. ○ He never discussed his **past**. ○ She made a lot of mistakes **in the past**.	3
2	☐ ago [əˈgəʊ]	vor	She went to Spain a week **ago**. ○ These were lessons we learnt long **ago** [vor langer Zeit]. ○ There was a time, not so long **ago**, when I couldn't even afford a television set. ■ Use the **past tense** with words showing past time such as **a month ago**, **last year**, **yesterday**, etc.	2
3	☐ last [lɑːst]	letzte(r, s)	**last** *Saturday / weekend / month / year* ○ Fashion has changed a lot in the **last** 20 years. ○ The **last** time I saw her was in London.	1
4	☐ last night [ˌlɑːst ˈnaɪt]	gestern Abend letzte Nacht	I met her at the club **last night**. ○ I didn't sleep well **last night**. ○ Did you watch the game on TV **last night**?	1
5	☐ recently [ˈriːsntlɪ]	in der letzten Zeit; neulich, kürzlich	Have you seen Harriet **recently**? ○ They've been working hard **recently**. ○ He's been feeling ill **recently**. ○ I met Tom at the club **recently**. ○ I read an interesting article about that problem in the Times **recently**. ■ in der letzten Zeit **recently** + present perfect neulich **recently** + simple past	3
6	☐ yesterday [ˈjestədɪ, -deɪ]	gestern	**yesterday** *morning / afternoon / evening* ○ Did you watch the film on TV **yesterday**? ○ I'm no idiot, I wasn't born **yesterday**, you know. ○ **yesterday's** [gestrig] lesson ○ Have you still got **yesterday's** paper?	1
7	☐ the day before yesterday [ðə deɪ bɪˈfɔː ˈjestədɪ]	vorgestern	I *saw him / took her out for a date* **the day before yesterday**. ○ They put off [verschieben] until the day after tomorrow what they should have done **the day before yesterday**.	3
8	☐ so far [ˈsəʊ fɑː]	bis jetzt, bisher	**So far**, the weather has been good, but it might change.	4
9	☐ present [ˈpreznt]	jetzig derzeitig gegenwärtig	the **present** president ○ at the **present** time ○ in the **present** situation ○ We hope to overcome [überwinden] our present **difficulties** very soon. ○ The only way people can spend, in **present** circumstances, is to borrow.	3
10	☐ now [naʊ]	jetzt	from **now** on ○ Up to **now**, the government has hesitated. ○ She's rather busy **now** and can't see you till later. ○ She's been living there until **now**.	1

11	☐ **nowadays** ['naʊədeɪz]	heutzutage	Very little forest is left unexplored **nowadays**. ○ **Nowadays**, we are all aware of the value of preventative health care [Vorsorge].	3
12	☐ **future** ['fjuːtʃə]	Zukunft	*predict / look into / plan / face / save money for* the **future** ○ The **future** looks *bright / promising / black*. ○ What will the **future** bring? ○ There's a big question mark over the country's **future**. ○ Who knows what will happen **in the future**? ○ **in Future**, large rent increases are likely.	3
13	☐ **future** ['fjuːtʃə]	(zu)künftig	his **future** *wife / job* ○ **future** events ○ a debate over the **future** relationship of Scotland with the rest of the UK ○ I wish you good luck in your **future** life.	3
14	☐ **as from (now)** [əz frəm ('naʊ)]	ab (jetzt) von (jetzt) an	**As from** *now / tomorrow / next week* I'll start work an hour later. ○ She returns to her post [Stelle] **as from** today.	5
15	☐ **tomorrow** [təˈmɒrəʊ]	morgen	**tomorrow** *afternoon / evening / night* ○ **tomorrow** morning ○ **tomorrow** week [morgen in einer Woche] ○ **tomorrow's** [von morgen] world	1
16	☐ **the day after tomorrow**	übermorgen	We're going on holiday **the day after tomorrow**.	3
17	☐ **soon** [suːn]	schnell bald früh	How **soon** *will you be ready / can you get here*? ○ We'll **soon** know. ○ Must you leave so **soon**? I suppose I'll hear from her **sooner or later**. ○ The **sooner** [eher] you begin the **sooner** you'll finish. ○ The **soonest** we can have it ready for you is Saturday.	1
18	☐ **in a minute** [ɪn ə 'mɪnət]	gleich sofort	I'll be back **in a minute**. ○ Don't worry, George Bush will be out **in a minute** to give a press conference.	2
19	☐ **by** [baɪ]	(spätestens) bis	**by** *two o'clock / tomorrow / next year* ○ The documents need to be ready **by** Monday. ○ He ought to have arrived **by now** [inzwischen].	4
			■ Don't mix up **by** (bis – Zeitpunkt) with **until** (bis – Zeitspanne).	
20	☐ **by the time** [ˌbaɪ ðə 'taɪm]	wenn als	**By the time** this letter reaches you, I will have left the country. ○ He made his first million **by the time** he was 30. ○ **By the time** he died last week of cancer at 78, Willy Brandt had achieved the great goals of his life.	5
21	☐ **at the latest** [ət ðə 'leɪtɪst]	spätestens	I should be back by ten o'clock **at the latest**. ○ We'll find ourselves in a recession by the end of the year **at the latest**.	6

740E Wie oft etwas vorkommt oder sich ereignet

always 9	frequency 1	now and again 3	rare 11	regularly 7	time 16
daily 8	hardly 10	often 4	rarely 12	seldom 13	twice 18
ever 14	never 15	once 17	regular 6	sometimes 2	usually 5

1	☐ **frequency** ['friːkwənsɪ]	Häufigkeit	adverbs of **frequency** ○ They are concerned about the **frequency** of crime in the area. ○ From December 1996, British Airways will increase the **frequency** of flights from five to six a day.	5
2	☐ **sometimes** ['sʌmtaɪmz]	manchmal zuweilen	**Sometimes** they have no breakfast at all. ○ It takes me an hour to get there, **sometimes** even longer. ○ She helps me with my work **sometimes**. ○ The meat they serve is **sometimes** carelessly cooked.	2
3	☐ **now and again** [ˌnaʊ ənd əˈgen]	hin und wieder	**Now and again** she checked if the baby was still asleep. ○ She likes to go to the opera **now and again**.	4
4	☐ **often** ['ɒfn, 'ɒftən]	oft	As so **often** ... ○ It's not **often** that ... ○ They have told us so **often** enough. ○ He **often** works till 7 or 8 o'clock in the evening. ○ **Often** these accidents are caused by communication problems. ○ All too **often** a present can turn into a problem.	1
5	☐ **usually** ['juːʒʊəlɪ, 'juːʒəlɪ]	normalerweise gewöhnlich	**Usually** women live longer than men. ○ She's **usually** in bed by 11.30. ○ He **usually** gets to work at nine o'clock. ○ You **usually** associate the mafia with drugs, prostitution, nightlife and Italy.	2

6	☐ **regular** ['regjʊlə]	regelmäßig	a **regular** reader / listener / spectator a **regular** customer [Stammkunde] ○ a **regular** monthly magazine ○ **regular** lessons / homework ○ **regular** visits / meetings / talks / contacts between Berlin and Washington	2
7	☐ **regularly** ['regjʊləlɪ]	regelmäßig	His articles appeared **regularly** in The Times Magazine. ○ Their children attend school **regularly** and on time. ○ They are an advice group of people who meet **regularly** to talk to and support each other. ○ Her name was in the papers **regularly**.	3
8	☐ **daily, weekly, etc.** ['deɪlɪ, 'wiːklɪ]	täglich, Tages-, wöchentlich, Wochen- usw.	the **daily** life / work ○ a **daily** walk / exercise ○ a **daily** newspaper ○ **weekly** payments ○ She is paid **daily**. ○ She's paid on a **daily** basis. ○ That's how he earns his **daily** bread. ○ The machines must be checked **weekly**. ○ the **monthly** income / rent ○ a **monthly** season ticket ○ a **yearly** conference / survey ○ a half-**yearly** report ○ a twice-**yearly** passenger timetable ○ a five-**yearly** study	3
9	☐ **always** ['ɔːlweɪz, -wɪz]	immer	He's **always** late / in a hurry. ○ They've **always** lived here. ○ I'll **always** remember that day. ○ She's **always** parking her car in front of the main entrance. ■ **Always** is spelt with one l.	2
10	☐ **hardly** ['hɑːdlɪ]	kaum jemals	He **hardly** visits his mother these days. ○ I could **hardly** believe my eyes. ○ She **hardly** went out at all last winter – it was so cold. ○ **Hardly** had we left when it began to rain. ■ Note the word order when **hardly, rarely, seldom, never** are placed at the beginning of a sentence.	2
11	☐ **rare** [reə]	selten	a **rare** chance / opportunity / experience / mistake / case / flower / bird / species / stamp / coin / talent / skill ○ It's **rare** to see snow in September / have hot weather like this in April. ○ It's **rare** for her to arrive late. ■ Don't mix up **rare** (selten) with **scarce** (knapp, rar).	4
12	☐ **rarely** ['reəlɪ]	selten	They **rarely** smile for photographers / go to bed before midnight / eat in a restaurant / come to London now. ○ The president is **rarely** seen in public nowadays. ○ There has **rarely** been a better time to buy a used car. ○ **Rarely** can a day go by without her face appearing in the newspapers.	4
13	☐ **seldom** ['seldəm]	selten	I've **seldom** seen such brutality [Brutalität]. ○ The island is **seldom**, if ever, visited by ships. ○ He's **seldom** played so well all season. ○ Things are **seldom** quite what they seem. ○ **Seldom** have I heard such nonsense.	3
14	☐ **ever** ['evə]	je(mals)	I hardly **ever** see them at the club these days. ○ She seldom, if **ever**, goes to the cinema. ○ After the accident he drank more heavily than **ever**. ○ Hardly **ever** has there been such poverty.	2
15	☐ **never** ['nevə]	nie niemals	They've **never** been abroad / to Spain. ○ He **never** eats meat. ○ There was **never** any doubt that ... ○ There was **never** any intention to marry. ○ He'll **never** again stay at that hotel. ○ **Never** again can the Tories claim to be the low tax party.	1
16	☐ **time** [taɪm]	Mal	this / last / next **time** ○ For the first time in 25 years we can look forward to rosier times. ○ How many **times** [Wie oft] did you see the dentist? – Only once. ○ He failed his driving test three **times** [dreimal]. ○ I've told you countless **times** not to do that.	3
17	☐ **once** [wʌns]	einmal	Take the medicine **once** a day. ○ He cleans his car **once** a week. ○ The magazine comes out **once** a month. ○ She only sees her parents **once** every six months. ○ **Once again** all eyes were on Wall Street / we've had a wet summer.	1
18	☐ **twice** [twaɪs]	zweimal	She was sick **twice** last year. ○ I've already seen the show **twice**. ○ The tablets should be taken **twice** a day. ○ KLM flies to Lima **twice** a week via Amsterdam. ○ She's written to Harrods **twice** about this but has had no reply.	2

740F Reihenfolgen, Ordnungen

at first 9	finally 15	following 11	line 4	queue 5	series 6
be one's turn 16	first 7	in the end 12	next 10	row 3	
final 14	firstly 8	last 13	order 1	sequence 2	

1	☐ **order** ['ɔːdə]	Ordnung Reihenfolge	the new world **order** ○ keep your house in **order** ○ restore **order** in a lawless community ○ maintain **order** in the country ○ The *names / words / portraits* were arranged in alphabetical **order**. ○ The tasks were listed in ascending **order** of difficulty [steigender Schwierigkeitsgrad] .	4
2	☐ **sequence** ['siːkwəns]	(Reihen-)Folge Abfolge	a list of books in alphabetical **sequence** ○ the **sequence** of events leading to the war	4
3	☐ **row** [rəʊ]	Reihe	*an even / a straight* **row** ○ a **row** of *houses / plants / apple trees* ○ seats in the *front / third* **row** of the cinema ○ *wait / stand* in a **row**	3
4	☐ **line** [laɪn]	Schlange Reihe	the next person in **line** ○ a long **line** of houses, all exactly the same ○ There was a long **line** of people waiting at the Post Office. ○ A leading cause of pollution is **lines** of cars with engines running. ○ I spent hours standing **in line** [Schlange]. ○ The photographer asked us to stand **in a line** [Reihe].	4
5	☐ **queue** (BE) [kjuː]	Schlange	join the **queue** [sich (hinten) anstellen] ○ They stood in a **queue** for tickets to the concert. ○ Is this the **queue** for the bus? ■ The American word for German **Schlange** is **line**.	3
6	☐ **series**, pl. **series** ['sɪəriːz]	Serie Reihe Sendereihe	a **series** of *tests / strange events / accidents / bad harvests* ○ a *radio / television / magazine / concert / film* **series** ○ a *regular / long / popular* **series** ○ She wrote a **series** of letters to the police.	4
7	☐ **first** [fɜːst]	zuerst als Erste(r, s) erst	*arrive / come / leave / speak* **first** ○ He was among the **first** to arrive. ○ I'll call you **first thing** [gleich] *tomorrow morning / when I arrive*. ○ **First things first** [Eins nach dem anderen]. ○ **First** come **first** served.	1
8	☐ **firstly** ['fɜːstlɪ]	erstens	There are three reasons why I dont like him: **firstly**, he's rude, **secondly**, he's a liar, **thirdly** he never keeps a promise.	3
9	☐ **at first** [ət 'fɜːst]	zuerst anfangs	She didn't like her job **at first** but later got used to it. ○ You'll find it difficult **at first**, but soon it'll get easier. ○ He was older than she had **at first** thought.	2
10	☐ **next** [nekst]	nächste(r, s)	**next** *Sunday / week / month / time* ○ the **next** *train / bus / day / meeting / election* ○ What's the **next** step? ○ What's going to happen **next**?	1
11	☐ **following** ['fɒləʊɪŋ]	folgend	the **following** *words / page / example / day / month* ○ Check the **following** report for details. ○ Payments may be made in the **following** ways: cheque, cash or credit card.	3
12	☐ **in the end** [ɪn ðɪ 'end]	schließlich am Ende zum Schluss	He tried several times to pass the exam, and **in the end** he succeeded. ○ **In the end** they chose to go to Wales on holiday. ○ All will turn out well **in the end**. ○ **In the end** the police let him go home.	3
13	☐ **last** [lɑːst]	letzte(r, s) als Letzte(r, s) zuletzt	come **last** in a race ○ Sorry I'm late – am I the **last**? ○ She was the **last** to arrive. ○ Take a couple of these pills **last thing** at night to get you to sleep. ○ They **last** won the cup in 1990. ○ **last** but not least [nicht zuletzt] ■ Don't leave out **but** in *last **but** not least*.	1
14	☐ **final** ['faɪnl]	letzte(r, s) Abschluss- endgültige(r, s)	the **final** *offer / decision / result / episode / chapter of the book* ○ the **final** meeting of the year ○ Just before taking her **final** exams she was offered a job with a computer firm. ○ I'm not coming, and that's **final**!	4
15	☐ **finally** ['faɪnəlɪ]	schließlich endlich	The train **finally** arrived. ○ And **finally**, I'd just like to say thank you for all your help. ○ She **finally** got her wish.	4
16	☐ **be one's turn** [biː wʌnz 'tɜːn]	an der Reihe sein	Let me go first – it's my **turn**. ○ It's your **turn** to play now. ○ It's his **turn** to pay the bill. ○ They stand in line and wait for their **turn**.	5

741 Zahlen, Rechnen usw.

about 19	circa 20	digit 4	minus 17	per cent 22	work out 9
add 12	compute 11	divide 15	multiply 14	plus 16	zero 6
average 21	count 8	figure 3	nought 5	subtract 13	
calculate 10	decimal 7	maths 1	number 2	sum 18	

1	☐	**maths** (BE) (infml.) [mæθs]	Mathe(matik)	be *good / bad* at **maths** ○ She's better at **maths** than at physics. ○ **Maths** is his *best / strongest* subject. ○ a **maths** *teacher / lesson* ■ The American word for German **Mathe(matik)** is **math**.	4
2	☐	**number** ['nʌmbə]	Zahl Anzahl	a *big / large* **number** ○ *single- / three-* digit **numbers** ○ an *even* [gerade] */ odd* [ungerade] **number** ○ a *growing / increasing* number ○ the total **number** of unemployed ○ the average **number** of people per household ○ work a limited **number** of hours per week ○ They're so few **in number** that … ○ The exact **number** of victims is unknown.	1
3	☐	**figure** ['fɪgə]	Ziffer Zahl stellig	the **figure** 5 ○ *unemployment / sales* **figures** ○ a six-**figure** *income / sum* ○ You needn't write it in full, just write it in **figures**. ○ The teacher wrote some **figures** on the board and told us to add them together.	4
4	☐	**digit** ['dɪdʒɪt]	Ziffer; stellig	The number 75623 contains five **digits**. ○ a five-**digit** number	5
5	☐	**nought** (BE) [nɔːt]	Null	A million is written a one and six **noughts**. ○ He bought the painting for Pounds 15 000, and now it's worth a couple of **noughts** more. ■ The American word for German **Null** is **zero**.	5
6	☐	**zero** ['zɪərəʊ]	Null Null-	sub-**zero** temperatures ○ The temperature *fell / dropped* below **zero**. ○ The temperature was near **zero**. ○ We start from **zero**. ○ The cold war was near absolute **zero** [Nullpunkt]. ○ **zero** *growth / inflation / alcohol limit*	2
7	☐	**decimal** ['desɪml]	Dezimal-	the **decimal system** ○ a **decimal** figure ○ the **decimal** point ○ In 1971 Britain *adopted / changed* to **decimal** currency. ■ In German we use a comma: **0,75 Liter** In English we use a decimal point: **0.75 litre**	5
8	☐	**count** [kaʊnt]	zählen nachzählen auszählen	**Count to** three and then start running. ○ It's impossible to **count** the stars in the sky. ○ Don't forget to **count** your change. ○ Have the votes been **counted** yet? ○ **countless**	1
9	☐	**work out** [ˌwɜːk 'aʊt]	lösen ausrechnen	**work out** a problem ○ To **work out** an average, you must add all the figures together and divide them by the number of figures which you have added.	4
10	☐	**calculate** ['kælkjʊleɪt]	berechnen ausrechnen	**calculate** the speed and distance of a car / the orbit of a comet ○ She said the precise cost was *difficult / easy* to **calculate**. ○ He **calculated** how much he had spent on petrol. ○ a pocket **calculator**	4
11	☐	**compute** [kəm'pjuːt]	berechnen	**compute** *the price / your income tax* ○ The rising costs of fuel and labour are difficult to **compute**.	6
12	☐	**add** [æd]	addieren, hinzufügen, zusammenzählen	If you **add** 10 **and/to** 15 you get 25. ○ If you **add up** all the figures, the answer should be a thousand. ○ There are five of us using the phone so it soon **adds up** [sich summieren]. ○ **addition**	3
13	☐	**subtract** [səb'trækt]	abziehen subtrahieren	**Subtract** 24 **from** 88 and the answer is 64. ○ 3 **subtracted from** 9 is 6. ○ **subtraction**	3
14	☐	**multiply** ['mʌltɪplaɪ]	multiplizieren malnehmen	If you **multiply** 33 **by** 5 the answer is 165. ○ She can do **multiplication** but she's not good at division.	3
15	☐	**divide** [dɪ'vaɪd]	teilen, dividieren; aufteilen	**divide** 81 by 9 / the cake in half ○ **divide** a novel into chapters / the prize among the winners ○ She **divided** the class **into** four groups. ○ **division**	3
16	☐	**plus** [plʌs]	plus	Two **plus** five is seven. ○ We've got to fit [unterbringen] five people **plus** all their luggage in the car. ○ The temperature is **plus** four degrees.	5
17	☐	**minus** ['maɪnəs]	minus	a temperature of **minus** 20°C ○ Ten **minus** four equals six (10 − 4 = 6). ○ get a *B / 3* **minus** in a test	5
18	☐	**sum** [sʌm]	Summe	spend a record **sum** on … ○ The **sum** of 11 and 28 is 39.	4

741–770

19	☐ **about** [əˈbaʊt]	ungefähr etwa	drive **about** 20 miles ○ cost **about** $10 ○ arrive at **about** 10 o'clock ○ The town is **about** ten kilometres from here.	3
20	☐ **circa** [ˈsɜːkə]	ca., zirka	He was born **circa** *1453 / 100 BC*.	5
21	☐ **average** [ˈævərɪdʒ]	durchschnittlich Durchschnitt Durchschnitts-	the **average** rainfall ○ She receives ten letters a day **on average**. ○ House prices have gone up **by an average** of 4%. ○ His school work is **above/below average**. ○ The **average** temperature in Frankfurt last month was 14°C.	3
22	☐ **per cent** [pəˈsent]	Prozent prozentig	25 **per cent** of the people did not reply to our letter. ○ 80 **per cent** of women and 60 **per cent** of men want a zero alcohol limit for drivers. ○ There is a two **per cent** fall in the price of oil. ○ I agree with you a hundred **per cent**.	3

Cardinal numbers

1	one	10	ten	19	nineteen	80	eighty	1 000 000	a/one million
2	two	11	eleven	20	twenty	90	ninety		
3	three	12	twelve	21	twenty-one				
4	four	13	thirteen	22	twenty-two	100	a/one hundred		
5	five	14	fourteen	30	thirty	200	two hundred		
6	six	15	fifteen	40	forty				
7	seven	16	sixteen	50	fifty	1000	a/one thousand		
8	eight	17	seventeen	60	sixty	2000	two thousand		
9	nine	18	eighteen	70	seventy				

Ordinal numbers

1st	first	10th	tenth	19th	nineteenth	80th	eightieth		
2nd	second	11th	eleventh	20th	twentieth	90th	ninetieth		
3rd	third	12th	twelfth	21st	twenty-first				
4th	fourth	13th	thirteenth	22nd	twenty-second	100th	hundredth		
5th	fifth	14th	fourteenth	30th	thirtieth	200th	two hundredth		
6th	sixth	15th	fifteenth	40th	fortieth				
7th	seventh	16th	sixteenth	50th	fiftieth	1000th	thousandth		
8th	eighth	17th	seventeenth	60th	sixtieth				
9th	ninth	18th	eighteenth	70th	seventieth	1 000 000th	millionth		

770 Sitten, Gebräuche, Feste

Boxing Day 16	Christmas Eve 14	fireworks 5	Santa Claus 13
ceremony 3	custom 2	Halloween 10	Valentine's Day 9
Christmas 11	Easter 7	holiday 6	way of life 1
Christmas Day 15	Father Christmas 12	parade 4	Whitsun 8

1	☐ **way of life** [ˌweɪ əv ˈlaɪf]	Lebensart Lebensweise	the *American / English* **way of life** ○ Immigrants may have to abandon their traditional **way of life**. ○ Corruption was a **way of life** during Franco's 28 years in power. ○ They destroyed the tribe's ancient **way of life**.	4
2	☐ **custom** [ˈkʌstəm]	Brauch Sitte Gewohnheit	a *local / tribal / strange* **custom** ○ an *old / ancient* **custom** ○ It was our **custom** to spend the Christmas holiday in ... ○ Indians thought the white men's **custom** of shaking hands was comical.	2
3	☐ **ceremony** [ˈserɪmənɪ]	Zeremonie Feier	a *formal / religious* **ceremony** ○ an opening **ceremony** ○ The prize-giving **ceremony** [Preisverleihung] will *be held / take place* in the school hall.	4
4	☐ **parade** [pəˈreɪd]	Umzug Parade	a new year **parade** ○ a church **parade** [Prozession] ○ a fashion **parade** [Modenschau] ○ hold a **parade** ○ attend a **parade** ○ There used to be a military **parade** in Red Square on 1st May.	5
5	☐ **fireworks** [ˈfaɪəwɜːks]	Feuerwerk	Just four hours before the unification [Vereinigung] **fireworks** lit up [erleuchten] the Berlin sky at midnight. ○ **Fireworks** [Feuerwerkskörper] exploded over the Place de la Concorde.	6

6	☐ **holiday** ['hɒlədeɪ]	Feiertag freier Tag	a *public* [gesetzlich] / *religious* [kirchlich] **holiday** ○ celebrate a **holiday** ○ observe [einhalten] a **holiday** ○ Next Friday is a **holiday**. ○ One national **holiday** everyone celebrates in America is Thanksgiving.	2
7	☐ **Easter** ['iːstə]	Ostern Oster-	They go for skiing **at Easter**. ○ **on Easter** *Sunday / Monday* ○ during the **Easter** holidays ○ The children are looking for **Easter eggs**.	3
8	☐ **Whitsun** ['wɪtsn]	Pfingsten	**Whitsun** is the seventh Sunday after Easter, when Christians celebrate the Holy Spirit coming down from heaven [Himmel].	6
9	☐ **Valentine's Day** ['væləntaɪnz ˌdeɪ]	Valentinstag (14. Februar)	**Valentine** cards ○ It was **St. Valentine's Day** and he gave Jane a kiss. ○ He *will marry / was born* **on (St.) Valentine's Day**.	5
10	☐ **Halloween** [ˌhæləʊ'iːn]	die Nacht vor Allerheiligen (31. Oktober)	a **Halloween** *party / parade* ○ **Halloween** is celebrated by children who dress as witches, ghosts, etc.	5
11	☐ **Christmas** ['krɪsməs]	Weihnachten Weihnachts-	a white **Christmas** ○ *celebrate / spend* **Christmas** with your family ○ She is not very religious, but she does go to church **at Christmas**. ○ a **Christmas** *card / present / tree / carol / dinner / party* ○ **Christmas** *shopping / rush* ○ **Christmas** holidays	1
12	☐ **Father Christmas** (BE) [ˌfɑːðə 'krɪsməs]	der Weihnachtsmann	dress (up) as **Father Christmas** ○ **Father Christmas** is the imaginary old man who is believed by children to deliver their presents at Christmas. ○ Her two children wrote to **Father Christmas** asking for multimedia PC and CD-Roms.	3
13	☐ **Santa Claus** ['sæntə klɔːz]	der Weihnachtsmann	wear a **Santa Claus** *hat / costume* ○ **Santa Claus** came over the chimney tops in a sledge [Schlitten] filled with toys.	3
14	☐ **Christmas Eve** [ˌkrɪsməs 'iːv]	Heiligabend	the last-minute rush **on Christmas Eve** ○ The bishop said his church would hold a midnight Mass **on Christmas Eve**. ○ She has invited her younger brother to join them to sing carols **on Christmas Eve**. ○ a **Christmas Eve** party ○ a traditional **Christmas Eve** dinner	3
15	☐ **Christmas Day** [ˌkrɪsməs 'deɪ]	erster Weihnachtsfeiertag	Trains don't run on **Christmas Day**. ○ **Christmas Day** fell on a Sunday last year. ○ Our outside temperature on **Christmas Day** was below zero.	3
16	☐ **Boxing Day** (GB) ['bɒksɪŋ deɪ]	der zweite Weihnachtsfeiertag	In England and Wales **Boxing Day** is a public holiday. ○ **Boxing Day** and New Year's Day are not holidays in the US.	5

800 Geschichte, historische Institutionen usw.

AD 9	crown 32	historic 2	lord 27	prince 25	traditional 11
age 4	custom 12	historical 3	medieval 6	princess 26	witch 18
ancient 7	dwarf 17	history 1	Middle Ages 5	queen 21	
BC 8	fairy 14	king 20	monarchy 22	royal 24	
court 29	fairy tale 15	kingdom 23	palace 28	throne 30	
crown 31	giant 16	legend 13	pirate 19	tradition 10	

1	☐ **history** ['hɪstrɪ]	Geschichte	*ancient / modern* [alte / neuere] **history** ○ far back in **history** ○ She was to go down [eingehen] in **history** as a great queen. ○ **History** often repeats itself. ○ It was the worst disaster in **the history of** space travel. ○ a **history** *lesson / teacher / book*	3
			▪ Use **the** before **history** only when it refers to a limited period of time.	
2	☐ **historic** [hɪ'stɒrɪk]	historisch	a **historic** *building / town centre* ○ a **historic** *day / battle / decision / meeting between two great leaders* ○ **historic** times ○ This **historic** opportunity in Franco-German relations must not be lost [verpassen].	5
			▪ Don't mix up **historic** (von großer geschichtlicher Tragweite, bedeutend, berühmt) with **historical** (sich auf geschichtliche Ereignisse beziehend, historisch belegt).	

3	☐ **historical** [hɪˈstɒrɪkl]	historisch geschichtlich Geschichts-	**historical** *events / people* ○ a **historical** *novel / play / drama / film* ○ the **historical** *truth* ○ **historical** *research / studies* ○ be of great **historical** *interest / importance* ○ traces of the **historical** development ○ Was King Arthur a **historical** figure? ○ We have no **historical** evidence for that. ○ He explained the problem in its wider **historical** context.	5
4	☐ **age** [eɪdʒ]	Zeit Zeitalter	the *Ice / Stone / Iron* **Age** ○ the *modern / industrial / nuclear* **age** ○ the golden **age** of capitalism	4
5	☐ **Middle Ages** [ˌmɪdl ˈeɪdʒɪz]	Mittelalter	the *early / late* **Middle Ages** ○ The book deals with the history of Germany from the **Middle Ages** to the present. ○ In the **Middle Ages**, people's lives were commonly divided into four periods, reflecting the four seasons.	5
6	☐ **medieval** [ˌmediˈiːvl]	mittelalterlich	**medieval** *towns / walls / churches / markets* ○ **medieval** *art / literature / music* ○ **medieval** *Italy / Europe* ○ in **medieval** times ○ Susan likes exploring **medieval** castles. ○ **Medieval** pictures consist, for the most part, of decorations to churches.	4
7	☐ **ancient** [ˈeɪnʃnt]	alt antik historisch	**ancient** *traditions / customs* ○ **ancient** churches ○ **ancient** Rome ○ **ancient** art ○ parallels between **ancient** and modern times [Altertum und Moderne] ○ study **ancient** *history / cultures* ○ protect **ancient** monuments ○ **Ancient** walls surround the city of York.	4
8	☐ **BC** [ˌbiː ˈsiː]	v. Chr.	in (the year) 500 **BC** ○ Greek writings from the 7th century **BC** ○ The town was originally settled by the Greeks in 2000 **BC**.	4
9	☐ **AD** [ˌeɪ ˈdiː]	n. Chr.	in (the year) 500 **AD** ○ in the first century **AD** ○ after the Roman conquest [Eroberung] of Britain in 43 **AD**	4
10	☐ **tradition** [trəˈdɪʃn]	Tradition Brauch	an **ancient** tradition ○ *political / cultural / religious* **traditions** ○ a long **tradition of** democracy ○ in the *great / best* **tradition** of ... ○ conflicts between **tradition** and modernisation ○ a politician **in the tradition** of the Social Democrats ○ have a long **tradition** ○ *maintain / keep with* a **tradition** ○ break with **tradition** ○ *continue / carry on* the family **tradition** ○ **By tradition** [traditionell], people play practical jokes on 1st April.	4
11	☐ **traditional** [trəˈdɪʃnəl]	herkömmlich überkommen traditionell volkstümlich	**traditional** *methods / ways / arguments* ○ **traditional** and progressive styles of teaching ○ **traditional** *values / forms / attitudes* ○ **traditional** Irish music ○ It's **traditional** [Es ist Tradition] in America to eat turkey on Thanksgiving Day. ○ In Britain, turkey is **traditionally** eaten on Christmas.	4
12	☐ **custom** [ˈkʌstəm]	Brauch Sitte	an *ancient / old* **custom** ○ **by** [nach] modern democratic **custom** ○ contrary to international **custom** ○ the protection of Jewish **custom** and tradition ○ It's **the custom** in Britain to open your presents on Christmas Day.	2
13	☐ **legend** [ˈledʒənd]	Legende Sage	Christian **legends** ○ the **legend** of King Arthur ○ heroes of Greek **legend** ○ He became a living **legend**. ○ According to **legend**, Robin Hood lived in Sherwood Forest.	6
14	☐ **fairy** [ˈfeəri]	Fee Märchen-	a *good / bad* **fairy** ○ She wished to be a magic **fairy**. ○ **fairyland** ○ a **fairy** *book / story / Queen / princess*	4

15	☐ **fairy tale** ['feərɪ teɪl]	Märchen	a book of **fairy tales** for children ○ Grimm's **Fairy Tales** ○ sound like a **fairy tale** ○ Do you really expect me to believe this **fairy tale**? ○ a magic kingdom full of **fairytale** castles	6
16	☐ **giant** ['dʒaɪənt]	Riese	a *sleeping / fallen* **giant** ○ the German chemical **giant**, BASF ○ Oscar Wilde wrote a short story called 'The Selfish **Giant**'.	5
17	☐ **dwarf**, pl. **dwarfs/ dwarves** [dwɔːf/ dwɔːfs/dwɔːvz]	Zwerg	She likes the fairy story 'Snow White and the Seven **Dwarfs**'. ○ Germany was considered an economic giant but a political **dwarf**. ○ **dwarf** *hamsters / bushes / fruit trees*	6
18	☐ **witch**, pl. **witches** [wɪtʃ, wɪtʃɪz]	Hexe	From the 1st to the 17th century thousands of women were accused of being **witches** in Western Europe. ○ a **witch** doctor [Medizinmann] ○ Senator McCarthy led a **witch hunt** against people suspected [verdächtigen] of being former Communists. ○ practise **witchcraft** [Hexerei]	5
19	☐ **pirate** ['paɪərət]	Seeräuber(in) Pirat(in) Piraten-	an organized gang of **pirates** ○ a **pirate** *ship / flag / station / radio* ○ a **pirate's** treasure ○ wear a **pirate's** black eye patch [Klappe] ○ a **pirate copy** [Raubkopie] of *laser discs / films* ○ a **pirated** *compact disc / video*	6
20	☐ **king** [kɪŋ]	König	**King** Henry VIII ○ be *made / crowned* **king** ○ He became **king** when his father died.	1
21	☐ **queen** [kwiːn]	Königin	a *popular / strong / weak* **queen** ○ an uncrowned **queen** ○ Stefan Zweig wrote a novel about Mary **Queen** of the Scots. ○ **Queen** Elizabeth II has been on the throne for over 40 years.	1
22	☐ **monarchy** ['mɒnəkɪ]	Monarchie	the British **monarchy** ○ a constitutional **monarchy** ○ *set up / save / abolish* a **monarchy** ○ Some people think the British **monarchy** is old-fashioned, others feel it still has an important role to play.	5
23	☐ **kingdom** ['kɪŋdəm]	Königreich	rule over a small **kingdom** ○ visitors to **the United Kingdom** ○ *enter / come to* **the United Kingdom** with a visitor's visa ○ **The United Kingdom** consists of England, Scotland, Wales and Northern Ireland.	5
24	☐ **royal** ['rɔɪəl]	königlich Königs-	the **royal** *princess / children* ○ a **royal** *palace / wedding* ○ an official visit by members of the **royal** family to an Eastern European country ○ the **Royal Society of Arts** ○ a **royal road** [Königsweg] to success	3
25	☐ **prince** [prɪns]	Prinz Fürst	the **crown prince** ○ a fairy-tale **prince** ○ **Prince** Rainier of Monaco ○ The **Prince of Wales** will represent the Queen at the celebrations.	4
26	☐ **princess** [prɪn'ses]	Prinzessin	**Princess** Margaret is the Queen's sister. ○ The **Princess** of Wales was photographed when she was enjoying her first private ski holiday in the United States.	4
27	☐ **lord** [lɔːd]	Lord Herr	**Lord** Byron ○ powerful war **lords** ○ His ancestors had been feudal **lords**, kingmakers, even.	5
28	☐ **palace** ['pælɪs]	Palast Schloss	maintain royal **palaces** ○ **Buckingham Palace** ○ near the **Charlottenburg Palace** in Berlin ○ The **palace** *contains 7000 rooms / needs restoring*. ○ We now have three million visitors to the royal **palace**.	3
29	☐ **court** [kɔːt]	Hof	the royal **court** ○ attend a ceremony **at court** ○ She's well-known in **court circles**.	4
30	☐ **throne** [θrəʊn]	Thron	the Spanish **throne** ○ *come to / be first in line to* the **throne** ○ In 1837 Queen Victoria succeeded [folgen] to the **throne**. ○ an **heir to the throne** [Thronfolger]	6
31	☐ **crown** [kraʊn]	Krone	a **crown** on an official envelope ○ *ministers of / enemies of / land owned by* the **Crown** ○ wear a **crown** ○ The power of the **Crown** is limited by parliament. ○ the **crown jewels**	3
32	☐ **crown** [kraʊn]	krönen	The new king was **crowned** in West Minster Abbey. ○ They **crowned** him king. ○ Their efforts were **crowned** with success.	3

902 Wörter auf -EVER

however [haʊˈevə]	wie, egal wie, wie ... auch	Arrange your hours **however** you like. ○ We'll have to finish the job, **however** long it takes. ○ She wants to have the car, **however** much it costs.
whatever [wɒtˈevə]	was (auch) immer	Do **whatever** seems best. ○ **Whatever** you say is all right with me. ○ **Whatever** we do, some people will criticise it.
whenever [wenˈevə]	wann immer immer wenn	I can meet you **whenever** you like. ○ **Whenever** we come here, we see someone we know. ○ **Whenever** books are burnt, in the end people are burnt as well. (Heinrich Heine)
wherever [weərˈevə]	wo(hin) ... auch wo (immer)	**Wherever** he went he jogged. ○ Sleep **wherever** you like. ○ He comes from Hintertupfingen, **wherever** that is.
whichever [wɪtʃˈevə]	welche(r, s) ... (auch) (immer)	It doesn't matter **whichever** team he plays for. ○ Take **whichever** pullover [den(jenigen) Pullover, der] *suits you best / you like best*. ○ **Whichever** of you [derjenige von euch, der] comes first will receive a prize.
whoever [huːˈevə]	wer ... auch wer immer	**Whoever** it is, I don't want to see them. ○ **Whoever** is responsible for this will be punished. ○ Tell **whoever** [wem] you like – I don't care.

904 Häufig verwendete Adverbien

after [ˈɑːftə]	danach	the *day / week / year* **after** ○ *soon / not long* **after** ○ Several days **after**, he left the country. ○ They lived happily **ever after** [seitdem].
afterwards [ˈɑːftəwədz]	danach hinterher anschließend	She was never the same **afterwards**. ○ Let's go to the cinema first and to the disco **afterwards**. ○ The ceremony lasts one hour and there is a meal **afterwards**.
again [əˈgen, əˈgeɪn]	wieder noch (ein)mal	Back **again** already? ○ This must never happen **again**. ○ They went over the same arguments **again and again** [immer wieder]. ○ *Try / Say that / Call / Don't do that* **again**. ○ Will you spell your name **again**, please?
already [ɔːlˈredɪ]	schon bereits	Is it noon **already**? ○ You are not going **already**, are you? ○ I had **already** gone when Betty arrived. ■ **Already** is spelt with one l.
also [ˈɔːlsəʊ]	auch	He was thin, and he was **also** tall. ○ They play in the evenings and **also** on Sunday mornings.
anyway [ˈenɪweɪ]	jedenfalls trotzdem sowieso	Whether you like it or not, I'm going **anyway**. ○ It was snowing hard, but we drove to the theatre **anyway**. ○ We wouldn't accept your help **anyway**. ○ **Anyway** [wie dem auch sei], I must go now.
(a)round [əˈraʊnd]	herum um	show visitors **(a)round** ○ The prison was set on an island, with walls all **(a)round**. ○ She turned **(a)round** quickly.
as early as [əz ˈɜːlɪ əz]	schon	**as early as** *next Wednesday / 1452 / 9.30 am* ○ The report may be published **as early as** next month. ○ Leonardo da Vinci designed a parachute [Fallschirm] **as early as** the 15th century.
as late as [əz ˈleɪt əz]	bis noch erst	**As late as** 1980 they were still using horses on the farm. ○ Even **as late as** February 1942 Hitler's Foreign Minister did not think that the Western Allies [Alliierte] would invade Europe. ○ **As late as** Sunday they were sounding [auslösen] the alarm.
as well (as) [əz ˈwel əz]	genauso gut wie (und) auch ebenso wie	You know **as well as** I do that ... ○ We're going to the cinema, why don't you come along **as well**? ○ He grows flowers **as well as** vegetables. ○ She's a talented painter **as well as** an excellent photographer.

at last [ət 'lɑːst]	endlich, schließlich (doch noch)	**At last**, someone was saying publicly what they all said in private. ○ Bill has passed his driving test **at last**. ○ There may **at last** be signs that the recession is ending. ○ They've broken the code **at last**.
at least [ət 'liːst]	mindestens wenigstens zumindest	The repairs will cost **at least** $100. ○ It will take you **at least** thirty minutes to get there. ○ Cut the grass **at least** once a week. ○ You didn't get a good grade, but **at least** you passed the course.
at once [ət 'wʌns]	sofort, sogleich; gleichzeitig	Tell him to come **at once**. ○ They surrendered **at once**. ○ Don't all speak **at once**. ○ People were standing in three or four queues **at once**.
back [bæk]	zurück wieder	*call / give / pay / look / wave* **back** ○ come **back** from holiday ○ hold **back** your tears ○ comb **back** your hair ○ go **back** to work ○ Stand **back** and give me some room, please. ○ Sit **back** and relax. ○ Put the book **back** on the shelf. ○ I'd better go **back**. ○ She just couldn't get **back** to sleep. ○ Play the tape **back** for me, will you?
before [bɪ'fɔː]	zuvor vorher schon einmal	the *day / month* **before** ○ Last week she was in London, and the week **before** that she was in Berlin. ○ You should have told me so **before**. ○ If we'd known **before**, we'd have let you know. ○ I think we've met **before**.
besides [bɪ'saɪdz]	außerdem	I don't want to go to the cinema; **besides** I'm feeling too tired. ○ I don't like the colour and **besides**, it's more than I can afford.
down [daʊn]	herunter hinunter	*jump / climb* **down** ○ come **down** the *ladder / stairs* ○ *put / take* sth **down** [aufschreiben] ○ He fell **down**. ○ Go and lie **down** [hinlegen]. ○ Write **down** [aufschreiben] their new address. ○ The sun went **down** [untergehen] below the horizon. ○ They shouted **down** [niederschreien] the opposition.
enough [ɪ'nʌf]	genug	Is your tea sweet **enough**? ○ The house isn't big **enough** for them. ○ Is the water hot **enough** for the bath? ○ The instructions weren't clear **enough** for anybody to understand. ○ She's old **enough** to make her own decisions. ○ I didn't bring a big **enough** bag. ○ They're not improving because they don't practice **enough**.
equally ['iːkwəli]	gleich(mäßig) gleichermaßen	treat rich and poor **equally** ○ She loves both her children **equally**. ○ We try to divide the work **equally**. ○ He was **equally** at home in opera and symphonic music.
even ['iːvn]	sogar selbst noch	**Even** the younger children enjoyed the concert. ○ **Even** a child could do that. ○ It was cold there **even** in July. ○ His speech made the confusion **even** worse. ○ She's **even** more intelligent than her brother. ○ Sally drives fast, but Susan drives **even** faster.
for ever [fə'revə]	immer für immer ewig	Are we to continue **for ever** like this? ○ The days of the great explorers are gone **for ever**. ○ He said he would love her **for ever**. ○ It seemed that the game would go on **for ever**. ○ These things don't last **for ever**.
hardly ['hɑːdli]	kaum	I **hardly** know him. ○ The situation is **hardly** ideal. ○ I could **hardly** breathe. ○ He will **hardly** come now. ○ There's **hardly** anything [so gut wie nichts] to do. ○ **Hardly ever has there been** such poverty.
indeed [ɪn'diːd]	in der Tat tatsächlich wirklich	He had something to prove, didn't he? — **Indeed** he had. ○ The glasses were **indeed** where you said they would be. ○ **Indeed**, it did rain as hard as predicted. ○ His memory was **indeed** phenomal. ○ She can run very fast **indeed**.
instead [ɪn'sted]	stattdessen	If you don't want to walk, I'll go **instead**. ○ There aren't any bananas — will you have an apple **instead**? ○ He didn't join the army. **Instead**, he decided to become a painter.
just [dʒʌst]	nur bloß (mal) genau gerade	**just** *a moment / second* ○ I can stay **just** a minute. ○ No, thanks. I'm **just** looking. ○ **Just** imagine. ○ This is **just** what I *mean / need / wanted*. ○ The jacket is **just** my size. ○ You're **just** in time. ○ I was **just** leaving when the telephone rang. ○ Could I **just** say a few words before we start?
just [dʒʌst]	einfach wirklich	It's **just** *fine / wonderful / great*. ○ He **just** sits there and does nothing. ○ This place is **just** terrible. ○ Some things are **just** worth the time.
maybe ['meɪbiː]	vielleicht	**Maybe** *you're right / I was wrong about Tom*. ○ **Maybe** she'll come, **maybe** she won't. ○ There were three, **maybe** four hundred people at the concert.
nearly ['nɪəli]	fast beinahe	**nearly** *empty / full / finished* ○ **nearly** *10 years / 20%* ○ **nearly** dead with cold ○ She's **nearly** always right. ○ It took **nearly** half an hour to get here. ○ He very **nearly** died. ○ **Nearly** a million people had been out of work for more than a year.
not ... yet [nɒt ... 'jet]	noch nicht	Are you ready to go? — No, **not yet**. ○ I don't know the answer **yet**. ○ I don't know **yet** whether she'll come or not. ○ **Don't** go **yet**. ○ They **haven't** woken up **yet**.

not even [nɒt 'iːvn]	(noch) nicht einmal	The match had **not even** started. ○ He did**n't even** give me a cup of tea. ○ At that time Kate was **not even** born.
not only ... but also [nɒt 'əʊnli ... bət 'ɔːlsəʊ]	nicht nur ..., sondern auch	To his athletes he was **not only** a respected coach **but also** a close friend. ○ **Not only** does she swim well, **but** she **also** skis well. ○ Songs **not only** are fun **but also** teach word patterns that are hard to forget.
once [wʌns]	(früher) einmal einst	Foreman was **once** a powerful heavyweight champion. ○ He had obviously been a great singer **once**. ○ This book was famous **once**, but nobody reads it any more.
once again [ˌwʌns ə'gen]	noch einmal, wieder, erneut, abermals	Let me thank you **once again** for ... ○ If they try **once again** to ... ○ Tell me **once again** why ... ○ I'm glad to be doing the job I love **once again**. ○ **Once again**, new technology has slowed everything down [verlangsamen].
once more [ˌwʌns 'mɔː]	noch einmal abermals erneut	He played the role just **once more**, and a few weeks later he was dead. ○ They have **once more** invited us to ... ○ The problem of unemployment is growing **once more**.
only ['əʊnli]	nur	**only** a few minutes later ○ **Only** one question remained. ○ She cooks **only** at weekends. ○ **Only** democracy can save the country.
only ['əʊnli]	erst	I *saw her / read that article* **only** *yesterday / last week*. ○ He **only** got here last night. ○ She was **only** 17 when she got married.
out [aʊt]	aus heraus draußen	*go / break* **out** ○ jump **out** ○ find **out** ○ All the lights went **out.** ○ Cross **out** the mistakes. ○ I opened the box and some nails fell **out**. ○ The sun came **out** after the rain. ○ The book came **out** last October. ○ You should be **out** in the fresh air.
perhaps [pə'hæps, præps]	vielleicht	**perhaps** 95 per cent of the population ○ **Perhaps** he'll come / the package will arrive today. ○ It is **perhaps** the best known of his works. ○ **Perhaps** you'd like some tea. ○ I think **perhaps** we'd better talk about your problems.
really ['rɪəli]	wirklich tatsächlich	a **really** *long / fast* journey ○ love sb **really** and truly ○ It's not **really** surprising. ○ I've never **really** thought about it. ○ I'm **really** going to miss you. ○ I'm sure she didn't **really** mean it. ○ **Really**, this is too much. ○ The test was quite easy, **really**. ○ If whites **really** believed they were better, would it be necessary to create laws guaranteeing [garantieren] social and political superiority [Überlegenheit]?
somehow ['sʌmhaʊ]	irgendwie	Don't worry, **somehow** we'll get our money back. ○ **Somehow**, I don't think it'll work. ○ I always knew she'd get the job, **somehow**.
still [stɪl]	(immer) noch	It's **still** snowing. ○ He **still** loves her. ○ After fifty lessons he **still** can't drive very well. ○ Does she **still** *live in Cambridge / play tennis?* ○ He may **still** be at the party. ○ Will you **still** be here when I get back?
suddenly ['sʌdnli]	plötzlich	The end came quite **suddenly**. ○ **Suddenly** *there was a loud noise / everyone started shouting and singing.*
then [ðen]	dann zu der Zeit damals	The rain stopped and **then** started again. ○ They spent a week in Paris and **then** went to Munich. ○ They were living in Ireland **then**. ○ She refused to talk about it **from then on** [von da an]. ○ I had no idea **until then** [bis dahin] he was so good. ○ He will have retired **by then** [bis dahin].
together [tə'geðə]	zusammen	call the people **together** ○ *go for a walk / spend more time* **together** ○ work closely **together** ○ mix sugar and butter **together** ○ We were at school **together**.
too [tuː]	auch	He speaks German, English, French and Spanish **too**. ○ They all wanted to go to the cinema, so I went **too**. ○ I'm sure you would like the book **too**.
yet [jet]	schon	Has Diana arrived **yet**? ○ Have you been to England **yet**?

904A Adverbien des Grades und andere Adverbien

accordingly 4	especially 39	mainly 42	quite 28	truly 6
actually 3	for this reason 14	mostly 43	rather 26	under no circum-
almost 29	fortunately 8	on no account 20	relatively 30	stances 21
alternatively 24	furthermore 33	on the one hand ... 22	simply 7	undoubtedly 11
altogether 19	generally 31	on the whole 32	still 13	unfortunately 9
as a result 18	greatly 36	otherwise 23	that (much) 44	very 35
automatically 5	highly 37	particularly 38	that is why 15	
beyond 34	however 12	possibly 1	therefore 16	
consequently 17	just about 25	pretty 27	thoroughly 41	
definitely 40	luckily 10	probably 2	too (much) 45	

1	☐	**possibly** ['pɒsəblɪ]	vielleicht möglicherweise	Are you free on Saturday? – **Possibly**. Why? ○ He might be making his second, and **possibly** last, mistake. ○ He has everything a student could **possibly** [nur] want. ○ It is unclear what a sit-in can **possibly** [überhaupt] achieve. ○ They do all they **possibly** can [was ihnen irgend möglich ist] in the circumstances.	3
2	☐	**probably** ['prɒbəblɪ]	wahrscheinlich	He's **probably** right / on the wrong track. ○ 'The Rose' is **probably** the best hotel. ○ **Probably**, these two problems are related. ○ Will you be coming? – **Probably** (not).	3
3	☐	**actually** ['æktʃʊəlɪ]	eigentlich tatsächlich wirklich	"**Actually**", he says, "I was a little disappointed." ○ Did he **actually** attack you, or just threaten you? ○ He pretended to be deaf, but **actually** [in Wirklichkeit] he was not. ○ There is no scientific evidence that the virus **actually** causes cancer.	3
				■ False friend: The English word for German **aktuell** is **up to date**.	
4	☐	**accordingly** [ə'kɔːdɪŋlɪ]	(dem)entsprechend	Find out what happened and advise us **accordingly**. ○ I realized that I was in danger and acted **accordingly**.	5
5	☐	**automatically** [ˌɔːtə'mætɪklɪ]	automatisch	We can no longer claim that living standards of the poor rise **automatically** with growth. ○ It doesn't follow **automatically** that ... ○ I turned **automatically** without thinking. ○ The light turns off **automatically** at 9 pm.	4
6	☐	**truly** ['truːlɪ]	wirklich wahrhaftig	**truly** international / professional ○ **truly** upset / sorry ○ feel **truly** sad ○ love somebody really and **truly** ○ His last novel was **truly** awful.	4
7	☐	**simply** ['sɪmplɪ]	einfach bloß	Explain the situation as **simply** as you can. ○ They were **simply** curious. ○ It's **simply** a question of taste.	2
8	☐	**fortunately** ['fɔːtʃnətlɪ]	glücklicherweise	**Fortunately**, he soon found a new job. ○ **Fortunately**, the fire was discovered soon after it had started / she did not suffer too much from this experience.	3
9	☐	**unfortunately** [ʌn'fɔːtʃənɪtlɪ]	unglücklicherweise, leider	I'd love to get away from telephones completely, but **unfortunately** I can't. ○ **Unfortunately**, you were out when we called / the museum is not open on Sundays.	3
10	☐	**luckily** ['lʌkɪlɪ]	glücklicherweise	**Luckily**, no one was killed / nothing had been stolen. ○ **Luckily for me** [zu meinem Glück], there was hot water in the boiler so I could have a bath.	4
11	☐	**undoubtedly** [ʌn'daʊtɪdlɪ]	zweifellos ohne Zweifel	**Undoubtedly** what we really need is ... ○ This is **undoubtedly** true. ○ She will **undoubtedly** be remembered for a long time. ○ Britain has **undoubtedly** changed for the better but the voters are ungrateful [undankbar].	4
12	☐	**however** [haʊ'evə]	jedoch aber	She felt ill. She went to work, **however**, and tried to concentrate. ○ Sales are poor this month. There may, **however**, be an increase before Christmas.	3
				■ Use a comma before and after **however**.	
13	☐	**still** [stɪl]	trotzdem dennoch	Derek didn't do much work, but he **still** passed the exam. ○ The hotel was terrible. **Still** [wenigstens] we were lucky with the weather.	1
14	☐	**for this reason** [fɔː ˌðɪs 'riːzn]	aus diesem Grund, deshalb	It is **for this reason** that she lost the game / they won the elections. ○ **for the simple reason**	3

15	☐ **that is why** [ðæt ɪz 'waɪ]	deshalb darum	I was not well and **that is why** I was not there. ○ She had an accident. **That's why** she was late. ○ He missed the bus. **That's why** he survived.	2
16	☐ **therefore** ['ðeəfɔː]	deshalb deswegen	The manager was very busy. **Therefore**, she couldn't go to the meeting. ○ It can easily be damaged and **therefore** needs careful attention.	3
17	☐ **consequently** ['kɒnsɪkwəntlɪ]	deswegen folglich	My car broke down and **consequently** I was late. ○ I crashed the car and **consequently** I must pay for the repairs. ○ Women experience life differently from men. **Consequently**, they think differently.	4
			■ False friend: The English word for German **konsequent** is **consistent**.	
18	☐ **as a result** [əz ə rɪ'zʌlt]	als Folge davon	He changed his job. **As a result**, he is able to spend more time with his family. ○ He suffered a lot **as a result of** [infolge] the accident.	4
19	☐ **altogether** [,ɔːltə'geðə]	völlig ganz (und gar)	I'm not **altogether** happy with this decision. ○ I don't **altogether** agree with you. ○ He decided to abandon drug treatment **altogether**.	4
20	☐ **on no account** [ɒn 'nəʊ ə,kaʊnt]	unter keinen Umständen, keineswegs	**On no account** tell him about our plan / feed the animals in the zoo. ○ There must **on no account** be centralisation of power. ○ Aids must **on no account** be seen as a gay plague.	4
21	☐ **under no circumstances** [,ʌndə nəʊ 'sɜːkəmstænsɪz]	unter keinen Umständen	**Under no circumstances** should you leave the house / was I going to allow her to spoil my arrangements. ○ **Under/In no circumstances** should you lend him any money. ○ **Under no circumstances** was she going to be a second-class citizen because she was a woman.	4
22	☐ **on the one hand ... on the other hand** [ɒn ðə 'wʌn ,hænd ... ɒn ðɪ 'ʌðə ,hænd ...]	einerseits ... andererseits	**On the one had** this is an excellent opportunity to make a lot of money, **on the other hand** there are a lot of risks involved. ○ **On the one hand** she wants to travel abroad, **on the other hand** she doesn't want to give up her job. ○ A century ago there was Dostoyevsky **on the one hand** and Dickens **on the other**.	4
23	☐ **otherwise** ['ʌðəwaɪz]	ansonsten sonst andernfalls	I'm a bit tired but **otherwise** I feel fine. ○ Don't criticize or **otherwise** I'll get annoyed with you. ○ Don't tell them any more, **otherwise** you are giving away secrets.	4
24	☐ **alternatively** [ɔːl'tɜːnətɪvlɪ]	oder aber	We could fly to Paris. **Alternatively**, we could go by bus. ○ We could walk or **alternatively** we could go in Susan's car.	3
25	☐ **just about (ripe)** [dʒʌst əbaʊt ('raɪp)]	fast so gut wie so ungefähr	The apples are **just about** ripe. ○ It's **just about** all I do know. ○ You can get **just about** anything you want. ○ **Just about** everybody will be affected by the tax increase.	3
26	☐ **rather** ['rɑːðə]	ziemlich	a **rather** boring speech / silly question ○ **rather** bad weather ○ The test was **rather** difficult. ○ This room is **rather** untidy.	2
27	☐ **pretty** (infml.) ['prɪtɪ]	ziemlich	**pretty** good / well / surprised / hot / cold / sure / late / angry / hopeless ○ I'm **pretty** certain that Sonny will agree.	3
28	☐ **quite** [kwaɪt]	ziemlich ganz	**quite** big / small ○ **quite** good / delicious ○ **quite** cold ○ **quite** sure / hopeless / unexpected ○ Question 5 is **quite** difficult. ○ **Quite** honestly ...	2
29	☐ **almost** ['ɔːlməʊst]	fast beinahe	**almost** every house / everywhere / all students ○ He paid **almost** nothing for the car. ○ She **almost** fell under a moving bus.	2
30	☐ **relatively** ['relətɪvlɪ]	relativ verhältnismäßig	**relatively** simple / cheap ○ **relatively** late in life ○ a **relatively** new science / small firm / low population ○ They have **relatively** little to lose.	3
31	☐ **generally** ['dʒenrəlɪ]	im Allgemeinen, im Großen und Ganzen	They **generally** spend their holidays abroad. ○ The plans for a shopping centre have been **generally** accepted / welcomed. ○ I **generally** [gewöhnlich] get up at 7 am.	3
32	☐ **on the whole** [ɒn ðə 'həʊl]	im Großen und Ganzen, alles in allem	**On the whole** girls are less violent, less likely to get into fights and commit crimes. ○ Women, **on the whole**, are more organized than men. ○ Man is, **on the whole** [im Ganzen gesehen], a catastrophe to the animals.	3
33	☐ **furthermore** [,fɜːðə'mɔː]	überdies außerdem	**Furthermore**, I'd like to point out / I must tell you that ... ○ **Furthermore**, he left orders not to be disturbed.	4
34	☐ **beyond** [bɪ'jɒnd]	darüber hinaus dahinter	They prepared for the changes of the 1990s and **beyond**. ○ They walked out of the garden into the field **beyond**.	3
35	☐ **very** ['verɪ]	sehr	**very** old / sensitive / useful ○ **very** soon / quickly / far ○ **very** many / few / little ○ That's **very** nice of you.	1

36	☐ **greatly** ['greɪtlɪ]	sehr, außerordentlich, bedeutend	*expand / reduce* **greatly** ○ **greatly** *admired / loved / missed* ○ He contributed **greatly** to human happiness. ○ She has suffered **greatly**. ○ We **greatly** regret the trouble we've caused.	3
37	☐ **highly** ['haɪlɪ]	höchst sehr hoch-	**highly** *unlikely / unusual* ○ **highly** *amusing / annoying / interesting* ○ **highly** dangerous ○ **highly** *personal / individual* ○ **highly** critical ○ **highly** *successful / educated* ○ **highly** developed ○ a **highly** sensitive paper ○ She's one of the most **highly** *skilled / paid / respected* workers.	3
38	☐ **particularly** [pə'tɪkjʊləlɪ]	besonders zumal	He never **particularly** liked the work. ○ I wouldn't think that would be a **particularly** good idea. ○ This was hard for children, **particularly** when they were ill.	3
39	☐ **especially** [ɪ'speʃlɪ]	besonders insbesondere	**especially** *in spring / on Sundays / in hot countries* ○ They visit us regularly, **especially** during the winter months. ○ I hate being interrupted, **especially** when I'm reading.	3
40	☐ **definitely** ['defɪnətlɪ]	eindeutig bestimmt	It's **definitely** true. ○ Her dress is **definitely** not red. ○ Are you leaving tomorrow? – **Definitely**.	4
41	☐ **thoroughly** ['θʌrəlɪ]	gründlich zutiefst total so richtig	**thoroughly** familiar ○ a **thoroughly** unsatisfactory situation ○ *plan / test* **thoroughly** ○ clean a room **thoroughly** ○ There are times when he has looked **thoroughly** miserable. ○ I **thoroughly** enjoyed my school days and look back on them as a time of great fun.	4
42	☐ **mainly** ['meɪnlɪ]	hauptsächlich	a rare form of cancer **mainly** of the skin ○ The people in the hotel were **mainly** tourists. ○ They rely **mainly** on tradition and history.	3
43	☐ **mostly** ['məʊstlɪ]	meistens hauptsächlich größtenteils	thousands of tourists, **mostly** women ○ **mostly** in the Far East ○ More immigrants arrived, **mostly** Europeans. ○ We went into a restaurant which was full, **mostly** skiers.	3
44	☐ **that (much)** ['ðæt (ˌmʌtʃ)]	so (viel)	Did they spend £1000? – Yes, they spent **that** much. ○ It's not **that** bad. ○ I can't walk **that** far. ○ She can't play the piano **that** well.	3
45	☐ **too (much)** [ˌtuː ('mʌtʃ)]	zu (viel)	**too** *much / little* ○ **too** *small / big / tall / good / hot* ○ This puzzle is **too** difficult **for** me. ○ That's **too** good an opportunity to miss.	1

905 Mengenbezeichnungen

all	alle; alles	**a few**	ein paar, einige (wenige)
every	jeder, jede, jedes	**few**	wenige
everybody	jeder(mann), alle	**both**	beide, beides
everything	alles	**both ... and**	sowohl ... als auch
any	jeder, jede, jedes (Beliebige)	**none (of)**	keine(r, s) (von)
many	viele	**neither (of)**	keine(r, s) (von beiden)
a lot (of ...)	viele, viel, eine Menge	**Do they need any help?**	Brauchen sie Hilfe?
lots (of ...)	viele, viel, eine Menge	**not (...) any more**	nicht mehr, kein(e, n) mehr
plenty (of)	eine Menge (...), viel(e)	**anybody?**	(irgend)jemand?
much	viel	**not ... anybody**	niemand
several	einige, mehrere; verschiedene	**anything?**	(irgend)etwas?
a couple (of)	ein paar, einige	**not ... anything**	nichts
some	einige, ein paar; etwas	**no**	kein(e)
some more	noch einige, noch etwas	**no more**	kein(e) mehr
somebody	jemand	**nobody**	niemand
something	etwas	**nothing**	nichts
a bit	ein bisschen, etwas		

908 Wichtige Konjunktionen

after ['ɑːftə]	nachdem	He was injured **after** he stopped a stolen car. ○ **After** you called the police, what did you do? ○ I'll telephone you **after** I've seen Sue. ○ He will join us as a consultant **after** he retires from the BBC this month.
		■ **After** is followed by present tense, present perfect for future reference. Don't use will-future or future perfect.
although [ɔːl'ðəʊ]	obwohl obgleich	He helped me **although** he didn't know me. ○ **Although** the car is old, it still runs well. ○ **Although** he wrote other books, he never repeated his success.
and [ənd, ænd]	und	fish **and** chips ○ a hundred **and** two ○ Do it slowly **and** carefully. ○ Do you want a pen **and** a piece of paper? ○ You'll have to wait **and** see what happens.
as [əz, æz]	da	**As** she's been ill, maybe she'll need some help. ○ **As** you are leaving last, please turn out the lights.
as [əz, æz]	als während	I saw Janet **as** I was getting off the bus. ○ His heart began to fibrillate [flimmern] **as** he was jogging.
as [əz, æz]	wie	**as** usual / always ○ **as** planned ○ as good **as** gold ○ **As** you know … ○ **As** I mentioned in my last letter, I will be back in Germany in May. ○ He can't run as fast **as** he used to. ○ You are as good **as** you think you are.
as if [əz 'ɪf]	als ob	It looks **as if** he won't arrive in time. ○ You look **as if** you've had a good time. ○ He behaved **as if** nothing had happened. ○ It was **as if** the world had come to an end.
as long as [əz 'lɒŋ əz]	solange sofern	She swam underwater **as long as** she could. ○ **As long as** I live, I will always wonder what really happened that night. ○ **As long as** you can come by ten, I'll be here.
as soon as [əz 'suːn əz]	sobald (wie)	You should let me know **as soon as** you can. ○ Try not to worry – I'll come over **as soon as** I can. ○ They want to move into their new house **as soon as** possible.
		■ **As soon as** is followed by present tense, present perfect for future reference. Don't use will-future, future perfect.
because [bɪ'kɒz]	weil	I'll do it **because** he told me to. ○ I couldn't get home **because** the road is completely impassable [unpassierbar]. ○ **Because** Susan was ill, she lost her job. ○ Why can't I go? – **Because** you're too young.
before [bɪ'fɔː]	bevor ehe	**Before** he became an author, … ○ Think carefully **before** you answer. ○ Get out **before** I call the police. ○ He'll die **before** he tells them what they want to know.
but [bət, bʌt]	aber	They're poor **but** proud. ○ He's very tall, **but** his sister is quite short. ○ My brother went, **but** I did not. ○ I'd love to come, **but** I'm not free tonight.
either … or ['aɪðə/'iːðə … ɔː]	entweder … oder	**Either** come **or** write. ○ He's **either** ill **or** he doesn't want to come. ○ You must **either** go to see him **or** send an apology.
even though [ˌiːvn 'ðəʊ]	obwohl	I can still remember, **even though** it was so long ago. ○ **Even though** they loved each other, they decided to part [auseinander gehen].
if [ɪf]	ob	He asked **if** I spoke French. ○ I haven't decided **if** I'll go. ○ Do you know **if** he's married? ○ She didn't know **if** we should write or phone.
if [ɪf]	wenn falls	**If** you like, we can go straight home. ○ **If** I were you, I wouldn't go. ○ **If** I had known, I wouldn't have gone. ○ Stay indoors **if** it rains.
neither … nor ['naɪðə … nɔː 'niːðə … nɔː]	weder … noch	He lacks **neither** ambition [Ehrgeiz] **nor** skill. ○ She was expressionless, **neither** laughing **nor** crying. ○ **Neither** Britain **nor** the United States was in a state of war in the Balkans.
like (infml.) [laɪk]	wie, so wie, als ob	No one sings the blues **like** she did. ○ It happened **like** you might expect it would. ○ The car runs **like** new. ○ He acted **like** he was afraid.
not … either [nɒt … 'aɪðə]	auch nicht auch kein	I don't like the red shirt, and I **don't** like the green one **either**. ○ If she doesn't come, he **won't** come **either**. ○ He isn't English, and he **isn't** French **either**.
not … till [nɒt … 'tɪl]	erst nicht … bevor	She did**n't** learn to drive **till** she was fifty. ○ He did **not** come **till** today. ○ He will **not** rest **until** justice [Gerechtigkeit] is done.

or [ɔː]	oder	to be **or** not to be ... ○ I can't paint **or** write novels. ○ His father wanted him to be a doctor **or** an engineer. ○ Are we going to live in a civilized country **or** not?
since [sɪns]	da	**Since** so many people cannot come, I think we'd better cancel [absagen] the meeting. ○ **Since** they've obviously forgotten to phone me, I'll have to phone them. ○ **Since** [wo] you're already here, you might as well stay.
since [sɪns]	seit	She's been all alone **since** her husband died. ○ It was the first time I won **since** I'd learnt to play chess. ○ He has been busy **since** he came.
so [səʊ]	damit also	Check carefully, **so** any mistakes will be caught. ○ The shop was closed, **so** I couldn't get any bread.
so that ['səʊ ðət]	damit sodass	We ordered our tickets early **so that** we could get good seats. ○ He spoke through a microphone **so that** he could be heard in all rooms. ○ He refused to move **so that** finally the police had to carry him away.
that [ðæt]	dass	Everybody could see **that** they were frightened. ○ It was obvious **that** the driver could not control the bus. ○ I'm sure **that** you'll like the film. ○ It's possible **that** he hasn't received the letter yet. ■ No comma before **that**.
though [ðəʊ]	obwohl	**Though** he tried very hard, he failed the test. ○ **Though** he hadn't stopped working all day, he wasn't tired.
unless [ʌn'les, ən'les]	es sei denn wenn ... nicht außer wenn	Calvin will not work hard **unless** you push him. ○ I'll be there at nine, **unless** the train is late. ○ He'll have to die **unless** a new heart can be found in time. ○ Will there be a picnic tomorrow. – Yes, **unless** it's raining.
until [ʌn'tɪl, ən'tɪl]	bis	Wait **until** the rain stops. ○ I can't tell you **until** [bevor] I've read his letter. ○ He did not go to school **until** he was nine [Er ging erst mit 9 ...].
when [wen]	als	**When** I got up this morning, it was raining. ○ He met Phil **when** he was at school.
when [wen]	wenn sobald	They are wonderful people who make me feel good about me **when** I'm with them. ○ I'll ring you up, **when** I get home. ■ **When** is followed by present tense, present perfect for future reference. Don't use will-future or future perfect.
where [weə]	wo	Please leave the magazine **where** you found it. ○ Your coat is **where** you left it. ○ Find out **where** the trouble is.
whether ['weðə]	ob	**Whether** it was sensible to say it in public is very doubtful. ○ **Whether** we go or **whether** we stay, the result is the same. ○ I doubt **whether** they can do any better.
while [waɪl]	während	It happened **while** she was working in the garden. ○ Don't ring her up **while** she's at the office.
yet [jet]	doch, dennoch	It is good, **yet** it could be improved. ○ He's failed twice, **yet** he'll try again.

908A Häufig verwendete phrasal verbs

answer back [ˌɑːnsə 'bæk]	freche Antworten geben; sich verteidigen	Don't **answer** your grandmother / her **back**. ○ He's a rude little boy, always **answering** his mother **back**. ○ They are prepared to **answer back** with talks for talks or with war for war. ○ It's unfair to attack somebody who can't **answer back**.
break up [ˌbreɪk 'ʌp]	zerkleinern auflösen	He **broke** the old furniture / it **up** [zu Kleinholz machen] and burned the parts. ○ The police were called to **break up** the meeting.
bring up [ˌbrɪŋ 'ʌp]	großziehen erziehen	**bring up** a child alone / without a father ○ **bring up** a child properly / bilingual ○ She was born, **brought up** and educated in Edinburgh. ○ It was most important to **bring** children / them **up** the right way.
brush up [ˌbrʌʃ 'ʌp]	auffrischen	**brush up** your French / language skills ○ I must **brush up** my Italian before I go to Rome. ○ Crossword puzzles are a great way to have fun and **brush up** your general knowledge at the same time.

fill in [ˌfɪl ˈɪn]	ausfüllen eintragen	**fill in** a *form / list / questionnaire* ○ **fill in** *a job application form / your income tax return* [Steuererklärung] ○ The clerk brought out a yellow form, and I **filled in** my name, address, height, weight, race and date and place of birth.
get along/on [ˌget əˈlɒŋ/ˈɒn]	auskommen zurechtkommen	**get along** with your *parents / neighbours* ○ We **get along** fine. ○ She did not **get along** well with her heavy-drinking mother. ○ They never **got along** well together. ○ We **get along** with each other as best as we can. ○ I don't know how I **got along** without it all this time.
get up [ˌget ˈʌp]	aufstehen	**get up** *late / early / at 9.30 am* ○ When did you **get up** this morning? ○ She **got up** in the middle of the night.
hand out [ˌhænd ˈaʊt]	austeilen	**hand out** *books to all pupils / exam papers to students* ○ The teacher **handed out** the tickets. ○ They **handed out** food and clothes to the people who had lost their homes.
hold up [ˌhəʊld ˈʌp]	heben hochhalten aufhalten	**hold up** your head ○ She **held up** her hand for silence. ○ He **held up** his megaphone and shouted quotations from the constitution. ○ One worker **held up** a sign reading ALOHA, BILL. ○ Sorry for being late — we were **held up** by heavy traffic. ○ Tom should be here by now. I wonder what's **holding** him **up**. ○ He was **held up** [anhalten] by a policeman.
keep out [ˌkiːp ˈaʊt]	draußen bleiben, draußen halten	A military sign warns intruders [Eindringling] to **keep out**. ○ In spite of the party's attempt [Versuch] to **keep** him **out**, he won his seat with 89% of the vote. ○ Everywhere barriers are going up to **keep** refugees [Flüchtling] **out**. ○ He's always tried to **keep out** [sich heraushalten] of politics.
leave behind [ˌliːv bɪˈhaɪnd]	zurücklassen, hinter sich lassen	**leave** *your friends / them* **behind** ○ The family had planned to **leave** their problems **behind** and sail away into sunset. ○ Why don't they seize the time and **leave** Cloudcuckooland [Wolkenkuckucksheim] **behind**?
look up [ˌlʊk ˈʌp]	nachschlagen heraussuchen	**look up** a *word / telephone number* ○ **look up** the entries for sth in a dictionary ○ If you need to find out something about the past, you **look** it **up** at the library. ○ I'll just **look up** the train times.
pick up [ˌpɪk ˈʌp]	abholen mitnehmen hochheben	She **picks up** her daughter from school every day at four. ○ A bus stopped at the end of the street to **pick up** a few passengers. ○ After the operation he was unable to do such simple things as **pick up** a cup with his left hand.
put down [ˌpʊt ˈdaʊn]	stellen legen	Helen **put** the coffee-pot **down** on the stove. ○ Do you want to leave your coat and bag? You can **put** them **down** here in the corner.
put down [ˌpʊt ˈdaʊn]	eintragen aufschreiben	I'll **put** you **down** for two tickets. ○ They **put** her name **down** on a hospital waiting list. ○ I'll just **put** your phone number **down** in my book. ○ After twenty minutes she still hadn't **put** *anything / it* **down** on paper.
put in [ˌpʊt ˈɪn]	einsetzen	**put in** *a suitable word / the missing letters* ○ He asked Miller to **put in** [einlegen] a good word **for** him with his publisher.
put on [ˌpʊt ˈɒn]	anziehen aufsetzen	**put on** a *tie / T-shirt / swimsuit* ○ I possessed a hat, brown, old, rather dashing [flott]. I looked in the mirror and **put** it **on**.
put out [ˌpʊt ˈaʊt]	(aus)löschen ausmachen	**put out** the fire ○ Remember to **put out** the lights when you leave. ○ **Put** *the gas / it* **out**.
put up [ˌpʊt ˈʌp]	errichten aufbauen aufstellen	**put up** *new buildings / fences* ○ **put up** your tent ○ They **put up** notices advising people to keep out of the Thames. ○ Warning signs should be **put up** on polluted beaches.
run out [ˌrʌn ˈaʊt]	ausgehen	We've **run out of** sugar and milk. ○ We've **run out of** *time / patience*. ○ The country has **run out of** ideas. ○ They have **run out** of money to pay the staff [Personal]. ○ Vital [lebenswichtig] supplies are **running out**, and the animals are dying. ○ Time is **running out**, and we have to act quickly. ○ A jumbo jet almost **ran out of** fuel before landing at Heathrow Airport.
take off [ˌteɪk ˈɒf]	ausziehen absetzen	**Take off** your coat. ○ **Take** *your shoes / them* **off** before you come in. ○ This hat looks silly. — Shall I **take** it **off**?
wake up [ˌweɪk ˈʌp]	aufwachen (auf)wecken	Has Tom **woken up** yet? ○ Have you **woken up** Jill? ○ I tried to **wake** him **up** but there was no reaction.
work out [ˌwɜːk ˈaʊt]	lösen ausarbeiten (heraus)finden	**work out** a *problem / puzzle* ○ **work out** a *plan / solution* ○ The police are still trying to **work out** what happened that night. ○ Using a calculator, **work out** the answer to the following questions.

909 Hilfsverben/Vollverben

will [wɪl]	werden wollen	They **will** be here soon. ○ What time **will** Nancy arrive? ○ If you ask him to sing, he **will** say 'no'. ○ By the end of next year all the money **will** have been spent. ○ That**'ll** be the doctor. ○ You **will** have had lunch, I suppose. ○ **Will** you have some more tea? ○ They **won't** lend him more money. ○ The car **won't** start if it's cold.
would [wʊd, wəd]	würde(n)	**Would** you do me a favour? ○ **Would** you like to come to my party on Saturday? ○ They said they**'d** meet us at the station. ○ If I were you, I **wouldn't** ring him up.
can [kən, kæn]	können dürfen	He's so tall that he **can** touch the ceiling. ○ **Can** you *call back tomorrow / help me to lift the box?* ○ **Can** I take you home? ○ I'm sure a solution **can** be found. ○ I **can't** hear you. ○ I **can't** discuss my work. It's very secret. ○ The policeman says we **can't** park here. ○ **Can** I go and see a movie with my friends tonight?
be able to (do) [biː ˌeɪbl tə (ˈduː)]	fähig sein zu (tun) können	I hope they **are** willing and **able to** help. ○ He hasn't **been able to** swim since he broke his leg. ○ Will you **be able to** come? ○ He was so angry that he was **unable to** speak.
could [kəd, kʊd]	konnte(n) könnte(n)	I **couldn't** get tickets after all, they were sold out. ○ I **couldn't** hear what they were saying. ○ You **could** still catch the train if you run fast. ○ **Could** I *use your phone / borrow your bike?* ○ You **could** always [immerhin] try phoning her at the office. ○ You **could** be right.
may [meɪ]	dürfen können mögen	**May** I *ask you a question / borrow your newspaper?* ○ You **may** sit down if you want to. ○ Oxford **may** have changed a lot in recent years, but it's still a beautiful city. ○ What he said **may** or **may not** be true. ○ You **may** disagree, but that's what I think.
might [maɪt]	könnte(n) (vielleicht)	I **might** get here in time, but I can't be sure. ○ He asked if he **might** [dürfen] open a window. ○ They **might** be waiting [warten vielleicht] at the bus stop. ○ The medicine **might** have helped him [hätte ihm vielleicht geholfen], if only he'd taken it regularly. ○ You **might** have [hast ... vielleicht] left your keys at the club. ○ You **might** [hättest] have told me earlier.
needn't [ˈniːdnt]	nicht brauchen nicht müssen	You **needn't** *finish this work today / come if you've got a cold.* ○ He **needn't** stay if he doesn't want. ○ You **needn't** have [hättest nicht] *hurried / phoned / come in person.*
Need I/we ...? [niːd aɪ/wiː]	Muss ich ...? Müssen wir ...?	**Need I** say more? ○ **Need we** go home yet?
must [məst, mʌst]	müssen	I **must** go to the bank to get some money. ○ **Must** you go so soon? ○ I **must** admit that I was surprised when I heard that he'd passed the driving test. ○ You **must** be Mr White – I was expecting you. ○ You **must** be hungry after the long walk. ○ I **must** have left my coat on the bus. ○ $300 for the old car? You **must** be joking. [Sie machen wohl Witze.]
mustn't [ˈmʌsnt]	nicht dürfen	We **mustn't** be late or we'll miss the TV programme. ○ The water and the sewage get mixed up. So you **mustn't** drink the water. ○ We **mustn't** be late, must we?

■ False friend: The English word for German **nicht müssen** is **needn't**.

have (got) to (do) [ˌhæv tə (ˈduː), həv ˌɡɒt tə (ˈduː)]	(tun) müssen	Do they **have to** make so much noise all the time? ○ Things **have got to** be done properly or not at all. ○ There **has to** be an end to the violence. ○ You don't **have to** knock – just walk in. ○ Did she **have to** pay a fine? ○ They **had to** abandon hope of joining their families.
should [ʃəd, ʃʊd]	sollte(n) müsste(n)	You **should** *always tell the truth / ask permission before you use the computer.* ○ You **should** ask Jane. I'm sure she'd be happy to help. ○ You **should** catch the train if you hurry. ○ They **should** be in Washington by now. ○ I **should** have [hätte ... sollen] gone to bed earlier.
ought to (do) [ˌɔːt tə (ˈduː)]	sollte(n) müsste(n)	You **ought to** let us know. ○ They **ought to** be there by now. ○ People **ought not to** drink and drive. ○ There **oughtn't to** be any difficulties. ○ We **ought to** tell people what the real facts are. ○ You **ought not to** have [hättest nicht] been driving so fast.

be obliged to (do) [bɪ əˌblaɪdʒd tə (ˈduː)]	müssen ... (tun), gezwungen sein ... zu (tun)	Parents are **obliged** by law **to** send their children to school. ○ We're **obliged to** attend all classes. ○ Don't feel **obliged to** stay if you don't want to.
be to (do) [ˌbiː tə (ˈduː)]	(tun) sollen	I **am to** phone them once I reach the airport. ○ What **am** I **to** tell her when she finds out? ○ You **are to** report to the police.
had better (do) [həd ˌbetə (ˈduː)]	lieber (tun) sollen, es wäre besser, wenn ...	You'**d better** hurry up if you want to catch the train. ○ You **had better** believe it. ○ He **had better** *tell the truth / ask her himself*. ○ She'**d better** see a doctor if she gets any worse. ○ **Hadn't** you **better** answer the phone?
be supposed to (do) [bɪ səˌpəʊzd tə (ˈduː)]	sollen; (angeblich) sollen	The new laws are **supposed to** prevent [verhindern] crime. ○ We're not **supposed to** [dürfen] smoke here. ○ It's **supposed to** be a great novel. ○ Is that **supposed to** be a joke? ○ Sammy is **supposed to** be one of the most experienced teachers.
be believed to (be) [bɪ bɪˌliːvd tə (biː)]	(sein) sollen	Israel is **believed to** possess nuclear weapons. ○ He is **believed to** have left the house on a bicycle. ○ The raid is not **believed to** be linked to the IRA. ○ The president was widely **believed to** be taking drugs.
used to (be/do) [ˈjuːst tə]	früher (immer) (gewesen sein/ getan haben)	There **used to** be a cinema in Station Road. ○ They **used to** ask me all kinds of questions. ○ I **used to** have a bicycle but it got stolen. ○ He **used to** *smoke a pipe / play football when he was younger*.

910 Präpositionen: räumlich

above [əˈbʌv]	über oberhalb (von)	a flat **above** a *grocer's shop / busy main road* ○ fly **above** the clouds ○ His hotel room was 40 floors **above** Broadway.
across [əˈkrɒs]	über durch	**across** the *ocean / border* ○ the main bridge **across** the river ○ his return journey **across** America ○ They went **across** the street to that new French restaurant.
all over [ɔːl ˈəʊvə]	überall in überall auf	**all over** *Europe / the country / the earth* ○ We looked **all over** the garden for her ring. ○ Cycle enthusiasts from **all over** the world are coming.
along [əˈlɒŋ]	entlang	**along** a *road / frontier / beach* ○ sail **along** the coast ○ ride **along** a dusty mountain track ○ The frontier runs **along** the river for a few miles.
at [ət, æt]	an in bei	**at** the *lowest point / bottom of the hole / end of the road* ○ **at** the *station / bus stop* ○ **at** the cinema ○ **at** *school / college* ○ **at** work ○ **at** the *baker's / doctor's* ○ stand **at** the door ○ live **at** 10 Downing Street ○ Let's meet **at** *Mike's / Mike's house*.
behind [bɪˈhaɪnd]	hinter	**behind** a *closed door / curtain* ○ talk **behind** one's back ○ stay **behind** the others ○ hide **behind** a tree ○ My pen has fallen **behind** the sofa.
beyond [bɪˈjɒnd]	jenseits (von)	**beyond** the *Alps / valley / horizon / sea / river* ○ **Beyond** [hinter] those trees you'll find his house.
by [baɪ]	bei, an, neben	a house **by** the *church / river / railway*
for [fə, fɔː]	weit nach	We walked **for** five miles. ○ There's another train **for** London at 5.47. ○ We started **for** home at 8 pm.
from [frəm, frɒm]	von aus	**from** the outside ○ be away **from** home ○ The police searched the house **from** top to bottom. ○ Where are you **from**? ○ He came originally **from** *Dover / the north-east of England*.
in [ɪn]	in auf	**in** *Berlin / a village / Scotland / Europe / the south* ○ **in** *town / the country / the neighbourhood* ○ **in** the street ○ **in** the *mountains / sea* ○ **in** the *east / west* ○ **in** the *picture / photo* ○ **in** *bed / hospital* ○ There's a fork [Abzweigung] **in** the road half a mile from here.
in front of [ɪn ˈfrʌnt əv]	vor	The boy **in front of** him looked sick. ○ Queues formed **in front of** the glass doors. ○ The car **in front of** us stopped suddenly.

inside [ɪnˈsaɪd]	in innen in	He spends more of his life **inside** prison than out. ○ Do they all want to stay **inside** Europe? ○ What they discovered **inside** the building left them breathless. ○ The fuel filler [Füllstutzen] can also be operated from **inside** the car. ○ Put the hamster **inside** [hinein] its cage.
into [ˈɪntə, ˈɪntʊ]	in ... (hinein)	get **into** bed ○ go **into** the house ○ crash **into** a wall ○ rub oil **into** your skin ○ move the table **into** the centre of the room
near [nɪə]	in der Nähe (von), nahe (an)	**near** the border ○ I'm in a telephone box **near** Victoria station. ○ The house is quite **near** a big lake.
next to [ˈnekst tuː]	(direkt) neben	**next to** the library ○ He sat down **next to** Janet. ○ The hotel was **next to** the airport. ○ If you can hear the music from a Walkman someone **next to** you is wearing, they are damaging their ears.
on [ɒn]	an auf im	**on** the beach ○ **on** the River Thames ○ a picture **on** the wall ○ **on** the *left / right* ○ **on** my way to school ○ **on** the *train / bus / plane* ○ We spent our holiday in a hotel **on** the coast.
on top of [ɒn ˈtɒp əv]	auf oben auf	carry bikes **on top of** a car ○ They slept **on top of** Mount Sinai. ○ **On top of** the church was a large golden cross.
onto [ˈɒntə, ˈɒntʊ]	auf hinauf	He threw her books violently **onto** the floor. ○ They helped women and children across a road and **onto** trucks. ○ Do not climb **onto** the roof in a storm.
opposite [ˈɒpəzɪt]	gegenüber, gegenüber-liegend	a small house **opposite** a pub ○ the **opposite** side of the *street / the fence* ○ See report on **opposite** page. ○ **Opposite** the abbey is the car park. ○ The building **opposite** my flat is full of music students.
outside [aʊtˈsaɪd]	außerhalb (von)	**outside** *this area / London* ○ The plane bombed a field **outside** the military headquarters. ○ He's a well-liked figure inside and **outside** the club. ○ There were queues **outside** [vor] the shops.
over [ˈəʊvə]	über	**over** an open fire ○ fly **over** the house ○ *jump / climb* **over** a wall ○ There's no bridge **over** the river. ○ Just let grass grow **over** it [darüber].
round [raʊnd]	um (... herum)	go **round** the corner ○ He put his arms **round** her. ○ The song went **round** the world.
through [θruː]	durch	drive **through** *a tunnel / a country / the town centre* ○ He ran **through** the streets and escaped. ○ He pushed his way **through** the crowd to get to him. ○ The cat jumped in **through** the open window.
throughout [θruːˈaʊt]	überall in	people **throughout** Britain ○ They *have branches / are famous* **throughout** the world.
to [tuː, tʊ, tə]	nach zu	*the first train / a ticket* **to** Dublin ○ go **to** the station ○ welcome **to** [in] England ○ come **to** [auf] the party ○ He stood with his back **to** the fire. ○ I've been **to** [im] the cinema.
towards [təˈwɔːdz]	auf ... zu in Richtung (auf)	They noticed two policemen coming **towards** them. ○ The man came **towards** us, but stopped when he was 10 yards away. ○ Tens of thousands have since fled [fliehen] south **towards** Afghanistan.
under [ˈʌndə]	unter	**under** *a table / bridge* ○ **under** the *sky / sun / clouds* ○ They lived **under** the same roof for several months. ○ Write your name **under** the picture. ○ She pushed a note **under** the door [unter ... hindurch].
up [ʌp]	hinauf	*go / carry a box* **up** the stairs ○ He *pushed his bike / climbed slowly* **up** the hill.
within [wɪðˈɪn]	in innerhalb	come **within** sight ○ Children must remain **within** the school grounds during the lunch break. ○ For the rest of her life she was always to live **within** three miles of her birthplace.

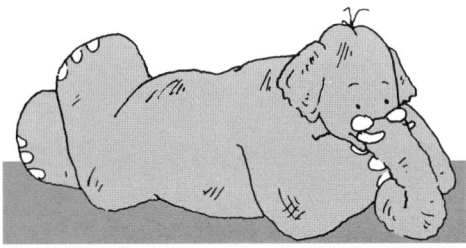

910A Präpositionen: zeitlich

after ['ɑːftə]	nach	**after** *school / the holidays* ○ **after** *dinner / midnight / the wedding* ○ **after** a few *hours / weeks* ○ *soon / not long* **after** the war ○ She left home just **after** Christmas. ○ **After** months of argument they decided to divorce.
at [ət, æt]	um, zu; im Alter von	**at** *9.30* ○ **at** the same time ○ **at** *Easter / Christmas* ○ **at** *breakfast / lunch* ○ **at** [in] night ○ What are you doing **at** the [am] weekend? ○ **at** (the age of) 18 ○ He can retire **at** [mit] 60.
before [bɪ'fɔː]	vor	**before** *Christmas / 7.30 pm / lunch* ○ She arrived **before** me. ○ It was **before** his time. ○ All the games finish **before** evening.
between [bɪ'twiːn]	zwischen	It happened **between** five and six. ○ She's **between** thirty and forty years old. ○ Children in Britain must attend school **between** 5 and 16. ○ Many changes took place **between** the two world wars.
beyond [bɪ'jɒnd]	über ... hinaus	**beyond** the year 2000 ○ The party won't go on **beyond** [nicht länger als bis] midnight.
by [baɪ]	(spätestens) bis	Can you finish the work **by** *two o'clock / tomorrow / Saturday?* ○ He ought to have arrived **by now** [inzwischen]. ○ **By** this time [um diese Zeit] next week we'll be lying in the sun.
during ['djʊərɪŋ]	während	**during** the *day / summer / holidays / 1990s / her lifetime* ○ **during** the *flight / crossing* ○ **during** a *strike / visit to Germany / meeting* ○ Call me in the evening as I'm usually out **during** the day. ○ The boy disappeared from the hotel **during** the night. ○ The phone rang **during** the meal.
for [fə, fɔː]	seit ... lang für	**for** *hours / weeks / years* ○ **for** *a long time / ages* ○ She's been in hospital **for** six months. ○ We've been waiting **for** hours. ○ The weather had been very bad **for** several weeks. ○ We're invited **for** 7.30. ○ He's going away **for** a few days. ○ He was sent to prison **for** life [lebenslänglich].
in [ɪn]	in	**in** the *21st century* ○ **in** (the) *spring / summer / autumn* ○ **in** *January / February* ○ **in** the near future ○ **in** [am] the *morning / afternoon* ○ **in** 1989 [(im Jahre) 1989] ○ Be more careful **in** future. ○ I'll see you **in** a minute. ○ She hadn't enjoyed herself so much **in** [seit] years.
on [ɒn]	an	**on** *June 8th / the 8th of June* ○ **on** Monday(s) ○ **on** a *cold winter evening / hot August afternoon* ○ **on** Wednesday mornings ○ **on** *Christmas day / your birthday* ○ **on** the **afternoon of** the race ○ **on** [bei] his arrival ○ **On the morning of** December 8, 1941, he heard about the Pearl Harbor attack.
since [sɪns]	seit	**since** *1990 / 5 o'clock / breakfast / this morning / the party / last year / the previous winter* ○ He's been ill **since** Monday. ○ We haven't seen Paul **since** the holidays. ○ She's had several jobs **since** leaving university.
throughout [θruː'aʊt]	... über ... hindurch während	**throughout** the *day / year* ○ **throughout** her *life / long career* ○ Food was scarce **throughout** the war. ○ He was in Switzerland **throughout** the war. ○ They stayed in the Alps **throughout** the winter.
till [tɪl]	bis	**till** *February / early spring / the end of the 20th century* ○ from breakfast **till** lunch ○ You can stay **till** six if you like. ○ The shop is open **till** nine o'clock most evenings. ○ He works from 3 am **till** midday.
towards [tə'wɔːdz]	gegen	**towards** the end of *July / World War II / 1999* ○ If you come **towards** evening, I'll be ready. ○ **Towards** the end of the afternoon it began to rain. ○ She was born **towards** the end of the 13th century. ○ He's getting **towards** retirement age [geht aufs Rentenalter zu].
until [ʌn'tɪl, ən'tɪl]	bis	from 1939 **until** 1945 ○ wait **until** your 18th birthday ○ stay here **until** 5 o'clock / midnight / tomorrow ○ **Until** now she's lived alone. ○ **Until** a few years ago I thought this was all hopeless.
within [wɪð'ɪn]	innerhalb in	**within** *two years / the next few days* ○ use **within** three days ○ expect an answer **within** two months ○ I must finish my essay **within** the next week. ○ Use wild mushrooms [Pilz] **within** 24 hours of picking. ○ She returned **within** a week.

910B Präpositionen nach Verben

ABOUT
care about	sich kümmern um
complain about	sich beschweren über
dream about	träumen von
like about	mögen an
phone about	anrufen wegen
protest about	protestieren wegen
quarrel about	sich streiten wegen / um
tell about	berichten über
think about	halten von
worry about	sich Sorgen machen wegen
write about	schreiben wegen

AFTER
look after	sich kümmern um
run after	herrennen hinter

AGAINST
advise against	abraten von
fight against	kämpfen gegen
protest against	protestieren gegen

AT
aim at	zielen auf
laugh at	lachen über
look at	anschauen
shoot at	schießen auf
shout at	anschreien
smile at	anlächeln
stay at a hotel	in einem Hotel wohnen

FOR
apply for	sich bewerben um
apologize for	sich entschuldigen wegen
ask for	bitten um
blame for	Vorwürfe machen wegen
compete for	kämpfen um
criticize for	kritisieren wegen
feel sorry for sb	jn bedauern
hope for	hoffen auf
leave for	abfahren nach
look for	suchen nach
pay for sth	etwas bezahlen
praise for	loben wegen
reach for	greifen nach
search for	suchen nach
vote for	stimmen für
wait for	warten auf

IN
believe in	glauben an
fail in	durchfallen bei / in
succeed in	Erfolg haben in / bei
take part in	teilnehmen an

INTO
change into	umwandeln in
crash into	zusammenstoßen mit
divide into	teilen in
make into	machen zu / umwandeln in
turn into	verwandeln in / sich entwickeln zu

OF
accuse of	anklagen wegen
become of	werden aus
consist of	bestehen aus
die of	sterben an
hear of	hören von
remind of	erinnern an
smell of	riechen nach
taste of	schmecken nach

ON
comment on	sich äußern zu
compliment on	beglückwünschen zu
concentrate on	sich konzentrieren auf
depend on	abhängen von
go on a trip	eine Reise machen
go on a guided tour	eine Führung mitmachen
rely on	sich verlassen auf
report on	berichten über
spend on	ausgeben für

TO
apply to	gelten für
belong to sb	jm gehören
describe sth to sb	jm etwas beschreiben
explain sth to sb	jm etwas erklären / erläutern
give to sb	jm geben
go to school	in die Schule gehen
happen to sb	jm passieren
introduce to	bekannt machen mit
listen to	hören auf
prefer sth to sth else	etwas lieber haben als etwas anderes
react to	reagieren auf
refer to	sich beziehen auf
reply to	erwidern auf
say to sb	jm sagen
speak to	sprechen mit
talk to	sprechen mit
tie to	(an)binden an
turn to	sich wenden an / zuwenden
welcome to	willkommen heißen in
write to	schreiben an

WITH
agree with	übereinstimmen mit
compete with	mit jm konkurrieren
deal with	handeln von
identify with	sich identifizieren mit
quarrel with	streiten mit
sigh with relief	seufzen vor Erleichterung
stay with friends	bei Freunden wohnen

910C Präpositionen nach Adjektiven

ABOUT
careful about	sorgfältig mit
careless about	unbekümmert um
concerned about	besorgt um
excited about	aufgeregt wegen / über
glad about	froh über
happy about	froh / glücklich über
unhappy about	traurig wegen
sure about sth	einer Sache sicher
upset about	aufgebracht / betrübt wegen
worried about	besorgt um / beunruhigt wegen

AT
good at/bad at	gut / schlecht in
surprised at	überrascht über

FOR
adapted for	bearbeitet für
famous for	berühmt wegen
good for sore throats	gut gegen Halsschmerzen
homesick for	Heimweh nach
hungry for	hungrig nach
necessary for	nötig für
be sorry for sb	jn bemitleiden

FROM
different from	verschieden von / anders als
safe from	sicher vor
weak from	schwach von

IN
interested in	interessiert an
poor in	arm an
rich in	reich an

OF
be fond of	mögen
be frightened of	Angst haben vor
full of	voll von / voller
independent of	unabhängig von
jealous of	eifersüchtig auf
kind of	nett von
nice of	nett von
proud of	stolz auf
scarce of	knapp an
short of	knapp an
thoughtful of	aufmerksam von
tired of sth	einer Sache überdrüssig sein
typical of	typisch für

TO
blind to	blind für
close to	nahe bei / an
deaf to	taub gegenüber
critical to	kritisch gegenüber
essential to	unerlässlich für
false to	falsch zu
good to	gut zu
married to	verheiratet mit
nice to	nett zu
parallel to / with	parallel zu
polite to	höflich zu
related to	verwandt mit
relevant to	relevant für
rude to	unhöflich zu
sensible to	empfindlich gegenüber
similar to sth	einer Sache ähnlich
unacceptable to	unannehmbar für
useful to	nützlich / brauchbar für

TOWARDS
friendly towards	freundlich zu
generous towards	großzügig zu
intolerant towards	intolerant gegenüber
sympathetic towards	verständnisvoll für

WITH
angry with	böse / wütend auf
annoyed with	verärgert über
busy with	beschäftigt mit
disappointed with	enttäuscht von
familiar with	vertraut mit
be fed up with	die Nase voll haben von
impatient with	ungeduldig gegenüber
be pleased with	sich freuen über
popular with	beliebt bei
strict with	streng mit / zu

910D Präpositionen: übertragene Bedeutungen

above [əˈbʌv]	über	**above** average ○ Temperatures rose **above** zero last night. ○ Unemployment has risen **above** three million. ○ **Above all** [vor allem], he's a professional.
about [əˈbaʊt]	über; ungefähr, etwa	a *joke / misunderstanding / quarrel / decision* **about** ... ○ a book **about** the Spanish Civil War ○ a man **about** his height ○ at **about** six o'clock
according to [əˈkɔːdɪŋ tuː]	nach entsprechend gemäß	**according to** a report ○ The books are arranged **according to** their subjects. ○ His preparation is going **according** to plan. ○ The students have been split [aufteilen] into five groups **according to** their abilities.
against [əˈgenst, əˈgeɪnst]	gegen wider	twenty votes **against** ten ○ ride **against** the wind ○ protest **against** war ○ **against** reason ○ This action is **against** *the law / the rules / public interest*. ○ Are you for or **against** the *plan / proposal?* ○ We're going to play **against** Grove School.
among [əˈmʌŋ]	unter	be **among** *friends / strangers* ○ **among** other things [unter anderem] ○ Boris was **among** his close friends. ○ She was **among** the happy few who managed to escape.
apart from [əˈpɑːt frɒm]	abgesehen von außer	Quite **apart from** ... ○ **Apart from** his nose he's rather good-looking. ○ They all wore uniforms, **apart from** me. ○ **Apart from** sport, my other hobby is music. ○ **Apart from** other considerations, time is an important factor.
at [ət, æt]	bei, an, in	**at** *work / play* ○ **at** the end ○ an expert **at** chess ○ *good / clever / skilled* **at** restoring furniture ○ **at** [mit] high speed ○ buy **at** [zum] half-price
because of [bɪˈkɒz əv]	wegen	I can't walk **because of** my broken leg. ○ Schools were closed **because of** heavy snowfall. ○ He had to retire **because of** ill health.
besides [bɪˈsaɪdz]	außer neben	She has no relatives **besides** an 80-year-old aunt. ○ **Besides** a mother he has a sister to support. ○ There were three other people at the meeting **besides** Mrs White.
beyond [bɪˈjɒnd]	über (... hinaus)	**beyond** description [unbeschreiblich] ○ **beyond** any doubt [ohne jeden Zweifel] ○ This is **beyond** [jenseits] *all expectations / human understanding*.
but [bət, bʌt]	außer bis auf	No one replied **but** me. ○ Nobody **but** you could be so selfish. ○ I could come any day **but** Wednesday. ○ Nothing **but** [als] trouble will come of this plan.
by [baɪ]	mit nach von	**by** *bike / car / bus / rail / train / plane / sea / boat / air* ○ paid **by** the hour ○ sold **by** the pound [pfundweise] ○ This is a bad picture **by** any standards. ○ Eve had two sons **by** Adam. ○ He's taller than his sister **by** [um] three inches.
except [ɪkˈsept]	außer	They were all at the meeting **except** me. ○ No one **except** Miss Marple believed the woman's story. ○ The road was empty **except for** [bis auf] a few cars. ■ Don't mix up **except** (außer, ausgenommen) with **besides** (außer, neben).
for [fə, fɔː]	zum, zu, für	**for** lunch ○ **for** sale ○ clothes **for** winter ○ medicine **for** babies ○ We had bacon and eggs **for** breakfast. ○ What do you want **for** your birthday?
in [ɪn]	auf in	**in** English / Dutch ○ **in** ruins ○ **in** *reality / fact / public / secret / danger / trouble / different ways* ○ **in** a hurry ○ prisoners **in** chains ○ **in** tears ○ boys dressed **in** their best clothes ○ **in** [mit] other words ○ written **in** pencil ○ one **in** [von] four ○ **in** [nach] my opinion ○ He's blind **in** [auf] his left eye.
in spite of [ɪn ˈspaɪt əv]	trotz	**in spite of** *economic difficulties / obvious differences / warnings / increasing pressure* ○ **In spite of** all her hard work, Mary failed the exam. ○ They went for a walk **in spite of** the snow. ○ The match was played **in spite of** the bad weather.
instead of [ɪnˈsted əv]	(an)statt anstelle von	use buses **instead of** taxis ○ They were playing cards **instead of** watching TV. ○ You must have picked up my keys **instead of** yours. ○ Will you go to the meeting **instead of** me? ○ I use herb teas **instead of** tea and coffee.
like [laɪk]	wie	*look / seem / sound / taste* **like** ... ○ a hobby **like** photography or painting ○ behave **like** children ○ She looks **like** you. ○ He is just **like** his father. ○ He was **like** a brother to me. ○ What is he **like**? [Wie ist er?] ○ It looks **like** [nach] rain.
on [ɒn]	an; im; über; auf; mit	**on** the phone ○ **on** *TV / the radio* ○ an essay **on** German economy ○ a new tax **on** tobacco ○ information available **on** computer ○ be **on** *holiday / vacation* ○ live **on** [von] *a pension / bread and water* ○ This car runs **on** electricity.

to [tə, tʊ, tuː]	zu für mit	to my surprise ○ a key **to** the door ○ a solution **to** a puzzle ○ *visible / fair / nice* **to** everyone ○ wet **to** [bis auf] the skin ○ welcome **to** [in] England ○ **to** the best of my knowledge [nach bestem Wissen] ○ She's married **to** an Italian.
unlike [ʌnˈlaɪk]	anders als	He is **unlike** his father in many ways. ○ Her latest novel is quite **unlike** her earlier work. ○ It is **unlike** her [nicht passen] to *answer back / drink and drive*. ■ False friend: The English word for German **nicht mögen** is **dislike**.
with [wɪð, wɪθ]	mit vor	a boy **with** black hair ○ *fight / argue / quarrel* **with** sb ○ tremble**with** fear ○ sleep **with** [bei] the window open ○ Be careful **with** the glasses. ○ You can only see it **with** a microscope. ○ The streets were crowded **with** tourists.
without [wɪˈðaʊt]	ohne	**without** *shoes / help / a passport* ○ a world **without** hunger ○ They have been **without** rain for three years. ○ Don't go **without** me. ○ We cannot get in **without** a ticket. ○ He left **without** saying goodbye.

911 Wortbildung: Allgemeines

abbreviation 2	compound 3	multi- 11	pro- 9	stress 15	word 1
anti- 8	ending 13	post- 10	stem 6	suffix 12	
collocation 4	meaning 16	prefix 7	stress 14	syllable 5	

1	☐ **word** [wɜːd]	Wort	*say / pronounce / write / spell / misspell / use / repeat / learn / understand / remember / forget* a **word** ○ explain the meaning of a **word**	1
2	☐ **abbreviation** [əˌbriːviˈeɪʃn]	Abkürzung	'PTO' is the **abbreviation** for 'Please turn over.' ○ 'GB' is the **abbreviation** for 'Great Britain'.	5
3	☐ **compound** **(word)** [ˈkɒmpaʊnd]	zusammengesetztes Wort, Kompositum	Policeman, computer-controlled, red-haired, passport control and bus driver are **compounds**.	5
4	☐ **collocation** [ˌkɒləˈkeɪʃn]	Kollokation	**Collocations** are regular combinations of words, e.g. a 'powerful country', 'strong coffee', a 'heavy smoker', 'cause' an 'accident'	6
5	☐ **syllable** [ˈsɪləbl]	Silbe	'Chemistry' is a word with three **syllables**. ○ The word 'unlike' is stressed on the second **syllable**. ○ a **three-syllable** word	6
6	☐ **stem** [stem]	Stamm	The **stem** is the part of a word which stays the same when different endings are added to it. Example: 'Writ' is the stem of the forms 'writing', 'writer', 'writes', 'written'.	6
7	☐ **prefix** [ˈpriːfɪks]	Vorsilbe Präfix	'un-' is a common **prefix** to make the meaning of a word negative. ○ More **prefixes**: *anti- / bi- / co- / ex- / il- / im- / inter- / mis- / non- / pre- / pro- / re- / super-* ○ **anti**-German, **dis**agree, **il**legal, **non**-smoker, **pre**fix, **pro**-Islam, **super**market, **un**happy	5
8	☐ **anti-** [ˈænti]	anti-	**anti-** *British / European / Fascist* ○ **anti**-alcohol ○ **anti-** *nuclear / smoking* ○ an **anti**-cancer drug ○ **anti**-British *propaganda / prejudice* ○ **anti**-smoking laws ○ an **anti**-drug campaign	4
9	☐ **pro-** [prəʊ]	pro- für …	**pro**-family ○ **pro-** *German / EU / Western* ○ **pro-** *democracy / animal* activities ○ a **pro**-British attitude ○ a **pro**-smoking pressure group	4
10	☐ **post-** [pəʊst]	nach-	**post**-election ○ **post**-industrial society ○ the **post**-war food shortage ○ **post**-school education [Weiterbildung] ○ **post**-communist neighbours	2
11	☐ **multi(-)** [ˈmʌlti]	mehr- multi-	**multi**-coloured shoes ○ a **multi**lingual text ○ a **multi**storey car park ○ a **multi**-millionaire ○ a **multi**national *company / enterprise* ○ **Multi**-party democracy began to take shape in Germany in 1945.	4
12	☐ **suffix** [ˈsʌfɪks]	Nachsilbe Suffix	Common **suffixes**: *-able / -al / -ary / -ee / -en / -er / -ful / -ism / -ity / -less / -ly / -ment / -ness / -or / -y* ○ drink**able**, verb**al**, legend**ary**, employ**ee**, dark**en**, cheap**er**, runn**er**, wonder**ful**, rac**ism**, regular**ity**, tim**eless**, deep**ly**, govern**ment**, nervous**ness**, act**or**, snow**y**	5
13	☐ **ending** [ˈendɪŋ]	Endung	Gerunds have the **ending** '-ing'.	5

14	☐ **stress** [stres]	Akzent Betonung	the *main / primary / secondary* [Neben-] **stress** ○ In phrasal verbs such as 'put up' the main **stress** *is / falls* on the second syllable. ○ **stress mark** [Wortakzent]	5
15	☐ **stress** [stres]	betonen	You **stress** the first syllable in 'happiness'. ○ **stressed** and **unstressed** syllables	5
16	☐ **meaning** ['miːnɪŋ]	Bedeutung	a *clear / double / symbolic* **meaning** ○ the *basic / real / ordinary* **meaning** ○ a word with several **meanings** ○ *know / understand / misunderstand* the **meaning** of a word	3
			■ False friend: The English word for German **Meinung** is **opinion**.	

911A Wortbildung: Nomen auf -ER

adventurer	Abenteurer(in)	interviewer	Interviewer(in)	rider	Fahrer(in)
babysitter	Babysitter	invader	Eindringling	reporter	Reporter(in)
beginner	Anfänger(in)	hunter	Jäger(in)	robber	Räuber(in)
builder	Bauunternehmer(in)	keeper	Wärter(in	runner	Läufer(in)
climber	Bergsteiger(in)	learner	Lerner(in)	settler	Siedler(in)
commuter	Pendler(in)	listener	Zuhörer(in)	singer	Sänger(in)
consumer	Verbraucher(in)	loser	Verlierer(in)	starter	Starter(in)
dancer	Tänzer(in)	manager	Manager(in)	supplier	Lieferant(in)
designer	Konstrukteur(in)	murderer	Mörder(in)	supporter	Anhänger(in)
diver	Taucher(in)	owner	Besitzer(in)	teacher	Lehrer(in)
dreamer	Träumer(in)	painter	Maler(in)	traveller	Reisende(r)
driver	Fahrer(in)	photographer	Fotograf(in)	winner	Gewinner(in)
employer	Unternehmer(in)	planner	Planer(in)	worker	Arbeiter(in)
explorer	Forscher(in)	player	Spieler(in)	writer	Schriftsteller(in)
exporter	Exporteur(in)	printer	Drucker(in)		
farmer	Landwirt(in)	prisoner	Gefangene(r)	container	Behälter
footballer	Fußballer(in)	producer	Produzent(in)	cooker	Herd
gardener	Gärtner(in)	programmer	Programmierer(in)	fertilizer	Dünger
holidaymaker	Urlauber(in)	publisher	Verleger(in)	heater	Ofen, Heizgerät
importer	Importeur(in)	rancher	Farmer(in)	prayer	Gebet
informer	Informant(in)	reader	Leser(in)	recorder	Recorder

911B Wortbildung: Adjektive auf -ABLE

advisable	ratsam	(un)acceptable	(un)annehmbar	(un)eatable	(un)genießbar
enjoyable	angenehm	(un)answerable	(un)beantwortbar	(un)employable	(un)vermittelbar
nonbreakable	unzerbrechlich	(un)avoidable	vermeidbar	(un)forgettable	(un)vergesslich
nonexcusable	unentschuldbar	(un)believable	glaubhaft	(un)imaginable	(un)vorstellbar
readable	lesbar	(un)breakable	(un)zerbrechlich	(un)sinkable	(un)sinkbar
washable	waschbar	(un)changeable	(un)veränderlich	(un)thinkable	(un)denkbar
unbeatable	unschlagbar	(un)countable	(un)zählbar		
understandable	verständlich	(un)drinkable	(nicht) trinkbar		

911C Wortbildung: Adjektive auf -y

angry	wütend	noisy	laut, lärmend	sunny	sonnig
cloudy	bewölkt	oily	ölig	thirsty	durstig
dirty	schmutzig	rainy	regnerisch	tricky	verzwickt, heikel
dusty	staubig	rocky	felsig	unhealthy	ungesund
foggy	neblig	sandy	sandig	unlucky	Unglücks-
funny	lustig	sleepy	verschlafen	watery	wässerig
healthy	gesund	smelly	stinkend	wealthy	wohlhabend
icy	eisig, eiskalt	smoky	rauchig, verraucht	windy	windig
juicy	saftig	snowy	verschneit		
lucky	Glücks-	stormy	stürmisch		

911E Wortbildung: Nomen von Adjektiven – Adjektive von Nomen

-ence / -ance
absence / absent *Abwesenheit / abwesend*
confidence / confident *Vertrauen / vertraulich*
difference / different *Unterschied / unterschiedlich*
ignorance / ignorant *Unwissenheit / unwissend*
importance / important *Wichtigkeit / wichtig*
independence / independent *Unabhängigkeit / unabhängig*
innocence / innocent *Unschuld / unschuldig*
intelligence / intelligent *Intelligenz / intelligent*
patience / patient *Geduld / geduldig*
silence / silent *Stille / still*
tolerance / tolerant *Toleranz / tolerant*
violence / violent *Gewalt / gewalttätig*

-ity
ability / able *Fähigkeit / fähig*
activity / active *Beschäftigung / aktiv*
difficulty / difficult *Schwierigkeit / schwierig*
equality / equal *Gleichheit / gleich*
normality / normal *Normalität / normal*
possibility / possible *Möglichkeit / möglich*
probability / probable *Wahrscheinlichkeit / wahrscheinlich*
necessity / necessary *Notwendigkeit / notwendig*
popularity / popular *Beliebtheit / beliebt*
reality / real *Wirklichkeit / wirklich*
regularity / regular *Regelmäßigkeit / regelmäßig*
responsibilty / responsible *Verantwortung / verantwortlich*
security / secure *Sicherheit / sicher*

-ness
bitterness / bitter *Bitterkeit / bitter*
friendliness / friendly *Freundlichkeit / freundlich*
happiness / happy *Glück / glücklich*
laziness / lazy *Faulheit / faul*
loneliness / lonely *Einsamkeit / einsam*
nervousness / nervous *Nervosität / nervös*
politeness / polite *Höflichkeit / höflich*
rudeness / rude *Unhöflichkeit / unhöflich*
sadness / sad *Traurigkeit / traurig*
strictness / strict *Strenge / streng*
ugliness / ugly *Hässlickeit / hässlich*
unfairness / unfair *Ungerechtigkeit / ungerecht*

-th
death / dead *Tod / tot*
length / long *Länge / lang*
strength / strong *Stärke / stark*
truth / true *Wahrheit / wahr*
warmth / warm *Wärme / warm*
width / wide *Breite / breit*
youth / young *Jugend / jung*

-al
centre / central *Zentrum / zentral*
colony / colonial *Kolonie / kolonial-*
crime / criminal *Verbrechen / verbrecherisch*
education / educational *Eriehung / erzieherisch*
electricity / electrical *Elektrizität / elektrisch*
environment / environmental *Umwelt / umwelt-*
form / formal *Form / formal*
history / historical *Geschichte / geschichtlich*
influence / influential *Einfluss / einflussreich*
industry / industrial *Industrie / industriell*
language / bilingual *Sprache / zweisprachig*
law / legal *Gesetz / gesetzlich*

liberty / liberal *Freiheit / frei*
medicine / medical *Medizin / medizinisch*
mouth / oral *Mund / mündlich*
music / musical *Musik / musikalisch*
nation / national *Nation / national*
nature / natural *Natur / natürlich*
origin / original *Ursprung / ursprünglich*
person / personal *Person / persönlich*
practice / practical *Praxis / praktisch*
profession / professional *Beruf / beruflich*
race / racial *Rasse / rassisch*
region / regional *Region / regional*
spirit / spiritual *Geist / geistlich*
system / systematic *System / systematisch*
technology / technological *Technik / technologisch*
tradition / traditional *Tradition / traditionell*
tribe / tribal *Stamm / Stammes-*
type / typical *Typ / typisch*
verb / verbal *Verb / verbal*

Others

aggression / aggressive *Aggression / aggressive*
attraction / attractive *Anziehungspunkt / anziehend*
anger / angry *Wut / wütend*
boredom / boring *Langeweile / langweilig*
danger / dangerous *Gefahr / gefährlich*
economy / economic *Wirtschaft / wirtschaftlich*
freedom / free *Freiheit / frei*
height / high *Höhe / hoch*
heat / hot *Hitze / heiß*
humour / humorous *Humor / humorvoll*
nerves / nervous *Nerven / nervös*
poverty / poor *Armut / arm*
religion / religious *Religion / religiös*
satisfaction / satisfactory *Zufriedenheit / befriedigend*
tragedy / tragic *Tragödie / tragisch*

912 Wortbildung: Verben von Nomen

ache	Schmerz / schmerzen	help	Hilfe / helfen	report	Bericht / berichten
attack	Angriff / angreifen	hope	Hoffnung / hoffen	ride	Fahrt / fahren
brake	Bremse / bremsen	influence	Einfluss / beeinflussen	shape	Gestalt / gestalten
brush	Bürste / bürsten	insult	Beleidigung / beleidigen	shout	Schrei / schreien
camp	Zeltlager / zelten	land	Land / landen	smell	Geruch / riechen
change	Änderung / ändern	milk	Milch / melken	smoke	Rauch / rauchen
check	Kontrolle / überprüfen	name	Name / (be)nennen	snow	Schnee / schneien
comb	Kamm / kämmen	offer	Angebot / anbieten	sound	Klang / klingen
dance	Tanz / tanzen	panic	Panik / in Panik geraten	stop	Haltestelle / halten
debate	Debatte / debattieren	phone	Telefon / telefonieren	talk	Gerede / reden
dislike	Abneigung / nicht mögen	plan	Plan / planen	torture	Folter / foltern
drink	Getränk / trinken	praise	Lob / loben	travel	Reisen / reisen
end	Ende / enden	profit	Gewinn / profitieren	use	Benutzung / benutzen
experience	Erfahrung / erfahren	rain	Regen / regnen	work	Arbeit / arbeiten
fight	Kampf / kämpfen	reform	Reform / reformieren		

912A Wortbildung: Nomen/Verben mit verschiedenen Formen

-ment
argument / argue *Streit / (sich) streiten*
arrangement / arrange *Abkommen / vereinbaren*
development / develop *Entwicklung / (sich) entwickeln*
disappointment / disappoint *Enttäuschung / enttäuschen*
employment / employ *Beschäftigung / beschäftigen*
equipment / equip *Ausrüstung / ausrüsten*
entertainment / entertain *Unterhaltung / unterhalten*
government / govern *Regierung / regieren*
measurement / measure *Maß / (ver)messen*
movement / move *Bewegung / bewegen*
punishment / punish *Strafe / strafen*
settlement / settle *Siedlung / siedeln*
statement / state *Erlärung / feststellen*

-ation
abbreviation / abbreviate *Abkürzung / abkürzen*
celebration / celebrate *Feier / feiern*
combination / combine *Verbindung / verbinden*
consideration / consider *Berücksichtigung / berücksichtigen*
decoration / decorate *Schmuck / schmücken*
declaration / declare *Erklärung / erklären*
dictation / dictate *Diktat / diktieren*
discrimination / discriminate *Diskriminierung / diskriminieren*
education / educate *Erziehung / erziehen*
emigration / emigrate *Auswanderung / auswandern*
examination / examine *Prüfung / prüfen*
explanation / explain *Erklärung / erklären*
illustration / illustrate *Illustration / illustrieren*
imagination / imagine *Fantasie / sich vorstellen*
immigration / immigrate *Einwanderung / einwandern*
information / inform *Information / informieren*
interrogation / interrogate *Verhör / verhören*
investigation / investigate *Ermittlung / ermitteln*
invitation / invite *Einladung / einladen*
organization / organize *Organisation / organisieren*
preparation / prepare *Vorbereitung / vorbereiten*
presentation / present *Darbietung / darbieten*
reservation / reserve *Reservierung / reservieren*
operation / operate *Operation / operieren*
pronunciation / pronounce *Aussprache / aussprechen*
speculation / speculate *Vermutung / vermuten*
translation / translate *Übersetzung / übersetzen*

-ion
action / act *Handlung / handeln*
attraction / attract *Anziehungspunkt / anziehen*
confession / confess *Geständnis / gestehen*
connection / connect *Verbindung / verbinden*
election / elect *Wahl / wählen*
impression / impress *Eindruck / beeindrucken*
invention / invent *Erfindung / erfinden*
protection / protect *Schutz / schützen*
reaction / react *Reaktion / reagieren*
suggestion / suggest *Vorschlag / vorschlagen*

-ition
competition / compete *Konkurrenz / konkurrieren*
opposition / oppose *Opposition / opponieren*
repetition / repeat *Wiederholung / wiederholen*

-sion
decision / decide *Entscheidung / entscheiden*
explosion / explode *Explosion / explodieren*
invasion / invade *Einmarsch / einmarschieren*

-uction
introduction / introduce *Einführung / einführen*
production / produce *Produktion / produzieren*
reproduction / reproduce *Nachbildung / nachbilden*

Others
advice / advise *Rat / raten*
apology / apologize *Entschuldigung / sich entschuldigen*
arrival / arrive *Ankunft / ankommen*
behaviour / behave *Verhalten / sich verhalten*
belief / believe *Glaube / glauben*
character / characterize *Charakter / charakterisieren*
choice / choose *Wahl / (aus)wählen*
comparison / compare *Vergleich / vergleichen*
content(s) / contain *Inhalt / beinhalten*
death / die *Tod / sterben*
defence / defend *Verteidigung / verteidigen*
departure / depart *Abfahrt / abfahren*
food / feed *Nahrung / ernähren*
freedom / free *Freiheit / befreien*
health / heal *Gesundheit / heilen*
ignorance / ignore *Unwissenheit / ignorieren*
knowledge / know *Kenntnis(se) / kennen*
laughter / laugh *Gelächter / lachen*
marriage / marry *Heirat / heiraten*
memory / remember *Gedächtnis / sich erinnern*
nation / nationalize *Staat / verstaatlichen*
practice / practise *Übung / üben*
product / produce *Erzeugnis / erzeugen*
sale / sell *Verkauf / verkaufen*
solution / solve *Lösung / lösen*
success / succeed *Erfolg / Erfolg haben*

Englischer Index

Aa

A-level *406*
abandon *280*
abbey *170C*
abbreviation *911*
ability *110M*
able *909*
abolish *294, 701A*
about *741, 910D*
above *910, 910D*
abroad *293, 709*
absent: be absent *400*
absorb *701A*
academic *400*
accent *501*
accept *241*
access *195*
accident *151*
according to *910D*
accordingly *904A*
account *280A*
accuse *296*
ache *150*
achieve *110I*
acid rain *625*
acquire *280*
across *910*
act *110I, 294, 330B, 405*
action *410, 704A*
active *110G, 911E*
activity *405*
actor *330B*
actually *904A*
AD *800*
adapt *330B*
add *741*
additive *180*
address *265, 501*
admire *170E*
admit *296, 350S*
adopt *120B*
adult *120B*
advantage *704A*
adventure *704A*
advertise *262*
advertisement *262*
advertising *262*
advice *501A*
advise *501A*
aerial *264*
affect *701A*
affection *140C, 241*
afford *280*
afraid *140B*
Africa *290*
African *290*
after *904, 908, 910A*
afternoon *740C*
afternoon: Good afternoon. *504*
afterwards *904*
again *904*
against *910D*

age *120D, 740, 800*
aged *120D*
aggressive *111*
ago *740D*
agree *501A*
agreement *501A*
aid *241*
aim *704A*
air *600, 625*
air-conditioning *195*
aircraft *273*
airline *273*
airmail *265*
airport *273*
alcohol *180C*
alcoholic *150, 180C*
alcoholism *150*
alive *150*
all *905*
all over *910*
all right *140B*
alley *640*
alligator *670L*
allow *540*
almighty *170C*
almost *904A*
along *910*
already *904*
also *904*
alternative *704A*
alternatively *904A*
although *908*
altogether *280B, 904A*
aluminium *704*
aluminum *704*
always *740E*
am *740C*
amazed *140B*
ambulance *150*
ambulance man/woman *150*
America *290*
American *290*
among *910D*
amount *280A*
amuse *350H*
amusement *350H*
amusing *350H*
analyse *410*
ancestor *220*
anchor *272*
ancient *800*
and *908*
anger *140C*
angry *140B*
animal *670L*
ankle *110*
annoy *110I, 241*
annoyed *140B*
annual *740*
anorak *190*
answer *260, 403*
answer back *908A*
answer the phone *263*

answering machine *320A*
ant *670A*
antelope *670L*
anti- *911*
anxiety *140C*
any *905*
anybody *905*
anything *905*
anything else *280B*
anyway *904*
anywhere *710*
anywhere: not ... anywhere *710*
apart from *910D*
apartment *195*
apologize *501A*
apology *501A*
apostrophe *409*
appeal *170E*
appear *701A*
appearance *330B*
appetite *180*
apple *655*
application *540*
apply *300, 540, 701A*
appointment *240*
appreciate *170E*
April *740A*
archery *340C*
area *709*
argue *501A*
argument *501A*
arm *110, 701*
armchair *195B*
arms *295*
army *210, 295*
(a)round *904*
arrange *110I*
arrangements *350M*
arrest *297*
arrival *270F*
arrive *270F*
arrogant *241*
arrow *340G, 702*
art *330A, 401*
article *262, 701*
artist *330A*
as *908*
as ... as *721*
as a result *904A*
as early as *904*
as from (now) *740D*
as if *908*
as late as *904*
as long as *908*
as soon as *908*
as well as *904*
ash *704*
Asia *290*
Asian *290*
ask *260, 540*
asleep *110F*
aspect *410*
aspirin *150*

assembly *400*
assembly line *320A*
assimilate *293B*
assimilation *293B*
associate *170A, 410*
association *170A, 210, 410*
astronaut *273*
asylum *294*
at *910, 910A, 910D*
at first *740F*
at last *904*
at least *904*
at once *904*
at the latest *740D*
athlete *340, 340D*
athletic *110G*
athletics *340C*
Atlantic *272*
atmosphere *410, 620*
attack *295*
attend *400*
attention *110M*
pay attention *110I*
attitude *110M*
attract *350S*
attraction *350S*
attractive *350S*
audience *264, 330B*
August *740A*
aunt *220*
Australia *290*
Australian *290*
author *330A, 410*
auto(mobile) *270*
automatically *904A*
autumn *740A*
available *280*
avenue *640*
average *741*
avoid *151*
aware *110F*
away *710D*
axe *301C*

Bb

baby *120B*
baby: have a baby *220*
babysitter *120B*
back *110, 904*
background *704A*
backwards *710D*
backyard *195*
bacon *180A*
bad *111*
bad luck *170B*
badger *670A*
badly: do badly *406*
bag *280F*
bagpipes *370*
balance *704A*
balcony *195*
bald *110G*
ball *340F, 340G, 350F*

banana – chaffinch

banana *655*
band *210, 370*
bandage *150*
bank *280A, 640*
banking *280A*
barbecue *195B, 350F*
bark *670*
barn *650*
barren *660*
base *701A*
baseball *340F*
basis *704A*
basket *280F*
basketball *340F*
bat *670A*
bath *140E*
bathroom *140E*
battle *295*
bay *630*
BC *800*
be to *909*
beach *630*
beak *670A*
bean *180A, 655*
bear *670L*
beard *110*
beat *340E*
beat up *296*
beautiful *110G*
beaver *670A*
because *908*
because of *910D*
become *701A*
bed *195B*
bed and breakfast *350O*
bedroom *195*
bee *670A*
beech *650A*
beef *180A*
beer *180C*
beetle *670A*
before *904, 908, 910A*
beg *540*
beggar *540*
begin *701A*
behave *241*
behaviour *241*
behind *110, 910*
belief *170A, 170C*
believe *170A, 170C*
believed to be *909*
bell *270K, 640*
belong *280*
belt *190*
bend *270*
besides *904, 910D*
best *721*
best wishes *265*
better ... than *721*
between *910A*
beyond *904A, 910, 910A, 910D*
bicycle *270*
big *110G*
bike *270*
bilingual *501*
bill *280A, 294*

biology *401*
birch *650A*
bird *670*
biro *408*
birth *120B, 220*
birthday: Happy birthday! *505*
biscuit *180E*
bit *905*
bite *180, 670*
bitter *140B, 180*
bitterness *140C*
black *720B*
Black(s) *293B*
blackbird *670A*
blame *241*
blanket *195B*
blind *110G, 150*
block of flats *195*
blood *110*
blouse *190*
blow *620*
blow your horn *270F*
blue *720B*
board *408*
boarding school *400*
boat *272*
body *110*
body: dead body *150A*
boil *180*
bomb *295*
bone *110*
book *331, 350M, 409*
booklet *331*
bookshop *331*
boom *315*
boot *190, 270K*
border *293*
bored *140B*
boredom *140C*
boring *111, 911E*
born *120D*
borrow *280, 280A*
boss *300*
both *905*
bottle *280F*
bottle-opener *196A*
bottom *701*
bow *340G, 370*
bowl *180G*
box *280F*
boxer *340D*
boxing *340C*
Boxing Day *770*
boy *120B*
boyfriend *240*
braces *190*
bracket *409*
brain *110*
brake *270F, 270K*
branch *300, 660*
brave *111*
bread *180A*
break *150, 151, 400*
break away *294*
break down *151*
break into *296*

break up *110I, 908A*
breakfast *180*
breath *110F*
breathe *110F*
breeze *620*
bridge *630*
bring *280*
bring along *240*
bring up *120B, 908A*
broadcast *264*
broaden *701A*
broke: be broke *280*
broom *196A*
brother *220*
brotherhood *241*
brown *720B*
brush *140E, 196A, 301C*
brush up *908A*
buck *280A*
bucket *196A*
bud *650A*
budgie *670*
buffalo *670L*
build *195*
building *195, 640*
bull *650*
bullet *295*
bully *241*
bumble-bee *670A*
bun *180A*
bunch *650A*
burn *151*
burst *151*
bury *150A*
bus *270*
bus stop *270*
bus tour *350S*
bush *195, 660*
business *300*
busy *270*
but *908, 910D*
butter *180A*
buttercup *650A*
butterfly *670A*
button *190*
buy *280, 280A, 280B*
by *710D, 740D, 910, 910A, 910D*
Bye. *504*

Cc

cab *270*
cabbage *655*
cable-car *270*
café *185*
cafeteria *185*
cage *670L*
cake *180E*
calculate *741*
calculator *408*
calendar *740*
calf *650*
call *263, 501*
called *120D*
calm down *150*
camel *670L*

camera *350*
camp *350R*
camp site *350R*
campaign *294, 315*
camping *350R*
can *280F, 540, 909*
canal *630*
cancer *150*
candidate *294*
canister *280F*
canoe *340C, 340G*
canteen *300*
cap *190*
cape *630*
capital *280A*
capital (letter) *409*
capital (city) *640*
captain *272, 273*
caption *331*
car *270*
car park *270, 640*
caravan *350R*
carbon dioxide *625*
card *350H*
care: I don't care. *505*
career *300*
careful *151*
carnation *650A*
carol *370*
carpet *195*
carriage *270I*
carrot *655*
carry *270F, 280F*
carry on *403*
cartoonist *330A*
case *280F, 296, 704A*
case: (suit)case *280F*
cash *280A*
cassette *370, 408*
cassette-recorder *370, 408*
castle *350S*
cat *670*
catalogue *280B*
catalytic converter *270K, 625*
catch *270, 297, 340F*
caterpillar *670A*
cathedral *170C, 640*
Catholic *170C*
cattle *650*
cauliflower *655*
cause *701A, 704A*
cave *630*
cease *701A*
ceiling *195*
celebrate *350F*
celebration *350F*
cellar *195*
cent *280A*
centigrade *620*
centimetre *710E*
central *709, 911E*
centre *640, 701, 709*
century *740*
ceremony *170C, 770*
chaffinch *670A*

chain – cruel

chain *301C*
chair *195B*
chalk *408*
challenge *340E, 704A*
champion *340E*
chance *704A*
chance: take a chance *110I*
chancellor *294*
change *190, 270, 280A, 701A, 704A*
change your mind *170A*
channel *264*
Channel *272*
chapter *410*
character *120D, 410*
characterize *410*
charge *280A*
cheap *280A*
cheat *296, 406*
check *297, 301C, 406*
check in *273, 350O*
cheek *110*
cheer *501A*
Cheer up! *505*
cheering *501A*
cheese *180A*
chemist *150*
chemistry *401*
cheque *280A*
cherry *655*
chess *350H*
chest *110*
chestnut *650A*
chewing gum *180E*
chick *650*
chicken *180A, 650*
child *120B, 220*
childhood *120B*
chimney *195*
chimp(anzee) *670L*
chin *110*
chips *180A*
chocolate *180E*
choice *170E*
choir *210, 370*
choose *170E*
chorus *370*
Christian *170C*
Christian name *120D*
Christmas *770*
Christmas Day *770*
Christmas Eve *770*
church *170C, 640*
cigarette *180E*
cinema *330A, 640*
circa *741*
circle *702*
circumstances *904A*
citizen *294*
city *640*
civil rights *294*
civil war *294*
civilized *111*
claim *501, 540*
clarinet *370*
class *210, 400*
classmate *400*

classroom *400*
claw *670A*
clean *140E, 625*
clear *270*
clever *111*
cleverness *110M*
cliché *501*
cliff *630*
climate *620, 625*
climax *410*
climb *110I*
climber *911A*
clock *740C*
clock: o'clock *740C*
close *195*
close down *320A*
cloth *704*
clothes *190*
cloud *620*
cloudy *620*
club *210, 240*
club: (golf) club *340G*
clue *297*
co-operate *241, 320*
coach *340, 350M*
coal *704*
coalition *294*
coast *630*
coastline *630*
coat *190*
cock *650*
cocoa *180C*
coffee *180C*
coffin *150A*
coin *280A*
coke *180C*
cold *150, 620*
collage *330A*
collar *190*
colleague *300*
collect *270F, 280, 350*
collection *350*
college *400*
collocation *911*
colon *409*
colonial *293*
colonist *293*
colony *293*
colour *720B*
coloured *720B*
colourful *720B*
column *702*
comb *140E*
combine *912A*
come and see *350F*
Come on. *505*
come over *350F*
come to mind *170A*
comedy *330B*
comfortable *190*
comic *331*
comma *409*
comment *410*
commercial *264*
commit *296*
common: have in common *241*

Commons: the Commons *294*
Commonwealth *294*
communicate *501*
communication *501*
communications *263*
communism *294*
communist *294*
community *294*
commute *300*
commuter *270, 300*
company *210, 240, 300*
compare *721*
comparison *721*
compass *408*
compensation *280A*
compete *315, 340E*
competition *315, 340E*
complain *280B, 501A*
complaint *501A*
complete *260, 403*
compliment *241*
compound *911*
comprehensive school *400*
compute *741*
computer *320A*
computer studies *401*
concentrate *110I*
concentration *110M*
concern *140B, 140C, 701A*
concerned *140B*
concert *330A, 370*
concerto *370*
condemn *296*
conditions *704A*
cone *702*
conference *240*
confess *170C, 296*
confession *170C, 296*
confident *140B*
confinement *297*
conflict *295*
confuse *110I*
confusion *704A*
Congratulations. *505*
connect *270I, 701A*
connection *270I, 704A*
connotation *410*
conquer *295*
conqueror *295*
conscientious objector *295*
consequence *704A*
consequently *904A*
conservation *625*
conservationist *625*
conservative *294*
conserve *625*
consider *170A*
consideration *170A*
consist *701A*
consonant *402*
constitution *294*
consultant *241*
consumer *315*
contact *240*
contain *280F*
container *280F*

content *410*
contents *280F*
context *410*
continent *290*
continental *290*
continue *403, 701A*
contract *315*
contrast *704A*
control *110M*
conversation *501*
convince *110I, 501A*
cook *180*
cooker *195B*
cool *620*
copy *406*
corn *655*
corner *195*
cornflakes *180A*
correct *406*
correcting fluid *408*
correspond *701A*
corruption *296*
cos *280A*
cost *280A*
costume *330B*
cottage *195*
cotton *704*
cough *150*
could *909*
council *294*
counsellor *241*
count *741*
country *293*
countryside *630*
county *293*
couple *120B*
course *400*
court *296, 340, 800*
court: take sb to court *296*
cousin *220*
cover *701A*
cow *650*
cowshed *650*
cradle *195B*
crane *301C*
crash *151, 273*
crazy *111, 170E*
cream *140E, 150, 180C*
create *110I, 701A*
creative *111*
credit *280A*
crew *210, 273*
cricket *340F*
crime *296*
criminal *296*
crisis *320A, 704A*
crisps *180A*
critical *111*
criticize *501A*
crocodile *670L*
cross *270F, 710D*
crossing *272, 640*
crossroads *270, 640*
crowd *210*
crowded *270*
crown *800*
cruel *111*

cry – end

cry *110I, 140B*
cube *702*
cuboid *702*
cucumber *655*
cuff *190*
cuff-links *190*
cultivate *660*
cultural *330A, 911E*
culture *330A*
cup *180G*
cupboard *195B*
curious *111*
currency *280A*
current *195B*
curtain *195, 330B*
custom *770, 800*
customer *280B*
customs *350M*
cycle *270*
cylinder *702*
cypress *650A*

Dd

daffodil *650A*
daily *740E*
daisy *650A*
dam *630*
damage *150, 151, 625*
dance *350*
dancer *340D*
dandelion *650A*
danger *151*
dangerous *151, 625*
dark *620*
darkness *620*
dart *340G*
dartboard *340G*
darts *340C*
dash *409*
date *240, 740*
daughter *220*
day *740*
day care *120B*
day: the day after tomorrow *740D*
day: the day before yesterday *740D*
daytime *740C*
dead *150A*
deadly *150A*
deaf *150*
deal with *410*
dear *265*
death *150A*
debate *501A*
debt *280A*
decade *740*
December *740A*
decide *170E*
decimal *741*
deck *272*
declaration *501*
declare *350M, 501*
decoration *280B*
deed *704A*
deep *911E*

deer *670L*
defeat *295, 340E*
defence *295, 296*
defend *295, 296*
definitely *904A*
degree *620*
delicious *180*
deliver *262, 265, 280B*
delivery *265*
demand *540*
democracy *294*
democrat *294*
democratic *294*
dentist *150*
deny *296*
depart *270I*
department *294*
department store *280B*
departure *270F, 270I*
depend *241*
depressed *140B*
depth *710E*
descendant *220*
describe *410, 503*
description *410, 503*
desegregate *293B*
desert *630*
design *320*
designer *320*
desk *408*
dessert *180*
destroy *151, 625*
detached house *195*
detail *701*
develop *110I, 320*
development *320*
devil *170C*
dial *263*
dialect *501*
dialogue *405, 501*
diary *331*
dice *350H*
dictator *294*
dictatorship *294*
dictionary *331, 402*
die *150A*
die out *625*
diesel *704*
difference *704A*
different *911E*
difficult *911E*
difficulty *704A*
dig *660*
digest *110F*
digit *741*
dime *280A*
dining-room *195*
dinner *180*
direction *710D*
directions *503*
dirt *625, 704*
dirty *140E, 625*
disabled *150*
disadvantage *704A*
disagree *501A*
disappear *701A*
disappoint *241*

disappointment *241*
disaster *151*
disc jockey *370*
discharge *625*
discipline *110M*
disco *370*
discourage *501A*
discover *701A*
discriminate *293B*
discrimination *293B*
discuss *410, 501A*
discussion *501A*
dish *180*
dishes *180G, 195B*
dishwasher *195B*
disk: (floppy) disk *320A*
dislike *140C, 170E*
disposal *625*
distance *710D*
distribute *280*
district *709*
disturb *110I*
diver *340D*
divide *110I, 741*
divorce *120B*
divorced *120B*
DIY *350*
do *110I*
do without *280*
dock *272*
doctor *150*
documentary *264*
dog *670*
doll *350H*
dollar *280A*
dolphin *670L*
dominate *294*
donkey *650*
door *195*
dot *409, 702*
doubt *170A*
down *904*
downstairs *195*
dragon *170B*
drama *330B, 401*
dramatic *911E*
draw *350, 650*
drawer *196A*
drawing *330A, 401*
drawing board *408*
drawing-nib *408*
drawing-pin *408*
dream *170B*
dreamer *911A*
dress *190*
drink *180, 180C*
drive *270, 650*
drive: (disk) drive *320A*
drive sb mad *241*
driver *270*
drop *151*
drop out *400*
drown *150A*
drug *150*
drums *370*
dry *195B, 620*
duck *650*

dump *625*
during *910A*
dust *704*
dustbin *196A*
dustpan *196A*
duty *296, 350M*
duty: on/off duty *297*
dwarf *800*
dying for *170E*

Ee

eagle *670A*
ear *110*
early *740*
earn *280A, 300*
earth *600*
earthquake *151*
earthworm *670A*
east *700*
Easter *770*
eastern *700*
easygoing *110G, 111*
eat *110F, 180*
eat out *185*
eatable: (un)eatable *180*
economic *315*
economy *315*
edge *701*
edible: (in)edible *180*
educate *400*
education *400*
educational *400*
effect *704A*
efficient *111, 300*
e.g. *503*
egg *180A*
either ... or *908*
elbow *110*
elderly *110G*
elect *294*
election *294*
electric *320*
electrical *320*
electricity *195B, 320*
electronic *320*
electronics *320*
elephant *670L*
elk *670L*
ellipse *702*
emergency *151*
emigrate *293*
emigration *293*
emission *625*
emotion *140C*
emotional *110G*
emphasize *501*
empire *293*
employ *300*
employee *300*
employer *300*
employment *300*
empty *701A*
encounter *701A*
encourage *110I, 501A*
encyclopedia *331*
end *701A*

ending – furthermore

ending *410, 911*
enemy *295*
energy *320*
engine *270I, 270K*
engineer *320*
engineering *320*
enjoy *170E*
enough *280, 904, 905*
enter *293*
enterprise *300*
entertainment *350*
enthusiastic *140B*
entrance *195*
entrance exam *406*
entry *262*
envelope *265*
environment *625*
environmental *625*
episode *264*
equal *294*
equality *294*
equally *904*
equipment *301C*
escape *297*
especially *904A*
essay *403*
estimate *170A*
ethnic *293B*
Europe *290*
European *290*
even (worse) *904*
even though *908*
evening *740C*
evening: Good evening. *504*
event *704A*
ever *740E*
every *905*
everybody *905*
everything *905*
everywhere *710*
evidence *296*
exam(ination) *406*
examine *150, 406*
example *403, 503*
except *910D*
excerpt *410*
exchange *280, 280A*
exchange rate *280A*
excited *140B*
exclamation mark *409*
excuse *501A*
execute *297*
execution *297*
executive *300*
exercise *403*
exercise book *403*
exhaust fumes *625*
exhibition *330A*
exist *701A*
expand *701A*
expect *170A*
expectation *140C*
expensive *280A*
experience *110F, 704A*
expert *300*
explain *403, 503*
explanation *403, 503*

explode *151*
explore *320*
explorer *911A*
explosion *151*
export *315*
express *501*
expression *501*
extra-curricular activities *400*
extract *331*
extremist *294*
eye *110*
eyebrow *110*
eyelid *110*

Ff

fable *410*
face *110, 195*
facilities *640*
fact *704A*
factor *704A*
factory *320A*
fail *406*
fair *111, 315, 406, 620, 720B, 911E*
fairy *800*
fairy story *410*
fairy tale *800*
fall *151, 740A*
fall asleep *110F*
fall in love *120B*
fall off *151*
false *111*
family *120B, 210, 220*
famous *111*
fan *340*
fancy *170E*
far *710D*
fare *270I, 280A*
farewell *350F, 504*
farm *650*
farmer *650*
farmhouse *650*
farming *650*
farther *721*
farthest/furthest *721*
fascinate *241*
fashion *190*
fast food place *185*
fat *110G*
fatal *150A*
father *220*
Father Christmas *770*
fault *704A*
favour *241*
favour: in favour *241*
fax *263, 320A*
fear *140C*
feather *670*
February *740A*
fed up *140B*
federal *294*
fee *280A*
feed *180, 670L*
feeding time *670L*
feel *110F, 150, 170A*

feel cold *140B*
feel hot *140B*
feel like sth *170E*
feel sick *140B, 150*
feel sorry *140B*
feel sorry for *241*
feeling *140C*
fellow *241*
felt-tip *408*
fence *195*
ferry *272*
fertile *625*
fertilizer *660*
festival *330A*
fetch *270F*
few *905*
fiction *410*
field *650*
field: playing field *340*
fight *295*
figurative *410*
figure *741*
fill *280F*
fill in *403, 260, 908A*
film *330A, 408*
final *740F*
finally *740F*
finance *280A*
financial *280A*
find out *260*
find *280*
fine *140B, 280A, 297*
finger *110*
finish *403*
finishing line *340E*
fir *650A*
fire *151, 295, 300*
fire brigade *151*
fireworks *770*
firm *210, 300*
first *740F*
firstly *740F*
fish *180A, 272*
fishing *272*
fishing: go fishing *272*
fist *110*
fit *140B, 190*
flag *293*
flame *151*
flannel *140E*
flashlight *195B*
flash(light) *350*
flat *195*
fleet *272*
flex *195B*
flight *273*
flood *151, 625*
floor *195*
flow *630*
flower *195, 660*
flowerpot *650A*
flu *150*
fluent *501*
flush the toilet *140E*
flutter *670*
fly *273, 670, 670A*
fog *620*

foggy *620*
folk song *370*
follow *710D*
following *740F*
fond: be fond of *170E*
food *180*
foolish *111*
foot *110, 701, 710E*
football *340F*
footballer *340D*
for *910, 910D*
for (weeks) *910A*
for ever *904*
force *110I, 296, 540*
forces *295*
forehead *110*
foreign *293*
foreign language *401*
foreign policy *294*
foreigner *293*
forest *630*
forget *170A*
forget-me-not *650A*
forgive *170C*
fork *180G*
form *210, 260, 400, 403, 410, 701A, 702*
formal *911E*
fortunately *904A*
forward(s) *710D*
found *195, 701A*
foundation *704A*
fountain *640*
fox *670L*
free *280A, 295, 911E*
free time *350*
freedom *294*
freeze *620*
frequency *740E*
Friday *740B*
fridge *195B*
friend *240*
friendliness *110M*
friendly *911E*
friendship *241*
frighten *296*
frightened *140B*
frog *670L*
from *910*
frontier *293*
frost *620*
frosty *620*
frozen *180*
fruit *655*
frustrated *140B*
full *910C*
full (up) *180*
full stop *409*
full-time *300*
fun *350H*
function *410*
funeral *150A*
funny *350H*
furnish *195B*
furniture *195B*
further *721*
furthermore *904A*

307

fuse *195B*
future *740D*

Gg

gallon *710E*
gamble *350H*
game *340E, 350H, 405*
games *401*
gang *210*
garage *195, 270*
garden *195*
gas *704*
gas mask *295*
gas station *270*
gate *195*
gather *240*
gaze *110F*
general *295*
generally *904A*
generation *210*
generous *111*
gentleman *120B*
geography *401*
get *280*
get along *241, 908A*
get dressed *190*
get engaged *120B*
get into trouble *296*
get married *120B*
get off *270*
get on *270I*
get on/in *270*
get out *270I*
get rid of *280*
get up *110F, 908A*
ghetto *293B, 640*
ghost *170B*
giant *170B, 800*
giraffe *670L*
girl *120B*
girlfriend *240*
give *280*
give away *110I*
give up *280*
glad *140B*
glance *110F*
glass *280F, 704*
glasses *150*
global *290, 600*
global warming *625*
globe *600*
glove *190*
glue stick *408*
go *110I, 270*
Go! *340E*
go *710D*
go along *241*
go away *270F*
go by *740*
Go on. *505*
goal *340F*
goat *650*
God, god *170C*
goggle-box *264*
going to *110I*
gold *704*

golden *720B*
golf course *340*
good *111*
good at *406*
good for *150*
Goodbye. *504*
Goodnight. *504*
goods *315*
goose *650*
gorilla *670L*
govern *294*
government *210, 294*
governor *294*
grade *400, 406*
graduate *400*
graffiti *640*
gram *710E*
grammar *501*
grammar school *400*
granddaughter *220*
grandfather *220*
grandmother *220*
grandparents *220*
grandson *220*
grape *655*
grapefruit *655*
grass *660*
grave *150A*
graveyard *150A*
gravy *180A*
great *111*
great-grandparents *220*
greatly *904A*
green *720B*
greenhouse effect *625*
greet *504*
greeting *504*
grey *720B*
greyhound *670*
grocery store, grocer's *280B*
ground *630*
group *210, 370, 405*
grow *120B, 660, 701A*
grow up *120B*
grown-up *120B*
growth *315*
guard *270I, 297*
guess *170A, 350H*
guest *350F*
guest house *350O*
guidance *503*
guidance counselor *400*
guide *350S, 503*
guided tour *350S*
guilty *296*
guitar *370*
gulf *630*
gun *295*
gym *340, 401*
gymnastics *340C, 401*

Hh

habit *120D*
had better *909*
hair *110*

hair spray *140E*
hair-drier *140E*
hairstyle *140E*
half past *740C*
hall *195*
Hallo. *504*
Halloween *770*
ham *180A*
hammer *301C*
hamster *670*
hand *110*
hand out *406, 908A*
hand over *297*
hand sb sth *280*
handball *340F*
handbook *260*
handkerchief *190*
handlebars *270K*
handsome *110G*
hang *280F, 297*
hang around *296*
hang up *263*
happen *151*
happiness *140C*
happy *140B*
Happy birthday! *505*
harbour *272*
hard-working *111, 300*
hardly *740E, 904*
hardware *320A*
hare *670A*
harm *151*
harmful *151*
harmless *151*
harvest *660*
hat *190*
hate *140C, 170E*
hatred *140C*
have *280*
have a bath *140E*
have a child *120B*
have a nice time *350*
have a shower *140E*
have a wash *140E*
have got *280*
have in mind *170A*
have lunch *180*
have sex *220*
have sth done *540*
have tea *180*
have to *909*
hawk *670A*
head *110, 294, 701*
head of state *294*
headache *150*
headline *262*
headmaster *400*
headmistress *400*
headquarters *295*
headset *408*
heal *150*
health *150*
healthy *140B, 150, 625*
hear *110F*
heart *110*
heat *195, 620, 911E*
heater *195B*

heating *195*
heaven *170C*
heavy *270*
hectic *270*
hedgehog *670A*
heel *110*
height *710E*
helicopter *273*
heliport *273*
hell *170C*
helmet *151, 295*
help *241*
help yourself *180*
helpful *111*
hen *650*
hen-house *650*
herb *180A, 660*
herd *650*
here *710*
hero *330B, 410*
heroine *330B, 410*
hey *504*
Hi. *504, 240*
hide *280*
high *911E*
highly *904A*
highway *270*
hill *630*
hippo *670L*
hire *280, 300*
historic *800*
historical *800*
history *401, 800*
hit *151*
hobby *120D, 350*
hockey *340F*
hold *110I*
hold up *908A*
hole *702*
holiday *170C, 350M, 770*
holy *170C*
home *195*
homeless *195*
homesick *140B*
homework *403*
honest *111*
hooligan *296, 340*
hope *140C, 170A*
horizon *620*
horn *270K*
horrified *140B*
horror *140C*
horse *650*
hospital *150, 640*
host *350F*
hostile *295*
hot *620*
hotel *350O*
hour *740*
house *195*
household *195B*
housework *195B*
housing *195*
hovercraft *272*
how *260*
How are you? *140B*
how many *260*

how much – lesson

how much *260*
How much is/are *280B*
however *902, 904A*
human *111*
humorous *111, 350H*
humour *110M, 350H*
hunger *180*
hungry *180*
hunt *650*
hunter *650*
Hurrah! *505*
hurry: in a hurry *740*
Hurry up. *505*
hurt *150*
husband *220*
hut *195*
hyphen *409*
hysteria *140C*

Ii

ice *620*
ice dancing *340C*
ice-cream *180E*
ice-skating *340C*
icy *620*
idea *170A*
ideal *704A*
identify *120D*
identity *120D*
if *908*
ignorance *170A*
ignorant *111*
ignore *110I, 170A*
ill *150*
illegal *296*
illness *150*
illustrate *503*
illustration *331*
image *120D, 410A*
imagination *110M, 170A*
imagine *170A*
immigrant *293*
immigrate *293*
immigration *293*
impatience *110M*
impatient *111*
impolite *241*
import *315*
importance *704A*
important *111, 911E*
importer *315, 911A*
impression *704A*
improve *701A*
in *910, 910A, 910D*
in a minute *740D*
in between *740*
in front of *910*
in spite of *910D*
in the country *650*
in the course of *740*
in the end *740F*
in town *640*
inch *710E*
include *701A*
income *280A, 300*
increase *280A, 701A*

indeed *904*
independence *293*
independent *293*
India(n) ink *408*
Indian: (Red) Indian *293B*
individual *120D*
indoors *195*
industrial *320*
industrialize *320*
industrialist *320*
industry *320*
inequality *294*
infer *410*
infertile *625*
inflation *315*
influence *110I, 704A*
inform *260*
information *260, 350M*
informer *260, 297*
injured *150*
injury *150*
ink *408*
inland *630, 709*
inn *185*
innocent *296*
innovation *320*
insect *670L*
inside *910*
insist *241*
install *301C*
instead *904*
instead of *910D*
institution *640*
instruct *540*
instructions *540, 503*
instructor *400*
instrument *370*
insult *241, 296*
insure *315*
integrate *293B*
integration *293B*
intelligence *110M*
intelligent *111*
intend *110I*
intention *110I*
interest *120D, 280A*
interesting *111*
interior *709*
international *293*
interpret *410*
interpretation *410*
interrogation *296, 297*
interrupt *501*
intersection *270, 640*
interview *260, 501*
interviewer *260, 911A*
into *910*
intolerance *110M, 241*
intolerant *241*
intonation *501*
introduce *240, 410, 701A*
introduction *410*
introductory *410*
invade *295*
invader *295, 911A*
invasion *295*

invent *110I, 320, 701A*
invention *320*
inventor *320*
investigation *296*
invitation *350F*
invite *350F*
involved *701A*
iron *195B, 704*
island *630*
isle *630*
issue *704A*
item *262*

Jj

jacket *190*
jail *297*
jam *180E*
January *740A*
jar *280F*
jaw *110*
jazz *370*
jealous *241*
jeans *190*
jet *273*
Jew *293B*
Jewish *293B*
job *300*
jog *350*
join *240*
join in *240*
journalism *262*
journalist *262*
journey *350M*
joy *140C*
judge *170A, 296*
judo *340C*
juice *180C*
juicy *180C*
July *740A*
jump *110I*
June *740A*
junior *340E*
just *111, 296, 904*
just about *904A*
just like *503*
justice *296*

Kk

kangaroo *670L*
keep *110I, 280F*
keep away *151*
keep out *151, 908A*
keeper *670L*
ketchup *180A*
key *195*
keyboard *320A*
kick *110I, 340F*
kill *150A, 295, 296*
killer *296*
killing *296*
kilo(gram) *710E*
kilometre *710E*
kilt *190*
kind *111*
king *800*

kingdom *800*
kitchen *195*
kitten *670*
knee *110*
knife *180G*
knock *195*
know *170A*
know-how *320*
know: get to know *240*
knowledge *170A*

Ll

lab(oratory) *320A*
labour *300*
lack *280*
lady *120B*
lake *272, 630*
lamb *180A*
lamp *195B*
land *273, 630*
landing *273*
landlord/landlady *195*
landmark *704A*
landowner *911A*
landscape *330A, 630*
language *402, 501*
last *701A, 721, 740D, 740F*
last night *740D*
late *740*
latest *721*
Latin *401*
laugh *110I, 140B, 350H*
laughter *350H*
launching pad *273*
law *294, 296*
law firm *296*
lawful *296*
lawless *296*
lawn *195*
lawyer *296*
layout *702*
lazy *111*
lead *294*
leader *294*
leaf *660*
learn *110I, 260, 400*
learner *400*
least *721*
leather *704*
leave *270F, 280, 540*
leave behind *280, 908A*
leave school *400*
leek *655*
left *710D*
left: be left *280*
leg *110, 701*
legal *296*
legend *800*
legendary *111*
leisure *350*
lemon *655*
lemonade *180C*
lend *280, 280A*
length *710E*
less ... than *721*
lesson *400*

let 540
let down 241
Let's see 503
letter 265, 409
letter-box 195
lettuce 655
liberal 294
liberalism 294
liberty 294
library 331, 640
licence 540
lid 180G
lie 110I, 704A
life 150
lifeboat 272
lifeline 272
lift 280F, 350O
light 270K
lightning 620
like 170E, 241, 908, 910D
like that 503
like this 503
likes and dislikes 170E
limit 704A
linden 650A
line 263, 409, 410A, 702, 740F
lingua franca 501
lion 670L
lip 110
lipstick 140E
listen 110F, 264
listener 264, 911A
literary 410
literature 330A, 410
litre 710E
litter 625
little 110G
live 150, 195, 264
live on 180
lively 110G
living-room 195
lizard 670A
letter-box 265
load 270F
loaf 180A
loan 280A
lobby 294, 350O
local 709
lock 195, 297
loneliness 140C
lonely 140B
long 911E
look 110F, 701A
look for 710D
look forward to 170E
look round 350S
look up 402, 908A
lord 170C, 800
Lords: the Lords 294
lorry 270
lose 280, 340E
loser 340E, 350H, 911A
loss 280, 315
lots 905
love 140C, 170E, 241

Love 265
love: give my love to 241
lovely 110G
loyalty 110M
luck 170B, 350H
luckily 904A
lucky 170B, 350H
luggage 350M
lump 702
lunar 600
lunch 180

Mm

machine 320A
machinery 320A
madam 120B
magazine 262
magic 170B
magic: do magic 170B
magician 170B
magnifying glass 150
magpie 670A
mail 265
mainly 904A
maintain 280, 701A
majority 210, 294
make 110I, 301C, 540, 701A
make a fool of 110I
make ends meet 110I
make friends 240
make into 701A
make it 110I
make sure 170A
make up 110I, 701A
make up your mind 170A
man 120B
manage 110I, 300
manager 300
mankind 210
manufacture 301C
many 905
map 710D
marathon 340C
march 110I, 294, 295
March 740A
margin 409
mark 110I, 406
market 280B
marriage 120B
married 120B
marry 120B
mask 151
mass 210
massacre 296
master 110I
match 190, 195B, 340E
material 704
maths 401, 741
matter 704A
matter: It doesn't matter. 505
matter: What's the matter? 505
may 540, 909
May 740A

maybe 904
mayor 294
meal 180
mean 111, 170A, 501
mean to do 110I
meaning 410, 501, 911
measurement 710E
meat 180A
media 264
medical 150
medicine 150
medieval 800
meet 240, 270F
meet with 701A
meeting 240
melt 620
member 240
membership 120D
memorial 640
memory 110M, 170A
mend 301C
mention 501
menu 185
Merry Christmas! 505
message 260
messenger 260
metal 704
metaphor 410A
metre 710E
metropolitan area 640
microphone 370
microwave 195B
midday 740C
Middle Ages 800
midnight 740C
might 909
mild 180
mile 710E
miles per hour 270
milestone 704A
military 295
military service 295
milk 180C, 650
milk shake 180C
mind 170E
mind: Never mind. 505
mine 320
miner 320
minerals 704
mining 320
minister 170C, 294
minority 210, 293B, 294
minus 741
minute 740
mirror 140E, 270K
miserable 140B
Miss 120B
miss 241, 270, 340F
missing 295
mistake 406
misunderstand 170A
misunderstanding 241
mix 241
mix up 110I
mixer 195B
mixture 704
moan 140B

mobility 300
mole 670A
moment 740
monarchy 800
Monday 740B
money 280A
monitor 320A
monkey 670L
monster 170B
month 740
monument 640
moon 600
moped 270
moral 410
more 905
more ... than 721
morning 740C
morning: Good morning. 504
morning: this morning 740C
mosquito 670A
most 721
mostly 904A
motel 350O
mother 220
motivate 501A
motive 410
motorbike 270
motorhome 350R
motorway 270
mountain 630
mouse 320A, 670
moustache 110
mouth 110, 630, 701
mouth-organ 370
move 110I, 195
movement 294
movie 330A
movie theater 640
mow 660
MP 294
Mr 120B
Mrs 120B
Ms 120B
much 905
mud 704
mug 296
mule 650
multi- 911
multiply 741
murder 296
murderer 296
muscle 110
museum 350S, 640
mushroom 655
music 330A, 370, 401
musical 370
musician 330A, 370
Muslim 170C
must 909
mustn't 909
mutton 180A
mysterious 170B
mystery 170B

Nn

nail *301C*
name *120B, 120D, 501*
narrator *410*
nation *293*
national *293*
national anthem *293*
nationality *293*
native *293*
Native American *293B*
natural *625*
natural resources *704*
nature *625*
navy *295*
near *710D, 910*
nearest *721*
nearly *904*
necessary *911E*
necessity *704A*
neck *110*
necklace *190*
need *170E, 909*
need: That's all I needed. *505*
needle *190*
needn't *909*
Negro *293B*
neighbourhood *709*
neither *905*
neither ... nor *908*
nephew *220*
nerve *110*
nerves: get on sb's nerves *241*
nervous *140B*
nervousness *140C*
nest *650*
net *340G*
netball *340F*
never *740E*
new *911E*
news *264*
newsboy *262*
newspaper, paper *262*
next *721, 740F*
next to *710D, 910*
nice *110G, 111*
niece *220*
night *740C*
nightingale *670A*
no *540, 905*
nobody *905*
nod *110I*
noise *625*
noisy *270, 625*
non-fiction *410*
non-returnable *280B*
none *905*
noon *740C*
normality *704A*
north *700*
northern *700*
nose *110*
not *905*
not ... any *905*
not ... anybody *905*

not ... anything *905*
not ... either *908*
not ... till *908*
not ... yet *904*
not even *904*
not only ... but also *904*
note *110F, 280A, 400*
nothing *905*
notice *110F, 195, 260, 300*
nought *741*
novel *410*
November *740A*
now *740D*
now and again *740E*
nowadays *740D*
nowhere *710*
nuclear power station *320*
number *262, 741*
nurse *150*
nut *655*

Oo

oak *650A*
obedience *241*
obey *241*
object *701*
obligation *296*
obliged to (do) *909*
occupied *350O*
occupy *295*
ocean *272, 630*
October *740A*
of course *540*
offence *296*
offend *241*
offer *110I, 280B*
office *294, 300, 320A*
officer *295*
official *294*
often *740E*
Oh, dear. *505*
oil *704*
oil rig *320*
okay *140B*
Okay *540*
old *110G*
omelette *180A*
on *910, 910A, 910D*
on foot *710D*
on no account *904A*
on the one hand ... *904A*
on the whole *904A*
on top of *910*
on/off *195B*
once *740E, 904*
once again *904*
once more *904*
onion *655*
only *904*
onto *910*
open *195*
opening times *350S*
opera *370*
operate *150, 320A*
operation *150, 704A*
opinion *170A*

opportunity *704A*
opposite *710D, 910*
opposition *294*
or *908*
oral *406*
orange *655, 720B*
orbit *600*
orchestra *370*
order *185, 280B, 295, 296, 540, 704A, 740F*
organic *625*
organization *210*
organize *110I*
origin *704A*
original *702, 911E*
orphan *120B, 150A*
otherwise *904A*
ought to *909*
ounce *710E*
out *904*
outdoors *195*
outgoing *240*
outside *910*
outskirts *640*
oven *195B*
over *740, 910*
overcrowded *270*
overhead projector *408*
overnight *740C*
overpower *297*
overseas *293*
overtake *270F*
overtime *300*
owe *280A*
owl *670A*
own *280*
owner *280*
ozone *625*
ozone layer *625*

Pp

Pacific *272*
pack *350M*
package *280F*
package tour *350M*
packet *280F*
page *409*
pain *140C, 150*
painful *150*
paint *301C, 350, 704*
painter *330A*
painting *330A*
pair *190, 405*
palace *800*
panic *140B*
paper *704*
paperclip *408*
parade *770*
paragraph *409*
parallel *702*
parcel *265*
parents *220*
park *270F, 640*
parking lot *270, 640*
parking space *270, 640*
parliament *210, 294*

parliamentary *294*
parrot *670*
part *330B, 405, 701*
part-time *300*
participant *240*
particularly *904A*
partner *241, 405*
partridge *670A*
party *294, 350F*
pass *180, 270F, 294, 340F, 406, 710D, 740*
pass the time *350*
pass through *270*
passage *410, 640*
passenger *270*
passport *120D, 350M*
past *710D, 740D*
path *195, 630*
patience *110M, 911E*
patient *111, 150*
pavement *270, 640*
pay *280A, 300*
pay attention *400*
pay off *280A*
payment *280A*
PC *320A*
pea *180A, 655*
peace *295*
peaceful *295*
peach *655*
pear *655*
pedal *270K*
pedestrian *270*
pedestrian crossing *270*
pedestrian precinct *270, 640*
pen *408*
pen-friend *240*
pence *280A*
pencil *408*
pencil-case *408*
penguin *670L*
penny *280A*
pension *280A, 300*
people *210*
per cent *741*
perhaps *904*
period *400, 409, 740*
permission *540*
permit *540*
persecute *294*
persecution *294*
personal *911E*
personal hygiene *140E*
persuade *110I, 501A*
pet *670*
pet shop *670*
petrol *704*
petrol station *270*
pheasant *670A*
phone *263*
photo *350*
photocopier *320A*
photocopy *320A*
photograph *350*
phrase *409*
physical education *401*

physics 401
physiotherapist 150
piano 370
grand piano 370
pick up 110I
pick 660
pick up 270F, 908A
picnic 350F
picture 350, 408
pie 180A, 180E
piece 701
pier 272
pig 650
pigeon 670A
pill 150
pilot 273
pin 190
pine 650A
pineapple 655
pink 720B
pint 710E
pipe 180E
pirate 800
pitch a tent 350R
pity: It's a pity. 505
pizza 180A
place 709
plan 110I, 320
plane 273
planet 600
planner 320
plant 660
plantation 293
plastic 704
plate 180G
platform 270I
play 330B, 340, 350H, 370
play a trick 350H
player 340
please 540
pleased 140B
pleasure 140C
plenty 905
pliers 301C
plug 140E, 195B
plum 655
plus 741
pm 740C
pocket 190
pocket-money 280A
poem 410A
poet 330A
poetry 330A
point 405, 408, 702, 704A
point of view 170A, 410
point out 503
poison 151
poisonous 151, 180, 625
polar bear 670L
police 210, 297
police station 297, 640
policeman/woman 297
policy 294
polio 150
polite 111, 911E
politeness 110M
political 294

politician 294
politics 294
pollute 625
pollution 625
pond 630
pony 650
poor 111, 280, 406
pop music 370
poplar 650A
poppy 650A
popular 111
population 210
pork 180A
port 272
porter 350O
portion 180
position 710
possess 280
possession 280
possibility 704A
possible 911E
possibly 904A
post 265
post office 265, 640
post- 911
postage 265
postcard 265
postcode 265
poster 260
postman/postwoman 265
pot 180G
potato 180A, 655
pound 280A, 710E
pour 180
poverty 280
poverty line 280
power 294
power station 320
powerful 111
practical 911E
practice 320A, 403
practise 110I, 403
praise 170C, 501A
pray 170C
prayer 170C
predict 110I, 620
prefer 170E
prefix 911
prejudice 110M, 241
prejudiced 241
prepare 180
prepared: be prepared 241
prescription 150
present 503, 740D
present: be present 400
president 294
press 262
pressure 704A
prestige 241
pretend 110I
pretty 904A
prevent 151
price 280A
price list 280B
priest 170C
primary school 400
prime minister 294

primrose 650A
prince 800
princess 800
principal 400
print 262, 331
printer 320A, 331
printing-press 331
prison 297
prisoner 295
privilege 280
privileged 280
prize 340E
pro- 911
probable 911E
probably 904A
problem 704A
proceed 110I, 701A
produce 110I, 301C
producer 315
product 315
production 315
profession 300
professional 300
professor 400
profile 120D
profit 280A, 315
profitable 280A, 315
program 320A
programme 264
progress 704A
project 405
promise 501A
prompt 405
pronounce 402
pronunciation 402
proof 296
propaganda 294
property 280
proposal 501A
prose 410
protect 151, 625
protection 151, 625
protest 294, 501A
Protestant 170C
protractor 408
proud 111, 140B
prove 296
proverb 501
provide 315
province 293
pub 185
public 210
public school 400
publish 262, 331
pull 110I
pullover 190
punch 408
punctual 111
puncture 151
punish 296
punishment 296
pupil 110, 400
puppy 670
puritan 111
purple 720B
purse 190, 280A
push 110I

put 110I
put down 110I, 908A
put in 403, 908A
put on 190, 908A
put out 908A
put up 301C, 908A
puzzle 350H
puzzled 140B
pyjamas 190

Qq

qualification 406
quality 704A
quarrel 241
quarter past/to 740C
queen 800
question 260, 297
question mark 409
questionnaire 260
queue 740F
quiet 110G
quite 904A
quiz 350H
quotation marks 409

Rr

rabbit 670
race 293B, 340E
racial 293B
racing driver 340D
racism 293B
racist 293B
racket 340G
radiator 195B
radical 294
radio 264
rage 140C
raid 297
rail 270I
railway 270I
rain 620
rainy 620
raise 280A, 701A
ranch 650
rancher 650
rare 740E
rarely 740E
rat 670
rate 701
rather 904A
rather ... than 721
razor 140E
reach 110I, 270F
react 110I
reaction 704A
read 402
readable 331
reader 262, 331
reality 704A
realize 110F
really 904
reason 503, 704A
reason: for this reason 904A
reasonable 111

rebel – Shall I/we ...?

rebel 294
rebellion 294
receipt 280B
receive 265, 280
recently 740D
reception 350O
recession 315
recognize 110F, 294
reconstruct 195
record 340E, 370
record-player 370
recover 150
recovery 315
recreation 350
rectangle 702
recyclable 625
recycle 625
red 720B
reduce 701A
reelect 294
refer 501, 701A
reflect 701A
reform 701A, 704A
refugee 295
refuse 110I, 241, 625
region 709
regional 709
register 408
regular 740E
regularly 740E
reject 110I, 241
related 220, 701A
relations 704A
relationship 704A
relative 220
relatively 904A
relax 150, 350
relaxed 140B
release 270F, 296
reliable 111
relief 150
religion 170C
religious 170C
religious education 401
rely 241
remain 701A
remember 170A
remind 170A
removal van 195
renew 701A
renewable 625
rent 195, 280, 280A
repair 301C
repair shop 320A
repeat 403
repeat a year 406
repetition 403
reply 260
report 260, 262
reporter 262
represent 701A
reprieve 296
reproduction 702
republic 294
Republican 294
reputation 120D, 241
request 540

research 320
reservation 293B, 350M
reserve 185
resort 350S
respect 241, 503
responsibility 110M
responsible 111
rest 701
restaurant 185
restless 110G
restore 301C
result 406, 704A
retire 300
retired 300
return 270F, 280B
return (ticket) 270I
returnable 280B
returnable bottle 625
reunification 294
reveal 503
revise 403
revision 403
revolution 294, 704A
reward 280A, 297
rewrite 403
rhinoceros 670L
rhyme 410A
rice 655
rich 111, 180, 280
ride 270, 270F, 340C
ride (a bike) 340C
rider 270, 340, 340D
rifle 295
right 710D, 294
ring 263, 270F, 702
ring a bell 170A
ring up 263
riot 294
ripe 180, 660
ripen 660
rise 280A, 620, 701A
risk 110I, 704A
rival 315, 340E
river 272, 630
road 270
roast beef 180A
rob 296
robber 296
robbery 296
robin 670A
robot 320A
rock 630
rock-climbing 340C
rocket 273, 295
rocky 630
role-play 405
roll 180A
roof 195
room 350O, 701
root 660
rope 702
rose 660
round 702, 910
route 270
row 740F
royal 800
rub 150

rubber 408, 704
rude 111
rugby 340F
ruin 350S, 625
rule 294, 340E
ruler 408
run 110I, 270, 340C
run out 280, 908A
runner 340D
running 340C
rush 110I
rush hour 270

Ss

sad 140B
saddle 270K
sadness 140C
safari park 670L
safe 151
safety 151
safety pin 190
sail 272, 340C, 340G
sailor 272
salad 180A
salary 280A, 300
sale 280A, 280B
sale: for sale 280B
salt 180A
salty 180
sand 630, 704
sandwich 180A
sandy 630
Santa Claus 770
sari 190
satellite 263, 273, 600
satellite dish 264
satisfaction 140C
satisfactory 406
satisfied 140B
Saturday 740B
sauce 180A
saucer 180G
sausage 180A
save 150, 151, 280A, 625
saw 301C
saxophone 370
say 501
say hello 240
say hi 504
saying 501
scapegoat 241
scarce 280
scarf 190
scatter 701A
scene 330B, 709
scenery 630
schedule 270I, 400
scholarship 400
school 400
school leaver 400
school report 406
schoolchildren 400
science 320, 401
scientific 320
scientist 320
scissors 195B

score 340E, 340F
scream 501
screen 264, 320A
screw 301C
screwdriver 301C
sculptor 330A
sea 272, 630
sea horse 670L
sea lion 670L
seagull 670A
seal 670L
search 297
seasick 150
seaside 630
season 740A
seat 185, 294, 408
seatbelt 270K
second 740
secondary modern school 400
secondary school 400
secret 704A
secret service 297
Secretary 294
secretary 300
Secretary (of State) 294
sector 709
security 151
see 110F, 350F
See you soon/later. 504
seed 660
seem 701A
segregate 293B
segregation 293B
seldom 740E
self-confidence 110M
selfish 111
sell 280, 280B
semi-colon 409
semi-detached house 195
seminar 400
senator 294
send 265
send for 540
send to sleep 120B
senior citizen 120B
sense 110F
make sense 170A
sentence 296, 409
separate 120B
September 740A
sequence 740F
series 264, 740F
serious 151
serve 185, 280B
service 270I, 300, 350O
set 110I, 340E, 400, 620
setting 410
settle 293
settlement 293
settler 293
sewage 625
sewing-machine 196A
sex 120D, 220
shade 190
shake 110I, 140B
Shall I/we ...? 540

shape – suitcase

shape *702*
shaped *702*
share *241*
sharpener *408*
shave *140E*
shaver *140E*
shaving-brush *140E*
sheep *650*
shelf *280F*
shell *670L*
shift *300*
shine *620*
ship *272*
shirt *190*
shock *140C*
shocked *140B*
shoe *190*
shoot *295*
shop *280B*
shop assistant *280B*
shop window *280B*
shopper *280B*
shopping *280B*
shopping: go shopping *280B*
shopping: do the shopping *280B*
shopping precinct *280B*
shore *630*
short *110G*
short of *280*
short story *410*
shortage *280*
shorts *190*
shot *295*
should *909*
shoulder *110*
shout *501*
show *264, 503*
shower *140E, 620*
shut *195*
shy *110G*
sick *150*
sickness *150*
side *270, 701*
sidewalk *270, 640*
sigh *110I, 501*
sight *350S*
sign *120D, 270*
sign in *350O*
signal *270*
signature *120D*
silence *911E*
silent *911E*
silly *111*
silver *704, 720B*
simple *111*
simply *904A*
sin *170C*
since *908, 910A*
sing *370*
singer *370*
single *120B*
single (ticket) *270I*
sink *196A, 272*
sir *120B*
siren *151*

sister *220*
sit *110I*
sit down *110I*
site *709*
situation *704A*
sixth form *400*
size *190*
skate *340G*
skeleton *110*
ski *340C, 340G*
skier *340D*
skiing *340C*
skill *110M*
skilled *111, 300*
skin *110*
skirt *190*
sky *620*
skyscraper *640*
slang *501*
slave *294*
slavery *294*
sleep *110F*
sleeping bag *350R*
sleeve *190*
slide *408*
slipper *190*
slug *670A*
slum *640*
small *110G*
small: little/small *721*
smell *110F, 180, 625, 701A*
smelly *140E, 625*
smile *110I, 140B*
smoke *180E, 625*
smoky *625*
smuggle *296*
smuggler *296*
snack bar *185*
snail *670A*
snake *670L*
snow *620*
snowdrop *650A*
snowy *620*
so *908*
so far *740D*
so that *908*
soap *140E*
sob *110I, 140B, 140C*
soccer *340F*
socialism *294*
socialist *294*
society *210*
sock *190*
socket *195B*
sofa *195B*
software *320A*
soil *625, 660*
solar *600*
soldier *295*
sole *110*
solution *704A*
solve *110I*
some *905*
somebody *905*
somehow *904*
someplace *710*
something *905*

sometimes *740E*
somewhere *710*
son *220*
song *370*
soon *740D*
sore *150*
sore throat *150*
soul *170C*
sound *110F, 370, 701A*
soup *180A*
sour *180*
source *630, 701*
south *700*
southern *700*
southernmost *700*
souvenir *350S*
space *273, 600, 701*
spaghetti *180A*
sparrow *670A*
speak *402, 501*
speaker *501*
speaking *263*
specialist *300*
species *660*
spectator *330B, 340*
speech *501*
speed *270*
spell *402*
spelling *402*
spend *280A, 740*
sphere *702*
spider *670L*
spirit *170C*
spiritual *370*
split *110I*
spoil *625, 701A*
sponge *140E*
spoon *180G*
sport(s) *340*
sporting activity *340*
sportsman *340D*
sportswoman *340D*
spotlight *195B, 330B*
spread *150, 701A*
spring *740A*
square *640, 702*
squash *340F*
squirrel *670A*
stability *704A*
stable *650*
stadium *340*
staff *300*
stage *330B*
stairs *195*
stamp *265*
stand *110I*
stand up *110I*
standard *704A*
standard lamp *195B*
stanza *410A*
staple *408*
stapler *408*
star *600*
stare *110F*
starfish *670L*
start *270F, 340E, 701A*
start a family *120B*

starter *340E*
starve *180*
state *293, 501*
state school *400*
statement *296, 501*
station *264, 270I*
statue *330A*
stay *350O*
stay up *110F*
steak *180A*
steal *296*
steam *704*
steel *704*
steering wheel *270K*
stem *911*
step *704A*
stereo *370*
stick *702*
sticky tape *408*
still *904, 904A*
stocking *190*
stomach *110*
stomach ache *150*
stone *704*
stop *270, 270F, 701A*
stopwatch *340E*
store *280B, 280F*
storey *195*
stork *670A*
storm *297, 620*
stormy *620*
story *262, 410*
stove *195B*
straight *702, 710D*
strange *170B*
strawberry *655*
street *640*
stress *140C, 402, 501, 911*
strict *111*
strike *320A*
stripe *702*
strong *110G*
structure *410, 704A*
struggle *110I, 704A*
student *400*
study *400*
stuff *701*
stupid *111*
style *190, 410*
subject *401, 410*
subtract *741*
suburb(s) *640*
subway *270*
succeed *110I, 406*
success *704A*
successful *111*
such as *503*
suck *180*
suddenly *904*
suffer *150*
suffix *911*
sugar *180E*
suggest *501A*
suggestion *501A*
suicide *150A*
suit *190*
suitcase *350M*

314

sum – understand

sum 741
summarize 403, 410
summary 403, 410
summer 740A
sun 600, 620
sunburn 150
Sunday 740B
sunflower 650A
sunny 620
sunshine 620
suntan 140E
supermarket 280B
superstition 170B
superstitious 170B
supplier 315
supply 315
support 241
supporter 241, 340
suppose 170A
supposed to 909
sure: be sure of oneself 140B
surprised 140B
surrender 295
surrounded by 630
survey 260
survival 150
survive 150, 625
swallow 180, 670A
sweat 110F
sweet 180
sweets 180E
swim 110I
swimming 340C
swimmer 340D
swimming costume 190
swimming trunks 190
swimming-pool 640
switch on/off 195B, 264
syllable 409, 911
symbol 410A
symbolic 410A
sympathetic 111, 241
system 704A

Tt

table 195B
table tennis 340F
tablet 150
taboo 704A
take 270, 270F, 710D
take an exam 406
take care 120B
take off 190, 273, 908A
take part 240, 340E
take place 340E
take seriously 170A
talented 111
talk 501
tall 110G
tame 670L
tank 295
tap 140E, 196A
tape measure 196A
task 403
taste 110F, 180, 701A

tasteless 180
tax 280A
taxi 270
tea 180, 180C
tea-towel 196A
teach 400
teacher 400
team 210
tear 140C
technical 320
technician 320
technique 320
technology 320
teenage 120B
teenager 120B
telegram 263
telegraph 263, 320A
telephone 263
television/TV 264
tell 110F, 501, 540
temperature 150, 620
tennis 340F
tense 140B
tension 294
tent 350R
terminal 273
terraced house 195
terrible 111
terrified 140B
terror 296
terrorize 296
test 150, 406
text 410
textbook 409
that 908
that (much) 904A
that is why 503, 904A
the ... the ... 721
theatre 330A, 330B
theft 296
theme 410
then 904
there 710
therefore 904A
thermometer 150
thief 296
thimble 196A
thing 701
think 170A
think about 170A
think of 170A
think up 110I, 170A
thirst 180
thirsty 180
thoroughly 904A
though 908
thought 170A
threaten 296
throat 110
throne 800
through 910
throughout 910, 910A
throw 340F
throw away 280
thumb 110
thunder 620
Thursday 740B

ticket 270I, 297, 330B
tidy up 195B
tie 190, 650
tiger 670L
tight 190
till 910A
time 740, 740E
time: by the time 740D
timetable 270I, 400
tin 280F
tin-opener 196A
tip 280A
tired 140B
title 410
to 910, 910D
toast 180A
toaster 195B
tobacco 180E
today 740C
toe 110
together 904
toilet 140E
toilet paper 140E
toiletries 140E
tolerance 110M, 911E
tolerant 111
tomato 180A, 655
tomorrow 740D
ton 710E
tone 370, 410A
tongue 110
tonight 740C
too 904
too (much) 904A
tool 301C
tooth 110
toothbrush 140E
toothpaste 140E
top 701
topic 403, 410
tortoise 670
torture 295
touch 110F, 110I
tour 350M
tourism 350M
tourist 350M
towards 910, 910A
towel 140E
tower 350S
town 640
town hall 640
toy 350H
trace 701
track 340
tractor 270
trade 315
trade union 320A
tradition 800
traditional 800
traffic 270
traffic jam 270
traffic lights 270
tragedy 151, 330B
tragic 911E
trail 630
train 270I, 340, 400
training 340, 400

trait 120D
tram 270
trampoline 340G
transfer 300
translate 402
translation 402
transparency 408
transplant 150
transport 270
trap 650
travel 350M
travel agency 350M
traveller 350M
tray 196A
treat 150
treatment 150
tree 195, 660
tree-lined 640
trend 704A
trial 296
triangle 408, 702
tribal 293B
tribe 293B
tributary 630
trick 170B
trip 350M
trombone 370
troubled 140B
trousers 190
truant 400
true 911E
true: come true 170B
truly 904A
trumpet 370
trunk 270K, 660
truth 704A
try 110I, 180
try on 190
tube 270, 280F
Tuesday 740B
tulip 650A
tune 264, 370
tunnel 630
turkey 650
turn 701A, 710D
turn (round) 110I
turn to 260
turn up/down 264
turn: be one's turn 740F
twice 740E
twin 120B, 220
twinned 640
type 704A
typewriter 320A
typical 911E
typing 320A
typist 320A
tyre 270K

Uu

ugly 110G, 911E
umbrella 190
uncle 220
under 910
Underground 270
understand 170A

understanding 110G, 110M, 241
underwater 272
undoubtedly 904A
unemployed 300
unemployment 300
unfair 911
unfortunately 904A
unhappy 140B
unhealthy 150, 625
uniform 190, 295
union: (trade) union 320A
universe 600
university 400
unless 908
unlike 910D
unload 270F
unpack 350M
unsatisfactory 406
until 908, 910A
up 910
up to date 740
upset 110I, 140B
upset stomach 150
upstairs 195
use 301C
used to 909
used: be/get used to 110I
usually 740E

Vv

vacancy 350O
vacation 350M
vacuum 701
vacuum cleaner 195B
Valentine's Day 770
valley 630
value 280A
van 270
variety 704A
vary 701A
vase 650A
veal 180A
vegetables 180A, 655
vehicle 270
verse 410A
very 904A
vet 670
via 270
vicious circle 704A
victim 151
view 350S
viewer 264
village 650
violence 296
violent 111
violet 650A
violin 370
virus 150
visa 120D, 350M

visibility 911E
visit 350F
visitor 350F
vocabulary 501
voice 370, 501
volleyball 340F
voluntary 241
volunteer 110I, 295
vote 294
voter 294
vowel 402
voyage 350M

Ww

waffle 180A
wage 280A, 300
wagon 650
wait 740
Wait a minute. 505
waiter 185
waitress 185
wake 110F
wake up 110F, 908A
walk 110I, 350R
walking 350R
wall 195
wallet 190, 280A
want 170E
wanted 297
war 295
warden 350R
wardrobe 195B
warm 620
warmth 620
warn 151, 503
warning 151, 503
wash 140E
washbasin 140E
washing machine 195B
waste 625
waste management 625
wasteland 630
watch 110F
watch (TV) 264
watch 740C
water 272, 600, 625, 704
waterfall 630
wave 110I, 272
way 503, 710D
way of life 770
WC 140E
weak 110G
wealth 280
wealthy 280
weapon 295
wear 190
weasel 670A
weather 620
weather chart 620
weather forecast 620
weather prediction 620
wedding 120B

Wednesday 740B
weed 660
week 740
weekday 740B
weigh 701A, 710E
weight 710E
weight-lifting 340C
weightlifter 340D
welcome 240, 350F, 504
welfare 241
well 140B
Well 505
well-known 111
well off 280
well: do well 406
west 700
western 700
wet 620
what 260
What/How about 260
what for 260
What is it? 151
What time is it? 740C
What's for (tea)? 180
whatever 902
wheat 655
wheel 270K
wheelchair 150
when 260, 908
whenever 902
where 260, 908
wherever 902
whether 908
which 260
whichever 902
while 740, 908
whisky 180C
whisper 501
whistle 270
white 720B
Whitsun 770
who 260
whoever 902
whole 701
whose 260
why 260
Why not 260
wide 911E
widen 701A
widow(er) 120B, 150A
widowed 120B
width 710E
wife 220
wild 670L
will 909
willing 110I
willow 650A
win 340E
wind 620
window 195
windsurfing 340C
windy 620
wine 180C

wing 670, 701
winner 340E, 350H, 911A
winter 740A
wise 111
wish 170E
witch 170B, 800
with 910D
within 910, 910A
without 910D
witness 296
wolf 670L
woman 120B
wonder 260
wood 704, 630
woodpecker 670A
wool 704
word 402, 409, 911
work 300, 320A
work out 741, 908A
work top 196A
work: out of work 300
worker 300
workshop 320A
world 290, 600
worried 140B
worry 140B
worse ... than 721
worst 721
worth 280A
would 909
would like 170E
would love 170E
wound 150, 295
Wow! 505
wreck 272
wrist 110
write 402
writer 330A
wrong 150, 296, 406

Yy

yard 710E
yarn 196A
year 740
yellow 720B
yes 540
yesterday 740D
yet 904, 908
yoghurt 180A
young 110G
youth 120B
youth hostel 350R
youth club 240

Zz

zebra 670L
zero 620, 741
zip 190
zone 709
zoo 670L

Deutsch-englisches Wörterverzeichnis

Aa

ab (jetzt) as from (now) 740D
abbiegen turn 710D
Abbildung illustration 331
abbrechen (Schule) drop out 400
abbringen discourage 501A
Abend evening 740C
- (später Abend) night 740C
- **heute Abend** tonight 740C
- **gestern Abend** last night 740D
- **Guten Abend!** Good evening. 504
- **zu Abend essen** have tea (BE) 180
Abendbrot tea 180
Abendessen dinner 180
Abenteuer adventure 704A
aber but 908
- however 904A
Aberglaube superstition 170B
abergläubisch superstitious 170B
abermals once again 904
- once more 904
abfahren leave 270F
- depart 270I
- start 270F
Abfahrt departure 270F, 270I
Abfall waste 625
- refuse 625
- litter 625
- **Abfallbeseitigung** waste management 625
- **Abfallwirtschaft** waste management 625
abfeuern fire 295
Abfolge sequence 740F
Abgase exhaust fumes 625
abgeben (Ball) pass 340F
abgehen: von der Schule abgehen leave school (BE) 400
- **vorzeitig abgehen** drop out 400
abgesehen von apart from 910D
abhängen depend 241
- rely 241
- **abhängig sein** rely 241
abheben (Flugzeug) take off 273
abholen collect 270F
- fetch 270F
- meet 270F
- pick up 270F, 908A
Abitur A-Levels 406
abkippen dump 625
abkochen boil 180

Abkommen agreement 501A
Abkürzung (Wort) abbreviation 911
abladen unload 270F
- dump 625
ablegen (eine Prüfung) take (an exam) 406
ablehnen refuse 110I, 241
- reject 110I, 241
Abmachungen arrangements 350M
abmühen: sich abmühen struggle 110I
abnehmen (Hut) take off 190
Abneigung dislike 140C
abraten discourage 501A
Abreise departure 270F
Absatz paragraph 409
- (am Schuh) heel 110
abschaffen abolish 294, 701A
abschätzen estimate 170A
- judge 170A
abschicken post (BE) 265
- mail (meist AE) 265
Abschieds- farewell 350F, 504
abschließen lock 195
Abschluss- final 740F
Abschnitt paragraph 409
- passage 410
abschreiben copy 406
Abschussrampe launching pad 273
absetzen (Hut) take off 908A
Absicht intention 110I
- **die Absicht haben** be going to 110I
absichtlich tun mean to do 110I
absorbieren absorb 701A
abspielen (Ball) pass 340F
abstimmen vote 294
Abstimmung vote 294
Absturz crash 151, 273
abstürzen crash 151
Abtei abbey 170C
abtrocknen dry 195B
Abwasser sewage 625
abwesend absent 400
abziehen subtract 741
achten: darauf achten make sure 170A
Achtung respect 241
Ackerbau farming 650
addieren add 741
Adler eagle 670A
adoptieren adopt 120B
Adresse address 265
Affe monkey 670L
Afrika Africa 290
Afrikaner(in) African 290

afrikanisch African 290
aggressiv aggressive 111
Agrar- farming 650
Ahnung idea 170A
Akademiker(in) graduate 400
akademisch academic 400
Akt (Schauspiel) act 330B
aktiv active 110G
aktuell up to date 740
Akzent accent 501
- stress 402, 911
akzeptieren accept 241
albern silly 111
Alkohol alcohol 180C
Alkoholiker(in) alcoholic 150
alkoholisch alcoholic 180C
Alkoholismus alcoholism 150
alle all 905
- everybody/everyone 905
Allee avenue 640
allein stehend single 120B
Allerheiligen: die Nacht vor Allerheiligen Halloween 770
alles all 905
- everything 905
- **alles in allem** on the whole 904A
- **alles zusammen** altogether 280B
allgemein: im Allgemeinen generally 904A
Allgemeinheit public 210
Alligator alligator 670L
alljährlich annual 740
allmächtig almighty 170C
als when 908
- as 908
- by the time 740D
- **als ob** as if 908
- like 908
- **so tun, als ob** pretend 110I
also so 908
alt old 110G
- aged 120D
- elderly 110G
- ancient 800
Alter age 120D, 740
- **im Alter von** aged 120D
- at 910A
ältere(r, s) elderly 110G
alternativ alternative 704A
Alternative alternative 704A
Aluminium aluminium (BE) 704
- aluminum (AE) 704

Ameise ant 670A

Amerika America 290
Amerikaner(in) American 290
amerikanisch American 290
- **amerikanische(r) Ureinwohner(in)** Native American 293B
Ampel traffic lights 270

Amsel blackbird 670A
Amt office 294
- department 294
amtlich official 294
Amts- official 294
amüsant amusing 350H
amüsieren amuse 350H
an at 910, 910A, 910D
- by 710D, 910
- on 910, 910A, 910D
- **an sein** be on 195B
analysieren analyze 410
Ananas pineapple 655
anbauen grow 660
- cultivate 660
anbieten offer 110I, 280B
- **(sich) anbieten** volunteer 110I
anbinden tie 650
Anblick sight 350S
andauern continue 701A
Andenken souvenir 350S
andererseits: einerseits ... andererseits on the one hand ... on the other hand 904A
ändern change 701A
- vary 701A
- **seine Meinung ändern** change your mind 170A
andernfalls otherwise 904A
anders als unlike 910D
Änderung change 704A
androhen threaten 296
aneignen: sich aneignen acquire 280
anerkennen recognize 294
anfangen begin 701A
- start 701A
Anfänger(in) learner 400
anfangs at first 740F

anfassen touch *110F, 110I*
Anforderung request *540*
anfreunden: sich anfreunden make friends *240*
anführen head *294*
- lead *294*
Anführungszeichen quotation mark *409*
angaffen stare *110F*
angeblich sollen be supposed to *909*
Angebot offer *280B*
angehen (betreffen) concern *701A*
Angelegenheit matter *704A*
- issue *704A*
angeln gehen go fishing *272*
angespannt tense *140B*
Angestellte(r) employee *300*
- **leitende(r) Angestellte(r)** executive *300*
angewiesen sein depend *241*
Angewohnheit habit *120D*
angreifen attack *295*
Angriff attack *295*
Angst fear *140C*
- anxiety *140C*
- **Angst haben** be afraid *140B*
- be frightened *140B*
- **schreckliche Angst haben** be terrified *140B*
ängstigen frighten *296*
ängstlich worried *140B*
anhalten stop *270F, 701A*
anhalten (fortdauern) continue *701A*
Anhaltspunkt clue *297*
Anhänger(in) supporter *241, 340*
anheben increase *701A*
anheim stellen leave *540*
anhören listen *110F, 264*
- **sich anhören** sound *110F, 701A*
Anker anchor *272*
anklagen accuse *296*
- **jn anklagen** take sb to court *296*
anklopfen knock *195*
ankommen arrive *270F*
- **ankommen in** reach *270F*
Ankunft arrival *270F*
Anlage (Anordnung) layout *702*
- **(Sport-)Anlage(n)** (sporting) facilities *640*
Anleitung instructions *503, 540*
- guidance *503*
anlocken attract *350S*
anmelden: sich anmelden check in *350O*
- sign in *350O*

annehmen accept *241*
- (Kind) adopt *120B*
- (vermuten) expect *170A*
- suppose *170A*
annoncieren advertise *262*
Anorak anorak *190*
anordnen arrange *110I*
- (befehlen) order *540*
Anordnung layout *702*
- (Befehl) order *540*
anpassen: sich anpassen assimilate *293B*
Anpassung assimilation *293B*
anpflanzen grow *660*
- plant *660*
anprobieren try on *190*
anreden address *501*
Anregung suggestion *501A*
Anrufbeantworter answering machine *320A*
anrufen call *263*
- ring (up) (BE) *263*
- (tele)phone *263*
anrühren touch *110I*
anschauen look at *110F*
Anschlag notice *260*
anschließen: sich anschließen go along with *241*
- join *240*
anschließend afterwards *904*
Anschluss connection *270I*
- **Anschluss haben** connect *270I*
Anschrift address *265*
Ansehen reputation *120D, 241*
- image *120D*
- prestige *241*
ansehen look at *110F*
- watch *110F*
- **sich ansehen** look round *350S*
ansonsten otherwise *904A*
ansprechend attractive *350S*
anstarren stare *110F*
- gaze *110F*
anstatt instead of *910D*
ansteigen increase *701A*
- rise *280A, 701A*
anstellen (Arbeit geben) employ *300*
- hire *300*
Anstieg increase *280A*
anstreichen paint *301C*
anstrengen: sich anstrengen try *110I*
Antenne aerial *264*
anti- anti- *911*
antik ancient *800*
Antilope antelope *670L*
Antrag application *540*
Antwort answer *260, 403*
- reply *260*
antworten answer *260, 403*

- reply *260*
Anwalt lawyer *296*
- **Anwältin** lawyer *296*
Anwaltskanzlei law firm *296*
anweisen instruct *540*
- (anordnen) order *540*
Anweisung(en) instructions *503, 540*
- directions *503*
anwenden apply *701A*
anwesend present *400*
Anzahl number *741*
Anzeige (Inserat) advertisement *262*
- notice *260*
anzeigen (Polizei) report *260*
anziehen attract *350S*
- (Kleider) put on *190, 908A*
- **sich anziehen** dress *190*
- get dressed *190*
Apfel apple *655*
Apfelsine orange *655*
Apostroph apostrophe *409*
Apotheker(in) chemist (BE) *150*
Apparat: am Apparat speaking *263*
Appetit appetite *180*
April April *740A*
Arbeit work *300*
- job *300*
- employment *300*
- labour (BE) *300*
- activity *405*
arbeiten work *300*
Arbeiter(in) worker *300*
Arbeitgeber(in) employer *300*
Arbeitnehmer(in) employee *300*
Arbeitsgemeinschaften extra-curricular activities *400*
arbeitslos out of work *300*
- unemployed *300*
Arbeitslosigkeit unemployment *300*
Arbeitsplatte work top *196A*
Arbeitsplatz work *300*
Ärger anger *140C*
- **Ärger bekommen** get into trouble *296*
ärgern annoy *110I, 241*
- upset *110I*
- **sich ärgern** be annoyed *140B*
Argument argument *501A*
argumentieren argue *501A*
Arm arm *110, 701*
arm poor *111, 280*
Armbanduhr watch *740C*
Armee army *210, 295*
Ärmel sleeve *190*
Ärmelkanal (the English) Channel *272*
Armut poverty *280*

Armutsgrenze poverty line *280*
arrangieren arrange *110I*
arrogant arrogant *241*
Art species *660*
- type *704A*
- **Art (und Weise)** way *503*
- **auf diese Art** like this/that *503*
artig good *111*
Artikel article *262, 701*
Arznei medicine *150*
Arzt doctor *150*
- **Ärztin** doctor *150*
ärztlich medical *150*
Asche ash(es) *704*
Asiate Asian *290*
- **Asiatin** Asian *290*
asiatisch Asian *290*
Asien Asia *290*
Aspekt aspect *410*
Aspirin aspirin *150*
Aspirintablette aspirin *150*
Assoziation association *170A, 410*
- connotation *410*
assoziieren associate *170A, 410*
Ast branch *660*
Astronaut(in) astronaut *273*
Asyl asylum *294*
Atem breath *110F*
Athlet(in) athlete *340*
athletisch athletic *110G*
Atlantik Atlantic *272*
atlantisch Atlantic *272*
atmen breathe *110F*
Atmosphäre atmosphere *410, 620*
Atomkraftwerk nuclear power station *320*
Attraktion attraction *350S*
attraktiv attractive *350S*
auch also *904*
- too *904*
- **(und) auch** as well (as) *904*
- **auch kein** not ... either *908*
- **auch nicht** not ... either *908*
auf on *910, 910D*
- onto *910*
- on top of *910*
- in *910, 910D*
- **auf ... zu** towards *910*
aufbauen put up *301C, 908A*
aufbewahren keep *110I, 280F*
aufbleiben stay up *110F*
aufbrechen (Reise) start *270F*
Aufenthalt stay *350O*
auffordern (zu) challenge *340E*
auffrischen brush up *908A*
- revise *403*

Auffrischung revision *403*
Aufgabe exercise *403*
- project *405*
- (Pflicht) task *403*
- (Zweck) function *410*
aufgeben give up *280*
- (Brief) post (BE) *265*
aufgehen (Sonne) rise *620*
aufgeregt excited *140B*
- nervous *140B*
- upset *140B*
aufhalten hold up *908A*
aufhängen hang *280F, 297*
aufheben (vom Boden) pick up *110I*
aufhören stop *701A*
- finish *403*
- cease *701A*
aufklären solve *110I*
aufladen load *270F*
auflegen (Telefon) hang up *263*
auflösen (Versammlung) break up *110I, 908A*
aufmachen open *195*
Aufmerksamkeit attention *110M*
Aufnahme picture *350*
- (Empfang) welcome *240*
Aufnahmeprüfung entrance exam *406*
aufnehmen (absorbieren) absorb *701A*

aufnehmen (Musik) record *370*
aufpassen pay attention *110I, 400*
- **aufpassen (auf)** watch *110F*
aufräumen tidy up *195B*
aufrecht stehen stand up *110I*
aufrechterhalten maintain *701A*
aufregen annoy *241*
- upset *110I*
Aufsatz essay *403*
aufschlagen (ein Zelt) pitch (a tent) *350R*
aufschreiben put down *908A*
Aufschwung recovery *315*
aufsetzen (Brille) put on *190, 908A*
Aufstand rebellion *294*

- riot *294*
Aufständische(r) rebel *294*
aufstehen get up *110F, 908A*
- stand up *110I*
aufstellen put up *301C, 908A*
aufteilen divide *110I, 741*
- break up *110I*
Auftrag order *280B*
auftragen (Essen) serve *185*
Auftritt appearance *330B*
aufwachen wake (up) *110F*
- wake up *908A*
aufwachsen grow up *120B*
aufwecken wake (up) *110F*
- wake up *908A*
aufzeichnen record *370*
aufzeigen point out *503*
Auge eye *110*
Augenblick moment *740*
- **Einen Augenblick!** Wait a minute. *505*
Augenbraue eyebrow *110*
Augenlid eyelid *110*
August August *740A*
Aula hall *195*
aus from *910*
- out *904*
- **aus sein** be off *195B*
ausarbeiten work out *908A*
ausbessern mend *301C*
ausbilden educate *400*
- train *400*
Ausbildung education *400*
- training *400*
ausbreiten spread *701A*
- sich ausbreiten spread *150, 701A*
ausdenken: sich ausdenken think of *170A*
- think up *110I, 170A*
- make up *110I*
- invent *110I, 701A*
Ausdruck expression *501*
- phrase *409*
ausdrücken express *501*
Auseinandersetzung argument *501A*
- conflict *295*
- quarrel *241*
Ausflug trip *350M*
Ausfuhr export *315*
ausführen export *315*
ausfüllen fill in *260, 908A*
- complete *260*
Ausgabe (Zeitschrift) number *262*
ausgeben spend *280A*
ausgehen (aufgebraucht sein) run out *280, 908A*
auskommen get along/on *241, 908A*
auskommen ohne do without *280*

Auskunft information *260, 350M*
auslachen laugh at *110I*
ausladen unload *270F*
Ausland: im/ins Ausland abroad *293, 709*
Ausländer(in) foreigner *293*
ausländisch foreign *293*
Auslands- foreign *293*
auslassen miss *340F*
ausleeren empty *701A*
ausleihen: sich ausleihen borrow *280, 280A*
auslöschen put out *908A*
ausmachen put out *908A*
- (bilden) make up *701A*
- (stören) mind *170E*
auspacken unpack *350M*
Auspuffgase exhaust fumes *625*
ausrauben rob *296*
ausrechnen calculate *741*
- work out *741*
Ausrede excuse *501A*
Ausrufezeichen exclamation mark *409*
ausruhen: (sich) ausruhen relax *350*
Ausrüstung equipment *301C*
Aussage statement *296, 501*
ausschalten switch off *195B, 264*
ausschlagen reject *110I*
Ausschreitungen riot *294*
aussehen look *110F, 701A*
Aussehen look *110F*
Außen- foreign *293*
Außenbezirke outskirts *640*
Außenpolitik foreign policy *294*
außer apart from *910D*
- besides *910D*
- but *910D*
- except *910D*
- **außer wenn** unless *908*
außerdem besides *904*
- furthermore *904A*
außerhalb outside *910*
äußern express *501*
- state *501*
- **sich äußern** comment *410*
außerordentlich greatly *904A*
Äußerung expression *501*
Aussicht view *350S*
Aussprache pronunciation *402*
aussprechen pronounce *402*
- **sich aussprechen** argue *501A*
Ausstand strike *320A*
aussteigen get off *270*
- get out *270I*

Ausstellung exhibition *330A*
- fair *315*
aussterben die out *625*
Ausstoß emission *625*
ausstrahlen broadcast *264*
aussuchen choose *170E*
Austausch exchange *280*
austauschen exchange *280*
austeilen distribute *280*
- hand out *406, 908A*
austragen deliver *262, 265*
Australien Australia *290*
Australier(in) Australian *290*
australisch Australian *290*
ausüben practise (BE) *110I*
Auswahl choice *170E*
- variety *704A*
auswählen choose *170E*
auswandern emigrate *293*
Auswanderung emigration *293*
auswechseln change *701A*
ausweiten broaden *701A*
- widen *701A*
- expand *701A*
- **sich ausweiten** spread *701A*
auswirken: sich auswirken auf affect *701A*
Auswirkung effect *704A*
auszahlen: sich auszahlen pay off *280A*
auszählen count *741*
ausziehen (Kleider) take off *190, 908A*
Auszug excerpt *410*
- extract *331*
Auto car *270*
- auto(mobile) (AE) *270*
Autobahn motorway (BE) *270*
automatisch automatically *904A*
Autor(in) author *330A, 410*
- writer *330A*
Axt axe *301C*

Bb

Baby baby *120B*
Babysitter babysitter *120B*
Backe cheek *110*
Backofen oven *195B*
Backröhre oven *195B*
Bad bath *140E*
- **ein Bad nehmen** have a bath *140E*
Bad(ezimmer) bathroom *140E*
Badeanzug swimming costume (BE) *190*
Badehose swimming trunks *190*

baden – bersten

baden have a bath 140E

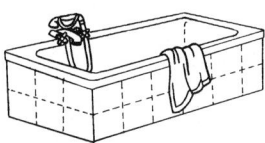

Badewanne bath 140E
Bahn (Sport) track 340
- (Eisenbahn) railway 270I
- rail 270I
Bahnhof station 270I
Bahnsteig platform 270I
Bahnstrecke railway 270I
bald soon 740D
Balkon balcony 195
Ball ball 340F, 340G, 350F
- dance 350
Ballungsraum metropolitan area 640
Banane banana 655
Band (Musik) band 210, 370
Bande gang 210

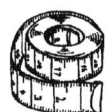

Bandmaß tape measure 196A
Bank bank 280A, 640
Bankfach banking 280A
Bär bear 670L
Bargeld cash 280A
Bart beard 110
Baseball baseball 340F
Basis basis 704A
Basketball basketball 340F
Bauch stomach 110
Bauchschmerzen stomach ache 150
bauen build 195
- put up 301C
Bauer farmer 650
- **Bäuerin** farmer 650
Bauernhaus farmhouse 650
Bauernhof farm 650
Baum tree 195, 660
Baumstamm trunk 660
Baumwolle cotton 704
beabsichtigen intend 110I
- plan 110I
beachten note 110F
- notice 110F
- pay attention 110I
- **nicht beachten** ignore 110I
Beamte(r) official 294
- **Beamtin** official 294
beantragen apply for 540
beantworten answer 260, 403
- reply 260
bearbeiten adapt 330B
bebauen farm 650
- cultivate 660

Beben (earth)quake 151
beben shake 140B
bedauern feel sorry for 140B, 241
bedenken take into consideration 170A
- think of 170A
bedeuten mean 501
bedeutend important 111
- great 111
- greatly 904A
Bedeutung meaning 410, 501, 911
- (Wichtigkeit) importance 704A
bedienen (Maschine) operate 320A
- (Verkäufer) serve 280B
- **sich bedienen** help yourself 180
Bedienung service 350O
- waitress 185
Bedingungen conditions 704A
bedrohen threaten 296
Bedürfnis need 170E
Beeil dich! Hurry up. 505
beeinflussen influence 110I
beeinträchtigen affect 701A
beenden end 701A
- finish 403
- cease 701A
Beerdigung funeral 150A
befahren: stark befahren busy 270
Befehl order 295, 540
befehlen order 295, 540
befolgen obey 241
Befolgung obedience 241
befördern carry 270F
- transport 270
Beförderung transport (BE) 270
befragen question 260
- interview 501, 260
befreien free 295
befriedigend satisfactory 406
Befriedigung satisfaction 140C
Befugnis power 294
Befürworter(in) supporter 241
begabt talented 111
Begabung ability 110M
begegnen meet 240
- encounter 701A
- **sich begegnen** meet 240
begehen commit 296
begeistern fascinate 241
begeistert excited 140B
- enthusiastic 140B
beginnen begin 701A
- start 701A
beglückwünschen compliment 241
begnadigen reprieve 296

begraben bury 150A
Begräbnis funeral 150A
begreifen understand 170A
Begriff idea 170A
Begründung reason 503, 704A
begrüßen greet 504
- welcome 240, 350F
Begrüßung greeting 504
- welcome 240
behalten keep 110I
Behälter container 280F
behandeln treat 150
Behandlung treatment 150
behaupten claim 501
Behauptung claim 501
- statement 501
beherrschen rule 294
- dominate 294
- (meistern) master 110I
Beherrschung control 110M
behindert disabled 150
bei at 910, 910D
- by 710D, 910
beibehalten maintain 701A
beibringen teach 400
Beichte confession 170C
beichten confess 170C
beide both 905
Beifall cheering 501A
Beiklang connotation 410
Beil axe 301C
Bein leg 110, 701
beinahe almost 904A
- nearly 904
beinhalten include 701A
beisetzen bury 150A
Beispiel example 403, 503
- **zum Beispiel** for example 503
beißen bite 180, 670
Beißzange pliers 301C
Beistand support 241
Beitrag fee 280A
bejubeln cheer 501A
bekämpfen fight 295
bekannt well-known 111
- **bekannt machen** introduce 240
- **bekannt vorkommen** ring a bell 170A
bekannt geben declare 501
beklagen: sich beklagen complain 280B, 501A
bekommen get 280
- receive 265, 280
- **ein Kind bekommen** have a baby 220
- have a child 120B
bekümmert troubled 140B
beladen load 270F
belästigen annoy 110I
belebt busy 270
Beleg receipt 280B
Belegschaft staff 300
belegt (Zimmer, Bett) occupied 350O

- **belegtes Butterbrot** sandwich 180A
beleidigen insult 241, 296
- offend 241
Beleidigung insult 296
beliebt popular 111
beliefern provide 315
- supply 315
bellen bark 670
Belohnung reward 280A, 297
Belustigung amusement 350H
bemalen paint 301C
bemerken note 110F
- notice 110F
- realize 110F
bemühen: sich bemühen try 110I
benachrichtigen inform 260
benachteiligen discriminate against 293B
Benehmen behaviour 241
benehmen: sich benehmen behave 241
benötigen need 170E
benutzen use 301C
- **gemeinsam benutzen** share 241
Benzin petrol (BE) 704
beobachten watch 110F
bequem comfortable 190
beraten advise 501A
Berater(in) consultant 241
- counsellor (BE) 241
Beratung guidance 503
Beratungslehrer(in) guidance counselor (US) 400
berauben rob 296
- **überfallen und berauben** mug 296
berechnen calculate 741
- compute 741
- (in Rechnung stellen) charge 280A
Bereich sector 709
bereit willing 110I
- **bereit sein** be prepared 241
bereits already 904
bereuen feel sorry 140B
Berg mountain 630
- (kleiner Berg) hill 630
Bergarbeiter miner 320
Bergbau mining 320
Bergmann miner 320
Bergwerk mine 320
Bericht report 262
- story 262
- item 262
berichten über report 260
Berichterstatter(in) reporter 262
berichtigen correct 406
bersten burst 151

berücksichtigen take into consideration *170A*
Beruf: (freier) **Beruf** profession *300*
Berufstätige(r) (mit Fachausbildung) professional *300*
beruhigen: (sich) beruhigen calm down *150*
berühmt famous *111*
- great *111*
- legendary *111*
berühren touch *110F, 110I*
Besatzung crew *210, 273*
beschädigen damage *151, 625*
Beschädigung damage *151*
beschäftigen employ *300*
Beschäftigung employment *300*
beschließen decide *170E*
- choose *170E*
beschränken reduce *701A*
Beschränkung limit *704A*
beschreiben describe *410, 503*
- characterize *410*
Beschreibung description *410, 503*
beschuldigen accuse *296*
beschützen protect *151*
Beschwerde complaint *501A*
beschweren: sich beschweren complain *280B, 501A*
Beseitigung disposal *625*
Besen broom *196A*
besetzen occupy *295*
- **besetzt** occupied *350O*
besichtigen visit *350F*
besiedeln settle *293*
besiegen beat *340E*
- defeat *295, 340E*
- conquer *295*
Besitz possession *280*
- property *280*
besitzen have got *280*
- have *280*
- own *280*
- possess *280*
Besitzer(in) owner *280*
besonders especially *904A*
- particularly *904A*
Besorgnis concern *140C*
- nervousness *140C*
besorgt worried *140B*
besprechen discuss *410, 501A*
Besprechung conference *240*
- discussion *501A*
besser better *721*
- **es wäre besser, wenn ...** had better (do) *909*
bessern: sich bessern improve *701A*
beste(r, s) best *721*

- **mit den besten Wünschen** best wishes *265*
Bestechlichkeit corruption *296*
Bestechung corruption *296*
- **bestehen** (Prüfung) pass *406*
- **nicht bestehen** fail *406*
- **bestehen** (Gefahr, Problem) exist *701A*
- **bestehen aus** consist of *701A*
- **(darauf) bestehen** insist *241*
besteigen climb *110I*
bestellen order *185, 280B*
Bestellung order *280B*
bestimmt definitely *904A*
bestrafen punish *296*
Bestrafung punishment *296*
bestreiten deny *296*
Besuch visit *350F*
besuchen visit *350F*
- see *350F*
- look round *350S*
- attend *400*
- **besuchen (kommen)** come and see *350F*
Besucher(in) visitor *350F*
betätigen operate *320A*
beteiligen: sich beteiligen become/get involved *701A*
- join in *240*
beten pray *170C*
betonen stress *402, 501, 911*
- emphasize *501*
Betonung stress *402, 501, 911*
Betracht: in Betracht ziehen consider *170A*
Betrag amount *280A*
betreffen concern *701A*
betreiben run *110I*
betreuen manage *300*
Betrieb business *300*
betrügen cheat *296*
Bett bed *195B*
betteln beg *540*
Bettler(in) beggar *540*
beunruhigen worry *140B*
- concern *140B*
beunruhigt worried *140B*
- troubled *140B*
beurteilen judge *170A*
Beutel bag *280F*
Bevölkerung population *210*
bevor before *908*
- **nicht ... bevor** not ... till *908*
bevorzugt privileged *280*
bewahren maintain *701A*
- conserve *625*
- save *151*
Bewahrung conservation *625*

bewältigen solve *110I*
bewegen: (sich) bewegen move *110I*
Beweggrund motive *410*
Bewegung movement *294*
Beweis(e) proof *296*
- evidence *296*
beweisen prove *296*
bewerben: sich bewerben apply *300, 540*
Bewerber(in) candidate *294*
Bewerbung application *540*
Bewohner: (die) Bewohner population *210*
bewölkt cloudy *620*
bewundern admire *170E*
bewusst sein realize *110F*
- **sich bewusst sein** be aware *110F*
bezahlen pay *280A*
Bezahlung pay *280A*
beziehen: sich beziehen auf refer to *501, 701A*
Beziehung connection *704A*
- relationship *704A*
- respect *503*
- **Beziehungen** relations *704A*
Bezirk district *709*
bezweifeln doubt *170A*

Biber beaver *670A*
Bibliothek library *331, 640*
Biegung bend *270*

Biene bee *670A*
Bier beer *180C*
Bild picture *350, 408*
- painting *330A*
- photo *350*
- photograph *350*
- image *410A*
bilden form *403, 701A*
- make up *701A*
- **sich bilden** form *701A*
Bildhauer(in) sculptor *330A*
Bildschirm screen *264, 320A*
Bildung education *400*
- **Bildungs-** educational *400*

Bildunterschrift caption *331*
billig cheap *280A*
Binde bandage *150*
binden tie *650*
Bindestrich hyphen *409*
Binnen- inland *630, 709*
Biologie biology *401*
biologisch organic *625*

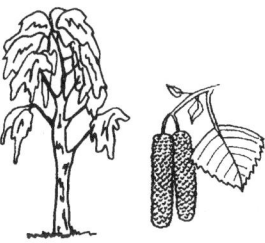

Birke birch *650A*

Birne pear *655*
bis until *908, 910A*
- till *910A*
- as late as *904*
- by *740D, 910A*
- **bis auf** but *910D*
- **Bis bald/später!** See you soon/later. *504*
- **bis jetzt** so far *740D*
bisher so far *740D*
bisschen bit *905*
Bitte request *540*
bitte please *540*
bitten ask *540*
- beg *540*
- request *540*
bitter bitter *140B, 180*
Bitterkeit bitterness *140C*
blamieren make a fool of *110I*
blasen blow *620*
Blatt (Pflanze) leaf *660*
blau blue *720B*
Blechdose canister *280F*
bleiben remain *701A*
Bleistift pencil *408*
Blick glance *110F*
- look *110F*
- view *350S*
- **einen Blick werfen** glance *110F*
blicken glance *110F*
- gaze *110F*
blind blind *110G, 150*
Blitz lightning *620*
Blitzlicht flash(light) *350*
blöd stupid *111*
blond fair *720B*

bloß simply *904A*
- **bloß (mal)** just *904*
Blume flower *195, 660*
Blumenkohl cauliflower *655*
Blumentopf flowerpot *650A*
Bluse blouse *190*
Blut blood *110*
Blüte flower *195*
Boden ground *630*
- (Erdreich) soil *625, 660*
- (untere Fläche) bottom *701*
Bodenschätze natural resources *704*
Bogen bow *340G, 370*
Bogenschießen archery *340C*
Bohne bean *180A, 655*
Bohrinsel oil rig *320*
Boiler heater *195B*
bombardieren bomb *295*
Bombe bomb *295*
Bonbons sweets (BE) *180E*
Boom boom *315*
Boot boat *272*
Börse (Geldbörse) purse *190*
böse angry *140B*
Boss boss *300*
Bote messenger *260*
- **Botin** messenger *260*
Botschaft message *260*
Boxen boxing *340C*
Boxer(in) boxer *340D*
Branche trade *315*
Brand fire *151*
Bratensoße gravy *180A*
Brathähnchen chicken *180A*
Brauch custom *770, 800*
- tradition *800*
brauchen need *170E*
- (bei Zeitangaben) take *710D*
- **nicht brauchen** needn't *909*
- **unbedingt brauchen** be dying for *170E*
Braue brow *110*
braun brown *720B*
brav good *111*

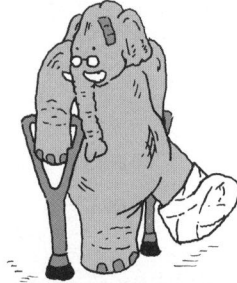

brechen: sich brechen break *150*
Breite width *710E*

Bremse brake *270K*
bremsen brake *270F*
brennen burn *151*
Brief letter *265*
Brieffreund(in) pen-friend (BE) *240*
Briefkasten letter-box *195, 265*
Briefmarke stamp *265*

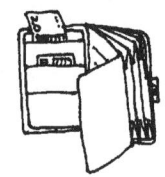

Brieftasche wallet *190, 280A*
Briefträger postman *265*
- **Briefträgerin** postwoman *265*
Briefumschlag envelope *265*
Brille glasses *150*
bringen (herbringen) bring *280*
- (hinbringen) take *270F*
Brise breeze *620*
Broschüre booklet *331*
Brot bread *180A*
- (Laib) loaf *180A*
Brötchen roll *180A*
- (süßes Brötchen) bun *180A*
Brücke bridge *630*
Bruder brother *220*
Brüderlichkeit brotherhood *241*
Brust chest *110*
Buch book *331, 409*

Buche beech *650A*
buchen book *350M*
Bücherei library *331, 640*

Buchfink chaffinch *670A*
Buchhandlung bookshop *331*

Büchse tin (BE) *280F*

Büchsenöffner tin-opener *196A*
Buchstabe letter *409*
buchstabieren spell *402*
Bucht bay *630*
Buchung reservation *350M*

Büffel buffalo *670L*
Bügeleisen iron *195B*
bügeln iron *195B*
Bühne stage *330B*
Bulle bull *650*
Bund association *210*
- **Bundes-** federal *294*
bunt (farbig) coloured *720B*
- (vielfarbig) colourful *720B*
Burg castle *350S*
Bürger(in) citizen *294*
Bürgerkrieg civil war *294*
Bürgermeister(in) mayor *294*
Bürgerrechte civil rights *294*
Bürgersteig pavement (BE) *270, 640*
- sidewalk (AE) *640*
Büro office *300, 320A*
Büroklammer paperclip *408*
Bürste brush *140E*
bürsten brush *140E*
Bus bus *270*
Busch bush *195, 660*
Bushaltestelle bus stop *270*
Busrundfahrt bus tour *350S*
Bußgeld fine *280A, 297*
Butter butter *180A*
Butterblume buttercup *650A*
Butterbrot: belegtes Butterbrot sandwich *180A*

Cc

ca. circa *741*
Café café *185*
Cafeteria cafeteria *185*
campen camp *350R*
Camping- camping *350R*
Campingbus motorhome (AE) *350R*

Campingkocher heater *195B*
Campingplatz camp site *350R*
Cassette cassette *370, 408*
Cassettenrecorder cassette-recorder *370, 408*
Celsius centigrade *620*
Cent (US-Währung) cent *280A*
- **10-Cent Münze** dime *280A*
Chance chance *704A*
- opportunity *704A*
Charakter character *120D*
charakterisieren characterize *410*
Charakterzug trait *120D*
Chef(in) head *701*
- boss *300*
Chemie chemistry *401*
Chor choir *210, 370*
- chorus *370*
Christ(in) Christian *170C*
christlich Christian *170C*
Clique crowd *210*
Cola coke *180C*
Collage collage *330A*
Comic(heft) comic *331*
Commonwealth Commonwealth *294*
Computer computer *320A*
Container container *280F*
Cornflakes cornflakes *180A*
Cousine cousin *220*
Creme cream *140E, 150*

Dd

da there *710*
- (weil) as *908*
- since *908*
- **da sein** be present *400*
- (übrig sein) be left *280*
Dach roof *195*

Dachs badger *670A*
Dachs badger *670A*
dagegen haben mind *170E*
dahin there *710*
dahinter beyond *904A*
damals then *904*
Dame lady *120B*
damit so (that) *908*
Damm dam *630*
Dampf steam *704*
danach after *904*
- afterwards *904*
dann then *904*
darlegen present *503*
- state *501*
Darlehen credit *280A*
- loan *280A*
darstellen represent *701A*
Dartscheibe dartboard *340G*

darüber hinaus beyond *904A*
darum that is why *904A*
dass that *908*
Datum date *740*
dauern last *701A*
- take *710D*
Daumen thumb *110*
dazwischen in between *740*
Debatte debate *501A*
debattieren debate *501A*
Deck deck *272*
Decke (Zimmerdecke) ceiling *195*
- (Wolldecke) blanket *195B*
Deckel lid *180G*
Defekt fault *704A*
Dekoration decoration(s) *280B*
Delikt offence *296*

Delphin dolphin *670L*
dementsprechend accordingly *904A*
Demokrat(in) democrat *294*
Demokratie democracy *294*
demokratisch democratic *294*
Demonstration march *294*
denken think *170A*
- expect *170A*
- suppose *170A*
- guess *170A*
- feel *170A*
- **denken an** think of *170A*
- have in mind *170A*
- **daran denken** remember *170A*
Denken thought *170A*
Denkmal memorial *640*
- monument *640*
denn: es sei denn unless *908*
dennoch still *904A*
- yet *908*
deprimiert depressed *140B*
derzeitig present *740D*
deshalb therefore *904A*
- for this reason *904A*
- that is why *904A*
Design design *320*
Designer(in) designer *320*
Dessert dessert *180*
desto: je ..., desto ... the ... the ... *721*
deswegen therefore *904A*
- consequently *904A*
Detail detail *701*
deuten interpret *410*
Deutung interpretation *410*

Dezember December *740A*
Dezimal- decimal *741*
Dia slide *408*
Dialekt dialect *501*
Dialog dialogue *405, 501*
dicht (Verkehr) heavy *270*
Dichter(in) poet *330A*
Dichtung poetry *330A*
- fiction *410*
dick fat *110G*
Dieb(in) thief *296*
Diebstahl theft *296*
Diele hall *195*
Dienst service *300, 350O*
- **Dienst haben** be on duty *297*
- **keinen Dienst haben** be off duty *297*
Dienstag Tuesday *740B*
Dienstleistung service *300*
Dienstmädchen girl *120B*
Diesel diesel *704*
Dieselöl diesel *704*
Diktatur dictatorship *294*
Ding thing *701*
direkt (unmittelbar) right *710D*
- (Fernsehen) live *264*
Direktor(in) headmaster/headmistress (BE) *400*
- principal (AE) *400*
Diskette (floppy) disk *320A*
Diskettenlaufwerk (disk) drive *320A*
Diskjockey (DJ) disc jockey *370*
Disko disco *370*
diskriminieren discriminate against *293B*
Diskriminierung discrimination *293B*
Diskussion debate *501A*
- discussion *501A*
diskutieren debate *501A*
- discuss *501A*
Distrikt district *709*
Disziplin discipline *110M*
dividieren divide *741*
doch yet *908*
Dock dock *272*
Dokumentarfilm documentary *264*
Dollar dollar *280A*
- buck (AE infml.) *280A*
Dom cathedral *170C, 640*
Donner thunder *620*
donnern thunder *620*
Donnerstag Thursday *740B*
Doping- drug *150*
Doppelhaushälfte semi-detached house (BE) *195*
Doppelpunkt colon *409*
Dorf village *650*
dort there *710*
dorthin there *710*
dortig local *709*

Dose can *280F*
- tin (BE) *280F*
- canister *280F*
Drache dragon *170B*
Drahtseilbahn cable-car *270*
Drama drama *330B, 401*
drängen push *110I*
- **sich drängen** push *110I*
drangsalieren bully *241*
draußen out *904*
- outdoors *195*
- **nach draußen** outdoors *195*
- **draußen bleiben** keep out *151, 908A*
- **draußen halten** keep out *908A*
- **draußen lassen** keep out *151*
Dreck dirt *625*
dreckig dirty *140E, 625*
drehen: (sich) drehen turn (round) *110I*
Dreieck triangle *408, 702*
drin indoors *195*
Droge drug *150*
Drogist(in) chemist (BE) *150*
drohen threaten *296*
Druck pressure *704A*
- (das Drucken) print *331*
drucken print *262, 331*
Drucker printer *320A, 331*
Druckerpresse printing-press *331*

Dudelsack bagpipes *370*
Duft smell *110F*
dumm stupid *111*
- silly *111*
- foolish *111*
Düngemittel fertilizer *660*
Dünger fertilizer *660*
dunkel dark *620*
Dunkelheit darkness *620*
durch through *910*
- across *910*
Durcheinander confusion *704A*
durcheinander upset *140B*
durchfallen (Prüfung) fail *406*
durchkommen survive *150*
durchqueren cross *270F*
Durchschnitt average *741*
durchschnittlich average *741*
durchsetzen: durchzusetzen versuchen lobby *294*

durchsuchen search *297*
- raid *297*
Durchsuchung search *297*
dürfen can *540, 909*
- may *540, 909*
- **nicht dürfen** mustn't *909*
Durst thirst *180*
- **Durst haben** be thirsty *180*
Dusche shower *140E*
duschen: sich duschen have a shower *140E*
Düsenflugzeug jet *273*

Ee

ebenso wie as well (as) *904*
Ecke corner *195*
egal: Das/Es ist mir egal. I don't care. *505*
- **egal wie** however *902*
egoistisch selfish *111*
ehe before *908*
Ehe marriage *120B*
- **Ehe-** married *120B*
- wedding *120B*
Ehefrau wife *220*
Ehemann husband *220*
Ehepaar couple *120B*
eher rather *721*
ehrlich honest *111*
Ei egg *180A*

Eiche oak *650A*

Eichhörnchen squirrel *670A*

Eidechse lizard *670A*
eifersüchtig jealous *241*
eigene(r, s) own *280*
Eigenschaft trait *120D*

eigentlich – entschuldigen

eigentlich actually *904A*
Eigentum property *280*
Eigentümer(in) owner *280*
Eile: in Eile in a hurry *740*
eilen run *110I*
- rush *110I*
eilig: es eilig haben be in a hurry *740*

Eimer bucket *196A*
einbiegen turn *710D*
Einbildung imagination *110M, 170A*
einbrechen break into *296*
einchecken check in *273*
eindeutig definitely *904A*
Eindringling invader *295*
Eindruck impression *704A*
einerseits ... andererseits on the one hand ... on the other hand *904A*
einfach just *904*
- simply *904A*
- **einfache Fahrkarte** single (ticket) *270I*
Einfall idea *170A*
- invasion *295*
einfallen come to mind *170A*
- **einfallen in** invade *295*
einfältig simple *111*
Einfluss influence *704A*
- **Einfluss nehmen auf** lobby *294*
Einfuhr import *315*
einführen introduce *410, 701A*
- import *315*
Einführung introduction *410*
- **Einführungs-** introductory *410*
Eingang entrance *195*
Eingangshalle lobby *350O*
Eingeborene(r) native *293*
eingehen: ein Risiko eingehen take a chance *110I*
eingeschlafen asleep *110F*
einhängen hang up *263*
einheimisch native *293*
Einheimische(r) native *293*
einige some *905*
- **einige (wenige)** a few *905*
- **noch einige** some more *905*
einigen: sich einigen agree *501A*
Einigung agreement *501A*
Einkäufe shopping *280B*
- **Einkäufe machen** do the shopping *280B*
einkaufen do the shopping *280B*

- **einkaufen gehen** go shopping *280B*
Einkaufsviertel shopping precinct (BE) *280B*
Einkommen income *280A, 300*
- salary *300*
einladen invite *350F*
Einladung invitation *350F*
einleiten (Abwässer) discharge *625*
Einleitung introduction *410*
- **Einleitungs-** introductory *410*
einmal once *740E, 904*
- **noch einmal** once again *904*
- once more *904*
Einmarsch invasion *295*
einmarschieren in invade *295*
einordnen place *709*
einpacken pack *350M*
einpflanzen plant *660*
einreisen in enter *293*
einrichten furnish *195B*
Einrichtung equipment *301C*
- (öffentliche Einrichtung) institution *640*
- **Einrichtungen** facilities *640*
einsam lonely *140B*
Einsamkeit loneliness *140C*
einschalten switch on *195B, 264*
- (Sender) tune in *264*
einschätzen judge *170A*
einschenken pour *180*
einschlafen fall asleep *110F*
- **zum Einschlafen bringen** send to sleep *120B*
einschließen lock in/up *297*
- **(mit) einschließen** include *701A*
einschüchtern terrorize *296*
einsehen realize *110F*
Einsendung entry *262*
einsetzen fill in *260, 403*
- put in *403, 908A*
einsparen save *625*
einsperren lock in/up *297*
- cage *670L*
einst once *904*
einsteigen get on *270I*
- get on/in *270*
einstellen (Arbeitnehmer) employ *300*
- hire *300*
- (Uhr) set *110I*
- (Sender) tune in *264*
- (beenden) cease *701A*
Einstellung (Haltung) attitude *110M*
eintragen fill in *260, 908A*
- put down *908A*

einträglich profitable *280A, 315*
eintreffen arrive *270F*
eintreten join *240*
Eintrittskarte ticket *330B*
einverstanden OK = okay *540*
- **einverstanden sein** agree *501A*
- go along *241*
- **nicht einverstanden sein** disagree *501A*
Einwanderer immigrant *293*
- **Einwanderin** immigrant *293*
einwandern immigrate *293*
Einwanderung immigration *293*
Einweg- non-returnable *280B*
einwerfen post (BE) *265*
Einwohner: (die) Einwohner population *210*
Einzelheit detail *701*
Einzelne(r) individual *120D*
Eis ice *620*
- ice-cream *180E*
Eisbär polar bear *670L*
Eisen iron *704*
Eisenbahn railway *270I*
eisern iron *704*
eisig icy *620*
- frosty *620*
eiskalt frosty *620*
Eiskunstlauf ice-skating *340C*
Eistanz ice dancing *340C*

Elch elk *670L*
Elefant elephant *670L*
elektrisch electric *320*
- electrical *320*
Elektro- electric *320*
- electrical *320*
Elektronik electronics *320*
elektronisch electronic *320*
Elektrorasierapparat shaver *140E*
elend miserable *140B*
Elendsviertel slum *640*
Ellbogen elbow *110*
Ellipse ellipse *702*

Elster magpie *670A*

Eltern parents *220*
Emigration emigration *293*
emigrieren emigrate *293*
Emission emission *625*
emotional emotional *110G*
Empfang welcome *240, 504*
- reception *350O*
empfangen welcome *350F*
empfinden feel *150*
- experience *110F*
Empfindung feeling *140C*
Ende ending *410*
- (unteres Ende) bottom *701*
- **am Ende** in the end *740F*
- **zu Ende sein** be over *740*
enden end *701A*
- cease *701A*
endgültig final *740F*
endlich at last *904*
- finally *740F*
Endung ending *911*
Energie energy *320*
eng (anliegend) tight *190*
engagieren: sich engagieren become/get involved *701A*
Enkel grandson *220*
- **Enkelin** granddaughter *220*
entdecken discover *701A*

Ente duck *650*
entfernt away *710D*
- **am weitesten entfernt** farthest/furthest *721*
Entfernung distance *710D*
entgegengesetzt opposite *710D*
Entgegnung reply *260*
enthalten contain *280F*
- (mit einschließen) include *701A*
enthüllen reveal *503*
entkommen escape *297*
entladen unload *270F*
entlang along *910*
entleihen borrow *280*
entmutigen discourage *501A*
Entschädigung compensation *280A*
entscheiden decide *170E*
- **sich entscheiden** make up your mind *170A*
entschließen: sich entschließen make up your mind *170A*
entschuldigen: sich entschuldigen apologize *501A*

Entschuldigung excuse 501A
- apology 501A
- (Schreiben) note 400
Entsetzen horror 140C
entsetzt horrified 140B
- terrified 140B
Entsorgung disposal 625
entspannen: (sich) entspannen relax 150, 350
entspannt relaxed 140B
entsprechen correspond 701A
entsprechend according to 910D
- accordingly 904A
Entstehung origin 704A
enttäuschen disappoint 241
- let down 241
enttäuscht frustrated 140B
Enttäuschung disappointment 241
entweder ... oder either ... or 908
entwerfen design 320
entwickeln develop 110I, 320
- **sich entwickeln** develop 320
Entwicklung development 320
Entwurf design 320
entzündet sore 150
Enzyklopädie encyclopedia 331
erbauen build 195
Erbse pea 180A, 655
Erdball globe 600
Erdbeben earthquake 151

Erdbeere strawberry 655
Erdboden ground 630
Erde earth 600
- (Erdreich) soil 625, 660
Erderwärmung global warming 625
Erdkunde geography 401
Erdteil continent 290
Ereignis event 704A
erfahren experience 110F
- find out 260
- learn 260
Erfahrung experience 704A
erfassen cover 701A
erfinden invent 110I, 320, 701A
- (erdichten) make up 110I
Erfinder(in) inventor 320
Erfindung invention 320
Erfolg success 704A

- **Erfolg haben** succeed 110I, 406
- make it 110I
erfolgreich successful 111
- **erfolgreich sein** succeed 110I
erforschen explore 320
- research 320
erfreuen amuse 350H
- **sich erfreuen an** enjoy 170E
ergänzen complete 403
ergeben: sich ergeben surrender 295
Ergebnis result 406, 704A
- (Fußballspiel etc) score 340E
erhalten (bekommen) receive 265, 280
- (bewahren) conserve 625
erhältlich available 280
erhöhen increase 280A, 701A
- raise 280A, 701A
Erhöhung increase 280A
erholen: sich erholen recover 150
Erholung recovery 315
- recreation 350
erinnern remind 170A
- **sich erinnern an** remember 170A
Erinnerung memory 110M
- **Erinnerungs-** souvenir 350S
erkennen recognize 110F
- see 110F
- realize 110F
- tell 110F
erklären explain 403, 503
- (verkünden) declare 501
- (äußern) state 501
Erklärung explanation 403, 503
- declaration 501
- statement 501
erlauben allow 540
- permit 540
Erlaubnis permission 540
- licence 540
- (Dokument) permit 540
erläutern explain 403, 503
erleben experience 110F
Erlebnis experience 704A
Erleichterung relief 150
ermahnen warn 151, 503
Ermittlung investigation 296
ermorden murder 296
ermuntern encourage 110I, 501A
ermutigen encourage 110I, 501A
ernähren feed 180
- **sich ernähren von** live on 180
erneuerbar renewable 625

erneuern renew 701A
erneut once again 904
- once more 904
ernst serious 151
- **ernst nehmen** take seriously 170A
ernsthaft serious 151
Ernte harvest 660
ernten pick 660
Eroberer conqueror 295
- **Eroberin** conqueror 295
erobern conquer 295
eröffnen open 195
erörtern discuss 410
erraten guess 170A
Erregung emotion 140C
erreichen reach 110I, 270F
- (Ziel) achieve 110I
- (Zug etc) catch 270
errichten found 195, 701A
- put up 301C, 908A
erschaffen create 110I, 701A
erschließen develop 110I, 320
- (aus etw schließen) infer 410
Erschließung development 320
erschrecken frighten 296
erst first 740F
- not ... till 908
- only 904
- as late as 904
- **als Erste(r, s)** first 740F
erstens firstly 740F
erstaunt amazed 140B
ertränken drown 150A
ertrinken drown 150A
erwachsen grown-up 120B
Erwachsene(r) adult 120B
- grown-up 120B
erwähnen mention 501
erwarten expect 170A
Erwartung expectation 140C
erweitern broaden 701A
- widen 701A
erwerben acquire 280
erwidern reply 260
Erwiderung reply 260
erwischen catch 297
erzählen tell 501
Erzähler(in) narrator 410
Erzählstandpunkt point of view 410
Erzählung (short) story 410
erzeugen produce 110I, 301C
Erzeuger producer 315
Erzeugnis product 315
erziehen bring up 120B, 908A
- educate 400
Erziehung education 400
erzielen achieve 110I

- (einen Treffer) score 340E, 340F
erzwingen force 110I, 296

Esel donkey 650
Essay essay 403
essbar edible 180
- **nicht essbar** inedible 180
Essen (Mahlzeit) meal 180
- (Mittagessen) dinner 180
- (Nahrung) food 180

essen eat 110F, 180
- **essen gehen** eat out 185
- **(zu) Mittag essen** have lunch 180
- **zu Abend essen** have tea (BE) 180
Esszimmer dining-room 195
ethnisch ethnic 293B
etwa about 741, 910D
etwas something 905
- some 905
- a bit 905
- **(irgend)etwas** anything 905
- **Sonst noch etwas?** Anything else? 280B
- **noch etwas** some more 905

Eule owl 670A
Europa Europe 290
Europäer(in) European 290

europäisch – Flug

europäisch European *290*
- **das europäische Festland** the Continent *290*
- **des europäischen Festlands** continental *290*
ewig for ever *904*
exakt scientific *320*
Examen exam(ination) *406*
exekutieren execute *297*
Exekution execution *297*
existieren exist *701A*
expandieren expand *701A*
Experte expert *300*
- **Expertin** expert *300*
explodieren explode *151*
Explosion explosion *151*
Export export *315*
Exportartikel export *315*
exportieren export *315*
Extremist(in) extremist *294*
extremistisch extremist *294*
Exzerpt excerpt *410*

Ff

Fabel fable *410*
Fabrik factory *320A*
Fach (Schulfach) subject *401*
- **Fach-** skilled *111, 300*
- technical *320*
Fachfrau expert *300*
- specialist *300*
Fachmann expert *300*
- specialist *300*
fachspezifisch technical *320*
fade tasteless *180*
fähig efficient *111*
- **fähig sein** be able *909*
Fähigkeit ability *110M*
- skill *110M*
Fahne flag *293*
Fähre ferry *272*
fahren go *110I*
- (selbst fahren) drive *270*
- ride *270, 340C*
- (verkehren) run *270*
- (Schiff) sail *272*
- (reisen) travel *350M*
- (vorbeifahren) pass *710D*
- start *270F*
- leave *270F*
- **fahren durch** cross *710D*
- pass through *270*
- **fahren mit** take *270*
Fahrer(in) driver *270*
- rider *270, 340D*
Fahrgast passenger *270*
Fahrgeld fare *270I, 280A*
Fahrkarte ticket *270I*
- (einfache Fahrkarte) single (ticket) *270I*
Fahrplan timetable (BE) *270I*
- schedule (AE) *270I*
Fahrpreis fare *270I, 280A*

Fahrrad bike *270*
- bicycle *270*
Fahrschein ticket *270I*
Fahrt journey *350M*
- ride *270F*
- tour *350M*
Fahrzeug vehicle *270*
fair fair *111*
Faktor factor *704A*
Falke hawk *670A*
Fall case *296, 704A*
Falle trap *650*
fallen fall *151*
- drop *151*
- **fallen lassen** drop *151*
falls if *908*
falsch wrong *406*
- false *111*
Familie family *120B, 210, 220*
Fan fan *340*
fangen catch *340F*
Fantasie imagination *110M, 170A*
Farbe (gelb, blau) colour *720B*
- (zum Anstreichen) paint *704*
farbenfroh colourful *720B*
farbig coloured *720B*
Farbton shade *190*
Farm farm *650*
- ranch *650*
Farmer(in) farmer *650*

Fasan pheasant *670A*
fassen (Dieb) catch *297*
fast almost *904A*
- just about *904A*
- nearly *904*
faszinieren fascinate *241*
faul lazy *111*
Faust fist *110*
Fax fax *263, 320A*
faxen fax *263*
Februar February *740A*
Feder feather *670*
Federmäppchen pencil-case *408*
Federtasche pencil-case *408*
Fee fairy *800*
fehlen be absent *400*
- (los sein) be wrong *150*
- **Das hat mir gerade noch gefehlt!** That's all I needed. *505*
Fehler mistake *406*
- fault *704A*

Feier celebration *350F*
- ceremony *770*
Feierlichkeiten ceremony *170C*
feiern celebrate *350F*
Feiertag holiday *170C, 770*
Feind enemy *295*
feindlich hostile *295*
feindselig hostile *295*
Feld field *650*
- (playing) field *340*
- square *702*
Fels(en) rock *630*
felsig rocky *630*
Fenster window *195*
Ferien holiday(s) (BE) *350M*
- vacation (AE) *350M*
Ferienort resort *350S*
Ferne distance *710D*
fern halten: (sich) fern halten keep away *151*
Fernsehen television/TV *264*
fernsehen watch TV *264*
Fernseher television/TV *264*
Fernsehkanal channel *264*
Fernsprecher (tele)phone *263*
Fernstraße highway (AE) *270*
Ferse heel *110*
fertigen manufacture *301C*
Fertigkeit skill *110M*
Fertigung production *315*
Fertigungsautomat robot *320A*
Fertigungsstraße assembly line *320A*
Fest party *350F*
festhalten hold *110I*
Festival festival *330A*
Festnahme arrest *297*
festnehmen arrest *297*
Festspiele festival *330A*
Fete party *350F*
feucht wet *620*
Feuer fire *151*
feuern fire *300*

Feuerwehr fire brigade (BE) *151*
Feuerwerk fireworks *770*
Fieber temperature *150*
Filiale branch *300*

Film film *330A, 408*
- movie (meist AE) *330A*
Filmbericht documentary *264*
Filzstift felt-tip *408*
Finanz- financial *280A*
finanziell financial *280A*
finanzieren finance *280A*
finden find *280*
- (Lösung) work out *908A*
Finderlohn reward *280A*
Finger finger *110*

Fingerhut thimble *196A*
finster dark *620*
Firma company *210*
- firm *210, 300*
Fisch fish *180A, 272*
Fischen fishing *272*
fischen gehen go fishing *272*
Fischer(ei)- fishing *272*
fit fit *140B*
Flagge flag *293*
Flamme flame *151*
Flasche bottle *280F*
flattern flutter *670*

Fledermaus bat *670A*
Fleisch meat *180A*
Fleischpastete pie *180A*
fleißig hard-working *111, 300*
flicken mend *301C*

Fliege fly *670A*
fliegen fly *273, 670*
fliehen escape *297*
Fließband assembly line *320A*
fließen flow *630*
fließend fluent *501*
Floppy (floppy) disk *320A*
Flotte fleet *272*
Flucht escape *297*
Flüchtling refugee *295*
Flug flight *273*

Flügel (Vogel) wing 670, 701

Flügel grand piano 370
Fluggesellschaft airline 273
Flughafen airport 273
Flugzeug aircraft 273
- plane, aeroplane (BE) 273
Flur hall 195
Fluss river 272, 630
Flusspferd hippo 670L
flüstern whisper 501
Folge consequence 704A
- (Fernsehen) episode 264
- (Abfolge) sequence 740F
- als Folge davon as a result 904A
folgen follow 710D
- (gehorchen) obey 241
folgend following 740F
folgern infer 410
folglich consequently 904A
Folie transparency 408
Folter torture 295
foltern torture 295

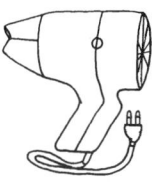

Fön hair-drier 140E
fordern demand 540
- claim 540
- request 540
fördern encourage 501A
Forderung demand 540
Form form 403, 410, 702
- shape 702
- gut in Form fit 140B
...förmig ...-shaped 702
Formular form 260
forschen research 320
Forschung research 320
fortfahren continue 701A
- proceed 701A
Fortschritt(e) progress 704A
fortsetzen continue 403, 701A
Foto photo 350
- picture 350, 408
Fotoapparat camera 350
Fotografie photograph 350

fotokopieren photocopy 320A
Fotokopiergerät photocopier 320A
Foyer lobby 350O
Frage question 260
- matter 704A
- issue 704A
Fragebogen questionnaire 260
fragen ask 260
- sich fragen wonder 260
Fragezeichen question mark 409
Frau woman 120B
- (Ehefrau) wife 220
- (vor Eigenname) Mrs 120B
- Ms 120B
- Miss 120B
- gnädige Frau madam 120B
Fräulein Miss 120B
freche Antworten geben answer back 908A
frei free 280A
- clear 270
- freier Tag holiday 770
- freies Zimmer vacancy 350O
- im Freien outdoors 195
Freiheit freedom 294
- liberty 294
freilassen release 296
frei stehend (Haus) detached (house) 195
Freitag Friday 740B
freiwillig voluntary 241
- sich freiwillig melden volunteer 295
Freiwillige(r) volunteer 295
Freizeit free time 350
- leisure 350
Fremdenführer(in) guide 350S
Fremdenverkehr tourism 350M
Fremdsprache foreign language 401
Freude joy 140C
- pleasure 140C
freuen: sich freuen be glad 140B
- be pleased 140B
- sich darauf freuen look forward to 170E
Freund(in) friend 240
- (Freund eines Mädchens) boyfriend 240
- (Freundin eines Jungen) girlfriend 240
- Freunde finden make friends 240
freundlich kind 111
Freundlichkeit friendliness 110M
Freundschaft friendship 241

Friede(n) peace 295
Friedhof graveyard 150A
friedlich peaceful 295
frieren be/feel cold 140B
Frisur hairstyle 140E
froh happy 140B
- glad 140B
- Frohe/Fröhliche Weihnachten! Merry Christmas! 505
fromm religious 170C
Frosch frog 670L
Frost frost 620
fruchtbar fertile 625
Früchte fruit 655
früh early 740
- soon 740D
- früher einmal once 904
- früher (gewesen sein/getan haben) used to (be/do) 909
Frühjahr spring 740A
Frühling spring 740A
Frühstück breakfast 180
- Übernachtung mit Frühstück bed and breakfast 350O
frühstücken have breakfast 180
frustriert frustrated 140B
Fuchs fox 670L
fühlen feel 110F, 150
führen lead 294
- guide 503
- (leiten) head 294
- manage 300
Führer(in) leader 294
- (Fremdenführer) guide 350S
- (Zugführer etc.) driver 270
Führung guided tour 350S
Führungskraft executive 300
- manager 300
füllen fill 280F
Füller pen 408
Fundament basis 704A
- foundation 704A
fungieren act 110I
Funktion function 410
funktionieren work 320A
für for 910A, 910D
- to 910D
- für ... pro- 911
- für immer for ever 904
Furcht fear 140C
fürchten: sich fürchten be afraid 140B
- be frightened 140B
Fürsorge welfare (AE) 241
Fürst prince 800
Fuß foot 110, 701
- (Länge) foot 710E
- (Fußende) bottom 701
- zu Fuß on foot 710D

- zu Fuß gehen walk 110I
Fußball football (BE) 340F
- soccer (AE) 340F
Fußballer(in) footballer 340D
Fußboden floor 195
Fußgänger(in) pedestrian 270
Fußgängerüberweg pedestrian crossing 270, 640
Fußgängerzone pedestrian precinct (BE) 270, 640
Fußgelenk ankle 110
Fußweg path 195
füttern feed 180, 670L
Fütterungszeit feeding time 670L

Gg

Gabel fork 180G
gaffen stare 110F
Gallone gallon 710E

Gans goose 650

Gänseblümchen daisy 650A
ganz quite 904A
- all 905
- the whole of 701
- der/die/das Ganze the whole of 701
- ganz (und gar) altogether 904A
- im Großen und Ganzen generally 904A
- on the whole 904A
ganztags full-time 300
gar kein not ... any 905
Garage garage 195
Gardine curtain 195

Garn yarn 196A

Garten garden 195
- (hinter dem Haus) backyard (AE) 195
Gas gas 704
Gasmaske gas mask 295
Gasse (schmal) alley 640
Gast guest 350F
- visitor 350F
Gästehaus guest house 350O
Gastgeber(in) host(ess) 350F
Gasthaus inn 185
Gaststätte restaurant 185
Gebäck biscuits (BE) 180E
Gebäude building 195, 640
geben give 280
- (reichen) hand 280
- pass 180
- (existieren) exist 701A
- **Was gibt's zum (Abendbrot)?** What's for (tea)? 180
Gebet prayer 170C
Gebiet area 709
- district 709
- region 709
- zone 709
Gebirge mountain 630
geboren sein/werden be born 120D
Gebühr fee 280A
Geburt birth 120B, 220
gebürtig native 293

Geburtstag: Herzlichen Glückwunsch zum Geburtstag! Happy birthday! 505
Gedächtnis memory 110M, 170A
Gedanke thought 170A
- **sich Gedanken machen** be concerned 140B
Gedankenstrich dash 409
gedenken think of 170A
- consider 170A
Gedenkstätte memorial 640
- monument 640
Gedicht poem 410A
- **Gedichte** poetry 330A
Gedrucktes print 331

Geduld patience 110M
geduldig patient 111
Gefahr danger 151
- risk 704A
gefährlich dangerous 151, 625
gefahrlos safe 151
gefallen like 170E
- appeal to 170E
Gefallen favour 241
Gefangene(r) prisoner 295
Gefängnis prison 297
- jail 297
Gefäß container 280F
- jar 280F
Gefecht fight 295
gefrieren freeze 620
Gefühl feeling 140C
- emotion 140C
gefühlvoll emotional 110G
gegen against 910D
- towards 910A
Gegend neighbourhood 709
Gegensatz contrast 704A
Gegenstand article 701
- object 701
- subject 410
gegenüber opposite 710D, 910
gegenüberliegend opposite 710D, 910
Gegenwart company 240
gegenwärtig present 740D
Gehalt salary 280A, 300
- pay 300
- (Inhalt) content 410
Geheimdienst secret service 297
Geheimnis mystery 170B
- secret 704A
geheimnisvoll mysterious 170B
gehen go 110I, 710D
- walk 110I
- **zu Fuß gehen** walk 110I
- **nach** (Osten) **gehen** face (east) 195
- (sich fühlen) feel 110F
- **Wie geht es dir?** How are you? 140B

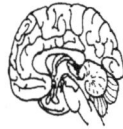

Gehirn brain 110
Gehör ear 110
gehorchen obey 241
gehören belong to 280
- own 280
Gehorsam obedience 241
Gehsteig pavement (BE) 270

Gehweg pavement (BE) 640
- sidewalk (AE) 270, 640

Geige violin 370
Geist ghost 170B
- spirit 170C
Geistliche(r) minister 170C
geizig mean 111
Gelächter laughter 350H
gelangweilt bored 140B
gelassen easygoing 110G, 111
gelb yellow 720B
Geld money 280A
- (Bargeld) cash 280A
- (Kranken-, Urlaubsgeld) pay 280A, 300
- **Geld setzen** gamble 350H
- **um Geld spielen** gamble 350H

Geldbeutel purse 190, 280A
Geldstrafe fine 280A, 297
Gelegenheit chance 704A
- opportunity 704A
gelingen succeed 110I
gelöst relaxed 140B
gelten apply 701A
Gemälde painting 330A
gemäß according to 910D
gemein mean 111
- **miteinander gemein haben** have in common 241
Gemeinde community 294
gemeinsam benutzen share 241
Gemeinschaft community 294
Gemüse vegetables 180A, 655
genau (gerade) just 904
genau(so) wie just like 503
- **genauso gut wie** as well (as) 904
Genehmigung permission 540
- licence 540
- (Dokument) permit 540
General(in) general 295
Generation generation 210
genesen recover 150
Genick neck 110
genießbar eatable 180
- edible 180
genießen enjoy 170E

Gentleman gentleman 120B
genug enough 280, 904, 905
genügend satisfactory 406
Genugtuung satisfaction 140C
Geographie geography 401
Gepäck luggage 350M
Gepäckträger porter 350O
gerade straight 702
- (genau) just 904
geradeaus straight on 710D
Gerät tool 301C
Geräte equipment 301C
Geräusch noise 625
- sound 110F
gerecht just 111, 296
- fair 111
Gerechtigkeit justice 296
Gericht (Speise) dish 180
- (Behörde) court 296
Gerichtshof court 296
geringste least 721
gern (tun) like 170E
- enjoy 170E
- be fond of 170E
- **sehr gern (tun)** love 170E
- **gern haben** like 170E, 241
- enjoy 170E
- be fond of 170E
- **hätte/würde gern** would love 170E
Geruch smell 110F, 625
Gesamtschule comprehensive school (GB) 400
Gesang song 370
Geschäft shop 280B
- **Geschäft(e)** business 300
Geschäftsviertel shopping precinct (BE) 280B
geschehen happen 151
Geschichte history 401, 800
- story 262, 410
geschichtlich historical 800

Geschick skill 110M
geschickt skilled 111, 300
- clever 111
geschieden divorced 120B
Geschirr dishes 180G, 195B
Geschirrspülmaschine dishwasher 195B
Geschirrtuch tea-towel (BE) 196A

Geschlecht sex *120D, 220*
Geschlechtsverkehr haben have sex *220*
Geschmack taste *110F*
Geschoss bullet *295*
Geschwindigkeit speed *270*
gesellig outgoing *240*
Gesellschaft society *210*
- company *210, 240, 300*
Gesetz law *294, 296*
- act *294*
Gesetzentwurf bill *294*
Gesetzesvorlage bill *294*
gesetzlich legal *296*
gesetzlos lawless *296*
gesetzmäßig lawful *296*
gesetzwidrig lawless *296*
Gesicht face *110*
Gesichtspunkt aspect *410*
- point of view *170A*
gespannt curious *111*
- (angespannt) tense *140B*
Gespenst ghost *170B*
Gespräch conversation *501*
- talk *501*
- dialogue *501*
Gespür nose *110*
Gestalt form *410*
- shape *702*
Geständnis confession *296*
Gestank smell *110F, 625*
gestatten allow *540*
- permit *540*
gestehen admit *296*
- confess *296*
gestern yesterday *740D*
- **gestern Abend** last night *740D*
gesucht wanted *297*
gesund healthy *140B, 150, 625*
- well *140B*
Gesundheit health *150*
Gesundheitszustand health *150*
Getränk drink *180C*
Getreide corn (BE) *655*
Getto ghetto *293B, 640*
Gewalt force *296*
- violence *296*
gewalttätig violent *111*
Gewalttätigkeit violence *296*
Gewehr gun *295*
- rifle *295*
geweiht holy *170C*
Gewerkschaft (trade-)union *320A*
Gewicht weight *710E*
Gewichtheben weight-lifting *340C*
Gewichtheber(in) weight-lifter *340D*
gewillt willing *110I*
Gewinn profit *280A, 315*
- prize *340E*

gewinnen win *340E*
Gewinner(in) winner *340E, 350H*
Gewitter storm *620*
Gewohnheit habit *120D*
- custom *770*
gewöhnlich usually *740E*
gewöhnt sein be used to *110I*
gezwungen sein be obliged *909*
Getto ghetto *293B, 640*
Gift poison *151*
giftig poisonous *151, 180, 625*
Giraffe giraffe *670L*
Gitarre guitar *370*
Glas glass *280F, 704*
- (Marmelade) jar *280F*
glatzköpfig bald *110G*
Glaube belief *170A, 170C*
glauben believe *170A, 170C*
- think *170A*
- feel *170A*
gleich equal *294*
- equally *904*
- in a minute *740D*
Gleichberechtigung equality *294*
gleichermaßen equally *904*
Gleichgewicht balance *704A*
Gleichheit equality *294*
gleichmäßig equally *904*
gleichzeitig at once *904*
global global *290, 600*
- **globaler Temperaturanstieg** global warming *625*
Globus globe *600*
Glocke bell *640*
Glotze goggle-box *264*
Glück happiness *140C*
- luck *170B, 350H*
- **Glück haben** be lucky *170B*
glücklich happy *140B*
- lucky *170B, 350H*
glücklicherweise fortunately *904A*
- luckily *904A*
Glücks- lucky *350H*
Glückwunsch: Herzlichen Glückwunsch! Congratulations. *505*
gnädige Frau madam *120B*
Gold gold *704*
golden gold *704*
- gold(en) *720B*
Golf bay *630*
- gulf *630*
Golfplatz golf course *340*
Golfschläger (golf) club *340G*
Gorilla gorilla *670L*
Gott God, god *170C*

Gouverneur(in) governor *294*
Grab grave *150A*
graben dig *660*
Grad degree *620*
Graffiti graffiti *640*
Grafschaft county *293*
Gramm gram *710E*
Grammatik grammar *501*
Grapefruit grapefruit *655*
Gras grass *660*
gratis free *280A*
Gratuliere! Congratulations. *505*
grau grey *720B*
grausam cruel *111*
Grenze (Landesgrenze) border *293*
- frontier *293*
- (Schranke) limit *704A*

Grill (im Freien) barbecue *195B*
Grillparty barbecue *350F*
Grippe flu *150*
groß big *110G*
- tall *110G*
- great *111*
- **groß werden** grow (up) *120B*
- **im Großen und Ganzen** generally *904A*
- on the whole *904A*
Großbuchstabe capital (letter) *409*
Größe size *190*
- (Körpergröße) height *710E*
Großeltern grandparents *220*
Großmutter grandmother *220*
Großraum metropolitan area *640*
Großstadt city *640*
größtenteils mostly *904A*
Großvater grandfather *220*
großziehen bring up *120B, 908A*
großzügig generous *111*
grün green *720B*
Grund (Ursache) reason *503, 704A*
- cause *704A*
- (Erdboden) ground *630*
- (untere Fläche) bottom *701*
- **aus diesem Grund** for this reason *904A*
gründen found *195, 701A*

- form *701A*
- base *701A*
- **eine Familie gründen** start a family *120B*
Grundlage basis *704A*
- foundation *704A*
gründlich thoroughly *904A*
Grundschule primary school (GB) *400*
Gruppe group *210, 370, 405*
- band *210, 370*
- team *210*
Gruß greeting *504*
- **Viele liebe Grüße** Love *265*
grüßen greet *504*
- say hello *240, 504*
- **grüße ... von mir** send/give my love to ... *241*
Gummi rubber *704*
Gunsten: zugunsten in favour *241*

Gurke cucumber *655*

Gürtel belt *190*
gut good *111*
- well *140B*
- fine *140B*
- nice *110G*
- kind *111*
- **gut gegen** good for *150*
- **gut gehen** be okay *140B*
- be/feel all right *140B*
- **gut in** good at *406*
- **gut sein** do well *406*
- **Guten Morgen!** Good morning. *504*
- **Guten Tag!** Good afternoon. *504*
- Good morning. *504*
- Hallo. (BE), Hello. *504*
- **Guten Abend!** Good evening. *504*
- **Gute Nacht!** Goodnight. *504*
Gutachten report *262*
gut aussehend handsome *110G*
Güte: Du meine Güte! Well! *505*
Güter goods *315*
Gut(shaus) farmhouse *650*
Gymnasium grammar school (GB) *400*
Gymnastik gymnastics *340C, 401*

Hh

Haar(e) hair 110

Haarspray hairspray 140E
Haartrockner hair-drier 140E
haben have got 280
- have 280
- own 280
- meet with 701A
- experience 110F
- **ein Kind haben** have (got) a baby 220
- **zu haben** available 280
Habicht hawk 670A
Hafen harbour 272
- port 272
Hafenstadt port 272
Haft confinement 297
Haftanstalt prison 297

Hahn cock 650
halb (elf) half past (ten) 740C
halbtags part-time 300
Halle hall 195
Hallo! Hallo. (BE), Hello. 504
- Hi. 240, 504
Hals neck 110
- throat 110

Halskette necklace 190
Halsschmerzen sore throat 150
Halsweh sore throat 150
halten hold 110I
- keep 110I
- stop 270F
- **halten für** consider 170A
- **halten von** think about 170A
- think of 170A
Haltestelle stop 270
Haltung attitude 110M
Hammelfleisch mutton 180A
Hammer hammer 301C

Hamster hamster 670
Hand hand 110
Handball handball 340F
Handbesen brush 196A
Handbuch handbook 260
Handel trade 315
- **handeln** trade 315
- **Handelsbeziehungen haben** trade 315
handeln act 110I
- **Handeln** action 704A
handeln von deal with 410
Handfeger brush 196A
Handgelenk wrist 110
Handlung action 410, 704A
Handschuh glove 190
Handtuch towel 140E
hängen hang 280F, 297
Hardware hardware 320A
harmlos harmless 151

Hase hare 670A
Hass hate 140C
- hatred 140C
hassen hate 170E
hässlich ugly 110G
hätte gern would love 170E
Haube cap 190
Häufigkeit frequency 740E
Hauptquartier headquarters 295
hauptsächlich mainly 904A
- mostly 904A
Hauptschule: Mischung aus Haupt- und Realschule secondary modern school (GB) 400
Hauptstadt capital (city) 640
Hauptverkehrszeit rush hour 270
Haus house 195
- (frei stehendes Haus) detached house (BE) 195
- **im/ins Haus** indoors 195
Hausarbeit housework 195B
Hausaufgabe(n) homework 403
Häuschen cottage 195
Hause: nach/zu Hause home 195
Haushalt household 195B

Hausschuh slipper 190

Haustier pet 670
Haut skin 110
He (du)! Hey! 504
heben lift 280F
- raise 701A
- hold up 908A
Heer army 210, 295
Heft exercise book 403

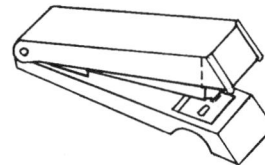

Hefter stapler 408
Heftklammer staple 408
heilen heal 150
heilig holy 170C
Heiligabend Christmas Eve 770
Heilkraut herb 180A, 660
Heim home 195
Heimweh haben be homesick 140B
Heimwerken DIY = Do-It-Yourself (BE) 350
Heirat marriage 120B
heiraten get married 120B
- marry 120B
heiß hot 620
- **heiß sein** be/feel hot 140B
heißen be called 120D
- (bedeuten) mean 501
heiter fair 620
Heiterkeit amusement 350H
heizen heat 195

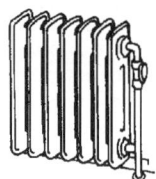

Heizkörper radiator 195B
Heizung heating 195
hektisch hectic 270
Held(in) hero(ine) 330B, 410
helfen help 241
Helm helmet 151, 295
Hemd shirt 190
Henne hen 650
heraus out 904
herausfinden find out 260
- discover 701A
- work out 908A
herausfordern challenge 340E
Herausforderung challenge 704A
heraussuchen look up 908A
Herbergsmutter warden (BE) 350R

Herbergsvater warden (BE) 350R

Herbst autumn 740A
- fall (AE) 740A
Herd cooker (BE) 195B
- stove 195B
Herde herd 650
herkömmlich traditional 800
Herkunft origin 704A
- (soziale) background 704A
Herr gentleman 120B
- (Herrscher) lord 800
- (Anrede) Mr 120B
- **mein Herr** sir 120B
- **Sehr geehrter Herr** Sir 120B
Herr(gott) Lord 170C
herrlich (Essen) delicious 180
Herrschaft rule 294
herrschen rule 294
herstellen produce 110I, 301C
- make 301C, 701A
- manufacture 301C
Hersteller(in) producer 315
Herstellung production 315
herum (a)round 904
herumtreiben: sich herumtreiben hang around 296
herunter down 904
herunterfallen fall off 151
hervorheben emphasize 501
Herz heart 110
Herzlichen Glückwunsch! Congratulations. 505
- **Herzlichen Glückwunsch zum Geburtstag!** Happy birthday! 505
hetzen rush 110I
heute today 740C
- **heute (Morgen usw.)** this (morning, etc) 740C
- **heute Abend/Nacht** tonight 740C

heutzutage – interviewen

heutzutage nowadays *740D*
Hexe witch *170B, 800*
hier here *710*
hierher here *710*
hierhin here *710*
hiesig local *709*
Hilfe help *241*
- aid *241*
hilfreich helpful *111*
hilfsbereit helpful *111*
Himmel sky *620*
- (Himmelreich) heaven *170C*
hin und wieder now and again *740E*
hinauf onto *910*
- up *910*
hindern prevent *151*
... hindurch throughout *910A*
hineingezogen werden become/get involved *701A*
hineinlassen admit *350S*
hinrichten execute *297*
Hinrichtung execution *297*
hinsetzen: sich hinsetzen sit down *110I*
Hinsicht respect *503*
hinter behind *910*
- **hinter sich lassen** leave behind *280, 908A*
Hintergrund background *704A*
hinterher afterwards *904*
Hintern behind *110*
hinunter down *904*
Hinweis (Polizei) clue *297*
hinweisen auf point out *503*
hinzufügen add *741*
Hirn brain *110*
Hirsch deer *670L*
historisch historic *800*
- historical *800*
- ancient *800*
Hitze heat *620*
Hobby hobby *120D, 350*
hoch- highly *904A*
hochgehen explode *151*
hochhalten hold up *908A*
hochheben lift *280F*
- raise *701A*
- pick up *908A*
Hochkonjunktur boom *315*
Hochschulabsolvent(in) graduate *400*
Hochschule college *400*
- university *400*
höchst highly *904A*
Hochwasser flood(s) *151*
Hochzeit wedding *120B*
Hockey hockey *340F*
Hof court *800*
- (Bauernhof) farm *650*
hoffen hope *170A*
Hoffnung hope *140C, 170A*
höflich polite *111*
Höflichkeit politeness *110M*

Höhe height *710E*
Höhepunkt climax *410*
Höhle cave *630*
holen fetch *270F*
- (Arzt etc) send for *540*
Hölle hell *170C*
Holz wood *704*
Honorar fee *280A*
Hooligan hooligan *296, 340*
hören hear *110F*
- (anhören) listen to *110F, 264*
Horizont horizon *620*
Horror- horror *140C*
Hose (lange) trousers *190*
- **kurze Hose** shorts *190*

Hosenträger braces *190*
Hotel hotel *350O*
- (kleines Hotel) inn *185*
hübsch lovely *110G*
- nice *110G*
Hubschrauber helicopter *273*
Hubschrauberlandeplatz heliport *273*
Hügel hill *630*
Huhn chicken *180A, 650*

Huhn (Henne) hen *650*
Hühnerstall hen-house *650*

Hummel bumble-bee *670A*
Humor humour *110M, 350H*
humorvoll humorous *111, 350H*
Hund dog *670*
- (junger Hund) puppy *670*
Hunger hunger *180*
- **Hunger haben** be hungry *180*
hungern starve *180*
Hupe horn *270K*
hupen blow your horn *270F*
Hurra! Hurrah! *505*
Husten cough *150*
husten cough *150*
Hut hat *190*
Hütte hut *195*
Hysterie hysteria *140C*

Ii

Ideal ideal *704A*

Idee idea *170A*
identifizieren identify *120D*
Identität identity *120D*

Igel hedgehog *670A*
Ignoranz ignorance *170A*
ignorieren ignore *110I, 170A*
illegal illegal *296*
Illustration illustration *331*
illustrieren illustrate *503*
Illustrierte magazine *262*
Image image *120D*
Imbissstube snack bar *185*
immer always *740E*
- for ever *904*
- **immer wenn** whenever *902*
- **für immer** for ever *904*
- **wann immer** whenever *902*
- **was (auch) immer** whatever *902*
- **welche(r, s) ... (auch) immer** whichever *902*
- **wer immer** whoever *902*
- **wo immer** wherever *902*
Immigrant(in) immigrant *293*
Immigration immigration *293*
immigrieren immigrate *293*
Imperium empire *293*
Import import *315*
Importeur(in) importer *315, 911A*
importieren import *315*
in in *910, 910A, 910D*
- at *910, 910D*
- inside *910*
- within *910, 910A*
- **in ... (hinein)** into *910*
Indianer(in) (Red) Indian *293B*
- Native American *293B*

indianisch (Red) Indian *293B*
Individuum individual *120D*
industrialisieren industrialize *320*
Industrie industry *320*
industriell industrial *320*
Industrielle(r) industrialist *320*
Industriezweig industry *320*
Inflation inflation *315*
Informant(in) informer *260, 297*
Informatik computer studies *401*
Information(en) information *260*
informieren inform *260*
Ingenieur(in) engineer *320*
Inhaber(in) owner *280*
Inhalt (von Behälter) contents *280F*
- (von Buch) content *410*
Innen- interior *709*
innen in inside *910*
Innenstadt: in der Innenstadt in town *640*
Innere(s) interior *709*
innerhalb within *910, 910A*
Innovation innovation *320*
insbesondere especially *904A*
Insekt insect *670L*
Insel island *630*
- isle *630*
Inserat advertisement *262*
insgesamt altogether *280B*
installieren install *301C*
Institution institution *640*
Instrument instrument *370*
Integration integration *293B*
- assimilation *293B*
integrieren integrate *293B*
- assimilate *293B*
- **sich integrieren** integrate *293B*
intelligent intelligent *111*
Intelligenz intelligence *110M*
interessant interesting *111*
Interesse interest *120D*
Interessengruppe lobby *294*
Interessensgebiet interest *120D*
Internat boarding school *400*
international international *293*
Interpretation interpretation *410*
interpretieren interpret *410*
Interview interview *260, 501*
interviewen interview *260, 501*

Interviewer(in) – Kellnerin

Interviewer(in) interviewer 260, 911A
intolerant intolerant 241
Intoleranz intolerance 110M, 241
Intonation Intonation 501
Invasion invasion 295
Invasor(in) invader 295, 911A
irgendetwas anything 905
irgendein(e) some 905
irgendwelche(r, s) any 905
irgendwie somehow 904
irgendwo(hin) somewhere 710
- anywhere 710
- someplace (meist AE) 710

Jj

ja yes 540
- OK = okay 540
Jacke jacket 190
Jackett jacket 190
jagen hunt 650
Jäger(in) hunter 650
Jahr year 740
Jahrhundert century 740
...jährig aged ... 120D
jährlich annual 740
Jahrzehnt decade 740
jammern moan 140B
Januar January 740A
Jargon slang 501
jäten weed 660
Jazz(musik) jazz 370
je ever 740E
- je ..., desto ... the ... the ... 721
- je ..., umso ... the ... the ... 721
Jeans jeans 190
jede(r, s) every 905
- (jede(r, s) Beliebige) any 905
- jeder everybody/everyone 905
- (jede(r) beliebige) anybody/anyone 905
jedermann everybody/everyone 905
jedenfalls anyway 904
jedoch however 904A
jemals ever 740E
- hardly 740E
jemand somebody/someone 905
- (irgendjemand) anybody/anyone 905
jenseits beyond 910
Jet jet 273
jetzig present 740D
jetzt now 740D
- bis jetzt so far 740D
Job job 300

joggen jog 350
Joghurt yoghurt 180A
Journalismus journalism 262
jubeln cheer 501A
Jude Jew 293B
- **Jüdin** Jew 293B
jüdisch Jewish 293B
Judo judo 340C
Jugend youth 120B
- **Jugend-** junior 340E
- teenage 120B
Jugendherberge youth hostel 350R
Jugendklub youth club 240
Jugendliche(r) youth 120B
- teenager 120B
Jugendzentrum youth club 240
Juli July 740A
jung young 110G
- small 110G
- little 110G
- **jüngste(r, s)** latest 721
- **junger Mann** youth 120B
Junge boy 120B
Juni June 740A
Junioren- junior 340E
Jura law 296
Jurist(in) lawyer 296

Kk

Kabel flex 195B

Käfer beetle 670A
Kaffee coffee 180C
Käfig cage 670L
- in einen Käfig sperren cage 670L
kahl(köpfig) bald 110G
Kakao cocoa 180C

Kalb calf 650
Kalbfleisch veal 180A
Kalender calendar 740
kalt cold 620
- kalt sein be/feel cold 140B
Kälte cold 620
Kamel camel 670L

Kamera camera 350
Kamin chimney 195
Kamm comb 140E
kämmen comb 140E
Kampagne campaign 294, 315

Kampf fight 295
- struggle 704A
kämpfen fight 295
- struggle 110I
- compete 340E
Kanal canal 630
- (Fernsehkanal) channel 264
Kandidat(in) candidate 294
Känguru kangaroo 670L
Kaninchen rabbit 670
Kanister can 280F
- canister 280F
Kanne can 280F
- (Kaffee-, Teekanne) pot 180G
Kanone gun 295
Kante edge 701
Kantine canteen 300
Kanu canoe 340G
- Kanu fahren canoe 340C
Kanzler(in) chancellor 294
Kap cape 630
Kapelle band 210, 370
Kapital capital 280A

Kapitän captain 272, 273
Kapitel chapter 410
kapitulieren surrender 295
Kappe cap 190
kaputtgehen break 151

kaputtmachen break 151
Karikaturist(in) cartoonist 330A
Karotte carrot 655
Karriere career 300
Karte card 350H
- (Landkarte) map 710D
Kartoffel potato 180A, 655
Kartoffelchips crisps (BE) 180A
Käse cheese 180A
Kassenbon receipt 280B

Kastanie(nbaum) chestnut 650A
Kasten case 280F
Kat(alysator) catalytic converter 270K, 625
Katalog catalogue 280B
Katastrophe disaster 151
- tragedy 151
Kathedrale cathedral 170C, 640
Katholik(in) Catholic 170C
katholisch Catholic 170C
Katze cat 670
- (Katzenjunges) kitten 670
kaufen buy 280, 280A, 280B
Käufer(in) shopper 280B
Kaufhaus (department) store 280B
Kauflustige(r) shopper 280B
Kaufpreis price 280A
Kaugummi chewing gum 180E
kaum hardly 740E, 904
Kegel cone 702
Kehle throat 110
Kehrschaufel dustpan 196A
kein(e) no 905
- not ... any 905
- kein(e, en) ... mehr no more 905
- auch kein not ... either 908
- gar kein not ... any 905
- keine(r, s) (von) none (of) 905
- keine(r, s) (von beiden) neither (of) 905
keineswegs on no account 904A
Keks biscuit (BE) 180E
Keller cellar 195
Kellner waiter 185
- **Kellnerin** waitress 185

kennen – kosten

kennen know *170A*
kennen lernen meet *240*
- get to know *240*
Kenntnis(se) knowledge *170A*
- praktische Kenntnisse know-how *320*
Ketschup ketchup *180A*
Kette chain *301C*
Keyboard keyboard *320A*
Kiefer (Körperteil) jaw *110*

Kiefer pine *650A*
Kilo(gramm) kilo(gram) *710E*
Kilometer kilometre *710E*
Kind child *120B, 220*
- ein Kind bekommen have a baby *220*
- have a child *120B*
Kinder(tages)betreuung day care *120B*
Kinderlähmung polio *150*
Kindheit childhood *120B*
Kinn chin *110*
Kino cinema (BE) *330A, 640*
- movie theater (AE) *640*
Kirche church *170C, 640*
Kirchhof graveyard *150A*

Kirsche cherry *655*
Kiste box *280F*
- case *280F*
Klage complaint *501A*
klagen moan *140B*
Klammer bracket *409*
Klang sound *370*
- tone *370*
klar: sich klar sein be aware *110F*

Klarinette clarinet *370*
Klasse class *210, 400*
- form (BE) *210, 400*
- grade (AE) *400*
Klassenarbeit test *406*
Klassenbuch register (BE) *408*

Klassenzimmer classroom *400*
Klavier piano *370*

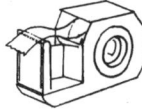

Klebeband sticky tape *408*
Klebestift glue stick *408*
Kleid dress *190*
kleiden: sich kleiden dress *190*
Kleider clothes *190*
Kleiderschrank wardrobe *195B*
klein little *110G, 721*
- small *110G, 721*
- short *110G*
Kleingeld change *280A*
Kleinlastwagen van *270*
klettern climb *110I*
Klettern (im Fels) rock-climbing *340C*
Klima climate *620, 625*
Klimaanlage air-conditioning *195*
Klingel bell *270K*
klingeln ring *263, 270F*
klingen sound *110F, 701A*
Klinik hospital *150, 640*
Klippe cliff *630*
Klischee cliché *501*
Klo(sett) WC *140E*
Klopapier toilet paper *140E*
klopfen knock *195*
Klub club *210, 240*
klug clever *111*
- intelligent *111*
- wise *111*
Klugheit cleverness *110M*
Klumpen lump *702*
Knabe boy *120B*
knapp scarce *280*
- knapp sein be short *280*
Knappheit shortage *280*
Kneipe pub (BE) *185*
Knie knee *110*
Knöchel ankle *110*
Knochen bone *110*
Knopf button *190*
Knospe bud *650A*
Know-how know-how *320*
Koalition coalition *294*
kochen (sieden) boil *180*
- (zubereiten) cook *180*
Koffer suitcase *280F, 350M*
Kofferraum boot (BE) *270K*
- trunk (AE) *270K*
Kohl cabbage *655*
Kohle coal *704*
Kohlendioxyd carbon dioxide *625*
Kollege colleague *300*
- **Kollegin** colleague *300*
Kollokation collocation *911*
kolonial colonial *293*

Kolonie colony *293*
Kolonist(in) colonist *293*
Kolumne column *702*
Kombizange pliers *301C*
komisch funny *350H*
Komm (schon)! Come on. *505*
- **kommen lassen** send for *540*
Komma comma *409*
Kommentar comment *410*
kommentieren comment *410*
Kommunikation communication *501*
- communications *263*
Kommunismus communism *294*
Kommunist(in) communist *294*
kommunistisch communist *294*
kommunizieren communicate *501*
Komödie comedy *330B*
Kompliment: ein Kompliment machen compliment *241*
Kompositum compound (word) *911*
Konferenz conference *240*
Konfession religion *170C*
Konflikt conflict *295*
König king *800*
- **Königin** queen *800*
- **königlich** royal *800*
Königreich kingdom *800*
Konkurrent(in) rival *315, 340E*
Konkurrenz competition *315, 340E*
- **Konkurrenz-** rival *315*
konkurrieren compete *315, 340E*
können can *540, 909*
- may *540, 909*
- **(tun) können** be able to *909*
Konnotation connotation *410*
konnte(n) could *909*
könnte(n) could *909*
- **könnte(n) (vielleicht)** might *909*
Konsequenz consequence *704A*
konservativ conservative *294*
Konservative(r) conservative *294*
Konsonant consonant *402*
konstruieren design *320*
Konstruktion design *320*
Konsument(in) consumer *315*
Kontakt contact *240*

kontaktfreudig outgoing *240*
Kontext context *410*
Kontinent continent *290*
kontinental continental *290*
Konto account *280A*
Kontrast contrast *704A*
Kontrolle control *110M*
- check *297*
kontrollieren check *297, 301C, 406*
Konzentration concentration *110M*
konzentrieren: sich konzentrieren concentrate *110I*
Konzert (Veranstaltung) concert *330A, 370*
- (Musikstück) concerto *370*
kooperieren co-operate *241, 320*
Kopf head *110, 701*
- **Kopf hoch!** Cheer up! *505*
Kopfende head *701*
Kopfhörer headset *408*

Kopfsalat (Pflanze) lettuce *655*
Kopfschmerzen headache *150*
Kopfweh headache *150*
Korb basket *280F*
Korbball netball (GB) *340F*

Korkenzieher bottle-opener *196A*
Korn corn (BE) *655*
Körper body *110*
Körperpflege personal hygiene *140E*
Körperteil part of the body *110*
korrekt correct *406*

Korrekturflüssigkeit correcting fluid *408*
korrigieren correct *406*
- mark *406*
Korruption corruption *296*
Kosmos universe *600*
Kosten cost(s) *280A*
kosten cost *280A*

333

kosten – letzte

- (probieren) taste *180*
- **Was kostet** How much is *280B*
kostenlos free *280A*
köstlich delicious *180*
Kostüm costume *330B*
Kousine cousin *220*
kräftig powerful *111*
- strong *110G*
Kraftwerk power station *320*
Kragen collar *190*
Kralle claw *670A*
Kram stuff *701*
Kran crane *301C*
krank ill *150*
- sick *150*
kränken offend *241*
Kranken- medical *150*
Krankengymnast(in) physiotherapist (BE) *150*
Krankenhaus hospital *150,*
Krankenpfleger(in) nurse *150*
Krankenschwester nurse *150*
Krankenwagen ambulance *150*
Krankheit illness *150*
- sickness *150*
Krankheitserreger virus *150*
Kraut (Rot-, Weißkraut) cabbage *655*
- (Heil-, Würzkraut) herb *180A, 660*
Krawatte tie *190*
kreativ creative *111*
Krebs cancer *150*
Krebsgeschwür cancer *150*
Kredit credit *280A*
- loan *280A*
Kreide chalk *408*
Kreis circle *702*
Kreuzung crossroads (BE) *270, 640*
- intersection (AE) *270, 640*
Kricket cricket *340F*
Krieg war *295*
kriegen get *280*
Kriegsdienstverweigerer conscientious objector *295*
Kriminelle(r) criminal *296*
Krise crisis *320A, 704A*
kritisch critical *111*
kritisieren criticize *501A*
Krone crown *800*
krönen crown *800*
Küche kitchen *195*
Kuchen cake *180E*
- **(Obst-)Kuchen** pie *180E*
Küchenkraut herb *180A, 660*
Kugel sphere *702*
- (Gewehrkugel) bullet *295*
Kugelschreiber biro (BE) *408*

Kuh cow *650*
kühl cool *620*
Kühlschrank fridge *195B*
Kuhstall cowshed *650*

Küken chick *650*
Kuli biro (BE) *408*
Kultur culture *330A*
kulturell cultural *330A*
kümmern: sich kümmern um take care of *120B*
Kunde customer *280B*
- **Kundin** customer *280B*
Kündigung notice *195, 300*
künftig future *740D*
Kunst art *330A, 401*
Künstler(in) artist *330A*
Kunststoff plastic *704*
Kurs course *400*
- (Wechselkurs) rate *701*
Kurs(gruppe) set *400*
Kursbuch timetable (BE) *270I*
Kurve bend *270*
Kurzbiografie profile *120D*
Kurzgeschichte short story *410*
kürzlich recently *740D*
Küste coast *630*
- seaside (meist BE) *630*
Küste(nlinie) coastline *630*

LI

Labor(atorium) lab, laboratory *320A*
lächeln smile *110I, 140B*
lachen laugh *110I, 140B, 350H*
Lachen laughter *350H*
lächerlich machen make a fool of *110I*
laden load *270F*
Laden shop *280B*
Lage situation *704A*
- position *710*
Lager camp *350R*
lagern store *280F*
Laib (Brot) loaf *180A*
Lammfleisch lamb *180A*
Lampe lamp *195B*
- light *270K*
Land land *630*
- (Staat) country *293*
- (ländliches Gebiet) countryside *630*
- **auf dem Land** in the country *650*
landen land *273*
Landes- national *293*
Landesinnere: im Landesinneren inland *709*

Landhaus cottage *195*
Landkarte map *710D*
Landschaft countryside *630*
- landscape *330A, 630*
- (schöne Landschaft) scenery *630*
Landstraße road *270*
Landung landing *273*
Landungssteg pier *272*
Landwirt(in) farmer *650*
Landwirtschaft farming *650*
lang: (sechs Monate) **lang** for (six months) *910A*
Länge length *710E*
Langeweile boredom *140C*
langweilig boring *111*
Lappen cloth *704*
Lärm noise *625*
lärmend noisy *270, 625*
lassen let *540*
- leave *280*
- (jn warten) **lassen** make (sb wait) *110I, 540*
- **etw tun lassen** have sth done *540*
- **hinter sich lassen** leave behind *280, 908A*
Lastwagen lorry (BE) *270*
Latein Latin *401*

Lauch leek *655*
Lauf race *340E*
- **Lauf(en)** running *340C*
- **im Lauf(e)** in the course of *740*
- over *740*
Laufbahn career *300*
laufen walk *110I*
- run *110I, 340C*
- (eingeschaltet sein) be on *195B*
Läufer(in) runner *340D*
Laufwerk (disk) drive *320A*
laut noisy *270, 625*
Laut sound *110F, 370*
läuten ring *263*
Layout layout *702*
leben live *150, 195*
- **leben von** live on *180*
Leben life *150*
- **am Leben** alive *150*
- **am Leben bleiben** live *150*
lebend alive *150*
Lebensart way of life *770*
lebensgefährlich deadly *150A*
Lebensmittel food *180*
Lebensmittelgeschäft grocery store, grocer's *280B*
Lebensweise way of life *770*

Lebewohl farewell *350F, 504*
lebhaft lively *110G*
Leder leather *704*
ledig single *120B*
leeren: (sich) leeren empty *701A*
legal legal *296*
legen put *110I*
- put down *908A*
- place *709*
- install *301C*
- **sich legen** lie *110I*
legendär legendary *111*
Legende legend *800*
Lehne arm *701*
Lehr- educational *400*
Lehrbuch textbook *409*
lehren teach *400*
Lehrer(in) teacher *400*
- instructor (AE) *400*
Lehrgang course *400*
Leib body *110*
Leiche (dead) body *150A*
Leichtathlet(in) athlete *340D*
Leichtathletik athletics *340C*
Leid tun feel sorry for *241*
leiden suffer *150*
- **nicht leiden können** dislike *170E*
leider unfortunately *904A*
leihen lend *280, 280A*
- **sich leihen** borrow *280, 280A*
leise quiet *110G*
leisten: sich leisten afford *280*
leiten head *294*
- manage *300*
- run *110I*
- (Abwässer) discharge *625*
leitende(r) Angestellte(r) executive *300*
Leiter(in) head *701*
- manager *300*
Leitgedanke theme *410*
Leitung (Telefonverbindung) line *263*
lenken guide *503*
Lenkrad (steering) wheel *270K*
Lenkstange handlebars *270K*
lernen learn *110I, 260, 400*
- study *400*
Lerner learner *400*
lesbar readable *331*
lesen read *402*
Leser(in) reader *262, 331*
letzte(r, s) last *721, 740D, 740F*
- latest *721*
- final *740F*
- **als Letzte(r, s)** last *740F*

letzte Nacht – Meinung

- **letzte Nacht** last night 740D
- **in der letzten Zeit** recently 740D
- **leugnen** deny 296
- **Leute** people 210
- **Lexikon** encyclopedia 331
- **Liberale(r)** liberal 294
- **Liberalismus** liberalism 294
- **Licht** light 270K
- **Liebe** love 140C, 241
- **liebe(r, s)** dear 265
- **Viele liebe Grüße von** Love 265
- **lieben** love 170E, 241
- **lieber** rather 721
- **lieber haben/sein** prefer 170E
- **lieber (tun)** prefer 170E
- **lieber (tun) sollen** had better (do) 909
- **Lied** song 370
- **Lieferant(in)** supplier 315
- **liefern** deliver 280B
- **provide** 315
- **supply** 315
- **Lieferung** delivery 265
- **Lieferwagen** van 270
- **liegen** lie 110I
- **liegen lassen** leave 280
- **Lift** lift (BE) 350O
- **lila** purple 720B
- **Limonade** lemonade 180C

- **Linde** linden/lime 650A
- **Linderung** relief 150
- **Lineal** ruler 408
- **Linie** line 702
- **(Verkehrsverbindung)** route 270
- **linke(r, s)** left 710D
- **links** left 710D
- **nach links** left 710D
- **Lippe** lip 110

- **Lippenstift** lipstick 140E
- **Liter** litre 710E
- **literarisch** literary 410
- **Literatur** literature 330A, 410
- **fiction** 410
- **live** live 264

- **Lizenz** licence 540
- **Lob** praise 501A
- **Lobby** lobby 294
- **loben** praise 170C, 501A
- **Loch** hole 702
- **(im Reifen)** puncture (BE) 151

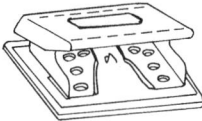

- **Locher** punch 408
- **Löffel** spoon 180G
- **Lohn** pay 280A, 300
- **wage** 280A, 300
- **lohnen: sich lohnen** pay off 280A
- **lohnend** profitable 280A
- **Lok** engine 270I
- **Lokal** pub (BE) 185
- **Lokal-** local 709
- **Lokführer(in)** driver 270
- **Lokomotive** engine 270I
- **Lord** lord 800
- **Los!** Go! 340E
- **Los, komm!** Come on. 505
- **Was ist los?** What is it? 151
- **Was ist denn los?** What's the matter? 505
- **löschen** put out 908A
- **lösen** solve 110I
- **work out** 741, 908A
- **(Bremse) release** 270F
- **sich lösen** break away 294
- **losfahren** start 270F
- **loslassen** release 270F
- **Lösung** solution 704A
- **loswerden** get rid of 280
- **Löwe** lion 670L

- **Löwenzahn** dandelion 650A
- **Loyalität** loyalty 110M
- **Luft** air 600, 625
- **Luftkissenfahrzeug(e)** hovercraft 272
- **Luftpost** airmail 265
- **Lüge** lie 704A
- **lügen** lie 110I
- **Lupe** magnifying glass 150
- **Lust haben (auf)** feel like 170E
- **fancy (BE)** 170E
- **lustig** funny 350H
- **humorous** 111, 350H
- **lutschen** suck 180
- **Lyrik** poetry 330A

Mm

- **machen** make 110I, 301C, 701A
- **do** 110I
- **create** 110I
- **machen zu** make into 701A
- **(eine Prüfung) machen** take (an exam) 406
- **Macht nichts.** Never mind. 505
- **Das/Es macht nichts.** It doesn't matter. 505
- **Macht** power 294
- **mächtig** powerful 111
- **Mädchen** girl 120B
- **Magazin** magazine 262
- **Magen** stomach 110
- **Magenschmerzen** stomach ache 150
- **Magenverstimmung** upset stomach 150
- **Magie** magic 170B
- **mähen** mow 660
- **Mahlzeit** meal 180
- **Mai** May 740A
- **Mal** time 740E
- **mal: (Wollen) mal sehen** Let's see 503
- **malen** paint 350
- **Maler(in)** painter 330A
- **Malerei** painting 330A
- **malnehmen** multiply 741
- **Manager(in)** manager 300
- **manchmal** sometimes 740E
- **Mangel (Fehlen von)** lack 280
- **(Knappheit) shortage** 280
- **mangelhaft** poor 406
- **Mann** man 120B
- **(Herr) gentleman** 120B
- **(Ehemann) husband** 220
- **junger Mann** youth 120B
- **Mannschaft** crew 210
- **team** 210
- **Manschette** cuff 190

- **Manschettenknöpfe** cufflinks 190
- **Mantel** coat 190
- **Marathon** marathon 340C
- **Märchen** fairy story/tale 410
- **fairy tale** 800
- **Marine** navy 295
- **Marke** stamp 265
- **markieren** mark 110I, 406
- **Markt** market 280B
- **(Weihnachts-, Viehmarkt) fair** 315
- **Marmelade** jam 180E
- **Marsch** march 294, 295

- **marschieren** march 110I, 295
- **März** March 740A
- **Maschine** machine 320A
- **engine** 270K
- **(Flugzeug) aircraft** 273
- **Maschinen** machinery 320A
- **Maschinenbau** engineering 320
- **Maschineschreiben** typing 320A
- **Maske** mask 151
- **Maß** measurement 710E
- **Massaker** massacre 296
- **Masse** mass 210
- **Material** material 704
- **Mathe(matik)** maths (BE) 401, 741
- **Matrose** sailor 272
- **Mauer** wall 195
- **Maul** mouth 110

- **Maulesel** mule 650
- **Maultier** mule 650
- **Maulwurf** mole 670A
- **Maus** mouse 320A, 670
- **Medien** media 264
- **Medikament** medicine 150
- **drug** 150
- **Medizin** medicine 150
- **medizinisch** medical 150
- **Meer** sea 272, 630
- **ocean** 630
- **am Meer** seaside (meist BE) 630
- **mehr** more 721
- **kein(e, en) ... mehr** no more 905
- **not (...) any more, no more** 905
- **nicht mehr** not (...) any more, no more 905
- **mehr-** multi(-) 911
- **mehrere** several 905
- **Mehrheit** majority 210, 294
- **Mehrweg-** returnable 280B
- **Mehrwegflasche** returnable bottle 625
- **meiden** avoid 151
- **Meile** mile 710E
- **Meilen pro Stunde** miles per hour = mph 270
- **Meilenstein** milestone 704A
- **landmark** 704A
- **meinen** mean 170A, 501
- **think** 170A
- **Meinung** opinion 170A
- **idea** 170A

Meinung – mysteriös

- **anderer Meinung sein** disagree *501A*
- **seine Meinung ändern** change your mind *170A*
- **meiste** most *721*
- **am meisten** most *721*
- **die meisten** most *721*
- **meistens** mostly *904A*
- **Meister(in)** champion *340E*
- **melden: (sich) melden** (bei Polizei) report *260*
- **sich freiwillig melden** volunteer *295*
- **Meldung** item *262*
- **melken** milk *650*
- **Melodie** tune *370*
- **Menge** (Menschenmenge) crowd *210*
- mass *210*
- **eine Menge** lots/a lot (of) *905*
- plenty (of) *905*
- **Mensch** man *120B*
- **Mensch!** Hey! *504*
- **Menschen** people *210*
- **Menschheit** mankind *210*
- **menschlich** human *111*
- **merken** notice *110F*
- realize *110F*
- be aware *110F*
- **sich merken** note *110F*
- **Messe** (Handel) fair *315*
- **Messer** knife *180G*
- **Messung** measurement *710E*
- **Metall** metal *704*
- **Metapher** metaphor *410A*
- **Meter** metre *710E*
- **Methode** technique *320*
- **Miete** rent *195, 280A*
- **mieten** rent *195, 280*
- hire *280*
- **Mietshaus** block of flats (BE) *195*
- **Mikrofon** microphone *370*
- **Mikrowellenherd** microwave *195B*
- **Milch** milk *180C*
- **Milchshake** milk shake *180C*
- **mild** mild *180*
- **Militär** (armed) forces *295*
- **militärisch** military *295*
- **Minderheit** minority *210, 293B, 294*
- **mindeste** least *721*
- **mindestens** at least *904*
- **Mineralien** minerals *704*
- **Minister(in)** minister *294*
- Secretary (of State) (GB) *294*
- Secretary (US) *294*
- **Ministerium** department *294*
- **minus** minus *741*
- **Minute** minute *740*

- **Mischung** mixture *704*
- **Missverständnis** misunderstanding *241*
- **missverstehen** misunderstand *170A*
- **mit** with *910D*
- **mit (dem Bus)** by (bus) *270, 910D*
- **Mit-** fellow *241*
- **mitbringen** bring *280*
- bring along *240*
- **mitfühlend** sympathetic *111, 241*
- **Mitglied** member *240*
- **Mitglied des Unterhauses** MP = Member of Parliament (GB) *294*
- **Mitglieds-** membership *120D*
- **Mitgliedschaft** membership *120D*
- **Mitlaut** consonant *402*
- **mitmachen** take part *240, 340E*
- join in *240*
- go along *241*
- **mitnehmen** pick up *270F, 908A*
- **mitschneiden** record *370*
- **Mitschüler(in)** classmate *400*
- **Mittag** noon *740C*
- midday *740C*
- **(zu) Mittag essen** have lunch *180*
- **Mittagessen** dinner *180*
- lunch *180*
- **mittags** noon *740C*
- **Mittagszeit** noon *740C*
- **Mitte** centre *701, 709*
- **mitteilen** tell *540*
- inform *260*
- instruct *540*
- **Mitteilung** notice *260*
- communication *501*
- **Mittel-** central *709*
- **Mittelalter** Middle Ages *800*
- **mittelalterlich** medieval *800*
- **Mittelpunkt** centre *701*
- **Mitternacht** midnight *740C*
- **Mittwoch** Wednesday *740B*

- **Mixer** mixer *195B*
- **Mixgetränk** shake *180C*
- **Mixtur** mixture *704*
- **Möbel** furniture *195B*
- **Möbelwagen** removal van (BE) *195*
- **Mobilität** mobility *300*
- **möblieren** furnish *195B*
- **Mode** fashion *190*
- style *190*

- **modern** up to date *740*
- **mogeln** cheat *406*
- **mögen** like *170E, 241*
- be fond of *170E*
- would like *170E*
- want *170E*
- may *909*
- **sehr mögen** love *170E, 241*
- **nicht mögen** dislike *170E*
- **gar nicht mögen** hate *170E*
- **was man mag und was man nicht mag** your likes and dislikes *170E*
- **möglicherweise** possibly *904A*
- **Möglichkeit** possibility *704A*
- way *503*
- (Gelegenheit) opportunity *704A*

- **Mohn** poppy *650A*
- **Möhre** carrot *655*
- **Moment** moment *740*
- minute *740*
- **Moment mal!** Wait a minute. *505*
- **Monarchie** monarchy *800*
- **Monat** month *740*

- **Mond** moon *600*
- **Mond-** lunar *600*
- **Monitor** monitor *320A*
- **Montag** Monday *740B*
- **Montan-** mining *320*
- **Moped** moped *270*
- **Moral** moral *410*
- **Mord** murder *296*
- killing *296*
- **Mörder(in)** murderer *296*
- killer *296*
- **morgen** tomorrow *740D*
- **Morgen** morning *740C*
- **Guten Morgen!** Good morning. *504*
- **Moslem** Muslim *170C*

- **moslemisch** Muslim *170C*
- **Motel** motel *350O*
- **Motiv** motive *410*
- **motivieren** motivate *501A*
- **Motor** engine *270K*
- **Motorrad** motorbike *270*
- **Motorradfahrer(in)** rider *270*

- **Möwe** seagull *670A*
- **müde** tired *140B*
- **Müll** waste *625*
- refuse *625*
- **Müll-** dump *625*

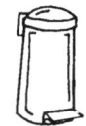

- **Mülleimer** dustbin *196A*
- **Müllhalde** dump *625*
- **Müllkippe** dump *625*
- **multi-** multi(-) *911*
- **multiplizieren** multiply *741*
- **Mund** mouth *110*
- **Mundart** dialect *501*

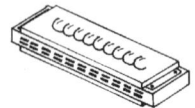

- **Mundharmonika** mouthorgan *370*
- **mündlich** oral *406*
- **Mündung** mouth *630, 701*
- **Münze** coin *280A*
- piece *701*
- **Muschel(schale)** shell *670L*
- **Museum** museum *350S, 640*
- **Musik** music *330A, 370, 401*
- **musikalisch** musical *370*
- **Musiker(in)** musician *330A, 370*
- **Muskel** muscle *110*
- **Muße** leisure *350*
- **müssen** must *909*
- have (got) to *909*
- be obliged to *909*
- **Muss ich/Müssen wir ...?** Need I/we ...? *909*
- **nicht müssen** needn't *909*
- **müsste(n)** should *909*
- ought to *909*
- **mutig** brave *111*
- **Mutter** mother *220*
- **Mutterboden** soil *625, 660*
- **Mütze** cap *190*
- **mysteriös** mysterious *170B*

Nn

n. Chr. AD *800*
Na, komm! Come on. *505*
- **Na komm schon.** Go on. *505*
- **Na so was!** Well! *505*
nach after *910A*
- for *910*
- to *910*
- according to *910D*
- **nach-** post- *911*
Nachbarschaft neighbourhood *709*
Nachbildung reproduction *702*
nachdem after *908*
nachdenken think *170A*
Nachfrage demand *540*
Nachkomme descendant *220*
Nachmittag afternoon *740C*
Nachricht (Meldung) news *264*
- (Botschaft) message *260*
- **Nachrichten** news *264*
- **Nachrichten-** communications *263*
nachschauen look *110F*
nachschlagen look up *402, 908A*
Nachsilbe suffix *911*
nächste(r, s) next *721, 740F*
- (nächstgelegen) nearest *721*
Nacht night *740C*
- **heute Nacht** tonight *740C*
- **letzte Nacht** last night *740D*
- **über Nacht** overnight *740C*
- **Gute Nacht!** Goodnight. *504*
Nachteil disadvantage *704A*

Nachtigall nightingale *670A*
Nachtisch dessert *180*
Nachweis(e) proof *296*
nachzählen count *741*

Nacktschnecke slug *670A*
Nadel needle *190*
Nagel nail *301C*
nahe near *710D, 910*
Nähe: in der Nähe near *710D, 910*

Nähmaschine sewing-machine *196A*
nahrhaft rich *180*
Nahrungsmittel food *180*
naiv simple *111*
Name name *120D*
Narzisse daffodil *650A*
Nase nose *110*
- **die Nase voll haben** be fed up *140B*
nass wet *620*
Nation nation *293*
national national *293*
Nationalhymne national anthem *293*
Nationalität nationality *293*
Natur nature *625*
- **Natur-** natural *625*
natürlich natural *625*
- organic *625*
- (selbstverständlich) of course/certainly *540*
Naturschutz conservation *625*
Naturschützer(in) conservationist *625*
Naturwissenschaft science *320, 401*
Naturwissenschaftler(in) scientist *320*
Nebel (dicker) fog *620*
neben next to *710D, 910*
- by *710D, 910*
- (außer) besides *910D*
Nebenfluss tributary *630*
neblig foggy *620*
Neffe nephew *220*
Neger(in) Negro *293B*
nehmen take *270*
- use *301C*
- (den Bus) catch *270*
neidisch jealous *241*
nein no *540*
Nelke carnation *650A*
nennen name *120B, 501*
- be called *120D*
Nerv nerve *110*
- **jm auf die Nerven gehen** get on sb's nerves *241*
nervös nervous *140B*
- tense *140B*
Nervosität nervousness *140C*

Nest nest *650*
nett kind *111*
- nice *110G, 111*
Netz net *340G*
neu schreiben rewrite *403*
neueste(r, s) latest *721*
- **auf dem neuesten Stand** up to date *740*
Neuerung innovation *320*

neugierig curious *111*
neulich recently *740D*
nicht not *905*
- auch nicht not ... either *908*
- (noch) nicht einmal not even *904*
- nicht ... bevor not ... till *908*
- nicht nur ... sondern auch not only ... but also *904*
Nichte niece *220*
nichts nothing *905*
- not ... anything *905*
nicken nod *110I*
nie never *740E*
niedergeschlagen depressed *140B*
Niederlage defeat *295*
niederlassen: sich niederlassen settle *293*
niederlegen put down *110I*
Niederschlag rain *620*
niemals never *740E*
niemand nobody/no one *905*
- not ... anybody *905*
Nilpferd hippo *670L*
nirgends nowhere *710*
- not ... anywhere *710*
nirgendwo nowhere *710*
- not ... anywhere *710*
nirgendwohin nowhere *710*
Niveau standard *704A*
noch (1942) as late as (1942) *904*
- (noch) (größer) even (bigger) *904*
- (immer) noch still *904*
- noch einige some more *905*
- noch einmal once again *904*
- once more *904*
- noch etwas some more *905*
- noch nicht not ... yet *904*
Nord- north *700*
- northern *700*
Norden north *700*
nördlich north *700*
- northern *700*
normalerweise usually *740E*
Normalität normality *704A*
Not need *170E*
- (Notwendigkeit) necessity *704A*
- **Not-** emergency *151*
Note (Zeugnis) grade *406*
- (Test) mark *406*
- (Geldschein) note (BE) *280A*
Notfall emergency *151*
Notiz item *262*
Notizbuch diary *331*
Notstands- disaster *151*

Notwendigkeit necessity *704A*
November November *740A*
Null zero *620, 741*
- nought (BE) *741*
Nummer number *262*
nur only *904*
- just *904*

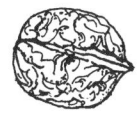

Nuss nut *655*

Oo

ob if *908*
- whether *908*
- **als ob** as if *908*
- **so tun, als ob** pretend *110I*
obdachlos homeless *195*
oben upstairs *195*
- **nach oben** upstairs *195*
- **oben auf** on top of *910*
Ober waiter *185*
oberhalb above *910*
Oberhaupt head *701*
Oberhaus: das britische Oberhaus the (House of) Lords *294*
Oberstufe sixth form (GB) *400*
obgleich although *908*
Objekt object *701*
Obst fruit *655*
Obstkuchen pie *180E*
obwohl although *908*
- even though *908*
- though *908*
öde barren *660*
oder or *908*
- **oder aber** alternatively *904A*
Ödland wasteland *630*
Ofen (Heizofen) heater *195B*
- (Herd) stove *195B*
Öffentlichkeit public *210*
offiziell official *294*
Offizier(in) officer *295*
öffnen open *195*
Öffnungszeiten opening times, opening hours *350S*
oft often *740E*
Oh je! Oh dear. *505*
ohne without *910D*
Ohr ear *110*
okay OK = okay *540*
Oktober October *740A*
Öl oil *704*
Ölbohrinsel oil rig *320*
Omelett omelette *180A*
Onkel uncle *220*
Oper opera *370*

Operation – Preis

Operation operation 150, 704A
operieren operate 150
Opfer victim 151
Opposition opposition 294
Orange orange 655
orange orange 720B
Orchester orchestra 370
ordentlich: ganz ordentlich fair 406
ordnen arrange 110I
Ordnung order 296, 704A, 740F
- **in Ordnung** OK = okay 540
Organisation organization 210
organisch organic 625
organisieren organize 110I
Original original 702
Ort place 709
Ort (des Geschehens) scene 709
örtlich local 709
Orts- local 709
Ost- east 700
- eastern 700
Osten east 700

Osterglocke daffodil 650A
Ostern Easter 770
östlich east 700
- eastern 700
Ozean ocean 272, 630
Ozon ozone 625
Ozonschicht ozone layer 625

Pp

Paar pair 190, 405
- (Mann und Frau) couple 120B
- **ein paar** a few 905
- some 905
Päckchen packet (BE) 280F
- parcel 265
packen pack 350M
Packung packet (BE) 280F
Paddelboot canoe 340G
paddeln canoe 340C
Paket package (BE) 280F
- parcel 265
Palast palace 800
Pampelmuse grapefruit 655
Panik: in Panik geraten panic 140B
Panne: eine Panne haben break down 151
Pantoffel slipper 190
Panzer tank 295

Papagei parrot 670
Papier paper 704

Pappel poplar 650A
Parade parade 770
parallel parallel 702
Parallele parallel 702
Park park 640
parken park 270F
Parkhaus car park (BE) 270, 640
Parklücke parking space 270, 640
Parkplatz car park (BE) 270, 640
- parking lot (AE) 270, 640
- (für ein Auto) parking space 270, 640
Parlament parliament 210, 294
parlamentarisch parliamentary 294
Partei party 294
Partie game 350H
Partner(in) partner 241, 405
Party party 350F
Pass passport 120D, 350M
Passage passage 410
Passagier passenger 270
passen fit 190
- **dazu passen** match 190
passieren (geschehen) happen 151
- (fahren durch) pass through 270
Pastete pie 180A
Pastor(in) minister 170C
Patient(in) patient 150
Pauschalreise package tour 350M
Pause break 400
Pazifik Pacific 272
pazifisch Pacific 272
PC PC 320A
Pech bad luck 170B
Pedal pedal 270K
Pence pence (GB) 280A
pendeln commute 300
Pendler(in) commuter 270, 300
Penny penny 280A
Pension pension 280A, 300
- guest house 350O
pensioniert retired 300
Person character 410
Personal staff 300
Personen- passenger 270
Perspektive point of view 410

Pfad path 195, 630
- trail 630
Pfand- returnable 280B
Pfandflasche returnable bottle 625
Pfarrer(in) minister 170C
Pfeife whistle 270
- (zum Rauchen) pipe 180E
Pfeil arrow 340G, 702
- (Wurfpfeil) dart 340G
Pfennig penny 280A
Pferd horse 650
Pferdestall stable 650
Pferdewagen wagon 650
Pfingsten Whitsun 770

Pfirsich peach 655
Pflanze plant 660
pflanzen plant 660

Pflaume plum 655
Pflicht duty 296
- obligation 296
pflücken pick 660
Pfund (Währung) pound 280A
- (Gewicht) pound 710E
Physik physics 401
Physiotherapeut(in) physiotherapist (BE) 150
Picknick picnic 350F
Pille pill 150
Pilot(in) pilot 273

Pilz (essbarer) mushroom 655
Pinguin penguin 670L
pink pink 720B
Pinsel (paint) brush 301C
Pinte pint 710E
Pirat(in) pirate 800
Piste track 340
Pizza pizza 180A
Plakat poster 260
Plan plan 320
- (Karte) map 710D
planen plan 110I, 320
Planer(in) planner 320
Planet planet 600
Plantage plantation 293
Planwagen wagon 650
Plastik plastic 704
Platte record 370
Plattenspieler record-

player 370
Platz (freier Raum) space 701
- room 701
- (umbaute Fläche) square 640
- (Sportplatz) (playing) field 340
- court 340
- (Sitzplatz) seat 185, 408
- (Stelle, Ort) place 709
platzen burst 151
pleite broke 280
plötzlich suddenly 904
plus plus 741
Polio polio 150
Politik politics 294
- (bestimmte Politik) policy 294
Politiker(in) politician 294
politisch political 294
Polizei police 210, 297
Polizeirevier police station 297, 640
Polizeiwache police station 297, 640
Polizist policeman 297
- **Polizistin** policewoman 297
Pommes frites chips (BE) 180A
Pony pony 650
Pop(musik) pop (music) 370
Portier porter 350O
Portion portion 180
Porto postage 265
Portemonee purse (BE) 280A
Porträt profile 120D

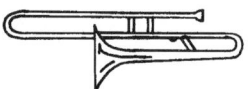

Posaune trombone 370
Position position 710
Post post (BE) 265
- mail (meist AE) 265
Postamt post office 265, 640
Poster poster 260
Postkarte postcard 265
Postleitzahl postcode (BE) 265
Postzusteller postman 265
- **Postzustellerin** postwoman 265
Präfix prefix 911
Praline chocolate 180E
präsentieren present 503
- represent 701A
Präsident(in) president 294
Praxis practice 320A
Preis price 280A
- cost 280A
- (bei Wettbewerben) prize 340E

preisen – Reihenfolge

preisen praise *170C, 501A*
Preisliste price list *280B*
Premierminister(in) prime minister *294*
Presse press *262*
Prestige prestige *241*
Priester priest *170C*
Prinz(essin) prince(ss) *800*
Privatschule public school (GB) *400*
Privileg(ien) privilege *280*
privilegiert privileged *280*
pro- pro- *911*
probieren try *180*
- (bei Speisen) taste *110F, 180*
Problem problem *704A*
- (Angelegenheit) issue *704A*
Produkt product *315*
Produktion production *315*
Produzent(in) producer *315*
produzieren produce *110I, 301C*
Professor(in) professor *400*
Profi professional *300*
Profil profile *120D*
Profit profit *315*
profitieren profit *280A*
Programm programme (BE) *264*
- channel *264*
- (Computerprogramm) program *320A*
programmieren program *320A*
Projekt project *405*
- activity *405*
Propaganda propaganda *294*
Prosa prose *410*
Prosaliteratur fiction *410*
Portemonnaie purse (BE) *280A*
Protest protest *501A*
Protestant(in) Protestant *170C*
protestantisch Protestant *170C*
protestieren protest *294, 501A*
Provinz province *293*
Prozent per cent *741*
prozentig per cent *741*
Prozess trial *296*
prüfen examine *406*
- test *406*
- check *406*
Prüfung exam(ination) *406*
- test *406*
Publikum audience *264, 330B*
Pullover pullover *190*
Punkt dot *409, 702*
- (am Satzende) full stop (BE) *409*

- period (AE) *409*
- (Wertungspunkt) point *405*
- (Stelle) point *702*
- (Umstand) factor *704A*
- **Pünktchen** dot *409, 702*
pünktlich punctual *111*
Pupille pupil *110*
Puppe doll *350H*
puritanisch puritan *111*
putzen clean *140E*
- (Zähne) brush *140E*
Pyjama pyjamas *190*

Qq

Quader cuboid *702*
Quadrat square *702*
quadratisch square *702*
Qualifikation qualification *406*
qualifiziert skilled *111, 300*
Qualität quality *704A*
qualmend smoky *625*
Quelle source *630, 701*
Quittung receipt *280B*
Quiz quiz *350H*

Rr

Rad wheel *270K*
- (Fahrrad) bike *270*
- bicycle *270*
- mit dem Rad fahren cycle *270*
- **Rad fahren** ride *340C*
Radfahrer(in) rider *270, 340, 340D*
Radiergummi rubber (BE) *408*
radikal radical *294*
- extremist *294*
Radikale(r) extremist *294*
Radio radio *264*
raffiniert clever *111*
Rakete rocket *273, 295*
Rampenlicht spotlight *330B*
Ranch ranch *650*
Rancher rancher *650*
Rand edge *701*
- (bei Schriftstück) margin *409*
- (Straßenrand) side *270*
Randbezirk suburb(s) *640*
Rasen lawn *195*
- grass *660*

Rasierapparat razor *140E*
rasieren: (sich) rasieren shave *140E*
Rasierpinsel shaving-brush *140E*

Rasse race *293B*
Rassentrennung segregation *293B*
- die Rassentrennung aufheben desegregate *293B*
rassisch racial *293B*
Rassismus racism *293B*
Rassist(in) racist *293B*
rassistisch racist *293B*
rastlos restless *110G*
Rat advice *501A*
- guidance *503*
- (Stadtrat) council *294*
Rate rate *701*
raten guess *170A, 350H*
- **raten zu** advise *501A*
Ratgeber(in) counsellor (BE) *241*
Rathaus town hall *640*
ratlos puzzled *140B*
Ratschläge advice *501A*
Rätsel mystery *170B*
- (Kreuzwort-, Bilderrätsel) puzzle *350H*
rätselhaft mysterious *170B*
Ratte rat *670*
Raub robbery *296*
Räuber(in) robber *296*
Raubüberfall robbery *296*
Rauch smoke *625*
rauchen smoke *180E*
rauchig smoky *625*
Raureif frost *620*
Raum room *701*
- (Platz) space *701*
- (Welt-, Luftraum) space *273, 600*

Raupe caterpillar *670A*
Rauschgift drug *150*
rausschmeißen fire *300*
Razzia raid *297*
reagieren react *110I*
Reaktion reaction *704A*
Realität reality *704A*
Realschule: Mischung aus Haupt- und Realschule secondary modern school (GB) *400*
Rebell(in) rebel *294*
Rebellion rebellion *294*

Rebhuhn partridge *670A*
Rechnung bill *280A*
Recht law *296*
- (Anspruch) right *294*
rechte(r, s) right *710D*
Rechteck rectangle *702*

rechtmäßig (Besitzer etc) lawful *296*
- (legal) legal *296*
rechts right *710D*
- nach rechts right *710D*
Rechts- justice *296*
- legal *296*
Rechtsanwalt lawyer *296*
- **Rechtsanwältin** lawyer *296*
Rechtschreibung spelling *402*
Rede speech *501*
reden talk *501*
Redensart saying *501*
Redner(in) speaker *501*
reduzieren reduce *701A*
Referat talk *501*
Reform reform *704A*
reformieren reform *701A*
Regal shelf *280F*
rege active *110G*
Regel rule *340E*
regelmäßig regular(ly) *740E*
Regen rain *620*
- **saurer Regen** acid rain *625*

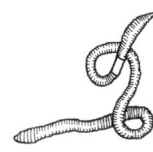

Regenwurm earthworm *670A*
regieren govern *294*
- rule *294*
Regierung government *210, 294*
Region region *709*
regional regional *709*
regnen rain *620*
regnerisch rainy *620*
Reh deer *670L*
reiben rub *150*
Reich empire *293*
reich rich *111, 280*
- wealthy *280*
reichen (herüberreichen) hand *280*
- pass *180*
- reach *110I*
Reichtum wealth *280*
Reif frost *620*
reif ripe *180, 660*
reifen ripen *660*
Reifen tyre *270K*
Reifenpanne puncture (BE) *151*
Reihe line *740F*
- row *740F*
- series *740F*
- **an der Reihe sein** be one's turn *740F*
Reihenfolge order *704A, 740F*

Reihenhaus – Sänger(in)

- sequence *740F*
Reihenhaus terraced house (BE) *195*
Reim rhyme *410A*
reimen: sich reimen rhyme *410A*
reinigen clean *140E*
Reis rice *655*
Reise journey *350M*
- tour *350M*
- trip *350M*
- (Seereise) voyage *350M*
- **Reise-** travel *350M*
- traveller *350M*
Reisebüro travel agency *350M*
Reisebus coach (BE) *350M*
Reiseführer guide *350S*
reisen travel *350M*
- **reisen mit** take *270*
Reisen travel *350M*
Reisende(r) passenger *270*
- traveller *350M*
Reisepass passport *120D*, *350M*

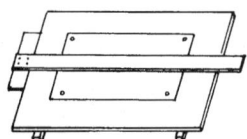

Reißbrett drawing board *408*
Reißbrettstift drawing-pin (BE), thumbtack (AE) *408*

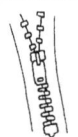

Reißverschluss zip *190*
reiten ride *340C*

Reiter(in) rider *340*, *340D*
reizend lovely *110G*
reizvoll attractive *350S*
Reklamation complaint *501A*

Reklame advertising *262*
- (Einzelwerbung) advertisement *262*
Rekord record *340E*
relativ relatively *904A*
Religion religion *170C*
- **Religions-** religious *170C*
Religionsunterricht religious education (GB) *401*
religiös religious *170C*
Rendezvous date *240*
Rennbahn track *340*
Rennen race *340E*
rennen run *110I*, *340C*
Rennfahrer(in) racing driver *340D*
rentabel profitable *315*
Rente pension *280A*, *300*
- **in Rente gehen** retire *300*

Reparatur repair *301C*
Reparaturwerkstatt repair shop *320A*
- garage *270*
reparieren repair *301C*
- mend *301C*
Reporter(in) reporter *262*
repräsentieren represent *701A*
Reproduktion reproduction *702*
Republik republic *294*
Republikaner(in) Republican *294*
republikanisch Republican *294*
Reservat reservation *293B*
Reservation reservation *293B*
reservieren reserve *185*
- **reservieren lassen** reserve *185*
- book *350M*
Reservierung reservation *350M*
Respekt respect *241*
Rest rest *701*
Restaurant restaurant *185*
- (kleines Restaurant) café *185*
restaurieren restore *301C*
Resultat result *406*, *704A*
retten save *150*, *151*, *625*
Rettung conservation *625*
Rettungsboot lifeboat *272*
Rettungsleine lifeline *272*

Revolution revolution *294*, *704A*
Rezept (vom Arzt) prescription *150*
Rezeption reception *350O*
Rezession recession *315*

Rhinozeros rhino(ceros) *670L*
Richter(in) judge *296*
richtig correct *406*
- **so richtig** thoroughly *904A*
Richtung direction *710D*
- **in Richtung** towards *910*
riechen smell *110F*, *180*, *701A*
Riecher nose *110*
Riese giant *170B*, *800*
Rind cow *650*
Rinderbraten roast beef *180A*
Rindfleisch beef *180A*
Rindvieh cattle *650*
Ring ring *702*
Risiko risk *704A*
- **ein Risiko eingehen** take a chance *110I*
riskieren risk *110I*
- **es riskieren** take a chance *110I*
Rivale rival *340E*
- **Rivalin** rival *340E*
Roastbeef roast beef *180A*

Robbe seal *670L*
Roboter robot *320A*
Rock skirt *190*
Rolle part *330B*, *405*
Rollenspiel role-play *405*
Rollstuhl wheelchair *150*
Roman novel *410*
rosa pink *720B*
Rose rose *660*
rot red *720B*

Rotkehlchen robin, red-breast *670A*
Route route *270*
Rowdy hooligan *296*
Rücken back *110*
rücken move *110I*
Rückfahrkarte return (ticket) *270I*

Rückkehr return *270F*
rückwärts backwards *710D*
Rudel (Hirsche) herd *650*
Ruf shout *501*
- (Leumund) reputation *120D*, *241*
- (Image) image *120D*
rufen call *501*
- (laut) shout *501*
Rufname Christian name, first name *120D*
Rugby rugby *340F*
ruhelos restless *110G*
Ruhestand: im Ruhestand retired *300*
- **in den Ruhestand gehen** retire *300*
ruhig quiet *110G*
rühmen praise *501A*
Ruine ruin *350S*
ruinieren ruin *625*
rund round *702*
Runde: über die Runden kommen make ends meet *110I*
Rundfahrt tour *350M*
Rundfunk radio *264*
Rundreise tour *350M*
Rüstungs- arms *295*

Ss

Saal hall *195*
Saat seed *660*
Sachbücher non-fiction *410*
Sache matter *704A*
Sachliteratur non-fiction *410*
Safaripark safari park *670L*
Saft juice *180C*
saftig juicy *180C*
Sage legend *800*
Säge saw *301C*
sagen say *501*
- tell *110F*, *501*, *540*
Sagenhaft! Wow! *505*
Sahne cream *180C*
Saison season *740A*
Salat (angemachter) salad *180A*

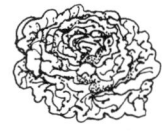

Salat (Pflanze) lettuce *655*
Salz salt *180A*
salzig salty *180*
Samen seed *660*
sammeln collect *280*, *350*
Sammlung collection *350*
Samstag Saturday *740B*
Sand sand *630*, *704*
sandig sandy *630*
Sänger(in) singer *370*

Sanitäter ambulance man *150*
- **Sanitäterin** ambulance woman *150*
Sarg coffin *150A*
Sari sari *190*
Satellit satellite *263, 273, 600*
Satellitenschüssel satellite dish *264*
satt haben be fed up *140B*
- **satt sein** be full (up) *180*
Sattel saddle *270K*
Satz sentence *409*
- (Tennis, Volleyball) set *340E*
- (Tarif) rate *701*
Satzmelodie Intonation *501*
sauber clean *140E, 625*
sauer sour *180*
- **saurer Regen** acid rain *625*
saugen suck *180*
säumen: von Bäumen gesäumt tree-lined *640*

Saxophon saxophone *370*
Schach chess *350H*
Schachtel box *280F*
- packet (BE) *280F*
schade: Das ist schade. It's a pity. *505*
Schaden damage *151, 625*
- harm *151*
Schadenersatz compensation *280A*
schädigen damage *625*
schädlich harmful *151*
Schaf(e) sheep *650*
schaffen create *110I, 701A*
- **es schaffen** make it *110I*
- manage *110I*
Schaffner(in) guard *270I*
Schal scarf *190*
Schale bowl *180G*
Schall sound *110F*
Schallplatte record *370*
scharen: sich scharen gather *240*
schätzen estimate *170A*
- (würdigen) appreciate *170E*
schauen look *110F*
Schauer shower *620*
Schaufenster shop window *280B*
Schauplatz scene *709*
- (Roman) setting *410*
Schauspiel drama *330B, 401*

Schauspieler actor *330B*
Scheck cheque (BE) *280A*
Scheidung divorce *120B*
Schein (Geld) note (BE) *280A*
- bill (AE) *280A*
- (Ausweis) licence *540*
scheinen shine *620*
- (den Anschein haben) seem *701A*
- appear *701A*
Scheinwerfer spotlight *330B*
schenken give *280*
Schere scissors *195B*
scheu shy *110G*
Scheune barn *650*
Schicht shift *300*
schicken send *265*
- (Post) post (BE) *265*
- mail (meist AE) *265*
Schicksal luck *170B*
schieben push *110I*
- move *110I*
Schiene rail *270I*
schießen shoot *295*
- fire *295*
- (Ball) kick *110I, 340F*
- (ein Tor schießen) score *340E, 340F*
Schiff ship *272*
- boat *272*
schikanieren bully *241*
Schild sign *270*
schildern describe *410*
Schilderung description *410, 503*
Schildkröte tortoise *670*
Schimpanse chimp(anzee) *670L*
Schinken ham *180A*

Schirm umbrella *190*
Schlacht battle *295*
Schlaf sleep *110F*
Schlafanzug pyjamas *190*
schlafen sleep *110F*
- be asleep *110F*
Schlafsack sleeping bag *350R*
Schlafzimmer bedroom *195*
schlagen beat *340E*
- hit *151*
- (besiegen) defeat *295, 340E*
Schläger hooligan *296*
- (Tennisschläger) racket *340G*
Schlagzeile headline *262*
Schlagzeug drums *370*
Schlamm mud *704*

Schlange: (Menschen-, Autoschlange) queue (BE) *740F*
- line *740F*

Schlange snake *670L*
schlau clever *111*
schlecht bad *111*
- poor *406*
- **schlechter** worse *721*
- **schlechteste(r, s)** worst *721*
- **schlecht sein** do badly *406*
- (übel sein) feel sick *150*
- **schlecht werden** feel sick *140B*
schließen close *195*
- shut *195*
- (Betrieb einstellen) close down *320A*
- (schlussfolgern) infer *410*
schließlich finally *740F*
- in the end *740F*
- **schließlich (doch noch)** at last *904*
schlimm serious *151*
- **schlimmer** worse *721*
- **schlimmste(r, s)** worst *721*
Schlips tie *190*
Schlittschuh skate *340G*
Schlittschuhlaufen ice-skating *340C*
Schloss castle *350S*
- palace *800*
schluchzen sob *110I, 140B*
Schluchzer sob *140C*
schlucken swallow *180*
Schluss (Roman, Gedicht) ending *410*
- **zum Schluss** in the end *740F*
Schlüssel key *195*

Schlüsselblume primrose *650A*
Schlussverkauf sale *280B*
schmecken taste *110F, 180, 701A*
schmelzen melt *620*
Schmerz(en) ache *150*

- pain *140C*
schmerzen ache *150*
schmerzhaft painful *150*
schmerzlich painful *150*

Schmetterling butterfly *670A*
Schmuck decoration(s) *280B*
schmuggeln smuggle *296*
Schmuggler(in) smuggler *296*
Schmutz dirt *625, 704*
schmutzig dirty *140E, 625*
Schnabel beak *670A*

Schnake mosquito *670A*

Schnecke snail *670A*
- (Nacktschnecke) slug *670A*
Schnee snow *620*

Schneeglöckchen snowdrop *650A*
schneereich snowy *620*
schneien snow *620*
schnell soon *740D*
Schnellimbiss fast food place *185*
Schnellrestaurant fast food place *185*
Schnupfen cold *150*
Schnurrbart moustache *110*
Schock shock *140C*
schockiert shocked *140B*
Schokolade chocolate *180E*
schon already *904*
- as early as *904*
- yet *904*
- **schon einmal** before *904*
schön beautiful *110G*
- handsome *110G*
- nice *110G*

Schornstein – Sklave

- fair 620
Schornstein chimney 195
Schottenrock kilt 190
Schrank cupboard 195B
Schraube screw 301C
Schraubenzieher screwdriver 301C
Schreck horror 140C
- shock 140C
schrecklich terrible 111
- **schreckliche Angst haben** be terrified 140B
Schrei scream 501
- shout 501
schreiben write 402
- (Rechtschreibung) spell 402
- **neu schreiben** rewrite 403
Schreibkraft typist 320A
Schreibmaschine typewriter 320A
Schreibmaschinen- typing 320A
Schreibung spelling 402
schreien scream 501
- shout 501
- cry 110I
Schriftsteller(in) author 330A
- writer 330A
Schritt step 704A
Schubfach drawer 196A

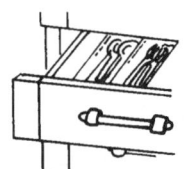

Schublade drawer 196A
schüchtern shy 110G
Schuh shoe 190
Schulabgänger(in) school leaver (BE) 400
Schuld fault 704A
- **die Schuld geben** blame 241
Schulden debt 280A
schulden owe 280A
schuldig guilty 296
Schule school 400
- **weiterführende Schule** secondary school 400
Schüler(in) pupil (meist BE) 400
- **Schüler(innen)** schoolchildren 400
Schülertisch desk 408
Schulkinder schoolchildren 400
Schulter shoulder 110
Schulung training 400
schummeln cheat 406
Schuss shot 295
Schüssel bowl 180G
schütteln shake 110I

Schutz protection 151, 625
- conservation 625
schützen protect 151, 625
Schützer conservationist 625
Schutzmaske mask 151
schwach weak 110G

Schwalbe swallow 670A

Schwamm sponge 140E
schwanken vary 701A
Schwänzer(in) truant 400
schwarz black 293B, 720B
Schwarze(r) black 293B
Schwein pig 650
Schweinefleisch pork 180A
Schweiß sweat 110F
schwer (ernsthaft) serious 151
- (Speise) rich 180
schwerhörig deaf 150
Schwester sister 220
Schwierigkeit difficulty 704A
- **in Schwierigkeiten bringen** get into trouble 296
Schwimmbad swimming-pool 640
schwimmen swim 110I
Schwimmen swimming 340C
schwitzen sweat 110F
- be/feel hot 140B
See (Meer) sea 272, 630
- (ein See) lake 272, 630
- **See-** seaside (meist BE) 630
seekrank seasick 150
Seele soul 170C
Seelöwe sea lion 670L
Seemann sailor 272

Seepferd sea horse 670L
Seeräuber(in) pirate 800
Seereise voyage 350M

Seestern starfish 670L

Seestreitkräfte navy 295
Segel sail 340G
segeln sail 272, 340C
sehen see 110F
- look 110F
- watch 110F, 264
- **(Wollen) mal sehen** Let's see 503
Sehenswürdigkeit sight 350S
sehr very 904A
- greatly 904A
- highly 904A
Seife soap 140E
Seil rope 702
Seilbahn cable-car 270
seit since 908, 910A
- for 910A
Seite side 701, 270
- (Buchseite) page 409
- (Gesichtspunkt) aspect 410
Sekretär(in) secretary 300
Sektor sector 709
Sekundarstufe II sixth form (GB) 400
Sekunde second 740
selbst (sogar) even 904
selbstbewusst confident 140B
Selbstbewusstsein self-confidence 110M
Selbstlaut vowel 402
Selbstmord suicide 150A
selbstsicher confident 140B
- sure of oneself 140B
Selbstvertrauen self-confidence 110M
selten rare 740E
- rarely 740E
- seldom 740E
seltsam strange 170B
Semikolon semi-colon 409
Seminar seminar 400
Semmel roll 180A
Senator(in) senator 294
senden (übertragen) broadcast 264
Sender station 264
Sendereihe series 264, 740F
Sendung programme (BE) 264
- show 264
Senior(in) senior citizen 120B
senken reduce 701A
September September 740A
Serie series 264, 740F
Service service 350O
servieren serve 185
Serviererin waitress 185
Sessel armchair 195B
setzen (stellen) put 110I

- (Geld setzen) gamble 350H
- **sich setzen** sit down 110I
seufzen sigh 110I, 501
Sex sex 220
Sexual- sex 220
Shorts shorts 190
Show show 264
sicher (gefahrlos) safe 151
- (zuversichtlich) confident 140B
Sicherheit safety 151
- security 151
Sicherheitsgurt seatbelt 270K

Sicherheitsnadel safety-pin 190
Sicherheitsvorkehrungen security 151
Sicherung (Strom) fuse 195B
Sicht point of view 170A
sieden boil 180
Siedler(in) settler 293
- colonist 293
Siedlung settlement 293
Sieger(in) winner 340E, 911A
- champion 340E
Signal signal 270
Silbe syllable 409, 911
Silber silver 704
silbern silver 704, 720B
singen sing 370
Single single 120B
sinken sink 272
Sinn sense 110F
- point 704A
- **Sinn ergeben** make sense 170A
- **Sinn machen** make sense 170A
- **im Sinn haben** have in mind 170A
Sir sir 120B
Sirene siren 151
Sitte custom 770, 800
Situation situation 704A
situiert: gut situiert well off 280
Sitz seat 294
sitzen sit 110I
Sitzplatz seat 408
Skelett skeleton 110
Ski ski 340G
- **Ski fahren/laufen** ski 340C
Skilaufen skiing 340C
Skiläufer(in) skier 340D
Skisport skiing 340C
Sklave slave 294

Sklaverei – Stecknadel

Sklaverei slavery 294
Sklavin slave 294
Slang slang 501
Slum slum 640
Snackbar snack bar 185
so like this/that 503
- **so wie** like 908
- **so (viel)** that (much) 904A
- **sodass** so that 908
- **so gut wie** just about 904A
- **so ungefähr** just about 904A
- **so ... wie** as ... as 721
- **Na so was!** Well! 505
sobald when 908
- as soon as 908
Socke sock 190
Sofa sofa 195B
sofern as long as 908
sofort at once 904
- in a minute 740D
Software software 320A
sogar even 904
sogleich at once 904
Sohle sole 110
Sohn son 220
solange as long as 908
Solar- solar 600
Soldat(in) soldier 295
Soll ich ...? Shall I ...? 540
Sollen wir ...? Shall we ...? 540
sollen be supposed to 909
- be believed to 909
- **(tun) sollen** be to (do) 909
sollte(n) should 909
- ought to 909
Sommer summer 740A
sonderbar strange 170B
sondern: nicht nur ... sondern auch not only ... but also 904
Sonderrecht privilege 280
Song song 370
Sonnabend Saturday 740B
Sonne sun 600, 620
- **Sonnen-** solar 600

Sonnenblume sunflower 650A
Sonnenbrand sunburn 150
Sonnenbräune suntan 140E
Sonnenschein sunshine 620
sonnig sunny 620
Sonntag Sunday 740B
sonst otherwise 904A
- **Sonst noch etwas?** Anything else? 280B
Sorge concern 140C

- anxiety 140C
- **Sorge(n) bereiten** concern 140B
- **sich Sorgen machen** be concerned 140B
- worry 140B
sorgen: für den Unterhalt sorgen maintain 280
sorgfältig careful 151
Sorte type 704A
Soße sauce 180A
- (Bratensoße) gravy 180A
Souvenir souvenir 350S
sowieso anyway 904
sowohl ... als auch both ... and 905
Sozialhilfe welfare (AE) 241
Sozialismus socialism 294
Sozialist(in) socialist 294
sozialistisch socialist 294
Spaghetti spaghetti 180A
Spalte column 702
spalten split 110I
Spannung(en) tension 294
sparen save 280A, 625
- conserve 625
Sparkasse bank 640
Spaß fun 350H
- **Spaß haben an** enjoy 170E
- **viel Spaß haben** have a nice time 350
spät: Wie spät ist es? What time is it? 740C
- **zu spät kommen** be late 740
spätestens at the latest 740D
- **spätestens bis** by 740D, 910A

Spatz sparrow 670A
Spaziergang walk 350R
Spazierweg walk 350R

Specht woodpecker 670A
Speck (vom Schwein) bacon 180A
speichern store 280F
Speise dish 180
Speisekarte menu 185
Sperling sparrow 670A
Spezialist(in) specialist 300
Spezies species 660
Spiegel mirror 140E, 270K

spiegeln reflect 701A
Spiel game 340E, 350H, 405
- play 350H
- (Sport) match 340E
spielen play 340, 350H, 370
- (Rolle) act 330B, 405
- (um Geld spielen) gamble 350H
- **jm einen Streich spielen** play a trick on sb 350H
Spieler(in) player 340
Spielfeld court 340
Spielkarte card 350H
Spielstand score 340E
Spielzeug toy 350H
Spinne spider 670L
Spiritual spiritual 370
Spitze point 408
- (Berg, Turm) top 701
- (Führung) head 701
Spitzel informer 260, 297

Spitzer sharpener 408
Sport physical education (PE) 401
- sport(s) 340
- (Mannschaftsspiele) games 401
Sportart sport(s) 340
Sporthalle gym(nasium) 340
Sportler(in) athlete 340
- **Sportler** sportsman 340D
- **Sportlerin** sportswoman 340D
sportlich athletic 110G
- **sportliche Aktivität** sporting activity 340
Sportplatz (playing) field 340
Sprache language 402, 501
- (Jargon) slang 501
- **Muttersprache** mother tongue 110
sprechen speak 402, 501
- talk 501
- **sprechen zu** address 501
Sprichwort proverb 501
- saying 501
Springbrunnen fountain 640
springen jump 110I
Spülbecken sink 196A
Spüle (Becken) sink 196A
spülen: (die Toilette) spülen flush the toilet 140E
Spur trace 701
spüren feel 150
Squash squash 340F
Staat state 293
staatlich state 293
- national 293

- **staatliche Schule** state school (GB) 400
Staatsangehörigkeit nationality 293
Staatsbürger(in) citizen 294
Staatsoberhaupt head of state 294
Stabilität stability 704A
Stadion stadium 340
Stadt town 640
- (Großstadt) city 640
- **in der Stadt** in town 640
Städtepartnerschaft: eine Städtepartnerschaft haben be twinned (BE) 640
Stadtplan map 710D
Stadtrand outskirts 640
Stadtrat council 294
Stahl steel 704
Stall (Pferdestall) stable 650
- (Kuhstall) cowshed 650
Stamm trunk 660
- (Wortstamm) stem 911
- (Volksstamm) tribe 293B
- **Stammes-** tribal 293B
Stand: auf dem neuesten Stand up to date 740
Standard standard 704A
Standpunkt point of view 170A, 410
Standuhr clock 740C
stark strong 110G
- powerful 111
starren gaze 110F
- (anstarren) stare 110F
Start start 340E
starten begin 701A
- (abheben) take off 273
Starter(in) starter 340E
Station (Haltestelle) stop 270
statt instead of 910D
- **stattdessen** instead 904
Stätte site 709
stattfinden take place 340E
Statue statue 330A
Stau traffic jam 270
Staub dust 704
Staubsauger vacuum cleaner 195B
Staudamm dam 630
Steak steak 180A
stechen (Insekt) bite 670
Steckdose socket 195B

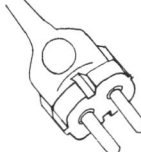

Stecker plug 195B
Stecknadel pin 190

stehen stand *110I*
- stand up *110I*
- (passen) suit *190*
- **Wie steht's mit** What about, How about *260*
stehen bleiben stop *270F*
stehen lassen leave *280*
Stehlampe standard lamp *195B*
stehlen steal *296*
steigen climb *110I*
- increase *280A*
- rise *280A, 701A*
Stein stone *704*
steinig rocky *630*
Stelle (Arbeitsstelle) employment *300*
- job *300*
- (Ort) place *709*
- (Baustelle) site *709*
- (Textstelle) passage *410*
- **anstelle von** instead of *910D*
stellen put *110I*
- put down *110I, 908A*
- place *709*
- set *110I*
- lauter/leiser stellen turn up/down *264*
- **...stellig** -digit *741*
- -figure *741*
Stellung: Wortstellung word order *704A*
sterben die *150A*
Stereo stereo *370*
Stereoanlage stereo *370*
Stern star *600*
Steuer tax *280A*
Steuer(rad) (steering) wheel *270K*
Stich: im Stich lassen abandon *280*
- let down *241*
Stichwort prompt *405*
Stiefel boot *190*
Stier bull *650*
Stift pen *408*
Stiftung foundation *704A*
Stil style *190, 410*
still quiet *110G*
stilllegen close down *320A*
Stimme voice *370, 501*
- (Wahl) vote *294*
stimmen (Wahl) vote *294*
nicht stimmen (falsch sein) be wrong *150*
stinken smell *110F, 180, 701A*
stinkend smelly *140E, 625*
Stipendium scholarship *400*
Stirn forehead *110*
Stock stick *702*
Stock(werk) floor *195*
- storey (BE) *195*
Stoff material *704*
- (Kleider) cloth *704*

stöhnen moan *140B*
stolz proud *111, 140B*
stoppen stop *270F, 701A*
Stoppuhr stopwatch *340E*
Stöpsel plug *140E*

Storch stork *670A*
stören disturb *110I*
Story story *262*
stoßen push *110I*
- **stoßen auf** encounter *701A*
- meet with *701A*
Stoßzeit rush hour *270*
Strafe punishment *296*
(Freiheits-, Todesstrafe) sentence *296*
Straftat crime *296*
- offence *296*
Strafzettel ticket *297*
strahlen smile *110I*
Strahler spotlight *195B*
stramm tight *190*
Strand beach *630*
Straße street *640*
- road *270*
Straßenbahn tram (BE) *270*
Straßenrand side *270*
Straßenseite side *270*
Strauß (Blumen) bunch *650A*
Strecke (Entfernung) distance *710D*
- (Weg) route *270*
- (Bahn) railway *270I*
Streich: jm einen Streich spielen play a trick on sb *350H*
streichen (mit Farbe) paint *301C*
Streichholz match *195B*
Streifen stripe *702*
Streik strike *320A*
Streit argument *501A*
- quarrel *241*
streiten: (sich) streiten argue *501A*
- quarrel *241*
Streitkräfte (armed) forces *295*
streng strict *111*
Stress stress *140C*
streuen scatter *701A*
Strom electricity *195B, 320*
- current *195B*
Strophe verse *410A*
- stanza *410A*
Struktur structure *410, 704A*

Strumpf sock *190*
- (Damenstrumpf) stocking *190*
Stück piece *701*
- (Stück Zucker) lump *702*
- (Theaterstück) play *330B*
Student(in) student *400*
studieren study *400*
Stufe step *704A*
Stuhl chair *195B*
Stunde hour *740*
- (Unterrichtsstunde) lesson *400*
- class *400*
- period *400*
Stundenplan timetable (BE) *400*
- schedule (AE) *400*
Sturm storm *620*
stürmen storm *297*
stürmisch stormy *620*
subtrahieren subtract *741*
Suche search *297*
suchen look for *710D*
- search *297*
Süd- south *700*
- southern *700*
Süden south *700*
südlich south *700*
- southern *700*
- **südlichste(r, s)** southernmost *700*
Suffix suffix *911*
Summe sum *741*
- (Betrag) amount *280A*
Sünde sin *170C*
Sündenbock scapegoat *241*
Supermarkt supermarket *280B*
Suppe soup *180A*
süß sweet *180*
Süßigkeiten sweets (BE) *180E*
Symbol symbol *410A*
symbolisch symbolic *410A*
sympathisch nice *111*
System system *704A*
Szene scene *330B, 709*

Tt

Tabak tobacco *180E*
Tablett tray *196A*
Tablette tablet *150*
- pill *150*
Tabu taboo *704A*
Tafel board *408*
Tag day *740*
- **Tages-** daily *740E*
- daytime *740C*
- **Guten Tag!** Good afternoon. *504*
- Good morning. *504*
- Hallo. (BE), Hello. *504*
Tagebuch diary *331*

Tageslichtprojektor overhead projector *408*
täglich daily *740E*
tagsüber daytime *740C*
Tal valley *630*
Talent ability *110M*
talentiert talented *111*
Tankstelle petrol station (BE) *270*
- gas station (AE) *270*

Tanne fir *650A*
Tante aunt *220*
Tanz dance *350*
tanzen dance *350*
Tänzer(in) dancer *340D*
Tanzfest ball *350F*
tapfer brave *111*
Tasche bag *280F*
- (in Kleidung) pocket *190*
Taschengeld pocket-money *280A*
Taschenlampe flashlight *195B*
Taschenrechner calculator *408*
Taschentuch handkerchief *190*
Tasse cup *180G*
Tastatur keyboard *320A*
Tat action *704A*
- deed *704A*
- **in der Tat** indeed *904*
Tatsache fact *704A*
tatsächlich indeed *904*
- really *904*
- actually *904A*
taub deaf *150*

Taube pigeon *670A*

Taucher(in) diver *340D*
tauschen exchange *280*

Taxi taxi 270
- cab 270
Team team 210
- crew 210
Technik technique 320
- technology 320
- engineering 320
Techniker(in) technician 320
- engineer 320
technisch technical 320
Technologie technology 320
Tee tea 180, 180C
Teenager teenager 120B
- **im Teenageralter** teenage 120B
Teich pond 630
Teil part 701
teilen divide 110I, 741
- break up 110I
- split 110I
- share 241
- **sich teilen** share 241
- split 110I
teilnehmen attend 400
- take part 240, 340E
Teilnehmer(in) participant 240
Teilzeit- part-time 300
Telefon (tele)phone 263
- **ans Telefon gehen** answer the phone 263
Telegraf telegraph 263, 320A
Telegramm telegram 263
Teller plate 180G
Temperatur temperature 150, 620
Temperaturanstieg: globaler Temperaturanstieg global warming 625
Tendenz trend 704A
Tennis tennis 340F
Teppich carpet 195
Termin appointment 240
- date 740
Terminal terminal 273
Terror terror 296
terrorisieren terrorize 296
Test test 406
testen test 150, 406
teuer expensive 280A
Teufel devil 170C
Teufelskreis vicious circle 704A
Text text 410
Theater theatre 330A, 330B
Theaterstück play 330B
Thema subject 410
- topic 403, 410
- (von Abhandlung; Leitgedanke) theme 410
Thermometer thermometer 150
Thron throne 800
Tiefe depth 710E

tief gekühlt frozen 180
Tier animal 670L
- (Haustier) pet 670
Tierarzt vet 670
- **Tierärztin** vet 670
Tierhandlung pet shop 670
Tiger tiger 670L

Tinte ink 408
Tisch table 195B
Tischtennis table tennis 340F
Titel title 410
Toast toast 180A

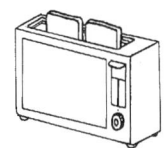

Toaster toaster 195B
Tochter daughter 220
Tod death 150A
tödlich deadly 150A
- fatal 150A
Toilette toilet 140E
Toilettenartikel toiletries 140E
Toilettenpapier toilet paper 140E
tolerant tolerant 111
Toleranz tolerance 110M
Toll! Wow! 505
Tomate tomato 180A, 655
Ton sound 110F, 370
- (Musik) tone 370
- (eines Gedichts) tone 410A
- (Farbton) shade 190
Tonne (Gewicht) ton 710E
Topf pot 180G
Tor gate 195
- (Sport) goal 340F
- net 340G
töricht foolish 111
Torte cake 180E
tot dead 150A
total thoroughly 904A
töten kill 150A, 295, 296
Tötung killing 296
Tourismus tourism 350M
Tourist(in) tourist 350M
Trabant satellite 600
Tradition tradition 800
traditionell traditional 800
träge lazy 111
tragen carry 280F
- (Kleidung) wear 190
Tragödie tragedy 151, 330B
Trainer(in) coach 340
trainieren train 340
- practise (BE) 110I

Training training 340
Traktor tractor 270
Trampolin trampoline 340G
Träne tear 140C
transplantieren transplant 150
Transport transport (BE) 270
Transporter van 270
transportieren transport 270
- carry 270F
Traube grape 655
Trauer- funeral 150A
Traum dream 170B
träumen dream 170B
Träumer(in) dreamer 911A
traurig sad 140B
- miserable 140B
- **Sei nicht traurig!** Cheer up! 505
Traurigkeit sadness 140C
treffen (durch Schlag) hit 151
- (begegnen) meet 240
- **treffen auf** meet with 701A
- encounter 701A
- **nicht treffen** miss 340F
Treffen meeting 240
treiben drive 650
- (Sport) do 110I
Treibhauseffekt greenhouse effect 625
Trend trend 704A
trennen separate 120B
- segregate 293B
- **sich trennen** separate 120B
Trennung segregation 293B
Treppe stairs 195
treten kick 110I, 340F
Treue loyalty 110M
Trick trick 170B
Trillerpfeife whistle 270
trinken drink 180
Trinkgeld tip 280A
- **Trinkgeld geben** tip 280A
trocken dry 620
trocknen dry 195B

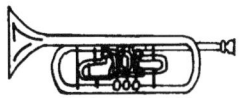

Trompete trumpet 370
Trottoir pavement (BE) 270
trotz in spite of 910D
trotzdem still 904A
- anyway 904
Truthahn turkey 650
Tschüs! Bye. 504
- See you soon/later. 504
Tube tube 280F
Tuch cloth 704
- towel 140E

tüchtig efficient 111, 300

Tulpe tulip 650A
tun do 110I
- (stellen, legen) put 110I
Tunnel tunnel 630
Tür door 195
Turm tower 350S
Turmuhr clock 740C
Turnen gym 401
- gymnastics 340C, 401
- physical education (PE) 401
Turnhalle gym(nasium) 340
Turnunterricht gym 401
Tusche India(n) ink 408
tuscheln whisper 501
Tüte bag 280F
Typ type 704A

Uu

U-Bahn underground (BE) 270
- tube (BE) 270
- subway (AE) 270
übel sein feel sick 140B, 150
übelriechend smelly 625
üben practise 110I, 403
über above 910, 910D
- over 910
- via 270
- across 910
- on 910D
- about 910D
- **über ... hinaus** beyond 910A, 910D
- **... über** throughout 910A
überall everywhere 710
- anywhere 710
- **überall in** all over 910
- throughout 910
überallhin everywhere 710
- anywhere 710
überdies furthermore 904A
Überfahrt crossing 272
Überfall raid 297
überfallen raid 297
- **überfallen und berauben** mug 296
überfliegen glance 110F
überfüllt (over)crowded 270
übergeben hand 280
- hand over 297
- **sich übergeben** be sick (meist BE) 150
überheblich arrogant 241

überholen overtake (BE) 270F
- pass 270F
überkommen traditional 800
überlassen leave 540
Überleben survival 150
überleben survive 150, 625
überlegen: sich überlegen consider 170A
- **es sich anders überlegen** change your mind 170A
übermitteln communicate 501
übermorgen the day after tomorrow 740D
übernachten stay 350O
Übernachtung mit Frühstück bed and breakfast 350O
überprüfen check 297, 301C, 406
Überprüfung check 297
überqueren cross 270F, 710D
überrascht surprised 140B
überreden persuade 110I, 501A
Überschrift caption 331
überschwemmen flood 151
Überschwemmung flood(s) 151, 625
Übersee: (aus/nach) Übersee overseas 293
überseeisch overseas 293
übersehen ignore 110I, 170A
übersetzen translate 402
Übersetzung translation 402
Überstunden overtime 300
übertragen broadcast 264
übertragen (Adj) figurative 410
Übertragung broadcast 264
überwältigen overpower 297
überzeugen convince 110I, 501A
- persuade 110I, 501A
Überzeugung belief 170A, 170C
übrig left 280
Übung (Schule) exercise 403
- (das Üben) practice 403
Ufer shore 630
Uhr (Armbanduhr) watch 740C
- (Wand-, Stand-, Turm-)Uhr clock 740C
- **... Uhr** ... o'clock 740C
- **Uhr (morgens/vormittags)** am 740C
- **Uhr (mittags/abends)** pm 740C
um at 910A

- (a)round 904
- round 910
umbringen kill 150A, 295, 296
umdrehen: (sich) umdrehen turn (round) 110I
umfassen cover 701A
Umfrage survey 260
umgeben von surrounded by 630
umgraben dig 660
Umlaufbahn orbit 600
Umschlag envelope 265
Umstand factor 704A
- **Umstände** conditions 704A
- **unter keinen Umständen** on no account 904A
- under no circumstances 904A
umsteigen change 270
Umstellung change 704A
umtauschen exchange 280, 280A
umwandeln in make into 701A
Umwelt environment 625
- **Umwelt-** environmental 625
Umweltschützer(in) conservationist 625
Umweltverschmutzung pollution 625
umziehen move 195
- **sich umziehen** change 190
Umzug parade 770
- move 195
unabhängig independent 293
Unabhängigkeit independence 293
unanständig rude 111
unbefriedigend unsatisfactory 406
unbekümmert easygoing 110G
unbeschwert easygoing 111
und and 908
unduldsam intolerant 241

Unfall accident 151

- crash 151
unfruchtbar infertile 625
- barren 660
ungebildet ignorant 111
Ungeduld impatience 110M
ungeduldig impatient 111
ungefähr about 741, 910D
- **so ungefähr** just about 904A
Ungeheuer monster 170B
ungenießbar inedible 180
- uneatable 180
ungenügend unsatisfactory 406
ungern tun hate 170E
ungesetzlich illegal 296
ungesund unhealthy 150, 625
Ungleichheit inequality 294
Unglück accident 151
- crash 151
- tragedy 151
unglücklich unhappy 140B
- miserable 140B
- upset 140B
unglücklicherweise unfortunately 904A
unhöflich rude 111
- impolite 241
Uniform uniform 190, 295
Universität university 400
Universum universe 600
Unkenntnis ignorance 170A
Unkraut weed 660
- **Unkraut jäten** weed 660
unkultiviert ignorant 111
Unrecht wrong 296
unruhig restless 110G
unschädlich harmless 151
unschuldig innocent 296
unten downstairs 195
- **nach unten** downstairs 195
unter under 910
- (zwischen) among 910D
- **unter Wasser** underwater 272
unterbrechen interrupt 501
untergehen sink 272
- (Sonne, Sterne) set 620
Unterhalt: für den Unterhalt sorgen maintain 280
unterhalten maintain 701A
- **sich unterhalten** talk 501
unterhaltsam amusing 350H
Unterhaltung (Gespräch) conversation 501
- (Amüsement) entertainment 350
Unterhaus: das britische Unterhaus the (House of) Commons (GB) 294
- **Mitglied des Unterhauses** MP = Member of Parliament (GB) 294
Unterkunft housing 195

Unternehmen business 300
- enterprise 300
- operation 704A
Unternehmungsgeist enterprise 300
unterrichten teach 400
unterscheiden tell 110F
Unterschied difference 704A
unterschreiben sign 120D
Unterschrift signature 120D
unterstellen store 280F
unterstützen support 241
Unterstützung support 241
- aid 241
untersuchen examine 150
- research 320
- test 150
Untersuchung investigation 296
- research 320
- survey 260
Untertasse saucer 180G
Unterwasser- underwater 272
untreu false 111
Unwille anger 140C
unwissend ignorant 111
Unwissenheit ignorance 170A
Unze ounce 710E
üppig rich 180
Urgroßeltern great-grandparents 220

Urlaub holiday(s) (BE) 350M
- vacation (AE) 350M
Urlaubsort resort 350S
Ursache cause 704A
- source 701
Ursprung origin 704A
Urteil sentence 296

Vv

v. Chr. BC 800
Vakuum vacuum 701
Valentinstag (14. Februar) Valentine's Day 770
variieren vary 701A
Vase vase 650A

Vater father *220*

Veilchen violet *650A*
Verabredung appointment *240*
- date *240*
verabschieden (Gesetz) pass *294*
Veränderung change *704A*
veranlassen make *110I, 540*
veranschaulichen illustrate *503*
veranstalten organize *110I*
Veranstaltung meeting *240*
verantwortlich responsible *111*
Verantwortlichkeit responsibility *110M*
Verantwortung responsibility *110M*
verantwortungsbewusst responsible *111*
verärgert annoyed *140B*
Verband (Binde) bandage *150*
- (von Unternehmen etc) association *210*
verbessern correct *406*
- improve *701A*
verbinden connect *270I, 701A*
- associate *170A, 410*
Verbindung connection *270I, 704A*
- service *270I*
- contact *240*
- communication *501*
- in Verbindung bringen connect *701A*
verbittert bitter *140B*
verblüfft puzzled *140B*
verboten illegal *296*
Verbraucher(in) consumer *315*
Verbrechen crime *296*
Verbrecher(in) criminal *296*
verbreiten spread *150, 701A*
verbreitern broaden *701A*
- widen *701A*
verbrennen burn *151*
verbringen spend *740*
- die Zeit verbringen pass the time *350*
verdauen digest *110F*
verderben spoil *625, 701A*
verdienen earn *280A, 300*
verehren admire *170E*

Verein club *210, 240*
vereinbaren arrange *110I*
Vereinbarung agreement *501A*
- **Vereinbarungen** arrangements *350M*
Vereinigung association *210*
- organization *210*
Vereinsamung loneliness *140C*
vereist icy *620*
Verfahren technique *320*
verfahren proceed *110I, 701A*
Verfasser(in) author *330A*
Verfassung constitution *294*
verfolgen persecute *294*
Verfolgung persecution *294*
Vergangenheit past *740D*
vergeben forgive *170C*
vergehen go by *740*
- pass *740*
vergessen forget *170A*
vergewissern: sich vergewissern make sure *170A*
vergiften poison *151*

Vergissmeinnicht forget-me-not *650A*
Vergleich comparison *721*
vergleichen compare *721*
Vergnügen fun *350H*
- pleasure *140C*
Vergrößerungsglas magnifying glass *150*
verhaften arrest *297*
Verhaftung arrest *297*
Verhalten behaviour *241*
verhalten: sich verhalten behave *241*
verhältnismäßig relatively *904A*
Verhältnisse conditions *704A*
verheiraten marry *120B*
- **verheiratet** married *120B*
verhindern prevent *151*
Verhör interrogation *296, 297*
verhören question *297*
verhungern starve *180*
verhüten avoid *151*
Verkauf sale *280A, 280B*
verkaufen sell *280, 280B*

- **zu verkaufen** for sale *280B*
Verkäufer(in) shop assistant (BE) *280B*
verkäuflich for sale *280B*
Verkehr traffic *270*
- transport (BE) *270*
verkehren (fahren) run *270*
- (Kontakt haben) mix *241*
Verkehrsampel traffic lights *270*
Verkehrsmittel transport (BE) *270*
Verkehrssprache lingua franca *501*
Verkehrsstau traffic jam *270*
verklagen: jn verklagen take sb to court *296*
verklappen dump *625*
verkünden declare *501*
verlangen demand *540*
- claim *540*
- request *540*
- (in Rechnung stellen) charge *280A*
verlängern renew *701A*
verlassen abandon *280*
- **sich verlassen** depend *241*
- rely *241*
verlegen transfer *300*
verleihen lend *280A*
verletzen hurt *150*
- wound *150, 295*
- damage *150*
verletzt injured *150*
Verletzung injury *150*
- wound *150, 295*
verlieben: sich verlieben fall in love *120B*
verlieren lose *280, 340E*
Verlierer(in) loser *340E, 350H, 911A*
verloben: sich verloben get engaged *120B*
Verlust loss *280, 315*
vermeiden avoid *151*
- prevent *151*
Vermieter landlord *195*
- **Vermieterin** landlady *195*
vermindern reduce *701A*
vermissen miss *241*
- **vermisst** missing *295*
vermuten guess *170A*
- suppose *170A*
vernehmen question *260, 297*
Vernehmung interrogation *296*
vernichten destroy *151, 625*
vernünftig reasonable *111*
veröffentlichen publish *262, 331*
- print *262*
Verordnung act *294*

verpassen miss *270*
verpflanzen transplant *150*
Verpflichtung obligation *296*
verraten give away *110I*
verraucht smoky *625*
verregnet rainy *620*
verreisen go away *270F*
verringern reduce *701A*
verrückt crazy *111*
- ganz verrückt sein auf be crazy about *170E*
- jn verrückt machen drive sb mad *241*
Vers verse *410A*
- rhyme *410A*
versalzen salty *180*
versammeln: sich versammeln gather *240*
Versammlung meeting *240*
- (Versammlung zur Morgenandacht) assembly *400*
verschandeln spoil *625, 701A*
- litter *625*
verschiedene several *905*
verschmutzen pollute *625*
Verschmutzung pollution *625*
verschneit snowy *620*
verschwenden waste *625*
Verschwendung waste *625*
verschwinden disappear *701A*
versehen mark *110I*
versenken sink *272*
versetzen transfer *300*
versichern insure *315*
versorgen provide *315*
- supply *315*
Versorgung supply *315*
- (ärztliche) treatment *150*
Versprechen promise *501A*
versprechen promise *501A*
Verstand brain *110*
verständigen: sich verständigen communicate *501*
Verständigung understanding *241*
Verständnis tolerance *110M*
- understanding *110M, 241*
verständnisvoll understanding *110G, 241*
- sympathetic *111, 241*
verstecken hide *280*
- sich verstecken hide *280*
verstehen understand *170A*
- verstehen unter mean by *170A*
Verstoß offence *296*
verstreuen scatter *701A*
versuchen try *110I, 180*
verteidigen defend *295, 296*

- (mit Worten) answer back 908A
Verteidigung defence 295, 296
verteilen distribute 280
Vertrag contract 315
vertreiben: sich die Zeit vertreiben pass the time 350
vertreten represent 701A
verüben commit 296
Verunreinigung pollution 625
verursachen cause 701A
verurteilen condemn 296
- sentence 296
vervollständigen complete 403
Verwaltungsbezirk county 293
verwandeln turn 701A
verwandt related 220, 701A
Verwandte(r) relative 220
verwechseln confuse 110I
- mix up 110I
verweigern refuse 110I, 241
verwenden use 301C
verwickelt werden become/get involved 701A
verwirren confuse 110I
verwirrt puzzled 140B
Verwirrung confusion 704A
verwitwet widowed 120B
verwunden wound 150, 295
verzeihen forgive 170C
verzichten auf do without 280
verzollen declare 350M
Vetter cousin 220
Vieh cattle 650
Viehzucht farming 650
Viehzüchter(in) rancher 650
viel much 905
- **viel(e)** lots/a lot (of) 905
- plenty (of) 905
- **viele** many 905
- **wie viele** how many 260
vielleicht perhaps 904
- maybe 904
- possibly 904A
viereckig square 702
Viertel area 709
- district 709
- neighbourhood 709
Viertel nach/vor quarter past/to 740C
Virus virus 150
Visum visa 120D, 350M
Vogel bird 670
Vokabular vocabulary 501
Vokal vowel 402
Volk nation 293
- **Volks-** ethnic 293B
Volkslied folk song 370
Volksstamm tribe 293B
volkstümlich traditional 800

volkswirtschaftlich economic 315
voll crowded 270
- **voll machen** fill 280F
vollbringen achieve 110I
Volleyball volleyball 340F
völlig altogether 904A
Vollzeit- full-time 300
von from 910
- by 910D
- **von (jetzt) an** as from (now) 740D
vor before 910A
- ago 740D
- in front of 910
- with 910D
vorbei (an) past 710D
- **vorbei sein** be over 740
vorbeifahren pass 270F, 710D
vorbeikommen come over 350F
vorbereiten: sich vorbereiten study 400
- **vorbereitetet** prepared 241
Vorbereitungen arrangements 350M
vorbeugen prevent 151
Vordruck form 260
voreingenommen prejudiced 241
Voreingenommenheit prejudice 110M
Vorfahre ancestor 220
- **Vorfahrin** ancestor 220
vorgehen proceed 110I
vorgestern the day before yesterday 740D
vorhaben be going to 110I
- plan 110I
- **(fest) vorhaben** intend 110I
Vorhaben plan 320
Vorhang curtain 195, 330B
vorher before 904
vorhersagen predict 110I, 620
Vormittag morning 740C
vorn: nach vorn forward(s) 710D
Vorname Christian name, first name 120D
Vorort suburb(s) 640
Vorrat supply 315
Vorsatz intention 110I
Vorschlag suggestion 501A
- proposal 501A
- **einen Vorschlag haben** suggest 501A
vorschlagen suggest 501A
Vorschrift rule 340E
- instructions 503, 540
vorsichtig careful 151
Vorsilbe prefix 911
Vorstadt suburb(s) 640

vorstellen introduce 240
- **sich vorstellen** have in mind 170A
- imagine 170A
Vorstellung idea 170A
vortäuschen pretend 110I
Vorteil advantage 704A
Vortrag speech 501
- talk 501
vorüber (an) past 710D
vorübergehen go by 740
- pass 740
Vorurteil(e) prejudice 110M, 241
Vorwarnung warning 151
vorwärts forward(s) 710D
Vorwürfe machen blame 241
vorzeigen present 503
- show 503
vorziehen prefer 170E
- choose 170E

Ww

Wache police station 297
Wachfrau guard 297
- **Wachmann** guard 297
wachsen grow 120B, 660
- grow up 120B
Wachstum growth 315
Waffe weapon 295
- (Schusswaffe) gun 295
- **Waffen** arms 295
Waffel waffle 180A
Wagen car 270
- auto(mobile) (AE) 270
- (Eisenbahnwagen) carriage 270I
- (Pferdewagen) wagon 650
wagen risk 110I
Wahl (Auswahl) choice 170E
- (Politik) election 294
wählen choose 170E
- (Politik) elect 294
- vote 294
- (Telefon) dial 263
Wähler(in) voter 294
wahnsinnig crazy 111
wahr werden come true 170B
während during 910A
- while 908
- as 908
- in the course of 740
- throughout 910A
wahrhaftig truly 904A
Wahrheit truth 704A
wahrscheinlich probably 904A
Währung currency 280A
Wahrzeichen landmark 704A
Waise orphan 120B, 150A

Waisenkind orphan 120B, 150A
Wald forest 630
- (kleinerer Wald) wood(s) 630
Wand wall 195
wandeln change 701A
Wandern walking 350R
Wanderung walk 350R
Wanderweg trail 630
- walk 350R
Wandkritzeleien graffiti 640
Wanduhr clock 740C
Wange cheek 110
wann when 260
- **wann immer** whenever 902
wäre: Wie wär's mit What about, How about 260
- Why not 260
Waren goods 315
Warenhaus (department) store 280B
warm warm 620
- hot 620
Wärme warmth 620
warnen warn 151, 503
Warnung warning 151, 503
warten wait 740
Wärter(in) guard 297
- keeper 670L
warum why 260
was what 260
- **was für ein(e)** what 260
- **was (auch) immer** whatever 902

Waschbecken washbasin 140E
waschen wash 140E
- **sich waschen** have a wash 140E
Waschlappen flannel 140E
Waschmaschine washing machine 195B
Wasser water 272, 600, 625, 704
- **unter Wasser** underwater 272
Wasserfall waterfall 630
Wasserhahn tap 140E, 196A
WC WC 140E
Wechsel change 704A
Wechselgeld change 280A
Wechselkurs exchange rate 280A
wechseln change 190, 701A
- exchange 280A
wecken wake (up) 110F

weder ... noch – wo (immer)

- wake up *908A*
weder ... noch neither ... nor *908*
Weg (Fußweg) path *630*
- (Straße) road *270*
- (Wald-, Wanderweg) trail *630*
- (Durchgang) passage *640*
- (Route) route *270*
- (Entfernung) distance *710D*
- (Mittel) way *710D*
wegen because of *910D*
weglegen put down *110I*
Wegwerf- non-returnable *280B*
wegwerfen throw away *280*
- get rid of *280*
wehen blow *620*
wehtun ache *150*
- hurt *150*
- upset *110I*
Wehrdienst military service *295*
weiblich woman *120B*
Weide field *650*

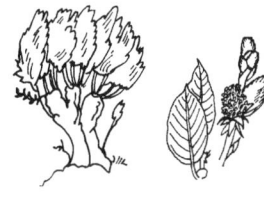

Weide (Baum) willow *650A*
weigern: sich weigern refuse *110I, 241*
Weihnachten Christmas *770*
- **Weihnachten: Frohe/Fröhliche Weihnachten!** Merry Christmas! *505*
- **erster Weihnachtsfeiertag** Christmas Day *770*
- **zweiter Weihnachtsfeiertag** Boxing Day (GB) *770*
Weihnachtslied (Christmas) carol *370*
Weihnachtsmann Father Christmas (BE) *770*
- Santa Claus *770*
weil because *908*
Weile while *740*
Wein wine *180C*
weinen cry *140B*
Weintraube grape *655*
Weise way *503*
weise wise *111*
weiß white *720B*
weit far *710D*
- **5 Meilen weit gehen** walk for five miles *910*
- **am weitesten (entfernt)** farthest/furthest *721*

- **weiter** farther/further *721*
- **weiter (tun)** continue *403, 701A*
weiterführende Schule secondary school *400*
weitergehen (sich fortsetzen) continue *701A*
weitermachen carry on *403*
Weizen wheat *655*
welche(r, s) which *260*
- what *260*
- any *905*
- **welche(r, s) ... (auch) (immer)** whichever *902*
Welle wave *272*
Wellensittich budgie (BE) *670*
Welpe puppy *670*
Welt world *290, 600*
- globe *600*
- **Welt-** world *290, 600*
- global *600*
Weltraum space *273, 600*
Weltreich empire *293*
weltweit global *290, 600*
wem who *260*
wen who *260*
wenden: sich wenden an turn to *260*
Wendung phrase *409*
wenig: zu wenig haben be short *280*
- wenige few *905*
- weniger less *721*
wenigstens at least *904*
wenn if *908*
- when *908*
- by the time *740D*
- **wenn ... nicht** unless *908*
- **außer wenn** unless *908*
wer who *260*
- which *260*
- **wer ... auch** whoever *902*
- **wer immer** whoever *902*
Werbebranche advertising *262*
werben advertise *262*
Werbespot commercial *264*
Werbung advertising *262*
- (einzelne Werbung) advertisement *262*
werden will *909*
- become *701A*
- grow *660, 701A*
- turn *701A*
- **groß werden** grow (up) *120B*
werfen throw *340F*
Werkstatt workshop *320A*
Werktag weekday *740B*
Werkzeug tool *301C*
Wert value *280A*
- **im Werte von** worth *280A*
wert worth *280A*
weshalb why *260*
wessen whose *260*

West- west *700*
- western *700*
Westen west *700*
westlich west *700*
- western *700*
weswegen what for *260*
Wettbewerb competition *315, 340E*
Wetter weather *620*
Wetterkarte weather chart *620*
Wettervorhersage weather forecast *620*
- weather prediction *620*
Wettkampf match *340E*
Wettlauf race *340E*
Whisky whisky *180C*
wichtig important *111*
Wichtigkeit importance *704A*
wider against *910D*
widerspiegeln reflect *701A*
Widerspruch protest *501A*
wie how *260*
- like *908, 910D*
- such as *503*
- as *908*
- **wie ... auch** however *902*
- **Wie wär's mit** What/How about *260*
- Why not *260*
- **wie viel** how much *260*
- **wie viele** how many *260*
- **so ... wie** as ... as *721*
- **so wie** like *908*
wieder again *904*
- once again *904*
- back *904*
- **hin und wieder** now and again *740E*
wieder aufbauen reconstruct *195*
- restore *301C*
wieder aufbereiten recycle *625*
wieder erkennen recognize *110F*
wiederherstellen restore *301C*
wiederholen repeat *403*
- revise *403*
- **(ein Jahr) wiederholen** repeat a year *406*
Wiederholung repetition *403*
- (Lernstoff) revision *403*
Wiedersehen! Bye. *504*
- **Auf Wiedersehen!** Goodbye. *504*
Wiedervereinigung reunification *294*
wieder verwendbar recyclable *625*
wieder verwerten recycle *625*
wieder wählen re-elect *294*
Wiege cradle *195B*

wiegen weigh *701A, 710E*
Wiese field *650*

Wiesel weasel *670A*
wild wild *670L*
willens sein be prepared *241*
willig willing *110I*
willkommen heißen welcome *240*
Wind wind *620*
- (leichter Wind) breeze *620*
Windhund greyhound *670*
windig windy *620*
Windsurfen windsurfing *340C*
Winkelmesser protractor *408*
winken wave *110I*

Winter winter *740A*
wirklich really *904*
- indeed *904*
- actually *904A*
- truly *904A*
- just *904*
- **Wirklich?** Well! *505*
Wirklichkeit reality *704A*
Wirkung effect *704A*
Wirtschaft economy *315*
wirtschaftlich economic *315*
wissen know *170A*
- tell *110F*
- **(erfahren haben)** learn *260*
Wissen knowledge *170A*
Wissenschaft science *320, 401*
Wissenschaftler(in) scientist *320*
wissenschaftlich scientific *320*
- academic *400*
Witwe(r) widow(er) *120B, 150A*
wo where *260, 908*
- **wo (immer)** wherever *902*

- wo(hin) ... auch wherever 902
Woche week 740
- Wochen- weekly 740E
wöchentlich weekly 740E
Woge wave 272
wohin where 260
wohlhabend wealthy 280
- well off 280
Wohlstand wealth 280
wohlwollend sympathetic 111, 241
Wohnblock block of flats (BE) 195
wohnen live 195
- (vorübergehend) stay 350O
Wohnmobil motorhome (AE) 350R
Wohnung apartment 195
- flat (BE) 195
- home 195
- housing 195
Wohnungen housing 195
Wohnwagen caravan (BE) 350R
Wohnzimmer living-room 195
Wolf wolf 670L
Wolke cloud 620
Wolkenkratzer skyscraper 640
wolkig cloudy 620
Wolle wool 704
wollen want 170E
- would like 170E
- will 909
- be going to 110I
- tun wollen mean to do 110I
Wort word 402, 409, 911
Wörterbuch dictionary 331, 402
wörtlich: nicht wörtlich figurative 410
Wortschatz vocabulary 501
wozu what for 260
Wrack wreck 272
wund sore 150
Wunde wound 150, 295
wunderschön beautiful 110G
Wunsch wish 170E
- mit den besten Wünschen best wishes 265
wünschen wish 170E
würde(n) would 909
- würde gern would love 170E
würdigen appreciate 170E
Würfel cube 702
- (Spiel) dice 350H
Wurfpfeil dart 340G
Wurst sausage 180A
Würstchen sausage 180A
Wurzel root 660
Wüste desert 630

Wut rage 140C
Wutanfall rage 140C
wütend angry 140B

Yy

Yard yard 710E

Zz

z.B. e.g. 503
Zahl number 741
- figure 741
zahlen pay 280A
zählen count 741
Zahlung payment 280A
zahm tame 670L
Zahn tooth 110
Zahnarzt dentist 150
- Zahnärztin dentist 150
Zahnbürste toothbrush 140E
Zahncreme toothpaste 140E
Zahnpasta toothpaste 140E
Zange pliers 301C
zanken quarrel 241
Zauberei magic 170B
Zauberer magician 170B
- Zauberin magician 170B
Zauberkunst magic 170B
zaubern do magic 170B
Zaun fence 195
Zebra zebra 670L
Zeh(e) toe 110
Zeichen (Signal) signal 270
- (Symbol) symbol 410A
Zeichenfeder drawing-nib 408
zeichnen draw 350
Zeichnen drawing 330A, 401
Zeichnung drawing 330A
zeigen show 503
- reveal 503
Zeile line 409, 410A
Zeit time 740
- (Zeitalter) age 740, 800
- (Zeitraum) period 740
- (Weile) while 740
- (z.B. Regenzeit) season 740A
- in der letzten Zeit recently 740D
- zu der Zeit then 904
- eine schöne Zeit haben have a nice time 350
- die Zeit verbringen pass the time 350
- sich die Zeit vertreiben pass the time 350
- Ach du liebe Zeit! Oh dear. 505
Zeitalter age 740, 800
- period 740
Zeitpunkt moment 740
- date 740

Zeitraum period 740
Zeitschrift magazine 262
Zeitspanne period 740
Zeitung (news)paper 262
Zeitungsjunge newsboy 262
Zelt tent 350R
- ein Zelt aufschlagen pitch a tent 350R
zelten camp 350R
Zelten camping 350R
Zeltplatz camp site 350R
Zensur (Zeugnis) grade 406
- (Test) mark 406
Zentimeter centimetre 710E
zentral central 709
Zentrum centre 640, 701, 709
zerbrechen break 151
Zeremonie ceremony 170C, 770
zerhacken break up 110I
zerkleinern break up 908A
zerspringen burst 151
zerstören destroy 151, 625
- ruin 625
zerstreuen: sich zerstreuen scatter 701A
Zeug stuff 701
Zeuge witness 296
- Zeugin witness 296
Zeugnis school report 406
Zeugnisnote grade 406

Ziege goat 650
ziehen pull 110I
- draw 350, 650
- (Pflanzen) grow 660
Ziel aim 704A
Ziellinie finish(ing) line 340E
Zielscheibe dartboard 340G
ziemlich rather 904A
- quite 904A
- pretty 904A
Ziffer digit 741
- figure 741
Zigarette cigarette 180E
Zimmer room 350O, 701
- freies Zimmer vacancy 350O
Zinsen interest 280A
zirka circa 741

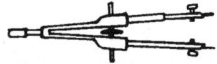

Zirkel compass 408
Zitrone lemon 655
zittern shake 140B

zivilisiert civilized 111
Zoll (Abgabe) duty 350M
- (Behörde) customs 350M
- (Länge) inch 710E
Zone zone 709
Zoo zoo 670L
Zorn anger 140C
- rage 140C
zornig angry 140B
zu to 910, 910D
- at 910A
- for 910D
- auf ... zu towards 910
- zu (viel) too (much) 904A
zubereiten prepare 180
- cook 180
zubringen spend 740
Zucht farming 650
züchten grow 660
- cultivate 660
Zucker sugar 180E
zuerst (at) first 740F
zufrieden satisfied 140B
- pleased 140B
Zufriedenheit satisfaction 140C
Zug train 270I
Zugang access 195
zugänglich available 280
zugeben admit 296
- confess 296
zugunsten in favour 241
Zuhause home 195
zuhören listen 110F, 264
Zuhörer(in) listener 264, 911A
Zukunft future 740D
zukünftig future 740D
zulassen let 540
zuletzt last 740F
zum for 910D
zumachen close 195
- shut 195
- (Betrieb einstellen) close down 320A
zumal particularly 904A
zumindest at least 904
Zunahme growth 315
Zuneigung affection 140C, 241
Zunge tongue 110
zurechtkommen get along/on 241, 908A
zurück back 904
- backwards 710D
zurückbringen return 280B
zurückgeben return 280B
zurückhaltend shy 110G
zurücklassen leave behind 280, 908A
zurückweisen reject 110I, 241
zusagen appeal to 170E
zusammen together 904
- alles zusammen altogether 280B

zusammenarbeiten
co-operate *241, 320*
zusammenbrechen break down *151*
zusammenfassen summarize *403, 410*
Zusammenfassung summary *403, 410*
zusammengesetztes Wort compound (word) *911*
Zusammenhang (Beziehung) connection *704A*
- (im Text) context *410*
zusammenpassen match *190*
zusammenschlagen beat up *296*
zusammenstoßen crash *151*
zusammenzählen add *741*
Zusatz additive *180*

zusätzliche(r, s) further *721*
Zusatzstoff additive *180*
zuschauen watch *110F*
Zuschauer(in) spectator *330B, 340*
- viewer *264*
Zuschlag (für Überstunden) payment *280A*
zuschließen lock *195*
zustellen deliver *262, 265*
Zustellung delivery *265*
zustimmen agree *501A*
zutiefst thoroughly *904A*
zuverlässig reliable *111*
zuversichtlich confident *140B*
zuvor before *904*
zuweilen sometimes *740E*
Zuwendung attention *110M*
zuziehen close *195*

Zwang pressure *704A*
Zweck point *704A*
Zweifel doubt *170A*
- **ohne Zweifel** undoubtedly *904A*
zweifellos undoubtedly *904A*
zweifeln an doubt *170A*
Zweig branch *660*
Zweigstelle branch *300*
zweimal twice *740E*
zweisprachig bilingual *501*
Zwerg dwarf *800*

Zwiebel onion *655*

Zwilling twin *120B, 220*
zwingen force *110I, 296, 540*
- make *110I, 540*
zwischen between *910A*
- in between *740*
Zylinder cylinder *702*

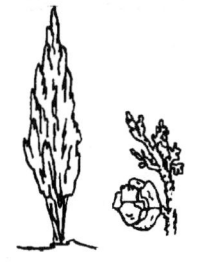

Zypresse cypress *650A*

Quellenangaben, Wörterbücher und Hilfsmittel

Benson, Morton/Benson, Evelyn/Ilson, Robert. *The BBI Combinatory Dictionary of English.* Amsterdam/Philadelphia: John Benjamins Publishing Company, 1986

Carroll, John B./Davies, Peter/Richman, Harry. *The American Heritage Word Frequency Book.* Boston: Houghton Mifflin Company, 1971

Collins Cobuild English Collocations on CD-ROM. London: HarperCollins Publishers, 1995

Collins Cobuild English Language Dictionary. London and Glasgow: Collins, 1987

Collins Cobuild on CD-ROM. London: HarperCollins Publishers, 1995

English Pronouncing Dictionary. Jones, Daniel (ed. Gimson, A.C./Ramsaran, Susan). Cambridge: Cambridge University Press, 14th edition, 1991

Friederich, Wolf. *Dictionary of English Words in Context.* Dortmund: Verlag Lambert Lensing, 1979

Hindmarsh, Roland. *Cambridge English Lexicon.* Cambridge: Cambridge University Press, 1980, Third printing, 1987

Longman Dictionary of Contemporary English. Harlow: Longman Group Ltd, 1978, 3. Ausgabe 1995

Longman Language Activator. Harlow: Longman Group UK Ltd, 1993

Oxford Advanced Learner's Dictionary (ed. Crowther, Jonathan et al.). Oxford: Oxford University Press, 5th edition, 1995

Oxford Word Power Dictionary (ed. Wehmeier, Sally). Oxford: Oxford University Press, 1993

Random House Unabridged Electronic Dictionary, CD-ROM Version 1.7 for Windows. New York: Random House, Inc., 1987

Time Magazine, Compact Almanac. Softkey, 1995

The Times and Sunday Times, Compact Disc Edition. London: The Times Network Systems Ltd. 1990-1996

Wortschatzübungen zum CEL

Vettel, Franz. English G. *Wordmaster* A5. Berlin: Cornelsen, 1993

Vettel, Franz. English G. *Wordmaster* A6. Berlin: Cornelsen, 1994

Vettel, Franz. English G. *Wordmaster* B5. Berlin: Cornelsen, 1993

Vettel, Franz. English G. *Wordmaster* B6. Berlin: Cornelsen, 1994

Lerntechniken

Kleinschroth, Robert. *Sprachenlernen. Der Schlüssel zur richtigen Technik.* Hamburg: Rowohlt Taschenbuch GmbH, 1992